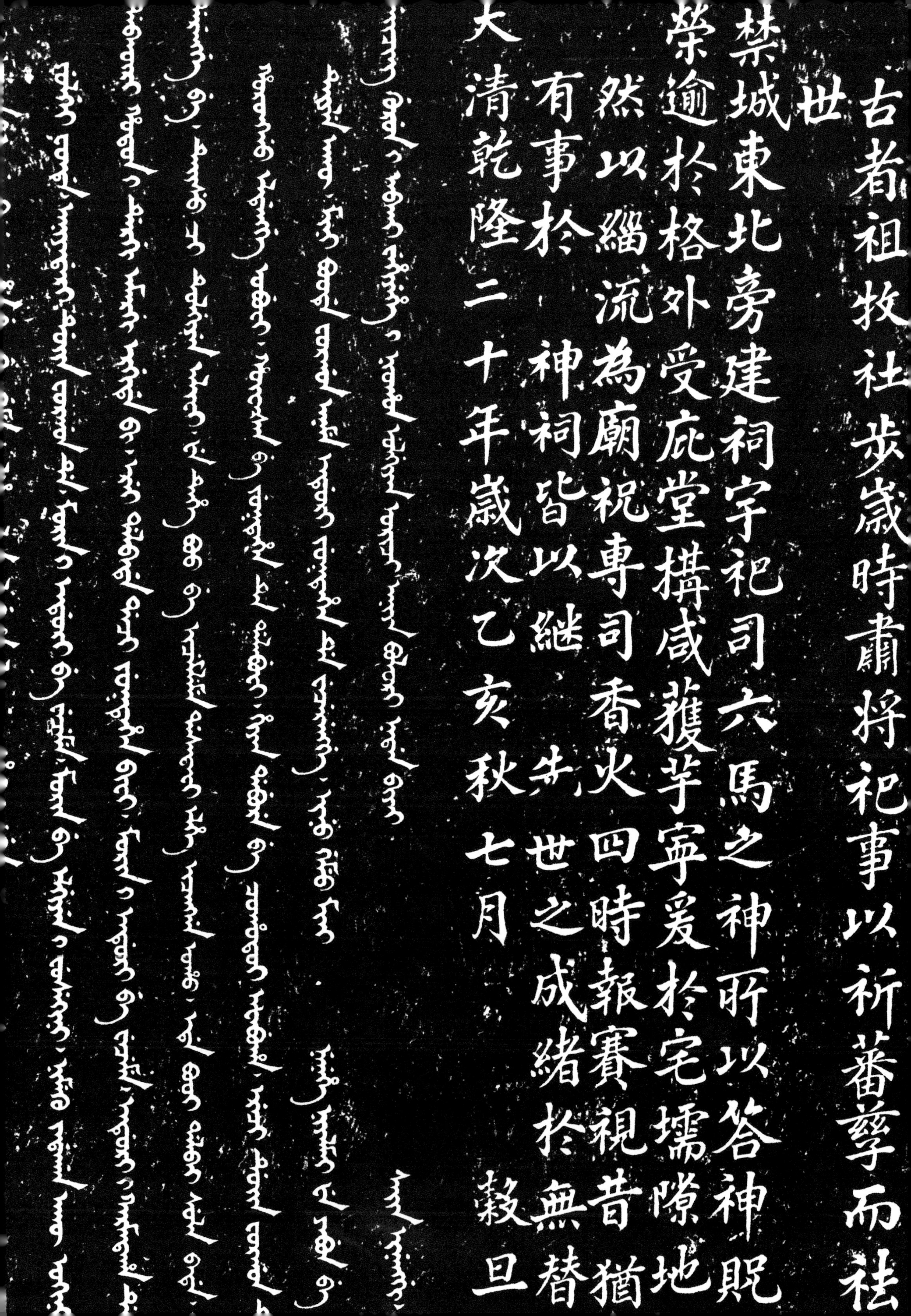

古者祖牧社步歲時肅將祀事以祈蕃孳而祛
世
禁城東北旁建祠宇祀司六馬之神所以答神貺
榮逾於格外受庇堂構咸獲芋寧爰於宅壖隙地
然以緇流為廟祝專司香火四時報賽視昔猶
有事於 神祠皆以繼廿世之成緒於無替
大清乾隆二十年歲次乙亥秋七月穀旦

◎前頁圖片爲清乾隆二十年（1755）七月《馬神廟碑》，見本卷六排五段“馬神廟”條。

TEMPLES ET STÈLES DE PÉKIN

北京内城寺廟碑刻志

第六卷

（法）吕敏（MARIANNE BUJARD）　鞠熙　主編
謝玲瓊　著

國家圖書館出版社

圖書在版編目（CIP）數據

北京内城寺廟碑刻志·第六卷 /（法）吕敏（MARIANNE BUJARD），鞠熙主編；謝玲瓊著. — 北京：國家圖書館出版社，2024.4

ISBN 978-7-5013-7768-8

Ⅰ. ①北… Ⅱ. ①吕… ②鞠… ③謝… Ⅲ. ①寺廟—碑刻—研究—北京 Ⅳ. ① K877.424

中國國家版本館 CIP 數據核字 (2023) 第 023027 號

書　　名　北京内城寺廟碑刻志·第六卷
著　　者　（法）吕敏（MARIANNE BUJARD）　鞠熙　主編
　　　　　謝玲瓊　著
責任編輯　景晶　閆悦
責任校對　宋丹丹

出版發行　國家圖書館出版社（北京市西城區文津街 7 號　100034）
　　　　　（原書目文獻出版社　北京圖書館出版社）
　　　　　010-66114536　63802249　nlcpress@nlc.cn（郵購）
網　　址　http://www.nlcpress.com
排　　版　愛圖工作室
印　　裝　北京雅圖新世紀印刷科技有限公司
版次印次　2024 年 4 月第 1 版　2024 年 4 月第 1 次印刷

開　　本　889 × 1194　1/16
印　　張　34.5
字　　數　980 千字
書　　號　ISBN 978-7-5013-7768-8
定　　價　350.00 圓

École française d'Extrême-Orient
Université Normale de Pékin
École pratique des Hautes Études

TEMPLES ET STÈLES DE PÉKIN

sous la direction de

MARIANNE BUJARD & JU XI

par

LINGQIONG XIE-FOUQUES

Volume VI

Épigraphie : Zhao Chao, Zhao Yu, Gui Xiao
Stèles en mandchou : Alice Crowther, Ma Rongxuan
Stèles en tibétain : Wei Jiandong, Eriguna
Stèles en mongol : Wei Jiandong, Hong Geerzhuolan
Dessins des temples : Li Weiwen
Enquêtes de terrain : Victoire Surio, Du Xueying, Zhao Na
Archives : Luca Gabbiani, Han Bing

La publication de ce volume a été entièrement financée par le Centre de recherche sur les civilisations de l'Asie orientale (CRCAO-UMR8155)

Pékin 2024

碑　文　抄　録：趙　超　趙　昱　桂　梟

滿文碑銘釋録：曹　君（Alice Crowther）　麻榮軒

藏文碑銘釋録：魏建東　額日古納

蒙古文碑銘釋録：魏建東　鴻格爾卓蘭

寺廟復原圖繪：李緯文

田　野　調　查：阮如意（Victoire Surio）　杜雪瑩　趙　娜

檔　案　查　閲：陸　康（Luca Gabbiani）　韓　冰

本卷出版由法國東亞文明研究所（CRCAO-UMR8155）提供經費。

部分寺廟照片

（1930—1931年間北平研究院調查資料）〔1〕

法淵寺騎犼觀音像（見六排五段“法淵寺”條）

〔1〕所有資料均由中國文化遺産研究院提供電子版，謹致謝忱！

吕祖觀内娘娘像（見六排九段“三官廟”條）

智珠寺大殿佛像（見六排五段“智珠寺”條）

小旃檀寺後殿旃檀佛像（見六排九段“小旃檀寺”條）

嵩祝寺宗喀巴佛像（見六排五段“嵩祝寺”條）

帥府庵三教殿老子騎牛像（見六排九段“帥府庵”條）

前　言

《北京内城寺廟碑刻志》第六卷包括清乾隆《京城全圖》第六排範圍内九十四座寺廟的廟志，共收録碑文六十四篇。第六排東起朝陽門，西至阜成門，横貫朝陽門大街、東四、景山、北海、西安門大街、西四、阜成門大街，沿途景致，美不勝收。其中既有隆福寺（隆福寺街九十五號）、廣濟寺（阜成門内大街二十五號）、歷代帝王廟（阜成門内大街一百三十一號）和妙應寺（阜成門内大街一百七十一號）四座著名的大刹，也有延福宫（朝陽門内大街二百零三號、二百二十五號）、雙關帝廟（西四北大街一百六十七號）、朝陽庵（青塔胡同六十五號）、慈因寺（宫門口横胡同十一號、十三號，宫門口頭條胡同二十一號）等始建於元明，歷經數百年歷史變遷，至今部分建築尚存的古寺。皇城内的法淵寺（北河沿大街六十一號，嵩祝院北巷二號）、嵩祝寺（嵩祝院北巷四號、六號，北河沿大街甲七十七號）和智珠寺（景山後街嵩祝院二十三號）三座敕建喇嘛寺見證了清代皇室對藏傳佛教的崇尚；同樣地處皇城的恪僖公祠和獎忠祠（兩祠今不存，其址均約爲沙灘北街十五號），以及馬神廟（沙灘北街二號）和護國關帝廟（三眼井胡同七十號、七十二號、甲七十二號）講述的是清乾隆朝大學士傅恒家族的榮耀。另外，擁有民國時期豐富史料的大佛寺（美術館後街六十至七十六號）、沙灘關帝廟（五四大街三十五號）、崇聖寺（西黄城根北街四十五號）和小旃檀寺（西四北大街一百五十八號）等展現了這一時期僧俗兩界互來互往的鮮活社會風貌。妙應寺周邊如今依存的藏經殿（白塔寺東夾道十七號、十九號、甲十三號）、千佛殿（白塔寺東夾道十四號）、净土殿（前抄手胡同二十九號、二十七號）等小廟和這一街區尚存留完好的胡同肌理稱得上是北京幾十年來巨變中一個值得慶幸的奇迹。

本卷所有寺廟中，位於西四北大街的雙關帝廟（六排九段）歷史最爲久遠。寺内最早的一通石碑爲元泰定元年（1324）《義勇武安王碑》。據此碑，寺廟在當時即一“年深古廟”。從元代至民國，雙關帝廟雖然衹是一座前後兩院的小廟，却一直是周邊居民燒香祭拜的一坊香火；民國時期更是成爲西四地區重要的提供喪葬禮儀宗教服務的中心寺廟（“經懺口子”）。正是這種來自民間社會的源源不絶的宗教信奉的活力纔使一座不起眼的小廟得以穿越幾百年的歷史而依舊生機盎然。本卷中的另一座寺廟——位於西城區宫門口横胡同的慈因寺（六排十一段），其歷史延續則有賴於歷任住持的不懈努力。慈因寺始建自明萬曆年間。清康熙五十九年（1720），僧人惟誠任住持。惟誠爲修寺廟，先於寺内結壇講經，後又閉關三載，終於感動道俗，雲集檀施。雍正八年（1730）京西地震，寺址正當其衝，廟宇殿堂毁於一旦。惟誠不弃不撓，歷時近二十年將寺貌悉數恢復如初。惟誠以後的歷任住持均兢兢業業，講經傳戒，不斷修繕、擴建寺廟。至民國時期，慈因寺不僅房舍數量與乾隆《京城全圖》時相比大增，而且佛像、法器、壁畫等藏品亦極其精美豐富，并擁有多處附屬房産和七十畝郊外地産。寺内還自辦了慈善機構北京施醫所。當時的寺院裏乾净整潔，安静宜人。夏季大殿前的楸樹緑蔭蔽日，十分爽適。

通過雙關帝廟和慈因寺的歷史可以看到宗教功能是維繫一個寺廟生命的重要因素。這個功能，伴隨與其相關的寺廟作爲社會公共場所的功能，實實在在是本叢書所載録的遍布北京内城的大大小小上千所寺廟存在的理由。

20世紀50年代以後，隨着宗教功能的逐漸消退，廟房陸續變成民宅。鑒於中國寺廟的建築結構與民居存在很大的互通性，這種廟轉宅的變遷也顯得順理成章。我們在實地調查中看到，由於寺廟的殿堂往往比普通住宅高，通常的做法是在殿内加一層天花板，以降低居室的層高。如此一來，一些殿宇的藻井就被隔在後加的天花板裏面，神奇地得以幸存，比如大佛寺的後殿（六排四段）、三眼井胡同的護國關帝廟的大殿（六排六段）、前抄手胡同净土殿的大殿（六排十段），等等。我們通過實地調查也發現極大部分住在廟内的居民都是20世紀五六十年代，甚至20世紀三四十年代就遷入的老住户。往昔的香火地成了幾代北京人的栖息所，和周圍的其他宅院一道成爲北京特有的胡同文化的一分子。

本卷寫作之際，北京的城市規劃正從幾十年以來的大拆大建向城市建築遺産保護轉變。筆者在2017年和2018年兩次到訪西城區青塔胡同的朝陽庵（六排十一段）。2017年院内尚有住家，存前後兩殿。2018年住家全部騰退搬遷，院内瓦礫遍地，後來加蓋的房屋均被拆除，衹剩殘破不堪的前後兩殿和兩棵古槐。據稱道觀將重建恢復。2018年，西四的雙關帝廟内的住家已經全部搬遷，整座寺廟正在修復當中。同年，占地廣闊的慈因寺的主院依然是大雜院，在衆多後來搭建的房舍中依然可以辨認出原來的天王殿、後殿和兩邊的禪堂。但是位於宫門口頭條胡同二十一號的原慈因寺西跨院則正在全面翻修，門口挂有2013年西城區普查登記文物的標牌。

搬遷居民，騰退廟房，拆除後來加蓋的建築，恢復廟貌，然後作爲文物對公衆開放。這似乎是北京城内得以幸存的寺廟的新功能。一方面我們對於歷盡滄桑的古寺終於得以修繕保護感到欣慰，另一方面我們也看到重修的廟宇衹有嶄新的建築軀殼，没有僧道信衆，没有神像禮器，没有宗教氛圍，似乎少了讓其重生的靈魂。同時，變成民宅的寺廟是20世紀後半期獨具北京特色的平民生活史的珍貴見證，如何評價其保護價值，如何避免在建築遺産保護的名義下對其破壞清除，也是一個需要考慮的問題。

與前五卷一樣，本卷的編寫是建立在十幾年以來參與“北京内城寺廟碑刻與社會史”項目的衆多同仁卓越的工作成果的基礎之上。2004—2005年期間，在北京師範大學和中國社會科學院民族所等院校的研究生的協助下，阮如意（Victoire Surio）曾調查過本書的部分寺廟。她的調查記録和照片是本書中珍貴的資料。時爲北京大學博士生的趙昱、桂梟抄録了本卷大部分碑文的初稿。曉松（Gil Gonzalez-Foerster）拍攝了部分寺廟的照片。法國高等實踐學院博士生曹君（Alice Crowther）與中國人民大學歷史學院碩士生麻榮軒承擔了滿文碑文的原文格式與拉丁文轉寫。時爲法國高等實踐學院博士生的雷陽幫助查找了明清以來北京地方史志和文人傳記中關於寺廟的資料。時爲法國高等實踐學院博士生的李緯文爲本書手繪了隆福寺與延福宫兩處重要寺廟的復原圖。另外，我們要特别感謝中央民族大學的魏建東教授和他的學生們：北京大學歷史系碩士生鴻格爾卓蘭、中國人民大學國學院碩士生額日古納，負責了本卷蒙古文和藏文碑銘文的轉寫，以及滿文碑文的校對。

北京師範大學的鞠熙教授在本卷的編寫過程中從始至終一直給與了極大的幫助。她在 2017 年和 2018 年和筆者一起實地調查寺廟。全書完稿後又進行了細緻嚴格的審閱工作，并且補寫了大高玄殿的廟志，對六排一段的財神廟也做了很大的補充。筆者在此深表謝意。

特別感謝法國高等實踐學院教授、本項目負責人吕敏女士對筆者的信任，讓筆者得此殊榮編寫叢書第六卷，這段經歷將畢生難忘。

本叢書長期的出版計劃仰賴於中華書局柴劍虹先生的慷慨幫助，國家圖書館出版社的孫彦女士與王燕來先生從項目之初即負責本書出版，景晶女士、閆悦女士審校了本卷全書，這令我們感到萬分榮幸。

“北京内城寺廟碑刻與社會史”項目以及《北京内城寺廟碑刻志》叢書，是法國遠東學院、法國高等實踐學院與北京師範大學社會學院的合作成果。蔣經國國際學術交流基金會、法國國家“未來投資”項目亦提供了重要資助。法國東亞文明研究中心承擔了本卷全部的出版經費。我們謹向以上機構和人員致以最誠摯的謝意。

謝玲瓊
2023 年 4 月

Avant-propos

Le sixième volume de la collection *Temples et Stèles de Pékin* porte sur les quatre-vingt-quatorze temples situés sur le sixième bandeau (en partant du nord) de la reproduction moderne de la fameuse *Carte complète de la capitale*, présentée en 1750 à l'empereur Qianlong (r. 1736-1796). Il contient au total la reproduction et la transcription de soixante-quatre stèles.

De la porte Chaoyang à l'est à la porte Fucheng à l'ouest, le sixième bandeau traverse toute la ville intérieure (*neicheng* 内城), en passant par le carrefour de Dongsi, la colline de Charbon ou Jingshan, le parc Beihai et le carrefour de Xisi. Par la centralité de son emplacement, la magnificence de ses sites impériaux et l'effervescence de ses quartiers commerçants, cette voie fut incontestablement la plus éblouissante de toute la capitale. Nous y trouvons non seulement les quatre somptueux temples de grande renommée que furent le Longfusi 隆福寺 , le Guangjisi 廣濟寺 , le Lidai diwangmiao 歷代帝王廟 ou temple des Anciens Souverains et le Miaoyingsi 妙應寺 ou temple du Dagoba blanc Baitasi 白塔寺 , mais aussi le Yanfugong 延福宮 , le Shuang Guandimiao 雙關帝廟 , le Chaoyang'an 朝陽庵 et le Ciyinsi 慈因寺 , dont la fondation remonte aux dynasties des Yuan et des Ming et qui, malgré un passé souvent tourmenté, subsistent encore partiellement de nos jours. Dans la ville impériale, si les trois temples lamaïques établis par le pouvoir impérial, le Fayuansi 法淵寺 , le Songzhusi 嵩祝寺 et le Zhizhusi 智珠寺 témoignent de l'inclination de la dynastie des Qing pour le bouddhisme tibétain, le Gexigongci 恪僖公祠 , le Jiangzhongci 獎忠祠 , le Mashenmiao 馬神廟 et le Huguo Guandimiao 護國關帝廟 gardent les traces de la gloire de la famille de Fu Heng 傅恒 , Grand secrétaire de la cour de Qianlong, et des honneurs qu'elle en reçut. Par ailleurs, l'histoire du Dafosi 大佛寺 , du Guandimiao de Shatan 沙灘關帝廟 , du Chongshengsi 崇聖寺 et du Xiaozhantansi 小旃檀寺 , que la richesse des sources de l'époque républicaine permet de retracer, illustre la formidable interaction entre la communauté des moines et les habitants. Enfin, la conservation de quelques petits temples dans les ruelles aux alentours du Dagoba blanc, tel le Cangjingdian 藏經殿 , le Qianfodian 千佛殿 ou le Jingtudian 净土殿 , relève presque du miracle au vu des importants changements dans la physionomie de la ville au cours des dernières décennies.

Parmi tous les temples de ce sixième volume, le Shuang Guandimiao de l'avenue Xisi bei dajie (neuvième îlot) est le plus ancien. Sa première stèle connue date de 1324, et déjà elle évoque à propos du temple « une fondation de longue date ». Bien que de taille modeste, avec ses deux petites cours, il fut dès la dynastie des Yuan et jusqu'à l'époque républicaine un lieu de culte très fréquenté par les fidèles.

Sous la République, il fonctionnait comme un centre où les habitants venaient solliciter les services du clergé pour l'organisation des cultes funéraires. La dévotion des fidèles représenta une source inépuisable de revenus qui maintint le dynamisme de ce petit temple durant des centaines d'années.

Un autre temple, le Ciyinsi à Gongmenkou (onzième îlot), doit son opulence aux efforts et à la persévérance de plusieurs abbés. Il fut fondé sous le règne de Wanli (r. 1563-1620) des Ming. En 1700, le moine Weicheng 惟誠 y fut nommé abbé. Il s'y enferma et observa une retraite de trois longues années au terme de laquelle il était parvenu à collecter suffisamment de dons pour réaliser de grands travaux de restauration. Mais tous les bâtiments furent détruits lors du tremblement de terre qui frappa Pékin en 1730. L'abbé Weicheng s'attela courageusement à leur reconstruction et parvint après presque vingt ans à les rebâtir entièrement. Depuis, les abbés qui lui succédèrent ont continué sans relâche à entretenir le temple, à le restaurer et à l'agrandir. À l'aube de la République, sa superficie et le nombre de ses salles s'étaient considérablement accrus si on le compare avec le Ciyinsi dessiné sur la carte de Qianlong. Le temple possédait une très riche collection de statues, du mobilier liturgique de qualité, ainsi que des peintures murales et d'autres trésors. Il disposait également de plusieurs propriétés immobilières dans la capitale et de soixante-dix *mu* de terre dans la banlieue. Le temple était bien aménagé, propre et calme. Les magnifiques catalpas plantés devant la Grande Salle offraient en été l'agréable fraîcheur de leur ombrage.

L'histoire du Shuang Guandimiao et du Ciyinsi, qui s'étend jusqu'aux années républicaines, montre qu'un temple doit son existence à sa fonction religieuse. De plus, les temples étaient aussi des espaces publics où se côtoyaient différentes communautés de personnes comme les moines, les fidèles, les habitants du quartier ou les membres des guildes. À la fois espace religieux et lieu public de sociabilité, telles étaient les raisons d'être des quelque mille cinq cents temples recensés dans cette collection.

À partir des années 1950, la fonction religieuse disparut progressivement et les lieux de culte furent transformés en habitations. Du fait de la similitude sur le plan architectural entre les temples et les demeures ordinaires, la transformation s'avéra plutôt simple à réaliser. Néanmoins, comme les salles d'un temple sont généralement plus hautes que les pièces des maisons, un faux plafond fut souvent ajouté afin de réduire la hauteur des pièces et de mieux les chauffer. Nous avons régulièrement observé cette situation durant nos enquêtes de terrain. Le plafond d'origine, parfois peint et richement décoré, put ainsi être miraculeusement conservé. C'est le cas par exemple de la salle arrière du Dafosi 大佛寺 (quatrième îlot), de la salle principale du Huguo Guandimiao 護國關帝廟 à Sanyanjing (sixième îlot) et de celle du Jingtudian 净土殿 à Qianchaoshou hutong (dixième îlot).

Nous avons également noté durant nos enquêtes que souvent les familles arrivées dans les années 1950 et 1960 continuent d'habiter aujourd'hui dans ces anciens sanctuaires. Certaines y résident même depuis les années 1930. Cette continuité nous a surpris au regard des bouleversements que la ville a connus. Dans ces lieux de culte, après la disparition de la vie religieuse, la transformation en habitations donna une nouvelle fonction aux bâtiments et en assura la conservation. La vie s'y déroule semblable à celle des maisons à cour carrée avoisinantes. Seuls les toits plus élevés et la forme des tuiles, ou parfois la présence de tuiles ou d'ornements de toiture glaçurés, les distinguent des autres constructions et en révèlent le passé.

Au cours de la rédaction de ce volume, la politique suivie à Pékin en matière d'urbanisme a basculé de la démolition massive à la préservation des vieux quartiers. Je me suis rendue au temple Chaoyang'an 朝陽庵 (onzième îlot) en 2017 et 2018. Alors que les lieux étaient encore habités en 2017, un chantier de restauration de monument historique était en cours l'année suivante. Les habitants avaient déménagé, les annexes qu'ils avaient ajoutées au fil des ans avaient été détruites et il ne restait que les deux salles d'origine et les vieux arbres. La restauration achevée, le site rouvrira ses portes non comme temple, mais comme musée. Le Shuang Guandimiao près de Xisi connaît le même sort. Quant au Ciyinsi, sa partie centrale servait encore d'habitation en 2018 et on pouvait distinguer, parmi les nombreuses constructions ajoutées ultérieurement de manière désordonnée, la salle Tianwang ou salle des Quatre rois célestes, la salle arrière et les pièces latérales. En revanche, des travaux de restauration avaient commencé dans sa partie ouest et les habitants avaient quitté les lieux. Sur le mur extérieur, une plaque indiquait que le site avait été classé au titre de patrimoine culturel (*wenwu*文物) du district ouest de la ville.

Vider de leurs locataires les anciennes demeures des divinités, les restaurer et les ouvrir au public en tant que patrimoine culturel, telle semble être la nouvelle destination des temples qui ont survécu aux destructions massives des décennies précédentes. Certes, nous ne pouvons que nous réjouir de voir ces monuments chargés d'histoire et de mémoire faire peau neuve. Néanmoins, ne faut-il pas se demander ce qui demeure de l'âme d'un temple sans ses moines, sans ses fidèles, parfois même sans statues ni images des divinités qui y étaient révérées, dépourvu de toute activité religieuse, où l'odeur de la peinture fraîche a remplacé celle de l'encens ? La seule valeur architecturale suffit-elle à lui redonner vie et à représenter toute son histoire ? Il convient également de s'interroger sur la valeur historique du dernier épisode de la longue vie de ces temples devenus des habitations pour des milliers de familles. Retrouver leur architecture d'origine nécessite la destruction des ajouts « récents », effaçant du même coup toute trace matérielle de leur dernier emploi. Est-ce vraiment justifié ?

Comme les précédents, ce volume est basé sur le fruit du travail de l'équipe du projet « Épigraphie et mémoire orale des temples de Pékin - Histoire sociale d'une capitale d'empire ». Pendant les années 2004 et 2005, Victoire Surio a enquêté avec des étudiants de l'université normale de Pékin et de l'Institut des minorités de l'Académie des sciences sociales de Chine, et nombre des photographies reproduites ici ont été prises par elle au cours des enquêtes. Zhao Yu et Gui Xiao, alors doctorants du Département de langue chinoise et de littérature de l'Université de Pékin, ont copié les inscriptions. Les inscriptions en mandchou ont été copiées et transcrites par Alice Crowther, doctorante à l'École pratique des hautes études, et Ma Rongxuan, étudiant à l'Université Renmin ; Gil Gonzalez-Foerster est l'auteur de nombreuses photographies de ce volume. Lei Yang, alors doctorant à l'École pratique des hautes études, a rassemblé les données sur les temples de ce volume dans la littérature des Ming et des Qing relative à Pékin. Li Weiwen, docteur de l'Université Sorbonne Paris IV, a dessiné avec talent et rigueur les temples Longfusi et Yanfugong en s'appuyant sur les archives et les descriptions anciennes. Nous tenons à exprimer notre reconnaissance à Wei Jiandong, professeur à l'Université centrale des Minorités à Pékin, qui a transcrit toutes les stèles tibétaines et mongoles du présent volume, et a revu les transcriptions des stèles mandchoues, avec l'aide de ses étudiants : Eriguna et Hong Geerzhuolan.

Ju Xi, professeure à l'Université normale de Pékin, m'a apporté son aide amicale et constante tout au long de la rédaction du volume tandis que nous avons souvent conduit ensemble les enquêtes sur place en 2017 et 2018. Et elle a relu avec compétence et minutie l'ensemble du manuscrit. Elle a également écrit la notice du Dagaoxuandian 大高玄殿 et a enrichi largement la notice de Caishenmiao 財神廟 (premier îlot). Je lui adresse ma plus vive reconnaissance.

J'exprime ma profonde gratitude à Madame Marianne Bujard, directeur d'études à l'École pratique des hautes études et responsable du projet. Elle m'a chargée en toute confiance de rédiger le volume VI. Cela m'a permis de vivre une expérience exceptionnelle et pour tout dire inoubliable, tant sur le plan humain que sur le plan professionnel.

À nouveau, cette publication a pu compter sur l'assistance fidèle de Monsieur Chai Jianhong de la maison d'édition Zhonghua shuju et sur le soutien de Madame Sun Yan et de Monsieur Wang Yanlai, éditeurs de la maison d'édition de la Bibliothèque nationale de Chine, tandis que Mesdames Jing Jing et Yan Yue ont apporté tous leurs soins à l'édition de ce volume.

Le programme de recherche « Épigraphie et mémoire orale des temples de Pékin - Histoire sociale d'une capitale d'empire » et la publication *Temples et Stèles de Pékin* sont le fruit d'une collaboration entre l'École française d'Extrême-Orient, l'École pratique des hautes études et le Département d'Anthropologie et d'Ethnologie - Collège de sociologie de l'Université Normale de Pékin. Notre programme de recherche a bénéficié d'une importante subvention de la Chiang Ching-kuo Foundation for International Scholarly Exchange et d'une aide au titre du programme des « Investissements d'Avenir » lancé par l'État français et mis en œuvre par l'ANR portant les références ANR-10-IDEX-0001-02 PSL. La publication de ce volume a été entièrement financée par le Centre de recherche sur les civilisations de l'Asie orientale (CRCAO-UMR8155).

À tous nous adressons notre profonde reconnaissance.

Lingqiong XIE-FOUQUES

Avril 2023

目　録

六排一段

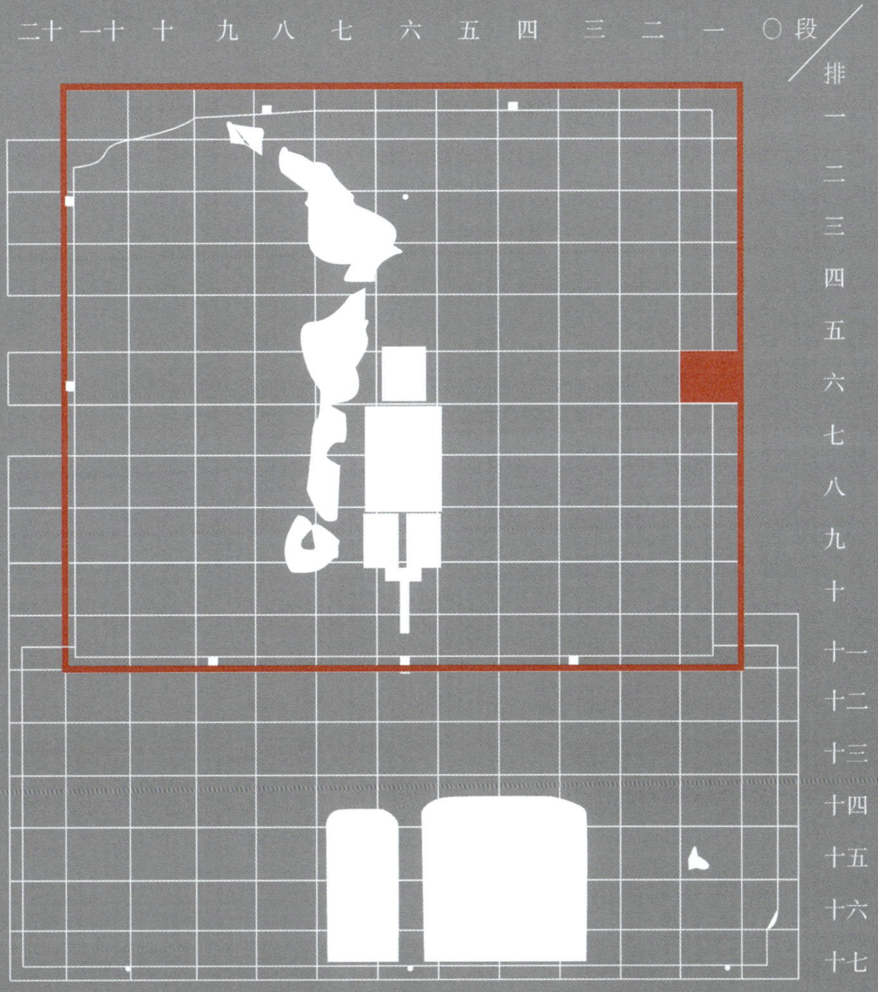

地藏庵
財神廟

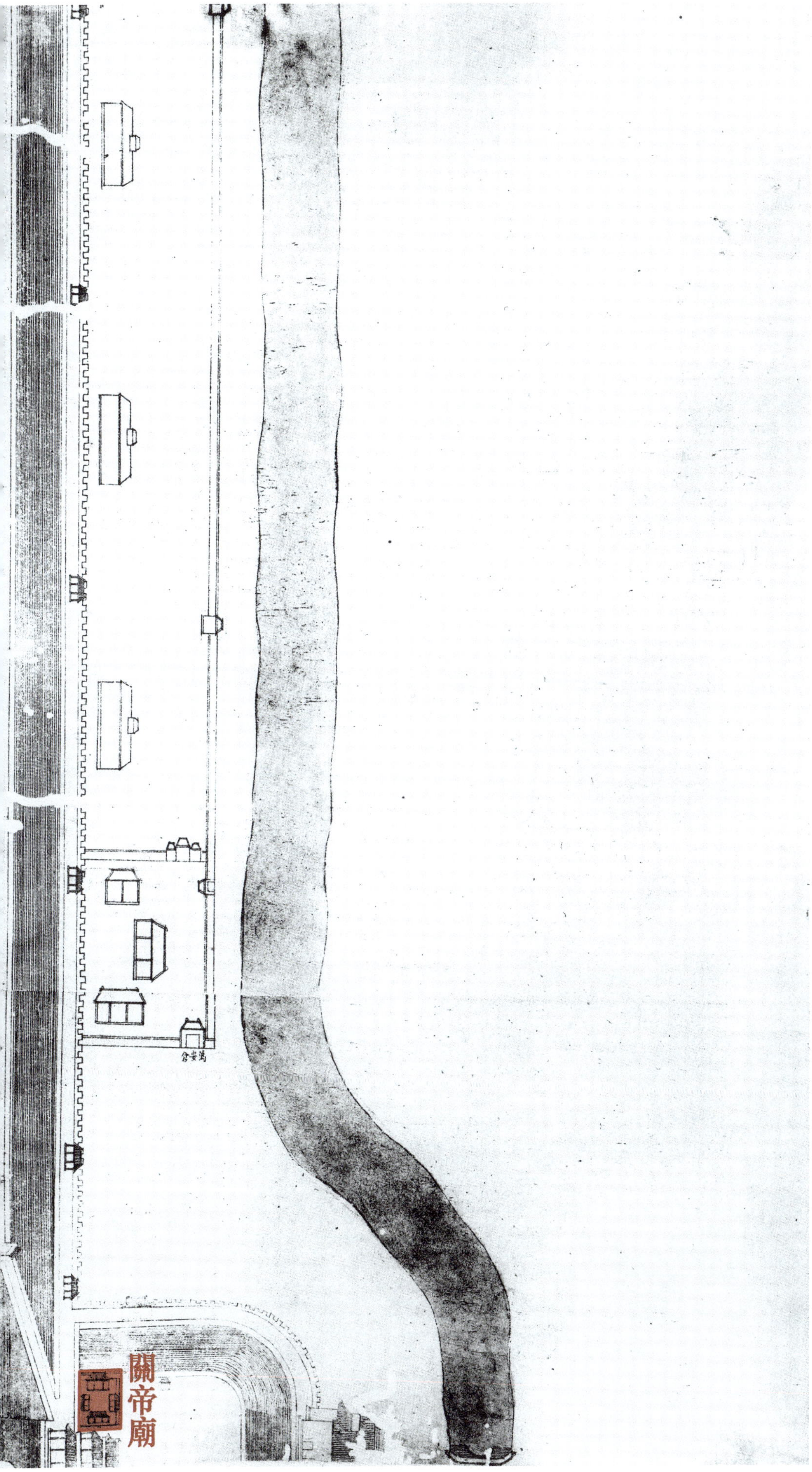
萬安倉
關帝廟

地藏庵

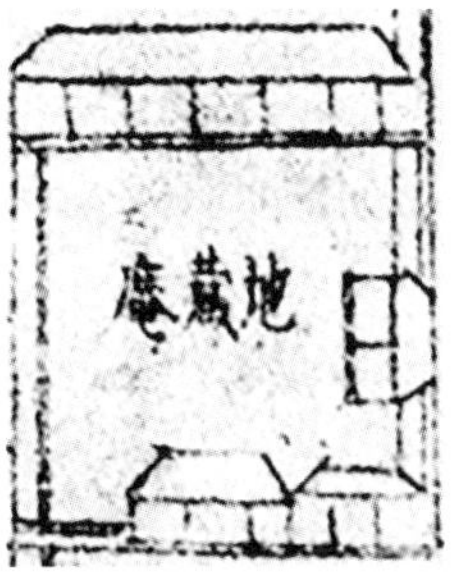

地藏庵,原址約在今東城區豆瓣胡同五號居民小區内。寺廟建築現不存。

地藏庵始建年代無考。清《乾隆廟册》有載,爲大僧廟,在豆瓣胡同。據清乾隆《京城全圖》,庵坐北朝南,南似有山門三間,東有房三間。山門内院落方正寬敞,有北殿七間,東殿兩間。西邊爲寺墻,無房宇。此外未見其他資料記載。

2007 年調查時,寺廟已無存。2018 年回訪,原址爲高層居民樓小區。

財神廟

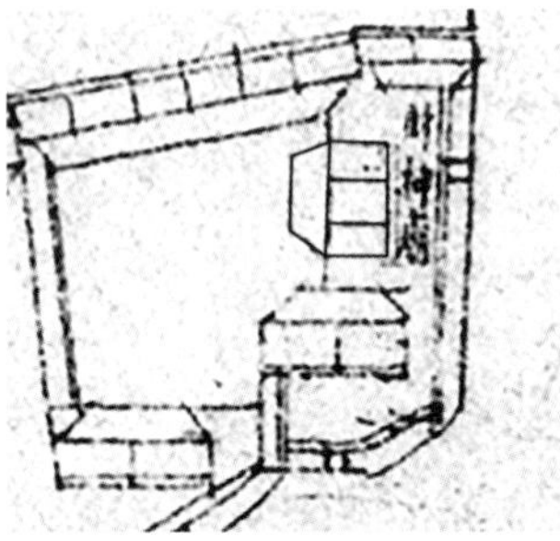

財神廟,清道光年間改爲關帝廟。原址爲朝陽門内北水關東城根一百三十七號(約今東城區朝陽門北大街二十五號),寺廟建築現不存。

財神廟始建年代不詳。廟内曾有清康熙二十八年(1689)鑄小鐵鐘一口,但無銘文,難知是否爲廟内舊物。據清乾隆《京城全圖》所繪,廟在東燒酒胡同東頭路南,坐西朝東。小廟無山門,在臨街東墻開一門,門内西殿三間。

道光年間,糧行買下廟産,改爲行會公建關帝廟,除供佛外,日常辦理糧行公務與開會所用[1],但基本格局未變,財神仍奉祀殿内。道光十一年(1831),廟内添建三份鐵五供。道光二十八年(1848),又增加寶鼎一座。光緒十一年(1885)永源店等糧店再次重修寺廟,正殿木額立於此時。據説庚子事變時廟照遺失,但民國時期歷次寺廟登記均有記録[2]。光緒三十年(1904),糧行公推陳長福管理寺廟。陳長福出生在北京大興,時年大約二十四歲。他一直住在廟内料理廟務,直到20世紀40年代。

20世紀30年代初國立北平研究院調查時,此廟仍山門東向,西殿三楹。殿上木額曰“浩然正氣”,兩側聯曰“臨大節而不可奪也,非聖人而能若是乎”。殿前設道光年間寶鼎與康熙年間鐵鐘。殿内正供關帝坐像,周倉、關平侍立,馬童各一。兩側壁間神像六尊,一側是土地、財神與倉神,另一側是火神、財神與馬王,小童各五,均爲泥塑。正殿後有西房兩間、南房五間。調查人

〔1〕1936年寺廟登記檔案中記爲道光二十五年(1845),參見北京市檔案館藏《北平市社會局·内三區關帝廟張長福登記廟産的呈文及社會局的批示(附寺廟登記表)》,1932—1942年,檔案號J002-008-00697,頁十一、七十八;北京市檔案館編《北京寺廟歷史資料》,北京:中國檔案出版社,1997年,頁三百七十七。

〔2〕參見北京市檔案館藏《北平市社會局·内三區關帝廟張長福登記廟産的呈文及社會局的批示(附寺廟登記表)》,頁十二。檔案原標題有誤,實應爲陳長福。

員記録此廟爲興元糧店常興齋家廟[1]。1933年寺廟登記時,内三區後石道門七號的增源米糧店鋪長張禱軒爲廟産擔保。此時殿房僅剩四間,泥像大小共十九尊,鐘鼎五供等均在廟内。1936年北平市社會局調查時,關帝廟仍爲糧行公産,殿房還是四間,神像却少了兩尊[2]。據1950年北平市民政局登記,廟内房屋四間,除供佛外僅一人居住,即當時的寺廟管理人金錫華[3],她也許是陳長福家人。

此後關帝廟再無考,2007年調查時廟址爲中國海洋石油總公司東側緑化帶,附近已無居民。

〔1〕參見國立北平研究院《關帝廟》,東四81;中國文化遺産研究院編《北平研究院北平廟宇調查資料匯編(内三區卷)》,北京:文物出版社,2016年,頁一百七十。

〔2〕參見北京市檔案館藏《北平市社會局·内三區關帝廟張長福登記廟産的呈文及社會局的批示(附寺廟登記表)》,頁六十九至八十。

〔3〕參見北京市檔案館藏《北平市民政局·北平市寺廟總登記簿》,1950年,檔案號J003-001-00203,頁二十二。

關帝廟

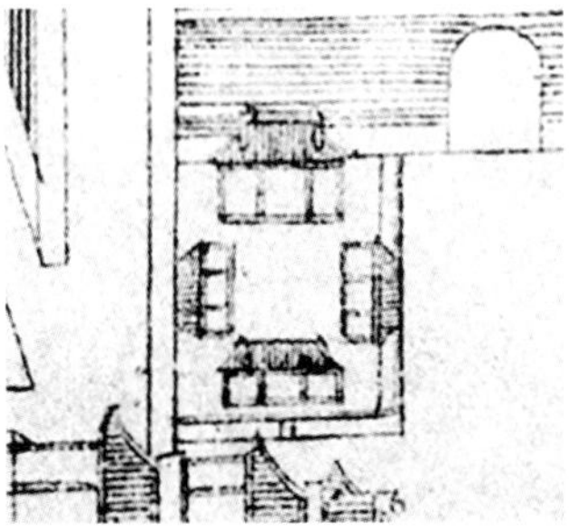

關帝廟,原址約在今朝陽門立交橋,寺廟建築現不存。

關帝廟始建年代不詳。朝陽門建於元代,時名齊化門。明代改稱朝陽門。明正統四年(1439)建城樓、瓮城和箭樓[1]。關帝廟有可能在此時修建。根據清乾隆《京城全圖》,關帝廟位於朝陽門瓮城内西北角,坐北朝南。西、北兩邊接瓮城城墻,東、南兩邊有墻,南墻開廟門。廟門内有前殿三間。前殿往北爲主院,有大殿三間,東西配殿各三間。各殿均爲歇山頂。

20世紀20年代瑞典學者喜仁龍(Osvald Siren)對北京的城墻和城門進行了考察測繪。根據他的見聞,朝陽門雖然由於環城鐵路的修建而遭到了很大的毁壞,但是瓮城内的關帝廟却依然得以保留。喜仁龍還特意提到了廟内的幾株樹木,爲鐵軌綫灰暗的風景增添了一抹亮色[2]。

20世紀50年代中期朝陽門的城樓和箭樓陸續拆除[3]。關帝廟或許也被同時拆毁。

---

〔1〕參見國家文物局主編《中國文物地圖集·北京分册(下)》,北京:科學出版社,2008年,頁五。

〔2〕Osvald Siren, *The walls and gates of Peking,* London, John Lane The Bodley Head Limited, 1924,頁一百五十七。

〔3〕同注〔1〕。

六排二段

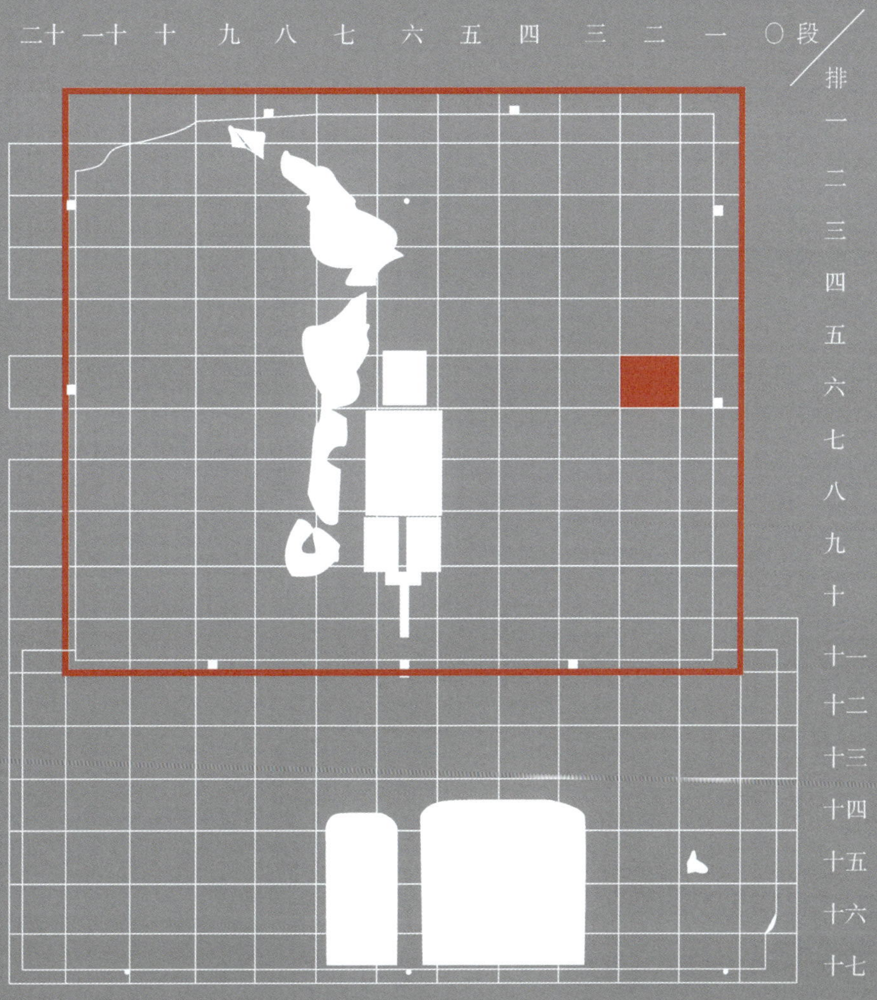

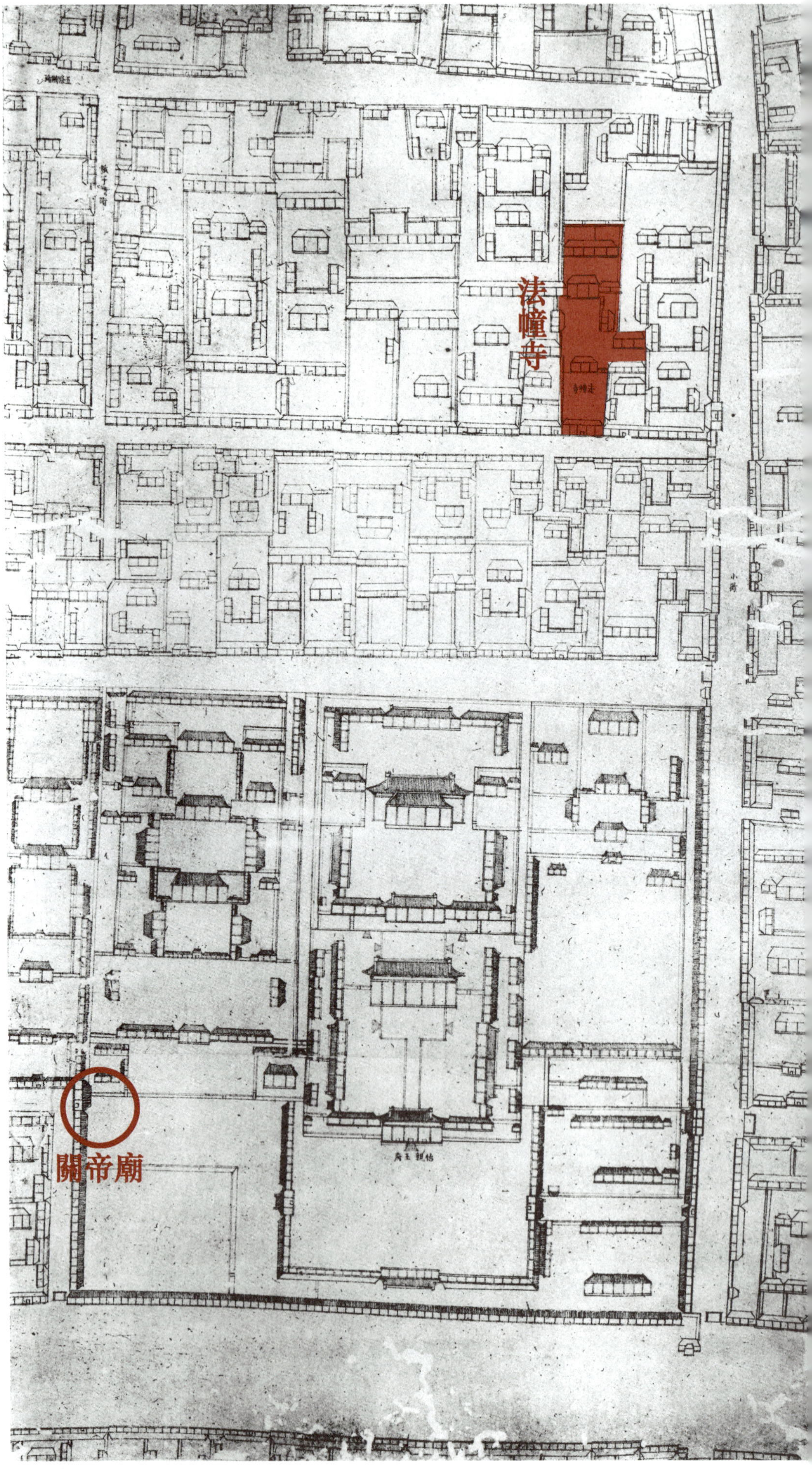
法幢寺
關帝廟

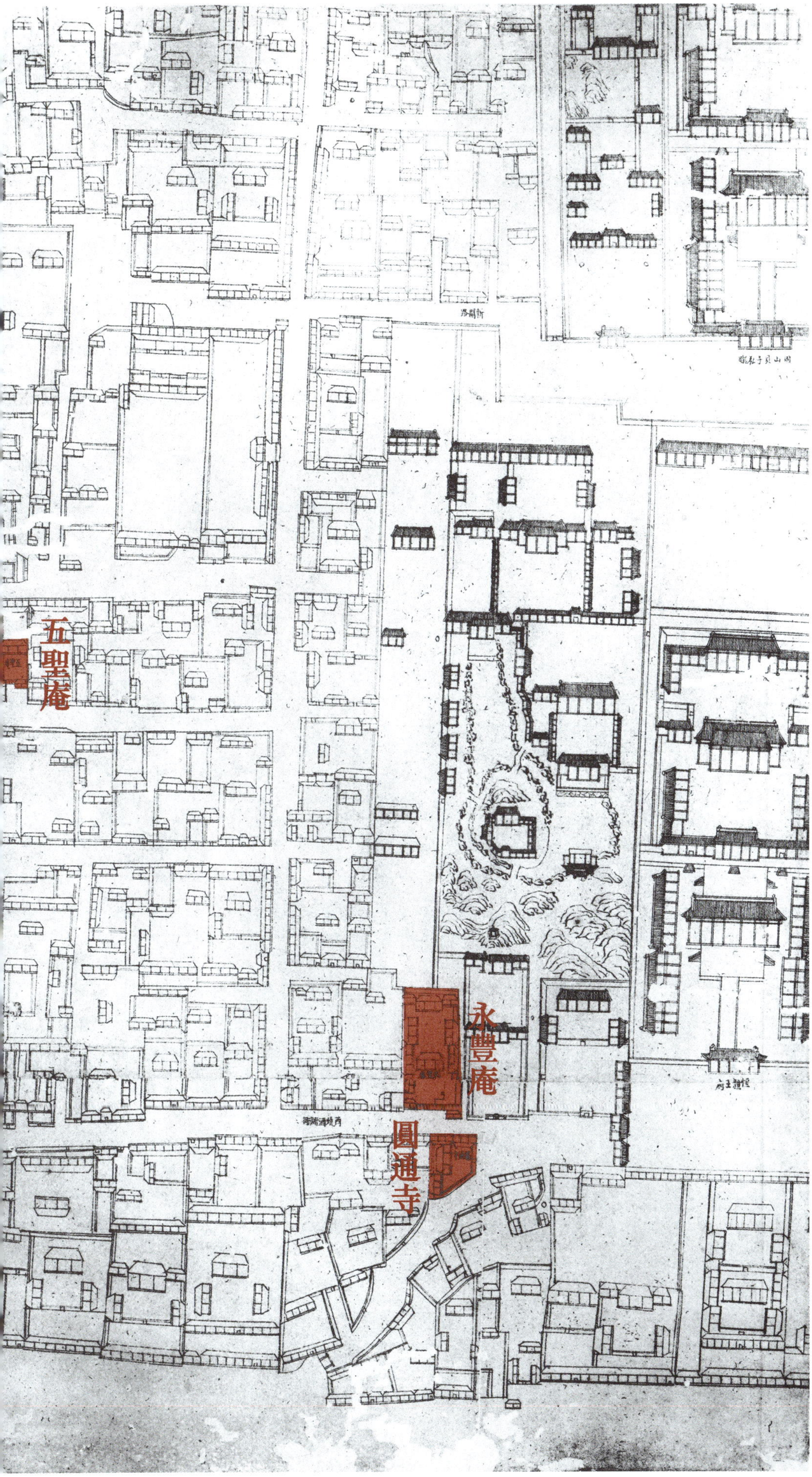
五聖庵
永豐庵
圓通寺

法幢寺

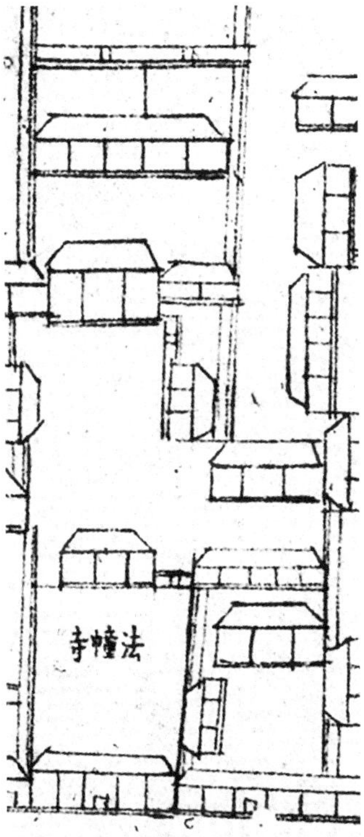

法幢寺，原址約在今東城區東四四條三號、五號。寺廟建築現已不存。

法幢寺始建年代不詳。清《乾隆廟册》有載録，爲大僧廟，住持祖義。據清乾隆《京城全圖》所繪，廟在東四四條街北，坐北朝南，三層殿宇。山門五間，南向，正中開門。前院北殿三間，殿兩邊有墻，東墻上開一門通中院。中院東南隅有北殿三間。院北大殿三間，殿東有耳房兩間。中院東北角有一跨院，西墻開一小門通主院，院内東房三間。中院北爲後院，中有大殿五間。殿北有一空地，中以墻一分爲二。空地北爲寺院之後墻，墻上開有兩道後門。

未見其他文獻資料記載。據《中國文物地圖集》，此處在清末爲清宗室、同治朝禮部侍郎綿宜的宅邸[1]。現在留存的建築布局與《京城全圖》中的法幢寺的結構大相徑庭，應當經過大規模改建。

2007 年調查時周圍住户對此廟全無印象。2013 年寺廟原址所在的東四四條三號、五號四合院均被列入東城區登記文物[2]。2018 年回訪時原址爲居民大院。

〔1〕參見《中國文物地圖集·北京分册（下）》，頁二十三。

〔2〕根據 2018 年調查時建築物外墻上的指示牌。

東城區東四四條三號法幢寺舊址（2006 年 5 月 阮如意攝）

五聖庵

五聖庵，原址約在今東城區朝内北小街八號院内。寺廟建築現不存。

寺始建年代無考。清《乾隆廟册》載在東城燒酒胡同有五聖庵，爲大僧廟，住持圓珠。清乾隆《京城全圖》中的五聖庵坐北朝南，一層殿宇。無山門，僅在臨街南墻開門。墻東側有房兩間，南向。庵内有北殿三間。

除此以外再無其他記録。2007 年調查時得知五聖庵所在胡同於 2001 年拆除，新建住宅小區。2018 年回訪時原址爲六層居民樓小區。

永豐庵

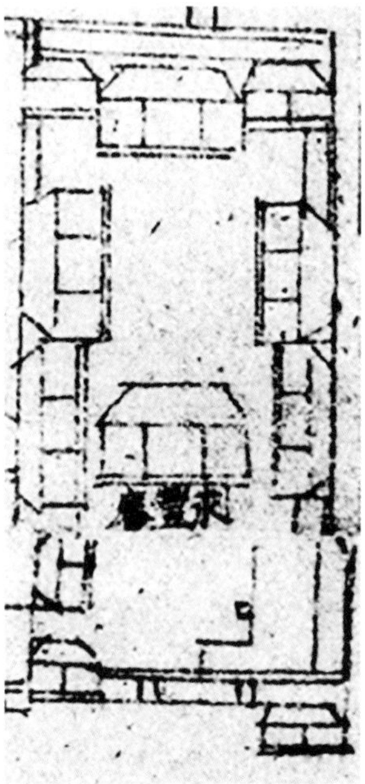

永豐庵，明代稱永豐觀，清代又名永豐禪林〔1〕，原址約在今東城區南弓匠營胡同二號。寺廟建築現不存。寺内原有明成化三年（1467）户部尚書薛遠撰碑和明正德六年（1511）禮部侍郎李遜學撰碑〔2〕，可惜今均已佚失。

據《日下舊聞考》轉引明成化三年碑，明景泰五年（1454）七月，明景帝命太監阮通時建寺，賜額"永豐"；明正德六年重修〔3〕。

清《乾隆廟册》記永豐庵爲大僧廟，住持覺容。清乾隆《京城全圖》中的永豐庵在西燒酒胡同街北，東鄰恒親王府，坐北朝南，兩層殿宇。庵無山門，在臨街墻上開兩道門。西頭墻外有房兩間，南向。東側墻門通一小跨院，院内無房舍。西側墻門通前院。前院有北殿三間，西房兩間，院東有井一口。殿兩邊東西夾道各有房三間。後院有北殿三間，帶東西耳房各二間，東西配殿各三間。

清《光緒順天府志》對永豐庵有記載〔4〕。民國時期的資料却未再提及。根據1938年出版的《北京街衢坊巷之概略》，永豐庵原址完全納入東面的五爺府界内〔5〕，似已不存。

2007年調查時寺廟原址所在胡同的房屋已全部拆除。2018年回訪時，寺廟原址爲史家小學分校。

---

〔1〕參見（清）于敏中等編纂《日下舊聞考》卷四十八，北京：北京古籍出版社，1985年，頁七百六十九。

〔2〕同上。

〔3〕同上。

〔4〕參見（清）周家楣、繆荃孫等編纂《光緒順天府志》卷十六，北京：北京古籍出版社，1987年，頁四百八十七。

〔5〕參見北京特別市公署編《北京街衢坊巷之概略》，北京：北京特別市公署印製發行，1938年。

圓通寺

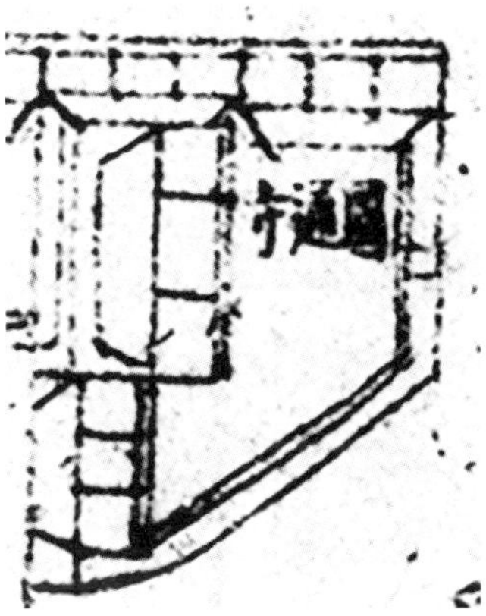

圓通寺，僅見於清乾隆《京城全圖》，原址約在今東城區南弓匠營胡同二號。寺廟建築不存。

圓通寺始建年代無考。據乾隆《京城全圖》，寺廟坐西朝東，位於西燒酒胡同的東南街角，正對恒親王府。一層殿宇，無山門，在臨街墻上開門，東向。西殿三間，殿南有西房三間。

此外未見其他有關圓通寺的文獻記載。

2007年調查時，寺舊址所在胡同的房屋已全部拆除。2018年回訪時，原址爲史家小學分校。

關帝廟

關帝廟，不見於清乾隆《京城全圖》，原址爲内三區東四牌樓頭條胡同一號（約今東城區朝内大街二百二十五號院内）。寺廟建築不存。

關帝廟始建年代無考。1928年京師警察廳總務署製《京師内外城詳細地圖》有該廟。據民國北平研究院調查資料，時爲小廟一間，西向，内供關帝、周倉、關平三木主，無佛像[1]。

2018年調查時，寺廟原址在朝内大街二百二十五號的大院内。

〔1〕參見國立北平研究院《關帝廟》，東四99；《北平研究院北平廟宇調查資料匯編（内三區卷）》，頁二百二十。

六排三段

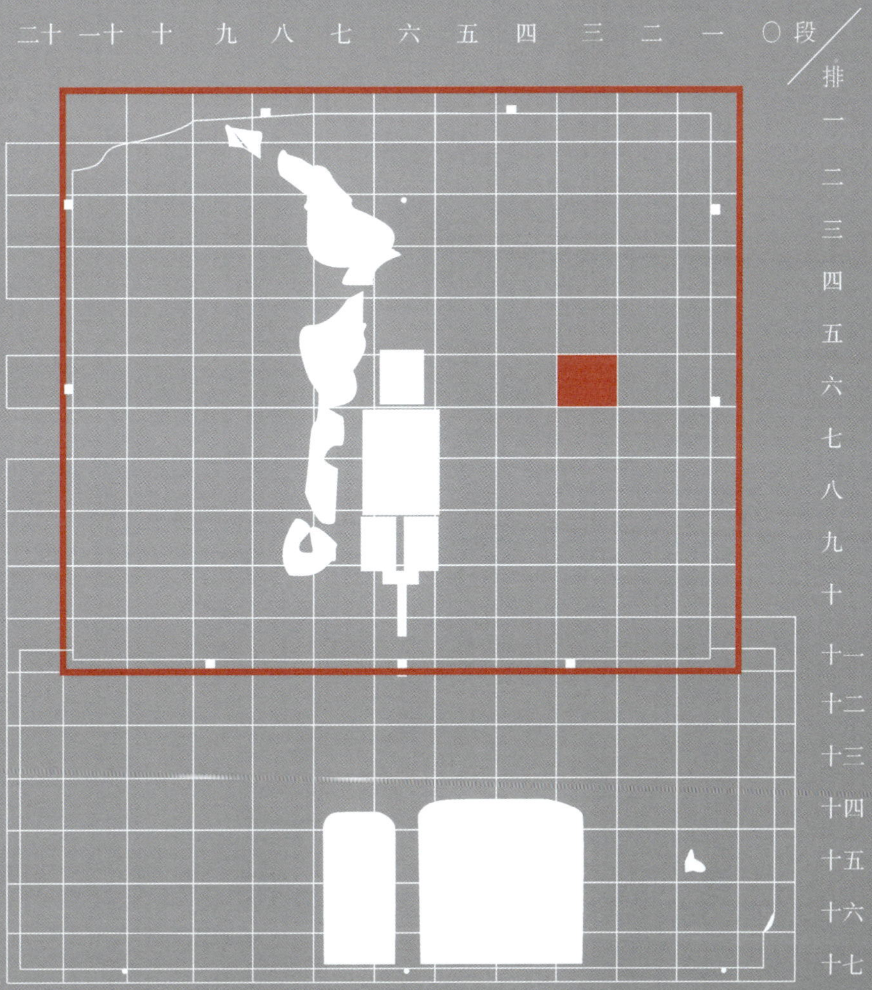

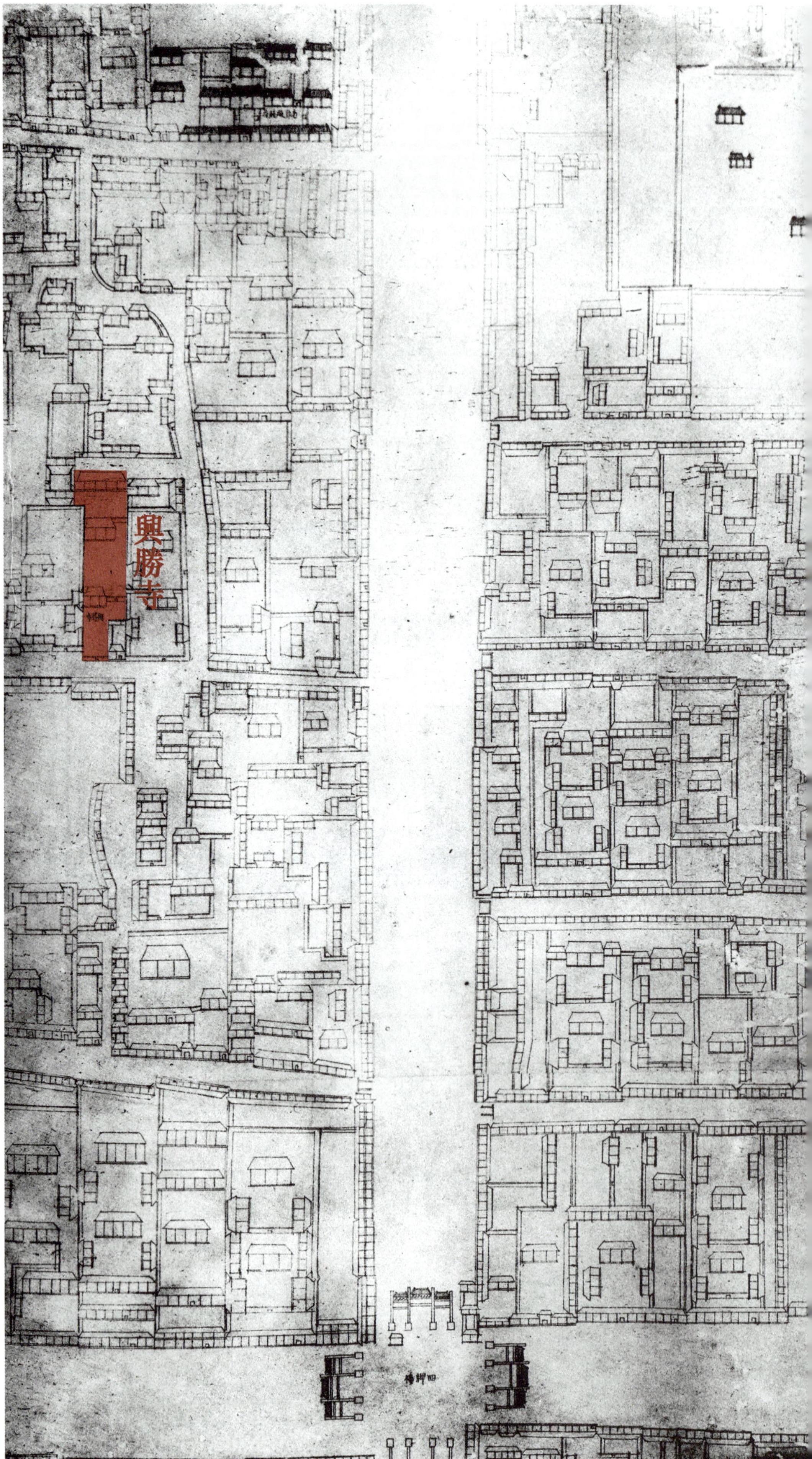
興勝寺

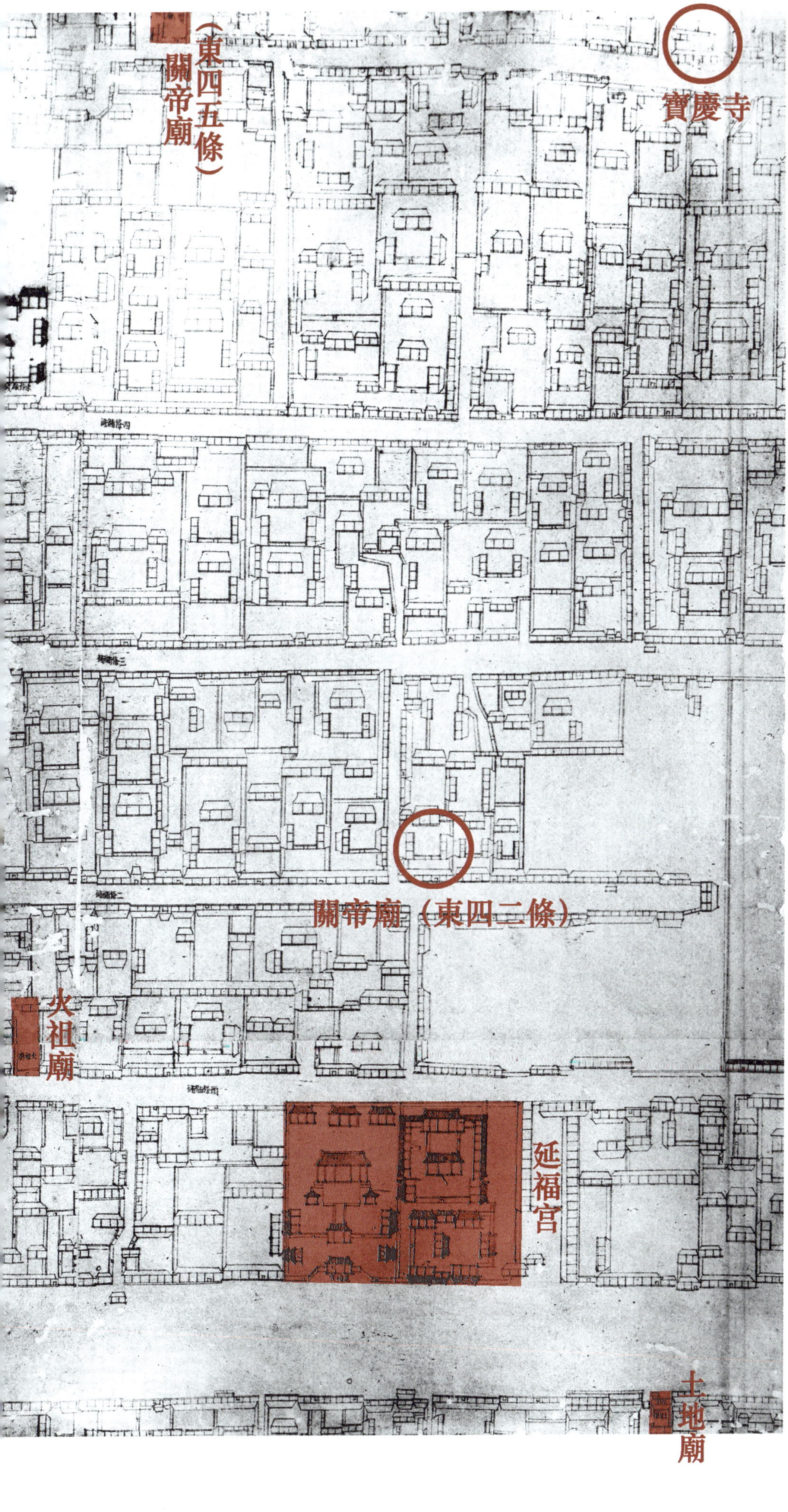
關帝廟（東四五條）
寶慶寺
關帝廟（東四二條）
火祖廟
延福宮
土地廟

關帝廟（東四五條）

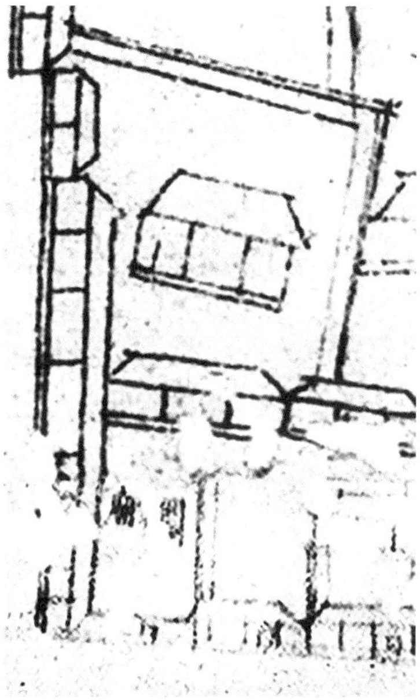

關帝廟，原址爲内三區東四牌樓五條胡同二十八號（今東城區東四五條六十三號）。寺廟建築不存。

廟始建年代無考。清《乾隆廟册》有載録，爲大僧廟，住持覺智。清乾隆《京城全圖》位於五排和六排之間，所繪關帝廟不甚清晰（左圖經拼合）。廟坐北朝南，在東四五條胡同路北。無山門，僅在南墻開門。墻内爲前院，有北殿三間。後院中間有大殿三間。廟西墻有臨街朝西房兩座，北面一座兩間，南面一座似有九間，不確定是否屬於寺廟。

此外無其他明清文獻記載。

民國時期廟内有清咸豐元年（1851）鐵鐘一口，但不確定是否爲關帝廟獻鑄[1]。

20世紀30年代北平研究院調查時，關帝廟係當街廟，僅一間，南向，木額“協天大帝己亥五月修”。内供關帝一尊，周倉、關平立像各一尊，馬像一個，均泥塑。廟在當時歸一魏姓聾啞人管[2]。

2005年調查時寺廟原址爲一工地，周圍居民對廟全無印象。2018年回訪時東四五條六十三號與五十五號院原址有從麻綫胡同遷建的麻綫胡同三號院[3]。

〔1〕參見國立北平研究院《關帝廟》，東四105；《北平研究院北平廟宇調查資料匯編（内三區卷）》，頁二百二十六；首都圖書館藏《北平寺廟調查一覽表》，1945年，手抄本。

〔2〕同上。

〔3〕根據建築外墻的指示牌，麻綫胡同三號院在2013年列入東城區登記文物。該院爲清宗室、光緒朝國子監祭酒盛昱的宅第，後被清末外務部尚書梁敦彦所得。參見《中國文物地圖集·北京分册（下）》，頁二十三。

興勝寺

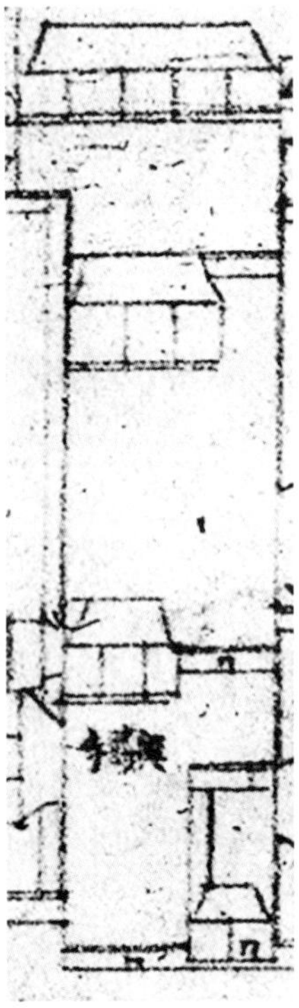

興勝寺,又名興勝庵[1],原址爲内三區孫家坑四十八號(今東城區連豐胡同二十四號)。寺廟建築現存,但均已翻建。

興勝寺始建年代不詳。寺内原有明萬曆四十二年(1614)五位宫廷内官爲興勝庵特製的大鐵磬,其銘文曰:"慈悲興勝庵。大明萬曆四十二年二月吉日。提督東司房官校辦事錦衣衛掌衛事都指揮使信官伯子祥,御馬監太監東安門掌門事信官高琦、王京等,乾清宫近侍内官監太監信官李進忠,内府供用庫太監信官張進。"[2]故廟在明萬曆時就已經建立。

清《雍正廟册》對興勝寺有記載,爲大僧廟,有殿宇八間,禪房三間,住持際旺。清《乾隆廟册》亦録作大僧廟,住持法常。按清乾隆《京城全圖》所繪,興勝寺坐北朝南,三層殿宇。南墻開寺門,由此入寺之前院。前院西北有殿三間,殿東有墻,墻上一門往北通中院。中院頗寬敞,僅在西北角有殿三間,無其他房宇。殿東亦有墻,與後院隔。後院有北殿五間。乾隆四十二年(1777),興勝寺中殿題額"亘古一人"[3]。光緒三十三年(1907)七月初一日,慧廉在僧録司更名入册,立有手本。光緒三十四年(1908)八月,是年方十四歲的僧人本源接師父慧廉法座,成爲興勝寺住持[4]。

20世紀二三十年代的興勝寺面積一畝二分,三層殿宇。山門南向,木額

---

〔1〕清《雍正廟册》《乾隆廟册》。

〔2〕參見國立北平研究院《興勝寺》,東四115;《北平研究院北平廟宇調查資料匯編(内三區卷)》,頁二百三十五。

〔3〕同上。

〔4〕參見北京市檔案館藏《北平市社會局·内三區興勝寺僧人本源關於登記廟産的呈文及社會局的批示》,1930—1931年,檔案號J002-008-00182,頁四至五。

"古刹興勝寺",内有照壁,石刻"古刹興勝禪林"。前殿三間,歇山頂,無佛像。院内古槐兩株。中殿三間,歇山頂,前出廊後帶抱厦。内有神龕,供關帝泥像一尊,周倉、關平立像。左有財神、龍王像,右有城隍、土地像。殿内另有上述明萬曆四十二年大鐵磬及清光緒十九年(1893)鐵磬;還有方鐵爐一座,木漆爐兩個。殿後抱厦内供泥塑大小韋陀像各一尊。中殿前有東房兩間,爲客堂。後殿三間,亦爲歇山頂,兩邊各帶耳房一間。後殿爲禪房,東紙額"學事堂",西紙額"静室"。禪房内供小磁觀音一尊。後院内還有東房三間,西房兩間;古槐、椿樹各一株。除上述神像法物外,興勝寺還收有《金剛經》《藥師經》《觀音經》各一部,菩薩畫像一軸[1]。

本源俗姓申,名義上一人在廟,但實際廟内另有廟役申某幫忙照料,廟産每月收入在三十元上下[2]。另根據《北京市東城區志》,每年農曆六月二十四日寺内舉行"太獅"舞表演。正月初三至正月十八還有神仙會[3]。歷次申報廟産時,本源也屢次提及廟内法物有一大鼓,重達十餘斤。1939年7月,本源病逝,其剃度徒弟二十七歲的僧人來義接充住持[4]。至20世紀40年代末,來義一直是興勝寺的住持,并將東直門中街四十七號的朝陽寺納入其下院[5]。

20世紀50年代,興勝寺依然保存完好[6]。根據2005年和2018年兩次實地調查時老住户的介紹,"文革"期間,興勝寺的佛像被砸碎,廟房也變成了民居。住持來義還俗成家,一直住在廟裏,和同院的鄰居相處融洽。1983年來義去世。1985年時山門已被拆除,三層殿宇仍在,但極破舊[7]。2005年殿宇依存。2018年回訪時,寺院舊址是居民大院,所有房屋在2007年爲迎接奥運會全部翻建。

---

〔1〕參見北京市檔案館藏《北平市社會局·内三區興勝寺僧人本源關於登記廟産的呈文及社會局的批示》,1930—1931年,檔案號J002-008-00182,頁四至五;國立北平研究院《興勝寺》,東四115;《北平研究院北平廟宇調查資料匯編(内三區卷)》,頁二百三十五;《北京寺廟歷史資料》,頁三十五;譚伊孝編著《北京文物勝迹大全(東城區卷)》,北京:北京燕山出版社,1991年,頁三百二十九。

〔2〕北京市檔案館藏《北平市社會局·内三區興勝寺僧人本源關於登記廟産的呈文及社會局的批示》,1930—1931年,檔案號J002-008-00182,頁十至十一。

〔3〕參見北京市東城區地方志編撰委員會《北京市東城區志》(初稿),1995年,頁一千一百四十五至一千一百四十七。

〔4〕參見北京市檔案館藏《興勝寺住持本源送寺廟登記表及社會局的批示》,1936—1939年,檔案號J002-008-01052,頁十八至二十。

〔5〕參見北京市檔案館藏《北平市民政局·北平市各區寺廟總登記考察簿(1947—1948)》,檔案號J003-001-00237,頁六十六;北京市檔案館藏《北平市民政局·北平市寺廟總登記簿》,1950年,檔案號J003-001-00203,頁十七;首都圖書館藏《北平寺廟調查一覽表》。東直門中街四十七號朝陽寺未見於其他資料。

〔6〕參見《北京文物勝迹大全(東城區卷)》,頁三百二十九。

〔7〕同上。

火祖廟

火祖廟，又稱火神廟[1]。原址爲内三區東四牌樓頭條胡同十七號（今東城區東四頭條六十六號）。寺廟建築現存部分。廟内原有清康熙四十年（1701）碑[2]，清乾隆五十四年（1789）《火神廟碑》，清嘉慶九年（1804）《軒轅聖會碑》和《重修火神廟碑記》四通碑。

火祖廟始建年代不詳。寺内原有清康熙二十年（1681）大鐵磬和三十六年（1697）鐵寶鼎[3]，但并不確定是否爲火祖廟特製，故難以依此推斷廟在其時已建。按清乾隆《京城全圖》所繪，廟在東四牌樓頭條胡同路北，坐北朝南，一層廟宇。無山門，在臨街南墻開門。門内院落甚寬敞，東西有墻垣，北端有大殿三間，再無其他建築。乾隆晚期，寺廟向東擴建，在東南隅新建北房三間，有五十一年（1786）長白姚明華題額“盡性踐行”爲證[4]。

清代的火祖廟香火繁盛，是一些行會供奉行業神的場所。根據乾隆五十四年《火神廟碑》，是年十一月，近六十名車行[5]會員在寺内集會，祝頌

〔1〕參見清嘉慶九年《重修火神廟碑記》，京202，徐自强主編《北京圖書館藏北京石刻拓片目録》，北京：書目文獻出版社（今國家圖書館出版社），1994年，頁三百二十八。

〔2〕此碑僅見於20世紀50年代的調查記録，當時“碑已倒地，碑和座已分開，字迹剥落，不能辨認”。參見《北京文物勝迹大全（東城區卷）》，頁二百八十六至二百八十七。

〔3〕參見國立北平研究院《火神廟》，東四95；《北平研究院北平廟宇調查資料匯編（内三區卷）》，頁二百零六。

〔4〕同上。

〔5〕車行即用騾馬駕車送客運貨的車夫行業。有關車行與馬神信仰，參見李喬《行業神崇拜：中國民衆造神運動研究》，北京：中國文聯出版社，2000年，頁三百七十三至三百八十一。

馬神誕日〔1〕。又據《軒轅聖會碑》,嘉慶九年,東四牌樓附近約七十家估衣行組成軒轅聖會,在此祭祀成衣業的保護神黄帝。當時廟内的住持爲道士隋嘉訓〔2〕。

嘉慶九年,怡親王福晋、文襄福郡王福晋及二百多家商號和個人共同捐資重修了寺廟,信士李文瀚特爲此撰文立碑〔3〕。與《京城全圖》相比,彼時的火祖廟在火神殿以北又增建一座二層三間殿宇。其下正中爲"軒皇殿",有聯曰"神道教民移世俗爲禮樂昌明之會　大德受命慧斯人於衣冠文物之中";左爲"財神殿";右爲"馬王殿";上層殿宇爲"聖母閣"。嘉慶二十四年(1819),李文瀚爲大殿題額"火祖寶殿",題聯"德配重離開百代文明景運　職司大夏順四時長養神功";又於殿内題聯"赤耀握靈符丹回日月　火輪昭法象妙合乾坤"。同治八年(1869),信士杜安於後殿聖母閣題額"自新感佑"〔4〕。光緒年間,道士隋玉清從師爺手中接下火神廟〔5〕。

民國時期的火神廟面積約一畝五分,前後兩層廟宇,東西各有跨院。神像法物收藏豐富,陳列有序。山門一間南向,歇山頂,兩側墻上嵌有緑邊黄底黑字"保境平安"琉璃磚。石額"古迹火神廟",後額"保境清寧"。山門内東面立有清嘉慶九年《軒轅聖會碑》和《重修火神廟碑記》兩通碑。山門兩邊東西各有小房兩間。前院内古槐兩株。北有火神殿三間,内供火神泥像一尊,童像兩個;配像四尊,馬童像各一個。火神像前有清光緒十年(1884)銅方爐一座,鼓一面。殿内東面有吕祖、關帝等木質金身像六尊;西面有釋迦佛像一尊,三官小像三尊,均木質金身;另有木質小佛像七尊。火神殿前有清乾隆五十四年《車行會衆碑》及康熙三十六年鐵寶鼎一口。前院東南隅有北房三間,東小房兩間,南小房兩間。後院北有二層殿宇。一層殿内正中供黄帝像一尊,女童像兩個,左右女立像四尊。像前有清康熙二十年大鐵磬一口。殿西面供馬王一尊,三目四手,二刀一劍一印,童像兩個,馬童像各兩個。東供關帝、財神、玄壇三像,像前有鐵磬一口。二層閣上供娘娘像九尊。後院以西有跨院,南北西各有房三間,爲陳記雕漆局。後院東亦有跨院,北房三間,東房兩間,南棚兩間。廟内設有理善勸戒烟酒總會悟善社公所〔6〕。

火神廟道士僅有住持隋玉清一人。1940年,隋玉清因火神廟臨街墻垣及兩間東房傾塌殘破,呈請社會局。經批准後,由其照舊修復廟墻;并拆除兩間東房中之南首一間,用所得材料整修北首一間〔7〕。1948年民政局登記時,隋玉清仍然爲火神廟住持〔8〕。

---

〔1〕參見清乾隆五十四年《火神廟碑》,京1093,北京圖書館金石組編《北京圖書館藏中國歷代石刻拓本匯編》卷七十五,鄭州:中州古籍出版社,1989年,頁一百二十九。

〔2〕參見清嘉慶九年《軒轅聖會碑》,京1092,《北京圖書館藏中國歷代石刻拓本匯編》卷七十七,頁一百五十六至一百五十七。

〔3〕參見清嘉慶九年《重修火神廟碑記》,京202。此碑録入《北京圖書館藏北京石刻拓片目録》,頁三百二十八,但未編入《北京圖書館藏中國歷代石刻拓本匯編》。此處根據北平研究院拓片録文。

〔4〕參見國立北平研究院《火神廟》,東四95;《北平研究院北平廟宇調查資料匯編(内三區卷)》,頁二百零六。

〔5〕參見北京市檔案館藏《内三區火神廟道士隋玉清登記廟産的呈文及社會局的批示》,1930—1940年,檔案號J002-008-00120,頁三十五。

〔6〕同上;參見國立北平研究院《火神廟》,東四95;《北平研究院北平廟宇調查資料匯編(内三區卷)》,頁二百零六;《北京文物勝迹大全(東城區卷)》,頁二百八十七。

〔7〕參見北京市檔案館藏《内三區火神廟道士隋玉清登記廟産的呈文及社會局的批示》,1930—1940年,檔案號J002-008-00120。

〔8〕北京市檔案館藏《北平市民政局·北平市各區寺廟總登記考察簿(1947—1948)》,檔案號J003-001-00237,頁五。

20世紀50年代，火神廟整體建築均存[1]。

2005年和2018年調查時，後院的二層殿宇尚存，在外交部大院内，其屋頂被改由泥瓦製成。西跨院亦存，爲民居。

[1]《北京文物勝迹大全（東城區卷）》，頁二百八十六。

京 1093《火神廟碑》陽

萬古流芳

太常寺司樂轉贊禮兼協律
皇壇都天大真人天師留侯府知事王尚斌沖齡撰
蓋聞
天地社稷各主宰風雷電俱屬有司無聲無形之爲聖有感應之爲神□□
有之中在虛無之内主天地而分寒暑掌社稷以定山川□在造□□全
有神靈主宰萬數皆有所司四生豈缺總制三才莫於人倫□□雖□□
牛馬征伐負載乘座耕耘利益人民開番田地奪萬之先德□□□□利
人間緊要之生靈天宫必應於聖制故有
馬王尊神者奉　天承命主六畜降莽牛而順化馴劣馬□□□□□
顯金身六臂垂胸施法相轉國便民成全稼穡利益窮民德□贊□□
誕下勒奉祝頌
王德感應千鐫人名流芳萬古

楊起功　崔文玉　馬文祥　劉立志　張文明　張通淵　張士俊　張義防　王念□
高　□　孫文彩　馬　七　孫之□　張君孝　張義正　段起風　王有淂　□必□
趙　玉　于可□　蔡　章　羅淂望　李文海　王士龍　□廟李　蘇英淂　王西林
王　七　趙雙禄　徐進朝　馬蘭秀　吴起鳳　肖必達　封廣□　廣成明　韓超□
魏志中　黄玉風　周風照　陳起龍　陳起鳳　張廷韜　張　玉　張□焕　金應玉
張文選　魯俊傑　王　中　王國忠　王景先　孟希明　習成名　蘇文玉　韓如貴
李成林　孫思敬　黄守業　陶七十五　舒五十三

乾隆五十四年十一月初十日車行會衆等公　立

火神廟碑

額題：萬古流芳
年代：清乾隆五十四年（1789）十一月十日
原址：東城區東四頭條胡同
拓片尺寸：碑身高 55 厘米，寬 42 厘米；額高 16 厘米，寬 12 厘米
書體：正書
撰人：王尚斌
《目録》：頁 320
拓片編號：京 1093
拓片録自：《北京圖書館藏中國歷代石刻拓本匯編》卷 75 頁 129

【碑陽】

碑額：萬古流芳

碑文：

太常寺司樂轉贊禮兼協律 1 皇壇都天大真人天師留侯府知事王尚斌沖齡撰。2

蓋聞 3 天地社稷各主宰，風雷電俱屬有司，無聲無形之爲聖，有感應之爲神。□□ 4 有之中，在虚無之内，主天地而分寒暑，掌社稷以定山川。□在造□，□全 5 有神靈主宰，萬數皆有所司，四生豈缺總制，三才莫於人倫。□□雖□□ 6 牛馬，征伐負載，乘座耕耘，利益人民，開番田地，奪萬之先德□□□□利 7 人間緊要之生靈，天宫必應於聖制，故有 8 馬王尊神者，奉天承命主六畜，降莽牛而順化，馴劣馬□□□□□□，9 顯金身，六臂垂胸；施法相，轉國便民。成全稼穡，利益窮民，德□贊□□ 10 誕下勒奉，祝頌 11 王德感應，千鐫人名，流芳萬古。12

楊起功、崔文玉、馬文祥、劉立志、張文明、張通淵、張士俊、張義防、王念□、13 高□、孫文彩、馬七、孫之□、張君孝、張義正、段起風、王有滑、□必□、14 趙玉、于可□、蔡章、羅滑望、李文海、王士龍、□廟李、蘇英滑、王西林、15 王七、趙雙禄、徐進朝、馬蘭秀、吴起鳳、肖必達、封廣□、廣成明、韓超□、16 魏志中、黄玉風、周風照、陳起龍、陳起鳳、張廷韜、張玉、張□焕、金應玉、17 張文選、魯俊傑、王中、王國忠、王景先、孟希明、習成名、蘇文玉、韓如貴、18 李成林、孫思敬、黄守業、陶七十五、舒五十三 19

乾隆五十四年十一月初十日車行會衆等公立。20

萬古
流芳

凡有大功於□間者垂之千古萬世而人不忘□□已□後世□香而俎豆之此□□人心□□□
莫不好善也乃其中有□義焉□又不可不知京都
火神廟供　火祖　財神　馬王　吕祖　娘娘　聖像一時殿宇輝煌光彩耀如至□□者恍
然若接諸神明固前□威靈赫濯感彼無極然而人心景仰之非無驗也　火祖爲廓内□□
神益離德昭明取□於光明正大所謂聰明正直而壹者總不外乎方正之心由是理財□□□
其往欲其□使□資流通滋息番衍生□道心歸平聖教徘徊禮棟宇之下瞻仰於殿陛之間有
以自識其心□□□返光者及□□節金之□留遺而爲後人宜法者也抑又思之□之稱講
曰□如□其義深矣夫人義□爲天地節生金母即坤元也□元爲父母□□□娘即母□也
人有疾痛危險不呼他人則呼父母至事過而奪□愛者多矣兹者舉書於□母□□亦□（下泐）
□然思其父母之德而一□其孝思矣

信士弟子李文瀚撰
闔境衆善名氏鐫列於後

大清嘉慶九年歲次甲子仲秋月穀旦立

重修碑記

怡親王福晋　夏□□　三盛居　□昌酒店　王國安　天成棚鋪　元生當　長桂軒　德□勝　天成號　（此排泐甚
文襄郡王福晋　王□明　□醞居　永聚酒店　李兆昌　富□斌　公泰當　隆泰號　全　保　鄭□玉　不可辨識）
恒昌號　麟　成　張□義　□源號　北永成號　清利號　協成號　吉泰當　義興號　董　維　王　興
萬慶號　張鳳鳴　□慶岱　通□軒　天興居　德源號　張元惠　德豐當　興聚號　蘇□□　張自□
公義局　蘇□寬　席□玉　裕興居　通元□□　興泰號　廣興號　日豐當　瑞成刻字鋪　崔起鳳　德興號
天泰號　隋治文　李吉臣　王家店　□裕成號　大興號　王□學　□□當　雙　德　沙　魁　祥順□
通泰號　隋治泰　周義泰　王國治　祥泰局　利興號　承　玉　德泰當　海　慶　王　龍　三義□
萬山號　王□□　□進喜　西□□店　會珍店　源興號　張自立　德慶當　崔景恒　杜□成　（下泐）
源生號　奕□密　李□茂　徐成瑞　和成□店　元盛號　春　平　源盛當　張呈鳳　武爾棍□
龍章號　瑞　昌　王天清　隋懷仁　昌泰店　三義號　夏永安　慶啟當　胡元俊　雙盛店
天裕號　關貴福　陳廷璧　張南呂　洪盛紙店　德茂號　富□昇　廣順當　劉□□　同利號
六合號　那　□　安玉山　順興號　余凌雲　聚盛號　于得全　天春□　□廷春　天興煤鋪
慶瑞樓　顧　翼　王暉吉　楊紙居　王繼昌　恒裕號　王永昇　公泰號　郭□成　天祥煤鋪
鄂彌善　□文煥　晉成號　永興號　萬億號　同興號　王啟浩　新和店　胡雲龍　王成業
高丙義　謝□珍　□□□　洪順號　源順號　天立號　札林阿　劉文光　東興隆號　王起鳳
李文斌　張廷貴　福海居　聚興號　源興號　恒盛店　邢保孝　源□號　景　文　天元號
顧來臨　劉□□　□義局　三順紙坊　利盛號　恒順號　天興號　瑞興軒　□盛儒　萬利號
甘永福　王文亮　□□局　源盛酒店　石啟堂　瑞興號　吉慶當　天和軒　□瑪善　萬興號
通順號　劉□□
（下泐）（下泐）

領工商人　（下題名泐）
住持道衲隋□募化

火神廟碑

額題:萬古流芳
年代:清嘉慶九年(1804)八月
原址:東城區東四頭條胡同
拓片尺寸:碑身高118厘米,寬58厘米;額高24厘米,寬17厘米
書體:行書,額正書
撰人:李文瀚
書人:李文瀚
《目録》:頁328
拓片編號:京202
拓片録自:國立北平研究院《火神廟》,東四95

【碑陽】

額題:萬古流芳

碑文:

凡有大功於□間者,垂之千古萬世而人不忘,□□□已□後世□香而俎豆之,此□□人心□□□*1*莫不好善也。乃其中有□義焉,□又不可不知。京都*2*火神廟供火祖、財神、馬王、吕祖、娘娘聖像,一時殿宇輝煌,光彩耀如。至□□者,恍*3*然若接。諸神明固前□威靈赫濯感彼無極,然而人心景仰之非無驗也。火祖爲廓内□□*4*神益離德昭明取□於光明正大,所謂聰明正直而壹者,總不外乎方正之心。由是理財□□□*5*其往欲其□使□資流通,滋息番衍,生□道心,歸平聖教。徘徊禮棟宇之下,瞻仰於殿陛之間,有*6*以自識其心□□□返光者,及□□節金之□留遺而爲後人宜法者也。抑又思之□之稱講*7*曰,□如□其義深矣。夫人義□爲天地節生,金母即坤元也。□元爲父母,□□□娘即母□也。*8*人有疾痛危險,不呼他人,則呼父母,至事過而奪□愛者多矣。兹者舉書於□母□□亦□(下泐)*9*□,然思其父母之德而一□其孝思矣。*10*

信士弟子李文瀚撰。*11*

闔境衆善名氏鐫列於後。*12*

大清嘉慶九年歲次甲子仲秋月穀旦立。*13*

【碑陰】

額題:重修碑記

碑文:

怡親王福晋、文襄郡王福晋、恒昌號、萬慶號、公義局、天泰號、通泰號、萬山號、源生號、龍章號、天裕號、六合號、慶瑞樓、鄂彌善、高丙義、李文斌、顧來臨、甘永福、通順號(下泐)*1*

麟成、張鳳鳴、蘇□寬、隋治文、隋治泰、王□□、奕□密、瑞昌、關貴福、那□、顧翼、□文

焕、謝□珍、張廷貴、劉□□、王文亮、劉□□（下泐）2

夏□□、王□明、張□義、□慶岱、席□玉、李吉臣、周義泰、□進喜、李□茂、王天清、陳廷璧、安玉山、王暉吉、晋成號、□□□、福海居、□義局、□□局 3

三盛居、□醞居、□源號、通□軒、裕興居、王家店、王國治、西□□店、徐成瑞、隋懷仁、張南吕、順興號、楊紙居、永興號、洪順號、聚興號、三順紙坊、源盛酒店 4

□昌酒店、永聚酒店、北永成號、天興居、通元□□、□裕成號、祥泰局、會珍店、和成□店、昌泰店、洪盛紙店、余凌雲、王繼昌、萬億號、源順號、源興號、利盛號、石啟堂 5

王國安、李兆昌、清利號、德源號、興泰號、大興號、利興號、源興號、元盛號、三義號、德茂號、聚盛號、恒裕號、同興號、天立號、恒盛店、恒順號、瑞興號 6

天成棚鋪、富□斌、協成號、張元惠、廣興號、王□學、承玉、張自立、春平、夏永安、富□昇、于得全、王永昇、王啟浩、札林阿、邢保孝、天興號、吉慶當 7

元生當、公泰當、吉泰當、德豐當、日豐當、□□當、德泰當、德慶當、源盛當、慶啟當、廣順當、天春□、公泰號、新和店、劉文光、源□號、瑞興軒、天和軒 8

長桂軒、隆泰號、義興號、興聚號、瑞成刻字鋪、雙德、海慶、崔景恒、張呈鳳、胡元俊、劉□□、□廷春、郭□成、胡雲龍、東興隆號、景文、□盛儒、□瑪善 9

德□勝、全保、董維、蘇□□、崔起鳳、沙魁、王龍、杜□成、武爾棍□、雙盛店、同利號、天興煤鋪、天祥煤鋪、王成業、王起鳳、天元號、萬利號、萬興號 10

天成號、鄭□玉、王興、張自□、德興號、祥順□、三義□（下泐）11

（此排泐甚，不可辨識）

領工商人（下題名泐）

住持道衲隋□募化

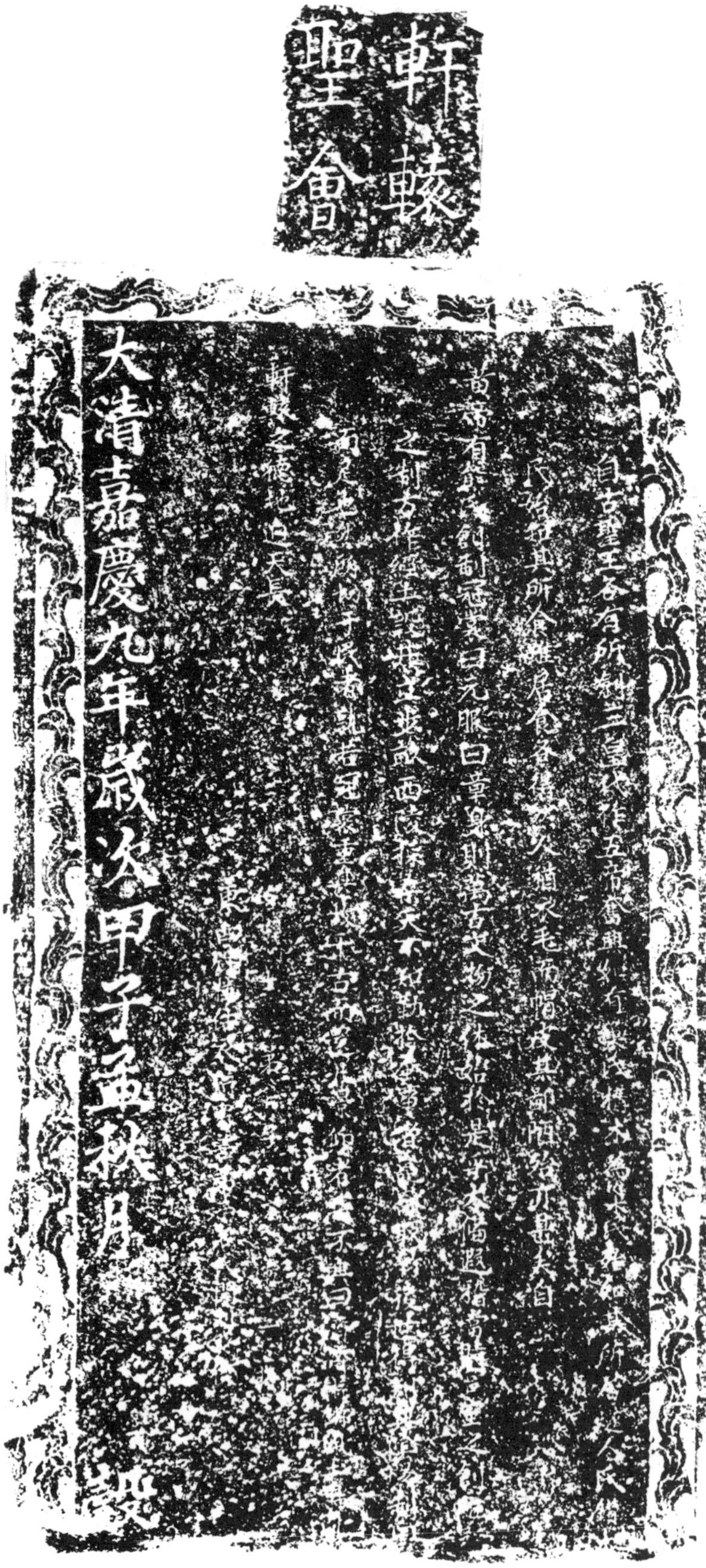

京 1092《軒轅聖會碑》陽

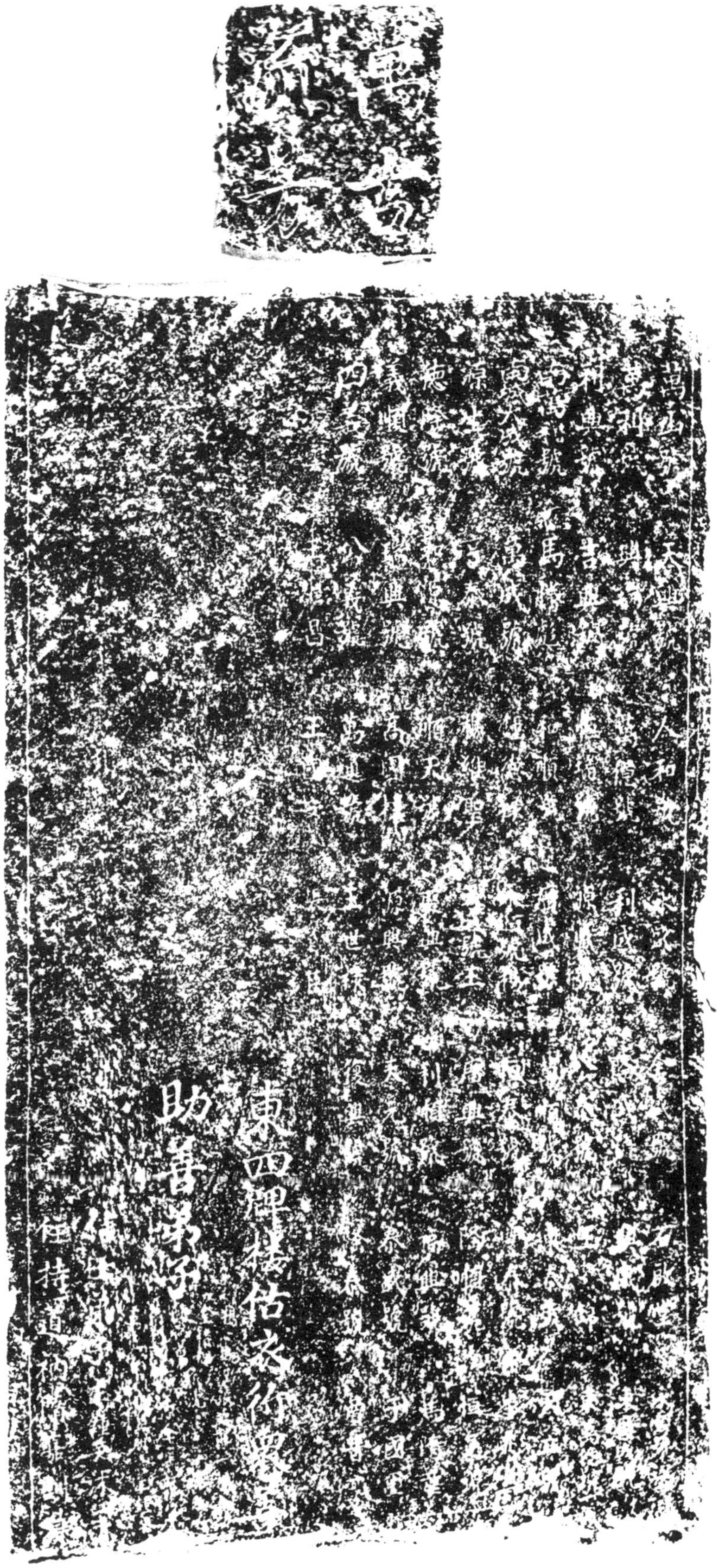

京 1092《軒轅聖會碑》陰

軒轅聖會

自古聖王各有所創三皇代祚五帝奮興如有巢氏構木爲巢民始知其所居燧人氏鑽木
民始知其所食雖居食各得然人猶衣毛而帽皮其鄙陋殆亦甚矣自
黄帝有熊氏創製冠裳曰元服曰章身則萬古文物之休始於是乎大備遐稽當時宫室之創□□
之制方作經土設井立步畝西陵采桑天下知勤於蠶事者昆侖取行後世得制□陰陽制□
而足也然所切於民者孰若冠裳重甚故千古而還凡景仰者無不興曰濟濟鏘鏘珮玉鳴□
軒轅之德地迴天長

信　士　弟子宋乾一撰

東四牌樓估衣行衆善弟子名氏開列於後

大清嘉慶九年歲次甲子孟秋月　　設

萬古流芳

萬山號 天興號 人和號 永盛號 全盛號 石啟堂 永順號梁
萬利號 興瑞號 萬億號 利成號 隆成號 興盛號 東廣盛號
利興號 吉興號 恒瑞號 源盛號 公泰號 王 錦 東萬德號
南萬利號 馬騰彪 和順號 廣成號 萬順號 東泰號 天立號
南城大成號 萬成號 鍾德禄 永順號楊 恒泰號 豐泰號 李兆昌
源生號 亨泰號 楊維聖 天成號王 廣興號 隆順號 恒通號
德隆號 和源號 順天號 聚興號 利順號 福興號 馬隨章
義順號 瑞興號 高國棟 源興號 天元號 泰盛號 丁國璽
四義號 公義號 萬通號 王世禄 復興號 隆泰號 賈音亞
余凌雲 王繼昌 王國安 張自臣

東四牌樓估衣行衆善

楊 敏 張起龍 楊 威
金積福 沈 榮 □□□
陳修盛 王 □ 郭 □
□□□ □ □ 王鍾□
王廣雲

助善弟子

信士弟子 王鍾英沐手
住持道衲 隋 嘉 訓 募

軒轅聖會碑

額題：軒轅聖會
年代：清嘉慶九年（1804）七月
原址：東城區東四頭條胡同
拓片尺寸：碑身高 92 厘米，寬 55 厘米；額高 18 厘米，寬 16 厘米
書體：正書
撰人：宋乾一
書人：王鍾英
《目録》：頁 328
拓片編號：京 1092
拓片録自：《北京圖書館藏中國歷代石刻拓本匯編》卷 77 頁 156—157

【碑陽】
碑額：軒轅聖會
碑文：

自古聖王各有所創，三皇代祚，五帝奮興。如有巢氏構木爲巢，民始知其所居；燧人氏鑽木，1 民始知其所食。雖居食各得，然人猶衣毛而帽皮，其鄙陋殆亦甚矣。自 2 黃帝有熊氏創製冠裳，曰元服，曰章身，則萬古文物之休始，於是乎大備。遐稽當時宫室之創，□□ 3 之制方作。經土設井，立步畝。西陵采桑，天下知勤於蠶事者。昆侖取行，後世得制□陰陽。制□ 4 而足也。然所切於民者，孰若冠裳重甚。故千古而還，凡景仰者無不興曰：濟濟鏘鏘，珮玉鳴□。5 軒轅之德，地迴天長。6

信士弟子宋乾一撰。7

東四牌樓估衣行衆善弟子名氏開列於後。8

大清嘉慶九年歲次甲子孟秋月設。9

【碑陰】
碑額：萬古流芳
碑文：

萬山號、萬利號、利興號、南萬利號、南城天成號、源生號、德隆號、義順號、四義號、余凌雲 1
天興號、興瑞號、吉興號、馬騰彪、萬成號、亨泰號、和源號、瑞興號、公義號、王繼昌 2
人和號、萬億號、恒瑞號、和順號、鍾德禄、楊維聖、順天號、高國棟、萬通號、王國安 3
永盛號、利成號、源盛號、廣成號、永順號楊、天成號王、聚興號、源興號、王世禄、張自臣 4
全盛號、隆成號、公泰號、萬順號、恒泰號、廣興號、利順號、天元號、復興號 5
石啟堂、興成號、王錦、東泰號、豐泰號、隆順號、福興號、泰盛號、隆泰號 6

永順號梁、東廣盛號、東萬德號、天立號、李兆昌、恒通號、馬隨章、于國璽、賈音亞7

東四牌樓估衣行衆善

助善弟子：楊敏、金積福、陳修盛、□□□、王廣雲、張起龍、沈榮、王□、□□、楊威、□□□、郭□、王鍾□

信士弟子王鍾英沐手

住持道衲隋嘉訓募

延福宫

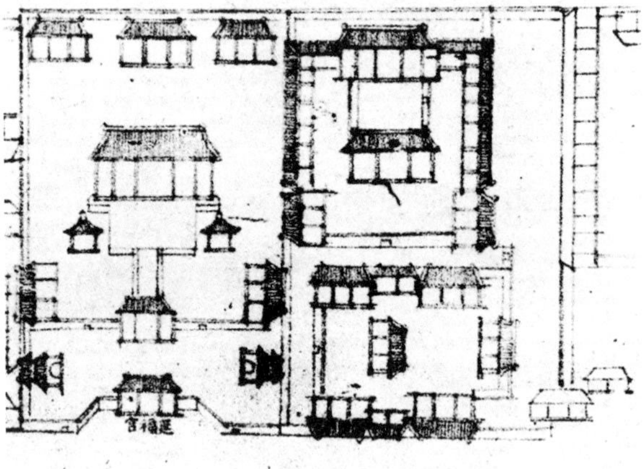

延福宫，又名大慈延福宫[1]、三官廟[2]。原址爲内三區朝陽門大街一百六十六號（今東城區朝陽門内大街二百零三號、二百二十五號）。寺廟建築現存部分。廟内原有碑六通：明成化十八年（1482）《延福宫碑》、明正德十一年（1516）《嚴大容誥封碑》、明嘉靖二十一年（1542）《懸幡竿碑》、明嘉靖二十八年（1549）《大慈延福宫碑》、清順治十年（1653）國子監祭酒單若魯撰碑[3]、清乾隆三十六年（1771）《三官廟碑》。其中順治十年碑已無考。

延福宫建於明成化十八年，係明憲宗奉孝肅皇太后之命敕建，供奉道家賜福、赦罪、解厄的天、地、水府三元之神[4]，故又名三官廟。據中國營造學社20世紀30年代考證，其地爲元代太廟舊址[5]。延福宫建成後，朝廷擇選戒行清謹的靈濟宫道士陳宗然擔任住持。陳宗然（1435—1498），别號梅溪，祖籍華亭，先世於永樂年間遷居京城。其父因知其可以學道，遣入靈濟宫，師從張云淵法師。成化丙申年（1476）陳宗然拜道録司右玄義，主延福宫。後

〔1〕山門木額。

〔2〕清乾隆三十六年（1771）《三官廟碑》，京29，《北京圖書館藏中國歷代石刻拓本匯編》卷七十三，頁六十九。

〔3〕參見《日下舊聞考》卷四十八，頁七百六十八。

〔4〕參見明成化十八年《延福宫碑》，京31，《北京圖書館藏中國歷代石刻拓本匯編》卷五十二，頁一百七十五。

〔5〕參見王璧文《元大都城坊考》，《中國營造學社彙刊》第6卷第3期，1936年9月，頁六十九至一百二十。

進階道録司右演法，又升任道録司右正一。成化二十年（1484），陳宗然祈雪有功，加封“清微守默凝神志道體玄精修妙濟輔教闡法真人”，領道教事[1]。憲宗之後，朝廷繼續對延福宫恩賜有加。弘治元年（1488），明孝宗命户部賜延福宫香火地六百餘頃，召民佃種。十年（1497），又賜昌平縣莊地一百五十頃[2]。正德十一年，明武宗封延福宫住持嚴大容“守静凝神探微悟法崇道志虚安恬葆和養素真人”[3]。據嘉靖二十一年的《懸幡竿碑》記載，彼時的延福宫“三門外，甃之以石杠，鑿之以通渠，植以青松緑槐，聯翠於兩壁。雨秀風嬌，真蓬島之境也。左右竪以懸幡之竿，巍凌雲漢。每修國醮，則繫幡於上，縹緲飛揚，旋虚摩空，恍若乎落虹之耀日，斷綺之翻風也”[4]。可謂人間仙境，煌煌大觀。

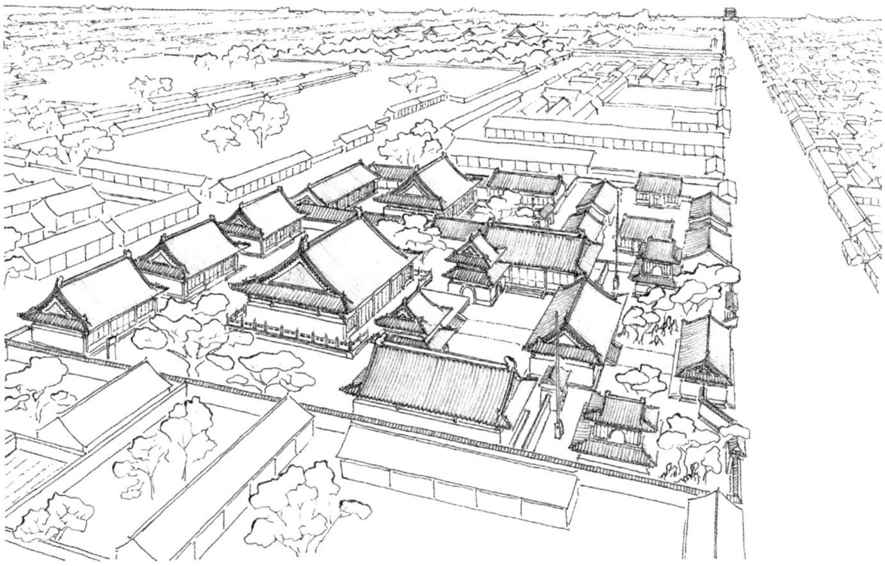

大慈延福宫復原圖

繪圖説明：

大慈延福宫是一座中等規模的道教建築群，其空間呈横向鋪展，主體院落僅占據一條胡同的進深，并未如京城的若干大廟那樣在規整的横向街道肌理上切割出縱向的格局。由於其占地形態較爲方正集中，復原圖的繪製得以采取較大的比例尺，將其殿堂的更多細節表現出來。目前延福宫

[1] 參見明弘治十一年（1498）《陳宗然真人墓志并蓋》，北京市文物研究所編《北京市文物研究所藏墓志拓片》，北京：北京燕山出版社，2003年，頁一百二十五；“中央研究院”歷史語言研究所校勘《明憲宗實録》卷二百四十二，成化十九年七月二十一日條，臺北：“中央研究院”歷史語言研究所，1966年，頁四千零八十九；孫勐《北京地區道教考古中石刻的發現與初步研究》，《文物春秋》2010年第1期，頁六至九。

[2] 參見《明孝宗實録》卷九，弘治元年正月二十七日條，頁一百九十八；《明孝宗實録》卷一百二十九，弘治十年九月二十二日條，頁二千二百八十六。

[3] 參見明正德十一年《嚴大容誥封碑》，京32，《北京圖書館藏中國歷代石刻拓本匯編》卷五十四，頁三十四。

[4] 參見明嘉靖二十一年《懸幡竿碑》，京33，《北京圖書館藏中國歷代石刻拓本匯編》卷五十五，頁七十一。

東跨院通明殿、延生寶殿一組建築尚存，故復原圖采取從西向東的視角，將表現重點放在西側已經無存的主院落上。

大慈延福宫最詳細的影像記録即《北平研究院北平廟宇調查資料匯編》(以下簡稱《資料匯編》)中的系列圖片。其時延福宫棟宇已經剥蝕殘損，不復舊觀，但各單體建築規制尚明確，尤其是大殿臺基上的石欄板還歷歷可數，并明確體現出長短差异，彌補了清乾隆《京城全圖》對這一細節的失載。可惜表現大殿正立面的照片角度過高，未能將大殿月臺收入畫面，不易判斷大殿月臺是否也有石欄板環繞。但根據表現左右碑亭的兩張照片中稍稍連帶的大殿月臺邊角的狀態，我們可推測大殿月臺并無石欄板。

在乾隆《京城全圖》中，延福宫的兩座碑亭被表現爲單檐攢尖頂，而《資料匯編》中則可見爲重檐歇山頂。由此判斷，在《京城全圖》繪製之後，這兩座碑亭當經歷過改造。從《資料匯編》中碑亭照片可見，碑亭上下檐斗栱昂尖似有如意狀卷雲，即所謂“如意昂”，是更多見於清代的做法，這與兩座碑亭可能的改造時期相符。由於其中一座碑亭中有乾隆三十六年御碑一通，我們或可猜測碑亭即是樹立此碑時改造爲照片中形制。《資料匯編》中的延福宫照片獨缺其當時尚存的鐘樓。從同時期的平面測繪圖可知其面闊一間，故暫按此類鐘鼓樓一般常見規制表現。1959年北京航拍影像中延福宫鐘樓仍存，未來仍有希望在中華人民共和國成立後的影像資料中確認延福宫鐘樓的具體形態。

《資料匯編》中未提及延福宫幡杆的遺存。根據一般寺觀建築群的幡杆設置以及延福宫“重葺懸幡竿記”中對幡杆及其周圍環境的描述，其原有兩座幡杆應位於天王殿前兩側，而天王殿與磚券山門之間的空間在當時則可能是一處別有洞天的小園林。這一意象亦在復原圖中體現。延福宫其他部分的樹木位置則參考了《資料匯編》中的照片。

延福宫周邊街區環境與孚王府等遠景基本參考乾隆《京城全圖》表現。

然而正德朝以後，兩根懸幡竿相繼折損，延福宫的氣運似從此有所退減。嘉靖二十一年，道士李子永爲修復懸幡竿募資衆善。錦衣衛、御馬監、御用監等内廷官員相繼捐資，永壽宫住持沈元緬以及數百位道士信士亦積極響應，懸幡竿得以重修[1]。二十八年(1549)，真人陶仲文又以皇上賜金及度道士所得修葺延福宫，歷時五個月。禮部尚書兼翰林院學士徐階撰《大慈延福宫重修紀成之碑》記其事[2]。

明代的延福宫係國家祈禳報謝之所，每年春秋均有祀典[3]。據民間傳説，明末李自成農民軍起義危及京城，崇禎皇帝曾於廟内連求三籤，均非常不利，氣急之下，廢禁香火[4]。

入清以後，延福宫的祀禮未有重續。順治初年，寺廟曾用作滿漢子弟的教學之所[5]。乾隆年間，延福宫廟宇破舊，不復有明代的輝煌。雖爲官管寺廟，房舍却租與商民。爲此，清高宗於乾隆三十五年(1770)三月四日諭旨内務府提督衙門會同禮部進行查辦。同年十二月，高宗又下詔繕修延福宫，“上以爲國祝禧，下以爲民祈祐”[6]。

〔1〕參見明嘉靖二十一年《懸幡竿碑》，京33，《北京圖書館藏中國歷代石刻拓本匯編》卷五十五，頁七十一。

〔2〕參見明嘉靖二十八年《大慈延福宫碑》，國立北平研究院《延福宫》，東四96。

〔3〕同上。

〔4〕參見《北京文物勝迹大全(東城區卷)》，頁五十七至五十八。

〔5〕參見《日下舊聞考》卷四十八，頁七百六十八。

〔6〕參見中華書局編《清實録·高宗純皇帝實録》卷八百五十四，乾隆三十五年三月四日條，北京：中華書局，1986年，頁四百三十；清乾隆三十六年《三官廟碑》，京29，《北京圖書館藏中國歷代石刻拓本匯編》卷七十三，頁六十九。

清乾隆《京城全圖》顯示，延福宫位於朝陽門内大街街北，東四牌樓以東。廟宇坐北朝南，分東西兩路，規模頗大。西路爲主院，山門三間，南向朝陽門内大街，兩邊有大八字屏墻。山門内有鐘鼓二樓，重檐。院北有天王殿三間，殿兩邊有墻，各開一門，往北通第二進院落。天王殿後有月臺，與大殿前的平臺相接。大殿五間，殿前東西各有碑亭一，東西配殿各三間。大殿往北爲第三進院落，院北有後殿三座，每殿各三間，東西一字排開。主院以東爲寺廟東路，有南北兩個院落，與主院相對獨立。南院與主院隔一南北向的過道，坐東朝西，兩層殿宇。西墻上開門，門内爲前院，有東殿三間，南北配殿各三間。配殿東各有過道房兩間，與後院相連。後院東殿三間，南北配殿各三間。北院與南院隔一東西向過道，過道東頭有一門。北院坐南朝北，兩層殿宇。南墻開門，門内爲前院，有前殿三間，東西配殿各三間。配殿北各有順山房七間，與後院相連。後院大殿五間，殿左右各有耳房一間。大殿與前殿之間有墻圍起，東墻有門。南北兩院以東有一南北向寬敞通道，通道東南角有朝南房三間，其稍北又有朝南房兩間。不確定此通道及此兩座南房是否歸屬寺廟。

雖然延福宫經歷了乾隆年間的修葺，但據傳時人一直不忘其與明朝滅亡的干係，香火始終不旺[1]。清末民初宫前有許多估衣鋪，故又稱估衣街。20世紀30年代，寺廟已日漸荒廢[2]。北平研究院20世紀30年代的調查顯示其建築布局與清乾隆《京城全圖》基本一致，但廟内房舍多已移作他用。主院山門以内東西兩側鼓樓、鐘樓分立。北有天王殿，内供泥塑四大天王像，爲工丁住室。天王殿北之大殿爲黑琉璃瓦歇山調大脊頂，四面帶廊，後有抱厦，木額“大慈延福之殿”，供天、地、水三官像，有配像四尊，天將四尊。東西各立小像十八尊，壁上畫人物。另有明成化十一年（1475）十一月造大銅鐘一口，上有木龍；大鼓一面，亦有木龍；明崇禎五年（1632）仲夏造大鐵磬一口。東配殿木額“葆真殿”，内供泥塑坐像一尊，立像四個，爲工程隊辦公室及工目住室。西配殿木額“翊善殿”，内有泥像一尊，童像四個，爲工丁住室。三座後殿均爲黑琉璃瓦歇山調大脊頂，中殿木額“紫微殿”，内有紫微星泥像一尊，童像兩個；東殿木額“青虚殿”，西殿木額“青華殿”，内均有泥像一尊，童像兩個。此三殿均爲工丁住室。南跨院内佛像均移走，改作巡警房。北跨院内北殿木額“通明殿”，黑琉璃瓦歇山調大脊頂，内供道士泥像一，泥童四，左右各有小泥像一，東西兩側又有小泥像二十尊，上面小閣内有小像多尊。另有明成化十七年（1481）製大銅鐘一口，大鼓一面。殿前有清康熙四十一年（1702）孟冬造寶鼎一座。大殿木額“延生寶殿”，黑琉璃瓦歇山調大脊頂，内有泥塑女像一尊，還有北池子風神廟移來塑像多尊[3]。

20世紀50年代延福宫的殿宇碑刻還保留完好。1970年文化部在此蓋大樓，主院建築全部拆毁。大殿内的天、地、水三官坐像及文武侍臣立像被移至當時作爲北京市文物局倉庫的智化寺内。這些神像均爲金絲楠木雕刻，腹内裝有棉帛作成的臟器，并有《九天應元雷聲普化天尊説玉樞寶經》等經數百卷。後因修復智化寺，將神像移至朝陽門外東嶽廟育德殿内。東路建築存通明殿和延生寶殿及部分西配房。通明殿内明間有一龍戲珠斗八藻井，頂四周圍以佛龕。1984年文化部幼兒園占用此殿，在殿内加設天花板，將藻井隔在天花板内[4]。1990年大慈延福宫建築遺存被列爲北京市市級文物保護單位。

2017年調查時，大慈延福宫建築遺存包括原來東路建築的通明殿三間，西配殿三間，帶耳房；

〔1〕參見《北京文物勝迹大全（東城區卷）》，頁五十八。

〔2〕參見馬芷庠《北平旅行指南》，北京：北京燕山出版社，1997年，頁一百二十四；北京市東城區園林局《北京廟會史料通考》，北京：北京燕山出版社，2002年，頁三百二十七。

〔3〕國立北平研究院《延福宫》，東四96；《北京文物勝迹大全（東城區卷）》，頁五十七。北池子風神廟即宣仁廟，在七排五段。

〔4〕田瑾《大慈延福宫述略》，《中國道教》2001年第3期，頁五十七至六十；北京市地方志編纂委員會《北京志·文物卷·文物志》，北京：北京出版社，2004年，頁二百七十七至二百七十八。

通明殿北延生寶殿五間，均已修復，但未對外開放。通明殿以南的圍墻修復後，在原隨墻門位置上新建了一座緑頂紅墻的如意門。另外，南墻以南還有一排朝南的筒瓦房及耳房，應屬原東路南院的建築。主院原址現爲國務院新聞辦公室的大樓（原外交部大院）。原大殿内的明代三官坐像，馬王爺、温瓊、趙公明、岳飛四大元帥立像和年、月、日、時四大功曹立像依然陳列在東嶽廟内。

朝内大街延福宫遺存（2017 年 7 月 謝玲瓊攝）

京 31《延福宮碑》陽

御製大慈延福宮碑

御製大慈延福宮碑

朕聞有天地水三界之名即有天地水三元之□神□□□□□□□□□□□□□□□□□□□□□□□濟拔群□□□□

迹周八紘而亘萬古者何可殫紀邪粵昔□□□□□□□□□□□□□□□□□□□□□□□□□□□之主故祈報之典

前後舉行焉我

太祖高皇帝之肇造寰宇

太宗文皇帝之輯寧邦家爰創爰紹於（下殘）

帝曰官上下神祇靡不祠祀無遺

列聖相承禮意彌篤傳至於朕罔敢少（下殘）

聖母皇太后意若曰若嗣統迄今十八（下殘）

宗社尊安海宇寧謐民物康阜□□□□□□□□□□□□□□□□□□□□□□□□我亦有得□

天地水府神祇翊相所致宜□祠（下殘）

慈訓一臨奉行惟謹即命官□□□□□□□□□□内帑之□□□□□□□□□□□□□□□始於成化辛丑冬十月成於明年

十月其規制正殿一奉三元□□□□□□□□□□□□□□□□□□□□□□□□□中以事諸神□其前爲門如堂之制

虛其中而以其左右事龍虎之□□□□□□□□□□□□□□□□□□□□□□□□□□輝煌像設之森嚴供具之完美

與凡栖衆延賓庖庾之所靡不□□誠（下殘）

聖母崇奉之意也仍俾羽流贊□教□□□

祖宗在天之靈祈

聖母齊天之壽延庇眇躬福履是常□□□□□□□□□□□□□□□□□□□□□□□□□□卵濕化含蠢蠕動□□□行之

類與夫墮幽扃而溺愛河者□□□□□□□以□□□□□□□□□□□□□□□□□□□國家者至廣至安□□□□□

化育之道豈小補哉特（下殘）

於皇三元三大帝　□通妙□□□際　□□□□□□□　□□□□□□被　中元赦罪暨四維

一切愆訧咸脱離　□元解□□□□　□□□□□□□　□□□□□□□　歷代尊崇同一致

仰承

聖母發虔誠　創構瓊宮□□□　□□□□□□□　□□□□□□□　雲車□馭日來臨

有禱有禳悉如意　從今左右世道□　□□□□□□□　□□□□□□□　香火萬年傳不替

大明成化十八年十月初六日

延福宫碑

額題:御製大慈延福宫碑
首題:御製大慈延福宫碑
年代:明成化十八年(1482)十月六日
原址:東城區朝陽門内大街
拓片尺寸:碑身高 228 厘米,寬 119 厘米;額高 57 厘米,寬 41 厘米
書體:正書并篆額
撰人:(憲宗)朱見深
《目録》:頁 221
拓片編號:京 31
拓片録自:《北京圖書館藏中國歷代石刻拓本匯編》卷 52 頁 175

【碑陽】

額題:御製大慈延福宫碑

碑文:

御製大慈延福宫碑$_{1}$

朕聞有天地水三界之名,即有天地水三元之□神。□□□□□□□□□□□□□□□□□□□□□□□濟拔群□□□□$_{2}$迹。周八紘而亘萬古者,何可殫紀邪? 粤昔□□□□□□□□□□□□□□□□□□□□□□□□□□□之主,故祈報之典,$_{3}$前後舉行焉。我$_{4}$太祖高皇帝之肇造寰宇,$_{5}$太宗文皇帝之輯寧邦家,爰創爰紹,於(下殘)$_{6}$帝曰官,上下神祇,靡不祠祀無遺。$_{7}$列聖相承,禮意彌篤。傳至於朕,罔敢少(下殘)$_{8}$聖母皇太后意若曰:"若嗣統迄今十八(下殘)$_{9}$宗社尊安,海宇寧謐,民物康阜□□□□□□□□□□□□□□□□□□□□□□□□我,亦有得□$_{10}$天地水府神祇翊相所致,宜□祠(下殘)"$_{11}$慈訓一臨,奉行惟謹。即命官□□□□□□□□□□内帑之□□□□□□□□□□□□□□□始於成化辛丑冬十月,成於明年$_{12}$十月。其規制:正殿一,奉三元□□□□□□□□□□□□□□□□□□□□□□□□□中以事諸神□。其前爲門,如堂之制,$_{13}$虚其中,而以其左右事龍虎之□□□□□□□□□□□□□□□□□□□□□□□□□□輝煌,像設之森嚴,供具之完美,$_{14}$與凡栖衆延賓庖庾之所,靡不□□。誠(下殘)$_{15}$聖母崇奉之意也。仍俾羽流贊□教□□□$_{16}$祖宗在天之靈,祈$_{17}$聖母齊天之壽,延庇眇躬,福履是常□□□□□□□□□□□□□□□□□□□□□□□□□□卵濕化含蠢蠕動□□□行之$_{18}$類,與夫墮幽扃而溺愛河者□□□□□□□以□□□□□□□□□□□□□□□□□□國家者至廣至安□□□□□$_{19}$化育之道,豈小補哉。特(下殘)$_{20}$

於皇三元三大帝,□通妙□□□際。□□□□□□□,□□□□□□被。中元赦罪暨四維,$_{21}$

一切愆訧咸脱離。□元解□□□□，□□□□□□□。□□□□□□□，歷代尊崇同一致。22 仰承 23 聖母發虔誠，創構瓊宫□□□。□□□□□□□，□□□□□□□。雲車□馭日來臨，24 有禱有禳悉如意。從今左右世道□，□□□□□□□。□□□□□□□，香火萬年傳不替。25

大明成化十八年十月初六日。26

奉
天承運
皇帝制曰朕惟道教之設流傳已久盖其清淨玄默之化亦可以資國
家無為而治之化故其徒有造詣精修明教法者朝廷亦因而
褒獎寵異之所以示勸於後徠也爾清微蓀和崇道高士兼大慈
延福宮住持嚴大容性質溫和潛心內典宗風有嗣玄教攸師爰
自出家至今卌載以護國庇民為念有祝釐祈福之勞特賜殊稱
用彰優眷今封爾為守靜凝神探微悟法崇道志虛安恬蓀和養
素真人領道教事錫之誥命以為爾榮於戲玄元之道豈易悟言
爾尚律乃身心恪遵儀範務濟人利物之念竭忠君報國之誠茂
對昌辰永膺寵數欽哉
正德十一年八月初三日

京 32《嚴大容誥封碑》陽

聖旨

奉
天承運
皇帝制曰朕惟道教之設流傳已久蓋其清净玄默之功亦可以資國
家無爲而治之化故其徒有造詣精深修明教法者朝廷亦因而
褒獎寵异之所以示勸於後徠也爾清微葆和崇道高士兼大慈
延福宫住持嚴大容性質温和潛心内典宗風有嗣玄教攸師爰
自出家至今卌載以護國庇民爲念有祝釐祈福之勞特賜殊稱
用彰優眷今封爾爲守静凝神探微悟法崇道志虚安恬葆和養
素真人領道教事錫之誥命以爲爾榮於戲玄元之道豈易名言
爾尚律乃身心恪遵儀範弘濟人利物之念竭忠君報國之誠茂
對昌辰永膺寵數欽哉
制誥
正德十一年八月初三日
之寶

嚴大容誥封碑

額題:聖旨
年代:明正德十一年(1516)八月三日
拓片尺寸:碑身高157厘米,寬87厘米;額高49厘米,寬29厘米
原址:東城區朝陽門内大街
書體:正書并篆額
《目録》:頁12
拓片編號:京32
拓片録自:《北京圖書館藏中國歷代石刻拓本匯編》卷54頁34

【碑陽】

額題:聖旨

碑文:

奉 1 天承運 2 皇帝,制曰:朕惟道教之設,流傳已久,蓋其清净玄默之功,亦可以資國 3 家,無爲而治之化。故其徒有造詣精深、修明教法者,朝廷亦因而 4 褒獎寵异之,所以示勸於後徠也。爾清微葆和崇道高士兼大慈 5 延福宫住持嚴大容,性質温和,潛心内典,宗風有嗣,玄教攸師。爰 6 自出家至今卌載,以護國庇民爲念,有祝釐祈福之勞。特賜殊稱 7,用彰優眷。今封爾爲守静凝神探微悟法崇道志虚安恬葆和養 8 素真人,領道教事。錫之誥命,以爲爾榮。於戲!玄元之道,豈易名言。9 爾尚律乃身心恪遵儀範,弘濟人利物之念,竭忠君報國之誠。茂 10 對昌辰,永膺寵數。欽哉。11 正德十一年八月初三日。12 制誥之寶

京33《懸幡竿碑》陽

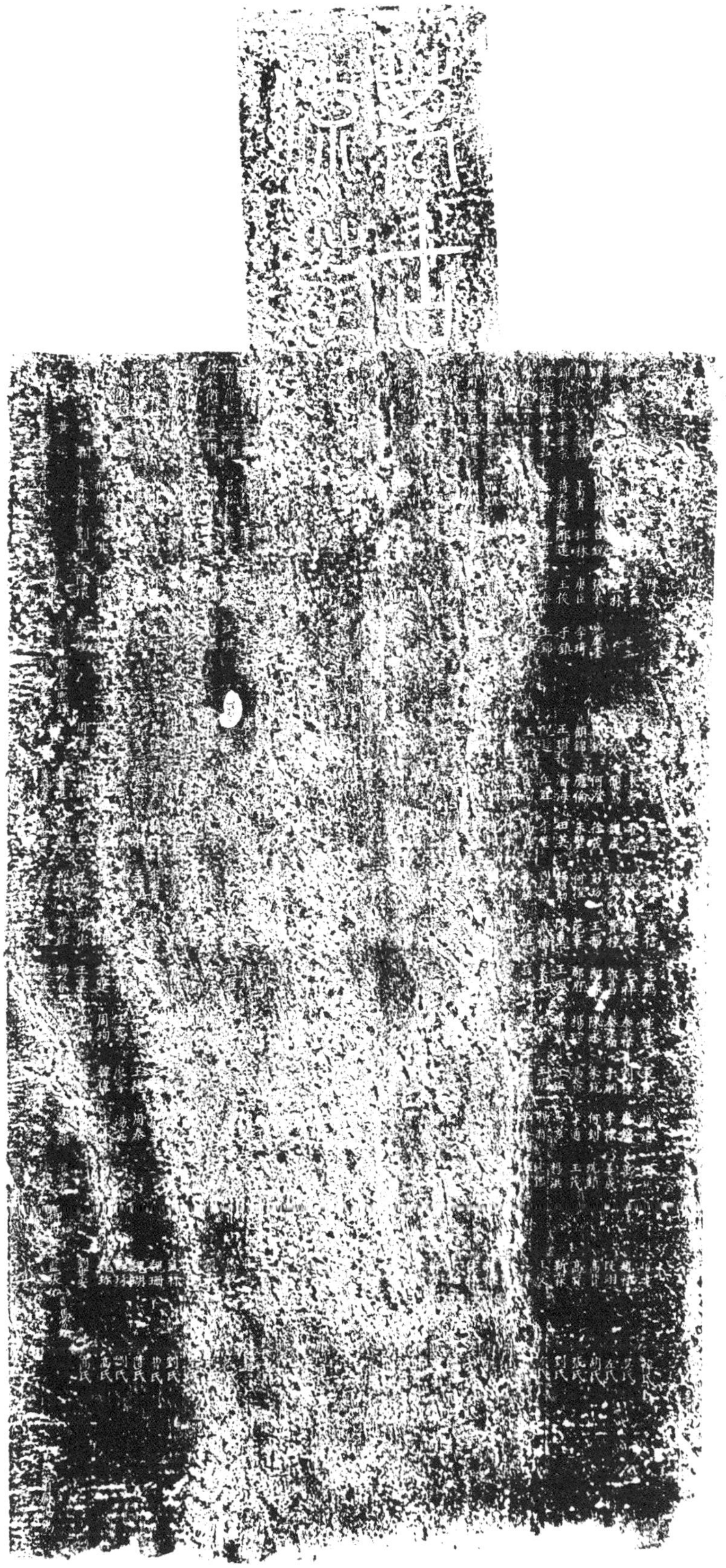

京33《懸幡竿碑》陰

重葺懸幡竿記

重葺懸幡竿記

賜進士出身中憲大夫巡撫山東等處都察院左僉都御史前户科都給事中洏陽邵錫撰

資善大夫工部尚書掌太醫院事前禮部左侍郎嘉禾許紳書

奉

敕提督三千營兼十二團營諸軍事前奉　敕鎮守薊州永平山海等處地方

特　進　榮　禄　大　夫　柱　國　少　保　兼　太　子太傅遂安伯西蜀陳鏸篆

惟我

國家崇尚道教而冀福庇生民以安

社稷其美意何其至哉成化間

孝肅皇太后建玆琳宫曰大慈延福於京師之東城以奉祀

三官大帝其殿宇宏偉焕然雄峙於廣仁之衢東接朝陽西瞻

禁闕人咸景仰蓋亦有年其三門外甃之以石杠鑿之以通渠植以青松緑槐聯翠於兩壁雨秀風嬌真蓬島之

境也左右竪以懸幡之竿巍凌雲漢每修

國醮則繫幡於上縹緲飛揚旋虚摩空怳若乎落虹之耀日斷綺之翻風也一望之際觸目警心斯亦以知其神

之格思於是而必焉邇歷歲久苦爲霖雨摧朽先折其左而繼之以右則不足以壯觀矣修舉者屢難其人於

是羽客李子永靄募諸衆善捐貲售材鳩工計造後先成立以仍舊貫而衆信積善之功概不可泯乃屬予言

以記其福果勒諸頑珉用垂悠遠云

嘉靖壬寅夏四月吉日立

萬古流芳

信（以下漫漶） 洏陽 釋□
助□信女張□ （以下漫漶） 比丘 （下漫漶不可識）
侍（以下漫漶） 呂□ 陳安
錦衣信官（以下漫漶） □□ 吴文興
錦衣信（以下漫漶） □□ 宣林
錦衣信官蔡□□ 蔣天爵 呂鋭 張杲 沈應奎
錦衣信官蔡繼祖 王尚賓 杜林 唐臣 李琦
錦衣信官朱繼宗 蔣天禄 邢遠 王俊 于鎮
錦衣衛信官俞昂 □□□ 康世臣 王春 王錦
□□寺□班□瑞 （以下漫漶） 田鎮
□□奉御官王□ （以下漫漶）
御馬監左監丞姚興 邵誼（以下漫漶）
御用監右監丞邢通 劉□（以下漫漶）
内官監（以下漫漶）
内官監（以下漫漶）
（本行漫漶不可識）
信官工部尚書談紳（以下漫漶）
（本行漫漶不可識）
信官（以下漫漶） 香頭華林（下均漫漶）
（約漫漶三、四行）

□民玉 盧英 □鎮 張信 毛鶴 鍾鐸 袁寬 楊清 □然
袁□ 翟傑 張□ 趙廠 毛祥 秦永禄 劉棟 唐錦 萬浩
□振 顧鷥 魏成 侯安 費橦 鄧昌 秦永福 于網 李禄 姜成
高鉞 何澄 徐茂 彭玢 王福 鄭豪 陳永 朱鋭 何釗 沈鎮
顧錦 應倫 朱璧 何澄 范章 鄭府 楊琮 馮太典 李通 王茂
王瓚 潘海 田英 楊紹勛 陳璽 王珮 常鉞 江鎮 馬景 楊洪
倪遜 丘鐙 李堂 劉紹宗 戴倫 姜安 白英 王玥 楊禄 沈鑑
王欽 徐留 高真 李得勝 沈縉 孫鐸 □□ □□ 李弇 □□
劉□ 李琪 仲昇 □□ 王傑（下漫漶）
蔣鉞 張□ 趙相（下漫漶）
（中部漫漶不可識）

趙連 韓氏
趙禄 吴氏
段翊 左氏
高贊 胡氏
高資 張氏
靳霖 劉氏
王受 左氏
晁璋
闞門馬氏
王門□氏
史門□氏
（漫漶）

孫鐫
□□□信官□□ 張釗 康世□ （以下漫漶）
内府庫信官馮昇 呂松 燕永臣 □□□ 江琪
錦衣衛信官王瓚 □春 龍鑑
（此行漫漶）
□□□□□□英 □□ 朱賢 □□ 董參
信官□□□□□ □□ 朱時 林□ 高鑑
武騎衛□□俞璪 □□ □□ □□ 黄大綸
武騎衛（以下漫漶）
□□□□□理 郝應 沈淇 孫聰 □□
信官杜灟 朱俊 劉準 陳環 華瑾
信官黄□ 梁景□ 都管王熙鐸
住持馮承中
道録司左至靈兼永壽宮住持沈元緬 □□□ 贊教吴□仁

李
張
孫 楊山 □海
袁昱芳
馬傑 張貴 藺俊 宋繼臣 吴（下漫漶）
翟宣 廣文 卜杲 王繼祺 □□ □□ 朱亦□ 王健 周泰
□□ 張聯 何儒 顧□ □□ 袁□ 王鷥 廖寧 湯英
周□ □□ □□ □□ □漁 袁霆 周珣 韓偉 杜林
周漢 楊嵇 張玉 王悦 張宏 王章 王源 嚴□ □□
羽士
曹道進 吴永晟 胡從敏 張元經 楊以春 劉□深 梁常秀
黄襲麈 劉世臣 吴得章 李熙鐙 張永義 □□□ □□□ 陳□□
（以下漫漶）

段門□氏
焦篤 □門□氏
焦敬 左氏
龐興 王氏
□□ 左氏
□禄 劉氏
魏珊 曹氏
魏瑚 陳氏
魏琦 劉氏
魏珍 高氏
劉世安 高氏
馬常錀
御用監太監張佑
古燕蕭鳳鳴鐫

懸幡竿碑

額題:重葺懸幡竿記
首題:重葺懸幡竿記
年代:明嘉靖二十一年(1542)四月
原址:東城區朝陽門大街延福宫
拓片尺寸:碑身陽高154厘米,陰高143厘米,寬89厘米;陰、陽額高46厘米,寬32厘米
書體:正書并篆額
撰人:邵錫
書人:許紳正書,陳鏸篆額
《目録》:頁232
拓片編號:京33
拓片録自:《北京圖書館藏中國歷代石刻拓本匯編》卷55頁71

【碑陽】

額題:重葺懸幡竿記

碑文:

重葺懸幡竿記 1

賜進士出身中憲大夫巡撫山東等處都察院左僉都御史前户科都給事中洏陽邵錫撰。2 資善大夫工部尚書掌太醫院事前禮部左侍郎嘉禾許紳書。3 奉 4 敕提督三千營兼十二團營諸軍事前奉敕鎮守薊州永平山海等處地方 5 特進榮禄大夫柱國少保兼太子太傅遂安伯西蜀陳鏸篆。6

惟我 7 國家,崇尚道教,而冀福庇生民,以安 8 社稷,其美意何其至哉。成化間,9 孝肅皇太后建兹琳宫,曰大慈延福,於京師之東城,以奉祀 10 三官大帝。其殿宇宏偉,焕然雄峙於廣仁之衢,東接朝陽,西瞻 11 禁闕,人咸景仰,蓋亦有年。其三門外,甃之以石杠,鑿之以通渠,植以青松緑槐,聯翠於兩壁。雨秀風嬌,真蓬島之 12 境也。左右竪以懸幡之竿,巍凌雲漢。每修 13 國醮,則繫幡於上,縹緲飛揚,旋虚摩空,恍若乎落虹之耀日,斷綺之翻風也。一望之際,觸目警心,斯亦以知其神 14 之格思於是而必焉。邇歷歲久,苦爲霖雨摧朽,先折其左,而繼之以右,則不足以壯觀矣。修舉者屢難其人,於 15 是羽客李子永靏募諸衆善,捐貲售材,鳩工計造。後先成立,以仍舊貫。而衆信積善之功概不可泯,乃屬予言 16 以記其福果,勒諸頑珉,用垂悠遠云。17

嘉靖壬寅夏四月吉日立。18

【碑陰】

額題:萬古流芳

碑文:

信（以下漫漶）、助□信女張□（以下漫漶）、侍（以下漫漶）、錦衣信官（以下漫漶）、錦衣信官蔡□□、錦衣信官蔡繼祖、錦衣信官朱繼宗、錦衣衛信官俞昂、□□寺□班□瑞、□□奉御官王□、御馬監左監丞姚興、御用監右監丞邢通、内官監（以下漫漶）、内官監（以下漫漶）、（本行漫漶不可識）、信官工部尚書談紳（以下漫漶）、（本行漫漶不可識）、信官（以下漫漶）、（約漫漶三、四行）、□□□信官□□、内府庫信官馮昇、錦衣衛信官王瓚、（此行漫漶）、□□□□□□英、信官□□□□□、武騎衛□□俞璪、武騎衛（以下漫漶）、□□□□□□理、信官杜瀾、信官黄□

（上漫漶約五人）、蔣天爵、王尚賓、蔣天禄、□□□、（漫漶兩行）、邵誼（以下漫漶）、劉□（以下漫漶）、（漫漶九人左右）、張釗、吕松、□春、（漫漶一人名）、□□、□□、□□、（漫漶一人名）、郝應、朱俊

沔陽、（漫漶一人名）、吕□、□□、□□、吕鋭、杜林、邢遠、康世臣、（漫漶約十三人名）、孫鐫、康世□、燕永臣、（漫漶二人名）、朱賢、朱時、□□、（漫漶一人名）、沈淇、劉準

釋□、比丘、陳安、吴文興、宣林、張杲、唐臣、王俊、王春、（漫漶約九人）、香頭華林、（漫漶約四人）、□□□、（漫漶二人）、□□、林□、□□、（漫漶一人）、孫聰、陳環

（上均漫漶）沈應奎、李琦、于鎮、王錦、田鎮、（漫漶約十三人）、江琪、龍鑑、（漫漶一人）、董参、高鑑、黄大綸、（漫漶一人）、□□、華瑾

（下漫漶）

（上均漫漶）□振、高鉞、顧錦、王瓚、倪遜、王欽、劉□、蔣鉞、（中部漫漶）、李、張、孫、（漫漶）、馬傑、翟宣、□□、周□、周漢

□民玉、袁□、顧鸞、何澄、應倫、潘海、丘鎧、徐留、李琪、張□、（中部漫漶）、楊山、（漫漶）、張貴、廣文、張聯、□□、楊嵇

盧英、翟傑、魏成、徐茂、朱璧、田英、李堂、高真、仲昇、趙相、（中部漫漶）、□海、（漫漶）、藺俊、卜杲、何儒、□□、張玉

□鎮、張□、侯安、彭玢、何澄、楊紹勛、劉紹宗、李得勝、□□、（中部漫漶）、袁昱芳、（漫漶）、宋繼臣、王繼祺、顧□、□□、王悦

張信、趙廠、費橦、王福、范章、陳璽、戴倫、沈縉、王傑、（中部漫漶）、吴□□、□□、□□、□漁、張宏

毛鶴、毛祥、鄧昌、鄭豪、鄭府、王珮、姜安、孫鐸、（中部漫漶）、□□、袁□、袁霆、王章

鍾鐸、秦永禄、秦永福、陳永、楊琮、常鉞、白英、□□、（中部漫漶）、朱亦□、王鸞、周珣、王源

袁寬、劉棟、于綱、朱鋭、馮太典、江鎮、王玥、□□、王健、廖寧、韓偉、嚴□

楊清、唐錦、李禄、何釗、李通、馬景、楊禄、李弇、（中部漫漶）、周泰、湯英、杜林、□□

□然、萬浩、姜成、沈鎮、王茂、楊洪、沈鑑、□□

趙連、趙禄、段翊、高贊、高資、靳霖、王受、晁璋、（中部漫漶）、焦篤、焦敬、龐興、□□、□禄、魏珊、魏瑚、魏琦、魏珍、劉世安

韓氏、吴氏、左氏、胡氏、張氏、劉氏、左氏、（漫漶約一人名）、闞門馬氏、王門□氏、史門□氏（中部漫漶）、段門□氏、□門□氏、左氏、王氏、左氏、劉氏、曹氏、陳氏、劉氏、高氏、高氏

道録司左至靈兼永壽宫住持沈元緬

住持馮承中、梁景□、□□□。都管王熙鐸、贊教吴□仁

羽士：曹道進、黄襲廑、吴永晟、劉世臣、胡從敏、吴得章、張元經、李熙鎧、楊以春、張永義、□□□、□□□、劉□深、梁常秀、陳□□

御用監太監張佑、馬常鑰

古燕蕭鳳鳴鐫

大慈延福宮重修紀成之碑

大慈延福宮重修紀成之碑
賜進士及第資善大夫禮部尚書兼翰林院學士經筵講官會典副總裁華亭徐階撰
大慈延福宮者
憲祖純皇帝之所建而國家歲時祈禳報謝之所其所祀曰三元三大帝蓋天地水□□賜福赦罪解厄之神也嘉靖己酉宮之建至是六十七甲子矣丹青金□之□剥落暗昧□□□□□□□一真人陶仲文以
上賜金與所度道士楮價葺而新之始於三月十日至七月訖工請階紀成事階備□□□嘗以春祈奉
命禱祀於宮竊仰嘆
憲祖慮民之深我
皇上爲民之懇而國□之於萬萬年無疆也蓋古昔帝王將納民於善既委曲以教之矣又從而賞罰勸毖之而又徵諸鬼神以警□之故其言曰天道福善禍淫曰積善之家必有餘慶積不善之家必有餘殃使民之心凜然常若鬼神臨乎其上不獨不敢
爲惡而亦不敢□奸□□以爲苟免刑罰之圖夫然後王教成於天下今夫人之生莫不戴天履地而其日用飲食莫不資於水苟知天地水皆有神存焉而且有賜福赦罪解厄之途則其遷善去惡以從王之教將有不容自己者是故
憲祖之慮民至深矣我
皇上自御極以來留情民食每春則必祈祈則宮有祀秋則必報報則宮又有祀精誠感格明神顧綏以觀乎天雨暘調寒暑時以觀乎地土膏洽□維奠以觀乎水川不騰澤不涸年穀用登萬物率育薄海内外含哺嬉游而
皇上深軫民艱猶惕然有如傷之視今年春宣諭禮臣恪舉祈典既又以不雨豫憂夏旱申諭致禱綸音數布咸出御墨而階因得奉□□於此是故
皇上之爲民至懇矣明興至於今百八十餘年凡教民之具自
太祖
成祖□則既□然大備然其化理至
憲祖而□□至我
皇上而始漸□淪彼窮極幽遠與其□□哉
憲祖慮民之□有□□□其怠肆之命而我
皇上爲民之懇有以植其□而□其從善之心是故□□□水□□□□□□□□□□有廉讓之□家有慈孝之□歌頌之聲洋溢里巷萬方晏然四夷景附而國家無□□□□□□□□□□□□□□時睹盛治爲幸又自以前史官也謹因紀重修之成
備著之於石而繫以詩若夫宮之規制則
憲祖御制碑已具不復贅詩曰
大慈延福城之東天地□府神所官
憲皇始作規制雄塗金琢玉輝霓虹祈禱報謝國典崇萬方兆姓祇事同稟辰朝夕瞻神通爲子必孝臣必忠於皇我
皇德至隆□堯欽明舜温恭春秋修祀宮之中祝帛俎豆潔且豐親御翰墨詔秩宗光騰奎壁馳蛟龍明神鑒享來虚空□黍歲熟綏三農民生既富教易從遐邇穆穆蹐時雍乃知
二聖同淵衷潛敷默運如化工事神豈獨蒙神功陰翊
聖治噓
皇風皇風聖治
炳昭融璇圖寶歷垂無窮兹宮再新靈貺鐘臣民快睹呼
蒼穹願
皇萬壽居九重輯寧方夏懷夷戎禮臣作詩情莫終載歌天保祝華封□□三元祐帝□
□□□□□吉立石□□□□□□□□武英殿□□□□□□□□□□□□

重修大慈延福宮碑陰題名

總督宮中

提調神霄保國弘烈宣教振法通真忠孝秉一掌教事總各宮住持知道録事

特進光禄大夫柱國少師少傅兼少保禮部尚書恭誠伯陶仲文

提督宮中

清微演教崇真衛道高士兼三宮住持陳善道

神霄□□高士兼在各處宮觀廟住持陶中輔

道録司左正一□□□福宮住持羅萬象

道 録 司 左 演 法 僉 書 張 一 原

道録司左玄義僉書兼齋宮住持□永□

（上泐）住持梁□□

李永□

□□□

宋 □

（上泐）[倉]王 熙

韓永德

□道進

王□□

（下泐）

大慈延福宫碑

額題:大慈延福宫重修紀成之碑
年代:明嘉靖二十八年(1549)
原址:東城區朝陽門大街延福宫
拓片尺寸:碑身陽高 220 厘米,寬 89 厘米,額高 39 厘米,寬 24 厘米;陰高 135 厘米,寬 84 厘米
書體:正書
撰人:徐階
拓片録自:中國文化遺産研究院藏原拓片

【碑陽】

額題:大慈延福宫重修紀成之碑

碑文:

大慈延福宫重修紀成之碑 1

賜進士及第資善大夫禮部尚書兼翰林院學士經筵講官會典副總裁華亭徐階撰。2 大慈延福宫者,3 憲祖純皇帝之所建,而國家歲時祈禳報謝之所。其所祀曰三元三大帝,蓋天地水□□賜福赦罪解厄之神也。嘉靖己酉,宫之建至是六十七甲子矣。丹青金□之□剥落暗昧□□□□□□□一真人陶仲文以 4 上賜金與所度道士楮價,葺而新之。始於三月十日,至七月訖工。請階紀成事。階備□□□嘗以春祈奉 5 命禱祀於宫,竊仰嘆 6 憲祖慮民之深,我 7 皇上爲民之懇,而國□之於萬萬年無疆也。蓋古昔帝王,將納民於善,既委曲以教之矣,又從而賞罰勸毖之,而又徵諸鬼神以警□之。故其言曰:天道福善禍淫,曰:積善之家,必有餘慶;積不善之家,必有餘殃。使民之心,凛然常若鬼神臨乎其上,不獨不敢 8 爲惡,而亦不敢□奸□□以爲苟免刑罰之圖,夫然後王教成於天下。今夫人之生,莫不戴天履地,而其日用飲食,莫不資於水。苟知天地水皆有神存焉,而且有賜福赦罪解厄之途,則其遷善去惡以從王之教,將有不容自己者。是故 9 憲祖之慮民至深矣。我 10 皇上自御極以來,留情民食,每春則必祈,祈則宫有祀,秋則必報,報則宫又有祀。精誠感格,明神顧綏,以觀乎天,雨暘調,寒暑時;以觀乎地,土膏洽,□維奠;以觀乎水,川不騰,澤不涸。年穀用登,萬物率育,薄海内外,含哺嬉游,而 11 皇上深軫民艱,猶惕然有如傷之視。今年春,宣渝禮臣恪舉祈典,既又以不雨豫憂夏旱,申諭致禱。綸音數布,咸出御墨,而階因得奉□□於此。是故 12 皇上之爲民至懇矣。明興至於今,百八十餘年,凡教民之具,自 13 太祖、14 成祖□則既□然大備,然其化理至 15 憲祖而□□,至我 16 皇上而始漸□淪彼窮極幽遠與其□□哉! 17 憲祖慮民之□有□□□其怠肆之命,而我 18 皇上爲民之懇,有以植其□而□其從善之心,是故□□□水□□□□□□□□□□有廉讓之□家有慈孝之□,歌頌之聲,洋溢里巷,萬方晏然,四夷景附,而國家無□□□□□□□□□□□□□□□□時睹盛治爲幸。又自以前史官也,謹因紀重修之成 19 備著之於石而繫以詩。若夫宫之規制,則 20 憲祖御製碑已具,不復贅。詩曰:21

大慈延福城之東，天地□府神所官，22 憲皇始作規制雄，塗金琢玉輝霓虹。祈禱報謝國典崇，萬方兆姓祇事同，禀辰朝夕瞻神通，爲子必孝臣必忠。於皇我 23 皇德至隆，□堯欽明舜温恭，春秋修祀宮之中，祝帛俎豆潔且豐。親御翰墨詔秩宗，光騰奎壁馳蛟龍，明神鑒享來虚空。□黍歲熟綏三農，民生既富教易從，遐邇穆穆躋時雍，乃知 24 二聖同淵衷。潛敷默運如化工，事神豈獨蒙神功，陰翊 25 聖治噓 26 皇風，皇風聖治 27 炳昭融。璇圖寶歷垂無窮，玆宫再新靈貺鐘，臣民快睹呼 28 蒼穹，願 29 皇萬壽居九重。輯寧方夏懷夷戎，禮臣作詩情莫終，載歌天保祝華封，□□三元祐帝□。30

□□□□□吉立石□□□□□□□□□□武英殿□□□□□□□□□□□□□□ 31

【碑陰】

碑文：

重修大慈延福宫碑陰題名 1

總督宫中 2 提調神霄保國弘烈宣教振法通真忠孝秉一掌教事總各宫住持知道録事 3 特進光禄大夫柱國少師少傅兼少保禮部尚書恭誠伯陶仲文 4

提督宫中 5 清微演教崇真衛道高士兼三宫住持陳善道 6

神霄□□高士兼在各處宫觀廟住持陶中輔 7

道録司左正一□□□福宫住持羅萬象 8

道録司左演法僉書張一原 9

道録司左玄義僉書兼齋宫住持□永□ 10

（上泐）住持梁□□、11 李永□、12 □□□、13 宋□、14（上泐）倉王熙、15 韓永德、16 □道進、17 王□□ 18（下泐）

京29《三官廟碑》陽

御製
ᡥᠠᠨ ᡳ ᠠᡵᠠᡥᠠ

重修三官神廟碑記

京城迤東朝陽門内之思誠坊有舊廟直蹕途者視所顔榜曰大慈延福宫所奉

神曰三官之神是明成化十八年建也乃詔將作比歲

國慶臻洽百度具釐顧兹礦歆弗完黕昧弗塗都人擎薌爆牲謂典其闕遂以乾隆庚寅嘉平即工閲辛卯月辰載浹用底厥成若值若備并支内帑之羡所司請爲記朕惟道藏説三官經大指言賜福赦罪解厄掌衆生禄籍而地分三界時分三元位分三品迄莫詳其所自始按三國志張魯傳及注引典略語稱魯於漢之熹平間爲益州牧劉焉督義司馬據漢中以祭酒領部衆增設張角張修之法教民學道始請禱者書姓名并思過之意作三通一告之天著山上一薶之地一沈之水謂之天地水三官葢緣起如是嗣是撰述家其文不少概見洎元揭傒斯爲曲阿三官祠記明宋濂跋之謂水縱大亦兩間一物何得與天地抗在經生咫聞之論固然殊不知三品三元諸目其言洵出無稽要其舉三界以賅人境有未可以人廢言者伊古神聖非常之原孰如地平天成然懷襄不除則平成不奏水於天地何如者夫天體迴游包地與水是地已不得與天抗第一兲蒼渾人皆知囿於其境而不見實躋其境其日所附麗者地也若水行乎地之中周乎地之際脱有物焉一旦出乎地之界當反入乎水之界耳外此寧别有遁境哉由此推之以叙五行土特地之所指名而金而木而火其得與水争界哉由此推之以修六府土不待言穀特土之所封殖而金而木而火其不得與水争界猶俟更僕哉且祀法有類有望有遍有索饗悉就凡人精神所到之境緣而格之而神之憑依固即在是今三界所管既已粲乎隱隱可挈而度則雖從而爲之各晋以位之品各宗以時之元宜亦秉禮守道者之所不欲拒而斯廟之增繕上以爲國祝禧下以爲民祈祐於焉考新宫而繹祭義又誰曰不然傳曰咸秩無文無文之文可以文其碑矣

乾　隆　三　十　六　年　歲（下泐）

（一行泐）

（一行泐）

三官廟碑

額題：御製
首題：重修三官神廟碑記
年代：清乾隆三十六年（1771）
原址：東城區朝陽門内大街
拓片尺寸：碑身高 220 厘米，寬 122 厘米；額高、寬均 42 厘米
書體：正書
《目録》：頁 312
拓片編號：京 29
拓片録自：《北京圖書館藏中國歷代石刻拓本匯編》卷 73 頁 69，泐處據《日下舊聞考》卷 48 頁 768—769 補

【碑陽】

額題：御製

碑文：

重修三官神廟碑記 *1*

京城迤東朝陽門内之思誠坊有舊廟直蹕途者，視所顔榜曰大慈延福宫，所奉 *2* 神曰三官之神，是明成化十八年建也。乃詔將作："比歲 *3* 國慶臻洽，百度具釐。顧兹礭欹弗完，黝昧弗塗，都人擎薌犦牲，謂典其闕。"遂以乾隆庚寅嘉平即工，閲辛卯月辰載浹用底厥成。若值若傭，并支内帑之羡，所司請 *4* 爲記。朕惟道藏説《三官經》，大指言賜福、赦罪、解厄，掌衆生禄籍，而地分三界，時分三元，位分三品，迄莫詳其所自始。按《三國志·張魯傳》及注引典略語，稱魯於 *5* 漢之熹平間爲益州牧劉焉督義司馬，據漢中，以祭酒領部衆，增設張角、張修之法，教民學道。始請禱者書姓名并思過之意，作三通：一告之天，著山上，一薶 *6* 之地，一沈之水，謂之天地水三官，蓋緣起如是。嗣是撰述家其文不少概見。洎元揭傒斯爲《曲阿三官祠記》，明宋濂跋之，謂水縱大，亦兩間一物，何得與天地 *7* 抗？在經生愢聞之論固然，殊不知三品、三元諸目，其言洵出無稽，要其舉三界以賅人境，有未可以人廢言者。伊古神聖非常之原，孰如地平天成？然懷襄不 *8* 除，則平成不奏，水於天地何如者？夫天體迴游，包地與水，是地已不得與天抗。第一炁蒼渾，人皆知囿於其境，而不見實躋其境，其日所附麗者，地也。若水行 *9* 乎地之中，周乎地之際，脱有物焉，一旦出乎地之界，當反入乎水之界耳，外此寧别有逌境哉？由此推之，以叙五行，土特地之所指名，而金而木而火其得與 *10* 水争界哉？由此推之，以修六府，土不待言。穀特土之所封殖，而金而木而火其不得與水争界，猶俟更僕哉？且祀法有類有望，有遍有索饗，悉就凡人精神所 *11* 到之境緣而格之，而神之憑依固即在是。今三界所管既已粲乎隱隱，可挈而度，則雖從而爲之，各晋以位之品，各宗以時之元，宜亦秉禮守道者之所不欲 *12* 拒。而斯廟之增繕，上以爲國祝禧，下 *13* 以爲民祈祐，於焉考新宫而繹祭義，又誰曰不然？傳曰：咸秩無文。無

文之文可以文其碑矣。14

乾隆三十六年歲（下泐）15

額題（滿文篆書）：han i araha

碑文：

dasame dasatame weilehe san guwan enduri juktehen i eldengge wehei bithe1 gemun hecen i dergi ergi（下泐）2 □□ oci san guwan enduri（泐）juwan jakūci aniyai（下泐）3 gurun i urgun i（泐）juktehen i uheri（泐）aniyai jorgon biyade □ baibure weilere jakai hūda hūsun i4（上泐）be aitubumbi geren ergengge be fulun cagan be kadalambi sembihe, geli na be ilan jecen, erin be ilan ikengge5（上泐）bi be ejelefi jy jeo hafan seme tusafi, ini fejergi geren be kadalame wang6（上泐）emke be muke de □□ abka na muke san guwan enduri □□ terei da turgun amba muru uttu7（上泐）ombini □ ere □□□ heni seme babe □ leolen de toktofi8（上泐）muke be dasikū oci abka na i gungge inu muteburakū be dahame, muke abka9（上泐）eyembi te aika emu jaka emu cimari adanade, na □ ci □ urunakū10（上泐）serengge cohome □□ i □ aisin, moo, tuwa oci, muke de jecen be □ ojorakū be11（上泐）i jergi be tukiyere, meni meni erin i ikengge de dalabure be, udu dorolon be yabure doro be12（一行泐）13（一行泐）14 abkai wehiyehe i gūsin ningguci aniya（下泐）15

土地廟

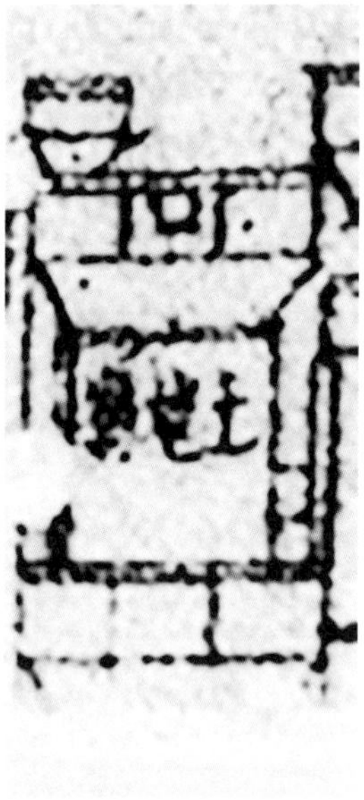

土地廟，又名都土地廟[1]，原址爲内一區朝陽門内大街二百九十四號（約今東城區朝内大街一百九十六號）。寺廟建築現不存。

土地廟始建年代不詳。按照清乾隆《京城全圖》所繪，廟坐南朝北，在朝陽門大街街南，萬利橋以東。山門三間，門前西側有小房一間。山門内南殿三間，東似有排房若干間。清道光二年（1822），大殿似經重修，有信士陳興泰當年題額“福德正神”爲證[2]。

20世紀30年代北平研究院調查時，土地廟已改稱都土地廟。廟係僧廟，面積一畝餘，除主院外，還有一東跨院。山門北向，木額“都土地廟”，兩邊分别挂有源興局油漆作、義和興局木器作木牌。主院大殿屋頂已局部坍塌，殿内供都土地像一尊，童像一尊，判官兩尊；左右土地像十六尊[3]，小鬼兩尊；另有小泥佛多尊。部分泥像殘壞。殿内有大鐵磬一個，無款識。東跨院内南北房各三間，西房一間，租與源興局油漆作[4]。

都土地廟住持爲順普，亦爲演樂胡同天仙庵[5]住持，都土地廟即該庵之下院。1930年9月，順普呈請社會局，稱其年逾七旬，目昏耳聾，實在無力兩廟兼顧，願將都土地廟住持轉讓徒侄立存。經社會局備案，立存接任住持。立

---

〔1〕清乾隆《京城全圖》上注明爲土地廟，而國立北平研究院調查時寺廟山門石額爲都土地廟，且社會局檔案均采用都土地廟名稱。

〔2〕參見國立北平研究院《都土地廟》，東單75；《北平研究院北平廟宇調查資料匯編（内一區卷）》，頁二百八十三。

〔3〕首都圖書館藏《北平寺廟調查一覽表》注明廟内有十尊河北省等土地像。

〔4〕同注〔2〕。

〔5〕天仙庵在七排三段。

存接廟後不久，目睹廟房破敗不堪，遂動身前往原籍河北衡水縣和上海兩地募化，準備籌資修廟。寺廟則留給立存本家鄭錦海看管。1931 年農曆八月初四，原住持順普圓寂〔1〕。立存任都土地廟住持，一直到 20 世紀 40 年代末〔2〕。

20 世紀 50 年代，都土地廟正殿及跨院均存。1986 年廟已改作民居〔3〕。20 世紀 80 年代末廟被拆除〔4〕。2005 年原址爲朝内大街一百零四號、一百零六號，係東單明珠商場停車庫。2018 年回訪時，原址改爲朝内大街一百九十二號的東城區教育委員會。

---

〔1〕參見北京市檔案館藏《内一區土地廟僧人立存關於登記廟産的呈文及社會局的批示》，1930—1936 年，檔案號 J002-008-00171。

〔2〕北京市檔案館藏《北平市民政局·北平市各區寺廟總登記考察簿（1947—1948）》，檔案號 J003-001-00237，頁五十二。

〔3〕《北京文物勝迹大全（東城區卷）》，頁二百五十七。

〔4〕參見《中國文物地圖集·北京分册（下）》，頁三十八。

關帝廟（東四二條）

關帝廟，1928年《京師内外城詳細地圖》中標爲土地廟。不見於清乾隆《京城全圖》，原址爲内三區東四牌樓二條胡同三十九號（今在東城區朝内大街二百零三號院内）。寺廟建築現不存。

廟始建年代無考。明清文獻及碑刻史料對該關帝廟均無涉及[1]。民國時廟内有清道光六年（1826）鐵磬一口，但不能斷定係爲關帝廟獻製[2]。

據20世紀30年代北平研究院調查，關帝廟山門南向，内有小廟一間，供關帝一尊，周倉、關平立像各一尊，馬像一個，韋陀、土地各一尊，均泥塑小像。廟内法物除上述鐵磬外，還有圓形鐵爐一座，旗竿一個。廟在當時係二條胡同一號李宅的家廟[3]，廟房對外出租[4]。

20世紀50年代後的關帝廟未見有資料記録。2005年調查時，廟已踪影全無，原址在文旅部大院内。

---

〔1〕清《乾隆廟册》記載東四牌樓有一關帝廟，係大僧廟，住持顯鑰，不確定是否即此廟。

〔2〕參見國立北平研究院《關帝廟》，東四97；《北平研究院北平廟宇調查資料匯編（内三區卷）》，頁二百一十九。

〔3〕同上。

〔4〕參見《北京寺廟歷史資料》，頁三百七十七。

寶慶寺

寶慶寺，又名寶慶禪林[1]，可能即明代之寶磬寺。不見於清乾隆《京城全圖》。原址在内三區東四牌樓五條胡同二十四號（今東城區東四五條五十三號、五十五號）。寺廟建築現不存。寺内原有明嘉靖二十三年（1544）碑，和清雍正六年（1728）《寶慶寺碑》，明碑已無考[2]。

據《日下舊聞考》，寶慶寺有可能即明代《寰宇通志》所載寶磬寺之訛名。該書記述寶磬寺建自元代，明永樂十年（1412）曾重修[3]。清雍正六年《寶慶寺碑》則稱寺相傳建於唐朝[4]。此二説均不足以斷定寶慶寺始建年代，但至少寺廟在明代已存。

清雍正六年《寶慶寺碑》載，明嘉靖二十三年，錦衣衛官石璞曾重修寺廟。隨後數百年中殿宇傾毁，廟堂淪爲民居。清雍正六年，東直門内華嚴寺[5]方丈天然禪師鳩工修葺，又於鄰家屋垣下得明嘉靖二十三年舊碑，移置廡側。工竣，寺内僧衆力挽天然禪師留駐寶慶寺，而禪師婉拒，依然返華嚴寺[6]。清《乾隆廟册》對寶慶寺有記載，爲大僧廟，住持了如。

清光緒三年（1877），僧智明接任住持[7]。大興信士紀悦昌捐資重修寺廟，并題山門木額“寶慶禪林”，又獻大鐵磬一口，置於關帝殿内。同年，寺内又新製鐵磬兩口，方鐵香爐一個，鐵五供五份。光緒八年（1882），紀悦昌再爲關帝殿題聯“志在春秋氣塞天地，忠同日月義薄風雲”[8]。

---

[1] 山門木額。

[2] 清雍正六年之《寶慶寺碑》提及明碑，除此之外，未見於其他資料。

[3] 參見《日下舊聞考》卷四十八，頁七百六十五。

[4] 參見清雍正六年《寶慶寺碑》，京204，《北京圖書館藏中國歷代石刻拓本匯編》卷六十八，頁六十四。

[5] 據清乾隆《京城全圖》東直門内南小街有華嚴庵，參見（法）吕敏（Marianne Bujard）主編《北京内城寺廟碑刻志》第三卷，北京：國家圖書館出版社，2013年，頁二十一。

[6] 同注[4]。此處部分信息根據國立北平研究院拓片録文補充。

[7] 參見北京市檔案館藏《北平市社會局·内三區寶慶寺僧人智明呈登記廟産的申請書及社會局的批示》，1931—1936年，檔案號J002-008-00785，頁二十一至二十二。

[8] 參見國立北平研究院《寶慶寺》，東四102；《北平研究院北平廟宇調查資料匯編（内三區卷）》，頁二百二十二。

20世紀30年代，寶慶寺面積約一畝，坐北朝南，三層殿宇，有殿房二十一間，神像法器豐厚精美，陳列井然。山門内前殿三間，供彌勒佛一尊，左右配像八尊，童像十二尊，均泥塑。另有清乾隆七年（1742）製鐵鐘一座，鐵磬一口，鐵香爐八個，鐵五供一份。院内有上述清光緒三年製方鐵香爐。中殿三間，正中木額“至大至剛”，東額“配義與道”，西額“峻德參天”。廊下懸清同治九年（1870）鐵鐘一口。殿内供關帝泥塑坐像一尊，金面金身，花紋工細；男女童泥像各兩個；關平、周倉、王甫、趙累四泥像；土地、財神和韋陀泥像各一尊。殿内另有上述清光緒三年紀悦昌所獻鐵磬和同年製鐵五供一份。東配殿三間，内供觀音一尊，童像兩個；關帝一尊，周倉、關平立像各一尊，馬像一個，均泥塑。有清同治二年（1863）鑄鐵磬一口。西配殿三間，額曰“作善降祥”。内供娘娘像九尊，童像十八個，均泥塑。另有清光緒三年製鐵磬一口，鐵五供三份。院内立清雍正六年《寶慶寺碑》。後殿三間，供三大士像，卧佛兩尊，立像六尊，均泥塑。清光緒三年鐵磬一口，東西配房各三間。寶慶寺還收有《金剛經》四部[1]。

1931年北平市社會局調查時，寶慶寺除住持智明外，還住有僧人海全。1936年，住寺僧人爲智明和寶全。1938年8月智明致函社會局，稱寶慶寺山門坍塌，欲變賣其木料，將所得用來修葺後殿及東西配房之屋檐。社會局調查後發現，寺廟原來登記的二十一間殿房彼時僅餘十二間。經傳問智明得知，其他九間房屋均已傾塌，其中磚瓦木料多被人偷去，所剩者亦皆變賣。社會局因智明此前并未申報該情，今又藉口修廟欲拆賣山門，遂認定其私自盗賣廟産，斥革住持職責以示懲戒，并令北京佛教會責成寶慶寺同宗本家另選住持。該會選定本宗徒侄，尼僧覺振接充住持。覺振時年三十五歲，河北深縣人，1934年出家，在廣濟寺受戒，住朝陽門外紅廟。覺振任住持後，多次對寶慶寺廟房墻垣進行維修，并在中院添蓋鉛鐵棚兩間。除覺振外，其徒弟鐵福、其母范李氏亦居廟内。1941年，寶慶寺前院租給陸記煤鋪。鋪主李生將籬笆院墻改砌成土坯墻，又在前院新蓋北灰房兩間[2]。1950年民政局寺廟登記時，覺振仍然是寶慶寺的住持，廟内共尼僧三人[3]。

20世紀50年代，寶慶寺山門、大殿、東西配殿等主要建築均在[4]。2005年調查時，老住户回憶20世紀50年代末期寺内住了多户居民，已經没有佛像和石碑。20世紀60年代中期部分廟房被拆除。20世紀70年代前院被拆除，改作鐵工廠，後又變成服裝廠。

2005年調查時寺廟原址爲工地。2018年回訪時寺址爲從麻綫胡同遷建的麻綫胡同三號院[5]。

---

〔1〕參見國立北平研究院《寶慶寺》，東四102；《北平研究院北平廟宇調查資料匯編（内三區卷）》，頁二百二十二；北京市檔案館藏《北平市社會局·内三區寶慶寺僧人智明呈登記廟産的申請書及社會局的批示》，1931—1936年，檔案號J002-008-00785；《北京寺廟歷史資料》，頁一百一十四。

〔2〕參見北京市檔案館藏《北平市社會局·内三區寶慶寺住持覺振送寺廟登記表及社會局的批示》，1938—1941年，檔案號J002-008-01234。

〔3〕參見北京市檔案館藏《北平市民政局·北平市寺廟總登記簿》，1950年，檔案號J003-001-00203，頁十九。

〔4〕參見《北京文物勝迹大全（東城區卷）》，頁四百二十。

〔5〕根據建築外墻的指示牌，麻綫胡同三號院在2013年列入東城區登記文物。該院爲清宗室、光緒朝國子監祭酒盛昱的宅第，後被清末外務部尚書梁敦彦所得。參見《中國文物地圖集·北京分册（下）》，頁二十三。

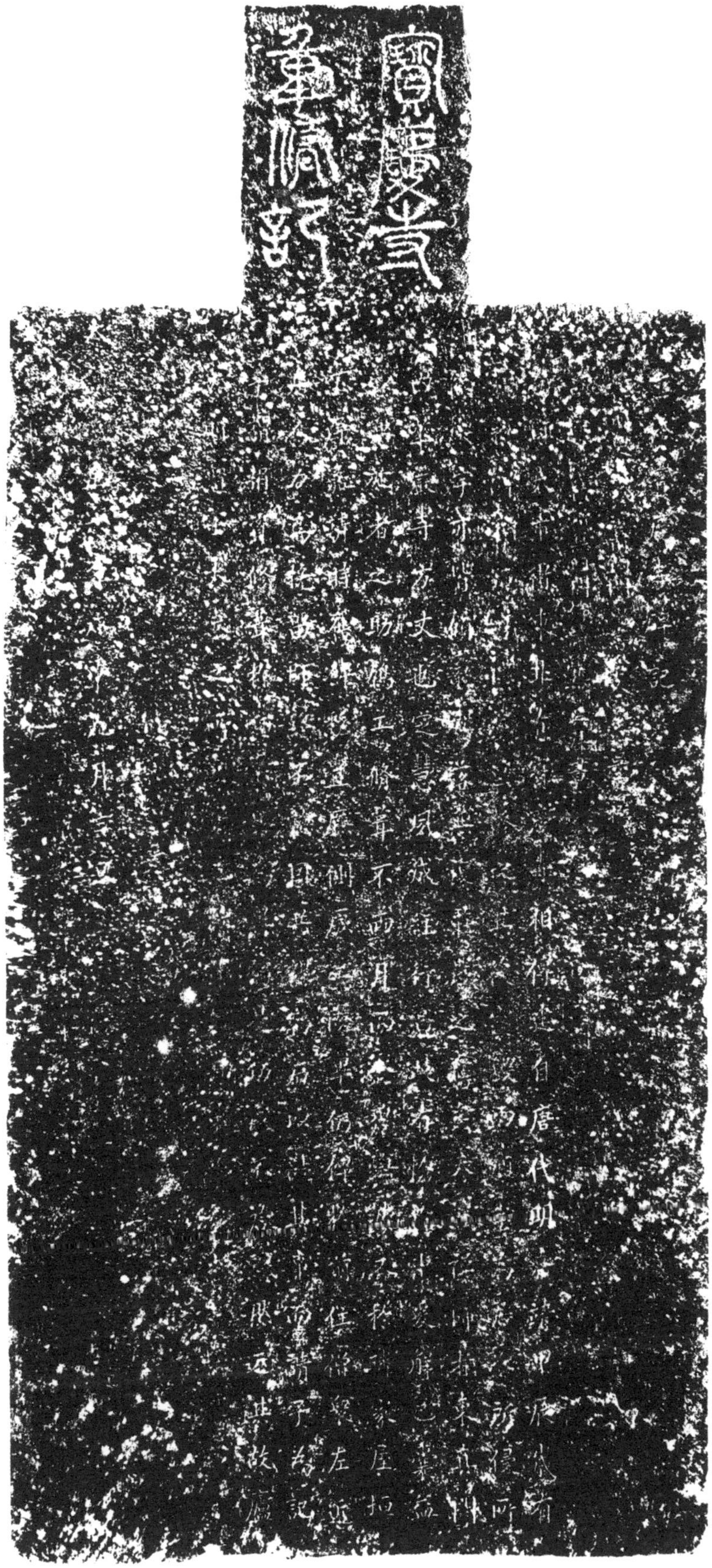

京204《寶慶寺碑》陽

寶慶寺重修記

重修寶慶寺碑記

（上泐）中書舍人□□吳麟撰

（上泐）覺吳拜書

□□大市街東北有寶慶寺相傳建自唐代明嘉靖甲辰歲有錦衣衛信官石公瑛重修之其後□毁兩廟堂爲居人所侵所餘殿宇亦皆傾欹□落無復莊嚴之舊矣夫□禪師者東直門內華嚴寺方丈也定慧夙成經行□□有□□□爰解己囊益以樂施者之助鳩工修葺不兩月而金碧煥然又於鄰家屋垣下得嘉靖時舊碑移置廡側厥工修畢仍俾於前住僧衆左近居人力爲挽留師終不聽因共謀勒石以志其事而請予爲記予謂捐資修葺於□□□□异□是功以不居默然返其故廬□則賢士大夫之所（下泐）

大　清　雍正六年九月吉旦

寶慶寺碑

額題：寶慶寺重修記
首題：重修寶慶寺碑記
年代：清雍正六年（1728）九月
原址：東城區東四五條
拓片尺寸：碑陽高 117 厘米，寬 66 厘米；額高 30 厘米，寬 21 厘米
書體：正書并篆額
撰人：吴麟
書人：吴拜
《目録》：頁 290
拓片編號：京 204
拓片録自：《北京圖書館藏中國歷代石刻拓本匯編》卷 68 頁 64

【碑陽】
額題：寶慶寺重修記
碑文：

重修寶慶寺碑記 *1*

（上泐）中書舍人□□吴麟撰。*2*（上泐）覺吴拜書。*3* □□大市街東北有寶慶寺。相傳建自唐代，明嘉靖甲辰歲有 *4* 錦衣衛信官石公璞重修之。其後□毀，兩廟堂爲居人所侵。所 *5* 餘殿宇亦皆傾欹□落，無復莊嚴之舊矣。夫□禪師者，東直門 *6* 内華嚴寺方丈也。定慧夙成，經行□□，有□□□，爰解己囊，益 *7* 以樂施者之助，鳩工修葺，不兩月而金碧焕然。又於鄰家屋垣 *8* 下得嘉靖時舊碑，移置廡側。厥工修畢，仍俾於前住僧衆。左近 *9* 居人力爲挽留，師終不聽。因共謀勒石以志其事，而請予爲記。*10* 予謂捐資修葺於□□□□异□是功以不居，默然返其故廬，*11* □則賢士大夫之所（下泐）。*12*

大清雍正六年九月吉旦。*13*

六排四段

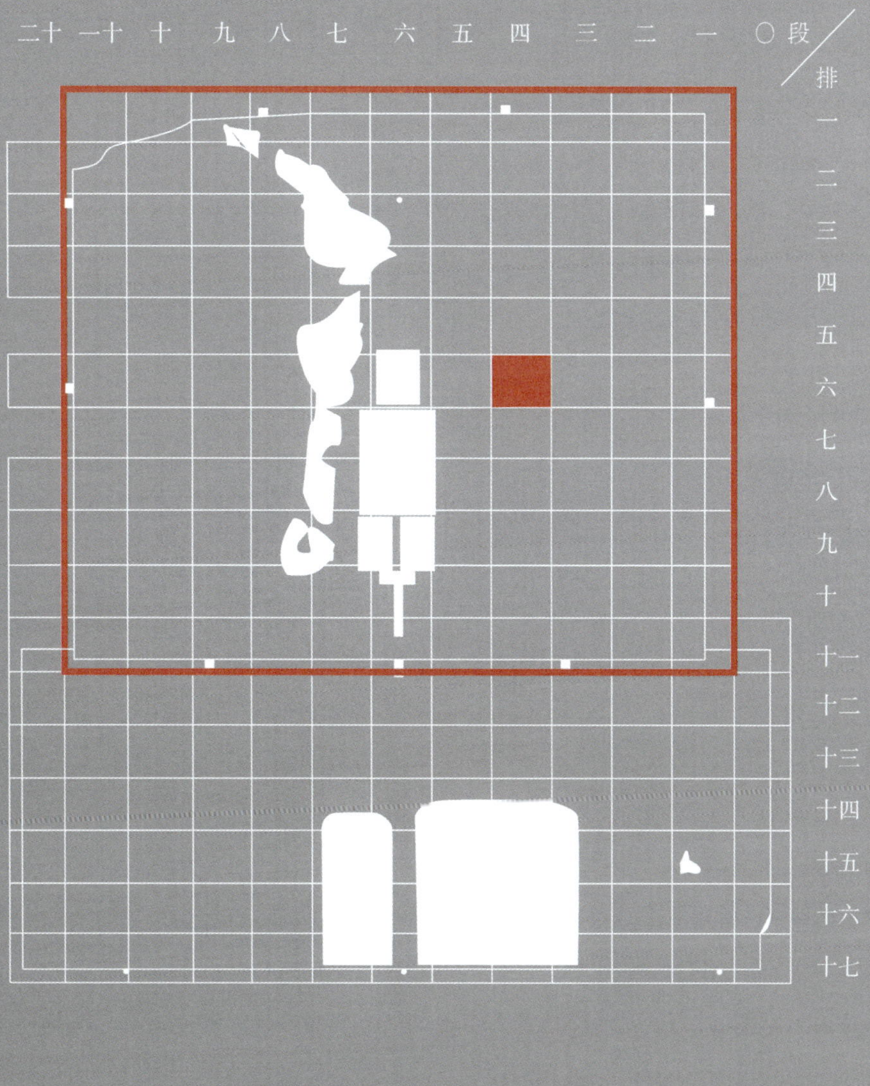

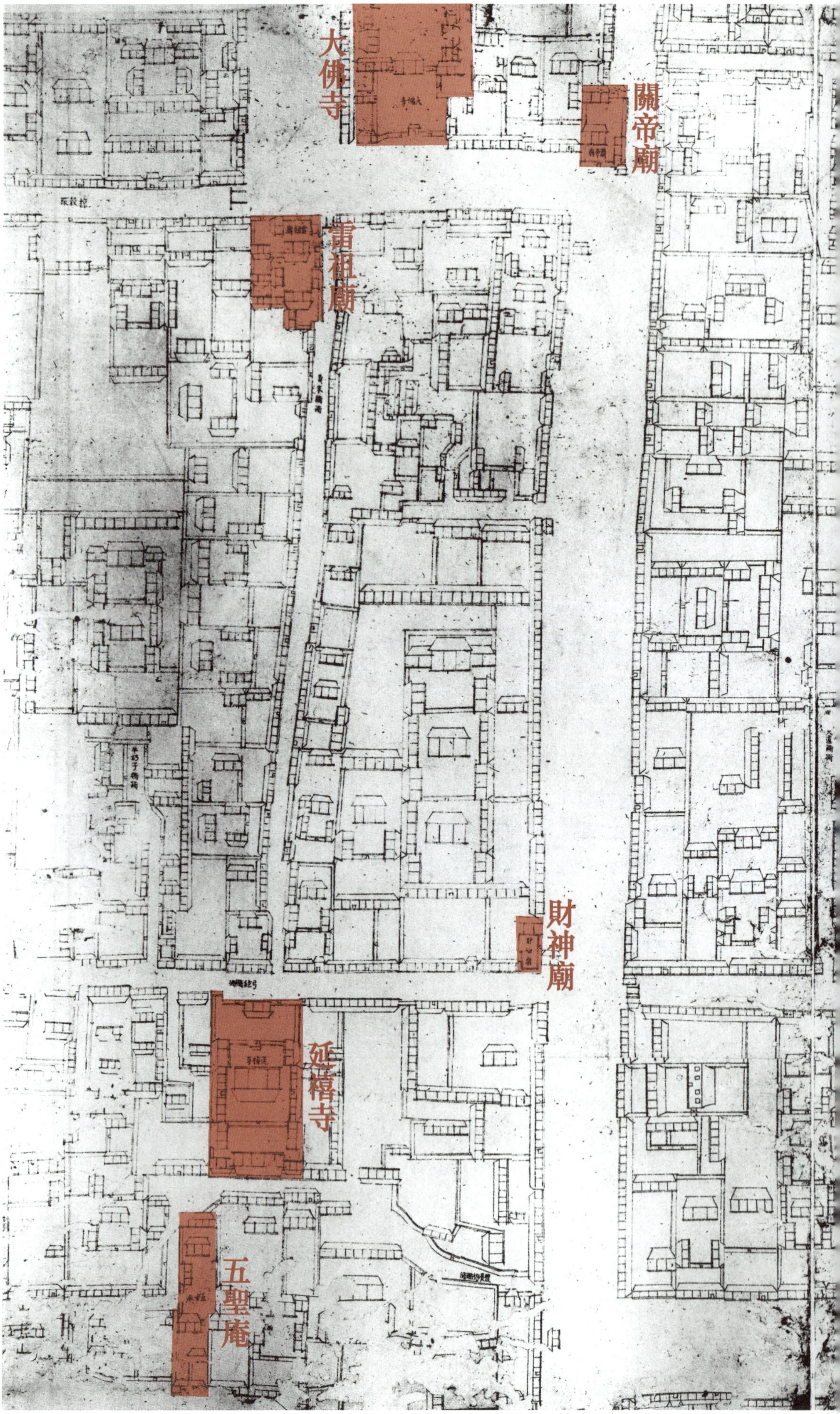
大佛寺
關帝廟
雷祖廟
財神廟
延禧寺
五聖庵

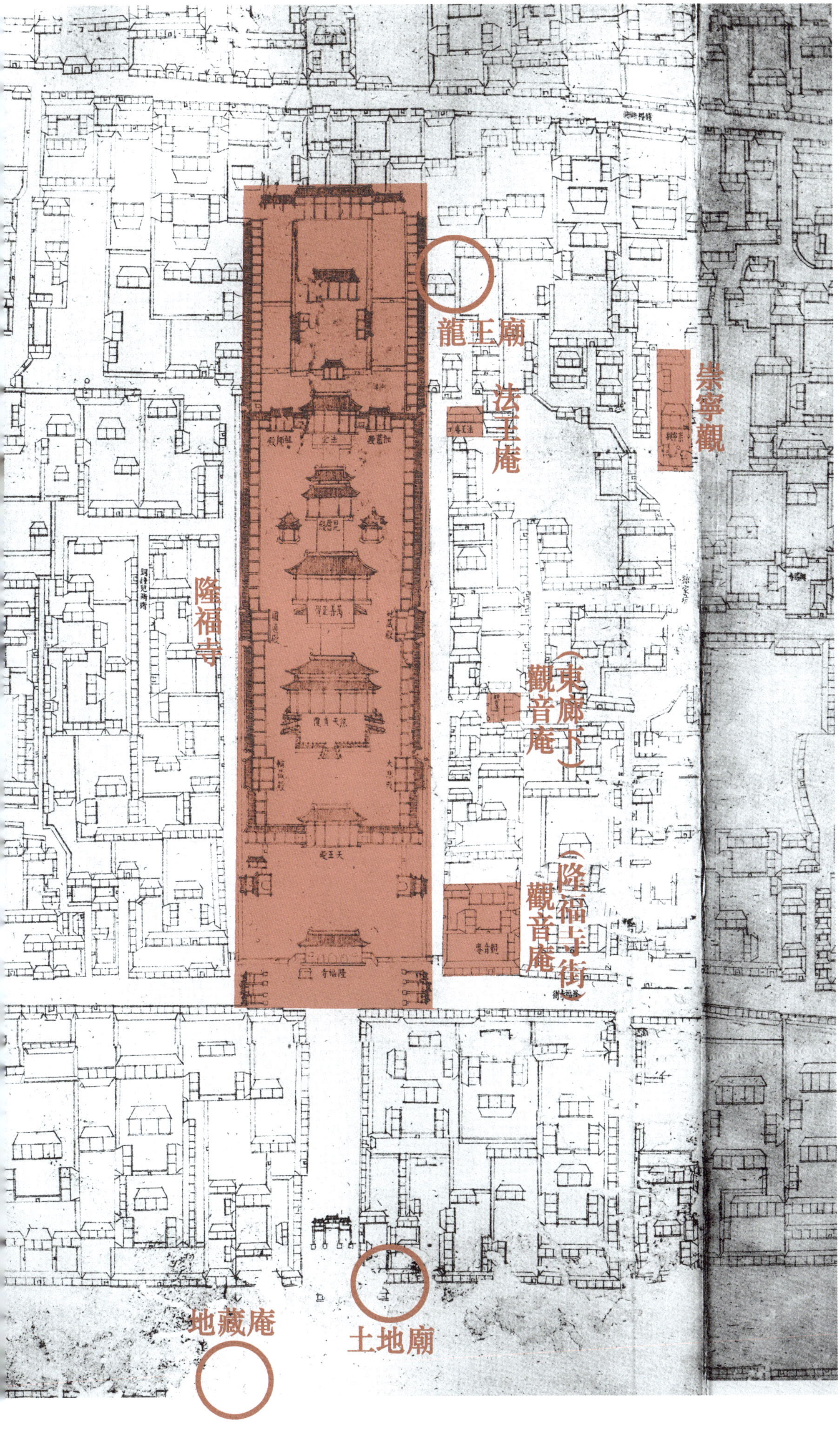
龍王廟
法王庵
崇寧觀
隆福寺
（東廊下）
觀音庵
（隆福寺街）
觀音庵
地藏庵
土地廟

大佛寺

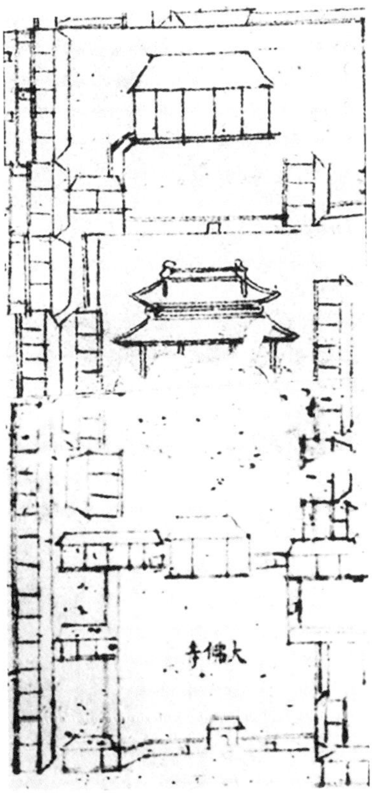

大佛寺，又名普德寺[1]、普法護國大佛寺[2]。原址爲内三區大佛寺街五十號（今美術館後街六十至七十六號）。寺廟建築現存部分。原有碑刻六通，其中四通在清乾隆年間立於寺門前，但彼時即已“涣漫不可讀”[3]，另兩通爲清光緒十一年（1885）的《大佛寺善會碑》和《大佛寺碑》。

寺始建年代不詳。清康熙五十二年（1713）萬壽盛典期間，東城四旗滿洲、蒙古、漢軍都統曾在大佛寺和延禧寺、法華寺、境靈寺設壇，諷誦萬壽經[4]。清《雍正廟册》記載大佛寺在安定門大街，爲大僧廟，有殿宇二十三間，禪房五十九間，住持方泰。清《乾隆廟册》亦記作大僧廟，住持廣悟。

清乾隆《京城全圖》所繪的大佛寺坐北朝南，三層殿宇，東西各有跨院。因位於兩排交界處，左圖經拼合。山門一間南向，兩側有邊門。前院寬敞，北有前殿三間，殿東有墻與中院隔開，墻上有門；殿西有房四間，連接西跨院，過道在東頭，通中院。中院有大殿三間，重檐懸山頂，房脊兩頭似有脊獸；東西配殿各兩座，每座三間；大殿東西各有順山房五間。中院北有墻與後院隔開，墻上有門。後

〔1〕參見（清）吴長元輯《宸垣識略》卷六，北京：北京古籍出版社，1983年，頁一百零三。

〔2〕山門石額。

〔3〕參見《日下舊聞考》卷四十五，頁七百一十八。

〔4〕參見（清）王原祁《萬壽盛典初集》卷四十一，《四庫全書》版，頁四十七。延禧寺在本排段，法華寺在七排四段。

院内有北殿五間；東房三間；西南角有朝南房兩間，有廊與北殿連。西跨院在前院西，有兩進。第一進有北房三間，南房三間；第二進北即爲與前殿連的過道房四間。東跨院在前院東北，有北房三間，西墻有門通前院。

清同治十三年（1874），房山縣西域寺通悟禪師得本寺捐銀五千餘兩，又斷去左右手坐棺苦化三年，用集得資本向大佛寺僧人本修買下寺廟，重修大殿、天王殿及西堂。大佛寺從此成爲西域寺下院[1]。光緒三年（1877）北方大旱，饑民紛紛涌入京城。由官紳士商組成的大佛寺善會創設集善堂粥廠，每年十月至次年三月開放，日供千人就食。光緒五年（1879），善會又在寺内添設義學，教授貧寒兒童，并新建一殿，供奉孔子像。同時蓋建惜字社，供倉頡和文昌二聖。光緒十一年，花翎都司銜王士泰、紀悦昌、王瑞、候選同知米鶴年等集結善會衆信士共同出資出力，重修山門、東西配殿和後殿[2]，在山門後添石額"古迹復興"，并在大殿前置一高丈許的大寶鼎[3]。

民國初年，大佛寺經歷一場廟産風波，起因在於當時的住持涌泉。1874年寺廟成爲西域寺下院之後，歷任住持本來皆由西域寺和尚商定，但1911年住持智通圓寂後，大鐘寺和尚雲開托人説合，薦其弟子涌泉在大佛寺看廟，西域寺却并未給其法卷正式認可。1916年9月，住在内務部街的基督教青年會會員雍濤向涌泉租下部分廟産設立學校，教習英文和德文。又出錢讓廟内的煤炭廠、燈謎會等其他住户搬離，并請德國工程師丹立西斯安裝玻璃窗、自來水、電燈、洋茅厠等現代設施。工程完畢後，雍濤以五千七百銀元向涌泉買下大佛寺全部廟産。西域寺衆和尚得知此事後，立即向京師警察廳提起訴訟，控告僧人涌泉盗賣大佛寺。警察廳最終判决西域寺勝訴，廟産交易無效。僧人涌泉被逐，西域寺衆和尚公舉本寺和尚純山爲大佛寺住持[4]。

純山係北京佛教會執行常務委員[5]，大佛寺也因此在北京佛教界有很高的地位。1924年印度詩人泰戈爾（Rabindranath Tagore,1861—1941）訪華時，受佛教會邀請在大佛寺演講[6]。1934年創刊的《北平佛教會月刊》的發行處即設在大佛寺的佛經流通處[7]。

根據北平社會局和國立北平研究院的調查，民國時期的大佛寺面積九畝餘，共有房屋六十九間。另外，大佛寺東街的近二十間鋪面房亦屬寺廟廟産。除住持純山外，大佛寺還有天潤、緒振兩位僧人。寺内設有民衆學校和佛經流通處。鋪面房及廟内空房的租金每月合計六七十元。寺廟山門爲歇山頂黄琉璃瓦剪邊，石額"敕賜護國普法大佛寺"。前殿三間，木額"天王殿"。殿内供金身木彌

---

〔1〕參見清光緒十一年《大佛寺碑》，京193，《北京圖書館藏中國歷代石刻拓本匯編》卷八十五，頁一百七十二至一百七十三；北京市檔案館藏《京師警察廳關於大佛寺廟産案的函（一）》，1917年，檔案號J181-019-17687，頁三十一至三十五；北京市檔案館藏《京師警察廳關於大佛寺廟産案的函（四）》，1917年，檔案號J181-019-17690，頁九。

〔2〕參見清光緒十一年《大佛寺善會碑》京192、《大佛寺碑》京193，《北京圖書館藏中國歷代石刻拓本匯編》卷八十五，頁一百七十至一百七十三。

〔3〕參見國立北平研究院《大佛寺》，東四119；《北平研究院北平廟宇調查資料匯編（内三區卷）》，頁二百四十五至二百五十五。

〔4〕參見北京市檔案館藏《京師警察廳關於大佛寺廟産案的函》（一）至（六），1917年，檔案號J181-019-17687至J181-019-17692。

〔5〕純山同時也是西郊區靈光寺、第十一區官菜園上街南口二十號觀音院、西郊第十七區阜外禮士路五十二號慈明寺以及第四區白塔寺東夾道廿六號藏經殿的住持，參見北京市檔案館藏《北平市社會局·西郊區重興靈光寺僧人聖安關於登記廟産和純山接充住持的呈文及社會局的批示》，1930—1940年，檔案號J002-008-00199；北京市檔案館藏《北平市民政局·北平市各區寺廟總登記考察簿（1947—1948）》，檔案號J003-001-00237，頁二十。藏經殿在六排十段。

〔6〕參見興亞宗教協會編《華北宗教年鑒》，北京：興亞宗教協會，1941年，頁八。

〔7〕參見北平佛教會編《北平佛教會月刊》，北京：北平佛教會，1934—1936年。

勒佛一尊,像前有清道光五年(1825)鐵香爐一個,兩側有四大天王泥像;殿後供新塑韋陀泥像,像前亦有清道光五年鐵香爐一個;殿内還有清乾隆癸巳年(1773)製千餘斤大鐵鐘一口。中殿五間,單檐硬山頂[1],木額“接引寶殿”,聯“西方十萬億土有世界名曰極樂,南無阿彌陀佛其福法不可思量”。大殿内供一丈二尺高接引佛泥塑金身立像一座,泥塑金身童像兩座,小銅觀音一座。像前有大鐵五供一份,錫供器九件,銅磬一口,大木魚一個,鼓兩面,小鐵鐘一口。大殿内還挂有祖師畫像三幅,分别爲大佛寺成爲西域寺下院後的三任住持:通悟、純一和智通[2]。大殿前有清光緒十一年造大寶鼎一座,以及《大佛寺善會碑》和《大佛寺碑》兩通石碑。東配房五間,爲專營佛學書籍的佛經流通處;西配房五間,爲民衆學校。接引殿西有北房三間,焚字庫一座;殿東有北房三間,北小房一間。後殿五間,木額“覺苑慈雲”,聯“圓像靈光莊嚴十地,慈雲法雨普渡群生”。内供三大士泥塑金身像,像前大錫五供一份,銅磬一個,鼓一面;殿兩側供十八羅漢塑像,并有墨拓竹禪石刻羅漢十八幅[3]。後殿前有民國十年(1921)製的大鐵香爐一座,上鑄八言佛語:“念佛虔誠便是丹,念珠百八轉循環,念成舍利趨生死,念結善提了聖凡,念意不隨流水去,念心常伴白雲間,念開妙竅通靈慧,念歸靈山向佛參。”東小院内有北房三間,西小房一間。大佛寺還收有《焰口》五本、《金剛經》六本、《地藏經》一部、《法華經》一部。1936年,純山向社會局申請拆毁寺院所屬大佛寺東街十三號院内的南北三間灰棚,新建西灰棚三間。1939年,純山又呈請將寺廟山門兩側的栅欄門改修門樓,并在前院内添蓋西灰棚兩間。兩項申請均得到社會局批准[4]。

20世紀50年代的大佛寺主體建築依然完整,大殿前二碑亦在,住持仍爲純山[5]。據2017年實地調查時老住户回憶,20世紀50年代住家們依然向大佛寺交納房租。當時寺裏住着一位長白鬍子架雙拐的老和尚[6],一位女居士,一對四十多歲的夫婦和一位做飯的老太。周圍的孩子們常去廟裏玩耍,對老和尚印象至深。東配殿的佛經流通處照舊營業,據説有東南亞一帶的華人香客來此采買佛經和法物。平日來廟裏燒香的人并不多,山門正門和大殿門總是關着。後來寺院的天王殿被改爲街道辦事處的石墨磨具廠。1965年左右老和尚被趕出寺廟。

1985年調查時,山門及天王殿已被拆除,原址建有大樓,由電子工業部和機電設備維修公司使用。曾出土一斷碑,無年代[7]。

2000年大佛寺尚存大殿、觀音殿和西配殿[8]。2017年調查時,寺廟原來的主體部分所在位置爲美術館後街七十六號,原有建築已不存,現爲工商銀行的下屬機構。寺廟原有建築尚存美術館後街六十號的五間後殿,爲某單位辦公室,室内後加的天花板將原來的藻井隔在其内。

---

〔1〕此處中殿屋頂爲單檐,而清乾隆《京城全圖》中爲重檐,不確定是否係晚清時重建。

〔2〕參見北京市檔案館藏《京師警察廳關於大佛寺廟産案的函》(三),1917年,檔案號J181-019-17689,頁二十七。

〔3〕竹禪(1824—1901),四川梁山人,爲晚清名僧,擅古琴、書畫和篆刻。1908年按其所繪的羅漢圖刻成的十八幅石刻像至今存放於寧波天童寺羅漢堂。參見釋克觀《竹禪和尚生平及其藝術成就》,《佛教文化》2010年第6期,頁十六至三十五。

〔4〕參見北京市檔案館藏《北平市社會局·内三區大佛寺僧人純山呈請登記廟産及社會局的批示》,1931—1939年,檔案號J002-008-00240;國立北平研究院《大佛寺》,東四119;《北京文物勝迹大全(東城區卷)》,頁二百五十三至二百五十四。

〔5〕參見北京市檔案館藏《北京市民政局·民族事務科·本市寺廟、僧道情況統計表》,1951年,檔案號196-001-00011,頁三;北京市檔案館藏《北平市民政局·北平市寺廟總登記簿》,1950年,檔案號J003-001-00203,頁十六。

〔6〕住户不記得老和尚的名字,但是我們判斷應該就是大佛寺住持純山。

〔7〕參見《北京文物勝迹大全(東城區卷)》,頁二百五十三至二百五十四。

〔8〕《中國文物地圖集·北京分册(下)》,頁三十二。

大佛寺原址（2005 年 9 月 阮如意攝）

集善粥厰

大佛寺公建善會記
日講起居注官翰林院侍講學士南書房行走梁燿樞撰書
賜同進士出身都察院左副都御史稽察右翼覺羅學事務加三級英煦題額
朝廷以京師民繁歲有貧餒月既冬必
諭賞米石爲粥厰於五城以飲食之大哉所謂堯仁如天也京之士商又能上體
德意善堂義學星布閭閻若大佛寺善會斯其一矣光緒三年夏旱豫晉燕齊被災較廣轉徙流離於國門而呼飢者踵錯於道於
是義士興起覩玆哀鴻遍野亟思援拯第以人數衆多需款繁鉅欲其事可經久必須慎始圖終非鳩合同志集議捐資事須分任
其勞款則廣爲募勸條晰縷貫綱舉目張而不可行以寺爲地處適中爰即呈明　提督府　順天府創設集善堂粥厰隨各蠲捐
勸募官紳商庶無論銀錢粮米柴薪量爲捐助即於是年嘉平開放就食者日以千計並築屋數十間爲棲賑地蔽風雨別男女出
入有序施給有度常年啟於小陽朔日迄於次年暮春之杪歲歉則量擴其期飢黎果腹咸慶更生志美法良洵善舉也行之三載
集款有贏因思衛民之道教養原屬並行念斯寒畯子弟無力延師坐是丁字不識良可憫已洎己卯九月乃立義學教授蒙童別
營一殿供奉
先師孔子出入展拜既昭誠敬而肅觀瞻兼以嫻習禮儀嗣因經費充裕續增數齋於中擇其聰穎課以詩文但使理明詞達即可
因材造就然而詩書載籍待文字以傳薪工賈商農恃字書而記事惜字一事亦善舉之亟復添惜字一社建座三楹以奉
倉聖
文昌分送竹簍僱夫按日擔取敬焚其有貧民自衛巷檢拾者則量付以貲既使窮苦藉以謀生並杜紙工改造諳弊更普勸各行
店鋪捐焚字紙年終守灰匯送清流潮厰三事之經營於兹八閱夫寒暑悉賴會中諸君子殫心竭力分任其勞或慷慨輸將或退
邇勸募或考核生童之學業或句稽歲月之度支冬春監賑風雪不憚其辛勤工作迭與鳩集胥出以踴躍德何盛善何廣歟易曰
作善降祥漢東平王曰爲善最樂昭昭乎經史之言也余既樂觀厥成顧後之人守而勿替因其請也更麗文於庠之碑而具題名
於碑陰　光緒十一年歲次乙酉七月朔日立石

京 192《大佛寺善會碑》陽

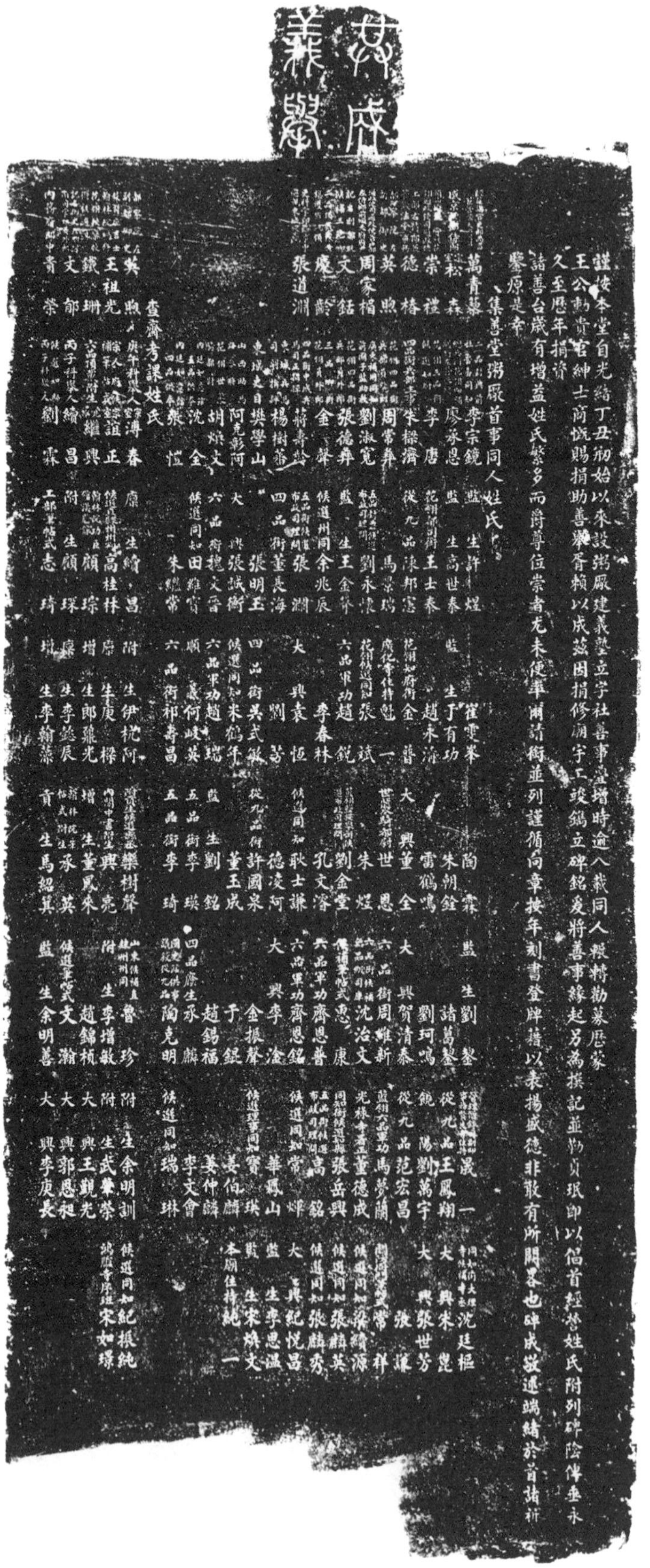

京192《大佛寺善會碑》陰

集善粥廠

大佛寺公建善會記

日講起居注官翰林院侍講學士南書房行走梁燿樞撰書

賜同進士出身都察院左副都御史稽察右翼覺羅學事務加三級英　煦題額

朝廷以京師民繁歲有貧餒月既冬必
諭賞米石爲粥廠於五城以飲食之大哉所謂堯仁如天也京之士商又能上體
德意善堂義學星布闤闠若大佛寺善會斯其一矣光緒三年夏旱豫晋燕齊被灾較廣轉徙流離叩國門而呼飢者踵錯於道於是義士興起睹兹哀鴻遍野亟思援拯第以人數衆多需款繁鉅欲其事可經久必須慎始圖終非鳩合同志集議捐資事須分任其勞款則廣爲募勸條晰縷貫綱舉目張而不可行以寺爲地處適中爰即呈明　提督府　順天府創設集善堂粥廠隨各輾轉勸募官紳商庶無論銀錢糧米柴薪量爲捐助即於是年嘉平開放就食者日以千計并築屋數十間爲栖賑地蔽風雨別男女出入有序施給有度常年啓於小陽朔日迄於次年暮春之杪歲歉則量擴其期飢黎果腹咸慶更生意美法良洵善舉也行之三載集款有贏因思衛民之道教養原屬并行念斯寒畯子弟無力延師坐是丁字不識良可憫已洎己卯九月乃立義學教授蒙童別營一殿供奉
先師孔子出入展拜既昭誠敬而肅觀瞻兼以嫻習禮儀嗣因經費充裕續增數齋於中擇其聰穎課以詩文但使理明詞達即可因材造就然而詩書載籍待文字以傳薪工賈商農恃字書而記事惜字一事亦善舉之亟復添惜字一社建室三楹以奉
倉聖
文昌分送竹簍雇夫按日擔取敬焚其有貧民自衢巷撿拾者則量付以貲既使窮苦藉以謀生并杜紙工改造諸弊更普勸各行店鋪捐焚字紙年終字灰匯送清流溯厥三事之經營於兹八閱夫寒暑悉賴會中諸君子殫心竭力分任其勞或慷慨輸將或遐邇勸募或考核生童之學業或句稽歲月之度支冬春監賑風雪不憚其辛勤工作迭興鳩集胥出以踴躍德何盛善何廣歟易曰作善降祥漢東平王曰爲善最樂昭昭乎經史之言也余既樂觀厥成願後之人守而勿替因其請也更麗文於庭之碑而具題名於碑陰　光緒十一年歲次乙酉七月朔日立石

共成義舉

謹按本堂自光緒丁丑創始以來設粥廠建義塾立字社善事叠增時逾八載同人輾轉勸募歷蒙
王公勛貴官紳士商慨賜捐助善舉胥賴以成茲因捐修廟宇工竣鐫立碑銘爰將善事緣起另爲撰記并勒貞珉即以倡首經營姓氏附列碑陰俾垂永
久至歷年捐資
諸善臺歲有增益姓氏繁多而爵尊位崇者尤未便率爾請銜并列謹循向章按年刻書登牌藉以表揚盛德非敢有所闕略也碑成敬述端緒於首諸祈
鑒原是幸

集善堂粥廠首事同人姓氏

經筵講官吏部尚書兼管順天□□□ 萬青藜
盛京禮部侍郎宗室 松森
頭品頂戴賞戴花翎通政使司通政使 崇禮
工部右侍郎兼管錢法堂事務 德椿
都察院左副都御史 英煦
通政使司通政使管户部左侍郎前順天府府尹 周家楣
記名副都統候補三苑卿 文銛
二品頂戴鑲黄旗護軍統領 慶齡
吏科掌印□事□巡視東城□□院 張道淵

二品封典前吐魯番同知 李宗鏡
總兵銜花翎即補副將左營參將 廖承恩
花翎三品銜候選知縣 李唐
四品銜兵部主事 朱櫟濟
花翎四品銜兵部員外郎 周常彝
廣東補用同知前國子監助教 劉淑寬
花翎四品銜兵部員外郎 張德彝
三品卿銜花翎員外郎 金聲
四品銜中城兵馬司正指揮 蔣壽齡
東城兵馬司副指揮 楊樹蕃
東城吏目 樊學山
山西助馬路參將 阿克彰阿
花翎世襲騎都尉 胡煥文
内廷如意館五品供奉 沈全
内廷如意館四品供奉 張愷

監生 許煜
監生 高世泰
花翎都司銜 王士泰
從九品 陳邦憲
馬景瑞
五品封典候選布政司理問 劉永懷
監生 王金聲
候選州同 余兆辰
五品銜候選布政司理問 張瀾
四品銜 董長海
張明玉
大興 張誠衡
六品銜 魏文晋
候選同知 田維寶
朱繼常

崔雯峰
監生 于有功
趙永清
花翎知府銜 金普
廣化寺住持 魁一
花翎候選同知 張斌
六品軍功 趙鋭
李春林
大興 袁恒
劉芳
四品銜 吴式敏
候選同知 米鶴年
六品軍功 趙瑞
順義 何岐英
六品銜 祁壽昌

陶霖
朱朝銓
雷鶴鳴
大興 董全
世襲騎都尉 世恩
朱煜
藍翎監提舉銜候選布政司理問 劉金堂
孔文濬
候選同知 耿士謙
德淩阿
從九品銜 許國泉
董玉成
監生 劉銘
五品銜 李瑛
五品銜 李琦

監生 劉鋆
諸葛鋆
劉珂鳴
大興 賀清泰
六品銜 周維新
六品銜候補無品級司庫 沈治文
候補筆帖式 惠康
六品軍功 齊恩普
六品軍功 齊恩銘
大興 李淦
金振聲
于錕
趙錫福
四品蔭生 承麟
國史館供事議叙從九品 陶克明

管理僧録司副印事務賢良寺住持 晟一
從九品 王鳳翔
饒陽 劉萬宇
從九品 范宏昌
藍翎六品軍功 馬夢蘭
光禄寺署正 董德成
同知銜候選知縣 張岳興
五品銜候選布政司理問 高銘
候選同知 常煇
華鳳山
候選理事同知 寶瑛
姜伯麟
姜仲麟
李文會
候選同知 瑞琳

同知銜大理寺候補寺丞 沈廷樞
大興 朱崑
大興 張世芳
張謙
關防衙門筆帖式 常祥
候選同知 梁續源
候選同知 張麟英
候選同知 張麟秀
大興 紀悦昌
監生 李思温
監生 宋焕文
本廟住持 純一

查齋考課姓氏

都察院左副都御史 英煦
□□庶吉士翰林院編修 王祖光
花翎按察使辦錢□□ 鐵珊
記名御史□□□□司掌印員外郎 文郁
内務府郎中 貴榮

庚午科舉人宗室 溥春
宗人府候補筆帖式宗室 誼正
六品頂戴附生覺羅 繼興
丙子科舉人 續昌
候選知縣丙子科舉人 劉霖

廪生 續昌
候選直隸州州判 高桂林
翰林院功臣館漢□録 顧琮
附生 顧琛
工部筆帖式 志琦

附生 伊杭阿
廪生 庚樑
增生 郎鼐光
廪生 李懿辰
增生 李瀚藻

附貢生候選縣丞 樂樹聲
内閣中書附生 興亮
增生 董鳳來
翰林院筆帖式附生 承英
貢生 馬紹箕

山東候補直隸州州同 魯珍
附生 李增敏
趙錦楨
候選筆帖式 文瀚
監生 余明善

附生 余明訓
附生 武肇榮
大興 王覲光
大興 郭思昶
大興 李庚長

候選同知 紀振純
鴻臚寺序班 宋如璟

大佛寺善會碑

額題：集善粥廠
首題：大佛寺公建善會記
年代：清光緒十一年（1885）七月一日
原址：東城區大佛寺西大街
拓片尺寸：碑身高 193 厘米，寬 88 厘米；額高 21 厘米，寬 18 厘米
書體：正書并篆額
撰人：梁燿樞
書人：梁燿樞正書、英煦篆額
《目録》：頁 362
拓片編號：京 192
拓片録自：《北京圖書館藏中國歷代石刻拓本匯編》卷 85 頁 170—171

【碑陽】

額題：集善粥廠

碑文：

大佛寺公建善會記1

日講起居注官翰林院侍講學士南書房行走梁燿樞撰書。2

賜同進士出身都察院左副都御史稽察右翼覺羅學事務加三級英煦題額。3

朝廷以京師民繁，歲有貧餒。月既冬，必4諭賞米石爲粥廠於五城。以飲食之大哉，所謂堯仁如天也。京之士商又能上體5德意，善堂義學星布闤闠。若大佛寺善會，斯其一矣。光緒三年夏旱，豫晋燕齊被灾較廣。轉徙流離，叩國門而呼飢者踵錯於道。於6是義士興起，睹兹哀鴻遍野，亟思援拯。第以人數衆多，需款繁鉅。欲其事可經久，必須慎始圖終。非鳩合同志集議捐資，事須分任7其勞，款則廣爲募勸，條晰縷貫，綱舉目張而不可行。以寺爲地處適中，爰即呈明提督府、順天府，創設集善堂粥廠，隨各輾轉8勸募。官紳商庶，無論銀錢、糧米、柴薪，量爲捐助。即於是年嘉平開放，就食者日以千計。并築屋數十間爲栖賑地，蔽風雨，别男女，出9入有序，施給有度。常年啓於小陽朔日，迄於次年暮春之杪。歲歉則量擴其期，飢黎果腹，咸慶更生，意美法良，洵善舉也。行之三載，10集款有贏。因思衛民之道，教養原屬并行。念斯寒畯子弟無力延師，坐是丁字不識，良可憫已。洎己卯九月乃立義學，教授蒙童。别11營一殿供奉12先師孔子，出入展拜，既昭誠敬而肅觀瞻，兼以嫻習禮儀。嗣因經費充裕，續增數齋於中。擇其聰穎，課以詩文，但使理明詞達即可，13因材造就。然而詩書載籍待文字以傳薪，工賈商農恃字書而記事，惜字一事亦善舉之。亟復添惜字一社，建室三楹，以奉14倉聖15、文昌。分送竹簍，雇夫按日擔取敬焚。其有貧民自衢巷撿拾者，則量付以貲。既使窮苦藉以謀生，并杜紙工改造諸弊。更普勸各行16店鋪捐焚字紙，年終字灰匯送清流。溯厥三事之經營，於兹八閱夫寒暑。悉賴會中諸君

子殫心竭力，分任其勞，或慷慨輸將，或遐[17]邇勸募，或考核生童之學業，或句稽歲月之度支。冬春監賑，風雪不憚，其辛勤工作，迭興鳩集，胥出以踴躍，德何盛、善何廣歟？《易》曰[18]“作善降祥”，漢東平王曰“爲善最樂”，昭昭乎經史之言也。余既樂觀厥成，願後之人守而勿替。因其請也，更麗文於庭之碑，而具題名[19]於碑陰。

光緒十一年歲次乙酉七月朔日立石。[20]

【碑陰】

額題：共成義舉

碑文：

謹按，本堂自光緒丁丑創始以來，設粥廠、建義塾、立字社，善事叠增，時逾八載。同人輾轉勸募，歷蒙[1]王公勛貴、官紳士商慨賜捐助，善舉胥賴以成。兹因捐修廟宇工竣，鎸立碑銘，爰將善事緣起，另爲撰記，并勒貞珉，即以倡首經營姓氏附列碑陰，俾垂永[2]久。至歷年捐資[3]諸善臺，歲有增益，姓氏繁多，而爵尊位崇者尤未便率爾。請銜并列，謹循向章，按年刻書登牌，藉以表揚盛德，非敢有所闕略也。碑成，敬述端緒於首，諸祈[4]鑒原是幸。[5]

集善堂粥廠首事同人姓氏：[6]

經筵講官吏部尚書兼管順天□□□萬青藜、盛京禮部侍郎宗室松森、頭品頂戴賞戴花翎通政使司通政使崇禮、工部右侍郎兼管錢法堂事務德椿、都察院左副都御史英煦、通政使司通政使管户部左侍郎前順天府府尹周家楣、記名副都統候補三苑卿文銛、二品頂戴鑲黄旗護軍統領慶齡、吏科掌印□事□巡視東城□□院張道淵

二品封典前吐魯番同知李宗鏡、總兵銜花翎即補副將左營參將廖承恩、花翎三品銜候選知縣李唐、四品銜兵部主事朱樑濟、花翎四品銜兵部員外郎周常彝、廣東補用同知前國子監助教劉淑寬、花翎四品銜兵部員外郎張德彝、三品卿銜花翎員外郎金聲、四品銜中城兵馬司正指揮蔣壽齡、東城兵馬司副指揮楊樹蕃、東城吏目樊學山、山西助馬路參將阿克彰阿、花翎世襲騎都尉胡焕文、内廷如意館五品供奉沈全、内廷如意館四品供奉張愷

監生許煜、監生高世泰、花翎都司銜王士泰、從九品陳邦憲、馬景瑞、五品封典候選布政司理問劉永懷、監生王金聲、候選州同余兆辰、五品銜候選布政司理問張瀾、四品銜董長海、張明玉、大興張誠衡、六品銜魏文晋、候選同知田維賓、朱繼常

（候選同知）崔雯峰、監生于有功、趙永清、花翎知府銜金普、廣化寺住持魁一、花翎候選同知張斌、六品軍功趙鋭、李春林、大興袁恒、劉芳、四品銜吴式敏、候選同知米鶴年、六品軍功趙瑞、順義何岐英、六品銜祁壽昌

（六品銜）陶霖、朱朝銓、雷鶴鳴、大興董全、世襲騎都尉世恩、朱煜、藍翎監提舉銜候選布政司理問劉金堂、孔文濬、候選同知耿士謙、德凌阿、從九品銜許國泉、董玉成、監生劉銘、五品銜李瑛、五品銜李琦

監生劉鋆、諸葛鋆、劉珂鳴、大興賀清泰、六品銜周維新、六品銜候補無品級司庫沈治文、候補筆帖式惠康、六品軍功齊恩普、六品軍功齊恩銘、大興李淦、金振聲、于錕、趙錫福、四品蔭生承麟、國史館供事議敘從九品陶克明

管理僧録司副印事務賢良寺住持晟一、從九品王鳳翔、饒陽劉萬宇、從九品范宏昌、藍翎六品軍功馬夢蘭、光禄寺署正董德成、同知銜候選知縣張岳興、五品銜候選布政司理問高銘、候選同知常煇、華鳳山、候選理事同知寶瑛、姜伯麟、姜仲麟、李文會、候選同知瑞琳

同知銜大理寺候補寺丞沈廷樞、大興朱崑、大興張世芳、張謙、關防衙門筆帖式常祥、候選同知梁續源、候選同知張麟英、候選同知張麟秀、大興紀悦昌、監生李思温、監生宋焕文、本廟

住持純一

查齋考課姓氏：

都察院左副都御史英煦、□□庶吉士翰林院編修王祖光、花翎按察使辦錢□□鐵珊、記名御史□□□□司掌印員外郎文郁、内務府郎中貴榮

庚午科舉人宗室溥春、宗人府候補筆帖式宗室誼正、六品頂戴附生覺羅繼興、丙子科舉人續昌、候選知縣丙子科舉人劉霖

廩生續昌、候選直隸州州判高桂林、翰林院功臣館漢□録顧琮、附生顧琛、工部筆帖式志琦

附生伊杭阿、廩生庚樑、增生郎肅光、廩生李懿辰、增生李瀚藻

附貢生候選縣丞樂樹聲、内閣中書附生興亮、增生董鳳來、翰林院筆帖式附生承英、貢生馬紹箕

山東候補直隸州州同魯珍、附生李增敏、趙錦楨、候選筆帖式文瀚、監生佘明善

附生佘明訓、附生武肇榮、大興王覲光、大興郭思昶、大興李庚長

候選同知紀振純、鴻臚寺序班宋如璟

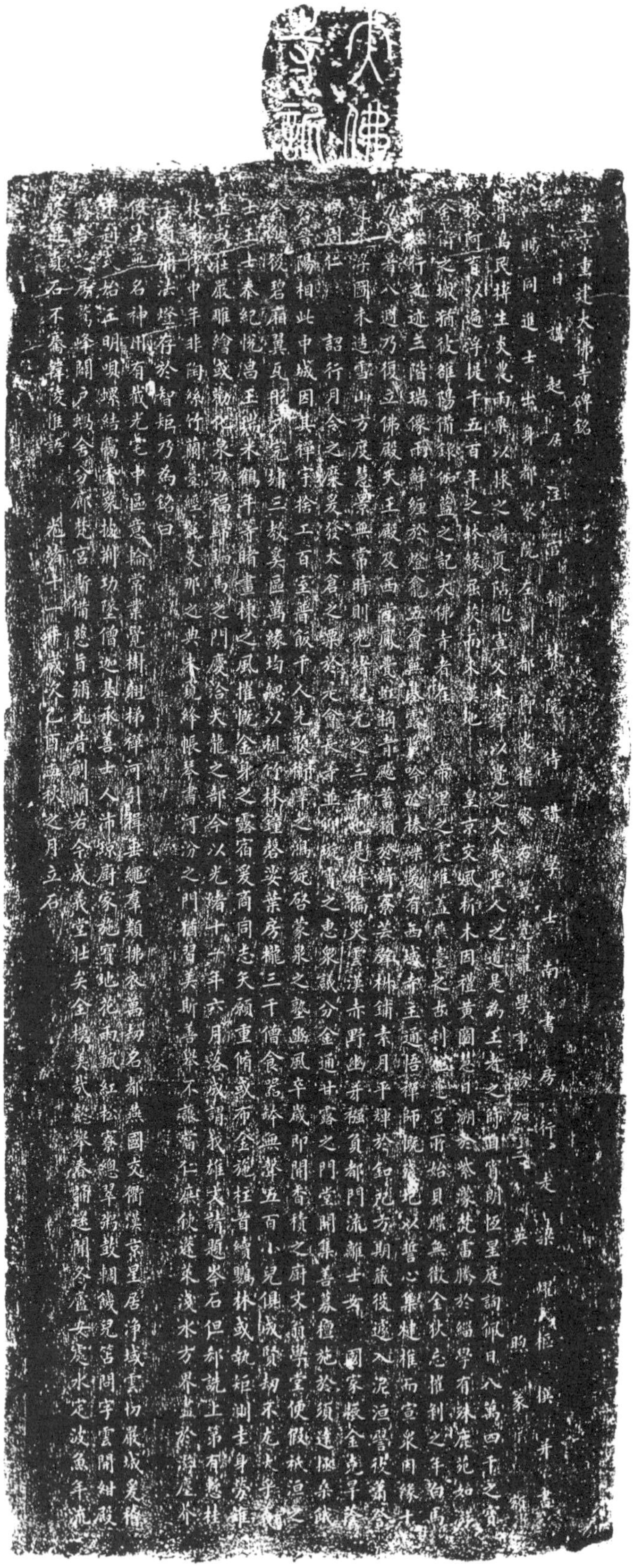

京193《大佛寺碑》陽

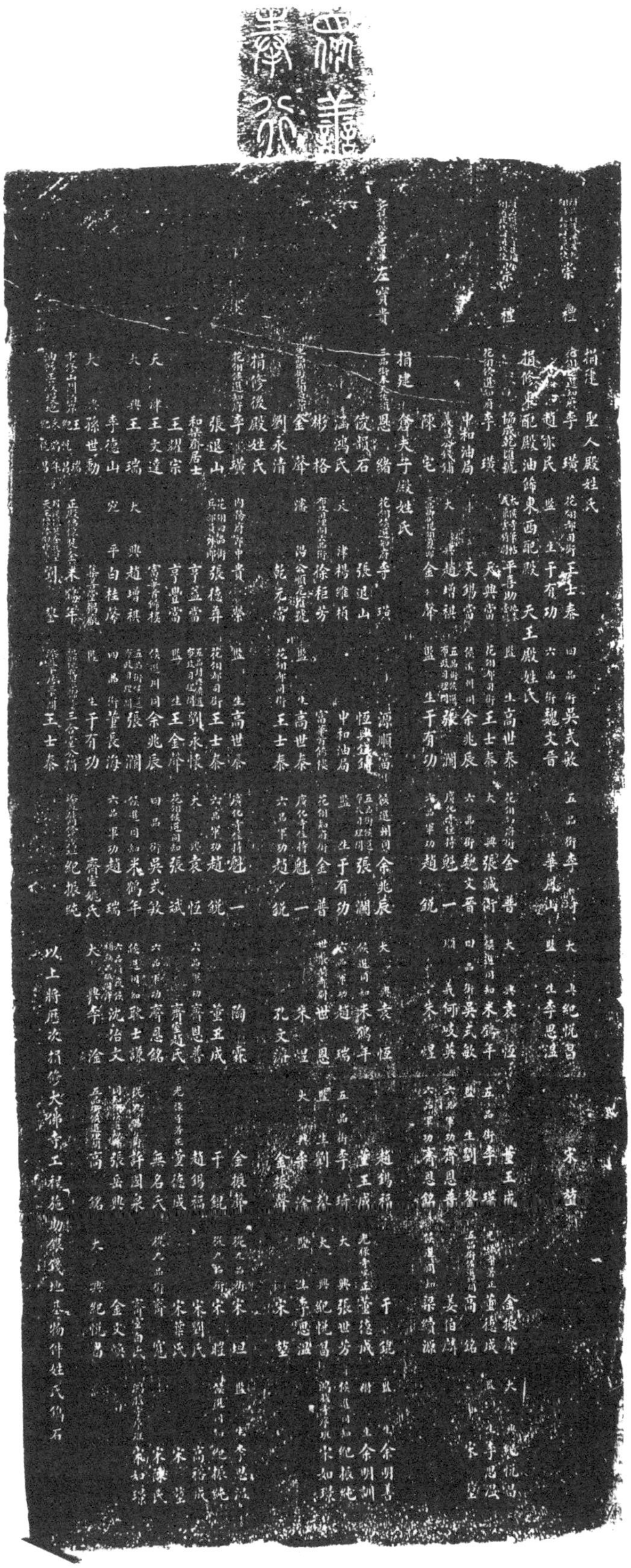

京 193《大佛寺碑》陰

大佛寺記

皇京重建大佛寺碑銘
日講起居注官翰林院侍講學士南書房行走梁燿樞撰并書
賜同進士出身都察院左副都御史稽察右翼覺羅學事務加三級英煦篆額
昔萬民搏生炎農雨粟以救之諸夏阽亂宣父木鐸以覺之大哉聖人之道是爲王者之師自宵朗恒星庭詢佩日八萬四千之寶
塔阿育以遍浮提千五百年之鉢緣屈茨而來漢地　皇京交風析木因禮黄圖慧日溯於紫濛梵雷騰於緇學有殊鹿苑如游
舍衛之城猶彼雒陽備録伽藍之記大佛寺者在　帝里之震維蓋燕臺之古刹也蓮宫所始貝牒無徵金狄忘摧剥之年白馬
所經行之迹三階瑞像雨薜纏於燈龕五會蕪基露螿吟於榛礫爰有西域寺主通悟禪師慨殘圮以誓心集楗椎而宣衆因緣十
力寒暑八周乃復立佛殿天王殿及西堂鳳甍虹桷青飆蓄籟於綺寮芸辟椒鋪素月平輝於扣戺方期藏役遽入泥洹譬彼蕭察
遲來浮圖未造雪山方度慧景無常時則光緒紀元之三年也是時偏灾雲漢赤野幽并襁負都門流離士女　國家賑金克早蔭
□周仁　詔行月令之糜爰發太倉之粟於是會長等并仰璇霄之惠衆議分金通甘露之門堂開集善募檀施於須達拯桑餓
於晉陽相此中城因其禪宇捨工百室普飯千人先歌衛澤之鴻旋啓蒙泉之塾豳風卒歲即開香積之厨文翁學堂便假祇洹之
舍然後碧厢翼瓦彤户完墉三教奚區萬緣均緦以視竹林鐘磬娑葉房櫳三千僧食器鉢無聲五百小兒俱成賢劫不尤大乎義
士王士泰紀悦昌王瑞米鶴年等睹畫棟之風摧慨金身之露宿爰商同志矢願重修或布金施柱首續鸎林或執矩測圭身勞雉
正或莊嚴雕繪或勸化泉刀福歸駟馬之門慶洽天龍之部今以光緒十一年六月落成謂我雄文請題岑石但郄詵上第有慚桂
枝謝傳中年非陶絲竹蘭臺經氈支那之典未窺絳帳琴書河汾之門猶習美斯善舉不讓當仁庶使蓬萊淺水方界盡於游塵芥
子須彌法燈存於智矩乃爲銘曰
像法無名神州有截光宅中區意輪常業覺樹翹梯禪河引楫垂繩群類拂衣萬劫名都燕國交衢漢京星居净域雲切嚴城爰稽
□刹式始王明唄螺結靄香象披荊功墜僧迦基承善士人沛瓊厨家施寶地花雨楓紅松寮總翠粥鼓輞饑兒笘問字雲開紺殿
霧合芝房鷲峰闢户蝸舍分廊梵宫斯備慈旨彌光昔創蘭若今成義堂壯矣全模美哉懿舉春誦遥聞冬廬安處水定波魚年流
藤□貞石不騫韓陵惟語　光緒十一年歲次乙酉孟秋之月立石

衆善奉行

頭品頂戴賞戴花翎通政使司通政使崇 禮

頭品頂戴賞戴花翎通政使司通政使崇 禮

記名提督□□□□□左寶貴

捐建 聖人殿姓氏

花翎候選知府李 璜 花翎都司銜王士泰 四品銜吴式敏 五品銜李 琦 大 興紀悅昌 宋 堃

趙亦氏 監 生于有功 六品銜魏文晋 華鳳山 監 生李思温

捐修東配殿油餙東西配殿 天王殿姓氏

協成乾匯號 太僕寺筆帖式兼雲騎尉平喜助地基壹塊 監 生高世泰 花翎知府銜金 普 大 興袁 恒 董玉成 金振聲 大 興紀悅昌

花翎候選知府李 璜 天興當 花翎都司銜王士泰 大 興張誠衡 候選同知米鶴年 五品銜李 瑛 光禄寺署正董德成 監 生李思温

中和油局 天錫當 候選州同余兆辰 六品銜魏文晋 四品銜吴式敏 監 生劉 鋆 五品銜候選理問高 銘 宋 堃

義昌公錢鋪 大 興趙增祺 五品銜候選布政司理問張 瀾 廣化寺住持魁 一 順 義何岐英 六品軍功齊恩普 姜伯麟

陳 宅 三品卿銜花翎員外郎金 聲 監 生于有功 六品軍功趙 鋭 朱 煜 六品軍功齊恩銘 候選同知梁續源

捐建 倉夫子殿姓氏

三品銜奉天佐領恩 緒 花翎候選知府李 璜 源順當 候選州同余兆辰 大 興袁 恒 趙錫福 于 錕 監 生余明善

俊韻石 張退山 恒興錢鋪 五品銜候選布政司理問張 瀾 候選同知米鶴年 董玉成 光禄寺署正董德成 附 生余明訓

涵鴻氏 天 津楊維楨 中和油局 監 生于有功 六品軍功趙 瑞 五品銜李 琦 大 興張世芳 候選同知紀振純

彬 格 布政司理問六品銜徐柜芳 富華首飾樓 花翎知府銜金 普 世襲騎都尉世 恩 監 生劉 鋆 大 興紀悅昌 鴻臚寺序班宋如璟

三品卿銜花翎員外郎金 聲 瀋 陽公順元匯號 監 生高世泰 廣化寺住持魁 一 朱 煜 大 興李 淦 監 生李思温

劉永清 乾元當 花翎都司銜王士泰 六品軍功趙 鋭 孔文濬 金振聲 宋 堃

捐修後殿姓氏

花翎候選知府李 璜 內務府郎中貴 榮 監 生高世泰 廣化寺住持魁 一 陶 霖 金振聲 從九品銜宋 坦 監 生李思温

張退山 花翎四品銜兵部員外郎張德彝 花翎都司銜王士泰 六品軍功趙 鋭 董玉成 于 錕 從九品銜宋 暟 候選同知紀振純

和樂齋居士 亨益當 五品封典候選布政司理問劉永懷 大 興袁 恒 六品軍功齊恩普 趙錫福 宋劉氏 高裕成

王耀宗 亨豐當 監 生王金聲 花翎候選同知張 斌 齊室趙氏 光禄寺署正董德成 宋葉氏 宋 堃

天 津王文達 富華首飾樓 候選州同余兆辰 四品銜吴式敏 六品軍功齊恩銘 無名氏 從九品銜齊 寬 宋陳氏

大 興王 瑞 大 興趙增祺 五品銜候選布政司理問張 瀾 候選同知米鶴年 候選同知耿士謙 從九品銜許國泉 齊室白氏 鴻臚寺序班宋如璟

李德山 宛 平白桂聲 四品銜董長海 六品軍功趙 瑞 六品頂戴候補無品級問□沈治文 同知銜候選知縣張岳興 金文煥

大 興孫世勳 集善堂粥廠 監 生于有功 齊室姚氏 大 興李 淦 五品銜候選理問高 銘 大 興紀悅昌

重修山門泊岸王 瑞 紀悅昌 正殿佛像裝金米鶴年 祖師像□塑添砌神臺三合堂公捐 添蓋屏門修築墻垣紀振純

油餙正殿墁地米鶴年 紀悅昌 羅漢像裝金□塑天王像添砌神臺劉 鋆 添蓋平房三十一間王士泰

以上將歷次捐修大佛寺工程施助銀錢地基物件姓氏鐫石

大佛寺碑

額題：大佛寺記
首題：皇京重建大佛寺碑銘
年代：清光緒十一年（1885）七月
原址：東城區美術館後街
拓片尺寸：碑身高193厘米，寬88厘米；碑額高21厘米，寬18厘米
書體：正書并篆額
撰人：梁燿樞
書人：梁燿樞正書、英煦篆額
《目録》：頁362
拓片編號：京193
拓片録自：《北京圖書館藏中國歷代石刻拓本匯編》卷85頁172—173

【碑陽】

額題：大佛寺記

碑文：

皇京重建大佛寺碑銘 1

日講起居注官翰林院侍講學士南書房行走梁燿樞撰并書。2

賜同進士出身都察院左副都御史稽察右翼覺羅學事務加三級英煦篆額。3

昔萬民搏生，炎農雨粟以救之；諸夏阽亂，宣父木鐸以覺之。大哉聖人之道，是爲王者之師。自宵朗恒星，庭詢佩日。八萬四千之寶 4 塔，阿育以遍浮提；千五百年之鉢緣，屈茨而來漢地。皇京交風析木，因禮黄圖。慧日溯於紫濛，梵雷騰於緇學。有殊鹿苑，如游 5 舍衛之城，猶彼雒陽備録伽藍之記。大佛寺者，在帝里之震維，蓋燕臺之古刹也。蓮宫所始，貝牒無徵。金狄忘摧剥之年，白馬 6 所經行之迹。三階瑞像，雨蘚纏於燈龕；五會蕪基，露蛩吟於榛礫。爰有西域寺主通悟禪師，慨殘圮以誓心，集楗椎而宣衆。因緣十 7 力，寒暑八周，乃復立佛殿、天王殿及西堂。鳳甍虹栿，青飆蓄籟於綺寮；芸辟椒鋪，素月平輝於扣卬。方期藏役，遽入泥洹。譬後蕭察 8 遲來，浮圖未造，雪山方度，慧景無常，時則光緒紀元之三年也。是時偏灾雲漢，赤野幽并，襁負都門，流離士女。國家賑金克旱，蔭 9 □周仁。詔行月令之糜，爰發太倉之粟。於是會長等并仰璇霄之惠，衆議分金；通甘露之門，堂開集善。募檀施於須達，拯桑餓 10 於晋陽。相此中城，因其禪宇，捨工百室，普飯千人。先歌衛澤之鴻，旋啓蒙泉之塾。豳風卒歲，即開香積之厨；文翁學堂，便假祇洹之 11 舍。然後碧楣翼瓦，彤户完墉。三教奚區，萬緣均勰以視。竹林鐘磬，娑葉房櫳。三千僧食，器鉢無聲；五百小兒，俱成賢劫。不尤大乎？義 12 士王士泰、紀悦昌、王瑞、米鶴年等睹畫棟之風摧，慨金身之露宿，爰商同志，矢願重修。或布金施柱，首纘鶊林；或執矩測圭，身勞雉 13 正；或莊嚴雕繪，或勸化泉刀。福歸馴馬之門，慶洽天龍之部。今以光緒十一年六

月落成，謂我雄文，請題岑石。但郄詵上第有慚桂 14 枝，謝傳中年非陶絲竹。蘭臺經氈，支那之典未窺；絳帳琴書，河汾之門猶習。美斯善舉，不讓當仁。庶使蓬萊淺水，方界盡於游塵；芥 15 子須彌，法燈存於智矩。乃爲銘曰：16 像法無名，神州有截。光宅中區，意輪常業。覺樹翹梯，禪河引楫。垂繩群類，拂衣萬劫。名都燕國，交衢漢京。星居凈域，雲切嚴城。爰稽 17 □刹，式始王明。唄螺結靄，香象披荆。功墜僧迦，基承善士。人沛瓊厨，家施寶地。花雨楓紅，松寮總翠。粥鼓�饑，兒笴問字。雲開紺殿，18 霧合芝房。鷲峰闢户，蝸舍分廊。梵宫斯備，慈旨彌光。昔創蘭若，今成義堂。壯矣全模，美哉懿舉。春誦遥聞，冬廬安處。水定波魚，年流 19 藤□。貞石不騫，韓陵惟語。

光緒十一年歲次乙酉孟秋之月立石。20

【碑陰】

額題：衆善奉行

碑文：

捐建聖人殿姓氏：1

頭品頂戴賞戴花翎通政使司通政使崇禮、花翎候選知府李璜、花翎都司銜王士泰、四品銜吴式敏、五品銜李琦、大興紀悦昌、宋堃、2 趙亦民、監生于有功、六品銜魏文晋、華鳳山、監生李思温 3

捐修東配殿油餙東西配殿、天王殿姓氏：4

頭品頂戴賞戴花翎通政使司通政使崇禮、協成乾匯號，太僕寺筆帖式兼雲騎尉平喜助地基壹塊，監生高世泰、花翎知府銜金普、大興袁恒、董玉成、金振聲、大興紀悦昌、5 花翎候選知府李璜、天興當、花翎都司銜王士泰、大興張誠衡、候選同知米鶴年、五品銜李瑛、光禄寺署正董德成、監生李思温、6 中和油局、天錫當、候選州同余兆辰、六品銜魏文晋、四品銜吴式敏、監生劉鋆、五品銜候選理問高銘、宋堃、7 義昌公錢鋪、大興趙增祺、五品銜候選布政司理問張瀾、廣化寺住持魁一、順義何岐英、六品軍功齊恩普、姜伯麟、8 陳宅、三品卿銜花翎員外郎金聲、監生于有功、六品軍功趙鋭、朱煜、六品軍功齊恩銘、候選同知梁續源 9

捐建倉夫子殿姓氏：10

記名提督□□□□□左寶貴、三品銜奉天佐領恩緒、花翎候選知府李璜、源順當、候選州同余兆辰、大興袁恒、趙錫福、于錕、監生余明善、11 俊韻石、張退山、恒興錢鋪、五品銜候選布政司理問張瀾、候選同知米鶴年、董玉成、光禄寺署正董德成、附生余明訓、12 涵鴻氏、天津楊維楨、中和油局、監生于有功、六品軍功趙瑞、五品銜李琦、大興張世芳、候選同知紀振純、13 彬格、布政司理問六品銜徐秬芳、富華首飾樓、花翎知府銜金普、世襲騎都尉世恩、監生劉鋆、大興紀悦昌、鴻臚寺序班宋如壎、14 三品卿銜花翎員外郎金聲、瀋陽公順元匯號、監生高世泰、廣化寺住持魁一、朱煜、大興李淦、監生李思温、15 劉永清、乾元當、花翎都司銜王士泰、六品軍功趙鋭、孔文濬、金振聲、宋堃 16

捐修後殿姓氏：17

花翎候選知府李璜、内務府郎中貴榮、監生高世泰、廣化寺住持魁一、陶霖、金振聲、從九品銜宋坦、監生李思温、18 張退山、花翎四品銜兵部員外郎張德彝、花翎都司銜王士泰、六品軍功趙鋭、董玉成、于錕、從九品銜宋皚、候選同知紀振純、19 和樂齋居士、亨益當、五品封典候選布政司理問劉永懷、大興袁恒、六品軍功齊恩普、趙錫福、宋劉氏、高裕成、20 王耀宗、亨豐當、監生王金聲、花翎候選同知張斌、齊室趙氏、光禄寺署正董德成、宋葉氏、宋堃、21 天津王文達、富華首飾樓、候選州同余兆辰、四品銜吴式敏、六品軍功齊恩銘、無名氏、從九品銜齊寬、宋陳氏、22 大興王瑞、大興趙增祺、五品銜候選布政司理問張瀾、候選同知米鶴年、候選同知耿士謙、從九品銜許國泉、齊室白氏、鴻臚寺序班宋如璟、23 李德山、宛平白桂聲、四品銜董長海、六品軍功趙瑞、六品頂戴候補無品級問□沈治文、同知銜候選知縣張岳興、金文煥、24 大興孫世勳、集善堂粥廠、監生于有功、齊室姚氏、大興李淦、五品銜候選理問高銘、大興紀悦昌 25

重修山門泊岸:王瑞、紀悦昌。正殿佛像裝金:米鶴年。祖師像□塑添砌神臺:三合堂公捐。添蓋屏門修築墻垣:紀振純。26 油餙正殿墁地:米鶴年、紀悦昌。羅漢像裝金□塑天王像添砌神臺:劉鋆。添蓋平房三十一間:王士泰

以上將歷次捐修大佛寺工程施助銀錢地基物件姓氏鎸石 27

關帝廟

關帝廟，原址爲内三區大佛寺東街四十四號（今東城區美術館後街八十六號、八十八號）。寺廟建築尚存部分。

關帝廟始建年代無考。據清乾隆《京城全圖》所繪，關帝廟坐北朝南，無山門，僅在臨街的墻上開一門。前後兩院，繞以墻垣。前院北殿三間，東房三間。後院北房三間，帶東耳房兩間。

清光緒二十年（1894）關帝廟住持興泰將廟產贈送給瞽目同業會。民國時的關帝廟面積半畝四厘，有房屋十二間，其中抱厦三間。廟内有關帝塑像一尊，站像六尊，童、馬各一個；另有土地、三皇、曠祖和術祖畫像各一幅；還有銅磬一口，鐵磬兩個。1937 年北平社會局調查時，關帝廟的廟産歸瞽目同業會所有，供其開會之用。管理人劉連元由會員公推，住在廟内；另有奉香人靳連文亦在廟内居住[1]。

據 2005 年、2017 年調查時周圍老住户回憶，一直到 1957 年，大殿後半部分還住有盲人。大殿前半部則被改成前進理髮店，在當時頗有名氣。2004 年左右，大殿因安裝公共暖氣而被拆毀。2005 年寺廟原有建築尚存後院的三間房，已成民居。美術館後街八十六號爲三槍内衣店。2017 年回訪時的寺廟原址情形與 2005 年同。

〔1〕參見北京市檔案館藏《北平市社會局·内三區關帝廟張長福登記廟産的呈文及社會局的批示（附寺廟登記表）》，1932—1942 年，檔案號 J002-008-00697，頁一百零八至一百一十四。

雷祖廟

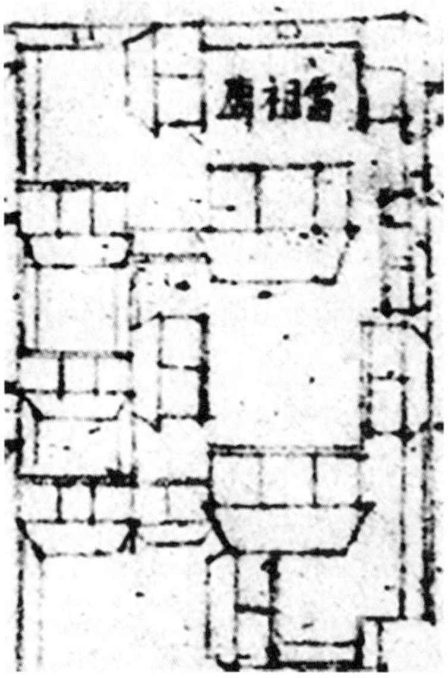

雷祖廟，又名九天雷祖廟〔1〕。原址爲内三區西大街四十二號（今東城區美術館後街七十九號、八十一號，黄米胡同三號）。寺廟建築不存。寺内可能原有石碑一通〔2〕，今已無考。

寺廟始建年代不詳。山門石額"九天雷祖廟"係康熙己巳年（1689）立〔3〕，或可佐證。清乾隆《京城全圖》所繪的雷祖廟坐南朝北，與大佛寺一街之隔。寺廟建築分中西兩路，無山門，衹在臨街的墻上開兩道門，分别通往主院和西跨院。主院兩進，前院南殿三間，東西房各兩間。南殿西有墻與後院隔開，南殿東有排房三間，與後院相連。後院亦南殿三間，帶西耳房兩間；另有東西房各兩間。後院往南又有一小院，院内西房兩間。西跨院三進，每進各有南房三間。

20世紀二三十年代的雷祖廟爲錢宅家廟，設有洋車廠。寺廟面積一畝餘，房屋十九間，布局與清代相似。山門一間，歇山頂；前院南殿爲歇山頂，内供雷祖一尊，泥塑金身，三目執鞭。左供關帝，右爲火神。另有配像八尊，龍王一尊，童像兩個，均泥塑。後院南殿亦爲歇山頂，供六手佛一尊，童像兩個，泥塑。院内有古槐一株。西跨院内有娘娘殿，内供娘娘三尊，左右配像十尊，均

〔1〕山門石額。

〔2〕1928年北平市的寺廟登記檔案記録寺内有一石碑，但20世紀30年代北平研究院的調查未提有碑。參見《北京寺廟歷史資料》，頁三百至三百零一。

〔3〕參見國立北平研究院《雷祖廟》，東四121；《北平研究院北平廟宇調查資料匯編（内三區卷）》，頁二百六十四至二百六十五。

泥塑[1]。

1950 年北平市民政局的《北平市寺廟總登記簿》顯示雷祖廟廟房全部出租，廟主王春靈[2]。2017 年調查時附近的老住户回憶，廟在 20 世紀 50 年代稱火神廟，但是全無香火，大殿亦幾近坍塌。“文革” 期間，山門前新建一大墻，刷有毛主席語録。

1985 年寺廟山門已拆除，其餘建築均存，但殘破不堪[3]。2005 年調查時黄米胡同三號還存三間南房，爲民居；美術館後街八十一號是汽車修理廠。2008 年奥運前夕，原山門前的大墻被改造成一影壁。2017 年回訪時汽車修理廠還在，但未找到舊有廟房。

---

〔1〕參見國立北平研究院《雷祖廟》，東四 121；《北平研究院北平廟宇調查資料匯編（内三區卷）》，頁二百六十四至二百六十五；《北京寺廟歷史資料》，頁三百至三百零一；《北京文物勝迹大全（東城區卷）》，頁二百九十四至二百九十五。

〔2〕參見北京市檔案館藏《北平市民政局·北平市寺廟總登記簿》，1950 年，檔案號 J003-001-00203，頁二十三。

〔3〕《北京文物勝迹大全（東城區卷）》，頁二百九十四至二百九十五。

法王庵

法王庵，原址約在今東城區人民市場東巷十九號。寺廟建築不存。

庵始建年代不詳。據清《雍正廟册》載，法王庵爲大僧廟，在隆福寺北，有廟宇三間，禪房六間，住持本魁。清《乾隆廟册》亦記作大僧廟，住持來璁。清乾隆《京城全圖》所繪之法王庵在隆福寺東廊北端。寺門西向，大殿四間南向，無其他房宇。

1928年京師警察廳總務署製《京師内外城詳細地圖》中繪有法王庵。

2005年和2018年調查時周圍居民都表示從未聽説過此廟。人民市場東巷十九號有南北筒瓦房各三間，據老住户稱原來係喇嘛居住。

崇寧觀

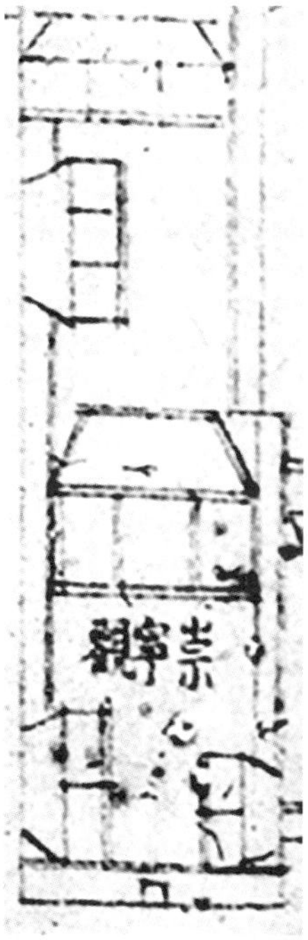

崇寧觀，民國時又名關帝廟[1]。原址爲内三區孫家坑六號（今東城區連豐胡同十五號），寺廟建築現存部分。寺内原有清康熙八年（1669）《崇寧觀碑》碑和一通無字碑。

崇寧觀始建年代不詳。根據《崇寧觀碑》，該廟曾在清康熙八年重修。捐資修廟的信士多達近二百人[2]。清雍正及乾隆《廟册》均無記載，可能時爲道觀。按清乾隆《京城全圖》，觀在隆福寺東，孫家坑北，坐北朝南，兩層殿宇。無山門，南墻正中開門。前院大殿三間，西殿兩間，東房兩間。後院狹長，有北殿三間，西殿三間。

清光緒十一年（1885），道觀當又再度繕葺，有當年大殿題額“英風萬古”爲記[3]。光緒三十三年（1907），蘇鈞繼承寺廟，彼時的崇寧觀已經成爲蘇氏家廟[4]。

蘇鈞爲製靴匠，似乎并無財力維護寺廟。1930年大殿脱落兩間，抱厦亦坍塌一間，蘇鈞都未修復。1931年看廟道士崔永瑞病故。蘇鈞本人亦前往哈爾濱供職，將廟托給胞妹蘇慕蓮照管。廟房除供佛外，均出租。20世紀30年代北平研究院調查時，崇寧觀又名關帝廟。寺廟規模比乾隆時期大減，面積僅半畝餘，祇有一層殿宇，且已頽

〔1〕參見國立北平研究院《關帝廟》，東四116；《北平研究院北平廟宇調查資料匯編（内三區卷）》，頁二百三十七至二百四十一。

〔2〕該碑編入《北京圖書館藏北京石刻拓片目録》，頁二百七十，但未見於《北京圖書館藏中國歷代石刻拓本匯編》，此處根據北平研究院抄録碑文引用。參見國立北平研究院《關帝廟》，東四116。

〔3〕同上。

〔4〕參見北京市檔案館藏《北平市社會局·外五區太清觀、内三區崇寧觀、西郊區妙清觀管理人劉宇啓送寺廟登記表及社會局的批示》，1936—1937年，檔案號J002-008-00932，頁二十七至七十七。

圮不堪。山門南向,磚額"崇寧觀"。山門内兩旁有南小房各一間;山門内以東有北小房三間,南小房一間。北殿三間,房頂已塌陷。殿内正中供關帝泥像,已倒,且殘破;周倉、關平等侍像四座,亦殘;馬、童像各兩個。左又有一關帝泥像,周倉、關平立像,尚完好。右爲藥王、藥聖泥像各一尊。廟内另有木像八尊,鐵磬兩口,鐵香爐一個。大殿前立有《崇寧觀碑》碑與一無字碑。東房三間。院内有榆樹、槐樹各一株[1]。

2018 年調查時僅訪到一位老住户對該廟有印象,但亦僅知此處有廟,其餘不詳。寺廟原址爲居民院落。

崇寧觀院内(2005 年 9 月 阮如意攝)

〔1〕參見北京市檔案館藏《北平市社會局·外五區太清觀、内三區崇寧觀、西郊區妙清觀管理人劉宇啓送寺廟登記表及社會局的批示》,1936—1937 年,檔案號 J002-008-00932,頁二十七至七十七;國立北平研究院《關帝廟》,東四 116;《北京寺廟歷史資料》,頁一百九十六至一百九十七。

生氣常存

重修崇寧觀記

賜進士第光禄大夫太子□□□□加二級李霨撰

□□□之□□爲□□自□都□□名山勝境以致□□僻壤之地

□□□□□□□□□□□□□□□□□凡表揚功德以志景□興天靈异

（泐一行）

□□□□□□□□□□□始莫考由來雖年世既□□就□□□□

□□□□□之□□□夫□□士民之□善者樂爲捐助不□□□工

（泐一行）

帝像□□□□□□□□餘廟貌一新□□維

神之□□□□□□□□□倫理□土□□而至言綱當□論□之

（泐一行）

□□□□□□□□□□□則神□之人□□□□神

□□□

帝□□

帝其□□□

帝□□雄□□□□夫豈□□□侈□□□□□君□□□□號姓氏

例載碑陰

大清康熙八年八月歲次己酉仲秋吉日□□□志賢□

萬古流芳

善信官士人等

那昆太　包忠　那有　□□道　三□　那□　宜昌□　趙忠臣　王世魁　佛保　徐必成　□愛　康□□　鄂□□　朱□正　白□□　黃德　徐□□　黃□□　易元□　于恩合　喬世□　□哈那　白賀　王世昌　□□　馬□祥　金德□　□□　□代　趙全安

李世昌　宗□　馬計　□亮　□山　張國□　傅和　伸葉　五十八　白長卜　朱綬　□湯福　李采蓉　金□紳　金全印　方雲　□□鳳　□□□　□□□　□□□　□□□　李□□　□榮長　馬□公　馬談　孫來□　傅爾都　張□姑　沈□　白□名　□代　談□□

金□魁　趙自□　呂□□　□□壯　□□□　□□□　秦□□　趙□成　永□　□□　哈□　□爾□　董涵□　□保□　趙□□　何□□　張金熙　全忠　海□程　□黑　曾□誠　治誠　德□　徐□□　盛□　徐海　王□明　劉公□　金如□　王□經　黃國樑　岳任

福元　陳朝棟　武玉珍　□□□　□□□　□□□　鄧天□　閆文海　王大□　德心□　玉□　（泐）　王□□　崔□□　王月□　劉國興　黃生梅　全興　□仕顯　張六□　王秋明　張成雲　□天倫　王必食　□士先　于吉功

高文魁　海□□　李太□　□士三　莊在□　劉正□　岳□　徐□□　朱□經　張成□　那□□　（泐）　曾興少　張□門　尚□□　言□忠　祁□德　朱瑞文　方心河　李□瑞　趙春　周成武

（泐全行本）

馬□才　□成兔　梁從文　劉志福　老哥　伯拉不　□進　□在學　裕通　□□雲

（上泐）住持□真度
□□王常敬
張常寅

崇寧觀碑

額題:生氣常存
年代:清康熙八年(1669)八月
原址:東城區連豐胡同關帝廟
拓片尺寸:碑高126厘米,寬66厘米;額高18厘米,寬17厘米
書體:行書,額正書
撰人:李霨
《目録》:頁270
拓片編號:京197
拓片録自:國立北平研究院《關帝廟》,東四116

【碑陽】

碑額:生氣常存

碑文:

重修崇寧觀記 1

賜進士第光禄大夫太子□□□□□加二級李霨撰 2

□□□□之□□□爲□□□自□都□□名山勝境,以致□□僻壤之地 3 □□□□□□□□□□□□□□□□□□□凡表揚功德以志景□興夫靈异 4(泐一行)5 □□□□□□□□□□□□□□始莫考,由來雖年世既□□□就□□□□ 6 □□□□□□□之□□□□夫□□士民之□善者樂爲捐助,不□□□工 7(泐一行)8 帝像□□□□□□□□□□餘廟貌一新,□□維 9 神之□□□□□□□□□□□□□□倫理□土□□而至言綱當□論□之 10(泐一行)11 □□□□□□□□□□□□□則神□之人□□□□神 12 □□□□ 13 帝□□□ 14 帝其□□□ 15 帝□□□雄□□□□□□夫豈□□□侈□□□□□□□君□□□□號姓氏 16 例載碑陰:17

大清康熙八年八月歲次己酉仲秋吉日□□。□志賢□。18

【碑陰】

碑額:萬古流芳

碑文:

善信官士人等:

那昆太、包忠、那有、□□道、三□、那□、宜昌□、趙忠臣、王世魁、佛保、徐必成、□愛、康□□、鄂□□、朱□正、白□□、黄德、徐□□、黄□□、易元□、于恩合、喬世□、□哈那、白賀、王世昌、□□、馬□祥、金德□、□□、□代、趙全安 1

李世昌、宗□、馬計、□亮、□山、張國□、傅和、伸葉、五十八、白長卜、朱綬、□湯福、李采

蓉、金□紳、金全印、方雲、□□鳳、□□□、□□□、□□□、李□□、□榮長、馬□公、馬談、孫來□、傅爾都、張□姑、沈□、白□名、□代、談□□ 2

金□魁、趙自□、吕□□、□□壯、□□□、秦□□、趙□成、永□、□□、哈□、□爾□、董涵□、□保□、趙□□、何□□、張金熙、全忠、海□程、□黑、曾□誠、治誠、德□、徐□□、盛□、徐海、王□明、劉公□、金如□、王□經、黄國樑、岳任 3

福元、陳朝棟、武玉珍、□□□、□□□、□□□、鄧天□、閆文海、王大□、德心□、玉□、(泐)、王□□、崔□、王月□、劉國興、黄生梅、全興、□仕顯、張六□、王秋明、張成雲、□天倫、王必食、□士先、于吉功 4

高文魁、海□□、李太□、□士三、莊在□、劉正□、岳□、徐□□、朱□經、張成□、那□□、(泐)、曾興少、張□門、尚□□、言□忠、祁□德、朱瑞文、方心河、李□瑞、趙春、周成武 5

(本行全泐) 6

馬□才、□成兔、梁從文、劉志福、老哥、伯拉不、□進、□在學、裕通、□□雲 7

(上泐)住持□真度、□□王常敬、張常寅 8

觀音庵（東廊下）

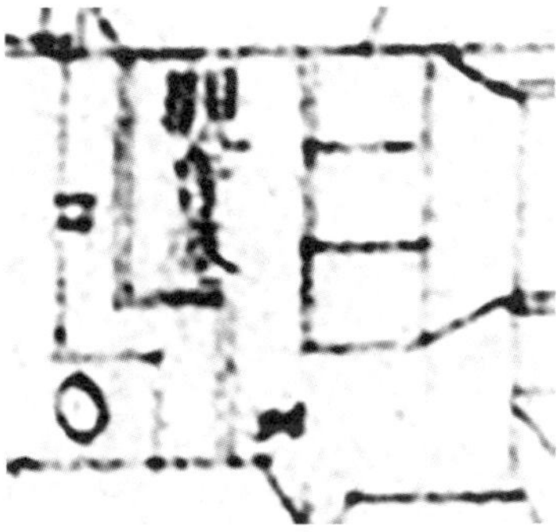

觀音庵，原址爲内三區隆福寺東廊下八號（今東城區隆福寺街九十五號隆福大厦東[1]），寺廟建築現已不存。寺内原有清道光八年（1828）《王運洪施香火地碑》。

寺始建年代無考。清《雍正廟册》記爲尼僧廟，在隆福寺東廊，殿宇兩間，禪房四間，住持寂來。清《乾隆廟册》亦載作尼僧廟，住持悟修。按清乾隆《京城全圖》，觀音庵坐東朝西，一層殿宇。無山門，在西墻開門，門外南隅有井。東殿三間，無其他房屋。

乾隆四十八年（1783）似重建大殿，嘉慶十二年（1807）重修[2]。又按《王運洪施香火地碑》，道光八年，懷柔縣城東北務莊王運洪爲還家母心願，將祖遺地産四十畝施於觀音庵，王家仍世代耕種，但每年向廟裏交納香資八吊，實爲地租[3]。道光十一年（1831）大殿題額"萬善正覺"[4]。清末的觀音庵係英毓家廟，原先英家一未嫁女住在廟内，焚香禮佛，并收尼月明爲徒。後英家人口均過世，月明亦故。清光緒二十九年（1903），月明徒弟廣智接管寺廟[5]。

民國時的觀音庵面積約七分，山門南向，磚額"觀音庵"。門内立有《王

〔1〕20世紀80年代地址爲人民市場東巷九號，參見《北京文物勝迹大全（東城區卷）》，頁二百七十八。

〔2〕據大殿内題額，參見國立北平研究院《觀音庵》，東四117；《北平研究院北平廟宇調查資料匯編（内三區卷）》，頁二百四十二至二百四十三。

〔3〕參見清道光八年《王運洪施香火地碑》，京206，《北京圖書館藏中國歷代石刻拓本匯編》卷七十九，頁一百四十一。

〔4〕參見國立北平研究院《觀音庵》，東四117。

〔5〕參見北京市檔案館藏《北平市社會局·内三區觀音庵住持廣智登記廟産的呈及社會局的批示》，1935—1939年，檔案號J002-008-00868，頁十七。

運洪施香火地碑》。大殿三間，内供觀音泥像一尊，兩邊有灶王、韋陀侍像。另有南瓦房三間，北灰房兩間，西灰房兩間。寺内有康熙十八年（1679）造鐵鐘一口，以及鐵磬一個；還有《觀音經》一部，清代僧録司更名册兩件；另有磚井一口，柳樹一棵。

觀音庵住持廣智，長期住妙峰山車耳營關帝廟。庵由其父金某代管。彼時寺廟并無香火，大殿租與售賣山貨之小販，各種雜貨堆砌於佛像法器之上。其餘房屋亦全部出租。20世紀30年代中後期，廣智對觀音庵略做修整。1935年，經社會局批准，添蓋北灰房一間，同時將圍墻廟門抹灰見新。1939年，廣智又呈請社會局，重新翻蓋三間南瓦房，并增建走廊，又在山門内砌一小影壁墻〔1〕。

據1950年北平市民政局的《北平市寺廟總登記簿》，觀音庵住持仍爲廣智。除她以外，庵内還有尼僧一名。另外，觀音庵當時擁有十畝地產〔2〕。

20世紀80年代的觀音庵山門已無，但大殿尚存，改做民居〔3〕。2005年調查時寺廟無存，原址是一片空地。2018年回訪時原址爲新隆福大厦的工地。

〔1〕參見北京市檔案館藏《北平市社會局·内三區觀音庵住持廣智登記廟産的呈及社會局的批示》，1935—1939年，檔案號J002-008-00868，頁一至四十二、六十至六十七；《北平市社會局·内三區隆福寺東廊下觀音庵住持廣智關於添蓋廟房的呈及社會局批示》，1935年，檔案號J002-008-00899；國立北平研究院《觀音庵》，東四117；首都圖書館藏《北平寺廟調查一覽表》。

〔2〕參見北京市檔案館藏《北平市民政局·北平市寺廟總登記簿》，1950年，檔案號J003-001-00203，頁十九。

〔3〕參見《北京文物勝迹大全（東城區卷）》，頁二百七十八。

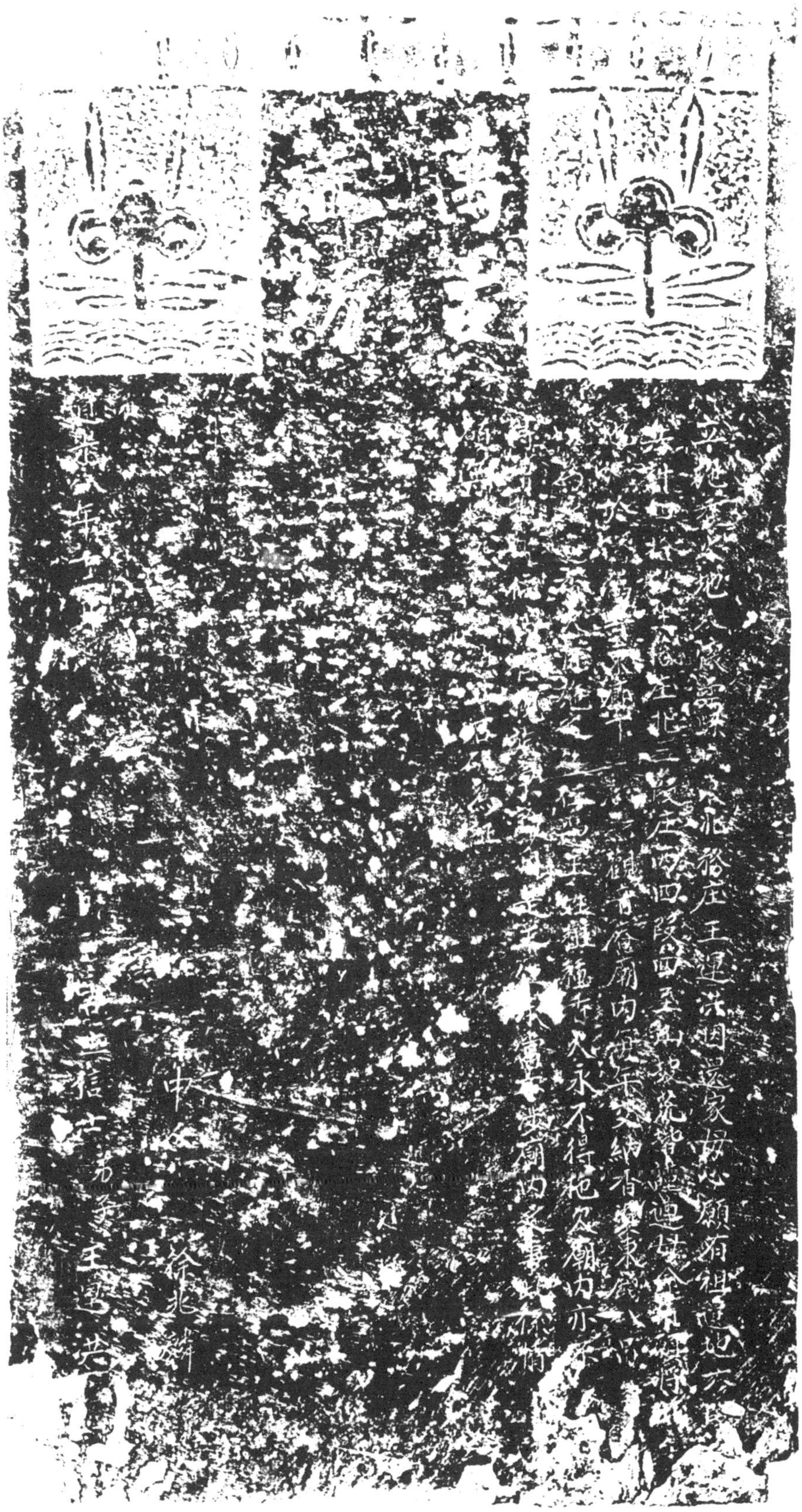

京 206《王運洪施香火地碑》陽

萬古流芳

立施香火地人懷柔縣城東北務莊王運洪因還家母心願有祖遺地六段
共計四拾畝坐落莊北三段莊西四段四至山坡荒階謹遵母命情願將此
地施於隆福寺東廊下　觀音庵廟内每年交納香資東錢八吊
以爲永遠香火自施之後任憑王姓繼種香火永不得拖欠廟内亦不
得買□□□倘有親族争論自是王姓承當不涉廟内之事此係情
願無悔□□□□立石碣爲証

中人　徐兆麟

道光八年十二月　吉立　信士弟子王運洪

王運洪施香火地碑

額題：萬古流芳
紋飾：額題左右各繪海水瑞草紋一張
年代：清道光八年（1828）十二月
原址：東城區隆福寺街人民市場東巷觀音庵
拓片尺寸：碑身連額通高 65 厘米，寬 34 厘米
書體：正書
《目録》：頁 337—338
拓片編號：京 206
拓片録自：《北京圖書館藏中國歷代石刻拓本匯編》卷 79 頁 141

【碑陽】
額題：萬古流芳
碑文：

立施香火地人：懷柔縣城東北務莊王運洪，因還家母心願，有祖遺地六段，*1* 共計四拾畝，坐落莊北三段、莊西四段，四至山坡荒階。謹遵母命，情願將此 *2* 地施於隆福寺東廊下觀音庵廟内。每年交納香資東錢八吊，*3* 以爲永遠香火。自施之後，任憑王姓繼種，香火永不得拖欠廟内，亦不 *4* 得[買]□□□。倘有親族争論，自是王姓承當，不涉廟内之事。此係情 *5* 願無[悔]□□□□立石碣爲証。*6*

道光八年十二月吉立。*7*

信士弟子：王運洪。中人：徐兆麟。*8*

觀音庵(隆福寺街)

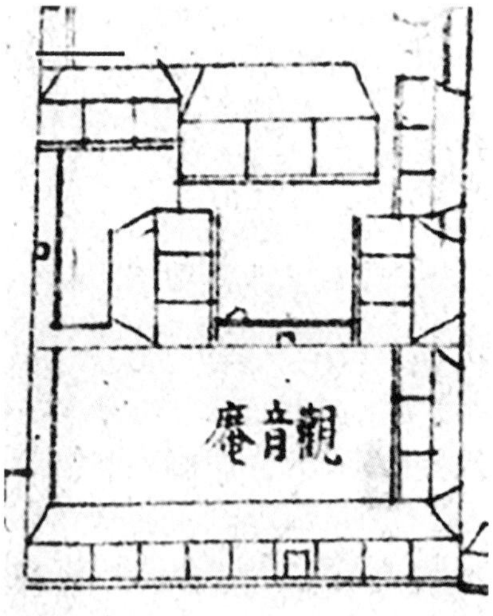

觀音庵,原址約在今東城區隆福寺街九十五號隆福大厦東,寺廟建築現不存。

寺始建年代不詳。清《雍正廟册》有記載,爲大僧廟,在隆福寺東,有殿宇十一間,禪房十四間,住持覺永。清《乾隆廟册》亦記作大僧廟,住持洞璽。根據清乾隆《京城全圖》,觀音庵緊鄰隆福寺東,坐北朝南,在隆福寺街街北,兩層殿宇。寺無山門,南有臨街房九間,中開廟門。前院東房三間,有北墻與後院相隔,墻上有門。後院爲主院,北有正殿三間,東西配殿各三間,正殿東又有東房三間。主院西有一跨院,院内北殿三間,西墻有門通隆福寺東廊。

除此之外未見其他文獻提及此廟。

2005 年調查時寺廟全無踪影。2018 年寺廟原址爲新隆福大厦的工地。

隆福寺

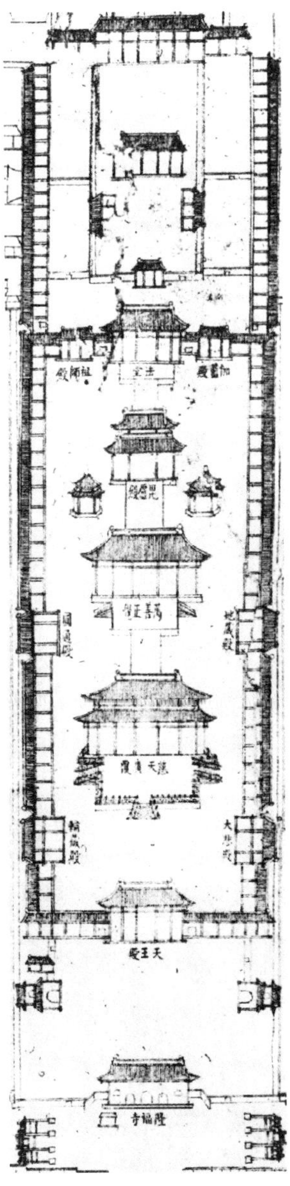

隆福寺,原址爲内三區隆福寺街五十二號(今東城區隆福寺街九十五號),寺廟建築現不存。寺内原有明景泰四年(1453)《隆福寺碑》和清雍正三年(1725)《隆福寺碑》。兩碑現均收藏於北京石刻藝術博物館[1]。

據明景泰四年《隆福寺碑》,明代宗因京城大寺均位於西北,在景泰三年(1452)敕諭工部等在大内東側興建大隆福寺。寺廟中爲真如殿,從以八座殿宇,四座樓堂,“至於門廡栖徒之舍、泡湢供需之所,凡百宜有而教法不可以少者,無一不備”[2]。工程由太監尚義、陳祥、陳謹[3]和工部左侍郎趙榮負責,征役軍夫數萬人。景泰四年三月寺廟建成,費用數十萬,“壯麗甲於在京諸寺”。

次年,景泰帝欲駕幸隆福寺,遭到太學生楊浩和儀制郎中章綸的極力反對。楊浩以爲,皇帝臨幸隆福寺乃“弃儒術而崇佛”,不可“垂範後世”。章綸亦上疏曰“以萬乘之君,臨非聖之地。

---

〔1〕參見北京石刻藝術博物館編《北京石刻藝術博物館藏石刻拓片編目提要》,北京:學苑出版社,2014年,頁二百九十三、三百五十一至三百五十二。

〔2〕參見明景泰四年《隆福寺碑》,京182,《北京圖書館藏中國歷代石刻拓本匯編》卷五十一,頁一百八十五。

〔3〕陳謹爲越南人,出資修建了京城内的妙緣觀,詳見《北京内城寺廟碑刻志》第一卷,頁一百八十二至二百零三;Marianne Bujard, “Le Miaoyuan guan, temple des affinités merveilleuses, une fondation taoïste des Ming à Pékin”, *Cahiers d'Extrême-Asie*, 25, 2016, p. 131-150。

史官書之，傳之萬世，實累聖德”[1]。在此情形下，景泰帝衹好放弃游幸隆福寺的打算，并下旨開放寺廟。一時間，這座由皇家巨資敕建的大寺成爲京城的僧俗雲集之地[2]。六年，隆福寺舉辦佛會，僅蠟燭一項，朝廷内供用庫就耗用蠟一萬七百八十餘斤，造蠟燭五萬七千四百枝[3]，盛況可謂空前。

《帝京景物略》記述，隆福寺毗盧殿中的藻井，“制本西來”。寺内設有輪藏殿，施西竺轉輪藏法。輪藏殿中佛像亦形似西番人之貌[4]。此外，首任住持道堅爲西域僧人[5]。由此可見寺在明代始建時即帶有明顯的藏傳佛教風格。

明景泰八年（1457）元月，被代宗幽禁南宫的英宗復辟，改國號天順。英宗復位後隨即下旨斬殺隆福寺住持道堅。後經刑科保奏，免道堅死罪，充軍遼東。然而是年九月，道堅即被英宗召回京城復職[6]，可謂虚驚一場。天順三年（1459），英宗又因太監陳謹等在興建隆福寺時拆用南宫翔鳳等殿石欄杆，對其降職懲戒[7]。

此後，隆福寺未見有任何修葺記載。直至清雍正三年（1725），清世宗纔下令敕修，“再造山門，重起寶坊。前後五殿，東西兩廡，咸葺舊爲新，飾以采繪”[8]。世宗又御製重修碑文，勒石立於寺内，并爲真如殿題匾額“慈天廣覆”。隆福寺廟會似乎也自此次重修後開始，每月逢九、十日舉行，“爲諸市之冠”。乾隆十一年（1746），高宗爲隆福寺題匾額兩塊，分别爲“法鏡心宗”，“常樂我净”。乾隆又爲真如殿題聯“覺海澄圓無所在，義天高廣本來空”[9]。

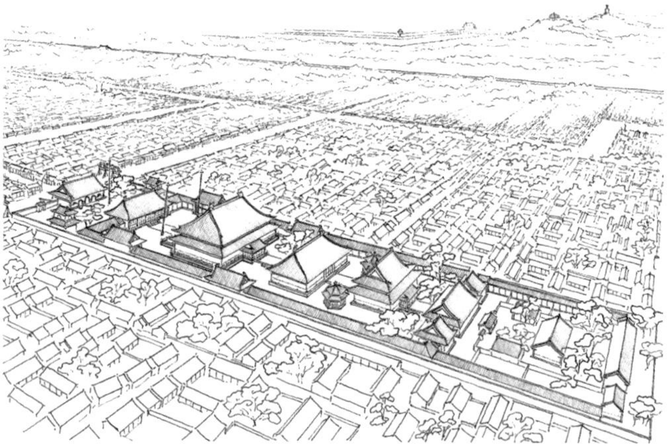

清代隆福寺建築復原圖（李緯文繪）

〔1〕參見《日下舊聞考》卷四十五，頁七百一十。

〔2〕參見（明）劉侗、于奕正《帝京景物略》卷一，北京：北京古籍出版社，1980年，頁四十四。

〔3〕參見《明英宗實録》卷二百五十九，景泰六年（1455）十月，頁五千五百五十五。

〔4〕參見《帝京景物略》卷一，頁四十四。

〔5〕參見（明）沈德符《萬曆野獲編》補遺一，北京：中華書局，1959年。另外《萬曆野獲編》稱隆福寺建成後不久，代宗聽信巡撫山西都御史朱鑒所謂風水當有所避之説，命關閉寺廟正門，禁鐘鼓聲，又拆除寺門前的牌坊。綜合其他史料，我們以爲《萬曆野獲編》作者沈德符將大興隆寺誤作大隆福寺，朱鑒所指乃大興隆寺，非隆福寺。事實上，隆福寺建成時，朱鑒已經致仕離京了。參見明正統十四年（1449）朱鑒《興造吉凶疏》，（清）孫承澤《天府廣記》卷二十一，北京：北京古籍出版社，1982年，頁二百七十七至二百七十八；朱鑒生平見《明史》卷一百七十二，清文淵閣四庫全書版。

〔6〕參見《明英宗實録》卷二百七十五，天順元年二月，頁五千八百三十六；卷二百八十二，天順元年九月，頁六千零五十一。

〔7〕同上，卷三百零一，頁六千三百八十八。

〔8〕參見清雍正三年《隆福寺碑》，京181，《北京圖書館藏中國歷代石刻拓本匯編》卷六十八，頁三十九。

〔9〕參見《日下舊聞考》卷四十五，頁七百一十。

繪圖説明：

大隆福寺占地南北極長，其進深相當於元代街巷肌理的四倍胡同間距。爲了將其完整地收入畫面，我們選取了約相當於今錢糧胡同上空，隆福寺東北側作爲視角。隆福寺的圖像資料可謂多樣，其整體格局被詳盡表現在清乾隆《京城全圖》中，單體建築位置關係與基址比例則有《北平研究院北平廟宇調查資料匯編》（下簡稱《資料匯編》）中的測繪圖可考。而其一直留存到現代的北段各主體建築則成爲各時期多種影像資料的表現物件。

資料較少的主要是其南部區域，從其廊院門殿天王殿至慈天廣覆正殿的段落。這一區域的建築和廊廡毁於1901年的一次火災，其基址亦很快湮没在隆福寺繁盛的廟市活動中。幸而有一組照片表現了災毁之前的隆福寺正殿和天王殿（這組照片出處尚未明確，有待方家指出）。根據這組照片可知，隆福寺天王殿爲面闊五間單檐廡殿頂，慈天廣覆殿爲面闊七間重檐廡殿頂，確是極爲罕見的高規制。

隆福寺建築的若干細節尚有未解之處。由於隆福寺殿堂密集，建築之間空隙較小，拍攝者往往難以找到能收取全景的角度，各殿的側、背方位影像多有空白。根據《資料匯編》中的平面測繪記録，正殿慈天廣覆背後有一虎座式披檐，這是明代廟宇建築較常見的規制，但尚未找到照片表現其具體結構，故參考影像資料尚存的毗盧殿後披檐表現。但奇怪的是，《資料匯編》中的平面測繪却未表現實際存在的毗盧殿後披檐，不知是否有誤。另外，根據《資料匯編》，慈天廣覆殿前有兩座幡杆，老照片亦證明了這一點。而天王殿與山門之間却衹有西側一座幡杆，似與一般寺廟常制不同。考慮到尚未有更早歷史資料涉及隆福寺幡杆的設置，復原圖中即按《資料匯編》表現。

乾隆《京城全圖》還明確表現了另一處細節：慈天廣覆殿前的兩座側殿，即大悲殿和輪藏殿，均爲二層樓閣，規制與廊院的其他側殿顯著不同。這兩座側殿1901年早毁，没有已知的影像資料，我們僅能在照片上看到輪藏殿在北京的夕陽下把它的陰影投射在慈天廣覆殿立面上。根據這一陰影可知，輪藏殿和大悲殿與隆福寺其他側殿一樣，均爲歇山頂，但其是否確爲樓閣，則很難判斷了。復原圖采信乾隆《京城全圖》，將這兩座側殿表現爲無腰檐的歇山頂樓閣。

隆福寺丁字街原有牌坊三座，在乾隆《京城全圖》中，均簡單表現爲四柱三間三樓。考慮到該圖中對牌坊的此類表現多有不確，復原圖參考明清時期類似的三合圍牌坊規制，按四柱三間七樓表現。

據清乾隆《京城全圖》所繪，隆福寺坐北朝南，主要建築均爲琉璃瓦，前爲隆福寺街，街東西有牌坊。山門殿爲歇山頂琉璃瓦，有門三道。山門兩側有八字影壁墻，兩端各接寺院南墻，墻上各開一門。山門前西側有房一間。山門内爲前院，東西有鐘鼓樓，北有天王殿五間。殿兩側各有過道房六間，各開門一道通主院。鐘鼓二樓北各有短墻，墻上各開一門，西側墻内有房兩間，南向。主院内北爲真如殿，重檐歇山頂，七間，立於臺基之上，臺基周圍有欄杆，三面各有臺階。主院東西分别爲大悲殿和輪藏殿，均係三間二層建築。兩殿南各有耳房三間，北各有順山房九間。主院往北爲第三進院落，北有殿五間，額“萬善正覺”。殿前有月臺與真如殿相連，月臺兩邊有臺階。院落東西分别爲地藏殿和圓通殿，各三間。兩殿北各有順山房十六間，直抵法堂。“萬善正覺”殿後有月臺，往北通毗盧殿。毗盧殿三間，重檐歇山頂，殿前東西各有重檐亭一座。毗盧殿後亦有月臺，往北與法堂相接。法堂五間，歇山頂，東西各有過道房一間。東過道房東爲伽藍殿三間，殿東有耳房一間。西過道房西爲祖師殿三間，殿西亦有耳房一間。法堂往北爲一長方形院落，其東西各有排房二十一間，直抵寺院最北端。排房最南一間有門通寺外東西兩邊甬道。院北有殿三間，殿東西兩邊各有墻，墻上各有門。門内爲寺廟最後一進院落。中有殿宇五間，殿前有東西配殿各三間，殿後又有後殿七間。該院落東西各有跨院。東西跨院均南北兩進，中間有墻隔開；南院南墻各有門；北院各有北殿三間。

乾隆五十年(1785),總領京城喇嘛寺廟的章嘉呼圖克圖奏請理藩院修葺隆福寺。由此可知隆福寺在當時已經是一座藏傳佛教寺廟。内務府派員查勘後認爲寺内各殿宇“雖有滲漏,尚可無庸修理”;至於喇嘛僧房,寺廟理當用每月開廟所得資金自行修理,毋需官修;唯獨毗盧殿年久失修,有坍塌之患,應補修。五十二年(1787)内務府估算修毗盧殿所需工料銀,合計七千八百三十九兩[1]。從上述修廟的資金來源可以看出隆福寺每月開廟舉行廟會有一定的進項,而隆福寺廟會在清代也確實屬京城内最重要的廟會之一。書肆花卉,應有盡有;百貨俱陳,目迷五色。出入廟會的既有王公大臣、外來使節、富豪商賈,也有普通的市民百姓[2]。同治八年(1869),内閣御史錫光奏稱寺院庵觀原不准婦女進内燒香,而隆福護國兩寺開廟之際,有婦女結隊前往游玩,實屬有傷風化,要求步軍統領衙門順天府五城出示曉諭嚴切稽查,遇有此事,即將該廟僧尼人等從重懲辦以挽頽風[3]。清光緒二十七年(1901)隆福寺廟内東南房不慎起火,天王殿、真如殿、大悲殿、輪藏殿、地藏殿、圓通殿、鐘樓及三十四間僧房、兩間東西穿堂門全都燒毁殆盡[4]。

民國時期的隆福寺爲雍和宫下院,仍然屬於藏傳佛教寺廟。寺内房屋年久失修,多由商人和攤販租用。以廟會爲中心的商業功能增强,宗教功能削弱。據國立北平研究院調查,隆福寺山門殿五間,木額“敕建隆福寺”,上有布幛書“每逢國曆九十十一十二爲開廟之期”。殿内存商人貨物,已無佛像。第一進天王殿和第二進真如殿均毁於火灾,僅餘基址。第三進大殿五間,木額“萬善正覺”。殿内供三大士金身像,分騎獅象吼。上有乾隆題額“法鏡心宗”。像前有銅五供三份,木刻花瓶三對,木七珍三份;另有鐵磬一口,1927年山東肥城西馬嶺村李承才獻;還有大小銅磬各一個,鼓一面,銅法輪一個,把鼓十六面,樂鼓三面。殿内還有泥塑佛像二十尊。殿頂有藻井,内有天宫樓臺殿閣,日月星辰,四隅有四大天王。大殿前院内有槐樹三株。東房十五間,爲裕興號、笪雲泉鑲牙等商號。西房亦十五間,亦爲商鋪使用。第四進殿三間,木額“毗盧殿”,内供泥塑毗盧佛坐像一尊,上方有木刻龍一條,口銜經卷。像前有明景泰三年製大銅五供一份。另有木質金身三世佛三尊,木質童像兩個,銅香爐一個,木八寶一份,木花瓶兩個,大銅磬一口。還有宗喀巴木質金身像一尊,韋陀泥像一尊。殿後有弘善大國師繪像一幅。殿内東西有經櫃,收藏《大藏經》數部。殿前碑亭兩座,立明景泰四年《隆福寺碑》和清雍正三年《隆福寺碑》。第五進殿三間,木額“法堂”,内供木質金身三頭六臂三目佛像一尊,手執弓箭。另有銅佛像八尊,佛畫像十二幅,銅香爐兩個,銅磬一口。殿前院内有楸樹兩株、柏樹和榆樹個一株。院東爲伽藍殿,内供伽藍佛一尊,左右分爲二郎神像和關帝像,童像六個,關平、周倉像個一。西殿木額“祖師殿”,内供達摩泥像三尊,泥塑配像六尊,像前木五供一份。第六進殿三間,木額“天王殿”,無佛像。第七進殿三間,木額“金剛殿”,内供銅佛像三尊,像前木漆五供兩份,鼓一面。殿前清道光二十四年(1844)寶鼎一口。院内東房三間,爲隆福軒茶社;西房三間,爲内三區署彈壓處和寶善敬惜字紙會;柏樹七棵。第八進爲上下兩層七間佛樓,額曰“萬壽佛樓”。樓下正中供銅質金身釋迦牟尼佛像,左右木質佛像各一尊。像前木漆五供兩份。另有木質金身三大士像,關帝泥塑小像一尊,土地像一尊,地藏菩薩泥像一尊,配像四尊,童像八尊。還有清康熙三十七年(1698)鑄鐵香爐一座,銅卧爐兩個。樓上有小佛像多尊。佛樓東西各有北房三間,多有傾圮。院内有柏樹十株,槐樹三株;焚字庫一座。除此主路殿宇之外,隆福寺還有東西跨院。東跨院由山門東側東門入,第一進有南房三小間,爲永和馨鮮花店,北爲花窖,院内有榆樹一株。第二進北房六間,爲源記號照相館,其西爲萬瀛煜記鞋店。第三進爲東順永樟木箱嫁妝及坤鞋局。第四進有

---

〔1〕參見“中央研究院”近代史研究所藏内務府奏銷檔《奏報粘修隆福寺需用工料銀兩摺》,乾隆五十二年。

〔2〕參見衛才華《北京隆福寺商業民俗志》,北京:商務印書館,2018年,頁九十五至一百一十一。

〔3〕參見《清實録·穆宗毅皇帝實録》卷二百七十一,同治八年十一月,頁七百五十七。

〔4〕參見《北京隆福寺商業民俗志》,頁一百四十三,引中國第一歷史檔案館《奏爲隆福寺被火情形事》,檔案號04-01-01-1045-033。

北房兩小間，爲廟會期間攤販租用。東跨院内還有群房十餘間，均似住宅。西跨院由山門西側西門進。第一進有南小房三間，爲玉春隆記花廠，北爲花窖。第二進有北房三間，爲文順、玉昌兩家照相館，另有房四間。第三進有北房三間，爲楠木作和玻璃鋪。院内有大鐵寶鼎一口，槐樹四棵〔1〕。

根據1947年北平市警察局的户口調查記録，隆福寺内一共住有二十四位喇嘛，住持敖金巴。除喇嘛以外還有八家商户、一家道士和九十二家其他住户，其中大多是廟會期間的攤販和工匠。喇嘛的生活方式世俗化程度比較高，有的喇嘛娶妻生子，還在寺外經營買賣。喇嘛的經濟來源包括寺内住户的房租，和廟會時攤販繳納的租金，以及替人念經、做法事的收入〔2〕。

1952年隆福寺改建成東四人民市場，寺之山門與寺内各層殿宇均還保留。1963年，山門被拆除，建人民市場前廳。大殿内的藻井在1976年被拆下，存於先農壇古建博物館。1988年建隆福大厦，寺廟徹底消失〔3〕。

2018年調查時隆福寺舊址爲新隆福大厦工地。

隆福寺舊址現爲隆福大厦（2006年11月 阮如意攝）

〔1〕參見國立北平研究院《隆福寺》，東四122；《北平研究院北平廟宇調查資料匯編（内三區卷）》，頁二百六十六至二百八十三。

〔2〕北京市檔案館藏《北京市警察局内三分區隆福寺街户口調查表》，檔案號J181-006-00568，1947—1949年。轉引自《北京隆福寺商業民俗志》，頁一百五十八至一百七十七。

〔3〕王玉甫《隆福春秋》，北京：中國社會出版社，1995年，頁一百零一至一百零八；《北京隆福寺商業民俗志》，頁一百二十四至一百二十九；《中國文物地圖集·北京分册（下）》，頁三十七。

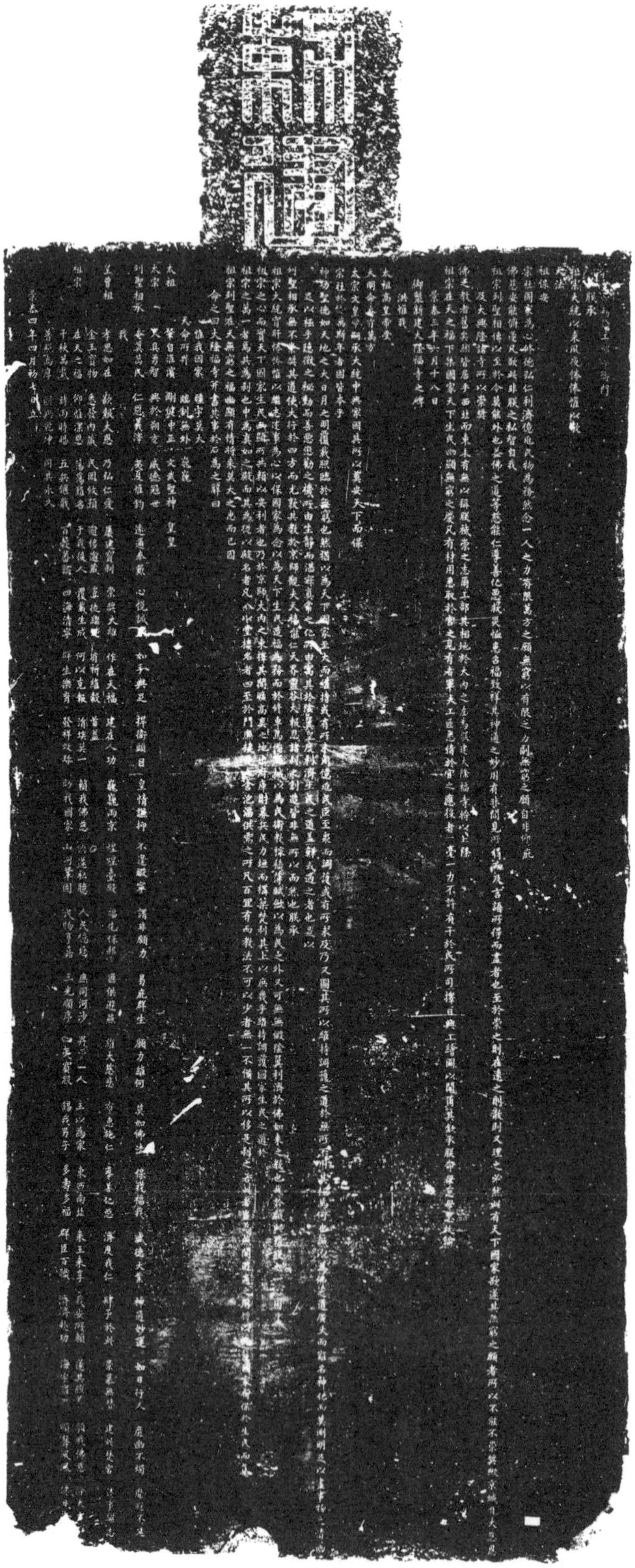

京182《隆福寺碑》陽

敕建

皇帝敕諭工部等衙門
朕承
祖宗大統以來夙夜惓惓惟以敬
天法
祖保安
宗社國家爲心修德弘仁利濟億兆民物爲務然念一人之力有限萬方之願無窮以有限之力副無窮之願自非仰庇
佛慈安能俯遂凡欲此非朕之私智自我
祖宗列聖相傳以至於今莫能外也蓋佛之道等慈能仁導善化惡救灾恤患召福致祥其神通之妙用有非聞見所得而及言語所得而盡者也至於崇之則在遠之則散則又理之必然此有天下國家欲遂其無窮之願者所以不能不崇奬歟京城有大慈恩
及大興隆諸寺所以崇奬
佛之教者舊矣然皆居乎西北而東未有無以稱朕祇崇之志爾工部其相地於大内之左爲朕建大隆福寺將以上隆
祖宗在天之福下集國家天下生民幽顯無窮之慶凡有材用悉取於官之見有者軍夫工匠悉倩於官之應役者一毫一力不許有干於民所司擇日興工繪圖以聞爾其欽承朕命毋怠毋忽故諭
景泰三年六月十八日
御製新建大隆福寺之碑
洪惟我
太祖高皇帝受
天明命奄有萬方
太宗文皇帝嗣承大統中興家國其所以奠安天下而保
宗社於億萬斯年者固皆本乎
神功聖德如天地之大日月之明覆載照臨於無窮也然猶以爲天下國家至大而維持或有所未周億兆民臣至衆而調護或有所未及乃又圖其所以維持調護之道於無所不用其極焉何也誠以爲佛之道廣大而難名神化而莫測明足以盡事物之情幽
足以極乎隱微之秘動而善惡懲勸之機所由生静而湛寂真常之化所由寓其於陰翼皇度利濟生民之道蓋鮮或過之者也是以
列聖相承無不崇奬其道使大行於四方而尤敦其教於京師觀夫天禧能仁天界靈谷大報恩諸刹之創造皆非無所以而然也朕承
祖宗大統宵旰惓惓惟以繼志述事爲心以保國家爲念以爲天下生民造福爲務而於修車馬備器械以爲民衛教稼穡薄賦斂以爲民之外又可無無假陰翼利濟於佛如來之教也哉於戲此雖朕之一心因乎
祖宗之心而實天下國家生民幽顯所共賴以安利者也乃於京師大内之東擇其閑曠高爽之地出府庫財募兵民力垣而構築梵刹其上以庶幾乎維持調護國家生民之道於
祖宗之萬一者焉其爲刹也中爲真如之殿而其爲從以殿名者凡八以堂樓名者四至於門廡栖徒之舍泡湢供需之所凡百宜有而教法不可以少者無一不備其所以侈是刹之若此者豈爲燕間游適之用將以祝釐國家祈保於生民而集
祖宗列聖在天無窮之福幽顯有情將來莫大之惠而已因
命之曰大隆福寺并書其事於石爲之辭曰
惟我國家　疆宇莫大
天命所畀　臨制無外　巍巍
太祖　肇自淮濆　剛健中正　文武聖神　皇皇
太宗　天具勇智　興於朔方　威德冠世
列聖相承　奄奠萬民　仁恩義澤　夷夏惟鈞　遠邇奉戴　心悦誠服　如手與足　捍衛頭目　皇情謙抑　不遑暇寧　謂非願力　曷庇群生　願力維何　莫如佛法　保我福我　威德大業　神通妙運　如日行天　靡幽不燭　靡遐不延
我
皇曾祖　孝思如在　欲報大恩　乃弘仁愛　屢建寶刹　崇奬大雄　作在天福　建在人功　巍巍兩京　煌煌臺殿　福先保邦　匪供游燕　維大慈悲　布惠施仁　導善化惡　濟度我仁　肆予於此　景慕無替　建此梵宮　述事繼志
金玉寶物　悉發内藏　民罔攸預　逾侈逾藏　豈徒繼述　有祈維穀　首益
祖宗　在天之福　仰惟深恩　蕩蕩難名　於我後人　覆載生成　何以克報　涓埃莫一　賴我佛慈　俯遂私臆　人民億兆　庶同河沙　畀予一人　主以爲家　東西南北　來王來享　我安所賴　遂其煦養　願我佛慈　降大吉祥
千秋萬載　時雨時暘　五兵偃戢　百穀蕃熟　四海清寧　群生樂育　發祥效珍　助我國家　山河鞏固　民物亨嘉　三光順序　四夷賓服　錫我男子　多壽多福　群臣百職　濟濟赴功　海宇雍熙　頌聲渢渢　佛日□□
普照高厚　國與乾坤　同其永久
景泰四年四月初七日立

隆福寺碑

額題:敕建
首題:皇帝敕諭工部等衙門
年代:明景泰四年(1453)四月七日
原址:東城區隆福寺街
拓片尺寸:碑高 336 厘米,寬 160 厘米;額高 63 厘米,寬 50 厘米
書體:正書并篆額
撰人:(代宗)朱祁鈺
書人:(代宗)朱祁鈺
拓片編號:京 182
拓片録自:《北京圖書館藏中國歷代石刻拓本匯編》卷 51 頁 185

【碑陽】

額題:敕建

碑文:

皇帝敕諭工部等衙門:*1* 朕承 *2* 祖宗大統以來,夙夜惓惓,惟以敬 *3* 天法 *4* 祖,保安 *5* 宗社國家爲心;修德弘仁,利濟億兆民物爲務。然念一人之力有限,萬方之願無窮。以有限之力副無窮之願,自非仰庇 *6* 佛慈,安能俯遂凡欲?此非朕之私智。自我 *7* 祖宗列聖相傳,以至於今,莫能外也。蓋佛之道,等慈能仁,導善化惡,救灾恤患,召福致祥,其神通之妙用,有非聞見所得而及,言語所得而盡者也。至於崇之則在,遠之則散,則又理之必然。此有天下國家欲遂其無窮之願者,所以不能不崇奬歟。京城有大慈恩 *8* 及大興隆諸寺,所以崇奬 *9* 佛之教者舊矣。然皆居乎西北,而東未有,無以稱朕祗崇之志爾。工部其相地於大内之左,爲朕建大隆福寺,將以上隆 *10* 祖宗在天之福,下集國家天下生民幽顯無窮之慶。凡有材用,悉取於宫之見有者;軍夫工匠,悉倩於官之應役者。一毫一力,不許有干於民。所司擇日興工,繪圖以聞爾。其欽承朕命,毋怠毋忽,故諭。*11* 景泰三年六月十八日。*12*

御製新建大隆福寺之碑。*13* 洪惟我 *14* 太祖高皇帝受 *15* 天明命,奄有萬方。*16* 太宗文皇帝嗣承大統,中興家國。其所以奠安天下而保 *17* 宗社於億萬斯年者,固皆本乎 *18* 神功。聖德如天地之大、日月之明,覆載照臨於無窮也。然猶以爲天下國家至大,而維持或有所未周;億兆民臣至衆,而調護或有所未及。乃又圖其所以維持調護之道於無所不用其極焉,何也?誠以爲佛之道廣大而難名,神化而莫測。明足以盡事物之情,幽 *19* 足以極乎隱微之秘。動而善惡懲勸之機所由生,静而湛寂真常之化所由寓。其於陰翼皇度、利濟生民之道,蓋鮮或過之者也。是以 *20* 列聖相承,無不崇奬其道,使大行於四方,而尤敦其教於京師。觀夫天禧、能仁、天界、靈谷、大報恩諸刹之創造,皆非無所以而然也。朕承 *21* 祖宗大統,宵旰惓惓,惟以繼志述事爲心,以保國家爲念,以爲天下生民造福爲務。而於修車馬、備器械,以爲民衛;教稼穡,薄賦斂,以爲民之外,又

可無無假陰翼利濟於佛如來之教也哉。於戲！此雖朕之一心因乎 22 祖宗之心，而實天下國家生民幽顯所共賴以安利者也。乃於京師大内之東擇其閑曠高爽之地，出府庫財，募兵民力，垣而構築梵刹其上，以庶幾乎維持調護國家生民之道於 23 祖宗之萬一者焉。其爲刹也，中爲真如之殿，而其爲從以殿名者凡八，以堂樓名者四。至於門廡栖徒之舍、泡湢供需之所，凡百宜有而教法不可以少者，無一不備。其所以侈是刹之若此者，豈爲燕間游適之用？將以祝釐國家，祈保於生民，而集 24 祖宗列聖在天無窮之福，幽顯有情，將來莫大之惠而已。因 25 命之曰：大隆福寺，并書其事於石，爲之辭曰：26

惟我國家，疆宇莫大。27 天命所畀，臨制無外。巍巍 28 太祖，肇自淮濱。剛健中正，文武聖神。皇皇 29 太宗，天具勇智。興於朔方，威德冠世。30 列聖相承，奄奠萬民。仁恩義澤，夷夏惟鈞。遠邇奉戴，心悦誠服。如手與足，捍衛頭目。皇情謙抑，不遑暇寧。謂非願力，曷庇群生。願力維何，莫如佛法。保我福我，威德大業。神通妙運，如日行天。靡幽不燭，靡遐不延。31 我 32 皇曾祖，孝思如在。欲報大恩，乃弘仁愛。屢建寶刹，崇獎大雄。作在天福，建在人功。巍巍兩京，煌煌臺殿。福先保邦，匪供游燕。維大慈悲，布惠施仁。導善化惡，濟度我仁。肆予於此，景慕無替。建此梵宫，述事繼志。33 金玉寶物，悉發内藏。民罔攸預，逾侈逾藏。豈徒繼述，有祈維穀。首益 34 祖宗，在天之福。仰惟深恩，蕩蕩難名。於我後人，覆載生成。何以克報，涓埃莫一。賴我佛慈，俯遂私臆。人民億兆，庶同河沙。畀予一人，主以爲家。東西南北，來王來享。我安所賴，遂其煦養。願我佛慈，降大吉祥。35 千秋萬載，時雨時暘。五兵偃戢，百穀蕃熟。四海清寧，群生樂育。發祥效珍，助我國家。山河鞏固，民物亨嘉。三光順序，四夷賓服。錫我男子，多壽多福。群臣百職，濟濟赴功。海宇雍熙，頌聲渢渢。佛日□□，36 普照高厚。國與乾坤，同其永久。37

景泰四年四月初七日立。38

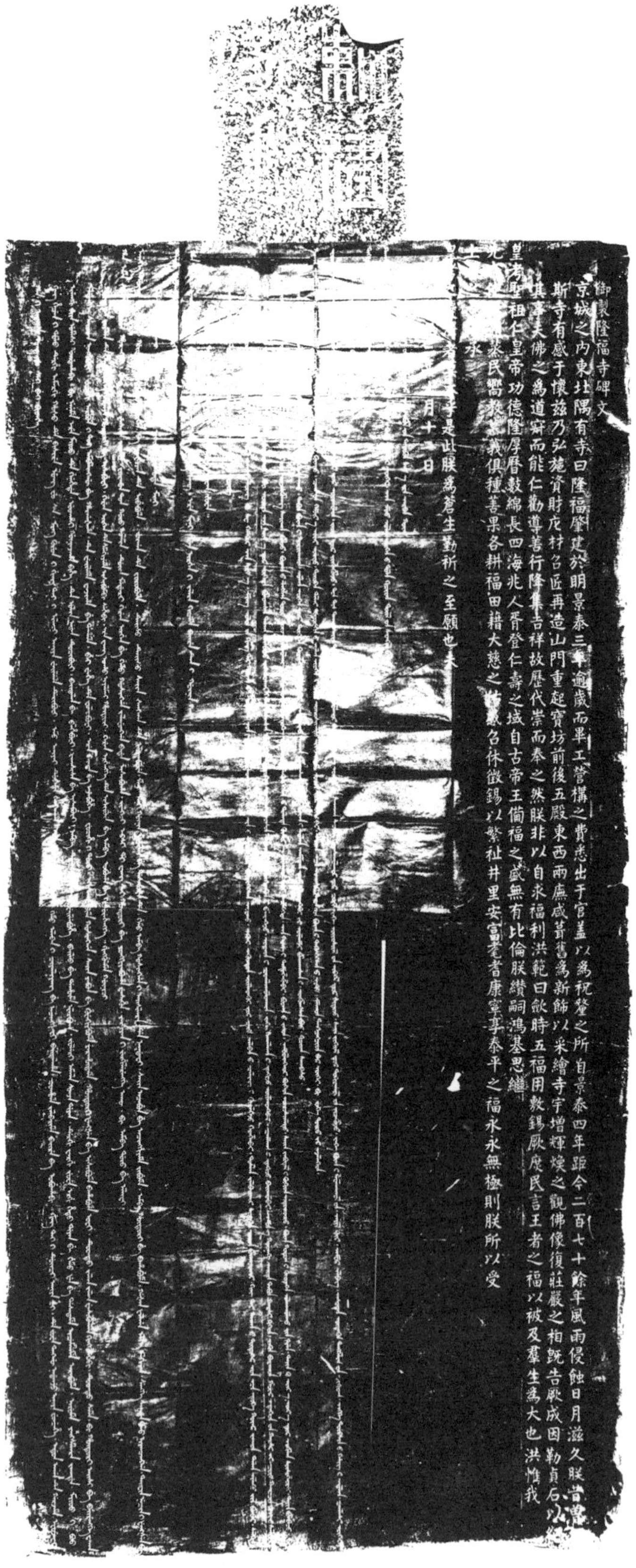
御製隆福寺碑文
京城之内東北隅有寺曰隆福肇建於明景泰三年逾歲而畢工營構之費悉出于官蓋以為祝釐之所自景泰四年距今二百七十餘年風雨侵蝕日月滋久朕嘗
斯寺有感于懷茲乃弘施資財庀材召匠再造山門重起寶坊前後五殿東西兩廡咸葺舊為新飾以采繪寺宇增輝煥之觀佛像復莊嚴之相既告厥成因勒貞石以
夫佛之為道窮而能仁勸導善行降集吉祥故歷代崇而奉之然朕非以自求福利洪範曰斂時五福用敷錫厥庶民言王者之福以被及羣生為大也洪惟我
皇考聖祖仁皇帝功德隆厚曆數綿長四海兆人胥登仁壽之域自古帝王備福之盛無有比倫朕纘嗣鴻基思繼
烝民嚮教義俱種善果各耕福田藉大慈之
名休徵錫以繁祉井里安富耄耆康寧享泰平之福永永無極則朕所以受
是此朕為蒼生勤祈之至願也

京181《隆福寺碑》陽

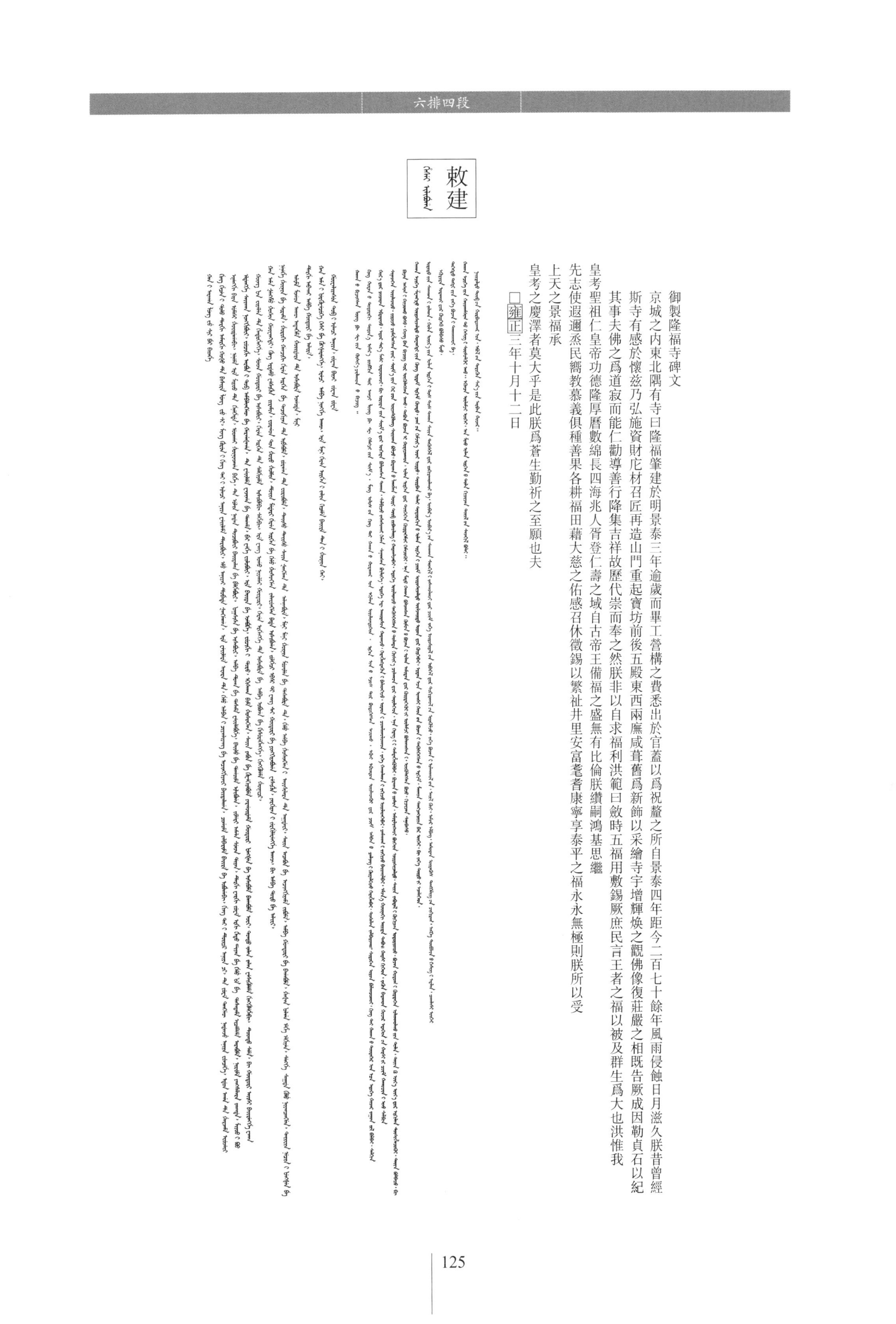

敕建

御製隆福寺碑文

京城之內東北隅有寺曰隆福肇建於明景泰三年逾歲而畢工營構之費悉出於官蓋以爲祝釐之所自景泰四年距今二百七十餘年風雨侵蝕日月滋久朕昔曾經斯寺有感於懷茲乃弘施資財庀材召匠再造山門重起寶坊前後五殿東西兩廡咸葺舊爲新飾以采繪寺宇增輝煥之觀佛像復莊嚴之相既告厥成因勒貞石以紀其事夫佛之爲道寂而能仁勸導善行降集吉祥故歷代崇而奉之然朕非以自求福利洪範曰斂時五福用敷錫厥庶民言王者之福以被及群生爲大也洪惟我

皇考聖祖仁皇帝功德隆厚曆數綿長四海兆人胥登仁壽之域自古帝王備福之盛無有比倫朕纘嗣鴻基思繼

先志使遐邇烝民嚮教慕義俱種善果各耕福田藉大慈之佑感召休徵錫以繁祉井里安富耄耆康寧享泰平之福永永無極則朕所以受

上天之景福承

皇考之慶澤者莫大乎是此朕爲蒼生勤祈之至願也夫

□雍正三年十月十二日

隆福寺碑

額題:敕建
首題:御製隆福寺碑文
年代:清雍正三年(1725)十月十二日
原址:東城區隆福寺街
拓片尺寸:碑高 340 厘米,寬 163 厘米;額高 66 厘米,寬 50 厘米
書體:正書并篆額,滿漢蒙三體
撰人:(世宗)胤禛
拓片編號:京 181
拓片録自:《北京圖書館藏中國歷代石刻拓本匯編》卷 68 頁 39

【碑陽】
額題:敕建
碑文:

御製隆福寺碑文 1

京城之内東北隅有寺曰隆福,肇建於明景泰三年,逾歲而畢工。營構之費悉出於官,蓋以爲祝釐之所。自景泰四年距今二百七十餘年,風雨侵蝕,日月滋久。朕昔曾經 2 斯寺,有感於懷。兹乃弘施資財,庀材召匠,再造山門,重起寶坊。前後五殿,東西兩廡,咸葺舊爲新,飾以采繪,寺宇增輝焕之觀,佛像復莊嚴之相。既告厥成,因勒貞石,以紀 3 其事。夫佛之爲道,寂而能仁,勸導善行,降集吉祥,故歷代崇而奉之。然朕非以自求福利,洪範曰:斂時五福,用敷錫厥庶民。言王者之福,以被及群生爲大也。洪惟我 4 皇考聖祖仁皇帝功德隆厚,曆數綿長,四海兆人胥登仁壽之域,自古帝王備福之盛,無有比倫。朕纘嗣鴻基,思繼 5 先志,使遐邇烝民,嚮教慕義,俱種善果,各耕福田。藉大慈之佑,感召休徵,錫以繁祉。井里安富,耄耆康寧,享泰平之福永永無極。則朕所以受 6 上天之景福,承 7 皇考之慶澤者,莫大乎是。此朕爲蒼生勤祈之至願也夫。8

□雍正三年十月十二日。9

【滿文部分】
額題(滿文正書):hesei ilibuha
碑文:

han i araha lung fu syi bei bithe 1

ging hecen i dolo dergi amargi hošo de bisire lung fu sy. ming gurun i ging tai i ilaci aniya weileme deribufi. emu aniyai dubede šanggaha. ere weilere arara de. gemu alban i ciyanliyang be acinggiyafi baitalaha. cohome jalbarime baire ba obuhabi. ging tai i duici aniya ci. te juwe tanggū nadanju aniya funcehe. edun aga de garjame efujefi 2 inenggi biya umesi goidahabi. neneme ere miyoo de genehede. uthai gūninjaha bihe. te ulin nadan tucibufi baitalan be belhebufi, faksisa be isabufi. amba duka be dasame weilebuhe. pailu be dahūme ilibuha. juleri amala sunja diyan. dergi wargi juwe ergi hetu diyan be gemu fe be dasatame icemleme arabume. nirume yangselara jakade. miyoo i boo 3 eldengge saikan nonggibufi. fucihi arbun i tob ambalinggū be hargašaha. te weileme wajiha be dahame. bei wehe folobufi. ere baita be ejebuhe. fucihi i doro. ekisaka bime gosingga. sain yabun be huwekiyebume yarhūdame hūturi fengšen ba isibume bahabume ofi. tondo jalan jalan wesihuleme ginggulehebi. tuttu seme. bi hūturi aisi bairengge waka 4 hūng fan fiyelen de henduhengge. sunja hūturi be isibufi. geren irgen de selgiyeme isibumbi sehebi. ere wang oho niyalmai hūturi. geren ergengge de isibure be amba obuha be gisurehengge. gingguleme gūnici. 5 (+) han ama šengdzu gosin hūwangdi. gung erdemu wesihun jiramin. forgon ton goro golmin. duin mederi geren irgen be gemu gosingga jalafungga bade isibuha. julgeci ebsi di wang sai hūturi be yongkiyabuha wesihun. yargiyan i jergilerengge akū. bi amba doro be alifi. 6 (+) nenehe gūnin be sirame. goroki hanciki geren irgen be tacihiyan de ibebume. jurgan de forobume. teisu teisu sain šanggan de alanabure. meni meni gūnin mujilen be dasabure de. gemu amba gosingga i aisilara de akdafi. sain acabun be acinggiyame jibume. amba hūturi be bahabume. gašan falga elhe elgiyen. sengge sakda gulu niyancangga. taifin necin i fengšen be 7 alime mohon akū enteheme goidara de isibure ohode. mini 8 (+) dergi abkai amba hūturi be alire. 9 (+) han ama i ferguwecuke kesi be hukšerengge. ereci amba ningge akū. ere mini geren irgen i jalin kiceme baire ten i gūnin kai. 10

hūwaliyasun tob i ilaci aniya. juwan biyai juwan juwe 11

【蒙文部分】

碑文：

qaγan-u bičigsen long fü se-yin kösiy-e čilaγun-u bičig.. 1

ging qotan-u dotoraki doron-a umar-a ǰöbkin-dür aγči löng fü se kemegči-yin süm-e. ming ulus-un ging tai qaγan-u γudaγar on ekilen üileddüged. nigen on-u ečüs-tür bütügegsen aǰuγu. egüni egüddün üiledküi-dür čöm alban-u čaling-i ködelgeǰü kereglebei. tusalan ǰalbariqui sitügen oron bolγaǰuqui. ging tai qaγan-u döteger on-ača edüge qoyar ǰaγun dalan ǰil bolbai. selbin 2 qur-a-dur čučaran ebdereǰu. edür sar-a masi udaǰuqui. bi urida-yin süm-e-dür ögede boluγsan daγan. selbiǰü ǰasasuγai kemen sanaγsan bülüge. edüge ede aγurasun γarγaǰu. kereglegdegün-i beledkeǰü. urad-i čuγlaγuluγad. yeke qaγalγan-i ǰokiǰu üiledkebei. čamqaγ-i ǰokiǰu bayiγulγabai. emün-e qoyinaki neyite tabun qarsi kiged. ǰegün baraγun qoyar eteged-ün qarsi yi čöm qaγučin-i inu selbin 3 sinedken üiledčü. ǰiruǰu čimeglegsen-iyer. süm-e-yin ger-üd üǰesküleng sayiqan bolǰu. burqan-u laγšan düri töb ǰibqulang-i qarγalǰabai. edüge üiledčü tegüskegsen-u tulada kösiy-e čilaγun-dur seileged. ene kereg-i temdeglegülbei. burqan-u yosun. amurlingγui böged örösiyeltü. sayin yabudal-i kükiyen uduridču. buyan qutuγ-i kürtegen olγaγulqu-yin tula. teyin kü üy-e üy-e-dür erkilen süsüglejüküi. teyin bolbaču. bi 4 buyan asiγ-i γuyuqu bosu. qung ban bičig-dür ögülegsen anu. tabun buyan-i quriyaγad.olan irgen-dür tügegen kürtegemüi kemeǰüküi.ene inu qaγan boluγsan kümün-ü buyan-i olan amitan-dur kürtegeküi-yi ülemǰi bolγaγsan-i ögülegsen buyu.kičiyen sanabasu. 5 (+) qaγan ečige šengdzü örösiyeltü quwangdi-yin güng erdem erkim kündü. čaγ-un kemǰiy-e öni urtu. dörben dalai dotorakin-u olan irgen-i čöm örösiyeltü ölǰeitü oron-dur kürgebei. erten-eče inaγsi qad-un buyan-i tegüskegsen-ü erkim. maγad tengčegčid-ber ügei. bi yeke törö-yi eǰeleged. 6 (+) uridu-yin sananγan-i ǰalγan. qola oyir-a-yin olan irgen-i surγaγuli-dur oroγulun. ǰirum-dur ǰüglegülǰü. tus tus daγan sayin tegüskel-tür ǰokiraγulqui ba. öber-e öber-ün sanaγan sedkil-i ǰasaγuiqui-dur čöm yeke örösiyel-ün ibegel-dür sitüǰü. sayin ǰokiyal-dur tokiraγul-un iregülǰü. yeke buyan-i olγaγul-un. ail küi. amur elbeg. nasutan ötegüs tenggelig-ün čikiraγ. engke tübsin-ü kesig-i edlen. čaγlaši ügei 7 egüride udaqui-dur kürgekü bolbasu minu. 8 (+) degetü tngri-yin yeke buyan-i daγaγaqui ba. 9 (+) qaγan ečige-yin γayiqamšiγ-tu kešig-i süsülküi anu.. egünče ülemǰi ügei. ene minu olan irgen-ü tula kičiyen tuil-un sedkil bolai.. 10

nayiraltu töb-un γurbaduγar on. ebül-ün terigün sar-a-yin arban qoyar.. 11

財神廟

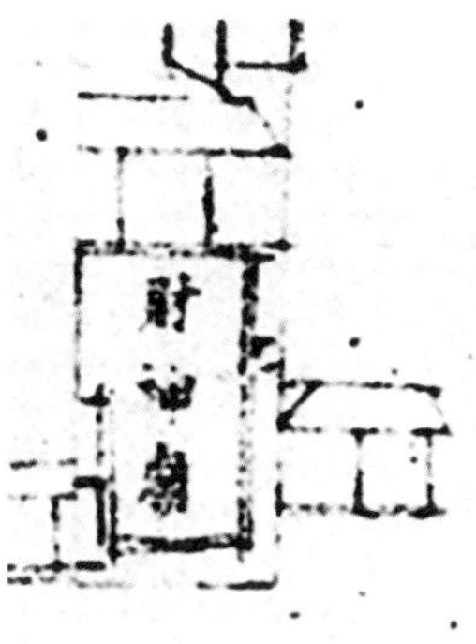

財神廟，原址約在今東城區美術館東街二十一號，寺廟建築現不存。

寺廟僅見於清乾隆《京城全圖》。按圖所繪，財神廟在弓弦胡同東北路口，坐北朝南，一層殿宇。東墻開廟門，有北殿三間。

2005年調查時，寺廟痕迹了無，舊址爲服裝商店。2018年回訪時情形與2005年同。

延禧寺

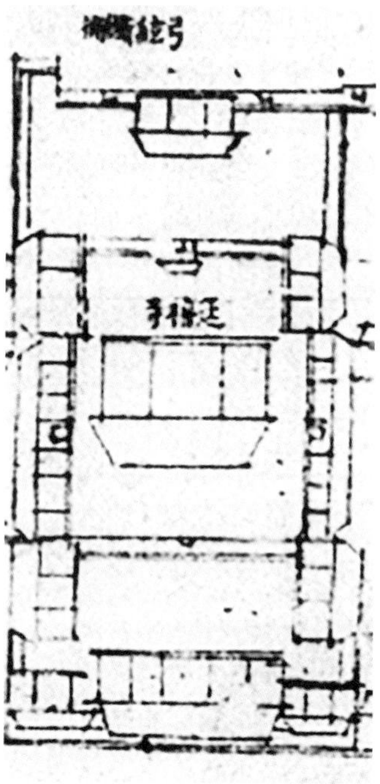

延禧寺，原址爲内三區弓弦胡同二十九號（今東城區五四大街一號中國美術館院内），寺廟建築不存。寺内原有明萬曆三十八年（1610）《延禧寺碑》，清康熙二十三年（1684）《延禧寺大殿碑》及一無字碑〔1〕。另據明《萬曆順天府志》，寺内有敕建碑〔2〕，但至清代即未再有記載。

寺始建時期無考。明萬曆三十八年《延禧寺碑》稱之爲“古刹寺耶，未卜何朝許□”，可見寺廟年代之久遠。據此碑，萬曆十九年（1591），太監張添壽、梁誠與衆善士等各捐資財，邀請良匠重新妝塑寺内佛像。工程歷時近兩載，塑毗盧佛，觀音，文殊、普賢等十二圓覺菩薩，及十八羅漢、二十四諸天等像〔3〕。

清康熙二十三年，延禧寺又顯凋敝之象，佛像堆塵，殿宇傾漏。信女金氏慷慨解囊，將大殿、天王殿及角門等處整修一新，并請京城南苑元靈宫住持、道録司右正一周時禮撰文立碑記事〔4〕。

清《雍正廟册》載延禧寺爲大僧廟，有殿宇十八間，禪房五十間，住持通誠。清《乾隆廟册》亦記作大僧廟，住持係通誠之徒孫然焕。

---

〔1〕無字碑據國立北平研究院20世紀30年代調查報告。參見國立北平研究院《延禧寺》，東四134；《北平研究院北平廟宇調查資料匯編（内三區卷）》，頁四百一十八至四百二十五。

〔2〕參見（清）朱一新《京師坊巷志稿》卷上，北京：北京古籍出版社，1982年，頁七十九。

〔3〕參見明萬曆三十八年《延禧寺碑》，京15，《北京圖書館藏中國歷代石刻拓本匯編》卷五十九，頁十三。

〔4〕參見清康熙二十三年《延禧寺大殿碑》，京14，《北京圖書館藏中國歷代石刻拓本匯編》卷六十四，頁六十六。

清乾隆《京城全圖》所繪之延禧寺坐南朝北，在弓弦胡同路南，三層殿宇。北有前殿三間，北向。殿兩邊墻上各開門。前院無建築，院南有墻與中院隔，墻上開一垂花門。中院正中有大殿三間，殿前東西配殿各三間，兩邊東西排房各七間。排房中部有門通往寺外。院南有墻與後院相隔，墻上開門。後院有南殿五間，東西耳房各三間，殿前東西配房各三間。

清中後期的延禧寺情形未有文字記載。民國以來，寺廟香火漸無。北京市政府歷次寺廟登記均不見其名。20 世紀 30 年代北平研究院調查時，其地歸公安局管理，爲消防第一分隊第一派出所駐地，已無僧人。寺之山門殿即天王殿，有石額"敕賜延禧禪寺"。天王殿用來存儲消防器材，尚有泥塑天王像四尊。殿東有北房五間；殿西有北房三間，爲消防隊班長室。天王殿南即前院，院内偏東有墻將前院隔爲東西兩院。中院南爲大殿，殿内佛像林立，據前述《延禧寺碑》，部分佛像當係明萬曆十九年塑。大殿正中供釋迦佛坐像一尊，法身高大莊嚴精美，連座及光環高約兩丈。釋迦佛像左右有童像兩座，高亦丈餘。佛像前有小佛像三座、十八羅漢像。殿内東西有一大將像和韋陀像，還有其他佛像三尊，關公、二郎、藥聖像各一尊。像均泥塑。大殿前東立有《延禧寺碑》和《延禧寺大殿碑》，西有一無字碑。中院内還有東西配殿各三間，爲講堂。西配殿南有耳房兩間。大殿後爲運動場，西有北房三間，爲消防隊宿舍。運動場南面即五間後殿。寺内還有槐樹兩棵[1]。

1950 年後不見關於延禧寺的資料。20 世紀 50 年代末在延禧寺原址及周邊地區動工興建中國美術館，有可能寺廟在那時被拆除。2005 年調查時寺址爲中國美術館。

〔1〕參見國立北平研究院《延禧寺》，東四 134；《北平研究院北平廟宇調查資料匯編（内三區卷）》，頁四百一十八至四百二十五。

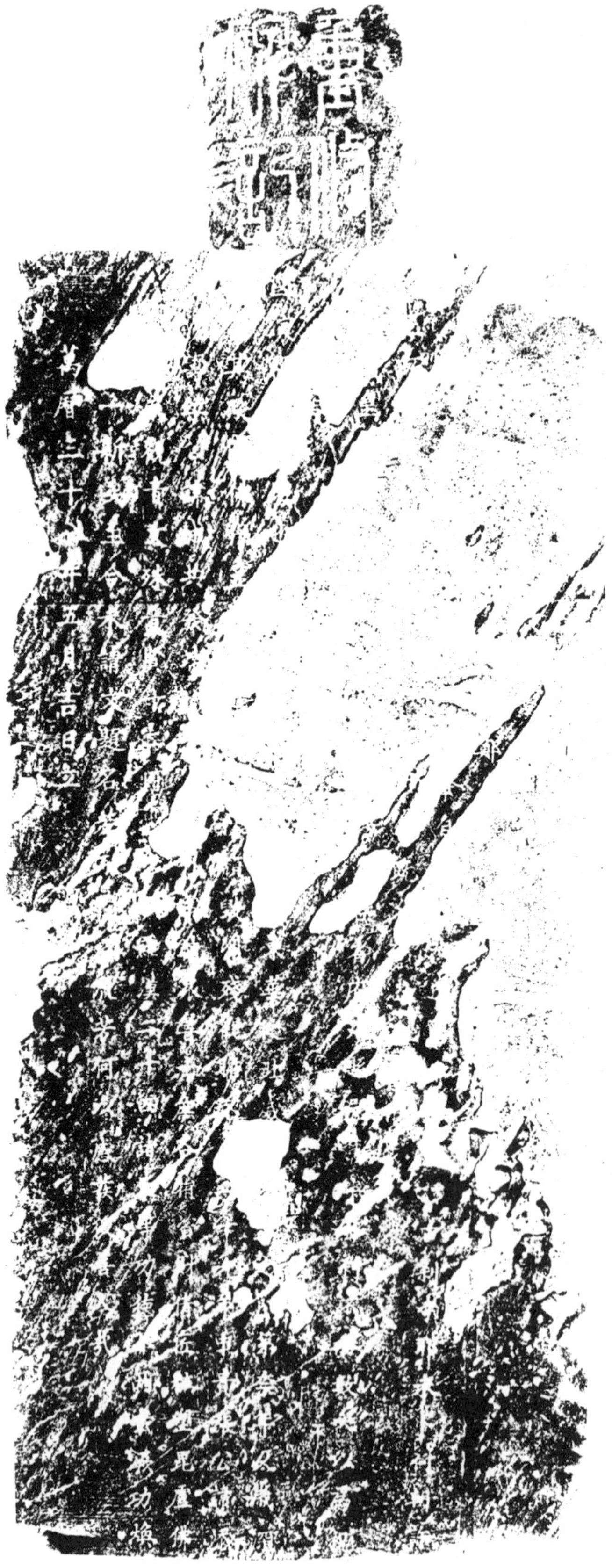

京15《延禧寺碑》陽

重修碑記

（碑前半大片剥落）
（上泐）鄭（下泐）
（上泐）自□□□□□□□□古刹寺耶未卜何朝許
（上泐）既（下泐）
□皇□□□□□□□□□□□省府州縣□梵宇□刹不□數矣以爲祝
（本行泐）
國演□□□□□□□□□□□□東華之北威□□□□第奈年久歲深
其殿□佛像并□□□□□頽毁凋殘觀瞻不□□十九年中貴張公諱添
壽梁公諱誠共發端誠□□□□□衆善士庶各捐資財倩匠妝塑毗盧佛
□□觀音文殊普賢十二□□□□羅漢二十四諸天等功德不兩載厥功焕
□一新矣至今未請文題名若□□□流芳何以感發後善人哉
萬曆三十八年五月吉日立

延禧寺碑

額題:重修碑記
年代:明萬曆三十八年(1610)五月
原址:東城區弓弦胡同
拓片尺寸:碑高187厘米,寬88厘米;額高33厘米,寬28厘米
書體:正書并篆額
《目録》:頁252
拓片編號:京15
拓片録自:《北京圖書館藏中國歷代石刻拓本匯編》卷59頁13

【碑陽】

額題:重修碑記

碑文:

(此碑右上部大片剥落,餘下亦泐甚。)

(上泐)鄭(下泐)4(上泐)自□□□□□□□□□□古刹寺耶,未卜何朝許5(上泐)既(下泐)6□皇□□□□□□□□□□□□□省府州縣□梵宇□刹不□數矣。以爲祝7(本行泐)國演□□□□□□□□□□□□□□□東華之北威□□□□□第。奈年久歲深,8其殿□佛像并□□□□□□頹毀凋殘,觀瞻不□。□十九年,中貴張公諱添9壽、梁公諱誠共發端誠□□□□□□衆善士庶各捐資財,倩匠妝塑毗盧佛、10□□觀音、文殊、普賢、十二□□□□羅漢、二十四諸天等功德。不兩載厥功,焕11□一新矣。至今未請文,題名若□□□流芳,何以感發後善人哉。12

萬曆三十八年五月吉日立。13

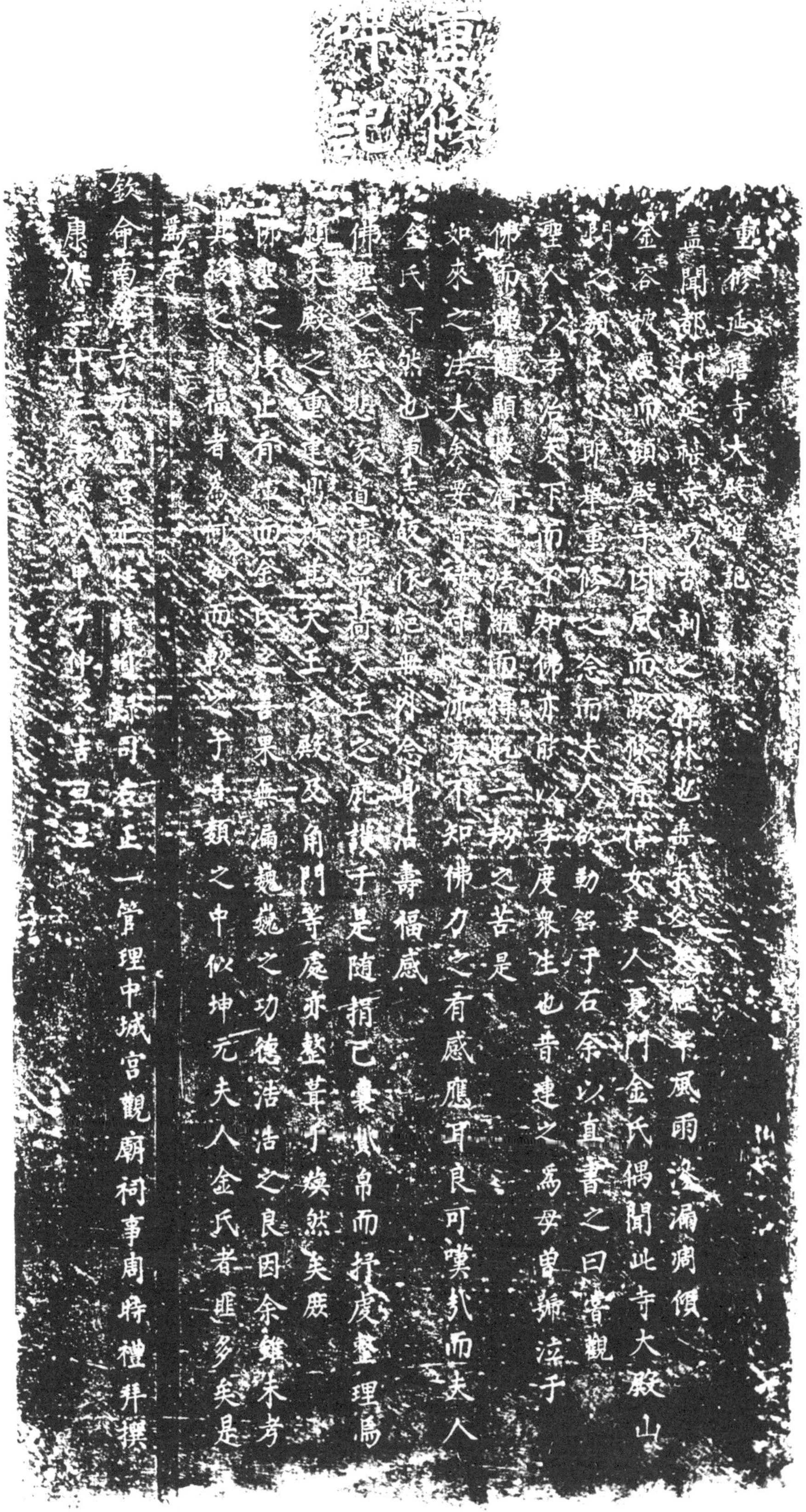

京 14《延禧寺大殿碑》陽

重修碑記

重修延禧寺大殿碑記

蓋聞都門延禧寺乃古刹之禪林也垂來久矣經年風雨滲漏凋傾
金容被塵而頹殿宇因風而敝倏有信女夫人夏門金氏偶聞此寺大殿山
門之頹氏心即舉重修之念而夫人欲勒銘於石余以直書之曰嘗觀
聖人以孝治天下而不知佛亦能以孝度衆生也昔連之爲母曾號泣於
佛而佛隨顯救濟之法繼而得脱一刼之苦是
如來之法大矣要皆碌碌之流竟不知佛力之有感應耳良可嘆哉而夫人
金氏不然也秉志皈依絶無外念身沾壽福感
佛聖之慈悲家道清寧荷天王之庇護於是隨捐己囊貲帛而抒虔整理焉
願大殿之重建鼎新其天王之殿及角門等處亦整葺於煥然矣庶
佛聖之栖止有輝而金氏之善果無漏巍巍之功德浩浩之良因余雖未考
其後之獲福者爲何如而較之於善類之中似坤元夫人金氏者匪多矣是
爲序

欽命南海子元靈宫正住持道録司右正一管理中城宫觀廟祠事周時禮拜撰

康熙二十三年歲次甲子仲冬吉旦立

延禧寺大殿碑

額題:重修碑記
首題:重修延禧寺大殿碑記
年代:清康熙二十三年(1684)十一月
原址:東城區弓弦胡同
拓片尺寸:碑高 139 厘米,寬 83 厘米;額高 19 厘米,寬 20 厘米
書體:正書
撰人:周時禮
《目録》:頁 275
拓片編號:京 14
拓片録自:《北京圖書館藏中國歷代石刻拓本匯編》卷 64 頁 66

【碑陽】

額題:重修碑記

碑文:

重修延禧寺大殿碑記 1

蓋聞都門延禧寺乃古刹之禪林也,垂來久矣。經年風雨,滲漏凋傾,2 金容被塵而頹,殿宇因風而敝。倏有信女夫人夏門金氏,偶聞此寺大殿山 3 門之頹,氏心即舉重修之念。而夫人欲勒銘於石,余以直書之曰:嘗觀 4 聖人以孝治天下,而不知佛亦能以孝度衆生也。昔連之爲母,曾號泣於 5 佛,而佛隨顯救濟之法,繼而得脱一劫之苦,是 6 如來之法大矣。要皆碌碌之流竟不知佛力之有感應耳,良可嘆哉。而夫人 7 金氏不然也,秉志皈依,絶無外念。身沾壽福,感 8 佛聖之慈悲;家道清寧,荷天王之庇護。於是隨捐己囊貲帛而抒虔整理焉。9 願大殿之重建鼎新,其天王之殿及角門等處,亦整葺於焕然矣。庶 10 佛聖之栖止有輝,而金氏之善果無漏。巍巍之功德,浩浩之良因。余雖未考 11 其後之獲福者爲何如,而較之於善類之中,似坤元夫人金氏者匪多矣。是 12 爲序。13

欽命南海子元靈宫正住持道録司右正一管理中城宫觀廟祠事周時禮拜撰。14

康熙二十三年歲次甲子仲冬吉旦立。15

五聖庵

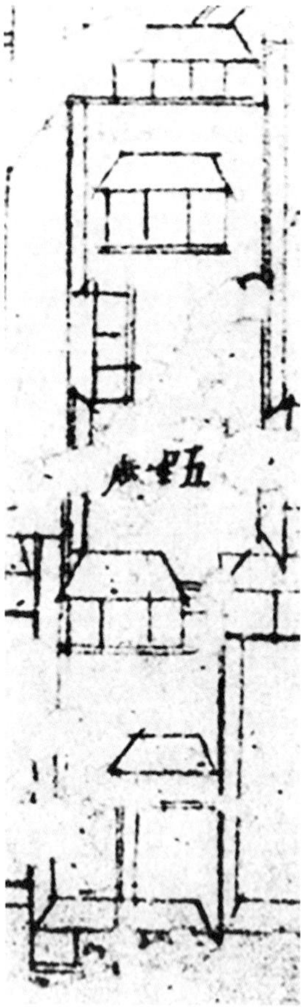

五聖庵,原址約在今東城區五四大街一號中國美術館院内。寺廟建築現不存。

庵始建年代不詳。清《雍正廟册》有載,爲尼僧廟,有殿宇七間,禪房五間,住持興文。清《乾隆廟册》亦記作尼僧廟,住持圓在。按清乾隆《京城全圖》,五聖庵坐北朝南,北臨雙碾胡同,三層殿宇。山門四間,南向,西二間上開門。前院東北角有一跨院,院内北房兩間。前院北殿三間,殿東似有墻與中院隔。中院寬敞,有北殿三間,西配房三間。後院有後殿五間。

未見其他文字記録。

2005年調查時,寺廟原址爲中國美術館。

龍王廟

龍王廟,不見於清乾隆《京城全圖》。原址爲内三區隆福寺東廊下大北頭(今約在東城區隆福寺街九十五號隆福大厦東北角的位置)。

僅有民國文獻記載。係當街小廟,一間,門南向,上有清同治八年(1869)木額"垂佑一方",又有清道光年間額"神靈顯佑"。内供龍王、土地、山神小泥塑三尊。寺廟歸隆福寺管理[1]。

此小龍王廟在北京頗有名氣。老北京地名歌《東直門挂着匾》中唱東四一帶地名,其中有一句"四牌樓南、四牌樓北,四牌樓底下賣涼水",唱的就是此龍王廟。傳説當年井水包治百病,附近居民都去排隊喝涼水。有人説,這是因爲附近藥鋪將藥渣傾倒井中,日久井水具有藥性之故。

2018年調查時,龍王廟已不見踪影。

〔1〕參見國立北平研究院《龍王廟》,東四118;《北平研究院北平廟宇調查資料匯編(内三區卷)》,頁二百四十四;首都圖書館藏《北平寺廟調查一覽表》。

土地廟

土地廟，不見於清乾隆《京城全圖》，原址爲内三區猪市大街四十四號（今東城區東四西大街一百零三號）。寺廟建築現不存。

廟始建年代無考。相關記載首見於20世紀30年代北平研究院調查記録。係當街小廟，僅一間，坐北朝南，内供土地夫婦小泥像兩尊，童像四個。廟歸同益生刀剪鋪管理[1]。另據1945年的《北平寺廟調查一覽表》，廟内還有銅磬一口。

20世紀50年代寺廟尚存。1985年調查時則已全部拆除，廟址爲龍鳳酒家[2]。2005年原址建有一商業大厦。2018年原址爲隆福廣場。

---

〔1〕參見國立北平研究院《土地廟》，東單72；《北平研究院北平廟宇調查資料匯編（内一區卷）》，頁二百七十六。

〔2〕參見《北京文物勝迹大全（東城區卷）》，頁三百一十九。

地藏庵

地藏庵,清代初期稱白衣禪林[1],民國時又名西地藏庵[2],不見於清乾隆《京城全圖》。原址爲内一區猪市大街七十九號[3](今約爲東城區東四西大街四十六號院北門處位置)。寺廟建築現不存。寺内原有清康熙十一年(1672)《地藏庵碑》和清光緒二十九年(1903)《地藏庵碑》。

據清康熙十一年的《地藏庵碑》,地藏庵始建於明代。清順治十六年(1659)尼僧圓琳曾重修寺廟。圓琳祖籍太原臨縣,生不食肉,因弟病危而發願出家,游歷五臺山、峨眉山,問道參禪。順治十六年,圓琳來京師,訪天寧寺塔,休憩於白衣禪林。適逢禪林尼僧外出,雨阻不能回。圓琳遂在庵堂静待尼歸,三日顆粒未食。京師望族李公夫人佟氏、陳公夫人董氏夜夢其容,示以蓮華。次日清晨即雙雙到訪禪林,遇圓琳,拜其爲蓮華大師。白衣禪林主人、信士袁君深感圓琳奇异,以庵相施。董氏携衆善士解囊捐資,數年之間,襄助圓琳將庵内之殿宇、回廊、鐘樓、禪室等修葺一新。圓琳成爲地藏庵第一代住持。

清《雍正廟册》載地藏庵在馬市,爲尼僧廟,有廟宇二十六間,禪房十六間,住持净慧,係圓琳之第三代徒孫。清《乾隆廟册》亦記地藏庵爲尼僧廟,住持德量。同治十年(1871),寺庵山門新立石額"地藏庵",似有重修。光緒二十九年,住持祥光目睹廟貌傾頽,不顧兵灾後捐資不易,四處募化,依靠周圍商鋪及信士施助,得以重修正殿、山門和耳房,并爲大殿立額"地藏寶殿"[4]。

---

〔1〕參見清康熙十一年《地藏庵碑》,京40,《北京圖書館藏中國歷代石刻拓本匯編》卷六十三,頁二十四。

〔2〕根據北京市檔案館藏《北平市社會局·北京佛教會關於廣月繼承地藏庵住持的呈文及社會局的批示》,1936—1946年,檔案號J002-008-01040。

〔3〕該地址依據北平研究院調查資料。20世紀三四十年代北平市社會局寺廟登記檔案中除該地址外,亦有馬市大街七十九號。

〔4〕參見清光緒二十九年《地藏庵碑》,京39,《北京圖書館藏中國歷代石刻拓本匯編》卷八十八,頁一百八十一;寺額及殿額參見國立北平研究院《地藏庵》,東單71;《北平研究院北平廟宇調查資料匯編(内一區卷)》,頁二百六十六。

民國初期地藏庵的住持爲玉海，1928年其徒弟壽山接座。庵内彼時無其他僧人。北平猪行同業公會設在寺内。20世紀30年代的地藏庵在猪市大街街南，坐南朝北，面積兩畝三分，四層廟宇，神像法物頗多。山門一間，石額“地藏庵”，西側挂“義成號小器作”牌[1]。山門西有一過道門，過道以西有北小房一間，爲北聚興成衣局鋪房。前殿三間，正供彌勒佛木像，旁列四大天王泥像，有鐵磬一口，鐵香爐一座。殿前有清光緒二十九年《地藏庵碑》倒卧在地。第二殿爲地藏殿，内供木質金身地藏王一尊，十殿閻君木製小立像十尊，童泥像四個。左供娘娘像三尊，土地、馬王、財神像各一尊，童像兩個。右供關帝像，周倉、關平侍立。地藏殿前有禪房三間，東夾道有東房四間，院内楊、槐樹各一株。第三殿三間，木額“大雄寶殿”，内供木質金身三大士像；另有觀音像三尊，馬王、土地、財神各一尊，均木質金身；還有關帝小泥像一尊，童像兩個，馬、童像各一個。殿内有清光緒九年（1883）鐵磬一口，鼓兩面。大殿前廊下有一銅鐘，銘文曰“信官户部員外郎誥封奉政大夫羅米，信女誥封夫人唐門吴氏”。殿前有清光緒十四年（1888）造鐵爐一座。清康熙十一年《地藏庵碑》立於殿前西側。院内有東西配殿各三間，兩側夾道有東西房各三間。槐樹一棵。第四殿五間，木額“大悲壇”，挂牌“廣安醫室”。内供木質金身佛像一尊，童像兩個；木質韋陀立像一尊，小千手佛一尊，小木佛一尊；另有鐵磬一口。殿前兩側東西配房各三間。除上述法物之外，地藏庵還收有佛經五十部[2]。羅信耀在《北平時事日報》中向外國人介紹北京文化的專欄中，提及此地藏庵“多少年來誰也没看見這裏有尼姑”，但“每年春季都有一批醫務人員來此用‘古法’免費給兒童接種天花疫苗”，雖然名爲免費，但實際上診療費還是需要三四角錢[3]。這應該就是廟内廣安醫室的活動。

1941年3月，北京佛教會致函社會局，稱地藏庵住持壽山因體弱多病，無力料理廟務，將住持之職轉給徒弟廣月。4月，社會局批准廣月之任命。豈料兩年之後，壽山向社會局控告廣月趁其病重之機，篡奪住持之位，要求撤銷任命。經多方對質，社會局查明壽山確實在1941年病重期間將廟交給廣月。又得知壽山因常年吸食毒品，欠債纍纍，數次盜賣寺廟樹木、石碑、銅鐘、鐵爐等物，并在1943年6月將地藏庵廟照登記證以四千一百元抵押給了北新橋觀音寺胡同的廣慈寺[4]。1945年5月，北京佛教會再次致函社會局，稱地藏庵住持廣月在外地學佛弘法，原住持壽山痼疾未愈，無力管理寺廟，請求公選賢能之人擔任住持。然而未等選出新人，壽山即圓寂，廣月從青島回京料理喪事，呈文社會局，告北京佛教會趁其離京另選地藏庵住持，圖謀把持廟産。社會局對雙方進行調解後，仍舊恢復廣月住持一職[5]。1947年民政局寺廟登記時，廣月仍然是地藏庵住持[6]。

20世紀50年代後未見任何有關地藏庵的資料。2018年調查時，因東四西大街拓寬，地藏庵原址所在地可能是西大街的南路沿，即今冶金離退休幹部局的北門處。寺廟了無痕迹。

---

〔1〕國立北平研究院資料中的地藏庵平面圖并無山門，或係漏繪，或係山門與天王殿爲同一建築。

〔2〕參見國立北平研究院《地藏庵》，東單71；北京市檔案館藏《北平市社會局·北京佛教會關於廣月繼承地藏庵住持的呈文及社會局的批示》，頁一至十六；《北京寺廟歷史資料》，頁一百七十一。

〔3〕羅信耀著，羅進德譯寫：《旗人風華——一個老北京人的生命周期》，北京：文津出版社，2020年，頁一百。

〔4〕北新橋廣慈寺在二排三段，參見《北京内城寺廟碑刻志》第二卷，頁三百七十六至四百零四。

〔5〕參見北京市檔案館藏《北平市社會局·北京佛教會關於廣月繼承地藏庵住持的呈文及社會局的批示》，頁三十四至頁一百二十七。

〔6〕參見北京市檔案館藏《北平市民政局·北平市各區寺廟總登記考察簿（1947—1948）》，檔案號J003-001-00237，頁四十九。

京40《地藏庵碑》陽

京40《地藏庵碑》陰

重修地藏庵碑記

佛□不落色相亦無□□形於世也世人樂□而奉之即所謂人人皆具佛性其道不遠反而求之正恐流此性於不淑斯琳宮之梵神道設教之理也順天□□西街舊有地藏庵數椽考神前供爐則知創於明代我

順治己亥□有蓮華大師化緣於此師受菩薩戒比丘尼也覺字圓琳姓張氏籍出太原臨縣祖父積德閭門茹素師生而不哺肉食者乳甫長而志絶俗緣心思静土因弟病危乃發願脱俗祈延父後未幾而弟病果解是已具有菩薩根氣由是出塵備歷苦行游五臺峨眉問道參禪方壯入京師禮天寧寺塔憩白衣禪林而庵尼扃户他出驟雨連朝惟入定庵堂以待開霽雨歇尼回一人扣户而入曰内有善人絶粒三日矣吾齋之予餅數枚視其人耳挂雙環手揮□塵欲告以意曰已知之言訖寂然時巨室李公夫人□氏陳公夫人董氏俱夢師體貌示以蓮華及曉訪至禪林尼告以□力□見之其氣度衣裝依稀素睹遽以夢兆稱爲蓮華大師而董氏夫人重其沉静寡言且宗風禪秘間發驚人因師事之卜地以居使者報此庵程色并庵後餘房四十三間實原庵地主袁姓君子居也師問有棗樹五株使者詫以爲奇夫人异而問之始言吾向夢此庵景色如是有婆□下曰地當汝興吾守之久矣□□□□□也嗣游五臺入荒山僻徑一老媪蒼顔古貌鶴髮□肩示曰此地多虎汝前吾隨視之忽憶前夢所見驚奇間迅雷偶□回□老媪已不知所在惟陰雨濛濛故益信此庵之非幻也相與□視以爲機緣有在遂□□焉復□□□祇園以爲性天漁父而□□有給孤長者之行原庵地主即有祇陀之施再而貴官夫人善□□□□師嚴重樂助其功均期上祝

皇國下福生民修葺殿宇回廊鐘樓禪室數年之間焕然一新而蓮師住持其中□以□□以夢合將見暮鼓晨鐘聞夢中之棒喝經聲□語觸心上之菩提人各提斯儆省返照生平即見七寶蓮臺放大光明更以見廟貌神形啓人性善而於

聖主治道未嘗無補益亦世道人心之一津筏也兹復立石勒名庶不□衆姓善緣而蓮師奇异之迹與修葺之因於斯并記不朽

欽天□博士三韓史國珍撰記　　信女夫人董氏虔修　　信士袁□□□建

康熙十一年歲次壬午十月穀旦

萬古流芳

信官

趙則輅　韓渭
陳逢泰　鄭之連
寧右禮　李如恬　趙爾得
趙塔達　葉龍　王守印
陳應泰　李國禎
陳啟泰　申立住

宦室信女

陳門劉氏　何門楊氏　趙門葉氏
陳門趙氏　白門張氏　俞門方氏
趙門王氏　佟門楊氏　黑門管氏
陳門石氏　陳門兑氏　焦門焦氏
史門王氏　高門□氏　張門崔氏
胡門閆氏　陳門焦氏　史門沈氏

信士

江世用　張雲龍　史鳳雲
閆三重　吕倓　王崇智
陳邦器　盛世臣　黄有功
李如貴　萬年春　高攀桂
施元　楊八　劉六十
劉應時　安成會　解祁泰
胡□

信女

閆門李氏　李門劉氏　高門梁氏
卞門佟氏　李門朝氏　高門楊氏　萬門丁氏
郭門陳氏　李門官氏　高門劉氏　閆門李氏
卞門陳氏　李門康氏　高門胡氏　白門關氏
張門傅氏　賈門王氏　鄭門戚氏
劉門黄氏　王門佟氏　王門王氏

同助修

募修沙門第一代住持圓琳立石

第二代弟子明雲

第三代徒孫　净祥　净存　智全
净智　净貴　智洪　石工（下泐）鐫
智禄

地藏庵碑

首題：重修地藏庵碑記
年代：清康熙十一年（1672）十月
原址：東城區東四西大街
拓片尺寸：碑高 136 厘米，寬 67 厘米；額高 40 厘米，寬 26 厘米
書體：楷書
撰人：史國珍
《目録》：頁 272
拓片編號：京 40
拓片録自：《北京圖書館藏中國歷代石刻拓本匯編》卷 63 頁 24

【碑陽】

碑文：

重修地藏庵碑記 1

佛□不落色相，亦無□□形於世也。世人樂□而奉之，即所謂人人皆具佛性。其道不遠，反而求之，正恐流此性於不淑，斯琳宫之 2 梵，神道設教之理也。順天□□西街舊有地藏庵數椽，考神前供爐，則知創於明代。我 3 順治己亥□有蓮華大師化緣於此。師受菩薩戒，比丘尼也。覺字圓琳，姓張氏，籍出太原臨縣。祖父積德，闔門茹素。師生而不哺肉食 4 者，乳甫長而志絶俗緣，心思静土。因弟病危，乃發願脱俗，祈延父後。未幾而弟病果解，是已具有菩薩根氣。由是出塵，備歷苦行，游 5 五臺峨眉，問道參禪。方壯，入京師，禮天寧寺塔，憇白衣禪林，而庵尼扃户他出。驟雨連朝，惟入定庵堂，以待開霽。雨歇尼回，一人扣 6 户而入曰："内有善人，絶粒三日矣。吾齋之，予餅數枚。視其人，耳挂雙環，手揮□塵。欲告以意，曰：已知之。言訖寂然。時巨室李公夫人 7 □氏、陳公夫人董氏俱夢師體貌，示以蓮華。及曉，訪至禪林，尼告以□□。力□見之，其氣度衣裝，依稀素睹。遽以夢兆，稱爲蓮華大 8 師。而董氏夫人重其沉静寡言，且宗風禪秘，間發驚人，因師事之，卜地以居。使者報此庵程色并庵後餘房四十三間，實原庵地主 9 袁姓君子居也。師問：有棗樹五株？使者詫，以爲奇。夫人异而問之，始言：吾向夢此庵景色如是。有婆□下曰：地當汝興，吾守之久矣。10 □□□□□也。嗣游五臺，入荒山僻徑，一老媪蒼顔古貌，鶴髮□肩，示曰：此地多虎，汝前，吾隨視之。忽憶前夢所見，驚奇間迅雷偶 11 □，回□老媪，已不知所在，惟陰雨濛濛，故益信此庵之非幻也。相與□視，以爲機緣有在，遂□□焉。復□□□祇園以爲性天漁父 12 而□□有給孤長者之行，原庵地主即有祇陀之施。再而貴官夫人善□□□□□師嚴重，樂助其功，均期上祝 13 皇國，下福生民。修葺殿宇、回廊、鐘樓、禪室。數年之間，焕然一新。而蓮師住持其中，□以□□□以夢合將見。暮鼓晨鐘，聞夢中之棒喝；經 14 聲□語，觸心上之菩提。人各提斯儆省，返照生平，即見七寶蓮臺，放大光明。更以見廟貌神形，啓人性善，而於 15 聖主治道，未嘗無補益，亦世道人心之一津筏也。兹復立石勒名，庶不□衆姓

善緣，而蓮師奇异之迹與修葺之因，於斯并記不朽。16

欽天□博士三韓史國珍撰記。信女夫人董氏虔修，信士袁□□□建。17

康熙十一年歲次壬午十月穀旦。18

【碑陰】

額題：萬古流芳

碑文：

信官：趙則輅、陳逢泰、寧右禮、趙塔達、陳應泰、陳啟泰、韓渭、鄭之連、李如恬、葉龍、李國禎、申立住、趙爾得、王守印

宦室信女：陳門劉氏、陳門趙氏、趙門王氏、陳門石氏、史門王氏、胡門閆氏、何門楊氏、白門張氏、佟門楊氏、陳門兑氏、高門□氏、陳門焦氏、趙門葉氏、俞門方氏、黑門管氏、焦門焦氏、張門崔氏、史門沈氏

信士：江世用、閆三重、陳邦器、李如貴、施元、劉應時、胡□、張雲龍、吕倓、盛世臣、萬年春、楊八、安成會、史鳳雲、王崇智、黄有功、高攀桂、劉六十、解祁泰

信女：閆門李氏、卞門佟氏、郭門陳氏、卞門陳氏、張門傅氏、劉門黄氏、李門劉氏、李門朝氏、李門官氏、李門康氏、賈門王氏、王門佟氏、高門梁氏、高門楊氏、高門劉氏、高門胡氏、鄭門戚氏、王門王氏、萬門丁氏、閆門李氏、白門關氏同助修

募修沙門第一代住持圓琳立石，第二代弟子明雲，第三代徒孫净祥、净智、净存、净貴、智全、智洪、智禄

石工（下泐）鎸

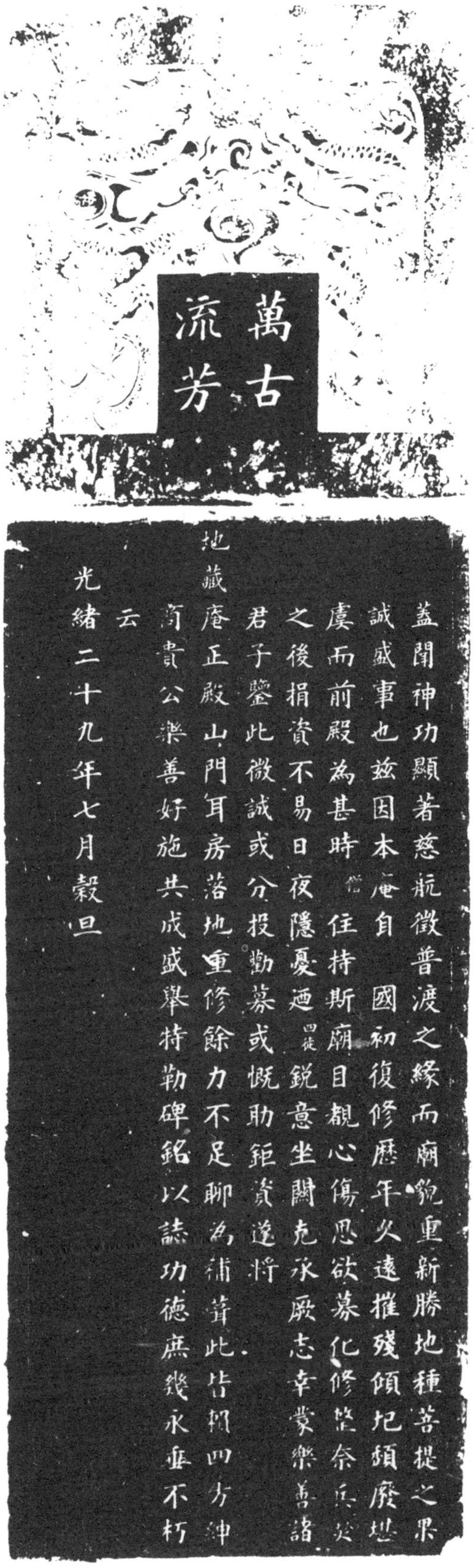
萬古
流芳
蓋聞神功顯著慈航徵普渡之緣而廟貌重新勝地種菩提之果
誠盛事也茲因本庵自 國初復修歷年久遠摧殘傾圯頹廢堪
虞而前殿為甚時 僧 住持斯廟目覩心傷思欲募化修整奈兵燹
之後捐資不易日夜隱憂迺 四徒 銳意坐鬪克承厥志幸蒙樂善諸
君子鑒此微誠或分投勸募或慨助鉅資遂將
地藏庵正殿山門耳房落地重修餘力不足聊為補葺此皆賴四方紳
商貴公樂善好施共成盛舉特勒碑銘以誌功德庶幾永垂不朽
云
光緒二十九年七月穀旦

京 39《地藏庵碑》陽

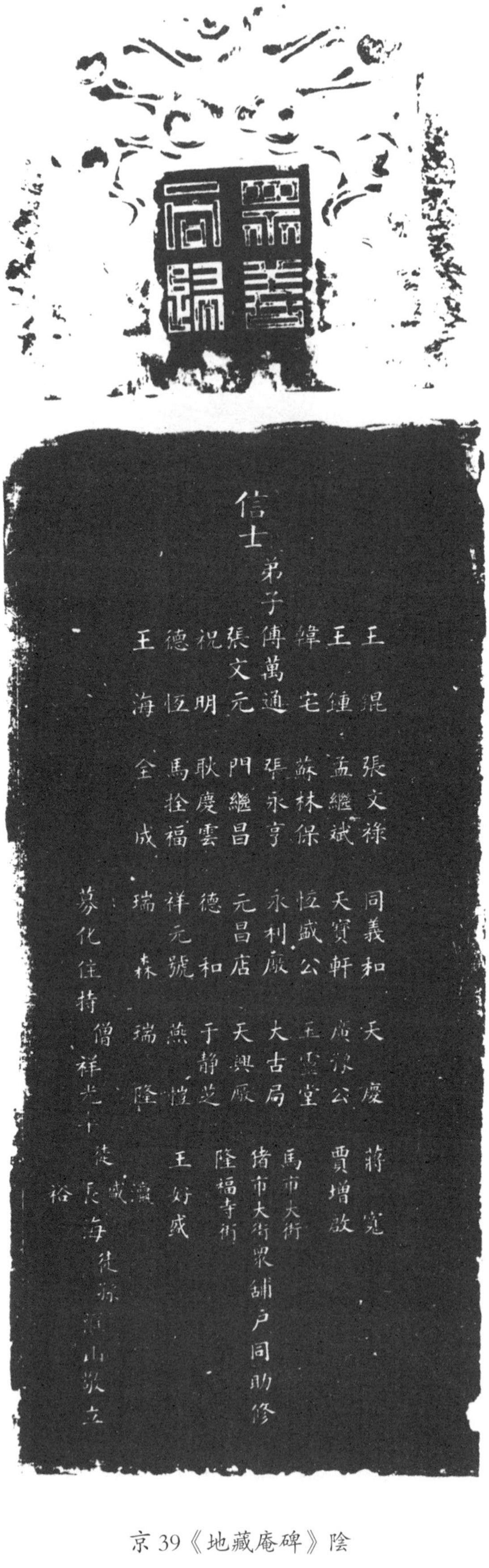
衆善同歸
信士
弟子
王焜 張文祿 同義和 天慶 蔣寬
王鍾 孟繼斌 天寶軒 廣祿公 賈增啟
緯宅 蘇林保 恆盛公 玉雲堂 馬市大街
傅萬通 張永亨 永利廠 大古局 猪市大街衆舖户同助修
張文元 門繼昌 元昌店 天興廠 隆福寺街
祝明 耿慶雲 德和 于静芝 王好成
德恆 馬拴福 祥元號 燕
王海 全成 瑞森 瑞隆
募化住持僧祥光

京 39《地藏庵碑》陰

萬古流芳

蓋聞神功顯著慈航徵普渡之緣而廟貌重新勝地種菩提之果誠盛事也茲因本庵自　國初復修歷年久遠摧殘傾圮頹廢堪虞而前殿爲甚時僧住持斯廟目睹心傷思欲募化修整奈兵燹之後捐資不易日夜隱憂乃四徒鋭意坐關克承厥志幸蒙樂善諸君子鑒此微誠或分投勸募或慨助鉅資遂將
地藏庵正殿山門耳房落地重修餘力不足聊爲補葺此皆賴四方紳商貴公樂善好施共成盛舉特勒碑銘以志功德庶幾永垂不朽云

光緒二十九年七月穀旦

衆善同歸

信士弟子

王錕　王鍾　韓宅　傅萬通　張文元　祝明　德恒　王海

張文禄　孟繼斌　蘇林保　張永亨　門繼昌　耿慶雲　馬拴福　全成

同義和　天寶軒　恒盛公　永利廠　元昌店　德和　祥元號　瑞森

天慶　廣豫公　玉靈堂　大古局　天興廠　于静芝　燕愷　瑞隆

蔣寬　賈增啟　馬市大街　猪市大街衆鋪户同助修　隆福寺街　王好盛　瀛　盛

募化住持僧祥光率徒長海徒孫滙山敬立

裕

地藏庵碑

年代：清光緒二十九年（1903）七月
原址：東城區東四西大街
拓片尺寸：碑陽高 150 厘米，寬 45 厘米；碑陰高 140 厘米，寬 45 厘米
書體：楷書
《目録》：頁 373
拓片編號：京 39
拓片録自：《北京圖書館藏中國歷代石刻拓本匯編》卷 88 頁 181

【碑陽】

額題：萬古流芳

碑文：

蓋聞神功顯著，慈航徵普渡之緣，而廟貌重新，勝地種菩提之果，1 誠盛事也。兹因本庵自國初復修，歷年久遠，摧殘傾圮，頹廢堪 2 虞，而前殿爲甚。時僧住持斯廟，目睹心傷，思欲募化修整。奈兵燹 3 之後，捐資不易，日夜隱憂。乃四徒鋭意坐關，克承厥志。幸蒙樂善諸 4 君子鑒此微誠，或分投勸募，或慨助鉅資，遂將 5 地藏庵正殿、山門、耳房落地重修。餘力不足，聊爲補葺。此皆賴四方紳 6 商貴公樂善好施，共成盛舉，特勒碑銘，以志功德，庶幾永垂不朽 7 云。8

光緒二十九年七月穀旦。9

【碑陰】

額題：衆善同歸（篆書）

碑文：

信士弟子 1 王錕、王鍾、韓宅、傅萬通、張文元、祝明、德恒、王海、2 張文禄、孟繼斌、蘇林保、張永亨、門繼昌、耿慶雲、馬拴福、全成、3 同義和、天寶軒、恒盛公、永利廠、元昌店、德和、祥元號、瑞森、4 天慶、廣豫公、玉靈堂、大古局、天興廠、于静芝、燕愷、瑞隆、5 蔣寬、賈增啟、王好盛 6

馬市大街、猪市大街、隆福寺街衆鋪户同助修。

募化住持僧祥光率徒瀛海、盛海、長海、裕海，徒孫滙山敬立。

六排五段

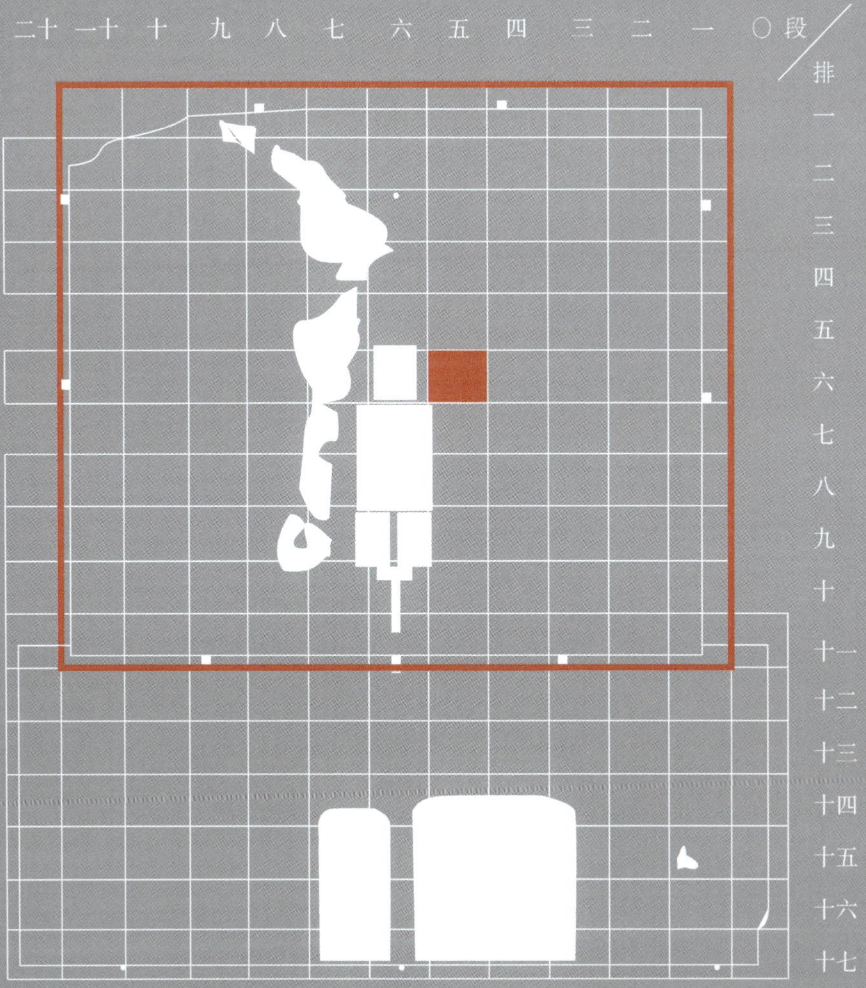

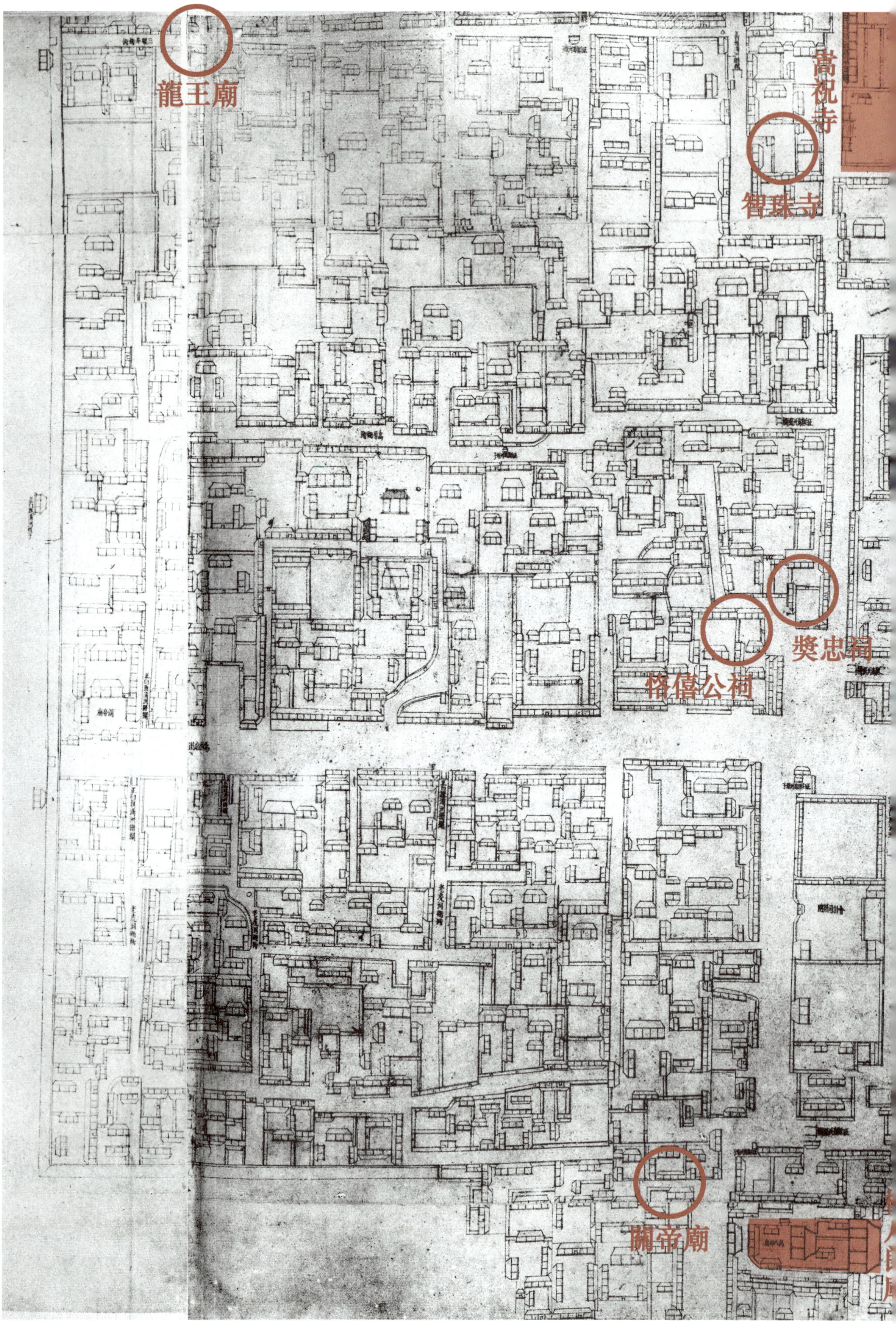
龍王廟
嵩祝寺
智珠寺
獎忠祠
格僖公祠
關帝廟

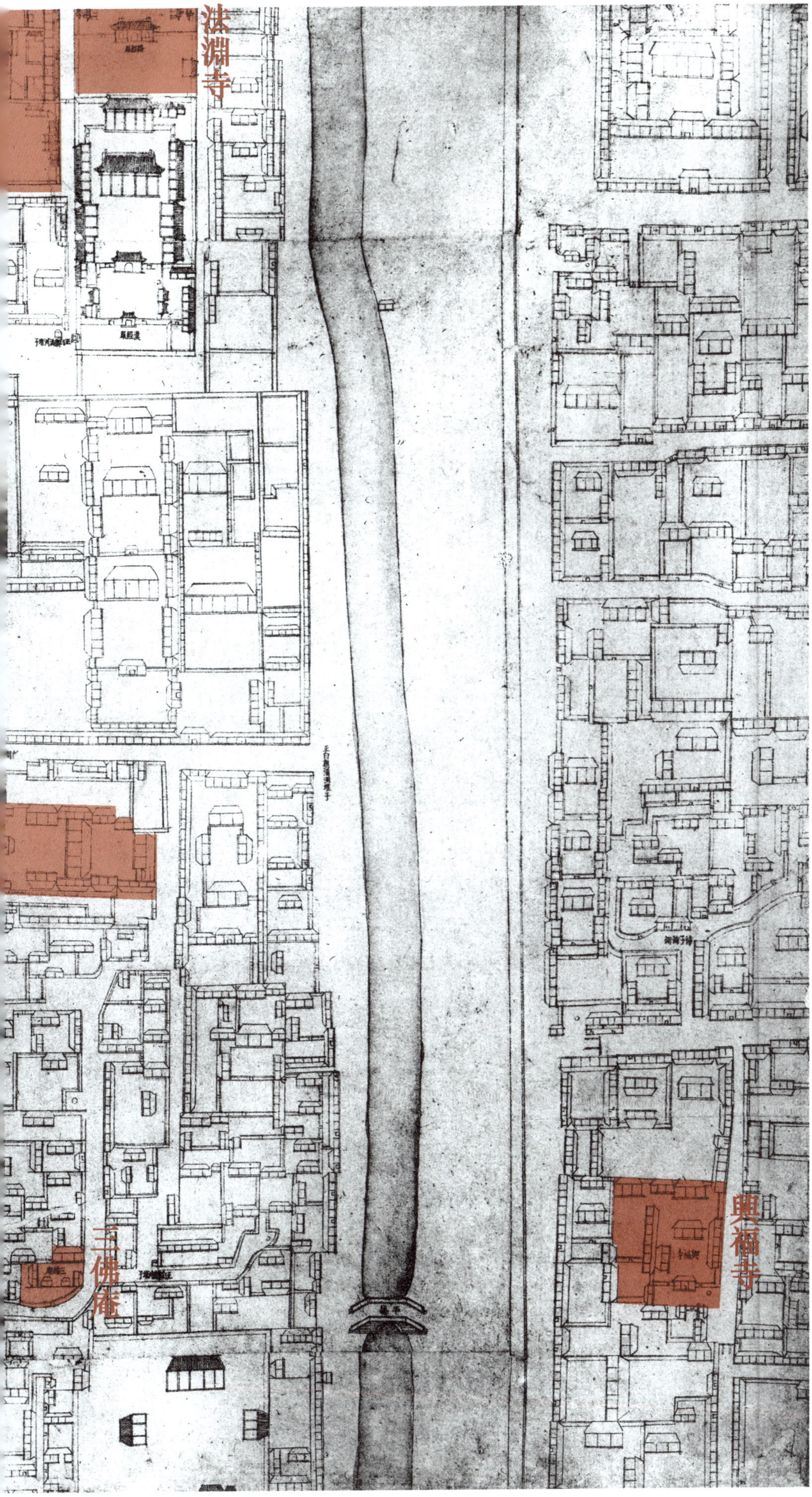
法淵寺
三佛庵
興福寺

法淵寺

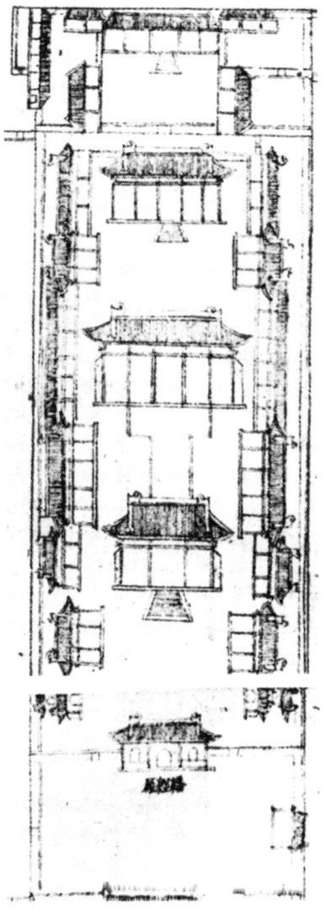

法淵寺原址爲内六區嵩祝寺東(今東城區北河沿大街六十一號,嵩祝院北巷二號)。寺廟建築現存部分。寺内原有明萬曆元年(1573)《張居正番經廠記碑》和清乾隆四十九年(1784)《法淵寺碑》。後者現藏於北京石刻藝術博物館[1]。

據清宫史料,法淵寺係清雍正十二年(1734)由明番經廠舊址改建[2],而明番經廠則在永樂年間就已經建立。永樂十四年(1416),成祖又邀中天竺國僧人桑渴巴辣駐錫崇國寺,在番經廠教授千餘内官習學梵語經文和内外壇場法事[3]。至嘉靖朝,由於世宗篤信道教,番經廠幾近荒廢。至隆慶六年(1572),穆宗出帑金命司禮監修葺。六月穆宗駕崩,年僅十歲的神宗奉慈聖皇太后之命完竣工程[4]。明中晚期的番經廠爲内府衙門之一,其内官習念梵唄經咒,負責宫中英華殿所供藏傳佛教佛像的香火及隆德殿、欽安殿的香火[5]。另外,番經廠亦是一些尚佛宫女的養老歸所[6]。

---

〔1〕參見《北京石刻藝術博物館藏石刻拓片編目提要》,頁三百七十至三百七十一。

〔2〕參見《奏銷修繕嵩祝寺番經廠用過銀兩摺》,雍正十三年(1735)十一月十一日,中國第一歷史檔案館、故宫博物院編《清宫内務府奏銷檔》,北京:故宫出版社,2014,册十二,頁一百八十四至一百八十八;張帆《嵩祝寺測繪及始建年代研究》,《古建園林技術》2008年第4期,頁十七至二十四。

〔3〕參見明天順二年(1458)《桑渴巴辣實行碑》,京343,《北京圖書館藏中國歷代石刻拓本匯編》卷五十二,頁十;《北京内城寺廟碑刻志》第四卷,頁五百三十五至六百四十七;何孝榮《明代北京佛教寺院修建研究(上)》,天津:南開大學出版社,2007年,頁一百四十一。

〔4〕參見明萬曆元年《張居正番經廠記碑》,《日下舊聞考》卷三十九,頁六百一十七。

〔5〕參見(明)劉若愚《酌中志》卷十六,北京:北京古籍出版社,1994年,頁一百一十八至一百一十九。

〔6〕參見陳楠《法淵寺與明代番經廠雜考》,《中國藏學》2006年第2期,頁一百三十八至一百四十三。

清康熙年間，清聖祖將番經廠西邊的嵩祝寺定作章嘉呼圖克圖活佛在京的焚修之所[1]。雍正十二年，内務府議將嵩祝寺與番經廠合修一廟。但經風水主事看視後，以爲嵩祝寺地勢高，番經廠地勢低，二廟合修不宜。於是僅在廟旁各開便門，使兩廟相通，行走相宜。同時，又議將番經廠南面的漢經廠地裁取一段歸入番經廠地界，使番經廠與嵩祝寺平齊，并在兩廟之間的過道前後砌墻，各開大門。番經廠内本無天王殿，亦照嵩祝寺式樣添建[2]。番經廠此次擴建，并無文獻記載易名法淵寺。六年之後，即乾隆五年（1740），内務府一份關於寺廟贍養銀的奏案中首次出現法淵寺之名。據此可以推斷番經廠當在該時間段内改名法淵寺，但番經廠之舊名亦時有延用[3]。

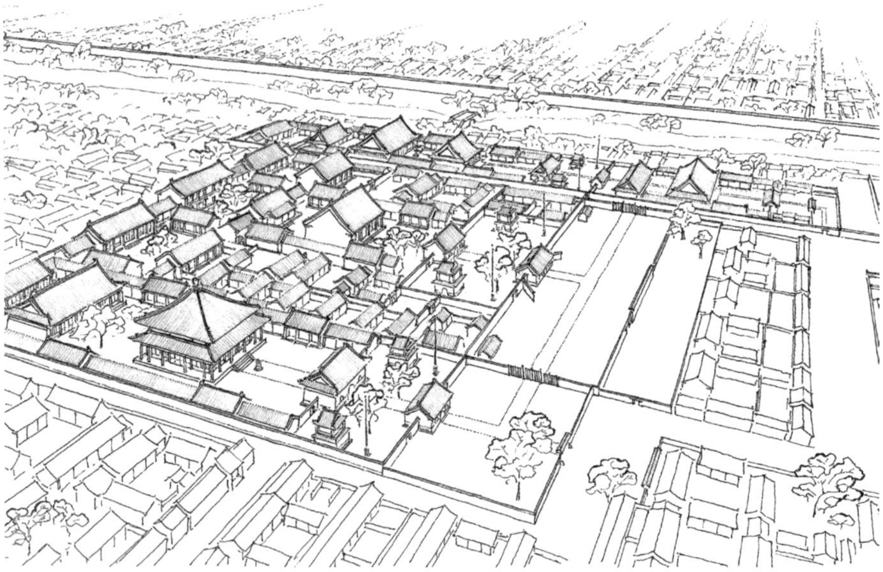

嵩祝、法淵、智珠三寺復原圖

繪圖説明：

歷史上，這組龐大建築集群的規制有兩次得到了詳盡的圖像記載：第一次是清乾隆《京城全圖》的繪製，第二次是民國二十年（1931）的一次三寺統一測繪。這兩種圖像資料爲三寺復原圖的繪製提供了主要信息，但也有各自的缺憾。乾隆《京城全圖》繪製時，智珠寺尚不存在；而到1931年，漢經廠已經徹底無存，法淵寺前是一片開闊。雖然漢經廠不在三寺之列，但也是這處宗教中心的基石之一，值得被表現在畫面中。所以，僅僅按照兩種資料中的其中一種繪製復原圖似乎都有些遺憾。

最終展現在讀者面前的這幅復原圖，表現的是嵩祝、法淵、智珠三寺外加漢經廠最爲完整的歷史狀態。我們猜測這一狀態出現在清代中後期，其時智珠寺已經創建，而漢經廠則尚未消失，以其後尾與法淵寺的山門相連接。漢經廠的最終消失到底在何時，這一史實鮮有文獻明載。最有可能的是，漢經廠最終在松公府——即乾隆朝大學士傅恒的後裔松椿的府邸——興建時消失。在1901年

〔1〕參見本排段嵩祝寺。

〔2〕參見《奏銷修繕嵩祝寺番經廠用過銀兩摺》，雍正十三年十一月十一日，頁一百八十四至一百八十八。

〔3〕參見“中央研究院”近代史研究所藏内務府奏銷檔《萬壽寺等六廟每年領贍養銀》，乾隆五年六月。

刊行的中德雙語北京全圖上，嵩祝、法淵、智珠三寺與其南側松公府直接相鄰，而曾經前突在三寺東南側的漢經廠基址明顯已被府址壓占。

清乾隆《京城全圖》依然使用番經廠之名，所繪的建築格局顯示上述雍正十二年的擴修計劃中將漢經廠裁取一段歸入番經廠地界，及添建天王殿兩項内容尚未實施。寺廟坐北朝南，四層殿宇。山門前空地四周有圍墻圍起，南墻抵漢經廠後院，西墻開小門，東墻有房一間。山門三間，歇山頂，左右兩側墻上又各開一門。山門以内東西各有一樓，均雙層重檐，似爲鐘鼓二樓[1]。二樓以北爲前院，有前殿及東西配殿各三間，均歇山頂；前殿前出階，兩邊有東西房各三間，殿後有月臺通中院大殿。中院大殿五間，東西配殿各五間，皆歇山頂。大殿左右各有順山房六間。大殿北爲第三進院落，有北殿五間，前出臺階；東西配殿各三間；東西順山房各三間。院落北有圍墻，墻外有一過道，過道東頭有一短墻，墻上開門。過道北爲第四進院落，分中院和東西兩跨院。中院有北殿五間，前有臺階，東西各有配殿三間。東跨院分南北兩進，中間有墻，墻上有門。南院無房宇，北院西北角有北房三間。西跨院東北角有北房兩間，西有排房六間，西向，最南一間有門通寺外。排房西側三面圍以墻，南墻有門。

乾隆二十三年（1758），法淵寺擴建：寺廟山門南移，與嵩祝寺山門齊平；山門以内蓋天王殿三間[2]。

乾隆三十六年（1771），内務府奏請粘修嵩祝、法淵兩寺。法淵寺的修理工程主要包括拆蓋挑換大殿柱木椽望；挑牮撥正大殿兩邊僧房的墩接柱木，挑換椽望；找補見新各殿内陳設供器，油飾彩畫各座佛像龕案；拆砌墻垣等。合計工料費用銀兩萬一千一百兩[3]。乾隆四十八年（1783），又在大雄寶殿前東側建青白龍蚨石碑一通，由清高宗御書[4]。此即立於乾隆四十九年（1784）十月的御製《法淵寺碑》[5]。嘉慶年間，法淵寺數次獲得皇家御賜的畫軸、香袋、爐瓶盒等物[6]。咸豐二年（1852），札薩克喇嘛趙嘉木爲前院東配殿獻木額“靈威保障”[7]。

入民國以後，法淵寺逐漸頽敗。1916年後殿失火[8]。根據國立北平研究院20世紀30年代調查，寺廟山門有乾隆御筆石額“敕建法淵寺”，内供哼哈二將。門内東有鐘樓，銅鐘已殘；西有鼓樓，鼓亦破舊。北有天王殿，殿内供泥塑天王四尊。天王殿北爲無量殿，木額“無量壽殿”，内有泥塑金身三世佛三尊，泥塑羅漢十八尊；殿後有泥塑三大士像，韋陀銅像。無量殿前東配殿内有泥塑劉關張像。西配殿無佛像。無量殿北爲大殿，内供金剛佛一尊，護法佛六尊，東西各有木質千珠經櫃，銅鐘、

---

[1] 國立北平研究院20世紀30年代調查資料表明法淵寺山門以内有鐘鼓樓，以此推斷。

[2] 參見《修理北京城廟宇銀兩》，乾隆二十三年十二月十八日，《清宮内務府奏銷檔》，册五十三，頁四百五十三至四百五十六。

[3] 參見《奏爲粘修法淵寺工程估需工料銀兩數目》，乾隆三十六年十二月二十七日，《清宮内務府奏銷檔》，册九十四，頁四百零二至四百一十。

[4] 參見“中央研究院”近代史研究所藏内務府奏銷檔《奏爲修繕法淵寺工程約估工料銀兩數目事摺》，乾隆四十八年五月二十八日。

[5] 清乾隆四十九年《法淵寺碑》，京664，《北京圖書館藏中國歷代石刻拓本匯編》卷七十五，頁十五。

[6] 參見中國第一歷史檔案館藏清代内務府奏摺《呈爲分挂各寺廟畫軸數目單》，嘉慶十年閏六月二十九日，檔案號05-0516-037；中國第一歷史檔案館藏清代内務府奏摺《呈爲由内交出香袋分挂各寺廟廟名單》，嘉慶十年十二月，檔案號05-0518-106；中國第一歷史檔案館藏清代内務府奏摺《呈由内交出爐瓶盒爲分擬各寺廟數目單》，嘉慶十三年六月十二日，檔案號05-0536-007。

[7] 參見國立北平研究院《法淵寺》，東四26。

[8] 參見《蒙藏佛教史》，頁一百一十七。

大鼓各一。大殿前東配殿已塌,西配殿爲住房。大殿往北爲後殿,後殿前有東西配殿,均破舊[1]。

1950年之後的法淵寺的情形未有公開文獻記載。2007年調查時,當地居民回憶20世紀50年代時寺内住喇嘛,有香火。2017年回訪時,居民告知在20世紀80年代法淵寺的大殿已經坍塌,衹剩基座,不久便全部拆毀,蓋建大樓。

寺廟原址現爲北河沿大街六十一號的中國進出口銀行。但是,在該銀行的北面,即嵩祝院北巷二號,還完整地存有原法淵寺的最後一進院落,包括後殿五間和耳房,以及東西配殿各三間。格局與乾隆《京城全圖》中所繪完全一致。此處建築現改建成民居,從文獻記載來看,極有可能是明永樂年間建造的番經廠的遺存。

〔1〕參見國立北平研究院《法淵寺》,東四26。

張居正番經廠記碑

年代:明萬曆元年(1573)
撰人:張居正
碑文録自:《日下舊聞考》卷39頁617

碑文:

張居正番經廠記

番經來自烏思藏,即今喇嘛教,達摩目爲旁支曲竇者也。成祖文皇帝貽書西天大寶法王廷致法尊尚師等,取其經繕寫以傳。雖貝文梵字不與華同,而其義在戒貪惡殺,宏忍廣濟,則所謂海潮一音,醍醐同味者也。廠在禁内東偏,與漢經并列,歲久亦漸圮矣。穆宗莊皇帝嘗出帑金,命司禮監修葺。今上登大寶,復以慈聖皇太后之命,命終其事。經始隆慶壬申,至八月而告成事。因爲文鑱於石,垂諸久遠焉。

萬曆元年四月八日,建極殿大學士張居正撰。

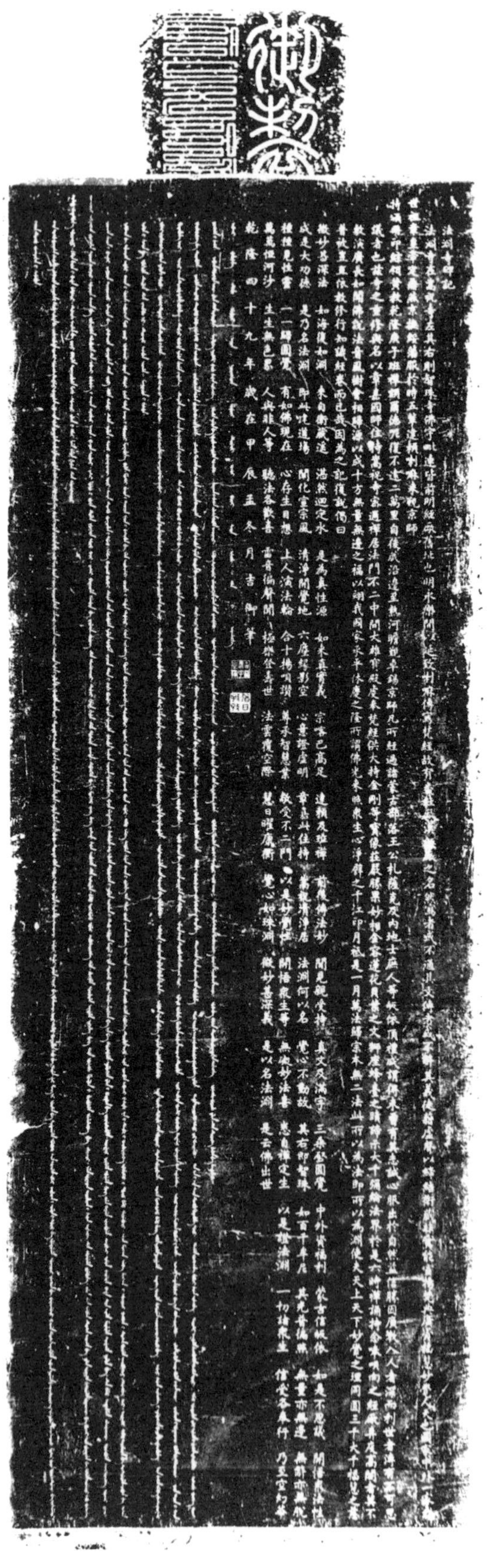

京664《法淵寺碑》陽

京 664《法渊寺碑》陰

御製

法淵寺碑記

法淵寺在嵩祝寺左其右則智珠寺佛宇毗連皆前明經廠舊址也明永樂間以延致喇嘛傳寫梵經故有番經廠漢經廠之名然寫者或不通其文傳者或不解其義徒藉虛聲以締結衛藏非實能宣揚梵典廣資福慧妙覺人天也國家中外一家我
世祖章皇帝定鼎燕京撫綏藩服於時五輩達賴喇嘛來覲京師
特頒冊印綜領黃教乾隆庚子班禪額爾德呢復不遠二萬里自後藏沿邊至熱河瞻覲卓錫京師凡所經過諸蒙古部落王公札薩克及內地士庶人等皈依頂禮咸謂得未曾有其志誠心服出於自然益信勝因廣教人人者深而利世者溥有不可思
議者也茲寺之重修與名以章嘉國師住持嵩祝寺密邇禪居法門不二中間大雄寶殿虔奉梵經供大持金剛等寶像莊嚴勝果妙相金容蓮花貝葉之文獅座蜂臺之迹諦示大千彌綸法界於是六時禪誦持念唪唄向之經廠弁髦高閣者莫不
敷演廣長如聞佛說法音風樹會相歸源以成十方無量無邊之福以翊我國家承平休慶之隆所謂佛光來照衆生心淨譬之千江印月祗是一月萬法歸宗本無二法此所以爲法即所以爲淵使夫天上天下妙覺之理同圓三千大千福慧之慈
普被豈直依教修行知識經卷而已哉因爲之記復說偈曰

微妙甚深法 如海復如淵 來自衛藏遥 湛然迴定水 是爲真性源 如來真實義 宗喀巴高足 達賴及班禪 前後傳法妙 聞見親受持 真文及滿字 三乘啓圓覺 中外資福利 蒙古信皈依 如是不思議 開悟衆法性
成是大功德 是乃名法淵 即此建道場 闡化宣宗風 清淨開覺地 六塵緣影空 心意證虛明 章嘉此住持 嵩祝清淨居 法淵何以名 覺心不動故 其右即智珠 如百千牟尼 其光普遍照 無量亦無邊 無解亦無脫
種種見性靈 一一歸圓覺 有如佛現在 心存生目想 上人演法輪 合十揚唄讚 尊承智慧業 敬受不二門 以是妙覺性 開悟衆生等 無礙妙法喜 悉自禪定生 以是證法淵 一切諸衆生 信受各奉行 乃至空幻華
萬萬恒河沙 生生無色界 人與非人等 聽法各歡喜 雷音遍聲聞 極樂登壽世 法雲覆空際 慧日曜康衢 覺心如珠淵 微妙甚深義 是以名法淵 是云佛出世

乾隆四十九年歲在甲辰孟冬月吉御筆

རྒྱལ་པོ་ཁྲིམས་པའོ།།

༄༅། །བསྟན་རྒྱུན་སྤེལ་བའི་ལྷ་ཁང་གི་ཁ་བྱང་། བསྟན་རྒྱུན་སྤེལ་བའི་ལྷ་ཁང་བཀྲ་ཤིས་པར་གསོལ་བ་འདེབས་པའི་ལྷ་ཁང་གི་གཡོན་དང་། གཡས་སུ་ཤེས་རབ་ནོར་བུའི་ལྷ་ཁང་ཡོད། ལྷ་ཁང་འདི་གསུམ་བདར་ཆགས་སུ་གནས་པའི་གཞི་འདི་སྔོན་མིང་སྲིད་ཀྱི་དམ་ཆོས་སྒྲུབ་པའི་གནས་སྡིང་བ་ཡིན། མིང་སྲིད་ཀྱི་ཡུང་ལོའི་དུས་སུ་བླ་མ་རྣམས་གདན་དྲངས་ནས་བོད་ཆོས་ཁྲིམས་བཤད་ཁྲམས། དེ་སྐབས་བོད་ཆོས་གླིང་དང་རྒྱ་ཆོས་གླིང་དུ་གྲགས། དེ་ལྟ་ན་འཁང་ལ་ལས་བོད་ཡིག་མི་ཤེས་པ་དང་། ལ་ལས་བོད་ཆོས་ཀྱི་དོན་མི་ཤེས་པས་གྲགས་ཙམ་མིང་ཙམ་དོན་དུ་གཉེར་བས་དབུས་གཙང་གི་མི་རྣམས་བསྟེན་ཅིང་མཐའ་བར་བྱེད་པ་ཙམ་༑ཞིག་དུ་ཟད་ཀྱི་ངེས་པར་ཆོས་ཚུལ་གསལ་བར་བྱས་ནས་བསོད་ནམས་མངའ་ཐང་སྤེལ་བ་དང་། ཀུན་ལ་སྨན་པར་བྱས་ནས་ལྷ་མི་ཡོངས་ཀྱི་སྨན་ཡོན་དུ་སྒྲུབ་པ་ཞིག་རྗེ་མ་རྫོགས་འདུག་རང་རེས་ཆབ་སྲིད་ཀྱི་ཕྱི་ནང་ཀུན་ལ་དབང་བསྒྱུར་ནས་༑ཤི་ཙུ་གཟི་བརྗིད་རྒྱལ་པོའི་པོ་བྲང་ཆེན་པོར་གཞི་ཕབ། ཕྱིའི་རྒྱལ་ཁབ་བདེ་འཛག་སུ་བཀོད་སྐབས། ཏཱ་ལས་བླ་མ་ལྔ་པ་ཆེན་པོ་པོ་བྲང་འདིར་མཇལ་ཕྱད་དུ་ཕེབས་པ་ལ་འཇའ་ས་དང་ཐམ་ཀ། ༑ཆེད་དུ་སྩལ། ཞྭ་སེར་གྱི་བསྟན་པའི་བདག་པོར་དབང་བསྒྱུར། ད་ལྟ་གནམ་སྐྱོང་གི་ཐུགས་ཕྱི་ལོར་པཎ་ཆེན་ཨེར་དེ་ནི་བཀྲ་ཤིས་ལྷུན་པོ་ནས་རྒྱང་གྲག་ཁྲི་ཕྲག་གཉིས་ཀྱི་ལམ་དུ་ཕྱིའི་ཐུགས་རེ་རྒྱུད་ཆད་འགྲོལ་པོ་བྲང་དུ་མཇལ་ཕྱད་ལ་ཕེབས། དེ་ནས་རིམ་གྱིས་པོ་བྲང་ཆེན་པོར་ཕེབས་སྐབས་ལམ་བར་གྱི་སོག་པོའི་ཕྱང་གུང་ཛ་སག་མངའ་རིས་ཀྱི་འབངས་རྩྭ་ཆད་ཀྱིས་སྔོན་ཆད་མ་མཐོང་མ་མཉོང་བའི་ཡ་མཚན་གྱིས་དད་གུས་ཕྱག་མཆོད་བསྙེན་བཀུར་རྩེ་གཅིག་ཏུ་བྱེད་པར་གྱུར་ཞིང་། ཞྭ་སེར་གྱི་བསྟན་པ་ལ་མཆོག་ཏུ་སྲི་ཞུ་ཟབ་ཅིང་བརྟན་པར་བྱས་པ་ནི་འཛིག་རྟེན་ཐམས་ཅད་ཀྱི་སྨན་ཡོན་ཆེན་པོར་བསམ་བརྗོད་ཀྱི་ཡུལ་ལས་འདས་པར་གྱུར་ལྷ་ཁང་འདི་སླར་གསོས་བྱས་ཏེ་མཚན་བྱང་གནང་བ་ནི་ཆབ་སྲིད་ཀྱི་བླ་མ་ལྕང་སྐྱ་ཧུ་ཐོག་ཐུ་བཀྲ་ཤིས་བར་གསོལ་བ་འདེབས་པའི་ལྷ་ཁང་དུ་ཞི་དུལ་གྱིས་དིང་ངེ་འཛིན་ལ་གནས་ནས། ཆོས་ཀྱི་རིང་ལུགས་རྙིང་དང་བྲལ་བར་བསྟན་རྒྱུན་སྤེལ་བའི་ལྷ་ཁང་གི་དཔལ་ཆེན་ནོར་བུའི་ལྷ་ཁང་དུ་དོ་རྗེ་འཆང་སོགས་ཀྱི་སྐུ་བརྟན་རིན་པོ་ཆེ་བཞེངས། མཚན་དང་དཔེ་བྱད་ངོ་མཚར་ཞིང་འོད་ཀྱི་དྲ་བས་སྤེལ་བ་ཆོས་ཀྱི་པདམ་རྒྱས་ཞིང་དཀྱིལ་འཁོར་གྱི་བཀོད་པ་མངོན་དུ་སྣང་བ་ཡོད་ཅིང་། སྟོང་གསུམ་འཛིག་རྟེན་གྱི་ཞིང་ལ་ཚེ་འདྲི་པར་ཆོས་ཀྱི་འཁོར་ལོ་བསྐོར་བས་དུས་ཀུན་ཏུ་ཆོས་སྒྲ་སྒྲོགས་ཤིང་ཁ་ཏོན་དང་། སྒོམ་པ་དང་། བསྒོམ་པས་སྔོན་རབས་ཀྱི་ཆོས་ཚུལ་རྣམས་པར་གནས་པ་གཅིག་ཏུ་བཀོད་པས་མཛེས་པ་ཀུན་རྟག་ཏུ་རྒྱུན་མི་འཆད་པའི་བྱང་པོར་བསྒྱུར་བ་ནི། སྟོན་པ་ཐུབ་པའི་དབང་པོས་འཆད་པ་དང་ཐུབ་མཚུངས་སོ། །ཆོས་དབྱངས་སྒྲོགས་པས་བཀྲ་ཤིས་ཀྱི་ནགས་ཚལ་དཀྲིགས་པས་ཕྱོགས་བཅུར་མཐའ་ཀླས་པའི་བསོད་ནམས་ཀྱི་ཞིང་དུ་སྒྲུབ་པ་ནི་རང་རེས་ཆབ་སྲིད་ཆེན་པོར་ཕན་བདེའི་རྩ་ལག་དམ་པར་གྱུར། སངས་རྒྱས་ཀྱི་འོད་ཟེར་སྤྲོས་པས་འགྲོ་བ་ཐམས་ཅད་ཀྱི་བློ་གྲོས་སྣང་བར་བྱེད་པ་ནི་རྒྱ་ཀླུང་སྟོང་དུ་ཟླ་བའི་སྣང་བརྙན་དུ་མ་གཅིག་ཆར་འཆར་བ་བཞིན་ནོ། །དེ་ཡང་དམ་པའི་དོན་ནི་ཞག་གཅིག་ཡིན་པས་ཆོས་ཚུལ་མཐའ་ཡས་པ་ཡང་རང་བཞིན་ཅིག་ལོ་ནར་སྟོན་ཏོ། དེ་ན་བསྟན་རྒྱུན་སྤེལ་བའི་ལྷ་ཁང་དུ་བཞུགས་སོ། །དེ་ནས་གནམ་འོག་སྐྱོང་གི་རིག་པའི་གནས་ཐམས་ཅད་བྱང་ཞིང་ཆུབ་བས་སྟོང་གསུམ་གྱི་སྟོང་ཆེན་པོའི་རྡུལ་སྙེད་ཀྱི་དགེ་ལེགས་དང་བཀྲ་ཤིས་ཀྱི་སྣང་བས་ཁྱབ་པར་བྱེད་པའི་ཡོན་གནས་མཆོག་ཏུ་གྱུར་བ་ཡིན་གྱི་སྤྱོད་ལམ་དག་པ་དང་བསླབ་བྱའི་ཚིག་བསྒྱུར་བྱེད་པ་ཙམ་དུ་ཟད་པ་མ་ཡིན་ནོ། །དེས་ན་ཁ་བྱང་འདི་བྲིས་སོ། །

ཆེད་དུ་བརྗོད་པའི་ཚིག་ནི། །ཟབ་ཅིང་རྒྱད་དུ་བྱུང་བའི་ཆོས། །རྒྱ་མཚོ་བཞིན་དུ་གཏིང་མཐའ་བྲལ། །རིན་མིན་དབུས་གཙང་ཞིང་མཆོག་ནས། །བབ་པ་དྲངས་ཚལ་མཚོ་རུ་འཁྱིལ། །དེ་ལྟར་དམ་པའི་དོན་གྱི་ཚུལ། །དེ་བཞིན་གཤེགས་པའི་རང་བཞིན་ཉིད། །ཚོང་ཁ་པ་ཡི་ཐུགས་ཀྱི་མཆོག །རྒྱལ་བ་ཡབ་སྲས་གཉིས་སུ་གྲགས། །ཕན་ཚུན་ཆོས་ཀྱི་འབྲེལ་བ་ཡིས། །བྱིན་རླབས་རྫོགས་པ་ཀུན་ཏུ་སྤེལ། དམ་པའི་ཆོས་ཀྱི་ཟབ་མོའི་དོན། །ཐེག་གསུམ་བདུད་རྩིའི་དགའ་སྟོན་འགྱེད། །ཕྱི་ནང་བསོད་ནམས་ཚོགས་ཆེན་བསགས། །ཧོར་གྱི་རྒྱལ་ཁམས་ཀུན་གྱིས་འདུད། །དེ་ལྟར་བསམ་བརྗོད་ཡུལ་འདས་པ། །འགྲོ་ཀུན་དགེ་བའི་ས་བོན་རྒྱས། །མཆོག་ཏུ་རྒྱ་ཆེ་ཕན་ཡོན་ཅན། །བསྟན་རྒྱུན་སྤེལ་བའི་མིང་དུ་བཏགས། །འདིར་ནི་ཆོས་སྟོན་རིམ་འགྲོ་ཡིས། །སངས་རྒྱས་བསྟན་པ་རྒྱས་པར་བྱེད། །དག་གསལ་བློ་ཡི་པད་མོ་བྱེ། །དབང་པོ་དྲུག་གི་རང་བཞིན་གསལ། །གསལ་རིག་སེམས་ཀྱི་དེ་ཉིད་རྟོགས། །དེ་ལྟའི་ལྕང་སྐྱ་སྤྲུལ་སྐུ་ནི། །ཀཱ་ཤི་ཀ་གསོལ་འདེབས་དགོན་པར་གནས། །བསྟན་རྒྱུན་སྤེལ་ཞེས་བཏགས་པ་ནི། །རྟོགས་པའི་ཡོན་ཏན་གཡོ་མེད་ཕྱིར། །ཤེས་རབ་ནོར་བུའི་ལྷ་ཁང་ནི། །འཕྲུལ་སྣང་རིན་ཆེན་སྤུངས་པ་ལྟར། །བོད་ཀྱིས་ཞིང་ཀུན་ཁྱབ་པར་བྱེད། །ཚད་དང་མཐའ་ལས་ཡང་དག་འདས། རྒྱང་རིང་མི་བྱེད་བྲལ་མི་བྱེད། ཁམས་དང་རང་བཞིན་ཇི་ལྟ་བར། རིམ་གྱིས་ཟབ་པ་ཆེན་པོར་ཕྱིན། །ངེས་དོན་སངས་རྒྱས་སྐུ་མཆོག་བཞིན། །དད་འདུན་བསྒྲུབ་བས་རིག་མཆོག་བརྟས། །དམ་པའི་ཆོས་ཀྱི་འཁོར་ལོ་བསྐོར། ཐལ་སྦྱར་གུས་པས་ཞུན་ཅིང་སློམ། །བླ་མེད་ཤེས་རབ་དོན་གཉེར་རབས། །བླ་བྲལ་ཆོས་མཆོག་ལྷུར་བླངས་སྟེ། །རྨད་བྱུང་ཆོས་ཀྱི་དེ་ཉིད་རྟོགས། །སྐྱེ་དགུ་ཀུན་ལ་ཁྱབ་པར་གྲགས། །དྲི་མེད་ཆོས་ཀྱི་དགའ་བ་ནི། །རྩེ་གཅིག་དིང་ངེ་འཛིན་ལས་སྐྱེས། །ཡུན་རིང་བསྟན་རྒྱུན་འཕེལ་བའི་ཚུལ། །གང་དེར་རྗེས་སུ་ཡི་རང་འགྲོ། །ཀུན་ཏུ་གུས་པས་སྐྱབས་འགྲོ་ཕྱིར། །སྒྱུ་མ་ལྟ་བའི་སྐྱིད་ཚལ་རྒྱས། །གང་གའི་བྱེ་སྙེད་ཞིང་ཁམས་ཀྱི། །མཐའ་མེད་ནམ་མཁའ་མཐར་ཁྱབ་པའི། །ལྷ་མི་སེམས་ཅན་མ་ལུས་པས། །ཆོས་ཀྱི་སྒྲ་དབྱངས་གཅིག་ཏུ་ཐོས། །འབྲུག་སྒྲ་བཞིན་དུ་རྣམ་པར་ཁྱབ། །བདེ་ལྡན་དག་པའི་ཞིང་དུ་འདྲེན། །ཆོས་ཀྱི་སྤྲིན་གྱི་ཟླ་རེ་བྱེ། །ཉིན་བྱེད་འོད་ཟེར་སྤྲོ་བ་བཞིན། །ཤེས་རབ་ཡིད་བཞིན་ནོར་འདྲ་གསལ། །ཟབ་གསང་སྨས་དོན་སྙིང་པོ་མཆོག དེར་ནི་བསྟན་རྒྱུན་སྤེལ་བ་ཡི། རྒྱལ་བ་འཛིག་རྟེན་འདིར་བོན་འདྲ། །

གནམ་སྐྱོང་དགུང་ལོ་ཞི་དགུ་པའི་ཤིང་ཕོ་འབྲུག་དགུན་ཟླ་ར་བ་བཟང་པོར་རྒྱལ་པོས་ཁྲིམས་པའོ།།

法淵寺碑

額題：御製
首題：法淵寺碑記
年代：清乾隆四十九年（1784）十月
原址：東城區嵩祝院西巷
拓片尺寸：碑身陽陰均高 214 厘米，寬 71 厘米；額陽高 30 厘米，陰高 28 厘米，均寬 33 厘米
書體：漢、滿、蒙、藏四種文字，漢字正書，額篆書
撰人：（高宗）弘曆
書人：（高宗）弘曆
《目録》：頁 318
拓片編號：京 664
拓片録自：《北京圖書館藏中國歷代石刻拓本匯編》卷 75 頁 15

【碑陽】

額題：御製

碑文：

法淵寺碑記 1

法淵寺在嵩祝寺左，其右則智珠寺，佛宇毗連，皆前明經廠舊址也。明永樂間，以延致喇嘛傳寫梵經，故有番經廠漢經廠之名。然寫者或不通其文，傳者或不解其義，徒藉虚聲以締結衛藏，非實能宣揚梵典，廣資福慧，妙覺人天也。國家中外一家，我 2 世祖章皇帝定鼎燕京，撫綏藩服，於時五輩達賴喇嘛來覲京師。3 特頒册印，綜領黄教。乾隆庚子，班禪額爾德呢復不遠二萬里，自後藏沿邊至熱河瞻覲，卓錫京師。凡所經過諸蒙古部落王公、札薩克及内地士庶人等，皈依頂禮，咸謂得未曾有。其志誠心服，出於自然，益信勝因。廣教入人者，深而利世者，溥有不可思 4 議者也。兹寺之重修與名，以章嘉國師住持嵩祝寺，密邇禪居，法門不二。中間大雄寶殿，虔奉梵經，供大持金剛等寶像，莊嚴勝果，妙相金容，蓮花貝葉之文，獅座蜂臺之迹，諦示大千彌綸法界。於是六時禪誦，持念唪唄。向之經廠弃庋高閣者，莫不 5 敷演廣長，如聞佛説，法音風樹，會相歸源。以成十方無量無邊之福，以翊我國家承平休慶之隆。所謂佛光來照，衆生心净。譬之千江印月，衹是一月；萬法歸宗，本無二法。此所以爲法，即所以爲淵，使夫天上天下妙覺之理，同圓三千大千福慧之慈。6 普被豈直依教修行，知識經卷而已哉，因爲之記。復説偈曰：7

微妙甚深法，如海復如淵。來自衛藏遥，湛然迴定水。是爲真性源，如來真實義。宗喀巴高足，達賴及班禪。前後傳法妙，聞見親受持。真文及滿字，三乘啓圓覺。中外資福利，蒙古信皈依。如是不思議，開悟衆法性。8 成是大功德，是乃名法淵。即此建道場，闡化宣宗風。清净開覺地，六塵緣影空。心意證虚明，章嘉此住持。嵩祝清净居，法淵何以名？覺心不動故，其右即智珠。如百千牟尼，其光普遍照。無量亦無邊，無解亦無脱。9 種種見性靈，一一歸圓覺。有如佛現

在，心存生目想。上人演法輪，合十揚唄贊。尊承智慧業，敬受不二門。以是妙覺性，開悟衆生等。無礙妙法喜，悉自禪定生。以是證法淵，一切諸衆生。信受各奉行，乃至空幻華。10 萬萬恒河沙，生生無色界。人與非人等，聽法各歡喜。雷音遍聲聞，極樂登壽世。法雲覆空際，慧日曜康衢。覺心如珠淵，微妙甚深義。是以名法淵，是云佛出世。11

乾隆四十九年歲在甲辰孟冬月吉御筆。12

【滿文部分】

額題（滿文篆書）：han i araha

碑文：

šajin tunggu juktehen i ejebun. 1

šajin tunggu juktehen. jalafun be jalbarire juktehen i dergi ergide bi wargi ergide uthai surengge dzandamani juktehen inu. ere ilan juktehen ishunde sirandume weilehengge. gemu nenehe ming gurun i nomun weilere fe ba inu. ming gurun i yung loforgon de lama sabe solime gajifi. tanggūt hergen i nomun be ulabume araha ofi. tuttu tangūt hergen i nomun falan. nikan hergen i nomun falan sere gebu bi. tuttu seme. embici terei nomun i hergen be takarakū. embici terei nomun i ici be ulhirakū ofi. damu untuhun gebu be gaime. wei dzang ni urse be siderileme holboki sere gojime. umai yargiyan i nomun i doro be iletuleme. hūturi fengšen be badarambufi. bireme tusa arabume. abka niyalma be ferguwecuke i ulhibume mutehekūbi. musei gurun dorgi tulergi be uherilefi 2 (+) šidzu eldembuhe hūwangdi. gemun hecen i bade gemulefi. tulergi aiman be yooni bilume toktobuha manggi. sunjaci jalan i dalai lama gemun hecen de hargašanjifi 3 (+)cohotoi abdangga fungnehen doron šangnafi. suwayan šajin be uherileme dalabuha. te abkai wehiyehe i šanyan singgeri aniya. bancan erdeni. jasi lumbu i juwe tumen funcere goro baci. jasei biturame halhūn be jailara gurung de hargašanjifi. tereci gemun hecen de dosire jakade. dulekele ba i monggo wang gung jasak. geren irgese de isitala. gemu onggolo umai sabuhakūngge seme. gungneme dorolome. akdame nikehe. hing sere unenggi mujilen i gingguleme dahahangge be tuwaci. ele suwayan tacihiyan i geren ergengge de šumilame yumbuhe. jalan de ambula tusa araha be. yala gūnime gisureme muterakū ba bikai. ere juktehen be dasame icemlefi gebu buhengge 4 cohome gurun i baksi janggiya kūtuktu jalafun be jalbarire juktehen de cib seme samadi teme. nomun i doro juwederakū ofi. šajin tunggu juktehen i dolo. amba baturu boobai deyen de gingguleme nomun dobome. wacira dara i jergi boobai ūren jukteme wesihun lakšan nairak. ferguwecuke banin eldengge i genggiyen. šu ilha durungga i nomun arsalan i teku. hoton mandal i fe songko bifi. amba minggan ba na be dursuleme. nomungga jalan i kurdun be forgošobume. erindari niyeleme hūlame. hing seme kiceme urebume. seibeni nomun weilere bade ton arame miyamime sindaha nomun be. te gemu enteheme jalandarakū urebume giyangnarangge. uthai fucihi 5 nomulara be donjiha adali. šajin i mudan. sabingga moo yooni ukunjifi. juwan derei jecen dalin akū i hūturi mutebuhe bime. musei gurun i taifin necin i wesihun be ele aisihabi. fucihi i elden eldenefi. geren ergengge i mujilen bolgo ohongge. duibuleci uthai minggan ula de fosoko biya adali. damu emke dabala. geren šajin i fulehe de. daci juwe waka sehengge kai. ere uthai šajin tunggu seme gebulehe turgun inu. ere cohome abkai fejergi na i dergi i ferguwecuke ulhisu i doro gemu hafumbufi. ilan minggan amba minggan i hūturi fengšen i tusa bireme akūnakini sehengge kai. ainahai damu tacihiyan be songkolome. yabun be dasame 6 nomun i gisun be ulhire teile de wajimbi ni. tuttu ejebun araha.

maktacun i gisun. 7

umesi ferguwecuke šumin nomun i doro. uthai mederi gese. tunggu i gese. umai goro sehekū wei dzang ci jihengge. urui genggiyen bolgo toktoho muke adali. uttu yargiyan banin sekiyen sehengge. ulaha ineku jihe fucihi de banin inu. amba dzungkeba i wesihun šabi. algika dalai lama. bancen erdeni sembi. aname ishunde ferguwecuke nomun be ulandume. adistitlame saha donjiha be ulhibumbi. abisik i yargiyan nomun gulhun hergen i ambula ilan kulge i nomun neileme ulhibumbi. ede dorgi tulergi de hūturi tusa imiyabuha. erse monggoso geli hing seme nikeme akdaha. enteke gūnime gisureme akūnarakū doro be. ereni geren ergengge i nomungga banin be neibuhe. ere gese amba gungge erdemu 8 mutebuhe ofi. ereci šajin tunggu sume gebulehe. tereci ubade nomun gurim weilehe. tetele suwayan šajin be ambarame badarabuha. te ci bolgo boloko i ulhisu be neibufi. terei ninggun teisulen i arbun untuhun oho. tenteke mujilen gūnin untuhun genggiyen i te i janggiya kūtuktu be ubade tebuhe. ineku jalafun be jalbarire juktehen de tembi. imata šajin tunggu sehengge ai seci. iletu ulhihe mujilen aššan akū i turgun. ici ergide uthai surengge dzendamani juktehen de adahangge. ikiri tanggū minggan boobai i gese. isaha elden gubci ba na de akūnahabi. yala mohon akū bime jecen akū. yargiyan i ucarakū bime uksalarakū. yaya hacin i banin 9 ferguwecuke be tuwabume. yarume teisu teisu amba ulhisu de isibuha. yargiyasaka gūla fucihi bisire gese. yalanggi mujilen bifi sabun gūnijan banjinaha. dele wesihun nomun kurdun be forgošoho. dergi ici giogin arame hūlame urebuhe. delesi akū sure banin i kicen be wesihulefi. dengge juwederakū nomun be gingguleme aliha. dembei ferguwecuke ulhisungge i banin be der sere geren ergengge de ulhibuhe. daci icihi akū ferguwecuke urgungge nomun. dade toktoho samadi ci banjinambi. da an i ere šajin tunggu mutebuhe doro. dahame urgunjehe gubci geren ergengge. daruhai akdame gingguleme dahame ofi. damu untuhun wali ilha i gese isibumbi. asanggi g'angg'a birai 10 yonggan i gese. abka dursun akū jalan de isitala. anamuke. niyalmai jergi geren ergengge. alaha nomun be urgunjendume donjimbi. akjan i gese jilgan bireme akūnafi. amba sok'awafi jalafungga jalan de wesinembi. uthai nomungga tugi untuhun de elbehe gese. uttu sure i šun tala de eldešehe gese. ulhihe mujilen boobai tana ci encu akū. umesi somishūn ferguwecuke jurgan micihiyan akū. ubabe šajin tunggu juktehen sehengge. unenggi fucihi jalan de tucike gese be henduhebi. 11 abkai wehiyehe dehi uyuci aniya niowanggiyan muduri tuweri ujui biyai sain inenggi han i arahangge. 12

【碑陰】

【藏文部分】

額題：rgyal pos bris pa'o//

碑文：

bstan rgyun spel ba'i lha khang gi kha byang/ bstan rgyun spal ba'i lha khang bkra shis par gsol ba'debs pa'i 1 lha khang gi g.yon dang/ g.yas su shes rab nor bu'i lha khang yod/ lha khang 'di gsum bdar chags su gnas pa'i gzhi 2 'di sngon ming srid kyi dam chos sgrub pa'i gnas snying ba yin/ ming srid kyi yung lo'i dus su bla ma rnams gdan drangs nas bod chos bris 3 bshad byas/ de skabs bod chos gling dang rgya chos gling du grags/ de lta na 'ng la las bod yig mi shes pa dang/ la las 4 bod chos kyi don mi shes pas grags tsam ming tsam don du gnyer bas dbus gtsang gi mi rnams bsnyen cing mja' bar byed pa tsam 5 7 zhig du zad kyi nges par chos tshul gsal bar byas nas bsod nams mnga' thang spel ba dang/ kun la sman par byas nas 6 lha mi yongs kyi sman yon du sgrub pa zhig rngo ma thogs 'dug rang res chab srid kyi phyi nang kun la dbang bsgyur nas *7* 7 shi tsu gzi brjid rgyal po'i pho brang chen por gzhi phab/ phyi'i rgyal khab bde 'jag su bkod skabs/ tā las bla ma *8* lnga pa chen po pho brang 'dir mjal phrad du phebs pa la 'ja' sa dang tham ka 7 ched du stsal/ zhwa ser gyi bstan pa'i *9* bdag por dbang bskur/ da lta gnam skyong gi lcags byi lor pan chen er ti ni bkra shis lhun po nas rgyang grag/ *10* khri phrag gnyis kyi lam du phyi'i lcags ri rgyud chad 'byol pho brang du mjal phrad la phebs/ de nas rim gyis pho brang *11* chen por phebs skabs lam bar gyi sog po'i wang gung ja sag mnga' ris gyi 'bangs tshun chad kyis sngon chad mthong ma mnyong *12* ba'i ya mtshan gyis dad gus phyag mchod bsnyen bkur rtse gcig tu byed par gyur zhing/ zhwa ser gyi bstan pa la mchog du *13* sri zhu zab cing brtan par byas pani 'jig rten thams cad kyi sman yon chen por bsam brjod kyi yul las 'das par gyur/ *14* lha khang 'di slar gsos byas te mtshan byang gnang ba ni chab srid kyi bla ma lcang skya hu thog thu bkra shis bar gsol ba *15* 'debs pa'i lha khang du zhi dul gyis ding nge 'dzin la gnas nas/ chos kyi ring lugs zla dang bral bar bstan rgyun spel *16* ba'i lha khang gi dpa' chen nor bu'i lha khang du rdo rje 'chang sogs kyi sku brnyan rin po che bzhengs/ mtshan dang dpe byad ngo *17* mtshar zhing 'od kyi dra bas sbrel ba chos kyi padma rgyas zhing dkyil 'khor gyi bkod pa mngon du snang ba yod cing/ stong gsum *18* 'jig rten gyi zhing la co 'dri par chos kyi 'khor lo bskor bas dus kun tu chos sgra sgrogs shing kha ton dang/ klog pa dang/ *19* bsgom pas sngon rabs kyi chos tshul rnams par gnas pa gcig tu bkod pas mdzes pa kun rtag tu rgyun mi 'chad pa'i byad bor *20* bsgrun ba ni/ ston pa thub pa'i dbang pos 'chad pa dang thul mtshungs so/ /chos dbyangs sgrogs pas bkra shis kyi nags *21* tshal dkrigs pas phyogs bcur mtha' klas pa'i bsod nams kyi zhing du sgrub pa ni rang res chab srid chen por phan bde'i *22* rtsa lag dam bar gyur/ sangs rgyas kyi 'od zer spros pas 'gro ba thams cad kyi blo gros snang bar byed pa ni chu klung stong du zla ba'i snang *23* brnyan du ma gcig char 'char pa bzhin no/ / de yang dam pa'i don ni nyag gcig yin pas chos tshul mtha' yas pa yang rang bzhin *24* cig kho nar ston to/ de na bstan rgyun spel ba'i lha khang du bsngags so/ / de nas gnam 'ogs steng gi rig ba'i gnas thams cad *25* byang zhing chub bas stong gsum gyi sdong chen po'i rdul snyed kyi dge legs dang bkra shis kyi snang bas khyab par byed pa'i yon gnas mchog du *26* gyur ba yin gyi/ spyod lam dag ba dang bslab bya'i tshig khlhur byed pa tsam du brad pa ma yin no/ / des na kha byang 'di bris so/ / *27* ched du brjod pa'i tshig ni/ / zab cing rmad du byung ba'i chos/ rgya mtsho bzhin du gting mtha' bral/ / rin min *28* dbus gtsang zhing mchog nas/ / bab pa dwangs tshal mtsho ru 'khyil/ / de ltar dam pa'i don gyi tshul/ / *29* de bzhin gshegs pa'i rang bzhin nyid/ / tsong kha pa yi sras kyi mchog/ / rgyal ba yab sras gnyis su grags/ / *30* phan tshun chos kyi 'brel ba yis/ / byin rlabs rtogs pa kun tu spel/ dam pa'i chos kyi zab mo'i don// *31* theg gsum bdud rtsi'i dga' ston 'gyed/ / phyi nang bsod nams tshigs chen bsags/ hor gyi rgyal khams *32* kun gyis 'dud/ / de ltar bsam brjod yul 'das pa/ / 'gro kun dge ba'i sa bon rgyas/ / mchog tu rgya che phan *33* yon can/ / bstan rgyun spel ba'i ming du bsngags/ / 'dir ni chos ston rim 'gro yis/ / sangs rgyas bstan pa *34* rgyas par byed/ / dag gsal blo yi pad mo phye/ / dbang po drug gi rang bzhin gsal/ / gsal rig sems gyi de *35* nyid rtogs/ / de lta'i lcang skyasbrul sku ni/ / bkra shis gsol 'debs dgon par gnas/ / bstan rgyun *36* spel zhes bsngags pa ni/ / rtogs pa'i yon tan g.yo med phyir/ / shes rab nor bu'i lha khang ni/ / 'bum phrag *37* rin chen spungs pa ltar/ / 'od kyis zhing kun khyab par byed/ / tshad dang mtha' las yang dag 'das/ *38* rgyang ring mi byed bral mi byed/ khams dang rang bzhin ji lta par/ rim gyis thar ba chen por khrid/ / nges don *39* sangs rgyas sku mchog bzhin/ / dad 'dun blta bas rig mchog brtas/ / dam pa'i chos kyi 'khor lo bskor/ *40* thal sbyar gus pas nyan cing sgom/ / bla med shes rab don gnyer rabs/ zla bral chos mchog lhur blangs ste/ / *41* rmad byung chos kyi de nyid rtogs/ / skye dgu kun la khyab par grags/ / dri med chos kyi dga' ba ni/ / rtse gcig *42* ding nge 'dzin las skyes/ / yun ring bstan rgyun 'phel ba'i tshul/ / gang der rjes su yi rang 'gro/ / kun tu gus *43* pas skyabs 'gro phyir/ sgyu ma lta ba'i skyed tshal rgyas/ / gangga'i bye snyed zhid khams kyi/ / mtha' med nam *44* mkha' mthar khyab pa'i/ / lha mi sems can ma lus pas/ / chos kyi sgra dbyangs gcig du thos/ / 'brug sgra *45* bzhin du rnam par khyab/ / bde ldan dag pa'i zhing du dren/ / chos kyi sbrin gyi bla re bre/ / nyin byed 'od zer spro ba *46* bzhin/ / shes rab yid bzhin nor 'dra gsal/ / zab gsang sbas don snyid po mchog/ deng ni bstan *47* rgyun spel ba yi/ rgyal ba 'jig rten 'dir bon 'dra/ / *48*

gnam skyong dgung lo zhe dgu pa'i shing pho 'brug dgun zla re ba bzang por rgyal pos bris pa'o// *49*

【蒙文部分】

額題：qaγan-u bičigsen bolai

碑文：

šasin-u ürgüljilel süm-e-ün temdeglel *1*

šasin-u ürgüljilel süm-e. öljei-yi jalbariγči süm-e-ün jegün eteged bui amui. baraγun eteged yerü biligtü čindamani süm-e mön buyu. ene γurban süm-e qarilčin jaqaldulγa-bar bayiγsan anu. čöm uridu ming ulus-un nom bütügejü qaγučin γajar mön bulai. ming ulus-un yüng ločaγ-tur. blam-a nar-i uriju abču ireged. tübe üsüg-ün nom-i ündüsülegülün bičigsen-ü tula. teyin kü tübe üsüg-ün nom küriy-e. kitad üsüg-ün nom küriy-e kemegdeküner-e bui amui. teyimü bolbaču. esebesü tegün-ü nom-un üsüg-i ülü γarγaqu ba. esebesü tegün-ü nom-un udq-a-yi ülü medeküi-yin tula. imaγta qoγusun ner-e-yi abun. wii dzang-un ulus-i sidarlaju qolbusuγai kemekü atal-a. oγoγta üneker nom-un yosun-i iledkeküde. buyan qutuγ-i bayiγulun. qotala tusa üyiledču. tngri kümün-i γayiqamsiγtay-a uqaγulun ese čidajuqui. biden-ü ulus inu dotoγadukin γadaγadukin-i niged čidajuqui *2* (+) šizü geyigülügsen quwangdi. neyislel qotan-u γajar-tur neyisleged. γadaγadu ayimaγ-i bügüde nomuqadqan toγtaγaγsan-u qoyina. tabdaγar üy-e-yin dalai blam-a. neyislel qotan-dur baraγular-a ireged. *3* (+) tusqayilan nabčitu ergümjilel tamaγ-a šangnaγad. sir-a-yin šasin-i erkilejü terigülegülbei. edüge tngri-yin tedkügsen-ü čaγan quluγan-a jil. bančen erdeni. jasi lömbü-yin γadaγur-iyar qalaγun-i jayilaqu ordon-dur baraγalaγar-a ireged. tendeče neyislel qotan-dur oruγsan-u tulada. daγariju yabuγsan el-e γajar-un monggol wang. güng. jasag. qamuγ irgečüd-tür kürtel-e. čöm urid yerü ese üjegdegsen anu kemen. ergün kündülejü. itegel bariju sitügsen. čing ünen sedkil-iyer kičiyenggüilejü. daγaγsad-i üjebesü. ilangguy-a sir-a-yin šasin-iyar qamuγ amitan-dur gün-e simedkejü turasibai. yirtinčün-dür yekede tusa kürgegsen-i üneger sedkibečü ögülebečü čidasi ügei bolai. ene süm-e-yi dakiju sinedkeged ner-e *4* soyorqaγsan anu. čuqum ulus-un baγsi janggiy-a qutuγtu öljei-yi jalbariγči süm-e-dür amurlingγuy-a samadi-dur orosiju. nom-un yosun qujirdaqu ügegüy-e. šasin-u ürgüljilel süm-e-yin dotor-a yeke baγatur erdeni qarsi-dur bisirel-iyer nom tabiγlaju. wčir ddr-a-yin jerge erdeni kürüg takiju erkim laγšan nayirag. γayiqamsiγtu činar gereltü-yin gegegen lingqu-a-yin dürisütü arslan-u saγuri. qotan mandal-un qaγučin mür boi boluγad. yeke mingγan γajar oron-i dongsulan. nomtu yirtinčün-ün kürdün-i orčiγulun. čaγ büri daγurisqan ungsiju. čing bisirel-iyer kičiyen bolbasuraγulun. erten-ü nom bütügekü γajar-a dürsü kiǰü čimegleǰü talbiɣsan nom-i edüge čöm ürgülǰide tasural ügei bolbasuraɣulun ügüleltüküi anu. mön kü burqun [5] nomalaqui-yi čingnaɣsan-luɣ-a adali. šasin-u ayalaqu ba erdeni belgetü modun burin-e čuɣlar-a ireged. arban ǰüg-ün kiǰaɣalasi ügei. buyan bütügegsen böged. biden-ü ulus-un engke tübsin-ü erkim čaɣ-i ilangɣuy-a ibegebei. burqan-u gerel sačuraɣad. qamuɣ amitan-u sedkil ab ariɣun boluɣsan anu. üligerlebesü. mön kü mingɣan-dur tusuɣsan saran-luɣ-a adali. ɣaɣčaqu nige bui y-a. olan šasin-u uɣ ündüsün. iǰaɣur-ača qoyar bosu kemegsen anu bolai. ene mön šasin-u ürgülǰilel kemen nerelegsen silitaɣan mön buyu. ene čuqum tngri-yin door-a. ɣaǰar-un degereki ɣayiqamsiɣtu uqaɣatan-u yosun čöm tuɣulɣaǰu. ɣurban mingɣan yeke mingɣan-u buyan qutuɣ-un tusa qotalaɣar tügemel boltuqai kemekü anu bolai. yaɣunai imaɣta surɣal-iyan ǰirumlaǰu yabudal-i ǰaɣaǰu. [6] tang nom-un üge-i uqaqu tedüiken-dür baraqu bui. teyin kü temdeglel bičibei..maɣtalɣ-a-yin üge. [7]

olan ɣayiqamsiɣtu aqui yeke nom-un yosun anu. üligerlebesü dalai metü ürgülǰilel metü. uɣtu qola ese kemegsen wii dzang-ača iregsen anu. onča gegegen ariɣun toɣtamal usun-luɣ-a adali. ünen mön činar eki kemegsen anu. ündüsülegsen tegünčilen eregsen burqad-un mön činar buyu. aqui yeke dzüngkaba-yin erkim šabi. aldarsuɣsan dalai blam-a bančan erdeni kememüi. asita qarilčan ɣayiqamšiɣtai nom-i ündüsüleldüǰü bür-ün. adistidlaɣsaɣar. medegsen sonusuɣsan-i uqaɣulumui. abisig-un ünen nom bürin bütün üsüg-iyer. amurlingɣui-bar ɣurban kölge-tü nom-i sengkeregülün uqaɣulumui. egün-dür dotoɣadukin ɣadaɣadukin-dur buyan ači ür-e čuɣlarabai. edeger mongɣolčud čöm čing ünen-iyer sitün itegebei. ene metün sedkisi ügülesi ügei yosun-i. egün-iyer qamuɣ amitan-u nom-tu činar-i [8] sengkeregülbei. ene metü yeke ači tusa bütügegsen-ü tula. egünče šasin-u ürgülǰilel kemen nerelebei..tendeče egün-dür nom gürim bütügebei. teyin böged sir-a-yin šasin-i yekede badaraɣulbai. teyimü-yin tula ariɣun ariluɣsan uqaɣan-i sengkeregülüged. tegün-ü ǰirɣuɣan erketen-ü bayidal qoyoson bolbai. tere metü sedkil sanaɣan qoɣusun gegegen-iyer. teyin kü ǰanggiy-a qutuɣtu-yi egün-dür saɣulɣabai. irögel ölǰei-yi ǰalbariɣči süm-e-dür saɣumui. imaɣta šasin-u ürgülǰilel kemegsen anu yaɣun kemebesü. iledte onoɣsan sedkil küdelül ügei-yin siltaɣan buyu. iker-e baraɣun eteged biligtü čindamani süm-e-dür ǰergečegsen anu. ilangɣuy-a ǰaɣun mingɣan erdenin metü. ib ilerkey-e sačuraɣsan gerel qotala ɣur oron-dur tügemel bolǰuqui. üneker marɣusi ügei böged kiǰaɣalasi ügei. önide taɣačaqu ügei [9] böged aldaraqu ügei. olan ǰüil-ün činar ɣayiqamsiɣtu-yi üǰegülün. uduriddun tus tus daɣan. uqaɣan-dur kürgebei, ünen maɣad tegünčilen iregsen burqan orosiqu metü. üneker sedkil-tei bolǰu üǰegdel duradɣal egüdübei. deger-e erkim nom un kürdün-i orčiɣulbai. degegegsi namančilan ungsiǰu bisilebei. deger-e ügei belge bilig-ün kičiyel-i erkimleged. degedü qoyardaqu ügei nom-i kičiyenggüilen kürtegebei. degereki ɣayiqamsiɣtu uqaɣantu činar-i. debegerekü qamuɣ amitan-dur uqaɣulbai. uɣ-ača gkir ügei ɣayiqamsiɣtu bayartu nom. ündüsülen toɣtaɣaɣsan samadi-ača bolulčamui. udatal-a mön kü yosuɣar šasin-u ürgülǰilel bütügegsen yosun. önide bayarlaɣsan qotala qamuɣ amitan. ürgülǰite itegeǰü kičiyenggüilen daɣaqui-yin tula. oɣoɣta qoɣosun ǰalwi sečeg metü kürgemüi. asangking [10] müren-ü qumaki metü. alaɣčalal ügei tngri dürsü ügei üy-e ǰor kürtel-e. ennemüke. kümün-ü ǰerge-yin qamuɣ amitan. amabar medegülügsen nom-i bayasulčaǰu čingnamui. ayungɣ-a metü daɣun qotulaɣar tügemel boluɣad. aqui yeke sukaudi ölǰeyitü oron-dur ǰalaramui. darui nom-tu egüle aɣar-a bükügsen adali. delger gereltü naran tal-a-dur geyigsen metü. delgerenggüi sedkil erdeni subud-ača öber-e ügei. deger-e ügei niɣuča ɣayiqamsiɣtu ǰirum güyüken ügei. degetü šasin-u ürguljilel süm-e kemegsen anu. tegünčilen iregsen burqan yirtinčü dakin-dur ileregsen metü-yi üǰeleǰüküi.. *11*

tngri-yin tedkügsen döčin yisüdüger on köke luu ebül-ün terigün sar-a-yin sayin edür-e qaγan-u bičigsen bolai.. *12*

嵩祝寺

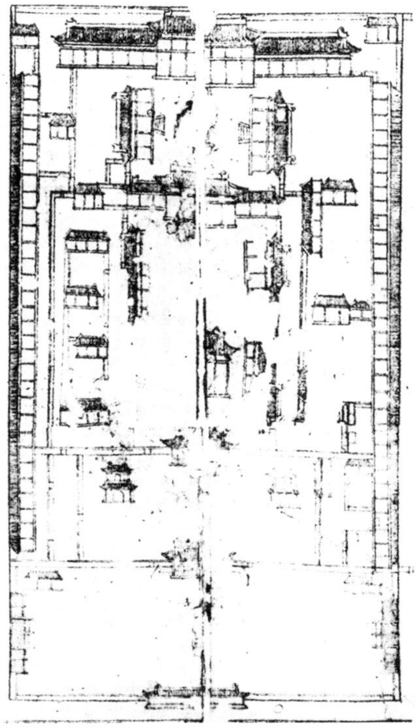

嵩祝寺，原址爲内六區嵩祝寺夾道九號（今東城區嵩祝院北巷四號、六號，北河沿大街甲七十七號）。寺廟建築現存。

嵩祝寺始建年代不詳。根據釋妙舟1935年著的《蒙藏佛教史》，嵩祝寺前身名爲法源寺[1]。清康熙三十二年（1693），清聖祖召青海格倫扎巴里寺二世章嘉活佛[2]進京，授札薩克喇嘛職，總管京城喇嘛班第，駐錫法源寺。康熙三十六年（1697），二世章嘉在蒙古多倫諾爾創建大喇嘛廟。四十年（1701），清聖祖命其爲多倫諾爾喇嘛廟之札薩克喇嘛，總管喇嘛事務，每年夏季避暑多倫諾爾，冬返京任職。四十五年（1706），賜章嘉呼圖克圖大國師金印。五十年（1711），與二世章嘉來往密切的四皇子胤禛，即後來的清世宗雍正，出資擴建整修法源寺，於大殿内供三大士像。次年工竣，清聖祖賜額嵩祝寺，是爲寺名之由來，仍爲二世章嘉來京時居住地。

康熙五十四年（1715）五月二十六日，二世章嘉入寂[3]。雍正二年

〔1〕此處的法源寺和位於南城的法源寺非同一寺廟，後者當時稱憫忠寺，雍正十一年（1733）纔賜名法源寺。參見吕鐵鋼、黄春和《法源寺》，北京：華文出版社，2006年，頁一百二十至一百二十一。

〔2〕根據章嘉呼圖克圖先世源流，二世章嘉實際應爲十四世，但目前學界普遍采用二世章嘉稱謂。章嘉活佛爲清代掌管内蒙古地區喇嘛教格魯派最大轉世活佛，是與達賴喇嘛、班禪額爾德尼、哲布尊丹巴呼圖克圖齊名的藏傳佛教四大領袖之一。

〔3〕參見《蒙藏佛教史》，頁九十三至九十五。

(1724),清世宗命將八歲的三世章嘉呼圖克圖護送來京,駐錫旃檀寺。十一月,遣官舉行隆重典禮迎三世章嘉呼圖克圖至嵩祝寺,賜九龍褥及各種珍品,并撥給寺廟各種器具[1]。嵩祝寺自此成爲歷世章嘉呼圖克圖來京駐錫之處。雍正十二年(1734),内務府議將嵩祝寺與寺東的番經廠合修一廟。但經風水主事看視,嵩祝寺地勢高,番經廠地勢窪,二廟合修不宜,遂僅在廟旁各開便門,使兩廟相通,行走相宜。章嘉呼圖克圖則仍在嵩祝寺内居住。在兩廟之間的街道前後砌墻,各開大門。又在嵩祝寺添蓋山門三間,八字看墻兩道,影壁一道,嘛呢杆四座,栅欄四十五丈,看守房屋六間,厢房十間,僧房十二間,馬圈房二十一間[2]。

乾隆元年(1736),清高宗賜三世章嘉呼圖克圖札薩克喇嘛印一顆,管理京師寺廟喇嘛。八年(1743),又賜"振興黄教大慈大國師"印[3]。嵩祝寺的地位也因此在乾隆年間繼續得以鞏固。清高宗還爲嵩祝寺山門題額"敕建嵩祝寺"[4],大殿題額"妙明宗鏡",爲後樓題額"慧燈普照",題聯"碧砌瑶階春色麗,琪花芝草日華鮮","夜梵聞三界,朝香徹九天"[5]。乾隆十年(1745),高宗下旨將法淵寺南面的漢經廠歸并嵩祝寺。漢經廠延壽殿供奉有御書墨刻心經塔一軸、御書墨刻金剛經五部、御書藥師經八部、藏經一部,計六百七十六套,均交由嵩祝寺收管[6]。雖然清乾隆《京城全圖》并未注明嵩祝寺,但根據上述雍正十二年修寺史料與圖對照,便可斷定圖中番經廠以西的建築群即爲嵩祝寺。彼時的嵩祝寺規模宏大,殿宇房屋共計一百五十九間[7]。主體建築均采用規格較高的歇山式屋頂,彰顯章嘉呼圖克圖在京喇嘛總管和國師的地位。

按照《京城全圖》顯示,嵩祝寺坐北朝南,山門三間,歇山頂,兩邊各有一道八字看墻。山門以南有一影壁,山門和影壁之間的空地有圍墻圈起,東西兩邊有栅欄。南墻外有井一口。山門外東西分别有看守房屋各三間。寺院分中東西三路,主體建築集中於中路。中路山門以内南北共四進。第一進有歇山頂天王殿三間,殿前東西分列鐘鼓二樓,爲重檐建築;天王殿兩側有圍墻,每邊各開一門通往裏院。第二進有歇山頂大殿五間,殿東有東配殿若干間。第三進北有歇山頂御座房五間,前出抱厦三間,東西各有耳房三間;院内另有東配殿三間,亦爲歇山頂,西房兩座。第四進北有歇山頂兩層樓房,面闊七間;樓房東西各有耳房七間;院内另有東西配殿各五間,亦爲歇山頂,殿前出臺階;西配殿以西有墻垣,墻外有一跨院,内有北房三間;樓房以北爲寺院後墻,東墻角有北房三間。東路寺院最南面爲一長方形院落,院内東北角用圍墻隔出一小跨院,跨院内有北房兩間;西北角有西房三間;東南角又有一小院。東路第二進院落有北房三間,帶耳房兩間;院内東南角有一小院,内有西房兩座,各兩間。東路第三進院落有北房三間,西頭接西房五間。東路寺院東側自北往南有西向順山房三十四間,邊門兩道,通往東面的法淵寺。此兩道邊門當係雍正十二年添加,以方便嵩祝、法淵二寺僧衆走動。西路寺院最南面爲一長方形院落,無建築。由此往北依次有四個院落,前三個院落各有北房三間,第四個院落有北房四間。再往北又有北房三間,在御座房的西耳房以西。西路寺院西墻外有一通道,通道以西自北向南有東向順山房三十二間;其北頭有一小院,院内有北房兩間。

---

〔1〕參見《蒙藏佛教史》,頁九十六。

〔2〕參見《奏銷修繕嵩祝寺番經廠用過銀兩摺》,雍正十三年十一月十一日,頁一百八十四至一百八十八;《嵩祝寺測繪及始建年代研究》,頁十七至二十四。

〔3〕參見《蒙藏佛教史》,頁九十九至一百。

〔4〕參見國立北平研究院《嵩祝寺》,東四23。

〔5〕參見《日下舊聞考》卷三十九,頁六百一十六。

〔6〕參見"中央研究院"近代史研究所藏内務府奏銷檔《萬善殿供品用銀》,乾隆十年十一月十二日。

〔7〕參見《奏爲修理嵩祝寺估需工料銀兩數目事摺》,乾隆三十六年十二月二十二日,《清宫内務府奏銷檔》,册九十四,頁二百八十四至二百九十三。

乾隆三十六年(1771),和碩額駙福隆安[1]奏請查勘粘修嵩祝、法淵、妙應三寺。經大臣三和等詳細踏勘之後,摺奏對嵩祝寺山門、天王殿、大殿、鐘鼓樓及部分配殿和順山房進行拆瓦和挑換椽望;對六十七間僧房歪斜沉陷的柱木進行撥正和挑換椽望;拆砌、剔補部分院墻;找補見新各殿内佛像龕案陳設供器等。粘修工程所需工料合計約銀一萬四千三百三十八兩[2]。乾隆四十八年(1783),應理藩院奏請,内務府又修理了嵩祝寺的部分僧房、厨房、院墻、影壁和甬路,用工料銀五千一百十九兩[3]。

乾隆朝之後,各世章嘉呼圖克圖繼續受到清廷的隆遇,嵩祝寺也因而在京城的喇嘛寺中地位尊貴。嘉慶二十四年(1819),清仁宗封四世章嘉呼圖克圖爲管理京師喇嘛的札薩克達喇嘛掌印喇嘛,辦理一切黄教事宜。是年九月二十日,仁宗駕幸嵩祝寺,賜佛像。道光二十六年(1846)正月八日,四世章嘉呼圖克圖六十誕辰,宣宗遣臣至嵩祝寺賀壽。同治九年(1870),穆宗敕封五世章嘉呼圖克圖爲大國師,賞金印,賜誥命蟒服,面諭章嘉呼圖克圖遵照前輩規範扶助黄教。光緒十二年(1886)十二月,九歲的六世章嘉呼圖克圖莅京,駐錫嵩祝寺。德宗準其坐黄轎,騎馬,賞給前世章嘉所供之佛像及諸法器。光緒二十五年(1899),七世章嘉呼圖克圖入京駐錫嵩祝寺。三十年(1904)十二月,德宗欽命七世章嘉呼圖克圖管理京城嵩祝、法淵、智珠、法海四寺,多倫諾爾彙宗、善因二寺,西寧之廓隆、廣濟二寺,以及五臺山之鎮海、普樂寺,并賜“灌頂普善廣慈大國師”印一顆[4]。清代的嵩祝寺和其所屬的法淵寺也是内廷喇嘛唪經的場所之一,每年四月初七至初九日,共有五十四名喇嘛在兩寺唪無量壽佛經[5]。

民國伊始,七世章嘉呼圖克圖因贊助共和,勸導内蒙歸并民國,特被授予“宏濟光明大國師”,年俸銀一萬兩。1916年一月八日,法淵寺失火,殿宇佛像俱被毁。鑒於嵩祝寺亦年久失修,七世章嘉呼圖克圖遂決定藉此機會四方募化修建兩寺,其間籌得大總統袁世凱洋兩千元捐款[6]。同年二月,嵩祝寺遵例諷誦新年經,政府亦派員行禮[7]。1928年成立的國民政府繼續褒獎章嘉呼圖克圖,任命其爲蒙藏委員會委員,并於1929年批准在嵩祝寺設立大國師章嘉呼圖克圖駐京辦事處。1932年十二月,章嘉呼圖克圖被任命爲蒙旗宣化使,在嵩祝寺成立宣化使署,定期赴蒙宣化中央意旨[8]。民國時期的嵩祝寺的規模依然龐大,根據1941年的《華北宗教年鑒》,寺内共有喇嘛七十九人[9]。

20世紀30年代的嵩祝寺的整體布局和主要殿宇與《京城全圖》基本相同。山門以内,第一進爲天王殿,内有泥塑天王四尊。第二進大殿内供三世佛三尊,木質金身;羅漢十八尊,騎獅菩薩左右各一尊,小佛像十餘尊。大殿前廊下有銅鐘一,院中有一焚字庫。東西配殿各三間,各供泥塑金身菩薩三尊,兩殿南北各有房二間。第三進北殿五間,東西各有耳房三間,係章嘉居所。東配殿三間,供嗎哈嘎拉佛四尊,小佛像二,均泥塑;銅鐘一,萬曆丙子年十二月初三日製。西配殿三間,内供旃檀佛一尊,宗喀巴佛兩尊,童二,均木質金身。第四進建築與《京城全圖》同,無佛像。寺院西路爲住

---

[1]福隆安爲清高宗孝賢皇后之侄、和嘉公主之駙馬、前大學士一等忠勇公傅恒之子。

[2]參見《奏爲修理嵩祝寺估需工料銀兩數目事摺》,乾隆三十六年十二月二十二日,頁二百八十四至二百九十三。

[3]參見《奏爲報銷嵩祝寺等處工程用銀數目事片》,乾隆四十八年十二月十二日,《清宫内務府奏銷檔》,册一百三十九,頁五十八至六十四。

[4]參見《蒙藏佛教史》,頁一百零三至一百零四、一百零八、一百一十一、一百一十四。

[5]參見《欽定大清會典事例》卷一千二百十九,北京:中華書局,1991年。

[6]參見《蒙藏佛教史》,頁一百一十五至一百一十七。

[7]參見《華北宗教年鑒》,頁七。

[8]參見《蒙藏佛教史》,頁一百一十八至一百二十一。

[9]參見《華北宗教年鑒》,頁一百九十八。

房，布局與《京城全圖》基本相同。東路最北一進院落內南面有一念經堂[1]。

1950年以後嵩祝寺的宗教功能喪失，寺廟建築被逐步占用和拆除。20世紀80年代，山門和天王殿被拆除，其餘主要建築尚存，由東風電視機廠使用[2]。1984年嵩祝寺被定爲北京市文物保護單位。1995年對寺內的二十一座殿宇進行了修復，在修繕中發現了清中期的具有蒙藏風格的建築彩畫[3]。根據清華大學張帆2008年的測繪，寺院西路尚存最北一座四合院，院內共有原有建築六座，被改建成嵩祝名院飯店。中路主要建築存大殿、御座房和後殿，各院內之配殿、厢房、耳房等附屬建築基本完整，但多數爲1995年整修時所建。東路建築還餘最北一進院落，院內有形制較高的南北兩殿、北殿耳房和東西配房[4]。

2017年調查時，嵩祝寺山門及天王殿原址爲北河沿大街甲七十七號一棟待租的高層公寓樓。寺院後半部分由全國非國有博物館協會使用，不對外開放。

〔1〕參見國立北平研究院《嵩祝寺》，東四23。

〔2〕參見《北京文物勝迹大全（東城區卷）》，頁一百零九。

〔3〕參見《嵩祝寺測繪及始建年代研究》，頁十七至二十四。

〔4〕同上。有關中路主要建築的具體測繪描述，詳見張帆的文章，在此不贅述。另外，乾隆《京城全圖》中各主要建築均爲歇山頂，但現存建築却爲硬山或懸山頂，其中原因尚不可知。

馬神廟

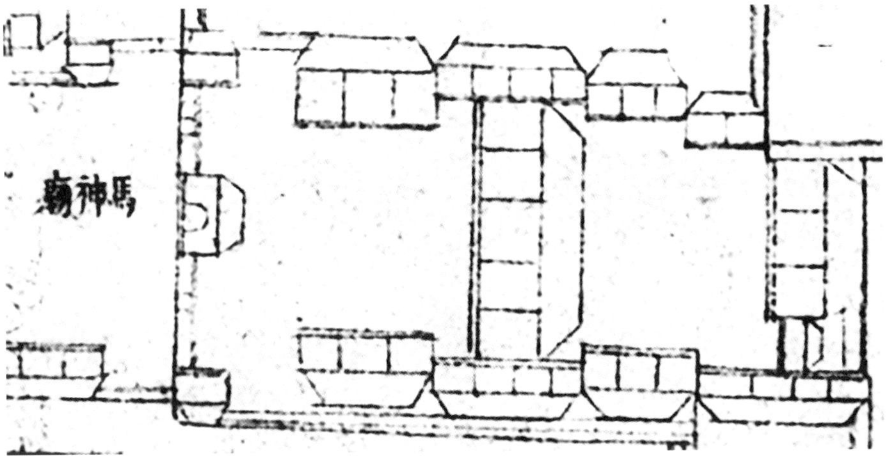

馬神廟原址爲内六區操場大院二十五號(今東城區沙灘北街二號院内)。寺廟建築現已不存。寺内原有清乾隆二十年(1755)《馬神廟碑》。

馬神廟建於明代,爲明御馬監馬神祠,在馬神廟街之稍北[1]。明正德十年(1515)鑄大鐘一口,上有“正德十年鑄御馬監馬神廟供奉”十三字[2]。清康熙《皇城宮殿衙署圖》有馬神廟。康熙四十二年(1703)造一小鐘,上有“敕建馬王廟康熙四十二年造”銘文。四十六年(1707)鑄一大香爐供於殿前,上有“康熙四十六年造御馬監馬神廟供獻”十五字;并鑄十五小香爐奉於殿内,皆有“康熙丁亥造御馬監馬神廟供奉”字。康熙御筆題殿額“明霞館”[3]。清《雍正廟册》載在中城皇城沙灘頭有馬神廟,爲大僧廟,有廟宇十五間,禪房二十七間,住持寂貴。

---

〔1〕參見《日下舊聞考》卷三十九,頁六百二十。御馬監是明代宦官二十四衙門之一,掌管御馬、象房和草場。參見《酌中志》卷十六,頁一百零三;陳宗蕃編著《燕都叢考》第二編,北京:北京古籍出版社,1991年,頁四百六十四至四百六十五。

〔2〕參見《日下舊聞考》卷三十九,頁六百二十。

〔3〕同上。

根據清乾隆二十年《馬神廟碑》,大學士忠勇公傅恒之宅第旁鄰馬神廟,是年傅恒將馬神廟移建在其宅第前的空地。新廟建成後,傅恒特請僧人爲廟祝,照管香火[1]。傅恒府第在新開路胡同街北[2],移建後的馬神廟在新開路胡同街南,與之一街之隔。清乾隆《京城全圖》所繪的馬神廟當爲移建之前。廟坐東朝西,正對廟前東西走向的馬神廟街,與街西頭的景山遥遥相望。據圖,山門一間,西向,兩側墻上各有門。墻兩端各有南北房一間。山門内爲前院,有東殿五間,南北配殿各三間。配殿東各有南北房四間。後院有東殿三間,殿南有耳房一間,南北配殿亦各三間,南配殿東有南房四間,北配殿東有北房兩間。清末的《光緒順天府志》對馬神廟亦有記載,稱廟内有井一口[3]。

民國時的馬神廟面積約一畝,破房十一間,管理人陳玉林。有泥質馬神像一尊,童像兩個[4]。按照成書於 1941 年的《故都變遷記略》,馬神舊祠彼時尚存[5]。2006 年調查時老住户回憶抗戰期間日本人曾住馬神廟,并且廟内確有一口井窩子。

2006 年廟已踪影全無,舊址爲《求是》雜志社的家屬樓。2017 年回訪時情形依舊。

---

〔1〕參見清乾隆二十年《馬神廟碑》,京 911,《北京圖書館藏中國歷代石刻拓本匯編》卷七十一,頁六十六。

〔2〕參見(清)崇彝《道咸以來朝野雜記》,北京:北京古籍出版社,1982 年,頁五十一;《宸垣識略》卷三,頁四十九。關於傅恒,參見本排段恪僖公祠。

〔3〕參見《光緒順天府志》卷十三,頁三百三十七。

〔4〕參見《北京寺廟歷史資料》,頁四百二十四。

〔5〕參見余棨昌《故都變遷記略》卷三,北京:北京燕山出版社,2000 年,頁三十七。《北京文物勝迹大全(東城區卷)》稱馬神廟舊址清中晚期爲和嘉公主府,清末爲京師大學堂校址。此説法有誤。

移建馬神廟碑記
古者祖牧社步歲時肅將祀事以祈蕃孳而袪災青斯亦吉日維戊既伯既禱之遺意也余 先
世
賜第禁城東北旁建祠宇祀司六馬之神所以答神貺惜芻牧者至虔且慎余叨沐
恩榮逾於格外受庇堂構咸獲芋寧爰於宅壖隙地蠲吉鳩工移建 馬神之祠俾棟楹璀燦像設儼
然以緇流為廟祝專司香火四時報賽視昔猶今蓋唯神明妥侑仰與孔阜之休凡以剛日余家
有事於 神祠皆以繼 先世之成緒於無替云爾
大清乾隆二十年歲次乙亥秋七月 穀旦大學士忠勇公傅恒敬撰

京911《馬神廟碑》陽

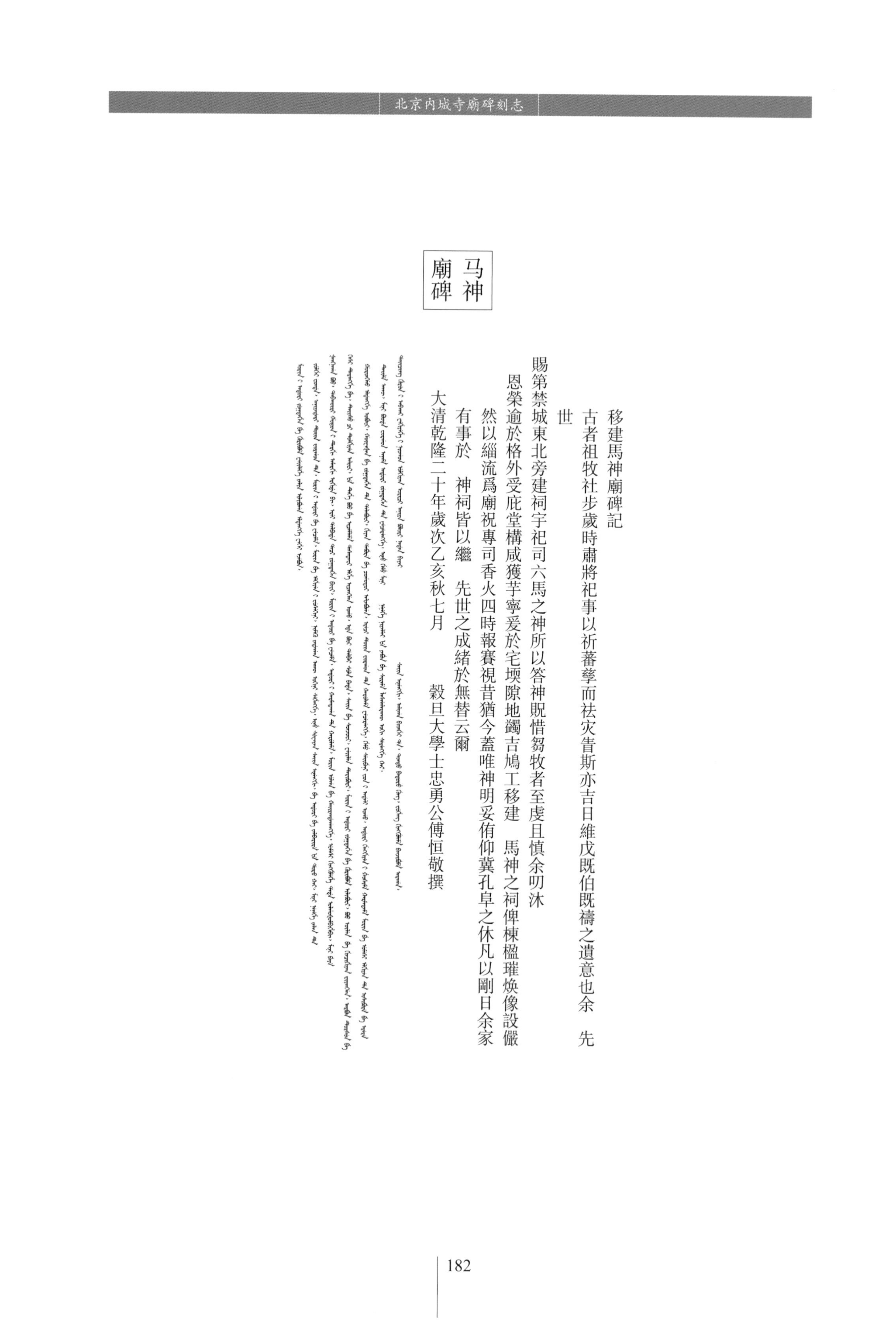

马神廟碑

移建馬神廟碑記

古者祖牧社步歲時肅將祀事以祈蕃孳而祛灾眚斯亦吉日維戊既伯既禱之遺意也余　先
世
賜第禁城東北旁建祠宇祀司六馬之神所以答神貺惜芻牧者至虔且慎余叨沐
恩榮逾於格外受庇堂構咸獲芋寧爰於宅堧隙地蠲吉鳩工移建　馬神之祠俾棟楹璀焕像設儼
然以緇流爲廟祝專司香火四時報賽視昔猶今蓋唯神明妥侑仰冀孔阜之休凡以剛日余家
有事於　神祠皆以繼　先世之成緒於無替云爾

大清乾隆二十年歲次乙亥秋七月　　穀旦大學士忠勇公傅恒敬撰

馬神廟碑

額題:馬神廟碑
首題:移建馬神廟碑記
年代:清乾隆二十年(1755)七月
原址:東城區沙灘後街
拓片尺寸:碑身高 192 厘米,寬 66 厘米;碑額高 30 厘米,寬 25 厘米
書體:正書滿、漢文并篆額
撰人:傅恒
《目録》:頁 303
拓片編號:京 911
拓片録自:《北京圖書館藏中國歷代石刻拓本匯編》卷 71 頁 66

【碑陽】

額題:馬神廟碑

碑文:

移建馬神廟碑記 1

古者祖牧社步,歲時肅將祀事,以祈蕃孳而袪灾眚。斯亦吉日維戊,既伯既禱之遺意也。余先 2 世 3 賜第禁城東北,旁建祠宇,祀司六馬之神,所以答神貺、惜芻牧者至虔且慎。余叨沐 4 恩榮逾於格外,受庇堂構,咸獲芋寧。爰於宅堧隙地,蠲吉鳩工,移建馬神之祠。俾棟楹璀焕,像設儼 5 然。以緇流爲廟祝,專司香火。四時報賽,視昔猶今。蓋唯神明妥侑,仰冀孔阜之休。凡以剛日,余家 6 有事於神祠,皆以繼先世之成緒於無替云爾。7

大清乾隆二十年歲次乙亥秋七月穀旦,大學士忠勇公傅恒敬撰。8

【滿文部分】

碑文:

morin i enduri juktehen be guribume weilehe jalin ilibuha eldengge wehei ejebun. 1

julgei fonde. aniyadari duin forgon de. morin i enduri be weceme. morin be elgiyen i fusekini. nimeku jadagan akū okini sehengge. inu suwayan sain inenggi. be enduri be jalbarire fe doro kai. mini nenehe jalan de 2 (+++) šangnaha boo. dabkūri hoton i dergi amargi ergide bi. erei dalbade daci juktehen bifi. morin i enduri be weceme. enduri i karmataha de karulame. morin ulha be hairandahangge. umesi ginggulehe dade olhošombihebi. mini beye 3 (++) kesi derengge be. teisu ci tulgiyen alifi. fe tehe boo be icemleme dasatafi elhe icangga oho. ede booi dalbai sula bade. sain be sonjofi. weilen deribufi. morin i enduri juktehen be guribume ilibufi. boo ūlen be gincihiyan fiyangga. arbun dursun be 4 horonggo eldengge obufi. hūwašan be juktehen de dalabufi. hiyan dabure be cohotoi afabuha. ereci duin forgon de karulame wecerengge. gemu seibeni fon i adali oho. enduri genggiyen i gosime karmatame morin be umesi elgiyen de isibure be erere [5] teile akū. mini boode forgon aname enduri juktehen de wecerengge. inu gemu mini nenehe niyalmai fe yabun be sirame lashalarakū oki serengge kai. [6]

(+) daicing gurun i abkai wehiyehe i niohon ulgiyan orici aniya bolori nadan biyai sain inenggi. aliha bithei da. tondo baturu gung. fuheng gingguleme banjibume araha. [7]

興福寺

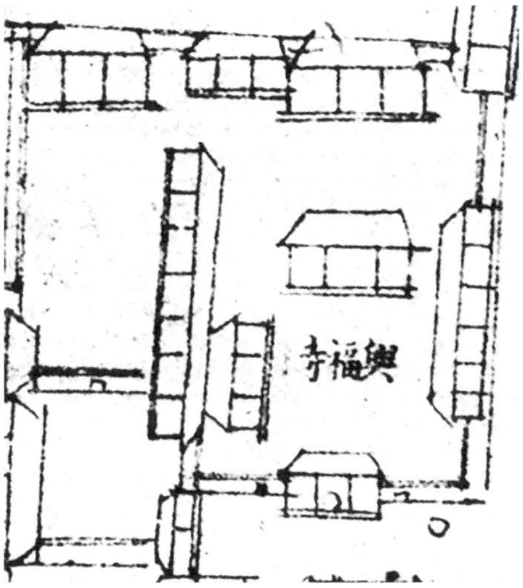

興福寺,明朝時爲幡竿寺,又名捨飯幡竿寺[1];清康熙三十三年(1694)改爲興福寺[2],又稱興福捨飯寺[3]。原址爲内三區雙輦胡同二十一號(今東城區五四大街二十三號)。寺廟建築現已不存。廟内原有清康熙三十三年《捨飯寺碑》和清光緒二十六年(1900)《興福捨飯寺碑》。

寺廟始建時期各種文獻説法不一。《明武宗實録》稱幡竿寺建於永樂年間[4],而清康熙三十三年的《捨飯寺碑》則稱該寺起於元代至元年間。此後的文獻均采用建於元至元間的説法[5]。20世紀30年代北平市社會局寺廟登記時,捨飯寺住持稱寺於元初由盤山少林寺僧圓徹建立[6]。

明朝在幡竿寺設有飯堂,每日由光禄寺供給粟米三石,每月由後軍都督府所屬京衛采辦柴薪一萬二千五百斤,煮飯施貧[7]。西城的蠟燭寺[8]亦設有飯堂,兩寺俗稱東西捨飯寺。兩寺與養濟院一起,是明代官府在京師開辦

[1]參見《日下舊聞考》卷四十三,頁六百七十七。

[2]參見清康熙三十三年《捨飯寺碑》,京211,《北京圖書館藏中國歷代石刻拓本匯編》卷六十五,頁六十二。

[3]根據寺内彌勒殿木額。

[4]參見"中央研究院"歷史語言研究所校勘《明武宗實録》卷十二,正德元年四月壬戌條,頁三百七十五。

[5]參見《宸垣識略》卷五,頁九十五;《光緒順天府志》卷十六,頁四百八十二;吴廷燮等編《北京市志稿》,北京:北京燕山出版社,1998年,第八册,頁五十。

[6]參見北京市檔案館藏《北平市社會局·内三區捨飯寺住持僧洪濤呈請登記廟産及社會局的批示》,1930—1934年,檔案號J002-008-00195,頁十三、三十。

[7]參見《明武宗實録》卷十二,正德元年四月壬戌條,頁三百七十五。

[8]蠟燭寺又名捨飯寺,在十一排七段。

的收孤養貧的固定賑濟場所[1]。養濟院一般衹收養在當地注籍的窮民,外來的流民則往往收入幡竿、蠟燭二寺[2]。兩寺中各設有數十名内官,管理賑濟事宜。年老有病的内官亦可退居寺中,以終殘年[3]。嘉靖元年(1522),二寺的内官校尉乾没罔利,被盡行罷减,另由光禄寺及宛平、大興二縣派員管理[4]。

入清以後,幡竿寺的賑濟活動中斷[5],寺廟亦日漸荒蕪。根據康熙三十三年的《捨飯寺碑》,一百三十餘位信士是年重修廟宇,更名興福寺[6]。清《雍正廟册》依然沿用捨飯寺舊名,在翠花胡同,爲大僧廟,住持净興,有殿宇六間,禪房十七間。清《乾隆廟册》中寺名爲興福寺,亦爲大僧廟,住持如貴。從清乾隆《京城全圖》看,興福寺在皇城以東,坐北朝南,兩進院落,西有跨院。山門三間,左右各開旁門一間。山門前東側有一口井。前院北殿三間,西配殿三間,東沿街房六間。後院北殿三間,西側北房三間。西跨院有南北兩進。北院北房三間,東房七間,南墻開一小門通南院。南院東南角有房兩間,東向。

道光己亥年(1839),興福寺住持湛興和徒弟寂修在山門内募建彌勒殿三間,坐北朝南,木額"古刹興福捨飯寺"[7]。道光末年,興福寺毁壞廢弃嚴重,貧民無賴聚居寺内。東城豹房胡同(報房胡同)法華寺住持德澐禪師念"捨飯寺爲先代遺留,不敢漠視",收回寺地,鳩工庀材七月餘,使廟貌焕然一新[8]。

20世紀30年代調查時興福寺廟格局與清乾隆《京城全圖》有所不同。寺廟面積約一畝。大門東向,門内東房三間,爲住宅;南房三間,爲豆芽菜作坊。北有彌勒殿三楹,南向,内供金身木彌勒佛一尊及韋陀繪像一幅。中有大士殿三間,内供泥塑金身三大士像;又泥塑金身立像兩座;南海大士鐵像金身一尊;釋迦佛一尊,達摩像一尊,均泥塑金身;又小銅佛兩尊。殿左供泥塑金身地藏王一尊,殿右供泥塑娘娘像三尊。殿前二碑,左爲清光緒二十六年《興福捨飯寺碑》,右爲清康熙三十三年《捨飯寺碑》。院内東配殿三間,木額"伽藍殿",内供關帝一尊,泥塑,周倉、關平侍立。西配殿三間,木額"祖師殿",内供泥塑達摩像三尊。大士殿東夾道内東房四間,北房兩間;西夾道内西房四間,北房兩間,爲絨毯工廠。後殿三間,内無佛像。另外興福寺的法物還包括一口鐵鐘,一個鐵香爐。彼時的興福寺依然爲法華寺的下院,兩寺住持同爲僧洪濤。無其他僧人[9]。1947—1948年北平市

---

〔1〕參見高壽仙《明代北京城市恤政考述》,中國社會科學院歷史研究所明史研究室編《明史研究論叢(第六輯)》,合肥:黄山書社,2004年,頁二百九十七至三百一十五;梁其姿《施善與教化:明清的慈善組織》,臺北:聯經出版事業股份有限公司,1984年,頁二十二至二十三。

〔2〕參見《日下舊聞考》卷四十三,頁六百七十七。

〔3〕參見《酌中志》卷十六,頁一百二十四。

〔4〕同注〔2〕。

〔5〕同注〔2〕。

〔6〕參見《捨飯寺碑》。

〔7〕參見國立北平研究院《捨飯寺》,東四120;《北平研究院北平廟宇調查資料匯編(内三區卷)》,頁二百五十六至二百六十三。

〔8〕參見清光緒二十六年《興福捨飯寺碑》,京212,《北京圖書館藏中國歷代石刻拓本匯編》卷八十八,頁七十八;清光緒二十八年《真寶行實碑》,京287,《北京圖書館藏中國歷代石刻拓本匯編》卷八十八,頁一百二十二。有關法華寺和德澐禪師,參見七排四段。

〔9〕參見國立北平研究院《捨飯寺》,東四120;北京市檔案館藏《北平市社會局·内三區捨飯寺住持僧洪濤呈請登記廟産及社會局的批示》;北京市檔案館藏《北平市社會局·内一區法華寺住持僧洪濤呈請登記廟産及社會局關於自修接任住持的指令》,1930—1941年,檔案號J002-008-00084;《北京寺廟歷史資料》,頁三十五。

民政局調查時，寺廟住持密修[1]。

20世紀50年代興福寺前半部分爲民居，後半部是三義小學。1985年廟已全成民居，主要建築及石碑均在，但殿堂破舊，碑文漫漶[2]。據2007年調查時附近住户介紹，廟在2004年被全部拆除。2007年寺廟原址是一煤氣站。2017年回訪時情形與2007年同。

[1] 參見北京市檔案館藏《北平市民政局·北平市各區寺廟總登記考察簿（1947—1948）》，檔案號J003-001-00237，頁七十四。

[2] 參見《北京文物勝迹大全（東城區卷）》，頁三百三十一至三百三十二。

創作之難而修復之不易也然余謂修之難於作者以人情
喜新作則名自我出若修復之舉不過爲前人了此
案所以
京師輦轂之地叢林蘭若金碧名剎有而敗壞頹垣飄搖於雪霜風
雨中者未可更僕數自非具龍象之荷負不必我名功不必我出
莊嚴緣者捨飯寺之建於至元也歷明
至
本朝幾四百年所徵論棟宇鐘鼓絕而基址
侵爲己私者今復得諸善信
鼓舞以觀厥成西來聖人之題輪奐復厥舊觀則
當不在作者下矣因顏之曰興福其亦福自己求洪範之
終篇有曰康寧曰攸好德則斯寺之修也其康寧者與神
好德者與人是則所謂福也豈曰崇信其法福田利益哉是爲
記 康熙叁拾叁年歲次甲戌十月重建碑

京211《捨飯寺碑》陽

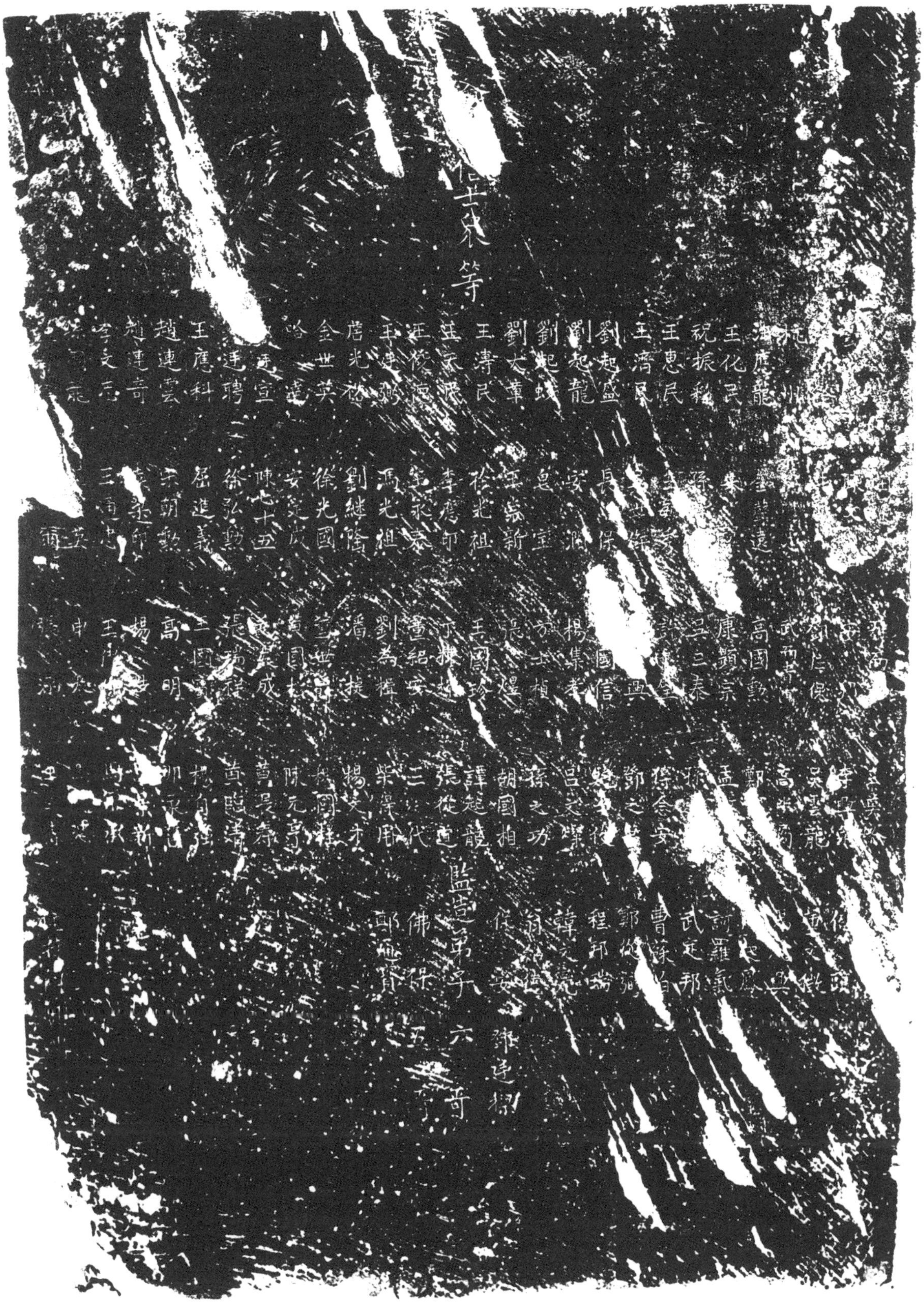

京 211《捨飯寺碑》陰

創作之難而修復之不易也然余謂修之難於作者以人情厭故喜新作則名自我□功自我出若修復之舉不過爲前人了此公案所以

京師輦轂之地叢林蘭若金碧多有而敗甍頹垣飄摇於雪霜風雨中者未可更僕數自非具龍象□荷名不必我立功不必我出固難於敗甍頹垣中復□莊嚴像者捨飯寺之起於至元也歷明至

本朝幾四百年所微論棟宇就傾鐘磬歇絶而基址亦淪落草□不無侵爲己私者今復得諸善信相與庀材度費佽助鳩工莫不歡欣鼓舞以觀厥成使西來聖人之榱題輪奂復厥舊觀則修者之功當不在作者下矣因顔之曰興福其亦福自已求之意歟洪範之終篇有曰康寧曰攸好德則斯寺之修也其以康寧者與神以攸好德者與人是則所謂福也豈曰崇信其法求福田利益哉是爲記

康熙叁拾叁年歲次甲戌嘉平月穀旦重建碑

會□信士衆等

□□ 田□□ □而□ 王美珍 □□
□□ 陳文□ 安□ 李興榮 □頭
□□ □□□ 鄧任保 吴雲龍 董文徵
杭州 □忠 武而青阿 高米□ 馬□興
汪應龍 金聲遠 高國勳 鄭□□ □起鳳
王化民 朱□ 康顯宗 孟□□ 訶羅氣
祝振彩 孫□□ 吴三泰 孫□□ 武定邦
王惠民 王毓秀 許□璧 傅念安 曹蘇白
王濟民 吴世傑 □□興 鄧之□ 鄭從弼
劉起盛 長保 □國信 鮑士俊 程邦瑞
劉起龍 安瀾 楊集孝 吕文燦 韓文亮
劉起蛟 皂寶 方士楨 孫之功 翁紹德
劉大章 王崇新 張煜 胡國相 保安 鄧廷樑
王溥民 □光祖 王國珍 譚起龍 監造弟子 六哥
王天民 李應印 丁棟樑 張從道 佛保 五哥
王俊德 王永泰 董紹安 王代 鄭通寶
王廷弼 馮光祖 劉爲楫 柴得用
詹光裕 劉繼隆 潘捷 楊文才
金世英 徐光國 董世爵 楊國柱
哈達 安定成 黄國松 陳元亨
□廷宣 陳七十五 毛天成 黄長壽
□廷聘 徐弘勳 張瑞祥 黄臨清
王應科 屈進義 王國寶 楊自强
趙連雲 宋朝勳 高明 那永臣
趙連奇 袁梁印 楊枝 □景新
李文志 王通忠 王□□ 馬□承
孫國龍 □□英 申□ 馬□忠
□有信 □爾 張涵 □三春 住持僧祖瑞

捨飯寺碑

年代：清康熙三十三年（1694）十二月
原址：東城區翠花胡同
拓片尺寸：碑陽高 178 厘米，寬 95 厘米；碑陰高 131 厘米，寬 95 厘米
書體：正書
拓片編號：京 211
拓片録自：《北京圖書館藏中國歷代石刻拓本匯編》卷 65 頁 62

【碑陽】
碑文：

創作之難而修復之不易也，然余謂修之難於作者，以人情厭故 1 喜新，作則名自我□，功自我出。若修復之舉，不過爲前人了此公 2 案。所以 3 京師輦轂之地，叢林蘭若金碧多有，而敗甍頹垣飄摇於雪霜風 4 雨中者，未可更僕數，自非具龍象□荷。名不必我立，功不必我出，5 固難於敗甍頹垣中復□莊嚴像者。捨飯寺之起於至元也，歷明 6 至 7 本朝幾四百年所微論。棟宇就傾，鐘磬歇絶，而基址亦淪落草□，不無 8 侵爲己私者。今復得諸善信相與庀材度費，佽助鳩工，莫不歡欣 9 鼓舞，以觀厥成。使西來聖人之榱題輪奂，復厥舊觀，則修者之功 10 當不在作者下矣。因顔之曰"興福"，其亦福自己求之意歟？洪範之 11 終篇有曰"康寧"、曰"攸好德"，則斯寺之修也，其以康寧者與神，以攸 12 好德者與人，是則所謂福也。豈曰崇信其法，求福田利益哉？是爲 13 記。14

康熙叁拾叁年歲次甲戌嘉平月穀旦重建碑。15

【碑陰】
碑文：

會□信士衆等 1

□□、□□、□□、杭州、汪應龍、王化民、祝振彩、王惠民、王濟民、劉起盛、劉起龍、劉起蛟、劉大章、王溥民、王天民、王俊德、王廷弼、詹光裕、金世英、哈達、□廷宣、□廷聘、王應科、趙連雲、趙連奇、李文志、孫國龍、□有信 2

田□□、陳文□、□□□、□忠、金聲遠、朱□、孫□□、王毓秀、吴世傑、長保、安瀾、皂寶、王崇新、□光祖、李應印、王永泰、馮光祖、劉繼隆、徐光國、安定成、陳七十五、徐弘勳、屈進義、宋朝勳、袁梁印、王通忠、□□英、□爾 3

□而□、安□、鄧任保、武而青阿、高國勳、康顯宗、吴三泰、許□璧、□□興、□國信、楊集孝、方士楨、張煜、王國珍、丁棟樑、董紹安、劉爲楫、潘捷、董世爵、黄國松、毛天成、張瑞祥、王國寶、高明、楊枝、王□□、申□、張涵 4

王美珍、李興榮、吴雲龍、高米□、鄭□□、孟□□、孫□□、傅念安、鄧之□、鮑士俊、吕文

燦、孫之功、胡國相、譚起龍、張從道、王代、柴得用、楊文才、楊國柱、陳元亨、黄長壽、黄臨清、楊自强、那永臣、□景新、馬□承、馬□忠、□三春 5

□□、□頭、董文徵、馬□興、□起鳳、訶羅氣、武定邦、曹蘇白、鄭從弼、程邦瑞、韓文亮、翁紹德、保安、佛保、鄭通寶 6

監造弟子：鄧廷樑、六哥、五哥 7

住持僧祖瑞

京 212《興福捨飯寺碑》陽

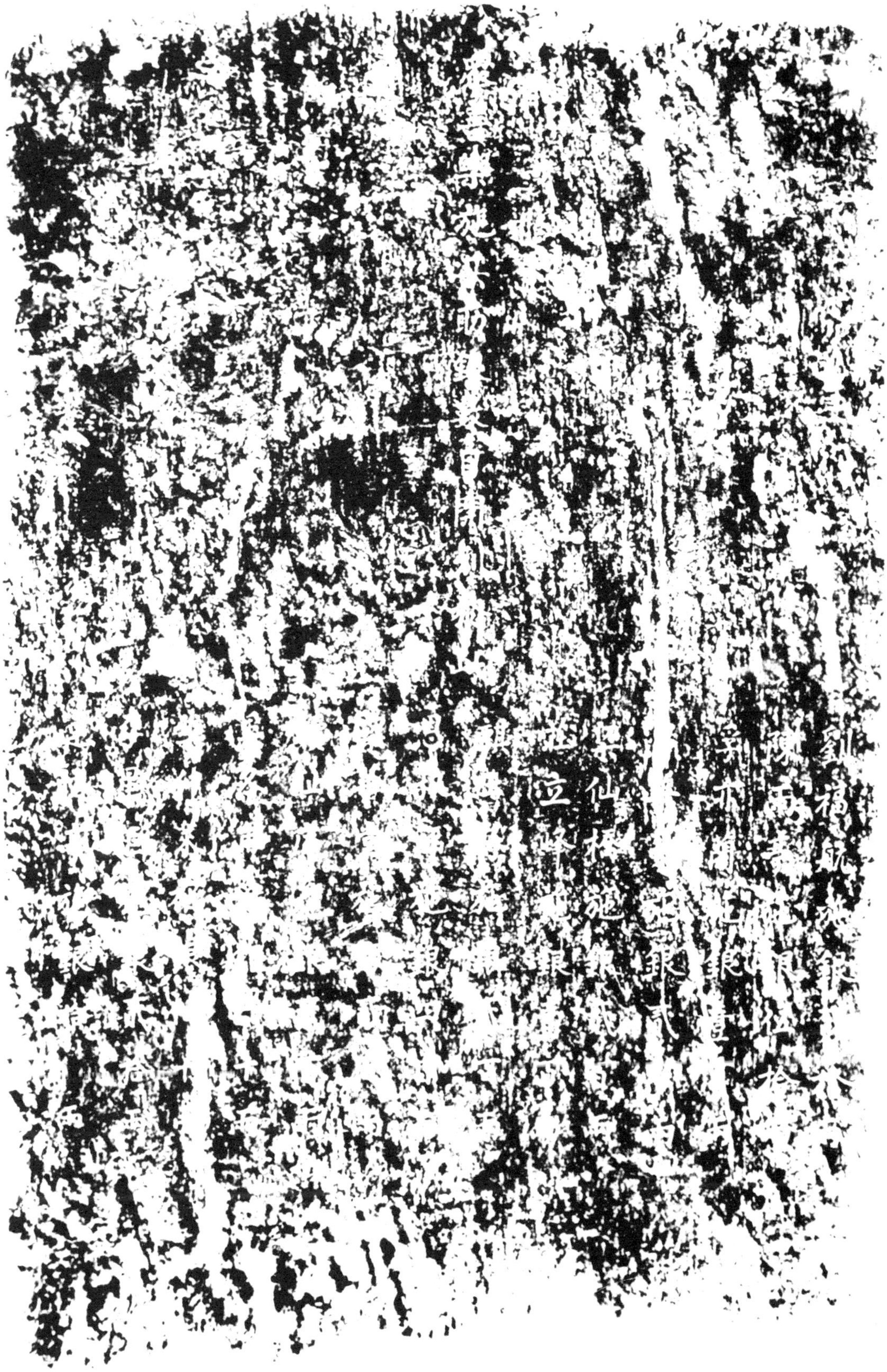

京 212《興福捨飯寺碑》陰

重修興福捨飯寺碑文

興福者盤山少林所遺而京都法華寺之根本也溯厥始起元初茫茫一脉五百餘年繼其後者非具大魄力人不能勝也德澐禪師法華寺之表表也少勤敏有幹略每日朝暮同衆課誦得暇而看經習字外肆□無少滯憶其時法華衰復振起一皆師力賢哉師是時興福□□就衰微欲治之無其力道光末毁廢甚成厠溷貧無賴者巢據爲己有屢遣不能去經多年無如何師憂之不得已愬官斷地得返乃擇吉興工後七月餘雕梁畫棟寶像莊嚴而廟貌焕然矣師今年七旬矣苦心孤詣千斤任死不卸肩有志者事竟成吁何偉耶余與師相知有素謹述之以備後之考者據

鴻臚寺序班徐筱謹撰

内務府郎中文紳敬書

大清光緒二十六年歲次庚子夏五月　　穀旦

衆善樂施共助銀數目開列於此

劉福航施銀貳拾兩
陳雨亭施銀伍拾兩
孚亦蘭施銀壹百兩
□華□施銀貳百兩
梁仙橋施銀貳百兩
莊立峰施銀壹百兩
麒王符施銀貳百兩
恩叔涵施銀四百兩
梁華堂施銀貳百兩
續耻庵施銀貳百兩
□□甫施銀六十兩
準仲萊施銀五十兩
□星恒施銀貳拾兩
連□亭施銀拾　兩

興福捨飯寺碑

首題:重修興福捨飯寺碑文
年代:清光緒二十六年(1900)五月
原址:東城區翠花胡同
拓片尺寸:碑陽高 180 厘米,寬 95 厘米;碑陰高 123 厘米,寬 79 厘米
書體:正書
撰人:徐䇋
書人:文紳
《目録》:頁 372
拓片編號:京 212
拓片録自:《北京圖書館藏中國歷代石刻拓本匯編》卷 88 頁 78

【碑陽】

碑文:

重修興福捨飯寺碑文 1

興福者,盤山少林所遺而京都法華寺之根本也。溯厥始起元初,茫茫 2 一脉,五百餘年。繼其後者,非具大魄力人不能勝也。德澐禪師,法華寺之 3 表表也。少勤敏,有幹略。每日朝暮同衆課誦,得暇而看經習字,外肆□無少 4 滯。憶其時,法華衰復振起,一皆師力。賢哉師! 是時興福□□就衰微,欲治之,5 無其力。道光末毁廢甚,成厠溷。貧無賴者,巢據爲己有,屢遣不能去。經多年,6 無如何。師憂之,不得已懇官斷地,得返。乃擇吉興工,後七月餘,雕梁畫棟,寶 7 像莊嚴,而廟貌焕然矣。師今年七旬矣,苦心孤詣,千斤任死不卸肩,有志者 8 事竟成,吁,何偉耶! 余與師相知有素,謹述之,以備後之考者據。9

鴻臚寺序班徐䇋謹撰。10

内務府郎中文紳敬書。11

大清光緒二十六年歲次庚子夏五月穀旦。12

【碑陰】

碑文:

衆善樂施共助銀數目開列於此:劉福航施銀貳拾兩、陳雨亭施銀伍拾兩、孚亦蘭施銀壹百兩、□華□施銀貳百兩、梁仙橋施銀貳百兩、莊立峰施銀壹百兩、麒王符施銀貳百兩、恩叔涵施銀四百兩、梁華堂施銀貳百兩、續耻庵施銀貳百兩、□□甫施銀六十兩、準仲萊施銀五十兩、□星恒施銀貳拾兩、連□亭施銀拾兩。

三佛庵

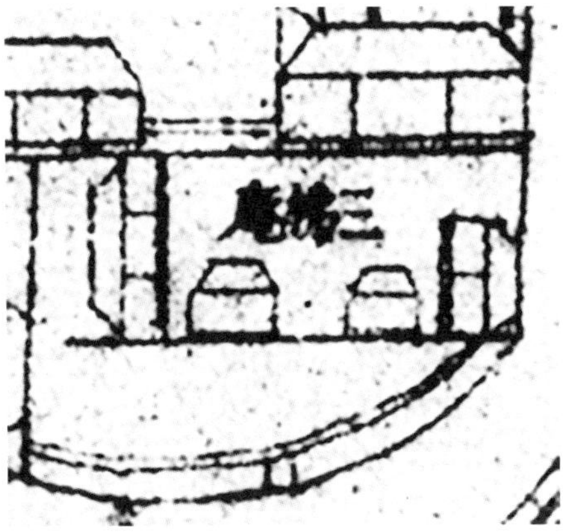

三佛庵,僅見於清乾隆《京城全圖》。原址應在民國時内六區漢花園一帶(約今東城區五四大街二十九號)。

此廟始建年代不詳,但應該甚早,蓋胡同即以廟名,爲“三佛庵胡同”。按《京城全圖》所繪,庵在皇城内,三佛庵胡同路北,坐北朝南,兩進院落。寺廟無山門,在臨街的墻上朝南開一門。前院無建築,與主院有墻相隔。主院内北殿三間,西房三間,東房兩間,南房兩座各一間。此後三佛庵無考。

2017 年調查時,三佛庵舊址在北京新文化運動紀念館内。

楊八郎廟

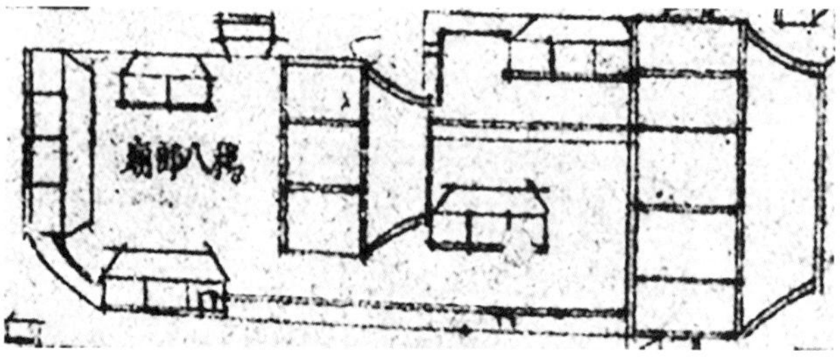

楊八郎廟,僅見於清乾隆《京城全圖》,無其他文獻記載。根據位置判斷,此廟有可能即爲民國時期的忠義關帝廟,原址在内六區沙灘十九號(約在今東城區五四大街西頭馬路上)。寺廟建築不存。

寺廟始建年代無考。民國時寺廟住持稱爲明代募建[1]。按乾隆《京城全圖》,廟坐東朝西,兩進院落。南有山門三間,南向,東間開門。山門以東的墻上另有小門一間。山門内爲前院,有東殿三間;北房兩間;西房四間,西向。前院往東爲後院,東有大殿五間。大殿前有東西走向墻一道,將後院一分爲二。南半院有房三間,南向。北半院有北房三間,西墻有門通寺外。

清光緒三十四年(1908),僧來振從師傅手中接下忠義關帝廟[2]。20世紀二三十年代的寺廟坐南朝北,在沙灘街南,面積不足二分。山門及門内三間北房已改成振發和醬園店鋪面,門上石額"忠義關帝廟"依然存在。院内有南殿三間,供泥塑關帝一尊,"工細莊嚴",周倉、關平像侍立,童像兩個;又有童像兩個,馬、童像各一個。像前有木五供一份。殿内還有鐵鐘一口,鐵磬一口,鼓一面。殿後有西房兩間。院内有槐樹一棵。該寺是沙灘甲一號的關帝廟的下院,住持同爲來振。寺廟無其他僧人。房屋均租與門前店鋪[3]。1947年

---

〔1〕參見北京市檔案館藏《北平市社會局·内六區忠義關帝廟來振登記廟産、發放寺廟憑照的呈文及社會局批示》,1931—1933年,檔案號J002-008-00066,頁十九。

〔2〕同上。

〔3〕參見國立北平研究院《關帝廟》,東四18;北京市檔案館藏《北平市社會局·内六區沙灘關帝廟僧人來振關於登記廟産、發放憑照、繳納捐款的呈文及社會局的批示、通知》,1930—1940年,檔案號J002-008-00047,頁二十五、六十五至六十九;首都圖書館藏《北平寺廟調查一覽表》;《北京寺廟歷史資料》,頁一百一十七。沙灘甲一號關帝廟見本排段。

北平市民政局登記時,來振依然是忠義關帝廟的住持[1]。

2017 年調查時住在五四大街三十五號的居民對街對面的醬園印象深刻,醬園名字爲三義成。據稱,該店一直到 20 世紀八九十年代都還存在。2017 年寺廟原址爲一工地。

〔1〕參見北京市檔案館藏《北平市民政局·北平市各區寺廟總登記考察簿(1947—1948)》,檔案號 J003-001-00237,頁五十九。

龍王廟

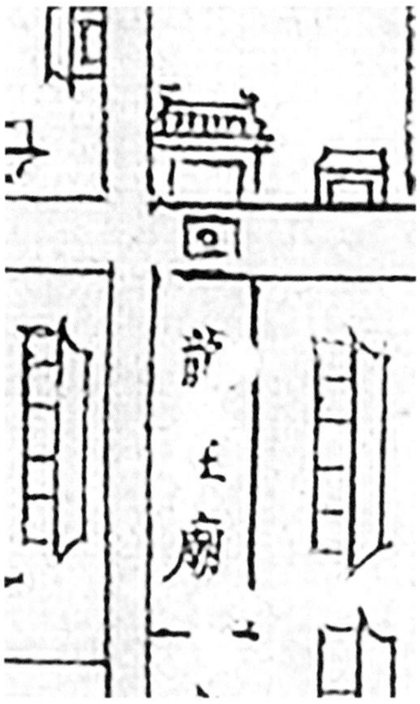

龍王廟，不見於清乾隆《京城全圖》，原址爲内六區地安門内二眼井胡同六號（今東城區三眼井胡同三十三號東）。寺廟建築今已不存。

寺廟始建年代不詳。康熙《皇城宫殿衙署圖》裏畫了此廟（見左圖），在三眼井胡同中間，廟前有一口水井。未見其他明清地方文獻記載。

國立北平研究院20世紀30年代調查時記録有廟一間，南向，無神像。當時爲德順齋小鋪，係姜宅家廟[1]。

1950年以後廟曾一度改爲修鞋鋪，仍爲硬山筒瓦勾連搭頂的廟房樣式。20世紀80年代寺廟建築已全部拆除[2]。2007年調查時當地居民還記得此廟與廟内的修鞋鋪，稱原有硬山式大殿一間，坐北朝南，兩側有耳房各一間，無神像。寺廟舊址時爲公厠。

---

〔1〕國立北平研究院《龍王廟》，西四31。

〔2〕參見《北京文物勝迹大全（東城區卷）》，頁二百九十九。

智珠寺

智珠寺不見於清乾隆《京城全圖》，原址爲内六區嵩祝寺西（今景山後街嵩祝院二十三號）。寺廟建築現存。

智珠寺始建於清乾隆二十一年（1756）。是年，内務府買下嵩祝寺西邊的旗民房屋，拆毁後在原基上新建一座喇嘛寺。建寺所需的部分木材取自萬壽山。工程與嵩祝寺東邊的法淵寺粘修工程同期進行，由和碩莊親王允禄、大學士傅恒、工部左侍郎總管内務府大臣三和、署理户部左侍郎總管内務府大臣吉慶等監管。兩項工程合計用銀三萬九千七百十四兩，由廣儲司領取。建成後的智珠寺有山門三間，天王殿三間，重檐都綱殿一座，四面各顯三間，大殿五間，後照殿五間，前後配殿十二間，順山轉角房四十二間，鐘鼓樓各一座，旗杆兩根，墻垣長三百零八丈二尺。同年十月二十六日，新廟宇佛像開光，清高宗親臨拈香，賜額智珠寺〔1〕。高宗還爲都綱殿題額"寶綱光音"，題聯"香雲遍履真如界，皓月常明自在天"；爲大殿題額"現清净身"，題聯"金粟神光照妙應，香林净域證虚明"〔2〕。智珠寺所建年代晚於《京城全圖》，故不見於該圖。建寺的原因不得而知，但因其緊鄰嵩祝、法淵二寺，且同爲喇嘛寺廟，極有可能與住錫在嵩祝寺的章嘉呼圖克圖有關。

乾隆四十八年（1783）内務府派郎中班達爾沙，員外郎德清修理智珠寺。工程包括拆换大殿東一間角梁；挑换兩座執事房和四座僧房的椽望；拆砌山檐坎墻；拆换旗杆一根，粘修旗杆一根，嗎呢杆兩根；拆砌院墻一丈八尺；粘修栅欄三槽，影壁一座；添安曲尺影壁兩座；粘修平月臺一座，甬路十道等〔3〕。

嘉慶年間，智珠寺與嵩祝寺、法淵寺以及京城的近六十所佛教寺廟一起

---

〔1〕參見"中央研究院"近代史研究所藏内務府奏銷檔《約估銀兩數目事》，乾隆二十一年六月五日；"中央研究院"近代史研究所藏内務府奏銷檔《修理北京城廟宇銀兩》，乾隆二十三年十二月十八日；中國第一歷史檔案館藏《奏爲報國寺等處開光日期事》，乾隆二十一年十月二十七日，檔案號05-0149-073。

〔2〕參見《日下舊聞考》卷三十九，頁六百十六。

〔3〕參見《奏爲報銷嵩祝寺等處工程用銀數目事片》，乾隆四十八年十二月十二日，頁五十八至六十四。

每年均從内務府掌儀司領取銀兩。内務府亦提供畫軸、香袋等給諸寺分挂[1]。光緒三十年（1904）十二月，清德宗下旨將智珠寺與京城的嵩祝、法淵、法海三座寺廟一起劃歸七世章嘉呼圖克圖管理[2]。

民國時期的智珠寺的主要建築和布局與清乾隆二十一年始建時相同。寺坐北朝南，東面緊鄰嵩祝寺。山門外四周有紅墻，南墻開門兩道，墻外有一影壁。山門三間，石額乾隆御筆"敕建智珠寺"，内供泥塑哼哈二將。山門以内爲第一進院落，院内東西分别有鐘鼓樓，重檐歇山頂，角梁懸鈴。鐘樓内有銅鐘一口，鼓樓内有大鼓一面。院北有天王殿三間，上帶吻獸和垂獸，額枋飾旋子彩畫，三踩單昂斗拱，内爲徹上明造，五架梁。殿内有泥塑天王四尊。天王殿東西兩側有紅圍墻，分别開門，往北通第二進院落。院内北有重檐四方都綱殿[3]。上檐筒瓦四角攢尖頂，上爲磚寶頂，五踩單昂斗拱，角梁懸鈴；下檐柱帶雀替，三踩單昂斗拱。都綱殿進深、面闊均三間，四周帶廊，有旋子彩畫。殿内玻璃龕中供有千手千眼銅佛一尊，左右木龕内各供銅佛一。殿前有東西配殿各三間，無佛像。兩座配殿南各有耳房三間。殿前有一銅鼎，有"大清乾隆歲次丁丑"款識，鼎下方又刻有"成化年造"。都綱殿東西兩邊的夾道各有順山群房八間。都綱殿往北爲第三進院落。院北有大殿五間，大式歇山筒瓦調大脊頂，上帶吻獸和垂獸，旋子彩畫，五踩單昂單翹斗拱，角梁懸鈴，内爲井口天花。殿内供泥塑金身長壽佛五尊，左有喇嘛一尊，右木眼光神一尊。殿内另有十八羅漢像，其中十二座爲銅像，六座庚子年（1900）被盗後新添，爲泥塑。殿内三面墻壁均有小木佛龕，内供泥塑金身小佛。大殿前東西各有配殿三間，無佛像，據稱被前駐軍毁壞。殿前有圓鐵爐一座。大殿往北有後殿五間，上帶吻獸和垂獸，旋子彩畫，帶雀替。兩殿之間的東西夾道各有群房八間。後殿西有一短墻，墻上開門往北通一小院，院内有北房一座。後殿北有一座二層樓，面闊七間[4]。

1950年以後，智珠寺的宗教功能喪失，寺廟建築被逐步占用，但依然完整保留。20世紀80年代調查時，智珠寺的主要建築均存。寺廟原址與毗鄰的嵩祝、法淵兩寺一起被東風電視機廠使用[5]。1984年智珠寺列爲北京市文物保護單位。

2017年調查時，據東景緣文化管理公司介紹，他們在2008年開始向北京佛教協會租用智珠寺的前半部分，用了四年時間修復，并保留了一部分東風電視機廠的建築痕迹。2017年的智珠寺除鐘鼓樓不存以外，原有的主要建築和配殿均在。寺廟被一分爲二，中間有墻隔開。前半部包括從山門至都綱殿，爲東景緣文化管理公司使用；後半部是大殿和後殿，與東面的嵩祝寺遺存一起是全國非國有博物館協會的會址。

〔1〕參見中國第一歷史檔案館藏《呈爲由内交出香袋分挂各寺廟廟名單》，嘉慶十年十二月，檔案號05-0518-106；中國第一歷史檔案館藏《呈爲分挂各寺廟畫軸數目單》，嘉慶十年閏六月二十九日，檔案號05-0516-037。

〔2〕參見《蒙藏佛教史》，頁一百十四。

〔3〕國立北平研究院調查報告稱此殿爲大悲殿，但并無任何依據。此處依然沿用清乾隆時殿名，與藏傳佛教寺廟的殿宇名稱相符。

〔4〕參見國立北平研究院《智珠寺》，西四24；《北京文物勝迹大全（東城區卷）》，頁一百零六至一百零七。

〔5〕參見《北京文物勝迹大全（東城區卷）》，頁一百零九。

智珠寺山門（2014 年 9 月 曉松攝）

獎忠祠

獎忠祠，不見於清乾隆《京城全圖》，原址約在今東城區沙灘北街十五號。寺廟建築現已不存。寺内原有清嘉慶二年（1797）《福康安入祀獎忠祠碑》。

獎忠祠建於清嘉慶二年，係清高宗爲祭祀大學士貝子福康安而敕建的專祠，屬清代國家祀典中的中祀。福康安爲滿洲鑲黄旗人，大學士傅恒之子。乾隆年間首次出師四川金川，戰績赫赫。後又平定石堡（甘肅）、臺灣、廓爾喀（西藏）等處，屢建奇功，被晋封一等忠鋭嘉勇公，授武英殿大學士。乾隆六十年（1795），福康安率軍督剿湘黔苗民起義，所向無敵，晋封貝子爵銜。翌年，福康安病死軍中。清高宗贈郡王職銜，謚號文襄，諭旨於東華門外其家宗祠旁建蓋專祠，春秋兩季仲月諏吉致祭〔1〕。獎忠祠坐北朝南，山門三間，大門外石獅兩個，柵門兩座。院内正中碑亭一座。大殿三間，東西配房各三間。燎爐一座。祠宇“覆以緑琉璃瓦，門楹朱飾，梁棟五采”〔2〕。

獎忠祠舊址在1935年并入北京大學，原有建築盡悉拆除，改建西式樓房〔3〕。2007年調查時周圍居民對祠廟無印象。2017年回訪時舊址爲中國社會科學院法學研究所。

---

〔1〕參見清嘉慶二年《福康安入祀獎忠祠碑》，京667，《北京圖書館藏中國歷代石刻拓本匯編》卷七十七，頁二十六；《欽定大清會典事例》卷四百五十三；臺灣中華書局編輯部編《清史列傳》卷二十五，臺北：臺灣中華書局，2015年，頁十二至二十三；《光緒順天府志》卷六，頁一百七十五。

〔2〕參見《欽定大清會典事例》卷八百六十五。

〔3〕參見《北京文物勝迹大全（東城區卷）》，頁二百九十二。

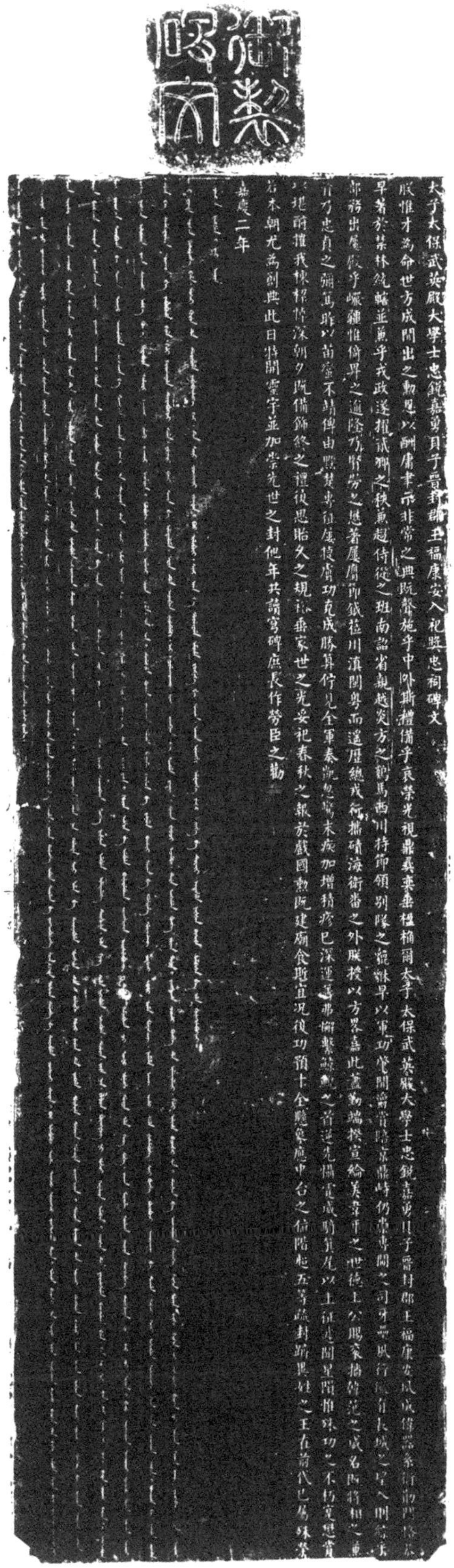

京 667《福康安入祀獎忠祠碑》陽

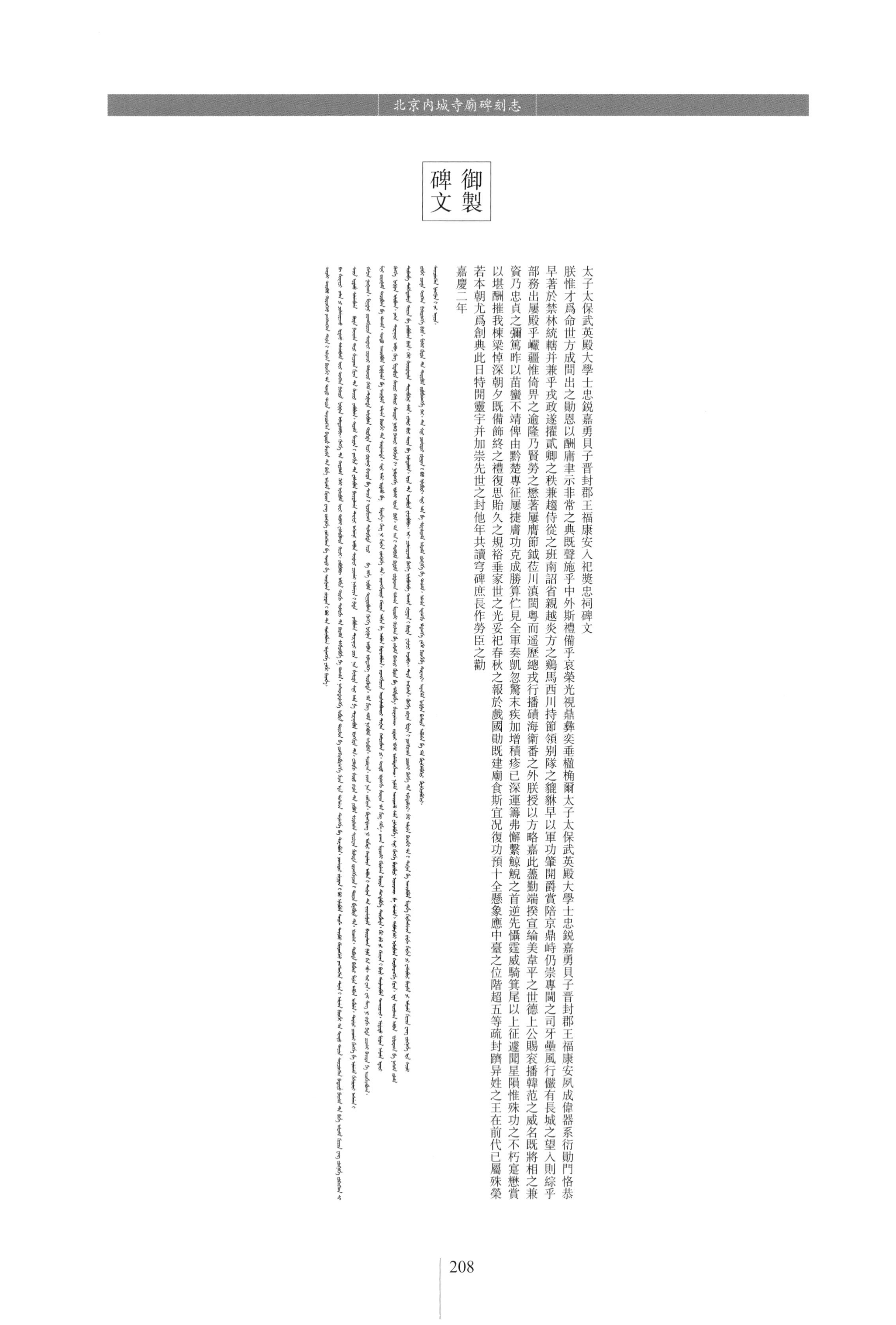

御製碑文

太子太保武英殿大學士忠鋭嘉勇貝子晉封郡王福康安入祀奬忠祠碑文

朕惟才爲命世方成間出之勛恩以酬庸聿示非常之典既聲施乎中外斯禮備乎哀榮光視鼎彝奕垂楹桷爾太子太保武英殿大學士忠鋭嘉勇貝子晉封郡王福康安夙成偉器系衍勛門恪恭早著於禁林統轄并兼乎戎政遂擢貳卿之秩兼趨侍從之班南詔省親越炎方之鷄馬西川持節領別隊之貔貅早以軍功肇開爵賞陪京鼎峙仍崇專閫之司牙壘風行儼有長城之望入則綜乎部務出屢殿乎巖疆惟倚畀之逾隆乃賢勞之懋著屢膺節鉞莅川滇閩粤而遥歷總戎行播磧海衛番之外朕授以方略嘉此藎勤端揆宣綸美韋平之世德上公賜衮播韓范之威名既將相之兼資乃忠貞之彌篤昨以苗蠻不靖俾由黔楚專征屢捷膚功克成勝算佇見全軍奏凱忽驚末疾加增積疹已深運籌弗懈繫鯨鯢之首逆先懾霆威騎箕尾以上征遽聞星隕惟殊功之不朽寔懋賞以堪酬摧我棟梁悼深朝夕既備飾終之禮復思貽久之規裕垂家世之光妥祀春秋之報於戲國勛既建廟食斯宜況復功預十全懸象應中臺之位階超五等疏封躋异姓之王在前代已屬殊榮若本朝尤爲創典此日特開靈宇并加崇先世之封他年共讀穹碑庶長作勞臣之勸

嘉慶二年

福康安入祀奬忠祠碑

額題：御製碑文
首題：太子太保武英殿大學士忠鋭嘉勇貝子晋封郡王福康安入祀奬忠祠碑文
年代：清嘉慶二年（1797）
原址：東城區沙灘後街馬神廟嵩公府
拓片尺寸：碑身高 246 厘米，寬 79 厘米；碑額高 30 厘米，寬 28 厘米
書體：正書滿、漢文，篆額
撰人：（仁宗）顒琰
《目録》：頁 519
拓片編號：京 667
拓片録自：《北京圖書館藏中國歷代石刻拓本匯編》卷 77 頁 26

【碑陽】
額題：御製碑文
碑文：

太子太保武英殿大學士忠鋭嘉勇貝子晋封郡王福康安入祀奬忠祠碑文 1

朕惟才爲命，世方成間，出之勛恩以酬庸，聿示非常之典。既聲施乎中外，斯禮備乎哀榮，光視鼎彝，奕垂楹桷。爾太子太保武英殿大學士忠鋭嘉勇貝子晋封郡王福康安，夙成偉器，系衍勛門，恪恭 2 早著於禁林，統轄并兼乎戎政。遂擢貳卿之秩，兼趨侍從之班。南詔省親，越炎方之鷄馬；西川持節，領別隊之貔貅。早以軍功，肇開爵賞。陪京鼎峙，仍崇專閫之司；牙壘風行，儼有長城之望。入則綜乎 3 部務，出屢殿乎巖疆。惟倚畀之逾隆，乃賢勞之懋著。屢膺節鉞，莅川滇閩粤而遥；歷總戎行，播磧海衛番之外。朕授以方略，嘉此藎勤。端揆宣綸，美韋平之世德；上公賜衮，播韓范之威名。既將相之兼 4 資，乃忠貞之彌篤。昨以苗蠻不靖，俾由黔楚專征，屢捷膚功，克成勝算。佇見全軍奏凱，忽驚末疾加增。積疹已深，運籌弗懈。繫鯨鯢之首逆，先懾霆威；騎箕尾以上征，遽聞星隕。惟殊功之不朽，寔懋賞 5 以堪酬。摧我棟梁，悼深朝夕。既備飾終之禮，復思貽久之規。裕垂家世之光，妥祀春秋之報。於戲！國勛既建，廟食斯宜，况復功預十全，懸象應中臺之位階，超五等疏封。躋异姓之王，在前代已屬殊榮，6 若本朝尤爲創典。此日特開靈宇，并加崇先世之封。他年共讀穹碑，庶長作勞臣之勸。7

嘉慶二年。8

【滿文部分】
碑文：

taidzi taiboo horonggo yangsangga deyen i aliha bithei da tondo dacun saicungga baturu beise de bihe amcame giyūn wang fungnehe fuk'anggan be tondo be saišaha jukten i boo de dosimbuha eldengge wehei bithe. [1]

bi gūnici jalan ci colgoroko erdemu salgabunme ofi tongga bisire faššan iletulembi. gungge de karulame kesi isibume ofi dabali wesihulere kooli. yabubumbi algin dorgi tulergi de bireme selgiyebuhe be dahame. nasara derengge obure dorolon be yongkiyaburengge giyan ede doshon derengge be tuwabume. cohotoi jukten i boo ilibume taidz taiboo horonggo yangsangga deyen i aliha bithei da tondo dacun saicungga baturu beise de bihe amcame giyūn wang fungnehe fuk'anggan si [2] sain erdemu salgabuha □ boode banjiha daci gocika hiyan de gaifi yabubuha. sirame meiren i janggin de wesibume baitalaha tereci ashani amban sindafi coohai nashūn i bade □ yabubuha tuwanaci yūn nan golode sini ama be tuwanabume unggire de. julergi goro jecen de yabume suilaha sycuwan golode jiyanggiyūn i doron benebure de. uthai. tubade bibufi meyen amban obuha. tereci coohai gungge be ilgame gisurefi ashan i [3] hafan šangnaha. mukdeni jiyanggiyūn sindafi fiyanji dalikū i gese. tušan de afabuha dorgide oci jurgan i baita be sain i icihiyaha tulergide oci □□ be elhe obume toktobuha gungge faššan ambula iletuleke turgunde. ele hing seme nikebume afabume. sycuwan. yūn nan. fugiyan. guwangdung ni uheri kadalara amban i tušan de forgošome baitalaha bime g'an su. tai wan. wei dzang ni jergi bade coohai baita be icihiyabuha. [4] mini jorišame tacibuha be dahame. tondo akvmbume faššaha be saišame aliha bithei de sindahade. sini amai erdemu be □ mutehe. gung ni hergen fungnehe de. jiyanggiyūn i horon algin be ambula badarambuha. jiyanggiyūn aisilabukū i tušan kamcibuha ci. tondo unenggi gūnin ele hing sehe. jakan miyoodzi hūlha baita dekdebuhe turgunde. gui jeo ci hūnan i baru dailanabume takūrafi. ududu mudan afame etefi [5] gungge faššan ilibuha. yasa tuwanaci amba gung mutebure gaifi hamifi gaitai nimeku bahafi ulhiyen i. nimerengge umesi ujen bime. da an i tulbime bodome fudaraka dalaha miyoodzi hūlha be jafame bahafi gurun be selgiyehe. gūnihakū jiduji ebsi ome mutehekū. nimeme akū oho seme wesimbuhe. sini gungge burubuci ojorakū be dahame. dabali kesi isibuha karularangge giyan. ede ujulaha amban I ufaraha be nasame jilame [6] tuban be temgetulere doron be yabubuha bime. geli goidatala tuwabukini seme. juleri booi sain be iletuleme. erin de acabure wecebumbi. ai. colgoroko gungge ilibuha be dahame jukten i boode wececi acambi. tere anggala. gungge juwan mudan i yongkiyaha coohai gungge de iletulefi. geli aliha bithei da i tušan be akvmbume mutehe hergen sunja jergi hergen ci wesibufi beise ci amcame giyūn wang fungnehe ere kooli [7] julgei fonde tongga bisirengge bime. musei gurun de deribume jibubuhangge kai. te sini cohotoi jukten i boo ilibufi. sini ama be suwaliyame amcame fungnehe be dahame. amaga inenggi eldengge wehei bithe be tuwafi. enteheme faššan bisire ambasa be ele guwekembukini huwekiyebukini. [8]

saicungga fengšen i jai aniya. [9]

恪僖公祠

恪僖公祠，又名傅恒宗祠[1]，也稱“傅恒家廟”[2]。不見於清乾隆《京城全圖》，原址爲今東城區沙灘北街十五號。寺廟建築今已不存。祠内原有清乾隆十四年（1749）的《傅恒宗祠碑》，此碑現保存在北京石刻藝術博物館。

恪僖公祠建於清乾隆十四年，係清高宗爲大學士傅恒敕建的宗祠。傅恒，姓富察，滿洲鑲黄旗人。清高宗時軍機大臣，保和殿大學士，孝賢皇后之弟。乾隆十四年，傅恒率軍出征大小金川（今四川大金川流域），平定叛亂。清高宗遂賜立祠堂，秩於祀典，并賜第東安門内，以示優錫。祠建於皇城東安門内，近傅恒宅第。山門三間，正殿按規制當爲三間，但奉旨蓋五間，東西配房各三間。是爲恪僖公祠，屬於清朝國家祀典中的中祀，每歲春秋仲月由太常寺遣官致祭。祠内所祭有傅恒曾祖恪僖公哈什屯并一品夫人覺羅氏，祖米思漢并一品夫人穆溪覺羅氏，和父李榮保并一品夫人覺羅氏。乾隆三十五年（1770），傅恒征伐緬甸後班師回朝，病死京城，亦入祀恪僖公祠[3]。

清末時，傅恒後裔孫松椿承襲公爵，其府被稱爲松公府，府西即此祠。1934年被擴充爲北京大學校舍，原建改成西式樓房。乾隆敕建碑仍立於樓前。1986年被運至五塔寺石刻博物館[4]。恪僖公祠在民國時期尚存[5]，但今已踪影全無。其原址現爲中國社會科學院法學研究所。原立於祠内的滿漢合璧的《傅恒宗祠碑》，兩面刻文，碑側滿雕游龍，極雄偉，因其規制高而被視作碑中精品[6]。

---

〔1〕清乾隆十四年《傅恒宗祠碑》，京912，《北京圖書館藏中國歷代石刻拓本匯編》卷七十，頁四十五至四十六。

〔2〕參見《北京文物勝迹大全（東城區卷）》，頁一百八十。

〔3〕參見《欽定大清會典事例》卷四百五十三；《傅恒宗祠碑》；《光緒順天府志》卷六，頁一百七十七；趙爾巽等《清史稿》卷三百零一，北京：中華書局，1977年，頁一萬零四百四十五至一萬零四百五十一。

〔4〕參見《北京文物勝迹大全（東城區卷）》，頁一百八十至一百八十一。

〔5〕參見《北京街衢坊巷之概略》；内政部壇廟管理所編《北平市壇廟調查報告》，1934年。

〔6〕中央電視臺《國寶檔案》2012年第117期。

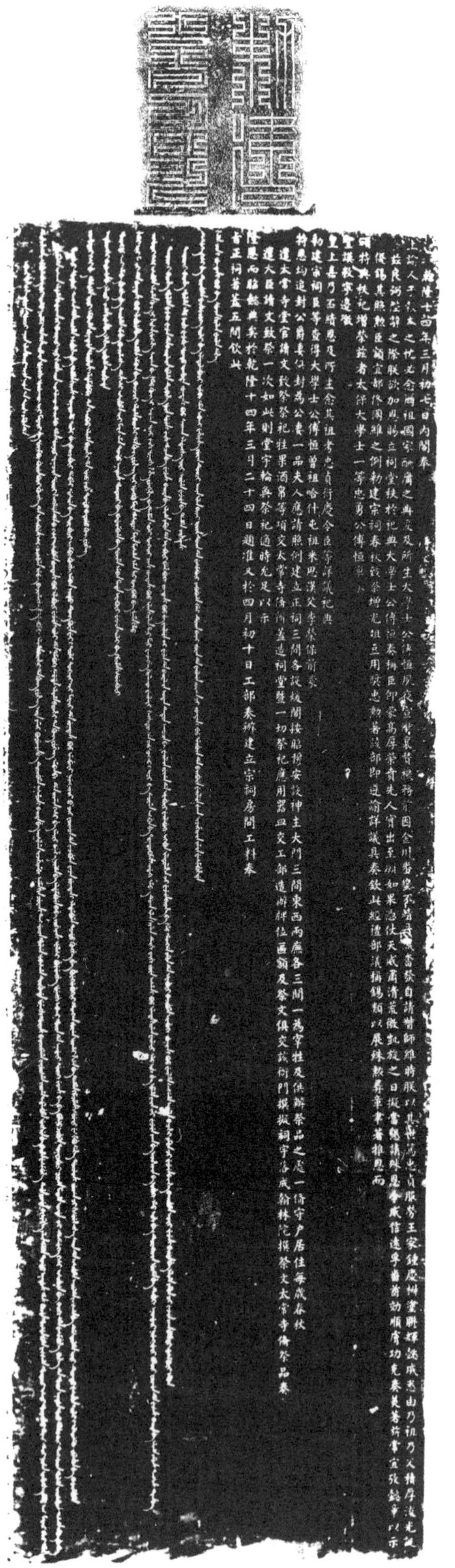

京 912《傅恒宗祠碑》陽

敕建

乾隆十四年三月初七日内閣奉
上諭人子報本之忱必念爾祖國家酬庸之典爰及所生大學士公傅恒夙夜宣猷襄贊機務前因金川番蠻不靖丹誠奮發自請督師維時朕以其世篤忠貞服勞工家鍾慶椒塗聯輝懿戚悉由乃祖乃父積厚流光誕
茲良弼陛辭之際朕欲加恩賜立祠堂秩於祀典大學士公傅恒奏稱臣仰蒙高厚榮賁先人實出至願如果憑仗天威肅清荒徼凱旋之日擬當懇請殊恩令威信遠孚番酋效順膚功克奏美著旗常宜考懿章以示
優錫其照勛臣額宜都佟國維之例敕建宗祠春秋致祭增光俎豆用獎忠勛著該部即遵諭詳議具奏欽此經禮部議稱錫類以展殊勛彝章聿著推恩而
頒特典秩祀增榮茲者太保大學士一等忠勇公傅恒稟承
聖謨教寧邊徼
皇上嘉乃丕績恩及所生念其祖考忠貞衍慶令臣等詳議祀典
敕建宗祠臣等查得大學士公傅恒曾祖哈什屯祖米思漢父李榮保前蒙
特恩均追封公爵妻俱封爲公妻一品夫人應請照例建立正祠三間各設暖閣按昭穆安設神主大門三間東西兩廡各三間一爲宰牲及供辦祭品之處一備守户居住每歲春秋
遣太常寺堂官讀文致祭祀牲果酒帛等項交太常寺備辦蓋造祠堂暨一切祭祀應用器皿交工部造辦牌位匾額及祭文俱交該衙門撰擬祠宇落成翰林院撰祭文太常寺備祭品奏
遣大臣讀文致祭一次如此則堂宇輪奐祭祀適時允足以示
隆恩而昭懿典矣於乾隆十四年三月二十四日題准又於四月初十日工部奏辦建立宗祠房間工料奏
旨正祠著蓋五間欽此

傅恒宗祠碑

額題：敕建
年代：清乾隆十四年（1749）四月十日
原址：東城區沙灘後街
拓片尺寸：碑身高 260 厘米，寬 83 厘米；額高 44 厘米，寬 37 厘米
書體：正書滿、漢文，篆額
《目録》：頁 299
拓片編號：京 912
拓片録自：《北京圖書館藏中國歷代石刻拓本匯編》卷 70 頁 45—46

【碑陽】

額題：敕建

碑文：

乾隆十四年三月初七日内閣奉 1 上諭："人子報本之忱，必念爾祖；國家酬庸之典，爰及所生。大學士公傅恒夙夜宣猷，襄贊機務。前因金川番蠻不靖，丹誠奮發，自請督師。維時朕以其世篤忠貞，服勞王家，鍾慶椒塗，聯輝懿戚，悉由乃祖乃父積厚流光，誕 2 兹良弼。陛辭之際，朕欲加恩賜、立祠堂，秩於祀典。大學士公傅恒奏稱：'臣仰蒙高厚，榮賁先人，實出至願。如果憑仗天威，肅清荒徼，凱旋之日，擬當懇請殊恩，令威信遠孚，番酋效順。'膚功克奏，美著旗常，宜考懿章，以示 3 優錫。其照勛臣額宜都、佟國維之例，敕建宗祠，春秋致祭，增光俎豆，用奬忠勛。著該部即遵諭，詳議具奏，欽此。"經禮部議稱："錫類以展殊勛，彝章聿著推恩。而 4 頒特典，秩祀增榮。兹者太保大學士、一等忠勇公傅恒稟承 5 聖謨，教寧邊徼，6 皇上嘉乃丕績，恩及所生，念其祖考忠貞衍慶，令臣等詳議祀典，7 敕建宗祠。臣等查得大學士公傅恒曾祖哈什屯、祖米思漢、父李榮保，前蒙 8 特恩，均追封公爵，妻俱封爲公妻一品夫人。應請照例建立正祠三間，各設暖閣，按昭穆安設神主。大門三間，東西兩廡各三間，一爲宰牲及供辦祭品之處，一備守户居住。每歲春秋 9 遣太常寺堂官讀文致祭。祭祀牲果酒帛等項交太常寺備辦，蓋造祠堂暨一切祭祀應用器皿交工部造辦，牌位匾額及祭文俱交該衙門撰擬。祠宇落成，翰林院撰祭文，太常寺備祭品，奏 10 遣大臣讀文致祭一次。如此則堂宇輪奂，祭祀適時，允足以示 11 隆恩而昭懿典矣。"於乾隆十四年三月二十四日題准，又於四月初十日工部奏辦建立宗祠，房間工料奉 12 旨：正祠著蓋五間，欽此。13

【滿文部分】

額題：hesei ilibuha

碑文：

abkai wehiyehe juwan duici aniya ilan biyai ice nadan de dorgi yamun de 1 (+) dergi hese wasimbuhangge jui oho niyalmai da de karulara unenggi. urunakū ini mafari be gūnimbi. gurun boo gungge de isibure kesi. cohome imbe banjihangge be dabumbi aliha bithei da gung fuheng. erde yamji bodogon be tucibume. nashūn i baita be aisilame icihiyambi. neneme gin cuwan i tanggūt hūlha ubašaha turgunde. unenggi gūnin i baturulame fafuršame cooha kadalabume unggire be baime wesimbuhe tere fonde bi imbe jalan halame tondo akdun i han i boode i hūsun bume faššaha hūturi isafi hūwangheu eldefi. hanci niyaman ohongge. gemu ini mafari ini amai [2] jiramilame isaka eldeme badaraka ci banjinafi ini gese sain aisilakū banjihabi seme gūnifi fakcara doroi hengkilere de. bi kesi isibume jukten i boo ilibufi wecere kooli de dambuki serede. aliha bithei da gung fuheng, amban bi den jiramin kesi be alifi nenehe niyalma be eldembure babe yargiyan i umesi buyerengge. unenggi abkai horon de akdafi. goroki jecen ba be bolgo obume toktobuci cooha meihe erinde. jai desereke kesi isibure be baiki seme wesimbuhe bihe. te horon akdun goro selgiyebufi. tanggūt hūlha ijishūn I dahaha. amba gungge [3] mutebufi. suduri dangse tanggin de saišame ejebuhe be dahame giyan i toktoho kooli be baicabufi dabali gosire be tuwabuci acambi. gungge amban eidu tung guwa wei i kooli songkoi ini mafari de jukten i boo ilibufi niyengniyeri bolori forgon de wecebume. wecen jukten i eldembume. tondo gungge be huwekiyebukini. harangga jurgan uthai hese be dahame kimcime gisurefi [4] wesimbu sehe. dorolon i jurgan ci gisurehengge sain de isibume enculeme faššaha be temgetuleme ofi. tuttu wesihun kooli i iletulembi. fulehun be banjibuha (+) cohotoi kesi be selgiyeme ofi. ambaraha juktere dorolon i eldembumbi te taiboo. aliha bithei da uju jergi tondo baturu gung fuheng [5] (+) enduringge i bodogon be alifi. jase jecen be elhe obuha turgunde [6] (+) hūwangdi kai amba gungge be saišaha imbe banjihangge de kesi isibume. ini mafa. ama tondo akdun i hūturi be badarambuha be gūnime. amban mende afambufi. wecere kooli be kimcime gisurebufi. [7] (+) hesei ini mafari de jukten i boo ilibure be dahame. amban be baicaci. aliha bithei da gung fuheng. ini unggu mafa hasiton. mafa mishan ama lii žung boo be. neneme gemu [8] (+) cohotoi kesi isibume. amcame gung ni hergen fungnehe sargan be gemu gung ni sargan uju jergi unenggi hehe fungnehe be dahame kooli songkoi cin i jukten i boo ilan giyalan. meni meni wenjengge giyalakū weilefi genggitungga cib songko i ici be tuwame nikebun be toktobume sindaki amba duka ilan giyalan. dergi wargi juwe ashan i boo ilata giyalan weilefi. emu ergi be ulha wara. jai wecere jaka be icihiyara ba obuki. emu ergi tuwakiyara urse be tebuki. aniyadari niyengniyeri bolori forgon de wecen i baita be aliha yamun i tanggin i hafan be [9] takūrafi bithe hūlame weceki. wecen de baitalara ulha. tubihe nure suje i jergi hacin be. wecen i baita be aliha yamun de afabufi belhebuki. jukten i boo be weilere. jai wecen de baitalara eiten tetun agūra be weilere jurgan de afabufi weilebuki. nikebun. iletulehen. jai wecere bithe be gemu harangga yamun de afabufi banjibume arabuki. jukten i boo weileme i šanggaha erede. bithei yamun ci wecere bithe banjibume arafi wecen i baita be aliha yamun ci wecere jaka belhefi. wesimbufi amban [10] takūrafi bithe hūlame emu jergi weceki. uttu ohode jukten i boo saikan eldengge ofi. erileme wecere be dahame. yargiyan i [11] (+) desereke kesi be tuwabume. ferguwecuke kooli be iletulebuci ombi seme abkai wehiyehe juwan duici aniya ilan biyai orin duin de wesimbufi yabubuha. geli duin biyai juwan de weilere jurgan ci jukten i boo ilibure de baibure weilere jaka icihiyara jalin wesimbuhede. [12] (+) hese. cin i jukten i boo be sunja giyalan weile sehe. [13]

關帝廟

關帝廟,不見於清乾隆《京城全圖》,原址爲内六區沙灘甲一號(今東城區五四大街三十五號),寺廟建築尚存部分。

關帝廟始建年代不詳。民國時期寺廟住持聲稱,傳聞始建於明,乾隆四十二年(1777)重修。清《雍正廟册》記載皇城内沙灘關帝廟一座,有殿宇一間,禪房四間,住持智順,即爲此廟。乾隆四十二年季夏,大學士忠勇公傅恒之子,清高宗四女和碩和嘉公主駙馬福隆安爲大殿題額“浩然真氣”,題聯“大節至今昭日月,英風自古振綱常”[1]。

清光緒二十六年(1900),僧人來振從師傅手中接管關帝廟[2]。

民國時期的關帝廟坐北朝南,在沙灘街北,面積約一畝餘。山門一間南向,門前空地有圍墻圍起,南墻開門。山門木額“關帝廟”,另有“慈善圖書社”和“佛經流通處”兩塊木牌。山門内爲主院,有北殿三間,供銅質金身關帝一尊,銅質周倉、關平立像,據稱“爲征大小金川時傅恒所修”;另有銅質金身觀音像一尊;釋迦佛一尊,童像兩個,均木質金身,供於玻璃木龕内。像前有磁香爐一座,銅磬一個。院内還有東房三間,爲圖書社;西房三間,廊下懸清雍正六年(1728)造鐵鐘一口;楸樹、槐樹各兩株,水井一眼。主院東北有一跨院,有北房兩間,東房一間。主院西爲西小院,有北房一間。另外,關帝廟還藏有《楞嚴經》全部、《法華經》全部和《禪門課誦》全部。寺内有住持來振,以及越層和昌姓兩位僧人,其中越層專管圖書社事務[3]。

除關帝廟外,來振還掌管着另外四座寺廟,分别是三眼井胡同三十號、沙灘十九號和騎河樓十五號的三座關帝廟,以及騎河樓十四號的娘娘廟[4]。

---

〔1〕參見國立北平研究院《關帝廟》,東四 20。

〔2〕同上。

〔3〕同上。北京市檔案館藏《北平市社會局·内六區沙灘關帝廟僧人來振關於登記廟産、發放憑照、繳納捐款的呈文及社會局的批示、通知》,1930—1940 年,檔案號 J002-008-00047,頁三十六至三十九;《北京寺廟歷史資料》,頁七十九至八十。

〔4〕三眼井胡同三十號的關帝廟在六排六段,沙灘十九號的關帝廟參見本排段,騎河樓十五號關帝廟、騎河樓十四號娘娘廟在七排五段。

據來振陳述，民國以來，五座寺廟布施幾無進款，"僧人衣食亦屬困難，迫不得已"，衹能將寺内房屋出租。1921 年，來振將廟東邊的附屬空地租給廣德堂鋪主祝耀宗開設廣澄園澡堂。澡堂在空地蓋建樓房。1929 年，遵照政府要求寺廟辦理慈善事業的規定，來振在沙灘關帝廟内設立慈善圖書社，購買書報、供應茶水、雇傭夫役之費，均由寺廟供給。1930 年，北平市社會局因來振管有五所寺廟，且房屋多有出租，收入頗豐，令其每月繳納二十元捐款，協助社會局開辦的慧工學校。來振表示無力交款，經協商，決定繳納一次性捐款五十元，分五次繳清。1938 年，前述廣澄園澡堂在澡堂房頂安裝軋水機，并新蓋木板房三間。此項工程因事先未經政府批准，被社會局要求全部拆除。1940 年三月，來振獲社會局許可，在關帝廟前院空地搭建鉛板棚[1]。1947 年，來振依然是五所寺廟的住持[2]。

2017 年調查時，住在院内的一位八旬老人清晰地記得當年的老和尚來振、徒弟會海和來振的一個侄子。據老人回憶，雖然没有香客，來振却依然每天照例燒香。1949 年以後每逢五一、國慶，因關帝廟地處便利，附近寺廟的幾十名和尚尼姑來此集會，然後一同前往天安門參加節日游行。來振後來癱瘓，於 1958 年前後去世。他的徒弟和侄子隨後也遷往别處。1958 年大煉鋼鐵運動展開，大殿内的關帝銅像被拉走，大殿也從此開始住人。

2017 年關帝廟爲一居民大院，數十年來陸續添蓋的房屋建築使整個院落顯得雜亂無章，完全失去了原來的風貌。寺廟的大殿尚存，但也已是面目全非。

沙灘關帝廟大殿（2013 年 10 月 曉松攝）

〔1〕參見北京市檔案館藏《北平市社會局·内六區沙灘關帝廟僧人來振關於登記廟産、發放憑照、繳納捐款的呈文及社會局的批示、通知》，頁一至二十六、五十一、五十七、八十四至九十一、一百零一至一百零七。

〔2〕參見北京市檔案館藏《北平市民政局·北平市各區寺廟總登記考察簿（1947—1948）》，檔案號 J003-001-00237，頁五十八至五十九。

六排六段

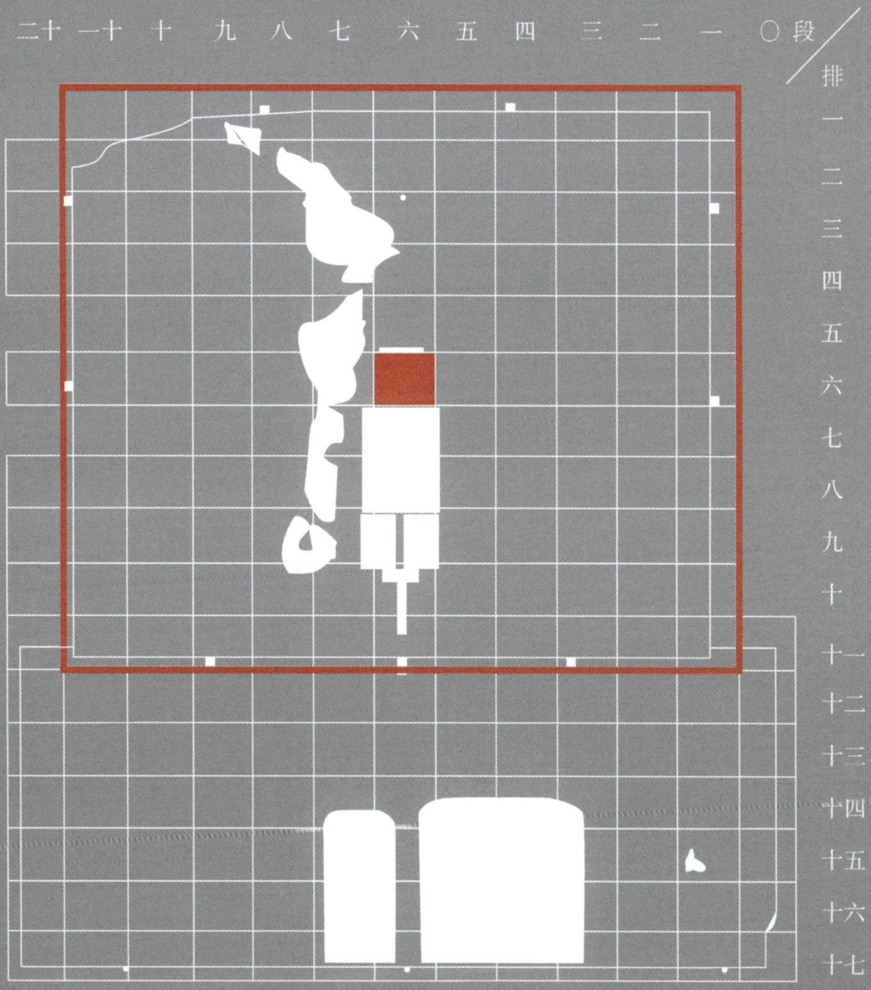

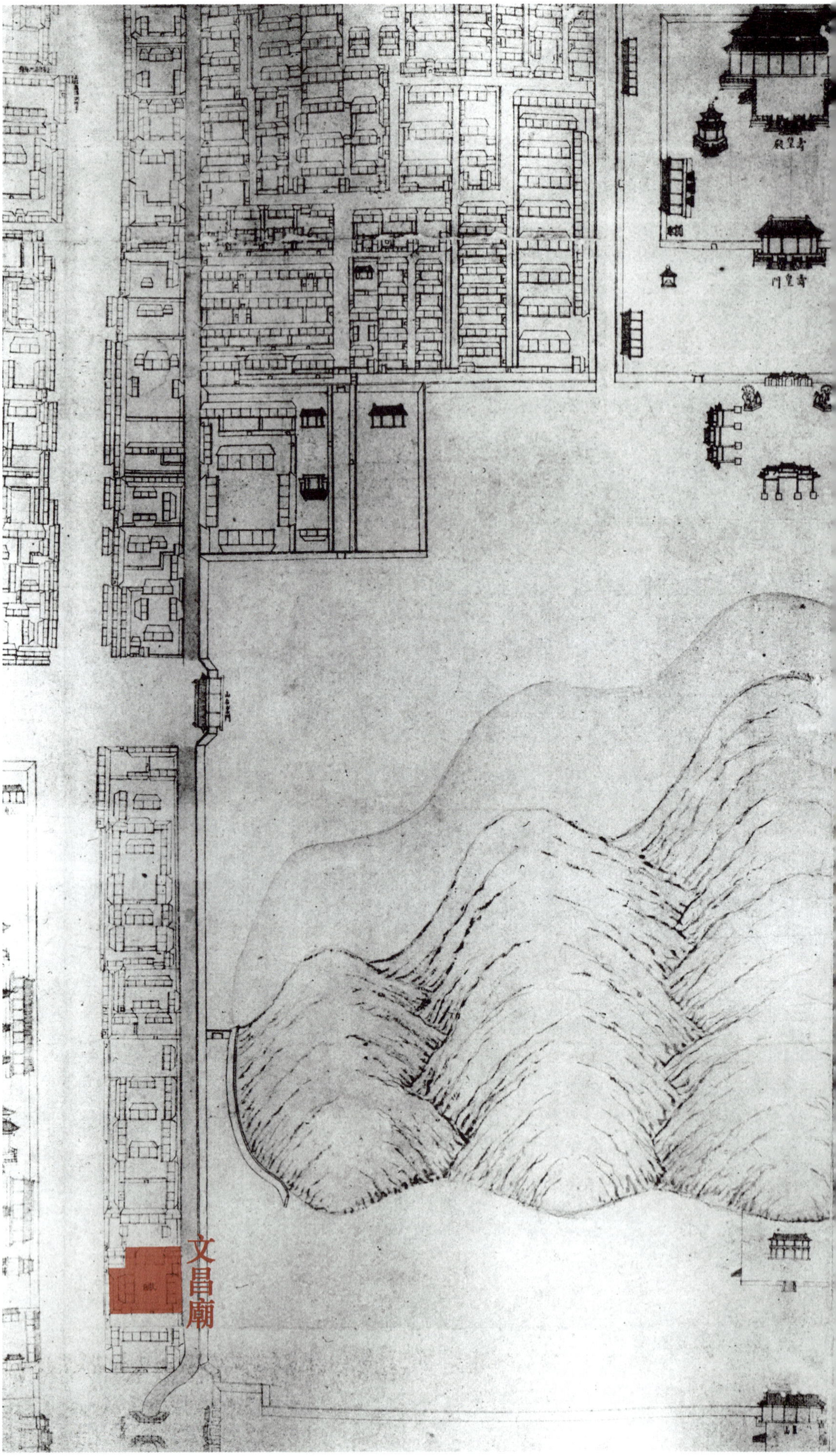

壽皇殿
壽皇門
文昌廟

關帝廟（三眼井）
關帝廟（景山東街）
關帝廟（景山東門）

景山寺廟列表

清乾隆《京城全圖》六排六段與六排七段的大部分區域位於今景山、北海公園内。北海内諸寺已見於本叢書第五卷《西苑寺廟列表》[1],此處簡述景山内諸廟。

一般認爲,景山一區開發於金代。大定十九年(1179),金世宗在京城北建成離宫太寧宫,"引宫左流泉溉田,歲獲稻萬斛"[2],但當時并無建築。元時景山一區被納入皇城範圍,爲宫城北門之厚載門之所在[3]。明永樂年間建北京城,將渣土壓在元延春閣舊基上,形成"大内之鎮山",亦名萬歲山。山上林木茂密,周迴多植奇果,名百果園[4]。後又俗稱煤山,蓋"相傳其下皆聚石炭以備閉城不虞之用者"[5]。山上有土成磴道,每年重陽節帝駕於此登高飲觴[6]。明末,思宗自縊於山東側槐樹。清順治十二年(1655)六月,更名爲"景山"[7],壽皇殿及附近建築被用作安放清帝御容與暫存皇室梓宫之所,但并未有大規模改動,直到乾隆年間大興土木。乾隆十四年(1749)將原在東北部的壽皇殿移於景山中峰正北,仿太廟規制擴建[8]。乾隆十五年(1750)起又陸續增建萬春等五亭供佛[9]。光緒年間庚子之變,景山遭嚴重破壞,佛像法器被洗劫幾空,連并五亭等多處被焚。民國初期,景山壽皇殿内仍供奉清季帝王影像,皇室成員還常去瞻禮致祭。民國十七年(1928)起作爲故宫博物院的一部分對外開放,民國二十一年(1932)因修景山前街道路,拆北上東門和

〔1〕參見《北京内城寺廟碑刻志》第五卷,頁二百一十九至二百二十八。

〔2〕參見(元)脱脱《金史》卷一百三十三,清乾隆武英殿刻本,頁三。

〔3〕參見中國科學院考古研究所元大都考古隊、北京市文物管理處元大都考古隊《元大都的勘查和發掘》,《考古》1972年第1期,頁二十一。

〔4〕參見《日下舊聞考》卷三十五,頁五百五十。

〔5〕參見《萬曆野獲編》卷二十四,頁六百零四。

〔6〕參見《日下舊聞考》卷三十五,頁五百四十九。

〔7〕參見《清實録·世祖章皇帝實録》卷九十二,順治十二年六月丁巳條,頁七百二十二。

〔8〕參見《日下舊聞考》卷十九,頁二百六十。

〔9〕參見《日下舊聞考》卷十九,頁二百五十九。

北上西門〔1〕。

1954年，北京市人民政府決定將景山的管理權由故宫博物院移交北京市園林處。1955年，景山公園正式對外開放，壽皇殿用作北京市少年宫。2011年，“北京中軸綫”申請世界文化遺産項目啓動，壽皇殿等古建築開始騰退和修繕。2016年4月，壽皇殿建築群啓動全面修繕，2018年開始對外開放。

景山上的祭祀場所主要是壽皇殿及其東建築，萬春等五亭内亦有佛像供奉，以下列表簡述。

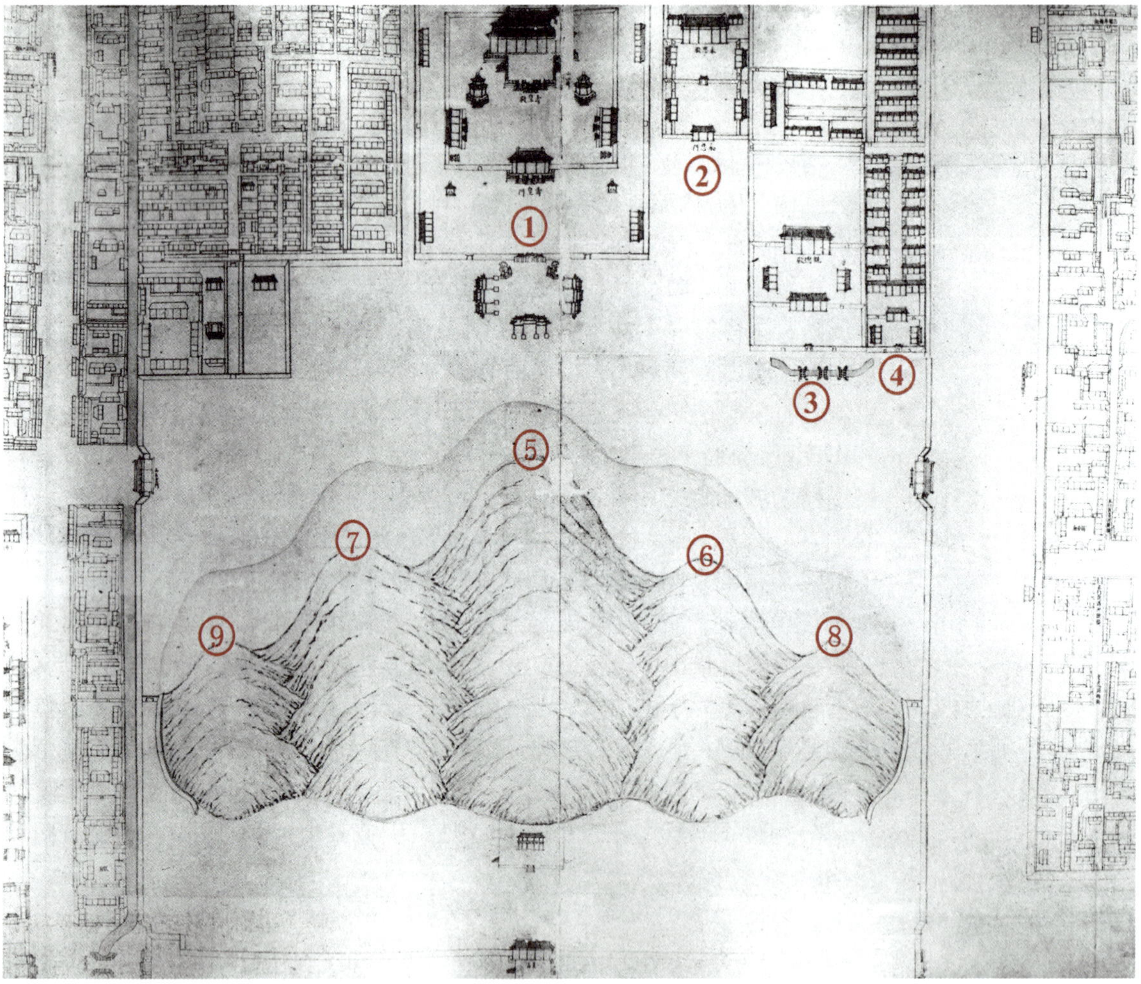

景山寺廟分布圖

〔1〕參見北海景山公園管理處編《北海景山公園志》，北京：中國林業出版社，2000年，頁三百九十二。

景山寺廟分布表

編號	名稱	位置	始建時間	存廢	簡述	碑刻
1	壽皇殿	原在景山東北,乾隆十四年移建今址	始建於萬曆年間,乾隆十四年移建	2011年騰退翻修,現存完好	明萬曆年間始建,時用途不詳。清季以後歷來用作安放清帝御容之所。大行帝后梓宫例厝於其東永思殿、觀德殿内,除暫厝期間舉行規模宏大的葬禮法事外,每月初一、四時節令與先祖忌辰,清帝都至此親詣致祭或遣親王、貝勒行禮	《日下舊聞考》記殿前有碑亭二。今碑亭内爲乾隆十四年《御製重建壽皇殿碑文》
2	永思殿	壽皇殿東	乾隆十五年始建	1965年北京市少年宫將正殿拆除,其餘宫門、配殿等完整	乾隆十五年添建後,至乾隆三十七年(1772)尚未粘修油飾〔1〕。後用作帝王守靈居處〔2〕。到清末光緒年間用於大行皇后梓宫暫厝〔3〕	無
3	觀德殿	永思殿東	萬曆二十八年(1600)始建,乾隆十三年(1748)挪蓋今址	現存完好	明代山左爲射箭所,故曰"觀德",亦爲召對之處〔4〕。直至康熙年間亦曾於此召對觀射賜飲〔5〕。但有清一季多用作停厝梓宫之處〔6〕	無

〔1〕參見《北海景山公園志》,頁四百一十五。

〔2〕例如《清實録·仁宗睿皇帝實録》卷三十八,嘉慶四年正月,"上居永思殿苫次",頁四百四十三;卷五十一,嘉慶四年九月,"居永思殿倚廬",頁六百四十四。《清實録·宣宗成皇帝實録》卷四,嘉慶二十五年九月,"上居永思殿苫次",頁一百二十四;卷十四,道光元年三月,"上居永思殿倚廬",頁二百七十五。亦參見中國第一歷史檔案館藏《軍機處全宗·爲皇考大行皇帝二滿月致祭上居永思殿致祭》,嘉慶二十五年九月十一日,檔案號03-18-009-000076-0007-0046。

〔3〕《清實録·穆宗毅皇帝實録》卷三百七十四,光緒元年二月,"奉移大行皇后梓宫於永思殿",頁九百四十九。

〔4〕參見《日下舊聞考》卷三十五,頁五百四十九。

〔5〕《清實録·聖祖仁皇帝實録》卷四十三,康熙十二年八月,"上御觀德殿,選擇八旗善射者,閲射",頁五百七十六。

〔6〕例如《清實録·世祖章皇帝實録》卷一百三十九,順治十七年八月,"恭移端敬皇后梓宫於景山觀德殿",頁七十八。《清實録·高宗純皇帝實録》卷三百一十一,乾隆十三年三月,"奉移大行皇后梓宫於觀德殿",頁九十四。《清實録·仁宗睿皇帝實録》卷三十七,嘉慶四年正月,"大行太上皇帝梓宫奉移觀德殿",頁四百二十七。

（續表）

編號	名稱	位置	始建時間	存廢	簡述	碑刻
4	護國忠義廟	觀德殿東	可能爲明代	現存完好	亦稱關帝廟。康熙年間供關聖立馬像,懸聖祖御書額曰“忠義”[1]。乾隆九年挪蓋正殿三間、抱厦三間、山門一座、順山房六間、真武殿三間,添建配殿六間[2]。民國七年(1918)曾被火灾。1958年拆除山門及順山房,其餘現存完整	無
5	萬春亭[3]	景山中峰	乾隆十五年	現存	黄琉璃瓦三重檐方亭,四面各五間。供毗盧遮那佛,設銅五供與拜墊	無
6	觀妙亭	萬春亭東	乾隆十五年	現存	重檐八角攢尖頂八方亭,供阿衆佛銅像	無
7	輯芳亭	萬春亭西	乾隆十五年	現存	重檐八角攢尖頂八方亭,供阿彌陀佛銅像	無
8	周賞亭	觀妙亭東	乾隆十七年(1752)	現存	重檐圓亭,供寶生佛銅像	無
9	富覽亭	輯芳亭西	乾隆十七年	現存	重檐圓亭,供成就佛銅像	無

[1]《日下舊聞考》卷十九,頁二百六十二。

[2]《北海景山公園志》,頁四百一十九。

[3]五亭修建及陳設資料參見乾隆十五年、乾隆十七年内務府奏案,轉引自《北海景山公園志》頁四百二十二。

關帝廟（景山東門）

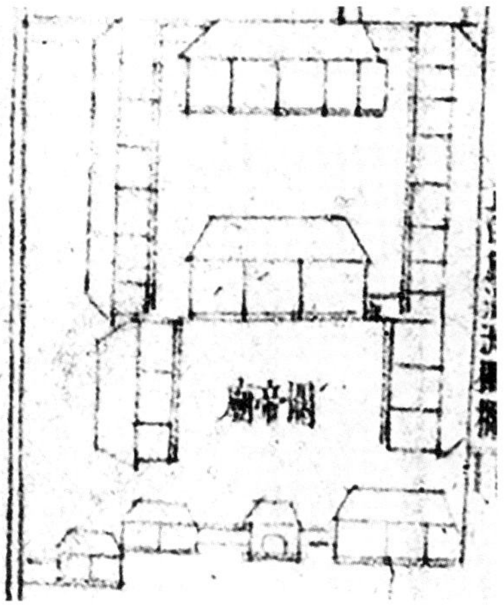

關帝廟，原址在今東城區沙灘後街五十九號。寺廟建築不存。

關帝廟始建年代不詳。清《雍正廟册》有記載，在景山東門，爲大僧廟，有殿宇八間，禪房三十間，住持普潤。清《乾隆廟册》亦録作大僧廟，住持照璽。

清乾隆《京城全圖》所繪的關帝廟位於景山外墻東側，景山東門外，馬神廟街街北。寺廟坐北朝南，有兩進主院和一西跨道。山門一間南向，西有北房兩間，東有北房三間。前院北殿三間，東西配殿各三間。前院東北角有墻，墻上開門通後院。後院大殿五間，東西各有順山房七間。主院西有一狹長跨道，其西墻即爲景山東外墻。跨道南端有房兩間。

乾隆二十五年（1760），高宗四女和嘉和碩公主下嫁大學士、一等忠勇公傅恒之子福隆安[1]。關帝廟極有可能在彼時被改建，成爲和嘉和碩公主府的一部分[2]。光緒二十四年（1898）清政府創辦京師大學堂，公主府被略微修葺之後，成爲大學堂的臨時開辦之所[3]。

2017年調查時，寺廟原址爲北京市文物保護單位京師大學堂遺存。

〔1〕參見《清實録·高宗純皇帝實録》卷六百零八，乾隆二十五年三月五日條，頁八百二十六。

〔2〕和嘉和碩公主府在清末被改建成京師大學堂，其今天的遺存位於景山外墻東側，與《京城全圖》中關帝廟的位置相吻合，以此判斷關帝廟在乾隆二十五年被改建成公主府的一部分。

〔3〕參見《慶親王奕劻等奏請撥馬神廟官房作爲大學堂開辦之所摺》，清光緒二十四年六月初二日。北京大學、中國第一歷史檔案館編《京師大學堂檔案選編》，北京：北京大學出版社，2001年，頁四十八；《北京文物勝迹大全（東城區卷）》，頁八十一至八十二。

文昌廟

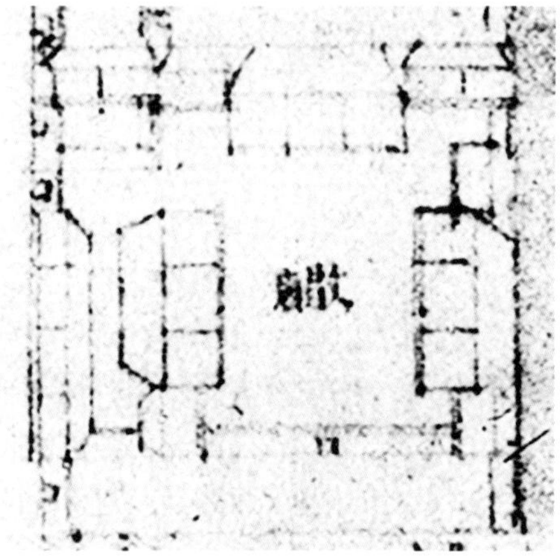

文昌廟，原址約在今西城區景山西街五十號。寺廟建築現不存。

文昌廟始建年代不詳。清康熙《皇城宫殿衙署圖》畫有此廟，稱梓潼廟。清乾隆十六年（1751）内務府奉旨在景山西門外南邊挪蓋文昌廟，有正殿三間，配殿六間，住持房一間，砌墻垣十二丈，開門一座[1]。從清乾隆《京城全圖》看，文昌廟坐北朝南，一層殿宇，東臨景山西墻外的玉河，西與大高玄殿隔街相望。南墻正中開廟門，兩端有東西房各一間。廟門内北殿三間，東西配殿各三間。北殿東有北房兩間，北殿西有北房一間。東配殿北有東房一間。

除此外未見其他文獻記載。

2007 年調查時，寺廟原址爲大三元酒家。2017 年回訪時情形同。

---

〔1〕參見"中央研究院"近代史研究所藏内務府奏銷檔《約估銀兩數目事》，乾隆十六年九月二十九日。此份檔案中因采用"挪蓋"一詞，故不確定是否寺廟此前已存。

關帝廟(三眼井)

關帝廟,又名護國關帝廟[1],不見於清乾隆《京城全圖》,原址爲内六區三眼井胡同三十號(今東城區三眼井胡同七十號、七十二號、甲七十二號)。寺廟建築現存。寺内原有清乾隆二十一年(1756)《關帝廟碑》和清乾隆四十三年(1778)《關帝廟碑》。

寺廟始建年代不詳,未載入清《雍正廟册》和《乾隆廟册》,明清地方文獻也無記録。大殿前曾有一大鐵鼎,刻有"大明萬厲戊午年(1618)孟秋吉日造"銘文,或可爲寺廟歷史提供一佐證。又大殿木額"永翊皇圖,乾隆甲子(1744)蒲月吉日潘崇陞敬題"[2],表明至少在乾隆甲子年已有該廟。根據清乾隆二十一年(1756)太保大學士忠勇公傅恒撰寫的《關帝廟碑》,此廟在其宅邸附近,係周圍居民奉祀之所,是年由傅恒出資整葺[3]。二十一載之後,傅恒之子,清高宗四女和碩和嘉公主駙馬福隆安又蠲金重修[4]。

清末關帝廟住持爲本端。後本端將廟交由本印代管。清光緒三十四年(1908),本印又交廟給來振。來振俗名劉福禄,昌平人,擔任關帝廟住持一直到20世紀40年代末。除此廟外,來振還掌管着另外四座寺廟,分别是沙灘甲一號、沙灘十九號和騎河樓十五號的三座關帝廟,以及騎河樓十四號的娘娘廟[5]。

民國時期的關帝廟位於三眼井胡同街南,總面積二畝八分,兩進院落,共有殿宇房舍四十餘間。據北平研究院調查記録,寺廟山門三間北向,已改

[1]參見寺廟石額。

[2]參見國立北平研究院《關帝廟》,東四33。

[3]參見清乾隆二十一年《關帝廟碑》,京648,《北京圖書館藏中國歷代石刻拓本匯編》卷七十一,頁八十九。

[4]參見清乾隆四十三年《關帝廟碑》,京649,《北京圖書館藏中國歷代石刻拓本匯編》卷七十四,頁十七。

[5]參見北京市檔案館藏《北平市社會局·内六區三眼井關帝廟僧人來振登記廟産的呈文及社會局的批示》,1931—1936年,檔案號J002-008-00655,頁四、二十三;《北平市社會局·内六區沙灘關帝廟僧人來振關於登記廟産、發放憑照、繳納捐款的呈文及社會局的批示、通知》,1930—1940年,檔案號J002-008-00047,頁二十六。沙灘甲一號和沙灘十九號的關帝廟參見六排五段,騎河樓十五號關帝廟、騎河樓十四號娘娘廟在七排五段。

作洋車廠，上有石額“護國關帝廟”。山門東西兩側各有北房兩間。前院有大殿三間，東西配房各三間，東西夾道排房各七間。大殿内中供關帝一尊，周倉、關平立像各一尊，均木質金身；又有泥塑馬童各兩個。左供泥塑火神像一尊，童像兩個。右供泥塑藍面神像一尊，手執狼牙棒；童像兩個，一執葫蘆，一執鐵圈。像前有黄琉璃五供一份，銅磬一個，香爐兩個。殿内東西兩邊各有泥塑配像六尊。殿後又有關帝泥像一尊，兩側分爲周倉、關平立像，像前有鐵五供一份。大殿前左右分立清乾隆二十一年傅恒撰《關帝廟碑》和清乾隆四十三年福隆安撰《關帝廟碑》。大殿前院内有明萬曆戊午年造大鐵鼎一座。後院南房五間，内有佛像一尊。社會局 1930 年的調查記録稱廟内有釋迦佛、觀音菩薩和地藏菩薩像各一尊。住持來振并不住在廟内。寺廟無其他僧人，房屋均租給小販[1]。1947 年北平市民政局調查時來振依然爲該廟的住持[2]。

2017 年調查時據 20 世紀 50 年代搬入寺内的住户回憶，關帝廟的大殿在 1950 年前後一直是一個做飴糖的作坊，東配房是做磨香油買賣的，均無神像。寺内也無香火。1956 年因公私合營政策，飴糖作坊停業，大殿一分爲四，開始住人。後院的五間南房 20 世紀五六十年代時還有佛像。20 世紀 70 年代佛像被砸碎，埋入地下，房屋也從此變成住房。當時還在大殿前的空地上挖防空洞，因嫌兩通立在殿前的碑礙事，遂分别推倒埋入地下，碑座則被砸碎。

2017 年，關帝廟的所有建築均在，但都改造成民居。除却屋頂之外，其餘部分都難以辨認。大殿前東北角的一棵老榆樹枝繁葉茂。

三眼井關帝廟（2013 年 10 月 曉松攝）

〔1〕參見國立北平研究院《關帝廟》，東四 33；北京市檔案館藏《北平市社會局·内六區三眼井關帝廟僧人來振登記廟産的呈文及社會局的批示》，1931—1936 年，檔案號 J002-008-00655，頁二十一；《北京寺廟歷史資料》，頁七十九。

〔2〕參見北京市檔案館藏《北平市民政局·北平市各區寺廟總登記考察簿（1947—1948）》，檔案號 J003-001-00237，頁五十八。

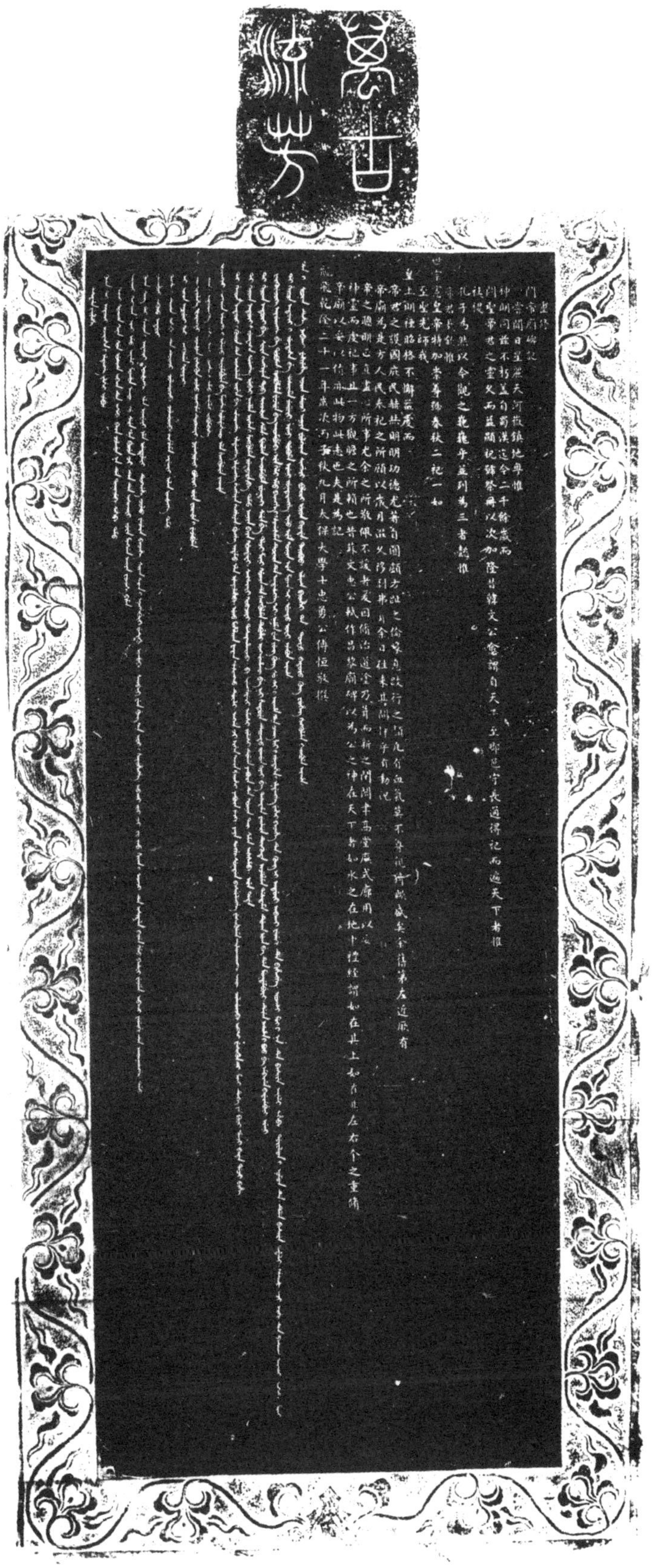

京 648《關帝廟碑》陽

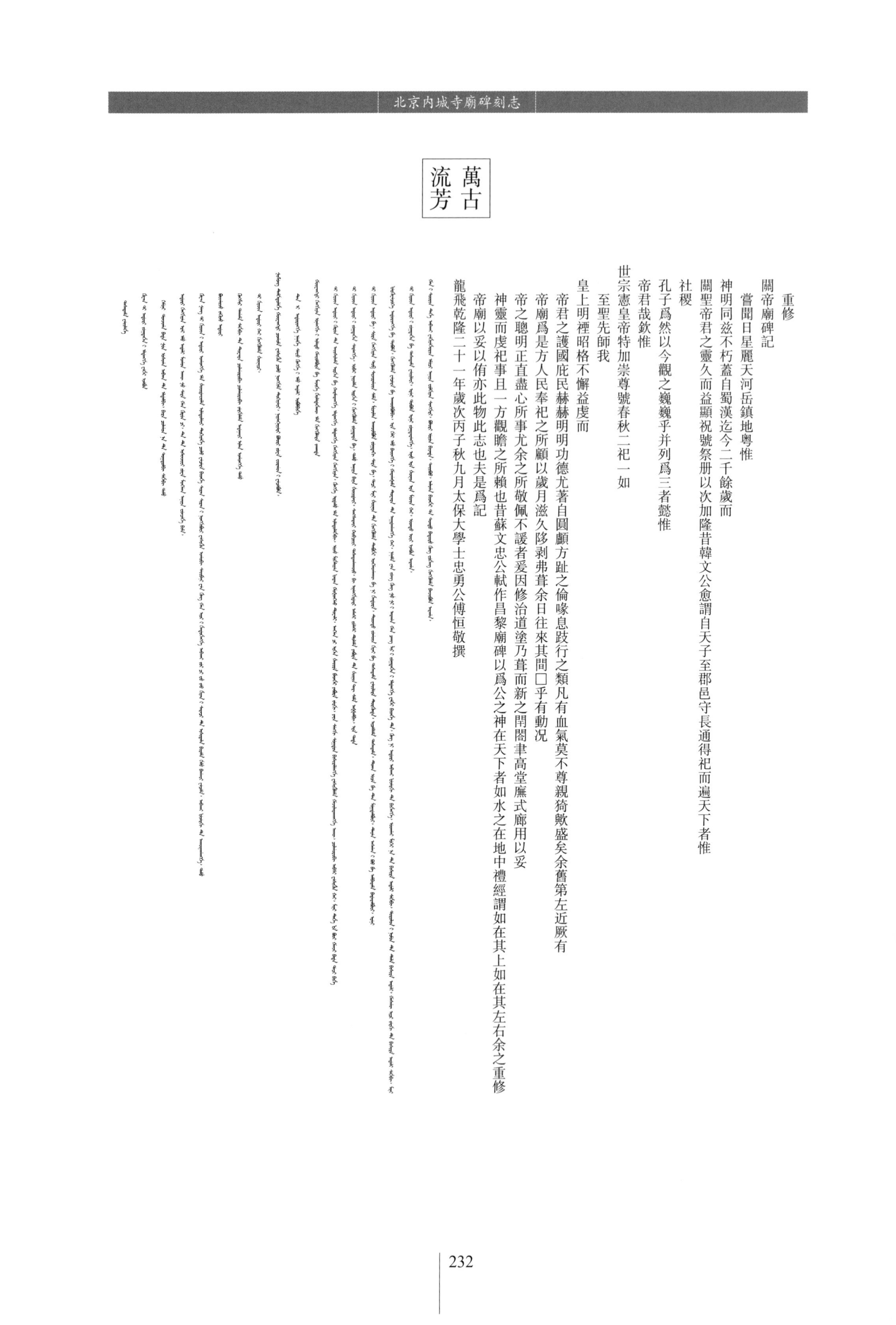

萬古流芳

重修
關帝廟碑記
嘗聞日星麗天河岳鎮地粵惟
神明同茲不朽蓋自蜀漢迄今二千餘歲而
關聖帝君之靈久而益顯祝號祭册以次加隆昔韓文公愈謂自天子至郡邑守長通得祀而遍天下者惟
社稷
孔子爲然以今觀之巍巍乎并列爲三者懿惟
帝君哉欽惟
世宗憲皇帝特加崇尊號春秋二祀一如
至聖先師我
皇上明禋昭格不懈益虔而
帝君之護國庇民赫赫明明功德尤著自圓顱方趾之倫喙息跂行之類凡有血氣莫不尊親猗歟盛矣余舊第左近厥有
帝廟爲是方人民奉祀之所顧以歲月滋久陊剥弗葺余日往來其間□乎有動況
帝之聰明正直盡心所事尤余之所敬佩不諼者爰因修治道塗乃葺而新之閈閎聿高堂廡式廓用以妥
神靈而虔祀事且一方觀瞻之所賴也昔蘇文忠公軾作昌黎廟碑以爲公之神在天下者如水之在地中禮經謂如在其上如在其左右余之重修
帝廟以妥以侑亦此物此志也夫是爲記
龍飛乾隆二十一年歲次丙子秋九月太保大學士忠勇公傅恒敬撰

關帝廟碑

額題:萬古流芳
首題:重修關帝廟碑記
年代:清乾隆二十一年(1756)九月
原址:東城區景山東胡同
拓片尺寸:碑身高192厘米,寬95厘米;額高30厘米,寬26厘米
書體:正書滿、漢文并篆額
撰人:傅恒
《目録》:頁303
拓片編號:京648
拓片録自:《北京圖書館藏中國歷代石刻拓本匯編》卷71頁89

【碑陽】

額題:萬古流芳

碑文:

重修 1 關帝廟碑記 2

嘗聞日星麗天,河岳鎮地。粤惟 3 神明,同兹不朽。蓋自蜀漢迄今二千餘歲,而 4 關聖帝君之靈久而益顯,祝號祭册以次加隆。昔韓文公愈謂:自天子至郡邑守長通得祀而遍天下者,惟 5 社稷、6 孔子爲然。以今觀之,巍巍乎并列爲三者,懿惟 7 帝君哉。欽惟 8 世宗憲皇帝特加崇尊,號春秋二祀,一如 9 至聖先師。我 10 皇上明禋昭格,不懈益虔,而 11 帝君之護國庇民,赫赫明明,功德尤著。自圓顱方趾之倫,喙息跂行之類,凡有血氣,莫不尊親,猗歟盛矣。余舊第左近,厥有 12 帝廟,爲是方人民奉祀之所,顧以歲月滋久,陊剥弗葺。余日往來其間,□乎有動。况 13 帝之聰明正直,盡心所事,尤余之所敬佩不諼者。爰因修治道塗,乃葺而新之。閈閎聿高,堂廡式廓,用以妥 14 神靈而虔祀事,且一方觀瞻之所賴也。昔蘇文忠公軾作昌黎廟碑,以爲公之神在天下者,如水之在地中。《禮》經謂如在其上,如在其左右。余之重修 15 帝廟,以妥以侑,亦此物此志也。夫是爲記。16

龍飛乾隆二十一年歲次丙子秋九月太保大學士忠勇公傅恒敬撰。17

【滿文部分】

碑文:

dasatame weilehe 1 (+) guwan di enduri juktehen i eldengge wehei ejebun 2

kemuni donjiha bade šun usiha abka de eldembi. bira colhon na de toktombi sehebi damu 3 (+) enduri genggiyen erei emu adali mohon akū šu sere han gurun ci. te de isinjifi juwe minggan aniya funcehe bime. 4 (+) guwan šeng di giyūn i enduri ohongge ele goidafi ele iletulefi tukiyehe colo wecere bithe siran siran i nonggibufi wesihun ohobi seibeni wen gung han ioi i henduhengge abkai jui ci fu jeo hiyan i saraci de isitala bireme gemu bahafi weceme. abkai fejergi de akūnahangge. damu 5 (+) boihoju jekuju enduri 6 (+) kungdzi i dahame sehebi te tuwara colgoropi colgoropi jergileme adanafi ilan ohongge damu 7 (+) di giyūn enduri kai gingguleme gūnici. 8 (+++) šidzung temgetulehe hūwangdi cohome wesihun colo nonggime tukiyefi. niyengniyeri bolori juwe forgon i wecebume. 9 (+) teni enduringge nenehe sefu gungge i emu adali obumbihe 10 (++) hūwangdi genggiyen unenggi i iletu hafumbure be majige heoledehekū ele ginggulere jakade 11 (+) di giyūn enduri i gurun de aisilame irgen be karmarangge eldengge eldengge genggiyen genggiyen. gungge erdemu ele iletulehebi. uju muheliyen fatan hošonggo duwali. angga ci ergen gaire bethei yabure jergi. yaya senggi sukdun bisirelengge wesihuleme hajilarakangge akū. colgoropi absi wesihun kai. mini tehe fe booi hanji bade daci bihe 12 (+) di giyūn enduri i juktehen serengge. ubai niyalma irgen i gingguleme juktere ba. damu aniya biya goidafi. sangsarafi kobcifi dasatahakūo. bi inenggidari amasi julesi duleme yabure de gūnin tar seme aššambi. ere dade 13 (+) di giyūn enduri be. sure genggiyen tob sijirhūn seme. mujilen akūmbume jukteki sere be. daci mini gūnin de gingguleme tebuhei onggohakū be ni hendure. tuttu jugūn giyai be dasatame weilere turgunde. icemleme dasatame. duka uce be den mukdembufi. deyen ashan i boo be ambarame badarambufi. ereni 14 (+) ferguwecuke enduringge be dobome. gingguleme wecere be akūmbumbi. ere geli emu baingge i hargašame tuwara de akdahangge kai. neneme wen jung gung šu ši i araha han cang lii i juktehen i eldengge wehei bithe de. gung ni enduri abkai fejergi de bihengge. uthai mukei na de bisire adali sehebi. dorolon i nomun de dele bisire adali, hashū ici jergi de bisire adali sehebi. mini 15 (+) di giyūn enduri i juktehen be dasatame weilefi. ereni dobome ereni jukterengge. inu ere gūnin ere mujin kai. uttu ofi ejebun araha. 16

(++) han i soorin tehe abkai wehiyehe orin emuci aniya fulgiyan singgeri. bolori uyun biyade. taiboo. aliha bithei da tondo baturu gung fuheng gingguleme banjibume araha. 17

重修關帝廟碑記
關帝廟祀徧天下京師尤盛自正陽門以及通衢夹巷僾設供奉老多婦稚奔走恐後都城内外不啻百十所夫豈
神之忠義神武聰明正直而豈所以彪炳當時震耀來禩者學士大夫類能詳之無綴述為也夫正者所以正天下
之不正也直者所以直天下之不直遊夫自京師至各省府州縣以逮新疆絕域無不廣厦崇墉作新廟貌或懾
義欽風凜神服教或治郡聯社擇吉致虔戒捴方作鎮顯依昭靈義莫正焉誠莫直焉
禮之明威肅矣人之崇奉蔑矣况
輦轂之下近在
皇城咫尺間哉是廟創建不記歲年
先太保文忠公
哉弟裕與因其頹廢飭新垣宇建立碑記歲時展禮所以妥侑甚虔今又二十餘年矣丹雘之弗飾堊茨之弗完匪惟
神鑒之式憑抑亦堂構之有懷也爰以乾隆四十二年歲在丁酉鳩時庀工鋟金重葺旬月之間復還舊觀夫以
神之靈爽在天如日之中萬方仰觀其不繫此區區祠宇之假寢以為輕重明矣顧以數百年作鎮人心所共凛
先太保之所敬承藉以申其義而致其誠而是方人士亦得於徘徊瞻仰之下肅然於聰明正直而壹者之如臨
之在上也則是舉也其亦不無小補云爾於是乎書
太子太保議政大臣
御前大臣領侍衛內大臣 文淵閣提舉閣事兵部尚書正白旗滿洲都統管理戶部三庫兼管工部理藩院步軍統
領事務總管內務府大臣鑾儀衛掌衛事總管健銳營官兵事務
御茶膳房養心殿造辦處奉宸苑圓明園八旗內務府三旗大臣和碩額駙一等忠勇公福隆安撰
乾隆四十二年歲次……月……卯建

京649《關帝廟碑》陽

重修關帝廟碑記

關帝廟祀遍天下京師尤盛自正陽門以及通衢夾巷像設供奉老幼婦稚奔走恐後都城内外不下百十所夫以
神之忠義神武聰明正直而壹所以彪炳當時震耀來祀者學士大夫類能詳之無綴述爲也夫正者所以正天下
之不正也壹者所以壹天下之不壹也夫自京師至各省府州縣以逮新疆絶域無不廣厦崇墉作新廟貌或慕
義欽風凛神服教或洽鄰聯社撰吉致虔或揆方作鎮顯位昭靈義莫正焉誠莫壹焉
神之明威赫矣人之崇奉嚴矣況
輦轂之下近在
皇城咫尺間哉是廟創建不記歲年
先太保文忠公
賜第於此因其頽廢飭新垣宇建立碑記歲時展禮所以妥侑甚虔今又二十餘年矣丹雘之弗飾墍茨之弗完匪惟
神鑒之式憑抑亦堂構之有懷也爰以乾隆四十二年歲在丁酉練時庀工蠲金重葺旬月之間復還舊觀夫以
神之靈爽在天如日之中萬方仰睹其不繫此區區祠宇之修廢以爲輕重明矣顧以數百年作鎮人心所共凛
先太保之所敬承藉以申其義而致其誠而是方人士亦得於徘徊瞻仰之下肅然於聰明正直而壹者之如臨
之在上也則是舉也其亦不無小補云爾於是乎書

太子太保議政大臣
御前大臣領侍衛内大臣　文淵閣提舉閣事兵部尚書正白旗滿洲都統管理户部三庫兼管工部理藩院步軍統
領事務總管内務府大臣鑾儀衛掌衛事總管健鋭營官兵事務
御茶膳房　養心殿造辦處奉宸苑圓明園八旗内務府三旗大臣和碩額駙一等忠勇公福隆安撰

乾　隆　四　十　三　年　歲　次　戊　戌　六　月　癸　卯　建

關帝廟碑

額題：重修關帝廟碑記
年代：清乾隆四十三年（1778）六月十五日
原址：東城區景山東胡同
拓片尺寸：碑高 168 厘米，寬 88 厘米；額高 29 厘米，寬 26 厘米
書體：正書并篆額
撰人：福隆安
《目録》：頁 315
拓片編號：京 649
拓片録自：《北京圖書館藏中國歷代石刻拓本匯編》卷 74 頁 17

【碑陽】

額題：重修關帝廟碑記

碑文：

關帝廟祀遍天下，京師尤盛。自正陽門以及通衢夾巷，像設供奉，老幼婦稚奔走恐後，都城内外不下百十所。夫以 1 神之忠義神武，聰明正直而壹，所以彪炳當時，震耀來祀者，學士大夫類能詳之，無綴述爲也。夫正者，所以正天下 2 之不正也；壹者，所以壹天下之不壹也。夫自京師至各省府州縣，以逮新疆絶域，無不廣厦崇墉，作新廟貌。或慕 3 義欽風，凜神服教；或洽鄰聯社，撰吉致虔；或揆方作鎮，顯位昭靈。義莫正焉，誠莫壹焉。4 神之明威赫矣，人之崇奉嚴矣。况 5 輦轂之下，近在 6 皇城咫尺間哉。是廟創建不記歲年。7 先太保文忠公 8 賜第於此，因其頹廢，飭新垣宇，建立碑記。歲時展禮，所以妥侑甚虔，今又二十餘年矣。丹雘之弗飾，塈茨之弗完，匪惟 9 神鑒之式憑，抑亦堂構之有懷也。爰以乾隆四十二年歲在丁酉，諫時庀工，蠲金重葺，旬月之間，復還舊觀。夫以 10 神之靈爽在天，如日之中，萬方仰睹，其不繫此區區祠宇之修廢以爲輕重，明矣。顧以數百年作鎮人心所共凜，11 先太保之所敬承，藉以申其義而致其誠。而是方人士亦得於徘徊瞻仰之下，肅然於聰明正直而壹者之如臨 12 之在上也。則是舉也，其亦不無小補云爾，於是乎書。13

太子太保議政大臣、14 御前大臣領侍衛内大臣、文淵閣提舉閣事、兵部尚書、正白旗滿洲都統、管理户部三庫兼管工部理藩院步軍統 15 領事務、總管内務府大臣、鑾儀衛掌衛事、總管健鋭營官兵事務、16 御茶膳房養心殿造辦處奉宸苑圓明園八旗内務府三旗大臣、和碩額駙、一等忠勇公福隆安撰。17

乾隆四十三年歲次戊戌六月癸卯建。18

關帝廟(景山東街)

關帝廟,又名忠義關帝廟[1],不見於清乾隆《京城全圖》。原址在内六區景山東大街五號(今東城區景山東街四號)。寺廟建築現存部分。寺内原有清咸豐二年(1852)《關帝廟碑》,現藏於北京石刻藝術博物館[2]。

寺廟始建年代無考。據《關帝廟碑》,大殿原來僅兩間。清道光二十九年(1849)二月,信士吕海福等倡議重修,共有四百多位善士、一百多家店鋪捐資捐物。工程始於道光二十九年二月,終於咸豐二年十一月。重修後的關帝廟地基拓寬四丈餘;大殿改建三間,并修抱厦;又新建東房三間,精舍一間;重起山門,新築墻垣;砌影壁,樹旗杆,耗資三百萬五千六百錢,用工四千六百五十[3]。

民國時期的關帝廟有兩層殿宇,面積一畝二分。1938年出版的《北京街衢坊巷之概略》内的地圖上有此關帝廟的標注。山門南向,木額"忠義關帝廟"。山門内有一影壁,繞過影壁爲前院。北有前殿三間,内供關帝泥像一尊,童像兩個,馬、童泥像各一個。殿前西側立有清咸豐二年的《關帝廟碑》,還有清嘉慶十三年(1808)小鐵鼎一口。前院内另有小北房兩間,東小房兩間,西小房一間。後院有北殿三間,無佛像;還有北房兩間,西房兩間,東房一間。關帝廟另有鐵磬一口,鐵香爐一座。此外,寺廟有附屬房産四間,小土地廟一座,但未知在何處。寺廟管理人爲劉殿英,家住崇文門外葱店前街四號[4]。20世紀40年代末,劉殿英依然是關帝廟的管理人[5]。

1985年調查時關帝廟已成民居,山門已被拆除,其餘殿房尚存[6]。2007和2017年調查時還存後殿,爲民居。院東墻還可見原景山外墻遺存。

---

〔1〕參見寺廟木額。

〔2〕參見《北京石刻藝術博物館藏石刻拓片編目提要》,頁三百九十三至三百九十四。

〔3〕參見清咸豐二年《關帝廟碑》,京651,《北京圖書館藏中國歷代石刻拓本匯編》卷八十二,頁五十一。

〔4〕參見國立北平研究院《關帝廟》,東四37;北京市檔案館藏《北平市社會局·内六區關帝廟登記廟産的呈文及社會局的批示》,1936年,檔案號J002-008-00732,頁二十三至三十四。

〔5〕參見北京市檔案館藏《北平市民政局·北平市各區寺廟總登記考察簿(1947—1948)》,檔案號J003-001-00237,頁七。

〔6〕參見《北京文物勝迹大全(東城區卷)》,頁二百六十九。

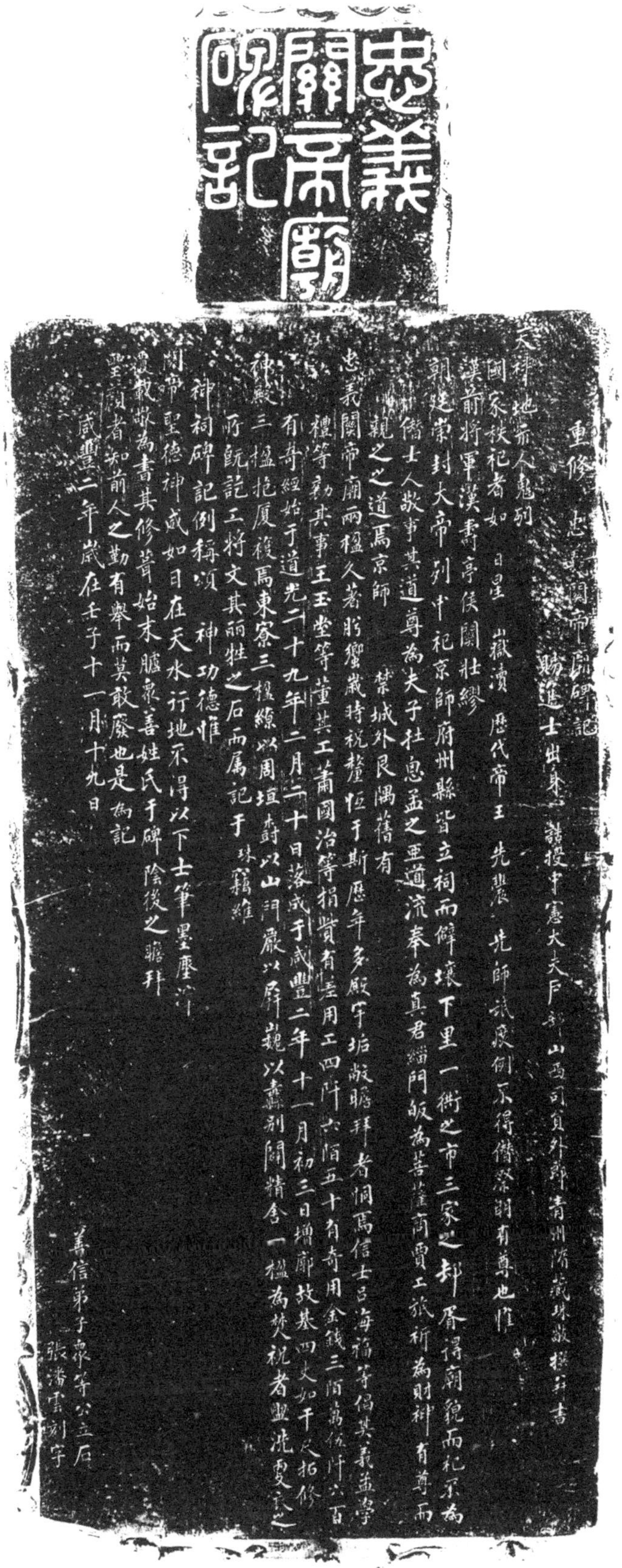
忠義
關帝廟
碑記

重修忠義關帝廟碑記
賜進士出身誥授中憲大夫戶部山西司員外郎青州隋藏珠撰并書
天神地祇人鬼列
國家秩祀者如日星嶽瀆歷代帝王先農先師誠塟例不得僭祭明有尊也惟
漢前將軍漢壽亭侯關壯繆
朝廷崇封大帝列中祀京師府州縣皆立祠而僻壤下里一衖之市三家之邨胥得廟貌而祀不為
僭士人敬事其道尊為夫子社恩孟之亜道流奉為真君緇門皈為菩薩商賈工旅祈為財神有尊而
親之之道焉京師 紫城外艮隅舊有
忠義關帝廟兩楹久著肸蠁歲時祝釐恆于斯歷年多殿宇垢敝瞻拜者恫焉信士呂海福等倡其義並學
禮等勸其事王玉堂等董其工蕭國治等捐貲有差用工四阡六陌五十有奇用金錢三陌萬伍阡六百
有奇經始于道光二十九年二月二十日落成于咸豐二年十一月初三日增廓故基四丈如干尺拓修
神殿三楹抱厦複焉東寮三楹繚以周垣尉以山門嚴以屏巍以蠧剥闕精舍一楹為焚祝者盥洗更衣之
所既訖工將文其麗牲之石而屬記于珠竊維
神祠碑記例稱頌 神功德惟
關帝聖德神威如日在天水行地不得以下士筆墨塵汙
瀆載敬為書其修葺始末臚衆善姓氏于碑陰後之瞻拜
聖廟者知前人之勤有舉而莫敢廢也是為記
咸豐二年歲在壬子十一月十九日
善信弟子衆等公立石
張潘雲刻字

京 651《關帝廟碑》陽

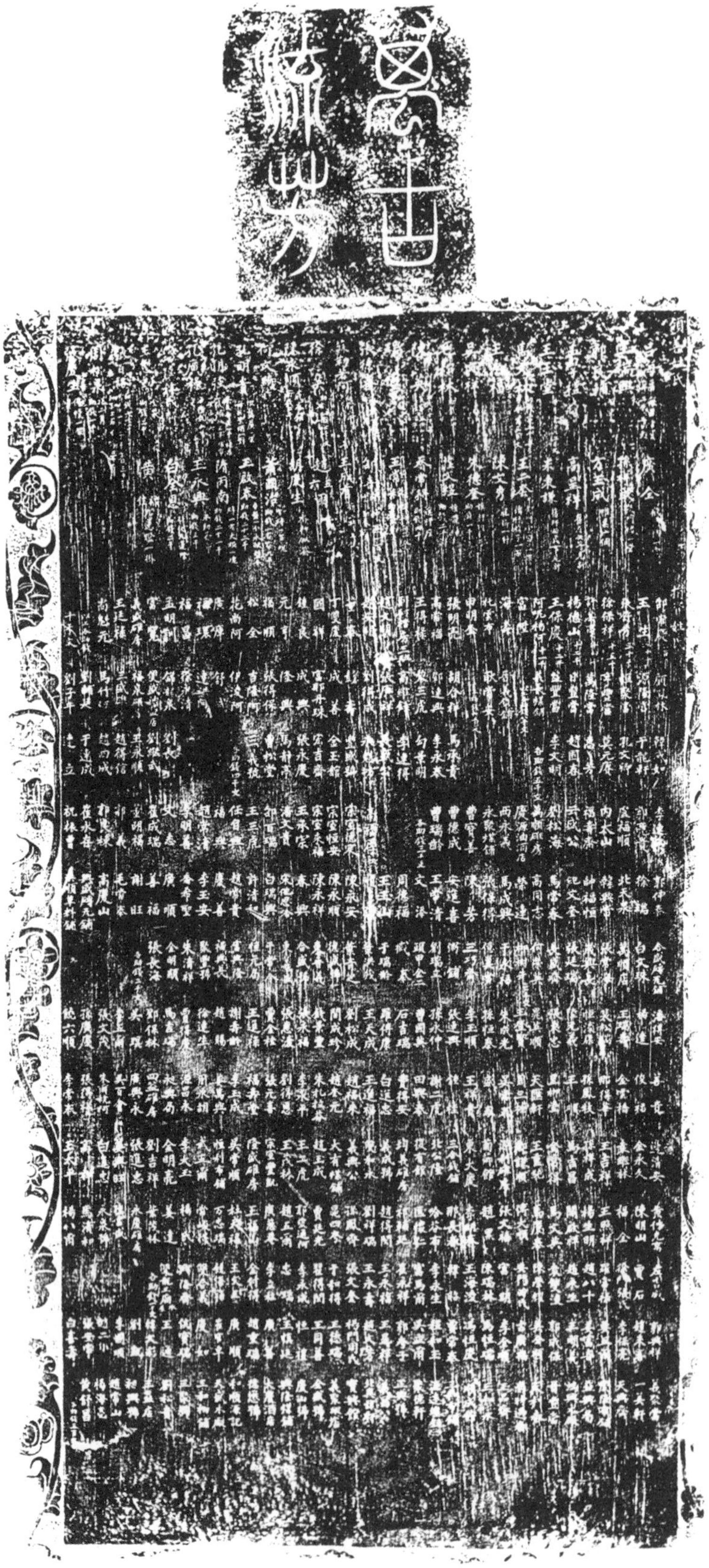

京651《關帝廟碑》陰

忠義關帝廟碑記

重修　忠義關帝廟碑記

賜進士出身　誥授中憲大夫户部山西司員外郎青州隋藏珠敬撰并書

天神地示人鬼列
國家秩祀者如　日星　岳瀆　歷代帝王　先農　先師氓庶例不得僭祭明有尊也惟
漢前將軍漢壽亭侯關壯繆
朝廷崇封大帝列中祀京師府州縣皆立祠而僻壤下里一衖之市三家之邨胥得廟貌而祀不爲
僭士人敬事其道尊爲夫子在思孟之亞道流奉爲真君緇門皈爲菩薩商賈工旅祈爲財神有尊而
親之之道焉京師　禁城外艮隅舊有
忠義關帝廟兩楹久著肸蠁歲時祝釐恒於斯歷年多殿宇垢敝瞻拜者恫焉信士吕海福等倡其義孟學
禮等勷其事王玉堂等董其工蕭國治等捐貲有差用工四阡六陌五十有奇用金錢三陌萬五阡六百
有奇經始於道光二十九年二月二十日落成於咸豐二年十一月初三日增廓故基四丈如千尺拓修
神殿三楹抱厦複焉東寮三楹繚以周垣樹以山門嚴以屏巍以纛別闢精舍一楹爲焚祝者盥洗更衣之
所既訖工將文其麗牲之石而屬記於珠竊維
神祠碑記例稱頌　神功德惟
關帝聖德神威如日在天水行地不得以下士筆墨塵滓
覆載敬爲書其修葺始末臚衆善姓氏於碑陰後之瞻拜
聖顔者知前人之勤有舉而莫敢廢也是爲記
咸豐二年歲在壬子十一月十九日

善信弟子衆等公立石
張潘雲刻字

萬古流芳

領善姓氏

呂海福每月香資二千二百文 王瑞興 郭良輔 孟學禮 王玉堂每月香資二百文 馬文林助錢二十二千每月香資三百文 王永福 吳文祥 毛松林助錢三千 陳英助錢六十千每月香資一千五供一堂桌櫃二張凳子一對 瑞璽助錢十吊 張德喜挂燈一對 蘇勒若阿助錢二千 徐英助錢一百七十文 陳永順成衣鋪助錢二千 何文綺 孔明貴蝦鬚簾一架每月素燈一對 孔明强每月香資一千接桌一張爐瓶三事錦簾一架五燈七對 孔廣禄海燈托一分

敬獻功德姓氏

王懋勳金裝□□□像助錢二千 張百裕助錢六十千袍帶一身每年香三十對助米二石羊燭三十斤 周□泉袍二身助錢一千 張慶生佛幔一架

廣全歡門幡一堂 孫祥成歡門幡一堂 方玉成帷桌一個 高呈祥舊弓矢等見新 米秉謙舊牌匾義事見新 王二奎黄門雲簾一架旗杆旗子一架 陳文秀龍旗一對 朱德奎旗杆頂助錢一千 莊文煜旗帶繩助錢二千 喬常得旗杆座助錢四千 王常和銅簽筒助錢一千 邵喜齡神簽一百支助錢三千 王成有廟工井上使木 趙五六爾抬幫石一槽 胡慶生永助獻簽 蕭國治方磚一百塊助錢一百六十九千 王啓泰香盤一個永獻盤香助錢二十二千 隋丙南碑一方大板一塊助錢二十一千 王永興永助簽紙助錢三千 白全恩引化九蓮燈助錢二千 黄禄住九蓮燈一挂

捐資姓氏

邵常慶一百千 王生六十千 張舒芳三十千 徐保祥十五千 許芸亭十四千 楊德山十二千 王保慶十二千 阿呢楊阿十一千 富陞 海壽 托雲布 田明奎 張明亮 高常福 王得禄 副尉檔房三班 趙文明 趙安明 董泰 丁雙慶 國祥 鍾良 元亨 福順 松全 花尚阿 廣庫 福環 福昌 孟明訓 富寬 義盛碓房 王廷禄 尚魁元 以上各助錢十千文

顧鳳林 源隆當 恒聚當 亨豐當 萬隆當 日豐當 益豐當 義長煤鋪 以上各助錢八千文 晉義錢鋪 耿常安 各助錢六千文 胡合祥 鄧連興 黎三虎 高維鐸 張廣祥 劉得成 彭壽 成善 富那丹珠 成興 隆興 張得保 吉隆阿 伊淩阿 舒斌 達洪阿 徐永清 錦龍泉 雙盛油鹽店 福泉碾房 三盛碓 馬竹坪 劉輔廷 劉子年

韓成如 千龍軒 孔文卿 莫元賡 惠芳 趙國春 李文明 各助錢五千文 馬承貴 李永泰 勾景明 李連得 長盛公 永魁坊 豐盛號 金玉館 宏吉齋 張永慶 馬靜亭 曹松堂 三義號 各助錢四千文 劉長山 劉繼武 王永順 趙得信 趙四成 于連成 連立

李連□ 郭亮貴 盧福順 内太山 福壽齋 云盛公 劉松海 萬順碓房 慶源油酒店 西永義 永聚煤鋪 曹寶善 曹德成 曹瑞齡 各助錢三千文 高福厚 宗室德定 宗室恒安 宗室來福 王承宗 潘文貴 邵百瑞 王三虎 任自興 福興 趙常清 李明善 文志 崔成瑞 郭義 董明福 郭良棟 崔永存 祝振曾

郭伸泰 徐瑞 北天泉 韓興常 帥福恒 紀文奎 馬常春 高同志 榮連 馬成興 張保得 陳芳 安進喜 王常清 文添 周德福 王玉山 順明 陳永安 陳永順 陳永祥 春興 宋他思哈 白瑞興 許清和 趙常貴 慶善 李玉安 喬希聖 廣順 善福 謝旺 毛常泰 高慶山 興盛磚瓦鋪 洪順草料鋪

合盛磚瓦鋪 白文珠 萬順店 張常海 歲興長 張廷瑞 長盛齋 何榮英 柳樹井三千文 于永福 億美當 三巧齋 粥鋪 劉瑞立 頭甲金二 臧泰 于瑞齡 葉洪茂 葉青芝 德盛號 東晉義 合盛號 東義盛 于常令 恒元局 富興隆 福興長 聚豐號 朱清祥 金明顯 張長海 各助錢二千文

潘得安 楊達 王瑞壽 裴松瑞 恒淩康 陸元義 張秉忠 晁英順 王登賢 朱成光 孫恒泰 李玉順 張連興 孫永伸 曹國英 石吉瑞 羅傳康 王天成 劉松成 閻成珍 錢景豐 張永福 張惠淩 賈金桂 王進禄 謝壽齡 趙賜 徐連生 賈得慶 馬吉瑞 鄧保林 吳琨 李五爾 張文茂 孫廣慶 饒六順

善貴 俊福 金雲橋 那得華 孫鳳枝 王順 呈柳堂 天匯軒 周三栓 吳常泰 盛泰 王祥貴 鍾桂 謝二虎 田興泰 費得安 白進忠 王進福 趙福來 趙奎元 朱扎拉芬 李永平 劉得恩 張元喜 福壽堂 李玉成 姜萬興 周永胡 源昌永 昶興局 四益碓房 廣興永 吳百會 朱爾杭阿 張得祥 李常泰

邊清安 金永久 袁繼林 王吉祥 孫祥成 馬吉昌 金常得 王重純 都謙順 源利碓房 葡萄館 東大慶 三合錢鋪 北公隆 復有館 均義碓房 義成號 雙和永 義興公 大有煤鋪 趙玉成 王二虎 王茂林 宗室豐凱 隆盛碓房 吳常順 恒利布鋪 武五爾 李大玉 金明亮 劉吉祥 張進忠 姜興旺 白進忠 高祥 王太平

黄付克京 陳明山 福全 王照祥 楊生明 關啟祥 馬文英 馬慶泰 傅大順 張文福 趙黑 李明泰 那長春 哈芬布 匡懷仁 祁輔廷 趙得閔 劉祥瑞 孫鳳齊 晁四夸 賈廷光 郭愛通阿 趙五爾 廣慈菴 王福山 杜天福 萬忠瑞 常峻得 楊氏 姜達 葉茂林 永慶碓房 德昌盛 永泉號 馬清和 楊八爾

左吉成 賈石 徐門張氏 羅常禄 趙八十 趙永生 袁雙淩 陳榮耀 安門田氏 富明 陳瑞林 王海淩 韓昭 李永生 富馬爾 崔永祥 王永福 王永壽 張文奎 于和得 翟得閏 李永成 忠瑞 李立桂 金付得 王文正 饒海禄 雙合義 興隆齋 雙龍王廟水屋 各助錢一千文

郭興祥 趙來喜 李保亮 姜五爾 姜富喜 王明義 郭成保 英仝順 古廣福 李全順 馬恒瑞 馮恒慶 賈常泰 程和玉 吳立爾 郭夸子 王呈祥 趙文芳 楊門周氏 王德瑞 王同善 恒禮 王慎廷 廣善 趙重瑞 廣順 崔官早 慶如 侯寶瑞 王通 韓文彩 劉凱 李國順 趙二小 張安常 白喜壽

義聚當 一美軒 天興齋 慶隆布鋪 益興局 鴻興木廠 晉豐當 天利齋 南時遇齋 玉品齋 三和永 順成館 三和布鋪 源遠綫鋪 聚德軒 正興號 義昌公 北昇馥軒 寶興館 義聚鞋店 全盛號 慶山號 興隆煤鋪 大慶酒店 德懋號 和順源記 天盛木廠 三和棚鋪 三聚號 劉松貴 三益店 昶興號 趙常山 楊海亮 黄舒昌 各助錢五百文

關帝廟碑

額題:忠義關帝廟碑記
首題:重修忠義關帝廟碑記
年代:清咸豐二年(1852)十一月十九日
原址:東城區景山東街
拓片尺寸:碑陽高 130 厘米,寬 64 厘米;額高 29 厘米,寬 25 厘米。碑陰高 138 厘米,寬 78 厘米;額高 31 厘米,寬 27 厘米
書體:正書并篆額
撰人:隋藏珠
書人:隋藏珠
刻工:張潘雲
《目録》:頁 348—349
拓片編號:京 651
拓片録自:《北京圖書館藏中國歷代石刻拓本匯編》卷 82 頁 51

【碑陽】

額題:忠義關帝廟碑記

碑文:

重修忠義關帝廟碑記 1

賜進士出身誥授中憲大夫户部山西司員外郎青州隋藏珠敬撰并書。2

天神、地示、人鬼,列 3 國家秩祀者,如日星、岳瀆、歷代帝王、先農、先師。氓庶例不得僭祭,明有尊也。惟 4 漢前將軍漢壽亭侯關壯繆,5 朝廷崇封大帝,列中祀,京師、府、州、縣皆立祠,而僻壤下里,一衖之市、三家之邨,胥得廟貌而祀,不爲 6 僭。士人敬事其道,尊爲夫子,在思孟之亞,道流奉爲真君,緇門皈爲菩薩,商賈工旅祈爲財神,有尊而 7 親之之道焉。京師禁城外艮隅,舊有 8 忠義關帝廟兩楹,久著肸蠁,歲時祝釐恒於斯。歷年多,殿宇垢敝,瞻拜者惘焉。信士吕海福等倡其義,孟學 9 禮等勸其事,王玉堂等董其工,蕭國治等捐貲有差。用工四阡六陌五十有奇,用金錢三陌萬五阡六百 10 有奇,經始於道光二十九年二月二十日,落成於咸豐二年十一月初三日。增廓故基四丈如千尺,拓修 11 神殿三楹,抱厦複焉。東寮三楹,繚以周垣,樹以山門,嚴以屏,巍以纛。别闢精舍一楹,爲焚祝者盥洗更衣之 12 所。既訖工,將文其麗牲之石而屬記於珠。竊維 13 神祠碑記,例稱頌神功德。惟 14 關帝聖德神威如日在天、水行地,不得以下士筆墨塵滓 15 覆載。敬爲書其修葺始末,臚衆善姓氏於碑陰。後之瞻拜 16 聖顔者,知前人之勤,有舉而莫敢廢也。是爲記。17

咸豐二年歲在壬子十一月十九日。18 善信弟子衆等公立石。19 張潘雲刻字。20

【碑陰】

額題:萬古流芳

碑文:

領善姓氏:

吕海福每月香資二千二百文,王瑞興、郭良輔、孟學禮、王玉堂每月香資二百文,馬文林助錢二十二千、每月香資三百文,王永福、吴文祥、毛松林助錢三千,陳英助錢六十千、每月香資一千、五供一堂、桌櫃二張、凳子一對,瑞璽助錢十吊,張德喜挂燈一對,蘇勒若阿助錢二千,徐英助錢一百七十文,陳永順成衣鋪助錢二千,何文綺、孔明貴蝦鬚簾一架、每月素燈一對,孔明强每月香資一千、接桌一張、爐瓶三事、錦簾一架、五燈七對,孔廣禄海燈托一分。

敬獻功德姓氏:

王懋勳金裝□□□像、助錢二千,張百裕助錢六十千、袍帶一身、每年香三十對、助米二石、羊燭三十斤,周□泉袍二身、助錢一千,張慶生佛幔一架。1 廣全歡門幡一堂,孫祥成歡門幡一堂、方玉成帷桌一個,高呈祥舊弓矢等見新,米秉謙舊牌匾義事見新,王二奎黄門雲簾一架、旗杆旗子一架,陳文秀龍旗一對,朱德奎旗杆頂、助錢一千,莊文煜旗帶繩、助錢二千,喬常得旗杆座、助錢四千,王常和銅錢筒、助錢一千,邵喜齡神簽一百支、助錢三千,王成有廟工井上使木,趙五爾、趙六爾抬幫石一槽,胡慶生永助獻簽,蕭國治方磚一百塊、助錢一百六十九千,王啓泰香盤一個、永獻盤香、助錢二十二千,隋丙南碑一方、大板一塊、助錢二十一千,王永興永助簽紙、助錢三千,白全恩引化九蓮燈、助錢二千,黄録、黄住九蓮燈一挂。2

捐資姓氏:

邵常慶一百千,王生六十千,張舒芳三十千,徐保祥十五千,許芸亭十四千,楊德山十二千,王保慶十二千,阿呢楊阿十一千。

富陞、海壽、托雲布、田明奎、張明亮、高常福、王得禄、副尉檔房三班、趙文明、趙安明、董泰、丁雙慶、國祥、鍾良、元亨、福順、松全、花尚阿、廣庫、福環、福昌、孟明訓、富寬、義盛碓房、王廷禄、尚魁元,以上各助錢十千文。3

顧鳳林、源隆當、恒聚當、亨豐當、萬隆當、日豐當、益豐當、義長煤鋪,以上各助錢八千文。

晋義錢鋪、耿常安,各助錢六千文。

胡合祥、鄧連興、黎三虎、高維鐸、張廣祥、劉得成、彭壽、成善、富那丹珠、成興、隆興、張得保、吉隆阿、伊淩阿、舒斌、達洪阿、徐永清、錦龍泉、雙盛油鹽店、福泉碾房、三盛碓、馬竹坪、劉輔廷、劉子年、4 韓成如、千龍軒、孔文卿、莫元賡、惠芳、趙國春、李文明,各助錢五千文。

馬承貴、李永泰、勾景明、李連得、長盛公、永魁坊、豐盛號、金玉館、宏吉齋、張永慶、馬静亭、曹松堂、三義號,各助錢四千文。

劉長山、劉繼武、王永順、趙得信、趙四成、于連成、連立、5 李連□、郭亮貴、盧福順、内太山、福壽齋、云盛公、劉松海、萬順碓房、慶源油酒店、西永義、永聚煤鋪、曹寶善、曹德成、曹瑞齡,各助錢三千文。

高福厚、宗室德定、宗室恒安、宗室來福、王承宗、潘文貴、邵百瑞、王三虎、任自興、福興、趙常清、李明善、文志、崔成瑞、董明福、郭義、郭良棟、崔永存、祝振曾、6 郭仲泰、徐瑞、北天泉、韓興常、帥福恒、紀文奎、馬常春、高同志、榮連、馬成興、張保得、陳芳、安進喜、王常清、文添、周德福、王玉山、順明、陳永安、陳永順、陳永祥、春興、宋他思哈、白瑞興、許清和、趙常貴、慶善、李玉安、喬希聖、廣順、善福、謝旺、毛常泰、高慶山、興盛磚瓦鋪、洪順草料鋪、7 合盛磚瓦鋪、白文珠、萬順店、張常海、歲興長、張廷瑞、長盛齋、何榮英、柳樹井三千文。

于永福、億美當、三巧齋、粥鋪、劉瑞立、頭甲金二、臧泰、于瑞齡、葉洪茂、葉青芝、德盛號、東晋義、合盛號、東義盛、于常令、恒元局、富興隆、福興長、聚豐號、朱清祥、金明顯、張長海，各助錢二千文。8

潘得安、楊達、王瑞壽、裴松瑞、恒淩康、陸元義、張秉忠、晁英順、王登賢、朱成光、孫恒泰、李玉順、張連興、孫永伸、曹國英、石吉瑞、羅傳康、王天成、劉松成、閻成珍、錢景豐、張永福、張惠淩、賈金桂、王進禄、謝壽齡、趙賜、徐連生、賈得慶、馬吉瑞、鄧保林、吴琨、李五爾、張文茂、孫廣慶、饒六順、9善貴、俊福、金雲橋、那得華、孫鳳枝、王順、呈柳堂、天匯軒、周三栓、吴常泰、盛泰、王祥貴、鍾桂、謝二虎、田興泰、費得安、白進忠、王進福、趙福來、趙奎元、朱扎拉芬、李永平、劉得恩、張元喜、福壽堂、李玉成、姜萬興、周永胡、源昌永、昶興局、四益碓房、廣興永、吴百會、朱爾杭阿、張得祥、李常泰、10邊清安、金永久、袁繼林、王吉祥、孫祥成、馬吉昌、金常得、王重純、都謙順、源利碓房、葡薌館、東大慶、三合錢鋪、北公隆、復有館、均義碓房、義成號、雙和永、義興公、大有煤鋪、趙玉成、王二虎、王茂林、宗室豐凱、隆盛碓房、吴常順、恒利布鋪、武五爾、李大玉、金明亮、劉吉祥、張進忠、姜興旺、白進忠、高祥、王太平、11黄付克京、陳明山、福全、王照祥、楊生明、關啟祥、馬文英、馬慶泰、傅大順、張文福、趙黑、李明泰、那長春、哈芬布、匡懷仁、祁輔廷、趙得閔、劉祥瑞、孫鳳齊、晁四夸、賈廷光、郭愛通阿、趙五爾、廣慈菴、王福山、杜天福、萬忠瑞、常峻得、楊氏、姜達、葉茂林、永慶碓房、德昌盛、永泉號、馬清和、楊八爾、12左吉成、賈石、徐門張氏、羅常禄、趙八十、趙永生、袁雙淩、陳榮耀、安門田氏、富明、陳瑞林、王海淩、韓昭、李永生、富馬爾、崔永祥、王永福、王永壽、張文奎、于和得、翟得閏、李永成、忠瑞、李立桂、金付得、王文正、饒海禄、雙合義、興隆齋、雙龍王廟水屋，各助錢一千文。13

郭興祥、趙來喜、李保亮、姜五爾、姜富喜、王明義、郭成保、英全順、古廣福、李全順、馬恒瑞、馮恒慶、賈常泰、程和玉、吴立爾、郭夸子、王呈祥、趙文芳、楊門周氏、王德瑞、王同善、恒禮、王慎廷、廣善、趙重瑞、廣順、崔官早、慶如、侯寶瑞、王通、韓文彩、劉凱、李國順、趙二小、張安常、白喜壽、14義聚當、一美軒、天興齋、慶隆布鋪、益興局、鴻興木廠、晋豐當、天利齋、南時遇齋、玉品齋、三和永、順成館、三和布鋪、源遠綫鋪、聚德軒、正興號、義昌公、北昇馥軒、寶興館、義聚鞋店、全盛號、慶山號、興隆煤鋪、大慶酒店、德懋號、和順源記、天盛木廠、三和棚鋪、三聚號、劉松貴、三益店、昶興號、趙常山、楊海亮、黄舒昌，各助錢五百文。15

六排七段

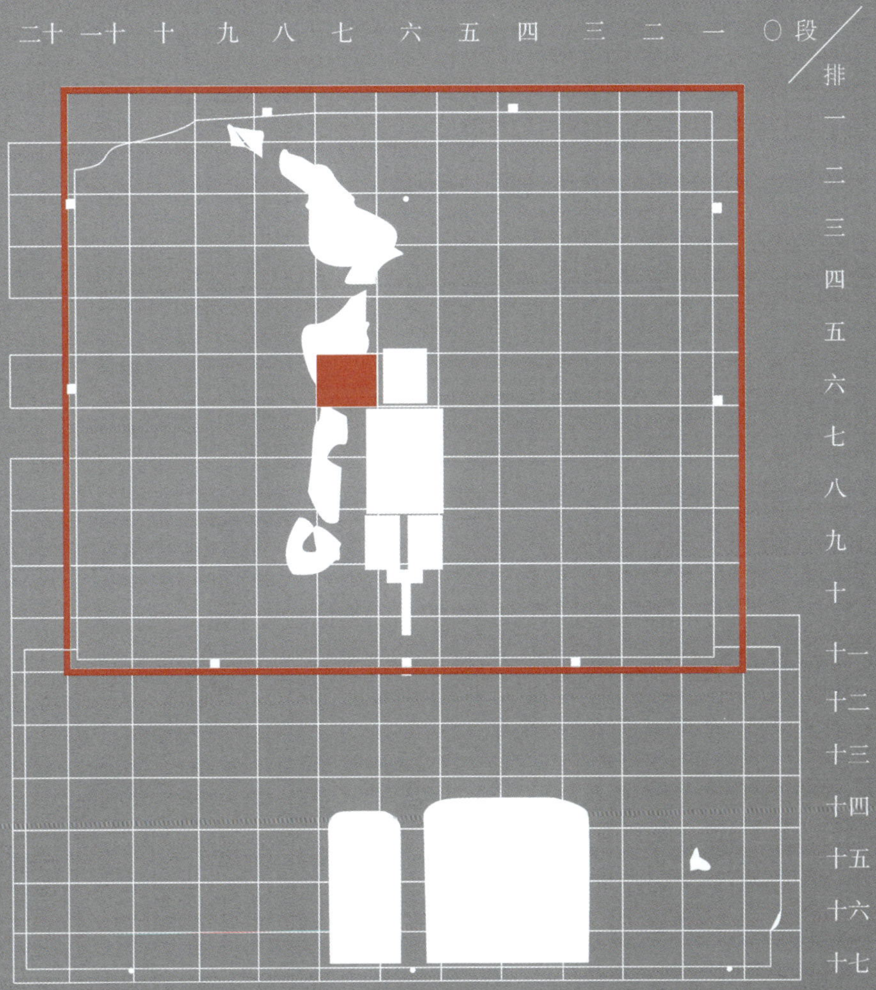

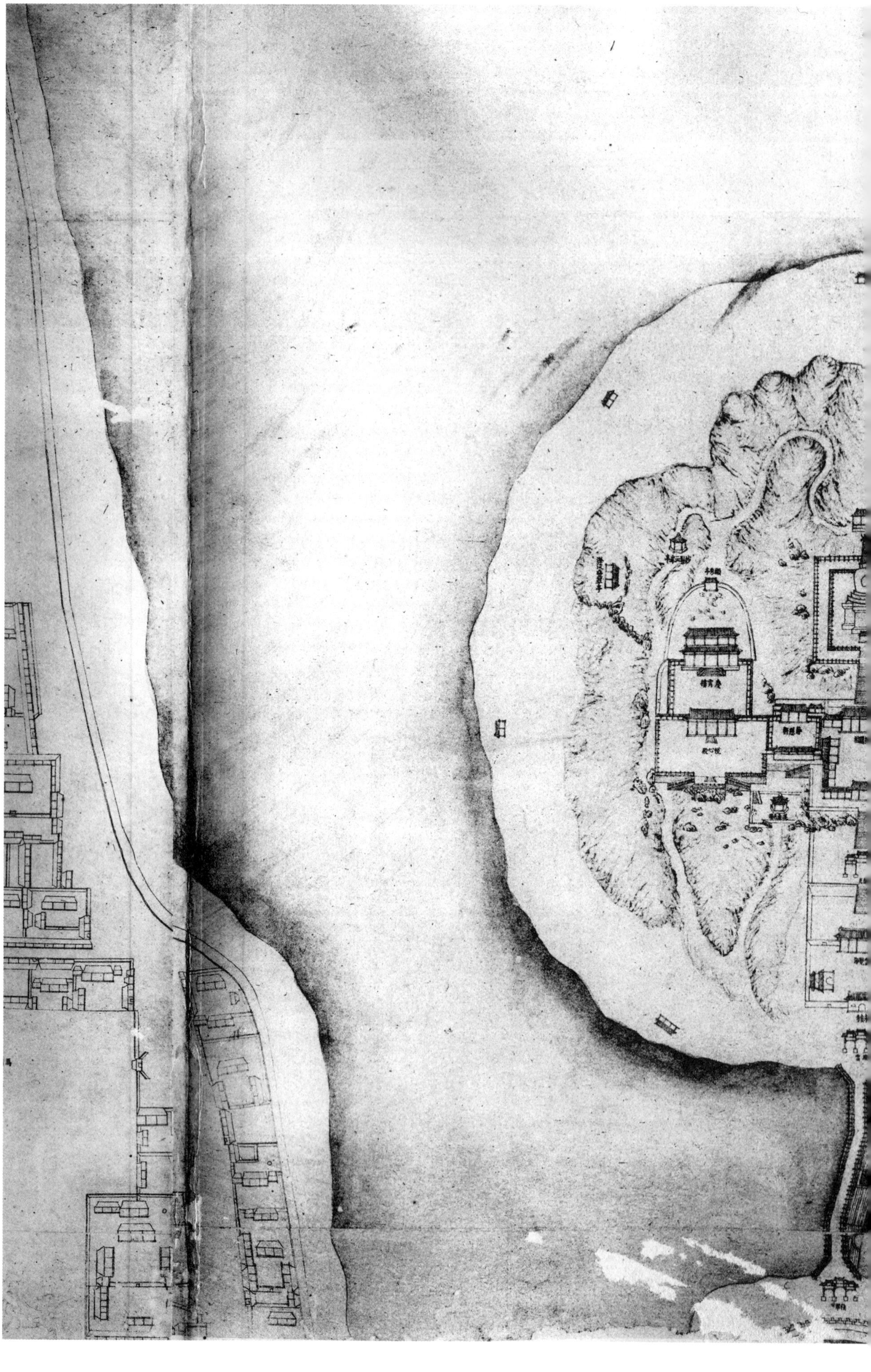
慶霄樓
悅心殿

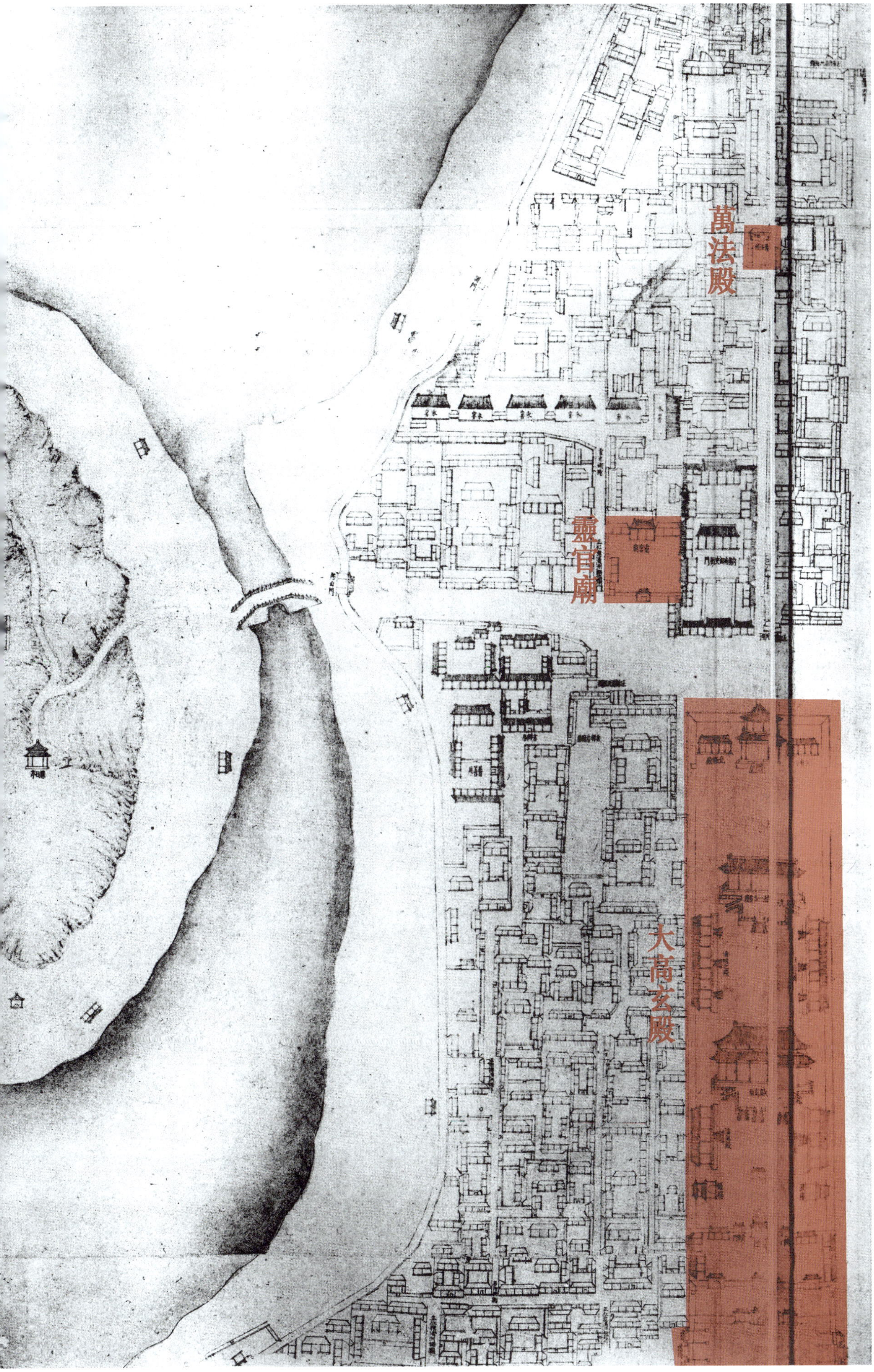
萬法殿
靈官廟
大高玄殿

萬法殿

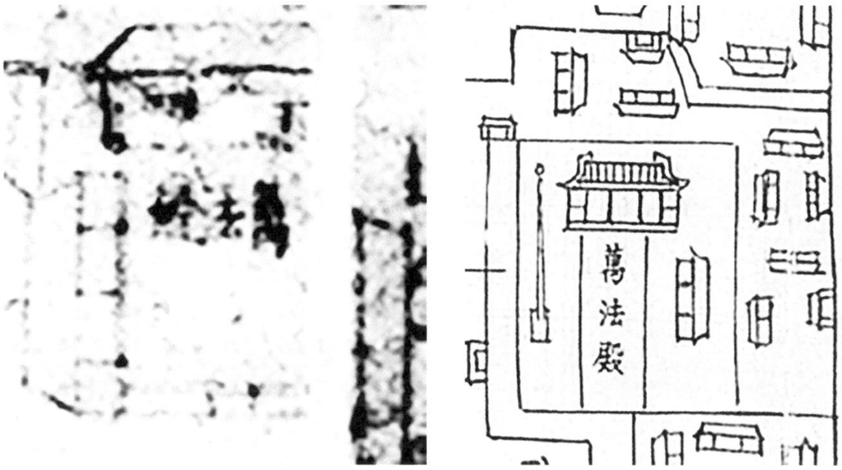

萬法殿，又名萬法寶殿[1]，原址約爲今西城區園景胡同十五號。寺廟建築現不存。

萬法殿在明嘉靖年間已建，是舉行國家重要祀典的場所。據《明世宗實録》，嘉靖三十七年（1558）二月和九月，分别在萬法寶殿舉行大祈典和秋報典。四十四年（1565），重建萬法寶殿，并定殿名，中曰"壽憩"，左曰"福舍"，右曰"禄舍"[2]。萬曆十九年十二月（1592）寶殿毁於火災[3]，二十九年（1601）在舊基添蓋佛殿房舍，次年命名"祖師殿"[4]。

清康熙《皇城宫殿衙署圖》繪有萬法殿（見右圖），僅有正殿和東配殿，殿前有旗杆。清《雍正廟册》有記載，在景山西門，爲大僧廟，有殿宇三間，禪

〔1〕參見《日下舊聞考》卷四十一，頁六百三十八。

〔2〕參見《明世宗實録》卷四百五十六，嘉靖三十七年二月二十一日條，頁七千七百一十六；卷四百六十四，嘉靖三十七年九月七日條，頁七千八百二十七；卷五百四十九，嘉靖四十四年八月二十二日條，頁八千八百五十一；卷五百五十三，嘉靖四十四年十二月十四日條，頁八千九百零三。

〔3〕參見《明神宗實録》卷二百四十三，萬曆十九年十二月十二日條，頁四千五百三十三。

〔4〕參見（清）孫承澤《春明夢餘録》卷六，揚州：江蘇廣陵古籍刻印社，1990年，頁五十一、七十五。

房十四間;清《乾隆廟册》亦録萬法殿在魏家胡同[1],大僧廟,住持融祥。清乾隆《京城全圖》所繪的萬法殿剛好位於兩張圖交界處,信息多有缺失,不甚清晰,僅能看出寺廟坐北朝南,僅一層殿宇,無山門,在南墻開寺門。正殿似爲三間,西配殿四間,東配殿似亦有三間。《日下舊聞考》稱萬法殿"地基頗狹,似非其舊矣"[2],所言極是。

1913 年内務部《實測北京内外城地圖》在萬法殿所在位置有寺廟標注,由此可判斷寺廟當時應該還在。

2018 年調查時,萬法殿踪影全無,原址爲居民院。

〔1〕魏家胡同即今園景胡同。

〔2〕參見《日下舊聞考》卷四十一,頁六百三十八。

靈官廟

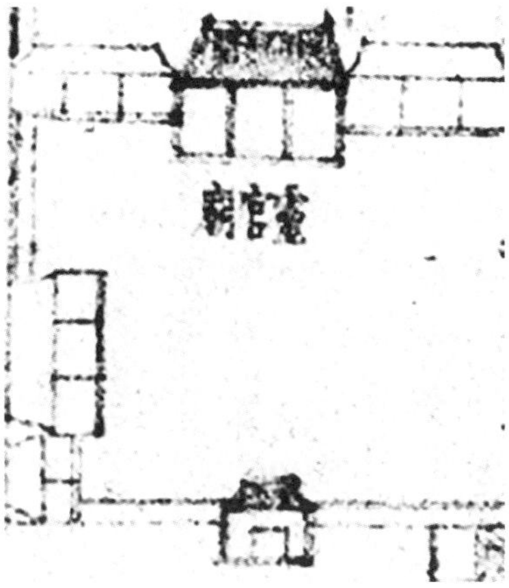

靈官廟,原址在今西城區陟山門街七號。寺廟建築不存。

靈官廟始建年代不詳。清《乾隆廟冊》載靈官廟在雪池,爲大僧廟,住持明壽。據清乾隆《京城全圖》所繪,靈官廟坐北朝南,東鄰内務府御史衙門,西爲雪池胡同。山門一間南向,琉璃瓦歇山頂。主院方正寬敞,北有大殿三間,亦爲琉璃瓦歇山頂。大殿東西各有北房三間。另有西殿三間,殿南有西房兩間。

未見其他有關靈官廟的資料。

2018 年調查時,寺廟原址爲一五層居民樓。東鄰的内務府御史衙門在 2011 年被列爲北京市文物保護單位。

大高玄殿

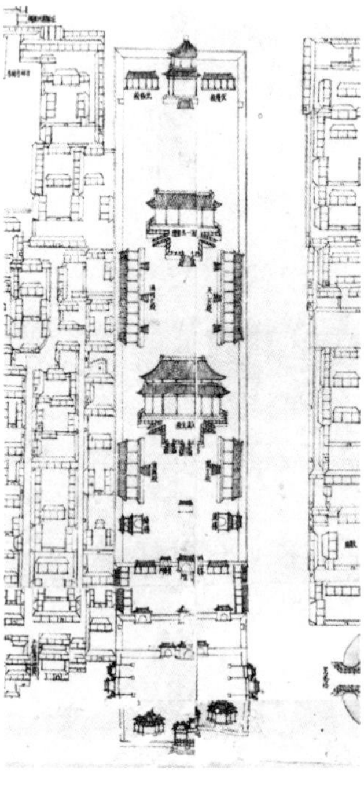

大高玄殿，康熙後爲避帝諱亦稱大高元殿或大高殿。現址爲西城區景山西街二十三號，寺廟建築群主體保存尚好。

大高玄殿始建應在明嘉靖十九年（1540）六月之前[1]，落成於嘉靖二十一年（1542）夏四月[2]。初先有泰享殿、大高玄殿，二十一年又於其間建“萬法一氣雷壇”，是行神霄雷法以祈晴求雨的專門場所[3]。終嘉靖一朝，殿內齋醮不斷。冬至大祀、春祈秋報、元旦吉醮、祈年大典、追薦禮成告謝典、歲末百官臘宴報豐醮典、總報大典、萬壽聖節、祈雨等事，多於此處舉行。每逢建醮，例停常封，有時甚至達到二、三十日之久。如嘉靖四十年（1561）七月，建迎恩大典於大高玄殿，禁常封三十四日[4]。嘉靖二十六年（1547）萬壽聖節，除了在大高玄殿建大慶典外，還爲天下道士二萬四千人發放度牒[5]。

穆宗繼位後，曾欲拆除西苑，禮部“惜其材費”，衹是摘去各處匾額[6]。然而齋醮既停、殿宇冷落，西苑齋宮內材木逐次被拆去，數年間“惟存壞垣斷礎

〔1〕參見楊新成《明清大高玄殿建築史料表》，《紫禁城》2013 年第 1 期，頁三十五至四十一。

〔2〕參見《明史》卷十七，“二十一年夏四月庚申，大高元殿成”。

〔3〕參見《明史》卷二百零九，“劉魁”條中説：“二十一年秋，帝用方士陶仲文言，建祐國康民雷殿於太液池西。”關於陶仲文與雷法，參見陶金《大高玄殿的道士與道場——管窺明清北京宫廷的道教活動》，《故宫學刊》2014 年第 2 期，頁一百八十五至二百零五。

〔4〕參見《明世宗實録》卷四百九十九，嘉靖四十年七月二十一日，頁八千二百六十四。

〔5〕參見《明世宗實録》卷三百二十五，嘉靖二十六年七月二十三日，頁六千零二十三。

〔6〕參見《明穆宗實録》卷三，隆慶元年正月二十二日，頁八十二。

而已”。衹有大高玄殿因設三清像,崇奉尊嚴,修習道教的内宫宫婢都於其内演唱科儀。加上嘉靖帝修玄御容也供奉在焉,故免於廢墜[1]。萬曆二十八年至三十五年(1600—1607),大高玄殿三次見新,“凡費物料銀二十萬、工匠銀十萬,不過油漆一番而已”[2]。傳鄭貴妃與明神宗密誓立皇三子爲太子,在大高玄殿内行香并御書誓詞,是乃“國本之争”等系列大案的開端。在廷臣與太后的壓力下,神宗終立長子爲儲,然嗣後再不復詣大高玄殿[3]。

《酌中志》中記録了萬曆至天啓年間大高玄殿的情况。時其仍爲内官習道經者的居處。前門曰“始青道境”,左右各有牌坊。西側牌坊題曰“先天明鏡、太極仙林”,東側題爲“孔綏皇祚、宏祐天民”。後有二閣,左曰“炅明閣”、右曰“椢靈軒”。再北數門,分别是福静門、康生門、高玄門、蒼精門、黄華門。門後即大高玄殿。殿東北有無上閣,下層曰龍章鳳篆,左右有始陽齋和象一宫,後者供設象一帝君,范金爲之,高尺許,即前文所提及的明世宗玄修之像[4]。楊新成根據《金籙御典文集》、清康熙《皇城宫殿衙署圖》和清乾隆《京城全圖》等各種資料繪製了明萬曆年間大高玄殿建築群復原圖,如下所示[5]。

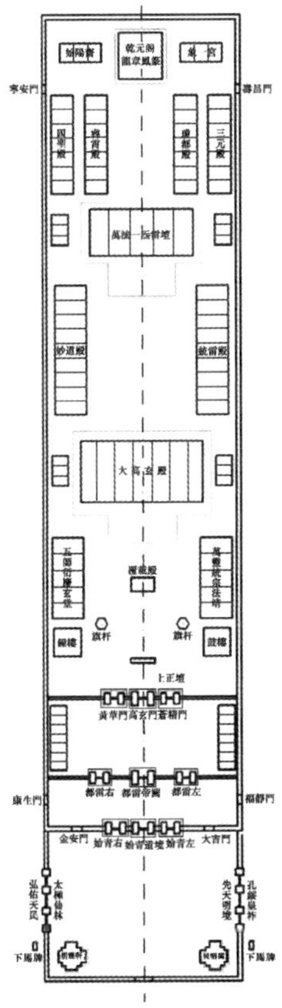

〔1〕參見《萬曆野獲編》卷二,頁四十八至四十九。

〔2〕參見《萬曆野獲編》卷二,頁四十九。另參見《明神宗實録》卷三百四十七,萬曆二十八年五月二十五日,頁六千四百八十六;卷三百六十九,萬曆三十年閏二月九日,頁六千九百零五;卷三百七十二,萬曆三十五年五月二十五日,頁六千九百八十四。

〔3〕參見《日下舊聞考》卷四十一,頁六百三十九。另參見楊新成前引文考證。

〔4〕參見《酌中志》卷十七,“大内規制紀略”,頁一百三十九。

〔5〕參見楊新成《明清大高玄殿建築沿革續考》,《故宫博物院院刊》2021年第7期,頁五十六。因原圖較小、字迹不清,收入本書時有加摹重繪。

入清以後，大高玄殿基本保留原有規製。從康熙《皇城宫殿衙署圖》上來看，與明代情况改動不大。清康熙四十七年（1708）曾經修繕，自雍正朝開始，内務府檔案中關於大高玄殿的記録大量增加，除了雍正七年（1729）、雍正八年（1730）、雍正十一年（1733）修繕之外，逢年節、玉皇聖誕、上元、后土聖誕、五月五臘日、七月七臘日、中元、萬壽聖節等時，殿内均辦吉祥道場。如大高玄殿正值修理，則將吉祥道場改在天穹殿内進行[1]。

《日下舊聞考》記，大高玄殿曾於雍正八年和乾隆十一年（1746）重修[2]。但事實上，乾隆一朝，紫禁城内外以大高玄殿爲首的十一處寺廟爲皇帝經常參詣行禮之處，凡該處管理太監呈報，内務府掌儀司俱隨時粘補修理[3]。最大規模的改建有兩次。一次是乾隆八年（1743）添建南端牌樓，形成“兩亭三牌樓”的格局。同時拆除後閣前四座配殿及正殿、雷壇的耳房。另一次是乾隆十七年（1752）將第三道山門改爲歇山頂大高玄門，拆除後閣左右耳殿。從乾隆《京城全圖》上看，改建後的大高玄殿建築群由南至北可分爲山門群、大高玄殿、萬法一炁雷壇和乾元閣四部分。最南側有東西南三牌樓，臨禁城護城河北，御筆題名“乾元資始”“大德曰生”。内有二閣，即明代之“炅明閣”和“梋靈軒”。北爲山門三重，最北一重中爲高玄門，左爲蒼精門、右爲黄華門。山門後有影壁一處，左右鐘鼓二樓。大高玄殿立於高臺，拾階而上，環以欄杆，面闊七間，重檐歇山頂。《日下舊聞考》記其額曰“元宰無爲”，聯曰“烟靄碧城，金鼎香濃通御氣；霞明紫極，璇樞瑞啓燦仙都”。前有闡玄、演奥二殿各五間。殿後即雷壇，面闊五間，單檐歇山頂，前爲通明之殿及天乙之殿各九間。最後一層高閣，上圓下方，即明時之無上閣。《日下舊聞考》記閣上下二層均已更名，上額曰乾元閣，下額曰坤貞宇，以象天覆地載之形。高閣左右亦非明時之始陽齋與象一宫，乃更名爲伏魔殿、北極殿，均坐北朝南、面闊五間，單檐硬山頂。《日下舊聞考》中説“始陽齋、無上閣、象一宫，俱無考”[4]，應是編者不熟悉内府營造之故。

乾隆十三年（1748）内務府清點各處寺廟供奉神像時，留下了一份關於大高玄殿内供奉的寶貴記録。此時殿内供奉金胎神像八尊，分别是娘娘五尊、皇天上帝一尊、太乙救苦天尊一尊、東嶽大帝一尊。銀胎神像七十五尊，包括三官大帝六尊、玄天上帝一尊、皇天上帝一尊、天師一尊以及從神六十六尊。鍍金銀胎神像二十一尊，包括皇天上帝一尊、東嶽大帝二尊、關帝一尊、壽星一尊以及從神十六尊。玉胎神像六尊，其中包括皇天上帝一尊、真武二尊、從神二尊。另外還有滲金銅胎神像七十四尊、貼金銅胎神像五十一尊、銅胎神像四十五尊、脱沙像五尊、香胎像二百二十尊、增胎像三十八尊、貼金磁胎像一尊，内含皇天上帝、玄天上帝、靈官、藥王藥聖、觀音、斗姥、三官大帝、真武、財神、北極、火祖、九天應元雷聲普化天尊、梓潼帝君、天仙聖母、眼光娘娘、子孫娘娘等衆多神祇，并大小供器三百二十二件陳設於内[5]。

除太監道士日常奉禮外，大高玄殿内道場法事多由正一派宫廷道士主持，其中最有名的當屬雍乾時期欽安殿、大光明殿住持兼掌道録司的婁近垣[6]。乾隆二十年（1755）五月，大高玄殿辦道場時，因東嶽廟道士藍賢棟將供器推落導致毁碎，婁近垣獲罪降二級，次年逢恩詔抵降一級，直至

---

〔1〕參見中國第一歷史檔案館藏《内務府奏案·奏爲大高殿修理請將本年吉祥道場改在天穹殿誠應事》，雍正七年九月二十五日，檔案號 05-0001-021。

〔2〕參見《日下舊聞考》卷四十一，頁六百三十八。

〔3〕參見中國第一歷史檔案館藏《内務府奏案·奏爲東嶽廟等三十五處停其每年修理，勒限十年以後報部修理，其工價不至二百五十兩者交該司修理等事》，乾隆五年六月初六日，檔案號 05-0037-040。

〔4〕參見《日下舊聞考》卷四十一，頁六百四十。

〔5〕參見中國第一歷史檔案館藏《内務府奏案·清單·總管内務府》，乾隆十三年六月二十四日，檔案號 05-0094-005。

〔6〕關於婁近垣的生平簡介，參見《北京内城寺廟碑刻志》第一卷，“妙緣觀”條，頁一百八十三。

乾隆二十三年（1758）開復原職[1]。乾隆嘉慶年間，大高玄殿仍衹辦正一齋醮，尤重祈雨。殿内例用江南來京的值季法官、本地壇廟道士與宫内太監道士，直至清末江南法官們返回原籍。

嘉慶朝以後，大高玄殿再未見大型工程。清末“庚子事變”中，大高玄殿爲“洋兵盤踞最久，其傷損情形亦最爲重大”。光緒二十七年（1901）八月，“今勘得自大門外牌樓起，至大高殿後檐及東西配殿，均有破碎傷折。第二層九天雷祖殿頭停全無，石欄拆毁，僅餘大木墻垣。後層乾元閣、坤貞宇及圍墻門扇并有損壞。至各處神像及祭器陳設等項，全行佚失。自洋兵交還後，内務府已將各門堵閉，派設看守，免致再有疏虞”[2]。但大高玄殿内法事并未完全斷絶。據東嶽廟最後一任住持傅長青回憶，直至清末，殿内作求雨求晴道場時，東嶽廟道士仍需參加。這類儀式由清微派道士主持，誦念《高上玉皇本行集經》《玉皇經》《三官經》《九天雷祖經》《大雨龍王經》等經文[3]。

民國時期，大高玄殿由故宫博物院管理。民國六年（1917），“以南向一坊，傾斜特甚，拆去之”[4]，尚餘東西兩牌坊。時勢巨變，連金時所植，嘉靖帝封爲松指揮使，其俸米專給孤貧的一檜四松樹，亦“槁其半矣”。民國十三年（1924）鄧之誠過其地，扼腕而“爲低迴久之”[5]。民國二十一年（1932），因擴充道路拆去東西牌樓下臺階。1956年又拆去餘下兩座牌樓及音樂亭。但主體建築爲解放軍總參謀部所用，保存尚好，2011年正式交歸故宫博物院管理[6]。

〔1〕參見中國第一歷史檔案館藏《内務府奏摺·奏爲道録司婁近垣三年無過請開復事》，乾隆二十二年七月日，檔案號05-0166-002。

〔2〕參見中國第一歷史檔案館編《光緒朝硃批奏摺》，第一百零四輯，頁一六一至一六二。轉引自《明清大高玄殿建築史料表》，頁三十五至四十一。

〔3〕參見劉靈子整理、姜爲田襄寫《北京朝陽門外道教勝迹東嶽廟——傅長青老道憶述東嶽廟興衰史》，中國人民政治協商會議北京市朝陽區委員會文史資料委員會編《朝陽文史》第一輯，1987年，頁二十四至二十五。

〔4〕參見《燕都叢考》第二編，頁四百四十八。

〔5〕參見鄧之誠《骨董瑣記》，北京：中國書店，1991年，頁三十三。鄧之誠同時認爲這就是文徵明《西苑詩》中所記之數百年物。但文徵明詩中所寫乃北海承光殿，“北直瓊島，中有古柯，栝干糾結偃蓋，數百年物也”，離大高玄殿有一定距離，故此存疑。

〔6〕關於大高玄殿的現存建築情况，參見楊新成《大高玄殿建築群變遷考略》，《故宫博物院院刊》2012年第2期，頁八十九至一百一十二。

六排八段

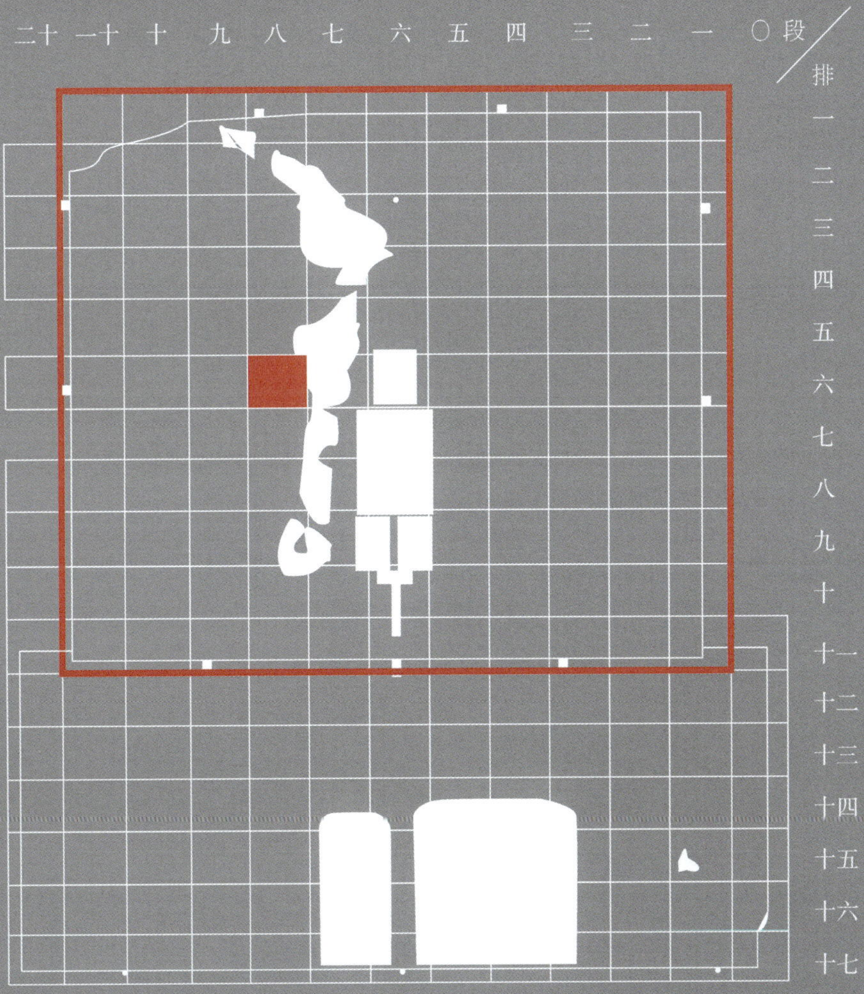

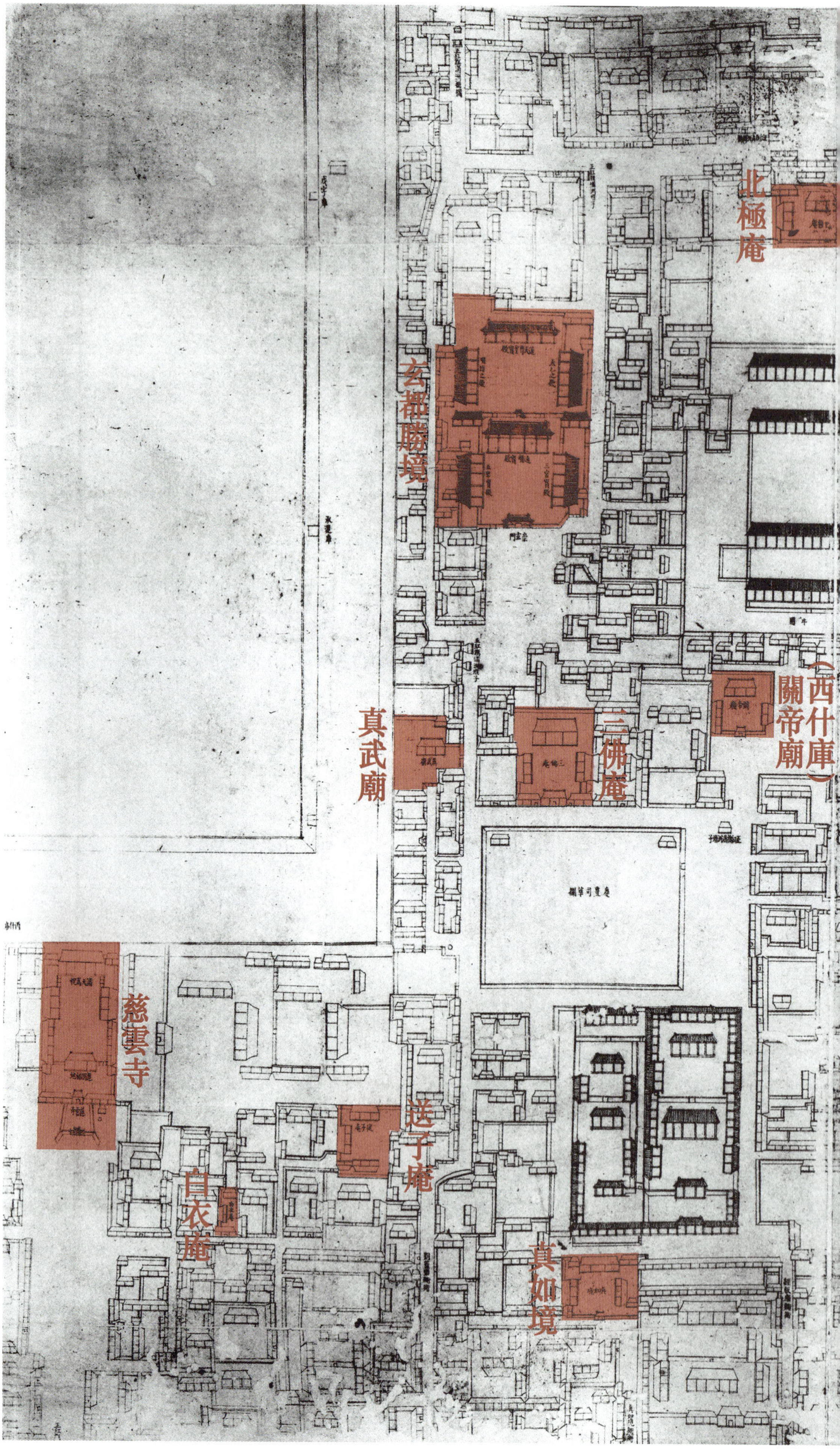

北極庵
玄都勝境
（西什庫）關帝廟
真武廟
三佛庵
慈雲寺
送子庵
白衣庵
真如境

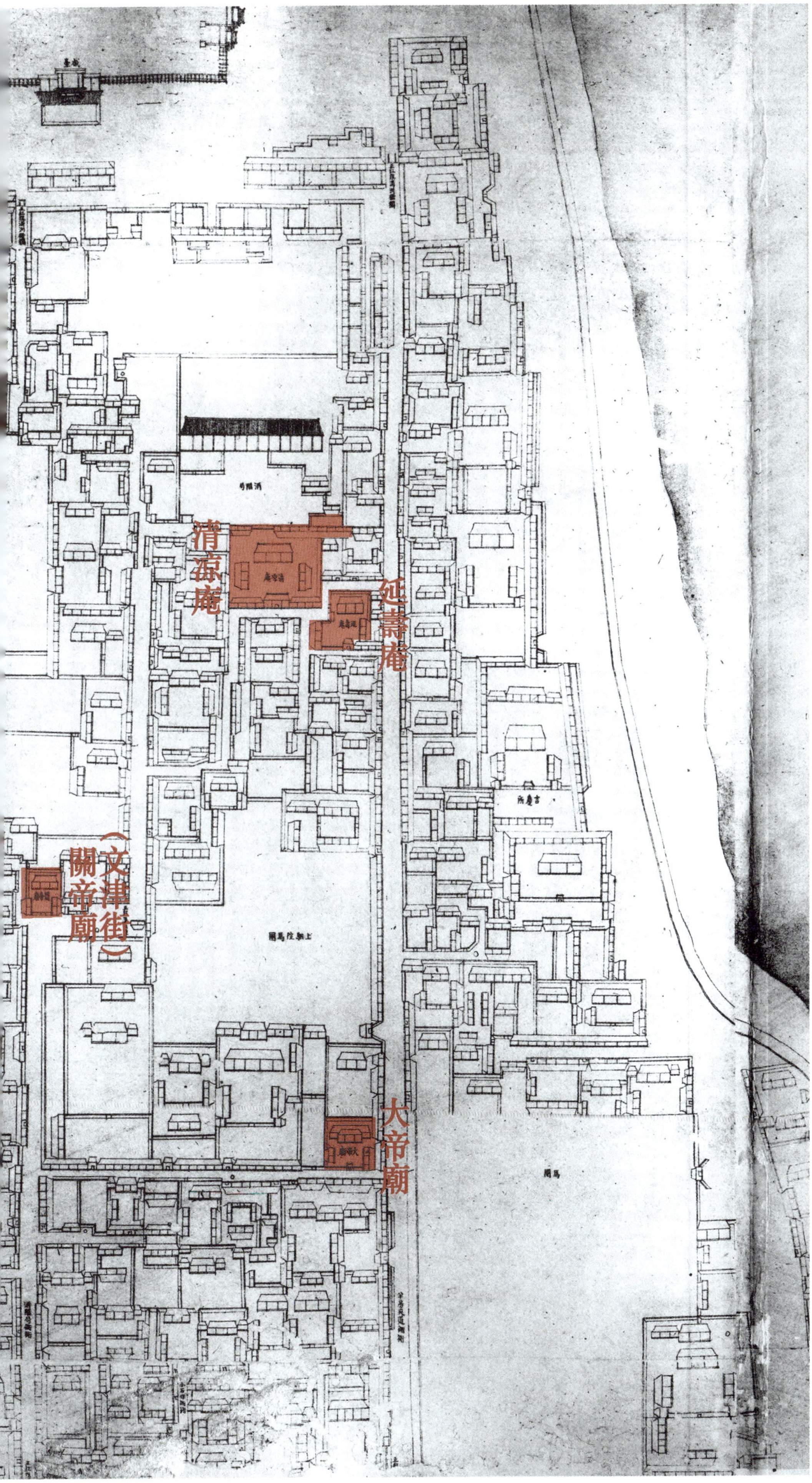
清涼庵
延壽庵
關帝廟（文津街）
大帝廟

北極庵

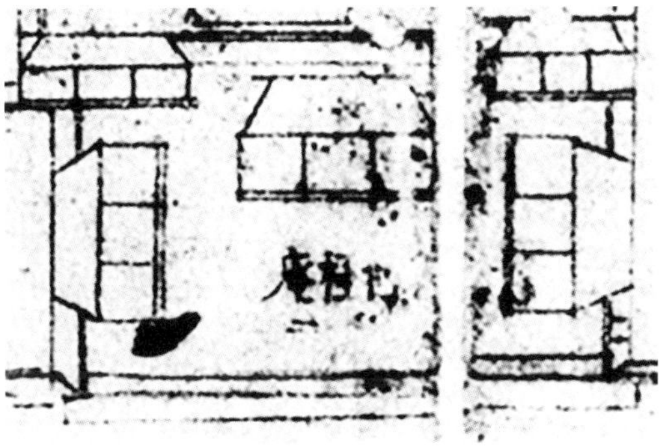

北極庵,原址約在今西城區草嵐子胡同二號。寺廟建築現不存。

北極庵始建年代無考。清《雍正廟册》有載録,在旃檀寺前,爲大僧廟,有廟宇三間,禪房十二間,住持寂中。清《乾隆廟册》亦記作大僧廟,住持心泰。據清乾隆《京城全圖》,北極庵在旃檀寺[1]南,牛圈以北。寺廟爲一工整的長方形,坐北朝南,一層廟宇。無山門,僅在東南角開一廟門。院中間有正殿三間,南向;東西各有配殿三間。院北墻東西兩頭各有北房三間。

未見其他文獻記載。可能是和旃檀寺一起被毁。

2007 年調查時寺廟原址爲樓房。2018 年回訪時情形與 2007 年同。

〔1〕旃壇寺在五排八段,參見《北京内城寺廟碑刻志》第五卷,頁二百三十七至二百六十二。

玄都勝境

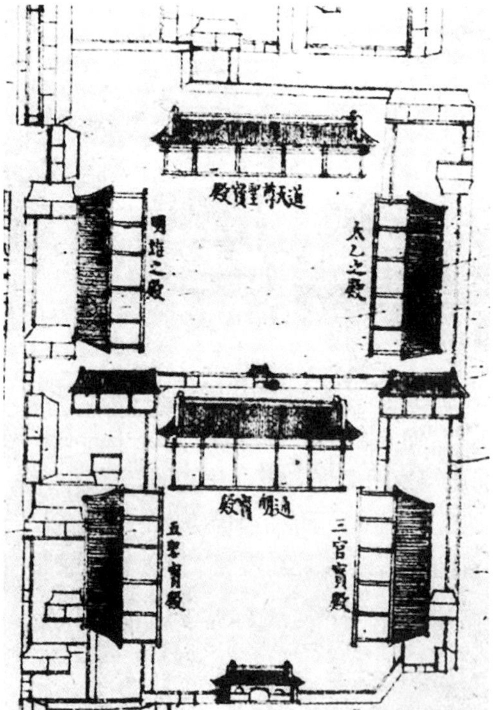

玄都勝境，又名天慶宫[1]、天慶觀[2]，爲避康熙帝諱亦名元都勝境。原址在内六區西安門内大街北（今西城區西什庫大街二十六號居民小區内）。道觀建築現不存。

玄都勝境建於元，相傳寺内神像係元代名匠劉元所塑。正殿爲玉皇大帝；西配殿有三清塑像；東配殿爲三元帝君，一吏跪而答[3]。

清乾隆《京城全圖》所繪的玄都勝境氣勢宏大，山門和前後兩院的主殿均爲歇山頂建築。道觀坐北朝南，山門三間，曰崇玄門。西側另開一邊門。前院正殿爲通明寶殿，五間；東配殿五間，係三官寶殿；西配殿五間，曰五聖寶殿。後院與前院有墻隔開，正中一垂花門，兩側各有小門。後院正殿五間，曰道天尊聖賢殿；東配殿爲太乙之殿，亦五間；西配殿爲明維之殿，五間。另外前院東有一跨院。跨院内北殿三間，歇山頂，東墻北房一間，東南隅東房一間。南墻和東墻均有門通外面，西墻有門與前院通。後院西亦有一跨院，南北兩進。北院有北房兩間，西墻有門通外面。南院北房兩間；中間大殿三間，歇山頂；西房四

〔1〕參見《日下舊聞考》卷四十二，頁六百五十八。《宸垣識略》卷四稱“元都勝境”，頁七十五。

〔2〕參見（清）震鈞《天咫偶聞》卷一，北京：北京古籍出版社，1982年，頁十九。

〔3〕參見《日下舊聞考》卷四十二，頁六百五十八。

間，南房一間；西墻開門，與外面街道通。後院東還有一跨院，有北房三間，南房一間，東墻有門。

據撰於清乾隆二十三年（1758）的《帝京歲時紀勝》，每年正月元旦至十六，元都勝境爲京人的游覽景地之一[1]。清乾隆二十五年（1760）重修道觀，賜名天慶宫。清高宗御筆題額，前殿曰“泰鈞”，後殿曰“統元”[2]。據清宫内務府檔案記載，乾隆年間天慶宫每年與仁壽寺和弘仁寺[3]一起從宫中領取香供銀，數量約九十兩；外加一名住持和兩名廟户的錢糧銀，每年亦合九十至一百兩[4]。嘉慶七年（1802），内務府分賜各寺廟法物，天慶宫得瓷五供一份。嘉慶十年（1805），天慶宫又從内務府賜得畫卷兩軸[5]。清末，天慶宫逐漸荒蕪。清人震鈞《天咫偶聞》載：“天慶觀，在旃檀寺南，俗稱劉鑾塑。神像皆出元劉供奉鑾手。今已頽敗零落，蔓草塞門，過者瞻望太息。”[6]

未見民國時期有關天慶宫的資料。

2007年調查時，天慶宫蕩然無存，其原址爲居民樓房，但天慶胡同的地名仍在。2018年回訪時情形與2007年同。

---

〔1〕參見（清）潘榮陛《帝京歲時紀勝》，北京：北京古籍出版社，1981年，頁九。

〔2〕同上。

〔3〕弘仁寺又名旃檀寺，與仁壽寺均在五排八段。

〔4〕參見“中央研究院”近代史研究所藏内務府奏銷檔《仁壽寺等所需香供及廟户錢糧、萬壽道場喇嘛飯食一年用銀》，乾隆二十七年一月五日；《仁壽寺等三處香供錢糧及萬壽道場喇嘛飯食銀》，乾隆二十九年三月十七日；《造佛剩餘銀兩生息所得利銀爲仁壽寺等三處應用》，乾隆三十年一月十日；《將造佛餘銀作仁壽寺香錢事》，乾隆三十年十二月二十六日；《仁壽寺等三處香供錢糧數》，乾隆三十一年二月一日。

〔5〕參見中國第一歷史檔案館藏清代内務府奏摺《呈報由内交出瓷五供等項分給各寺廟數目清單》，嘉慶七年十一月初十日，檔案號05-0498-059；中國第一歷史檔案館藏清代内務府奏摺《呈爲分挂各寺廟畫軸數目單》，嘉慶十年閏六月二十九日，檔案號05-0516-037。

〔6〕《天咫偶聞》卷一，頁十九。

清凉庵

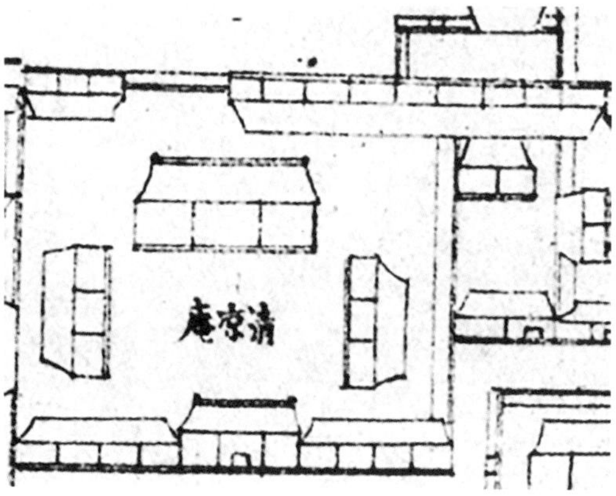

清凉庵,原址約在今西城區文津街甲十三號中國人民解放軍第三零五醫院院内。寺廟建築現不存。

寺廟始建年代不詳。清康熙《皇城宫殿衙署圖》繪有此廟。清康熙五十二年(1713)清聖祖六十壽辰盛典時,内務府官學教習及官學生曾在清凉庵内設經壇〔1〕。清《雍正廟册》有記載,在羊房夾道,爲大僧廟,有殿宇十二間,禪房二十八間,住持源善。清《乾隆廟册》亦記作大僧廟,在養蜂夾道,住持續貴。據清乾隆《京城全圖》所繪,清凉庵在酒醋局以南,坐北朝南,一層殿宇。山門三間,東西兩側各有朝南臨街房四間。山門以内主殿三間,東西配殿各三間。大殿以北爲寺院北墻,其西北角有北向臨街房三間,東北角有北向房九間,以北有一小院,院子北墻開一小門通酒醋局〔2〕。

未見其他關於清凉庵的資料。

2007年調查時,寺廟原址并入中國人民解放軍第三零五醫院院内。2018年回訪時,情形與2007年相同。

---

〔1〕參見《萬壽盛典初集》卷四十四,頁十二。

〔2〕此處的酒醋局在明代爲西酒房,參見《日下舊聞考》卷四十一,頁六百四十五至六百四十六。從清凉庵與酒醋局的位置關係我們可以推測該寺有可能是明代酒醋局内官的庵堂。

延壽庵

延壽庵，原址約在今西城區文津街甲十三號中國人民解放軍第三零五醫院院内。寺廟建築現不存。《日下舊聞考》記廟内曾有康熙重修延壽庵碑，然今碑石并拓片均不得見。

有關延壽庵始建年代，《日下舊聞考》引《皇明大政記》云“正德八年（1513）五月詔建延壽僧寺堂釋殿於西内經廠”[1]。據此似可推斷寺當建於明正德八年，其址在内府衙門司禮監所掌管的西經廠内。另外，延壽庵内原有明嘉靖六年（1527）鐘一口，上鑄“延壽庵及内府安樂堂佛堂永遠供奉”等字樣[2]。可見明代的延壽庵與内官有着密切的關係。

至清代康熙年間，重修延壽庵，并在院墻南面立碑[3]。清康熙《皇城宫殿衙署圖》繪有該廟。清《雍正廟册》載延壽庵在羊房夾道，爲大僧廟，有殿宇四間，禪房十一間，住持行新。清《乾隆廟册》也録作大僧廟，住持際光。按清乾隆《京城全圖》所繪，延壽庵在羊房夾道路西，坐北朝南，一層殿宇。山門一間南向。院内北殿三間，東配殿三間。西南隅有西配房三間。西墻開邊門，門南側有朝東小房一間。

以後的延壽庵未見有任何記載。2007—2018年調查時，延壽庵原址并入中國人民解放軍第三零五醫院院内。

---

〔1〕參見《日下舊聞考》卷四十一，頁六百四十五。明代内經廠屬司禮監，管佛藏、道藏、番藏一應經書之印版及印成書籍。

〔2〕同上，頁六百四十六。明代内府有兩處安樂堂，此爲内安樂堂，安置病老和有罪的宫人。參見《酌中志》卷十六，頁九十四、一百二十四至一百二十五。《日下舊聞考》根據該鐘的銘文認定延壽庵在明代即安樂堂的佛堂。

〔3〕參見《日下舊聞考》卷四十一，頁六百四十五。

關帝廟（西什庫）

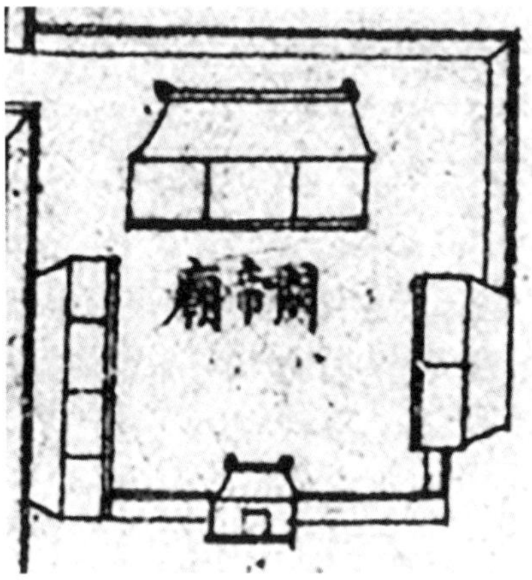

關帝廟，原址約在今西城區西什庫大街二十八號院内。寺廟建築現不存。

關帝廟始建年代不詳。清《雍正廟册》有載，在經版庫，爲大僧廟，有殿宇五間，禪房九間。清《乾隆廟册》亦有記録，爲大僧廟，住持法真。清乾隆《京城全圖》所繪的關帝廟在經版庫胡同路西，坐北朝南，一層廟宇。山門一間，南向。山門内北殿三間，東配殿兩間，西配房四間。

未見其他關於關帝廟的記載。

2018年調查時，寺廟原址爲居民樓小區。

真武廟

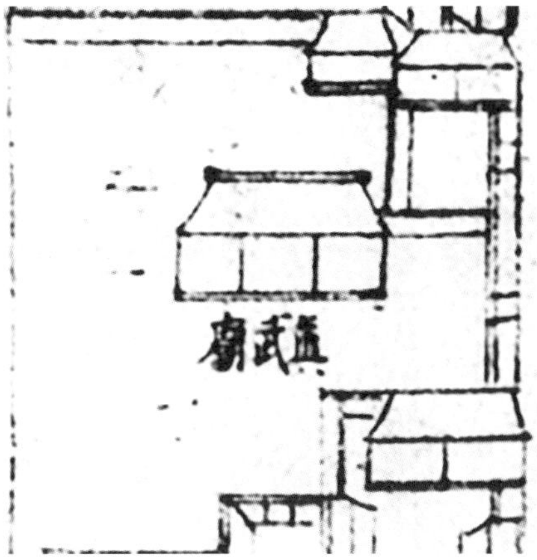

真武廟,又名玄帝廟〔1〕,原址約在今西城區西什庫大街二十八號西邊的大街上。寺廟建築現不存。廟内原有明萬曆二十一年(1593)《修洗白廠絲作碑》〔2〕,今無考。

真武廟始建年代不詳。廟原址在明永樂年間爲内府御用監製漆器的果園廠。明隆慶年間,御用監在果園廠隙地建洗白廠絲作,織造御用各色兜羅絨等絲絲製品;有内官數十人。萬曆二十一年重修洗白廠絲作,并立碑〔3〕。不確定是否已經建有真武廟。

清代果園廠、洗白廠均廢,其址由内府人役居住〔4〕。清康熙《皇城宫殿衙署圖》繪有真武廟。清《雍正廟册》載在絲作胡同有玄帝廟,係大僧廟,有殿宇三間,禪房兩間,住持源亮。玄帝廟即真武廟之异名。清《乾隆廟册》記真武廟爲大僧廟,住持瑞昇。據清乾隆《京城全圖》,真武廟坐北朝南,西面緊鄰西什庫。廟無山門,南墻上開門,東墻開一側門。院内正中大殿三間,南向。院東北角有北房一間。

未見其他真武廟的相關記載。

2018年調查時寺廟原址爲西什庫大街。

〔1〕參見清《雍正廟册》。

〔2〕參見《日下舊聞考》卷四十二,頁六百五十八。

〔3〕參見同上;《酌中志》卷十五,頁一百一十五。

〔4〕參見(清)高士奇《金鰲退食筆記》卷下,北京:北京古籍出版社,1982年,頁一百四十五;《日下舊聞考》卷四十二,頁六百五十八。

三佛庵

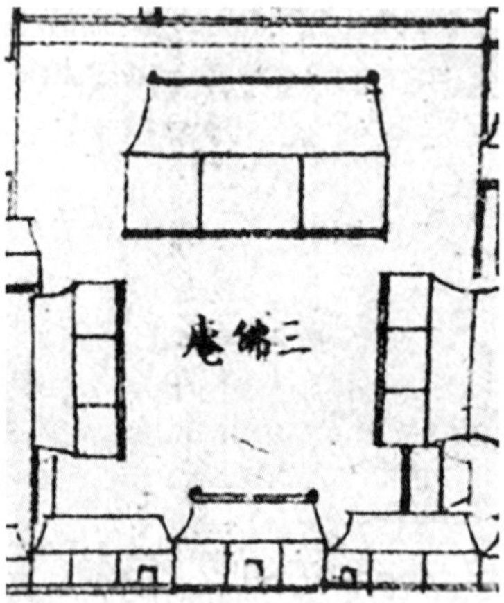

三佛庵，又名三佛寺[1]，原址約在今西城區西什庫大街二十八號院内。寺廟建築現不存。《日下舊聞考》提及廟内曾有三佛庵碑記[2]，但未指明年代，此碑今已無考。

三佛庵始建年代不詳。見於清康熙《皇城宫殿衙署圖》。康熙《萬壽盛典初集》中提及："……有經壇在三佛寺，圖不及"[3]，則當時三佛庵亦有頌經祝壽法會，惜圖中并未描繪。清《雍正廟册》記爲大僧廟，登記地址在經版庫，有殿宇六間，禪房十六間，住持自鑣。清《乾隆廟册》亦有載，登記地址在劉藍塑，爲大僧廟，住持性成。據清乾隆《京城全圖》所繪，三佛庵在慶豐司草欄以北，坐北朝南，一層殿宇，頗寬敞。山門三間，南向；山門東西兩側各有南房三間，亦朝南各開有一門。山門以内北殿三間，東西配殿各三間，東配殿南有東小房一間。

除此以外，未見有其他關於三佛庵的記載。

2018年調查時，寺廟原址爲小區居民樓。

〔1〕參見清《乾隆廟册》。

〔2〕參見《日下舊聞考》卷四十一，頁六百四十六。

〔3〕《萬壽盛典初集》卷四十四，頁十二。

關帝廟(文津街)

關帝廟,原址約在今西城區文津街十三號。寺廟建築現不存。

關帝廟始建年代不詳。清《雍正廟册》有記載,在酒醋局,爲大僧廟,有殿宇三間,禪房四間,住持净亮。清《乾隆廟册》也載作大僧廟,住持廣林。據清乾隆《京城全圖》所繪,關帝廟坐北朝南,一層殿宇,方方正正,四周圍以墻垣。廟無山門,在臨街南墻上開門,正對酒醋局胡同。南墻内兩邊有東西房各兩間,往北有大殿三間。

除此以外,未見其他關於關帝廟的記載。

2018年調查時,寺廟原址爲一軍區大院。

慈雲寺

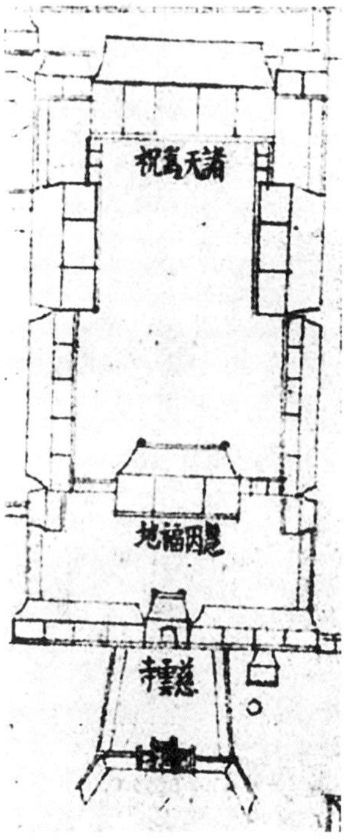

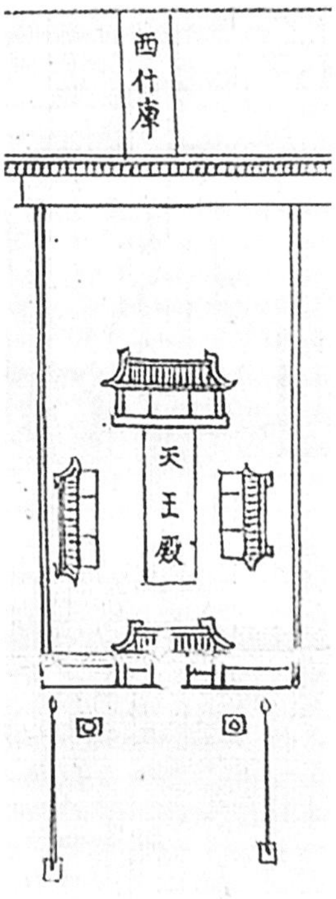

慈雲寺，明代稱天王殿[1]。原址約在今西城區西什庫大街甲三十七號。寺廟建築現不存。寺内原有明嘉靖三十四年（1555）《重修天王殿碑》，嘉靖三十八年（1559）《重修天王殿記》，明隆慶四年（1570）《重修二井之記》和明萬曆八年（1580）《重修天王殿宇碑記》。這四通明碑於清光緒十三年（1887）和天王殿一并搬遷至南草廠新修的崇興寺廟内[2]。

慈雲寺即明代天王殿舊址。天王殿位於明西十庫[3]，其建立當與西十庫的修建有直接關聯，係庫之鎮守之神。西十庫爲内府倉庫，包括甲字庫、乙字庫、丙字庫、丁字庫、戊字庫、承運庫、廣運庫、廣惠庫、廣積庫和贓罰庫[4]，其修建年代未有史料記

〔1〕參見《日下舊聞考》卷四十二，頁六百六十。

〔2〕參見《北京内城寺廟碑刻志》第三卷，頁三百九十九至四百十七。《日下舊聞考》卷四十二，載慈雲寺有明代修西十庫題名碑和修廟碑，頁六百六十。《宸垣識略》稱有清乾隆御製詩碑，但《日下舊聞考》未提及此通乾隆御製碑，不確定《宸垣識略》的記録是否屬實。

〔3〕同注〔1〕。

〔4〕參見《酌中志》卷十六，頁一百一十五至一百一十六。

載，故天王殿的始建時間亦不詳。

明嘉靖三十四年，西十庫太監重修天王殿[1]。時隔四年，司鑰庫和西十庫的太監又對天王殿、鐘鼓樓、門樓、神路和溝渠加以修建[2]。隆慶四年，司禮監太監孟春雲召集西十庫各太監捐資重修神路兩旁東西二井[3]。至明萬曆八年，天王殿"垣牖頽然，殿閣凋謝"。乾清宫掌事、司鑰庫掌印、御馬監太監何忠與同事諸公一道"經之營之"，使"殿宇華飾，焕然一新"[4]。

清康熙《皇城宫殿衙署圖》繪有天王殿（見上右圖）。寺廟坐南朝北，有正殿三間，東西配殿各三間。寺前還有兩口井，旗杆兩個。然而康熙年間的西十庫"封錮不開，塵土堆積。庫後古木叢茂，居人鮮少，衆鳥翔集，作巢以數萬計"[5]，天王殿亦當廢弃。康熙五十二年（1713），京城舉行清聖祖六十壽辰慶典。上三旗三十家包衣人在天王殿舊址建寺，諷經慶祝萬壽。聖祖賜寺名慈雲寺，并御筆題門額"敕賜慈雲寺"[6]。内廷供奉翰林院待詔曹日瑛題木額"慈雲廣覆"。新建的慈雲寺香火興盛。康熙五十六年（1717），西十庫合會衆善人等爲寺敬造大鐵鼎一座[7]。

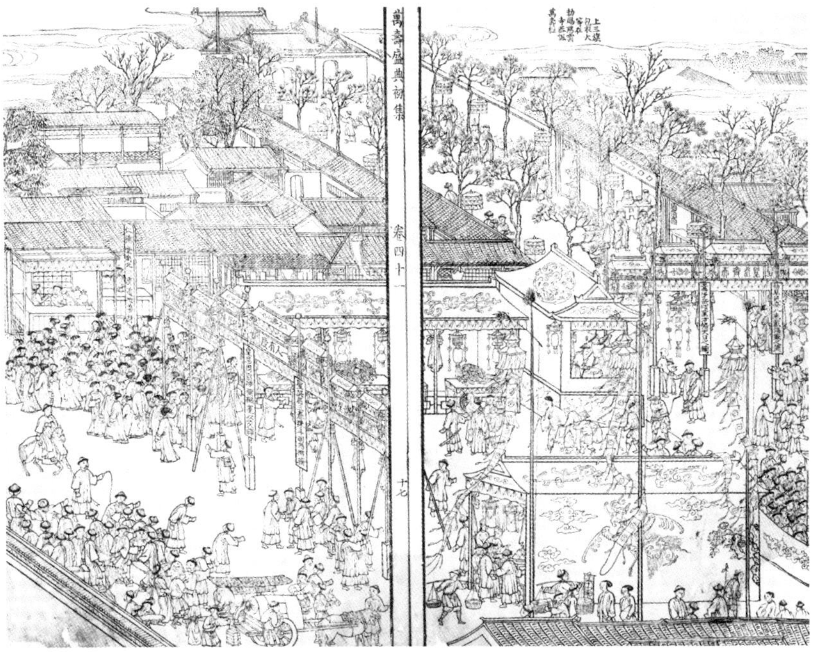

康熙《萬壽盛典圖》繪慈雲寺

〔1〕參見明嘉靖三十四年《重修天王殿碑》，京 436，北京大學圖書館藏拓片原件。

〔2〕參見明嘉靖三十八年《重修天王殿記》，京 434，《北京圖書館藏中國歷代石刻拓本匯編》卷五十六，頁四十二。《匯編》的碑名爲《崇興寺題名碑》，但事實上碑與崇興寺無關，爲避免混淆，此處以碑的額題爲名。其餘三通明碑亦采用此法處理。

〔3〕參見明隆慶四年《重修二井之記》，京 433，《北京圖書館藏中國歷代石刻拓本匯編》卷五十六，頁一百七十。

〔4〕參見明萬曆八年《重修天王殿宇碑記》，京 432，《北京圖書館藏中國歷代石刻拓本匯編》卷五十七，頁九十一。

〔5〕《金鰲退食筆記》卷下，頁一百五十一。

〔6〕參見《萬壽盛典初集》卷四十四，頁十四、十六；《日下舊聞考》卷四十二，頁六百六十。

〔7〕參見國立北平研究院《崇興寺》，西四 74。

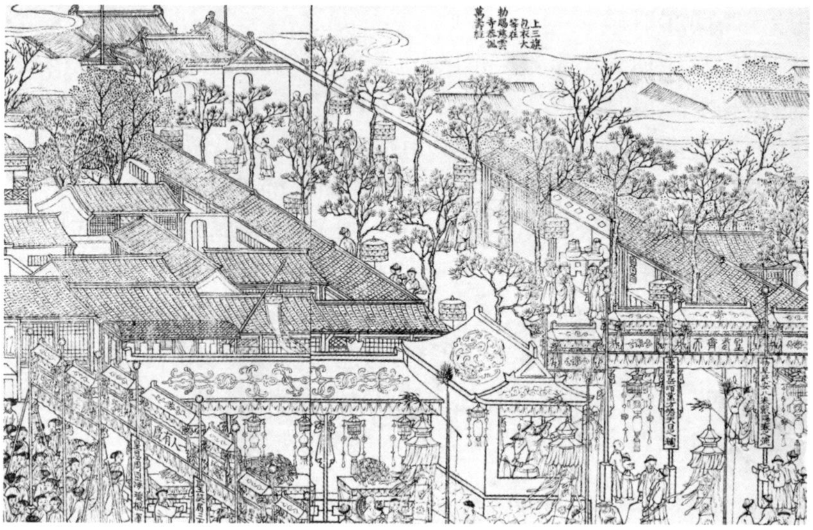

慈雲寺細部（經拼合）

清《雍正廟册》載慈雲寺爲大僧廟，有殿宇十八間，禪房十七間，住持照榮。清《乾隆廟册》亦記慈雲寺爲大僧廟，住持定德。

據清乾隆《京城全圖》所繪，慈雲寺在西十庫以南，坐北朝南，兩層殿宇。山門前正南方有一牌坊，牌坊兩邊有八字屏墻。山門和牌坊之間有圍墻圍起，東墻外側有一口井和朝南房一間。康熙《萬壽盛典初集》中繪製的慈雲寺無此牌坊及圍墻，有可能係以後添建。寺廟山門一間，兩側各有南房四間。山門内爲前院，北殿三間，題額“慧因福地”；院東北、西北角各有東西房一間。前院北有墻與後院隔，墻東側開一門通後院。後院進深大，其北有大殿五間，題額“諸天嵩祝”；東西配殿各三間；各配殿南端又有東西房各五間。大殿前東西兩側有短墻，墻上各開門，分别通東西跨院。兩跨院内各有北房兩間。

慈雲寺在清代與皇室當有密切的聯繫，清嘉慶十年（1805）六月二十九日，内務府將宫内藏畫分給各寺廟懸挂，慈雲寺分得四軸〔1〕。清光緒十三年，慈雲寺天王殿并寺内的四通明代碑刻以及神像法物一起北遷至南草場新建的崇興寺。組織這次搬遷和新寺修造的爲信士朱寶常，建成的寺廟門額曰“敕賜崇興寺”，當年康熙爲慈雲寺題寺額時刻有“御筆之寶”圖章的小石亦一起置於新寺廟門〔2〕。天王殿的搬移應當與西十庫教堂的新建有關係。光緒十二年（1886），清廷因蠶池口的天主堂與皇宫毗鄰，從教堂高頂可以望見宫廷禁地，遂將西十庫的庫地賜給在京的西人天主教會，令其將蠶池口的天主堂移建在庫地舊址〔3〕。據此推斷，慈雲寺也因此拆遷。

民國時期未見有關於慈雲寺的資料。據民國北京地圖顯示，慈雲寺原址在西什庫教堂範圍内〔4〕。

2018年調查時，寺廟原址爲北大口腔醫院第一分院。

---

〔1〕參見中國第一歷史檔案館藏清代内務府奏摺《呈爲分挂各寺廟畫軸數目單》，嘉慶十年閏六月二十九日，檔案號05-0516-037。

〔2〕參見國立北平研究院《崇興寺》，西四74；北京市檔案館藏《北平市社會局·内四區大後倉崇興寺尼僧月林呈請登記廟産及社會局的批示》，1931—1936年，檔案號J008-002-00309，頁二十三。有關崇興寺，參見《北京内城寺廟碑刻志》第三卷，頁三百九十九至四百一十七。

〔3〕參見《燕都叢考》，頁四百四十四。

〔4〕參見《北京街衢坊巷之概略》内六區平面圖。

大帝廟

大帝廟,原址約在今西城區文津街十一號院内。寺廟建築現不存。

清《雍正廟册》載羊房夾道有關帝廟,殿宇六間,禪房五間,住持興宗。清《乾隆廟册》亦載養蜂夾道[1]有關帝廟,爲大僧廟,住持道善。因關帝廟和大帝廟的名稱時有通用,可能兩廟册所録即爲此廟。據《京城全圖》,大帝廟在羊房夾道胡同西側,坐北朝南。山門一間,東側有東房三間。院内北有大殿五間,前有抱厦三間;另有西配殿兩間。

未見其他有關大帝廟的記載。

2018 年調查時,寺廟原址爲一軍區大院。

---

〔1〕養蜂夾道即羊房夾道。

送子庵

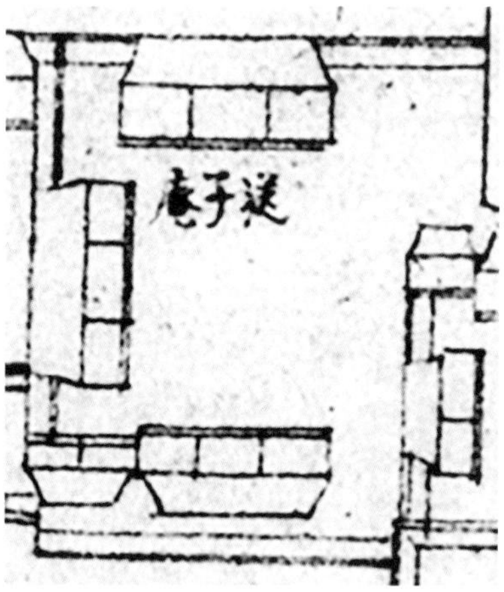

送子庵，原址約在今西城區西什庫大街七十六號院内。寺廟建築現不存。

送子庵始建年代不詳。清《雍正廟册》有西什庫尼僧庵一座，曰觀音庵，殿宇一間，禪房八間，可能即爲送子庵。清《乾隆廟册》也載有西什庫觀音庵，住持尼悟智。據清乾隆《京城全圖》，送子庵有一進院落，因圖上未繪廟門，難以判斷寺廟朝向。院内北殿三間，西配殿三間，南房三間，南房西頭有耳房兩間。

未見其他關於送子庵的資料。

據民國北京地圖顯示，送子庵原址在若瑟總院光華女校範圍内[1]。

2018年調查時，寺廟原址在一居民大雜院内。據老住户介紹，該院原來是天主教修道院。"文革" 期間收歸民政局所有，成爲其家屬院。修道院原有建築并一座磚結構的教堂都還在。住家們均不知道此地曾經有廟。

〔1〕參見《北京街衢坊巷之概略》内六區平面圖。

白衣庵

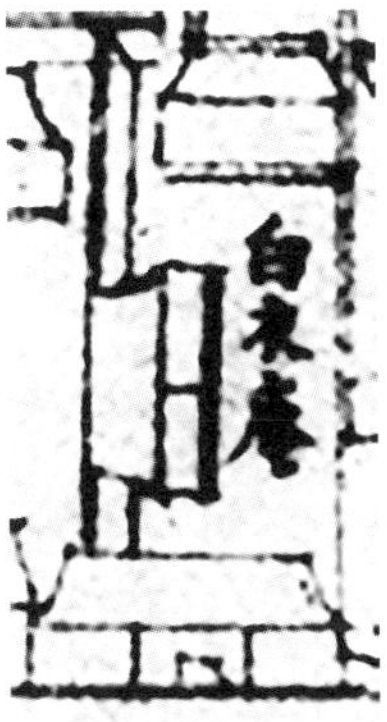

白衣庵，原址約在今西城區西什庫大街七十六號院内。寺廟建築現不存。

白衣庵始建年代無考。清《雍正廟册》有記載，在西什庫，爲尼僧廟，有殿宇兩間，禪房兩間，住持尼净元。《乾隆廟册》載作大僧廟，住持願從。按照清乾隆《京城全圖》所繪，白衣庵坐北朝南，山門三間，北殿一間，西殿兩間。

此外未見其他關於白衣庵的資料。

據民國北京地圖顯示，白衣庵原址在若瑟總院光華女校範圍内。今其地已爲居民院落，參見前“送子庵”條。

真如境

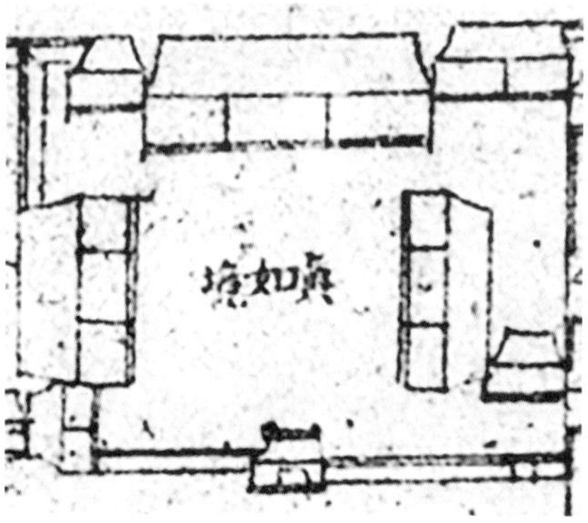

真如境，原址約在今西城區真如鏡胡同四號。寺廟建築現不存。廟内原有明隆慶二年（1568）御用監造洗白廠碑及隆慶五年（1571）修廠碑[1]，今均無考。

真如境爲明代内府御用監掌管的洗白廠舊址。洗白廠建於明隆慶二年，織造御用各色兜羅絨等緜絲製品。隆慶五年又在廠内添設袍作、緜作等公房。清代洗白廠廢，在其址建真如境[2]。清康熙《皇城宫殿衙署圖》繪有真如境。清《雍正廟册》的“中城皇城裏外寺廟清單”中列有大僧廟聖如境，在高麗胡同，殿房五間，禪房十三間，住持普潤，有可能就是此廟。清《乾隆廟册》載真如境爲大僧廟，住持心誠。據清乾隆《京城全圖》，真如境在真如境胡同，坐北朝南。院落方正，四周圍以墻垣。山門一間，其東有一邊門。院内北殿三間，東西配殿各三間。西配殿南端有西房兩間，東配殿以東有朝南房一間。院東北角有北房兩間，西北角有北房一間。

民國時真如境廟已不存，其地名則一直沿用至今。

2018 年調查時寺廟原址爲一居民院落。

〔1〕參見《日下舊聞考》卷四十二，頁六百五十七。

〔2〕同上。洗白廠，又名洗帛廠，參見《酌中志》卷十六，頁一百一十五。

六排九段

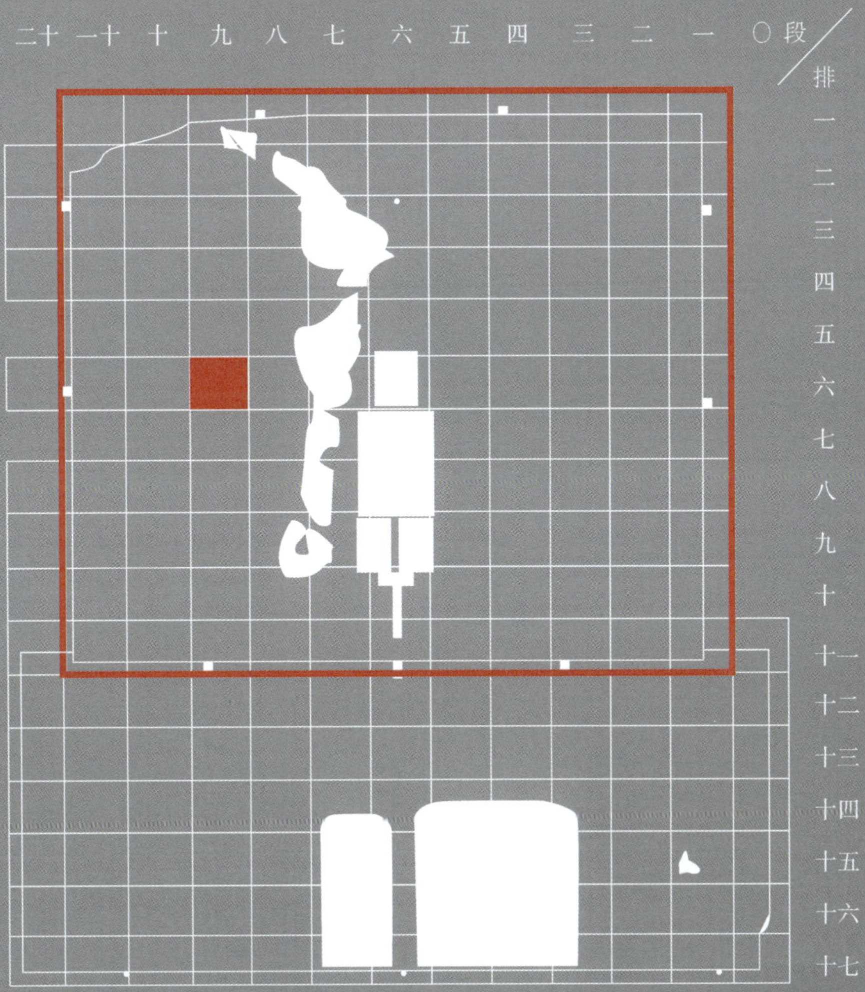

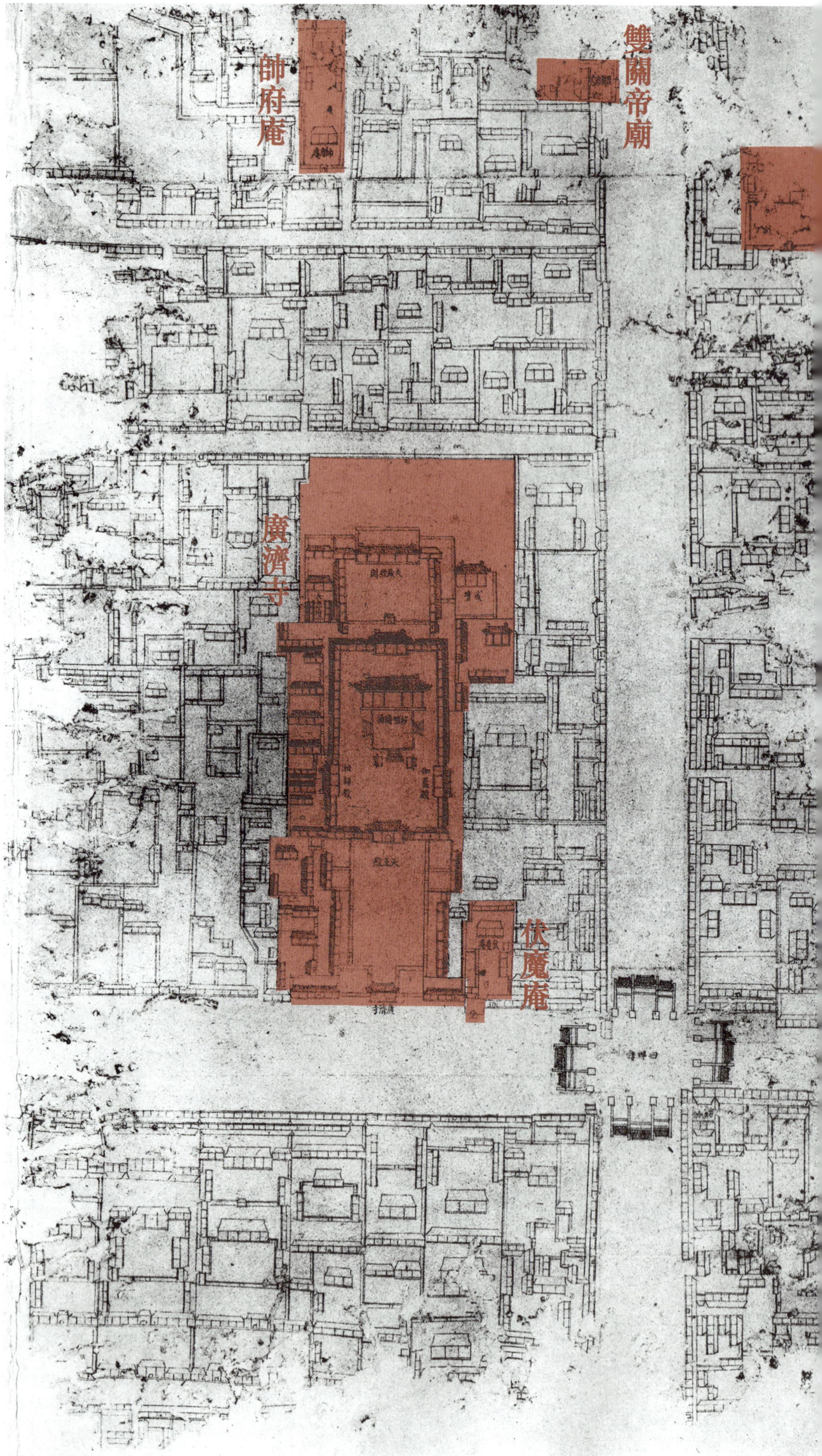
帥府庵
雙關帝廟
廣濟寺
伏魔庵

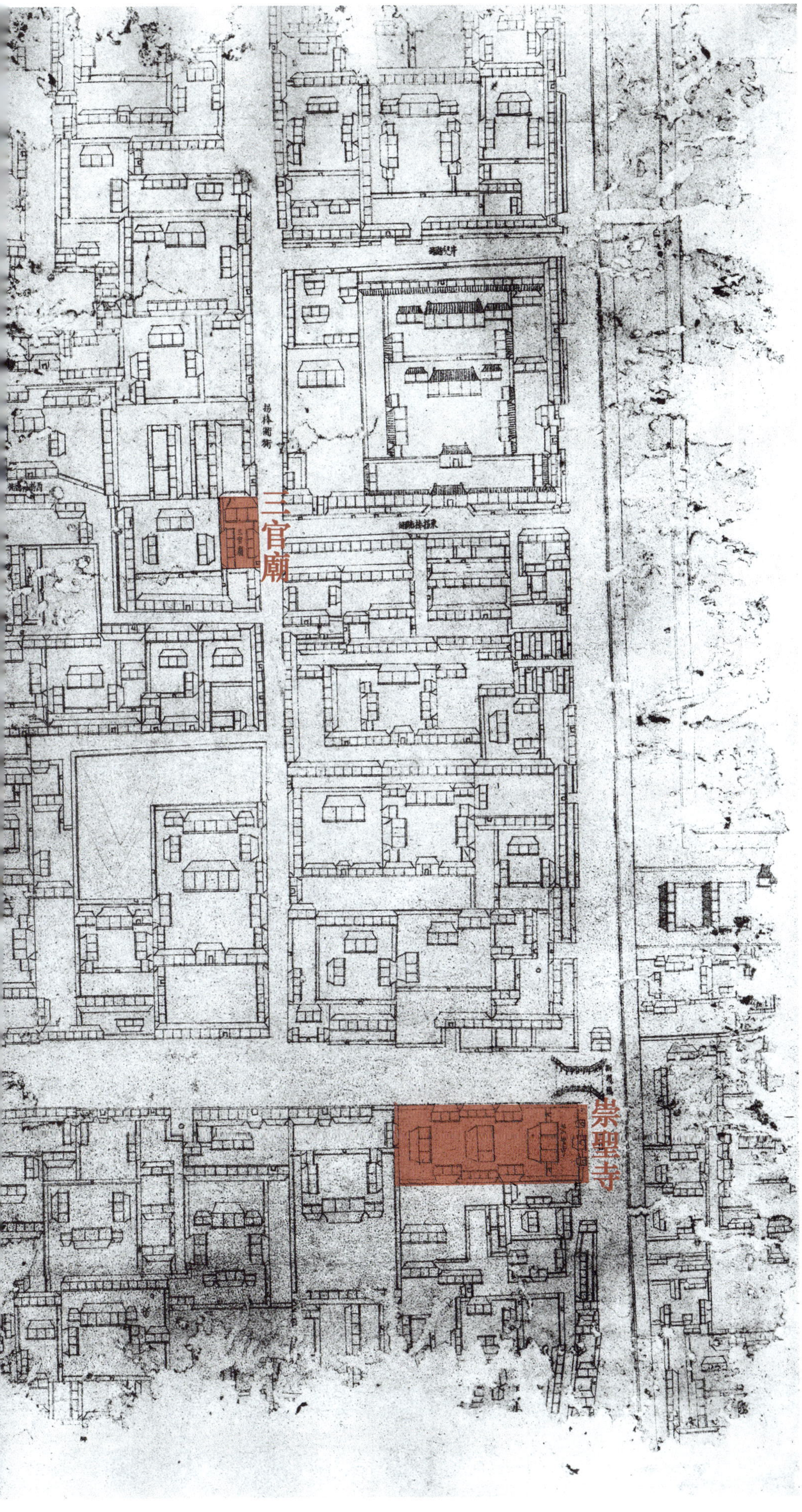
三官廟
崇聖寺

雙關帝廟

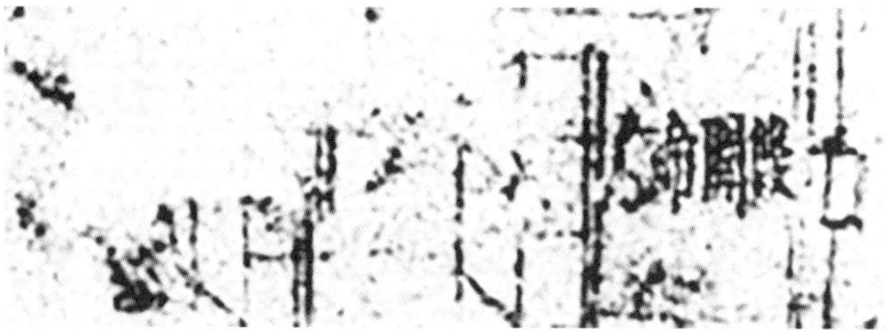

雙關帝廟,元代和明代初中期稱義勇武安王祠、義勇武安王廟、關王廟,明末改名雙關帝廟〔1〕,又稱護國雙關帝廟〔2〕。原址在内四區西四北大街一百四十一號(今西城區西四北大街一百六十七號)。寺廟建築大部分現存。廟内原有石碑七通,爲元泰定元年(1324)《義勇武安王碑》、泰定三年(1326)《義勇武安王祠碑》、明正統十年(1445)《義勇武安王廟碑》、成化七年(1471)《重修義勇武安王廟記碑》〔3〕、弘治十五年(1502)《義勇武安王廟碑》、嘉靖十九年(1540)《關王廟碑》和清順治十八年(1661)《雙關帝廟碑》。其中明正統十年、成化七年、弘治十五年和清順治十八年的四通碑現均收藏於北京石刻藝術博物館〔4〕。另,石刻藝術博物館油印本《館藏石刻目録》中載,雙關帝廟還有一通乾隆三十六年(1771)的《義勇武安王廟重修碑》,碑石藏於館内。然新編目録及博物館展品中均未再見,故存疑。

雙關帝廟始建年代不詳。元泰定元年士民李用命人在廟内撰文立碑,碑

〔1〕根據廟内碑刻。

〔2〕根據山門石額。

〔3〕此碑現藏北京石刻藝術博物館,但無拓片、非公開展品,僅據《北京石刻藝術博物館藏石刻拓片編目提要》所記信息,未録文。據上書,此碑方首,首陽、陰刻祥雲紋,碑身陽面邊框飾卷草紋,碑陰無邊框,風化較甚。碑身下部殘缺,陽、陰文字亦缺失若干列。年款處泐,僅見"七年歲次辛卯夏五月十三日"。碑陰題名中有"御馬監把總都指揮同知王升",故判定爲明成化七年。碑陰所刊題名爲西會、東會的信士信官題名。落款處有"鐫字所官陸裕、顧禎,石作把總□□"等字樣。參見《北京石刻藝術博物館藏石刻拓片編目提要》,頁二百九十六。

〔4〕參見《北京石刻藝術博物館藏石刻拓片編目提要》,頁二百九十一、二百九十六、三百零二、三百三十五。

文即稱之爲一年深古廟，可見其年代久遠[1]。泰定二年（1325），宣政院使臣滿圖采集衆議上書泰定帝，稱“西市舊有關帝廟，毁久弗修”。帝以爲“忠義死事，祠不可廢”，遂從内帑拿出錢一萬貫，命在原有廟基上重修。皇后八不罕亦賜錢五千貫。翰林侍讀學士阿魯威[2]奉命記録修廟之實。侍郎馬兒、提點完顔埜燦董其功。不到兩個月，廟貌像設即焕然一新。參與修廟的有監造典簿楊不顔秃、燭剌赤提領李澤、羅秀美，塑匠提舉張義、梁顯、楊士榮，畫匠張克恭、孫説古、劉從善[3]。

明正統九年（1444），燕山户侯邵貴目睹義勇武安王廟歲久圮毁，堂宇不支，遂與同僚商議修廟之事。工程始於是年，次年冬完竣。寺廟被蓋以陶瓦，砌以磚石，環以墻垣，塗以丹堊，神像威嚴，金碧輝煌[4]。弘治十五年，義勇武安王廟又有重修，修廟人包括御馬監太監、善人李文、孫福山等三百多位信士[5]。嘉靖年間，王廟再度廢弛。與廟毗鄰的大内尚膳監太監黄錦[6]許願鼎新王廟。嘉靖十九年（1540），黄錦之弟、錦衣衛指揮同知黄銹爲長男染疾求禱關王，願遂之後，即决定出資修廟還願。大内内宫監等衙門的七十一位太監宦官以及四十餘位信官信士和皇姑寺住持張氏皆出資出力協助修廟。工程始於四月，於同年九月告成。不僅寺廟原有的殿宇得以重建，而且還添建了抱厦，鐘亭和鼓亭等建築，各種供奉禮器也一應齊備。自此，關王廟重又香火旺盛，信客衆衆[7]。嘉靖四十四年（1565），御馬監太監荆聚、梁經等獻大銅鐘一口，放置在鐘亭内[8]。到了明朝末期，朝廷將關羽的封號從“王”加升至“帝”，并且不知爲何廟内新添了一尊岳飛像，廟名便由此而改爲“雙關帝廟”[9]。

清初，廟四周的居民前來供奉者絡繹不絶。順治十八年（1661）四月至五月，由街坊鄰里組成的三聖老會對廟宇進行了修葺，參加者多達三百三十三人。當時在廟内焚香修道的共有三位道人，分别是梁天禄、李茂春和梁臣胤[10]。康熙五十二年（1713）清聖祖六十壽辰，京城舉行萬壽盛典。各省督撫提鎮率所屬官員在雙關帝廟内設慶祝經壇[11]。

---

〔1〕參見元泰定元年《義勇武安王碑》，京 322，《北京圖書館藏中國歷代石刻拓本匯編》卷四十九，頁一百零一。

〔2〕阿魯威（1280—1350），字叔重（一作叔仲），號東泉，人或以魯東泉稱之。蒙古人，元散曲家。元至治間官南劍太守，泰定間爲經筵官。參見隋樹森《全元散曲》，北京：中華書局，1964 年，頁六百八十二。

〔3〕參見元泰定三年《義勇武安王祠碑》，京 320，《北京圖書館藏中國歷代石刻拓本匯編》卷四十九，頁一百一十四。碑陰未録於《匯編》，根據國立北平研究院所抄録的碑文補充。

〔4〕參見明正統十年《義勇武安王廟碑》，京 321，《北京圖書館藏中國歷代石刻拓本匯編》卷五十一，頁一百四十二。

〔5〕參見明弘治十五年《義勇武安王廟碑》，京 319，《北京圖書館藏中國歷代石刻拓本匯編》卷五十三，頁八十六至八十七。

〔6〕黄錦爲明嘉靖年間地位顯赫的宦官，曾先後掌管明代宦官組織二十四衙門中的尚膳監、司設監、内官監和司禮監，并總督東廠，深得世宗信用。參見王春瑜、杜婉言《明朝宦官》，北京：商務印書館，2016 年，頁二百六十至二百六十一。

〔7〕參見明嘉靖十九年《關王廟碑》，京 324，《北京圖書館藏中國歷代石刻拓本匯編》卷五十五，頁五十九至六十。

〔8〕參見國立北平研究院《雙關帝廟》，西四 5。

〔9〕參見清順治十八年《雙關帝廟碑》，京 323，《北京圖書館藏中國歷代石刻拓本匯編》卷六十一，頁一百七十五至一百七十七。

〔10〕同上。

〔11〕《萬壽盛典初集》卷四十四，頁九。

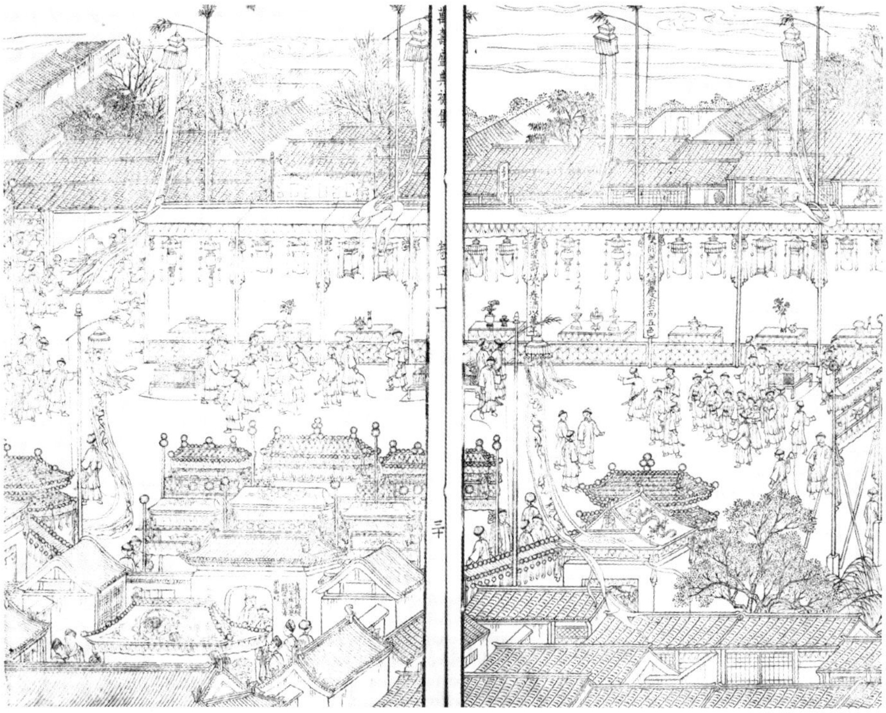

康熙《萬壽盛典圖》内雙關帝廟

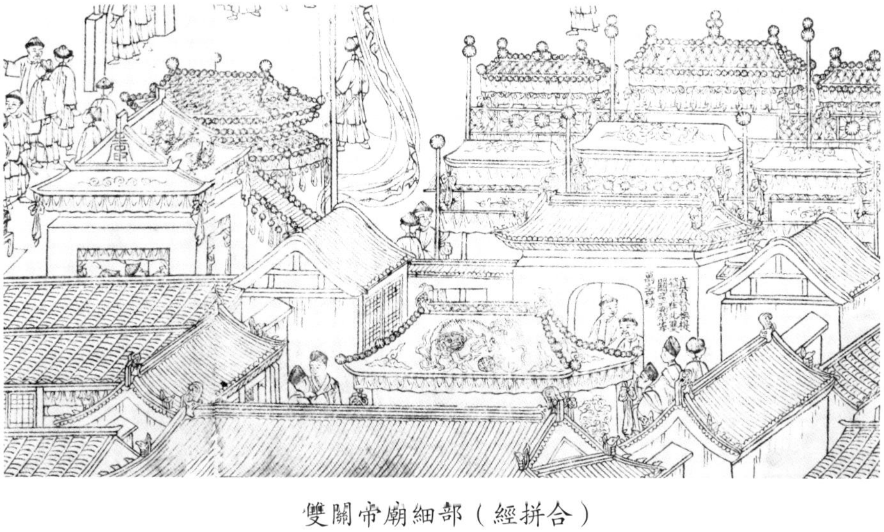

雙關帝廟細部（經拼合）

清《雍正廟册》載帥府園有關帝廟，殿宇六間，禪房兩間，住持寶林。清乾隆《京城全圖》所繪的雙關帝廟部分不甚清晰，大概可辨認廟坐西朝東，前後兩層殿宇。山門一間東向，前院有西殿三間，後院似亦有西殿三間。根據《日下舊聞考》記載，乾隆三十九年（1774）對廟又有重修[1]，但是没有立碑記述。同治四年（1865），有信士獻鐵磬一口，供在大殿内。光緒三十三年（1907），僧人彙

〔1〕參見《日下舊聞考》卷五十二，頁八百三十一。

參買下雙關帝廟,并在僧録司更名入册[1]。

民國時期的雙關帝廟基本保留了乾隆《京城全圖》所繪的格局。廟坐西朝東,面積約爲一畝。山門東向西四北大街而開,門上石額"護國雙關帝廟"。南北各有一小門。山門内北有鐘亭,有明嘉靖四十四年鑄銅鐘一口;南有鼓亭,内有鼓一面。西大殿三間,前有抱厦一間,木額"萬古英名",聯曰"仁古義古亘古無二盟日月,忠傳信傳永傳威顯雙聖賢"。大殿内正龕供關帝泥塑坐像一尊,右坐岳飛泥像一尊,均緑袍。關平、周倉泥像侍立。童像三個,一執盔、一執旗、一執弓箭。馬、童像各兩個,均泥塑。像前有木鐵五供各一份,清同治四年鐵磬一口。左龕内娘娘泥像一尊,童像四個,木五供一份。右龕内火神泥像一尊,童像兩個,木五供一份。各龕均滿雕金龍,天花板亦雕金龍,工細。大殿前有清乾隆壬子年(1792)造圓鐵爐一座。後院西殿三間,西房兩間,南房兩間,北房三間帶兩間耳房。兩間耳房租給大興照相館作爲店鋪,并在北小巷内開門。其餘房屋均爲住房。另外,雙關帝廟還收有《金剛經》和《法華經》各一部[2]。

1930年雙關帝廟的住持爲續海。是年,續海因赴北平西郊的岫雲寺養病,將住持之位傳給了師弟德泰[3]。1931年廟内除了住持德泰以外,還有八位外來寄居的僧人[4]。一直到20世紀50年代,德泰都是雙關帝廟的住持和産權人,同時也是大帽胡同十八號的觀音寺的住持[5]。據1952年的登記,雙關帝廟有房屋二十三間半,殿堂三間,其中有十七間半房出租。住持德泰住西四趙登禹路前抄手胡同一號。另有僧人法泰,但已遷入静默寺户口[6]。在此期間,雙關帝廟是周圍居民燒香求神治病消灾的社區公共場所,也是西四一帶提供喪葬禮儀服務的中心寺廟("經懺口子")。廟裏的僧人部分爲喪葬職業僧,和西城的其他寺廟一起承辦大量的喪葬服務。20世紀60年代喪葬儀式被禁止,隨着雙關帝廟的最後一位僧人的去世,寺廟逐漸變成一個居民大雜院[7]。

2006年調查時,廟爲民居。山門、門額、大殿均在。2018年回訪時,廟内的居民已經全部搬遷,大殿整修油漆一新,但并未對外開放。

---

〔1〕根據保存於北京市佛教協會的光緒三十三年七月十一日僧録司頒《雙關帝廟廟照》;北京市檔案館藏《僞北平特别市公安局·内四關帝廟(僧)》,1928—1929年,檔案號J181-015-00078,頁八十;北京市檔案館藏《北平市社會局·内四區雙關帝廟僧人德泰登記廟産的呈文及社會局的批示》,1931—1936年,檔案號J002-008-00619,頁四。

〔2〕參見國立北平研究院《雙關帝廟》,西四5;《北平研究院北平廟宇調查資料匯編(内四區卷·上)》,頁一百二十至一百四十六;北京市檔案館藏《北平市社會局·内四區雙關帝廟僧人德泰登記廟産的呈文及社會局的批示》;《北京寺廟歷史資料》,頁六十八。

〔3〕參見北京市檔案館藏《北平市社會局·内四區西四北大街雙關帝廟僧人德泰更换住持的呈文及社會局的批示》,1931年,檔案號J002-008-00666,頁四。

〔4〕參見北京市檔案館藏《北平市社會局·内四區雙關帝廟僧人德泰登記廟産的呈文及社會局的批示》,頁二十。

〔5〕參見北京市檔案館藏《北平市民政局·北平市各區寺廟總登記考察簿(1947—1948)》,檔案號J003-001-00237,頁二十五;北京市檔案館藏《北平市民政局·北平市寺廟總登記簿》,1950年,檔案號J003-001-00203,頁二十五。觀音寺在四排九段,參見《北京内城寺廟碑刻志》第四卷,頁六百七十五至六百七十六。

〔6〕參見北京市檔案館藏《北京市民政局·民族事務科·西四區僧尼寺廟登記表》,1952年,檔案號196-001-00018,頁九十五。

〔7〕參見鞠熙《北京的下層寺廟與社區公共空間——以西四北大街雙關帝廟的碑文和儀式爲例》,(法)吕敏、(法)陸康主編《香火新緣——明清至民國時期中國城市的寺廟與市民》,北京:中信出版社,2018年,頁三百零六至三百二十七。

雙關帝廟山門（2013 年 10 月 曉松攝）

雙關帝廟鳥瞰圖（2004 年 4 月 阮如意攝）

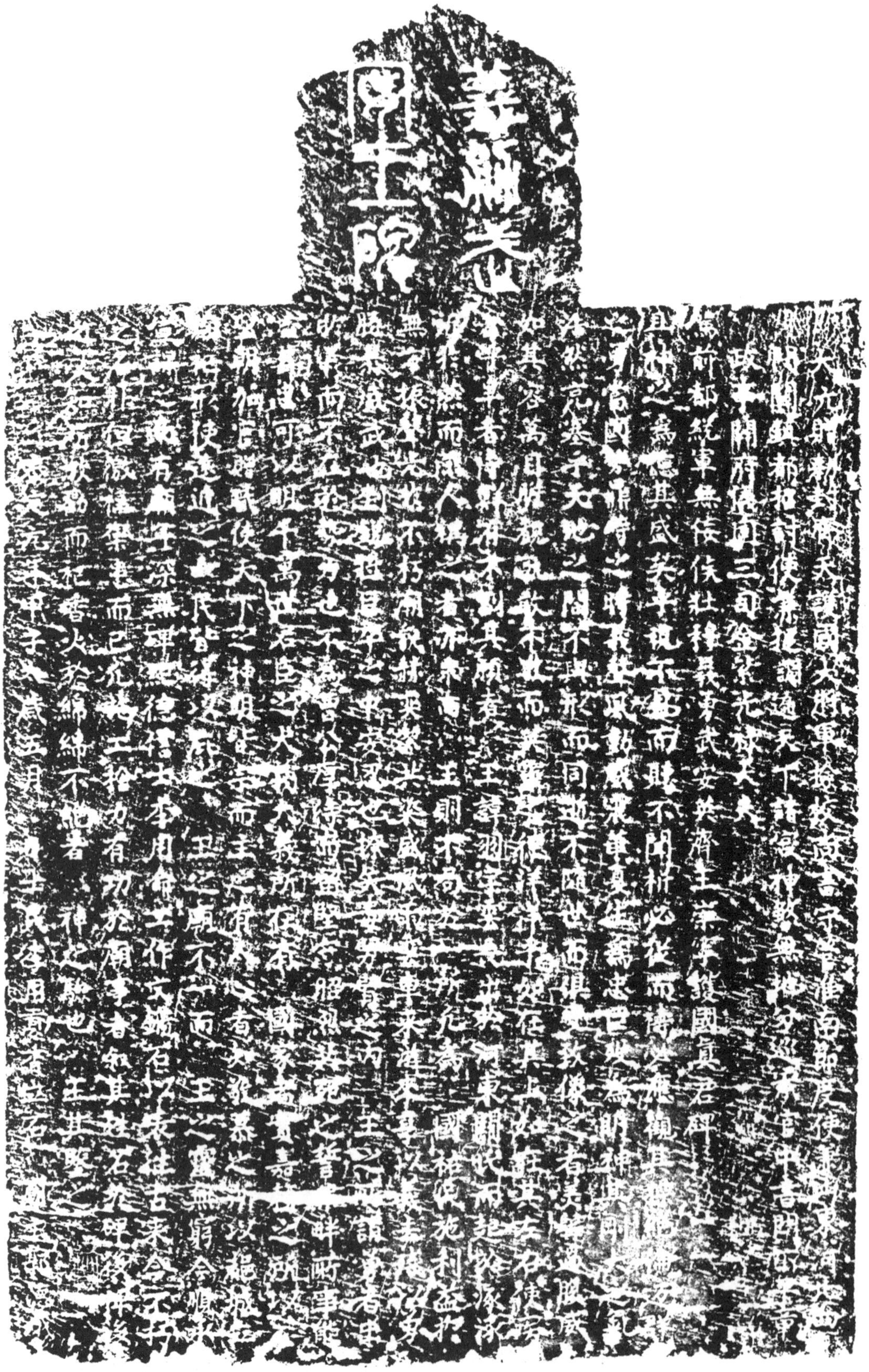

京322《義勇武安王碑》陽

義勇武安王碑

大元贈敕封齊天護國大將軍檢校尚書守管淮南節度使兼山東河北四門關鎮都招討使兼提調遍天下諸宫神煞無地分巡案官中書門下平章
政事開府儀同三司金紫光禄大夫
駕前都統軍無佞侯壯穆義勇武安英濟王崇寧護國真君碑

且神之爲德其盛矣乎視不見而聽不聞祈必從而禱必應觀其操絶倫邁群之勇當國分鼎峙之時義聲風動威震華夏生爲忠臣殁爲明神其剛大之氣浩然充塞乎天地之間不與形而同逝不隨世而俱變致像之者美髯過腹威如其容萬目瞻睹孰敢不敬而英靈之德洋洋乎如在其上如在其左右使疾者呼旱者禱鮮有不副其願者　王諱羽字雲長出於河東關氏而起於涿涿近於燕而間人祀之者亦衆而　王則不局於一所凡爲　國祐民施利益於無方振聲光於不朽廟貌赫奕□共粢盛風雨雲車來游來亨以義去殘以勇勝暴威武也銼鋭將臣卒之中安忍也撩矢毒劈臂之内　王之所謂勇者出於義而不在於勢力也不爲曹公厚待而留堅守昭烈共死之誓□畔所事能□□忠可以明千萬世君臣之大義大義所在有　國家者實嘉□之所以□
聖朝加官贈職使天下之神明皆宗而主之有人心者知敬慕之所以都城立廟祀形使遠近之士民皆得以庇之　王之廟不一而　王之靈無窮今順承
宣課之南有廟年深無碑紀德信士李用命工作文鐫石以表往古來今不朽之名非但徼福禦患而已凡施工捨力有功於廟事者叙其姓名於碑後俾後之人知所效勸而祀香火於綿綿不絶者　神之驗也　王其鑒之

泰定元年甲子太歲五月　日士民李用貢香立石　廟主郭德成

義勇武安王碑

額題:義勇武安王碑

首題:大元贈敕封齊天護國大將軍檢校尚書守管淮南節度使兼山東河北四門關鎮都招討使兼提調遍天下諸宫神煞無地分巡案官中書門下平章政事開府儀同三司金紫光禄大夫駕前都統軍無佞侯壯穆義勇武安英濟王崇寧護國真君碑

年代:元泰定元年(1324)五月

地址:西城區西四北大街

拓片尺寸:碑身高 68 厘米,寬 56 厘米;額高 20 厘米,寬 18 厘米

書體:正書并篆額

《目録》:頁 5

拓片編號:京 322

拓片録自:《北京圖書館藏中國歷代石刻拓本匯編》卷 49 頁 101,碑陰缺拓

【碑陽】

額題:義勇武安王碑

碑文:

大元贈敕封齊天護國大將軍檢校尚書守管淮南節度使兼山東河北四 1 門關鎮都招討使兼提調遍天下諸宫神煞無地分巡案官中書門下平章 2 政事開府儀同三司金紫光禄大夫 3 駕前都統軍無佞侯壯穆義勇武安英濟王崇寧護國真君碑。4

且神之爲德,其盛矣乎。視不見而聽不聞,祈必從而禱必應。觀其操絶倫邁群 5 之勇,當國分鼎峙之時,義聲風動,威震華夏。生爲忠臣,殁爲明神。其剛大之氣,6 浩然充塞乎天地之間,不與形而同逝,不隨世而俱變。致像之者,美髯過腹,威 7 如其容,萬目瞻睹,孰敢不敬。而英靈之德洋洋乎如在其上,如在其左右,使疾 8 者呼、旱者禱,鮮有不副其願者。王諱羽,字雲長,出於河東關氏而起於涿。涿 9 近於燕而間人祀之者亦衆。而王則不局於一所,凡爲國祐民,施利益於 10 無方,振聲光於不朽。廟貌赫奕,□共粢盛。風雨雲車,來游來享。以義去殘,以勇 11 勝暴。威武也,銼鋭將臣卒之中;安忍也,撩矢毒劈臂之内。王之所謂勇者,出 12 於義而不在於勢力也。不爲曹公厚待而留,堅守昭烈共死之誓。□畔所事,能 13 □□忠,可以明千萬世君臣之大義。大義所在,有國家者實嘉□之。所以□ 14 聖朝加官贈職,使天下之神明皆宗而主之,有人心者知敬慕之。所以都城立 15 廟祀形,使遠近之士民皆得以庇之。王之廟不一,而王之靈無窮。今順承 16 宣課之南有廟,年深無碑。紀德信士李用命工作文鐫石,以表往古來今不朽 17 之名。非但徼福禦患而已,凡施工捨力、有功於廟事者,叙其姓名於碑後。俾後 18 之人知所效勸而祀香火於綿綿不絶者,神之驗也。王其鑒之。19

泰定元年甲子太歲五月　日,士民李用貢香立石。廟主郭德成。20

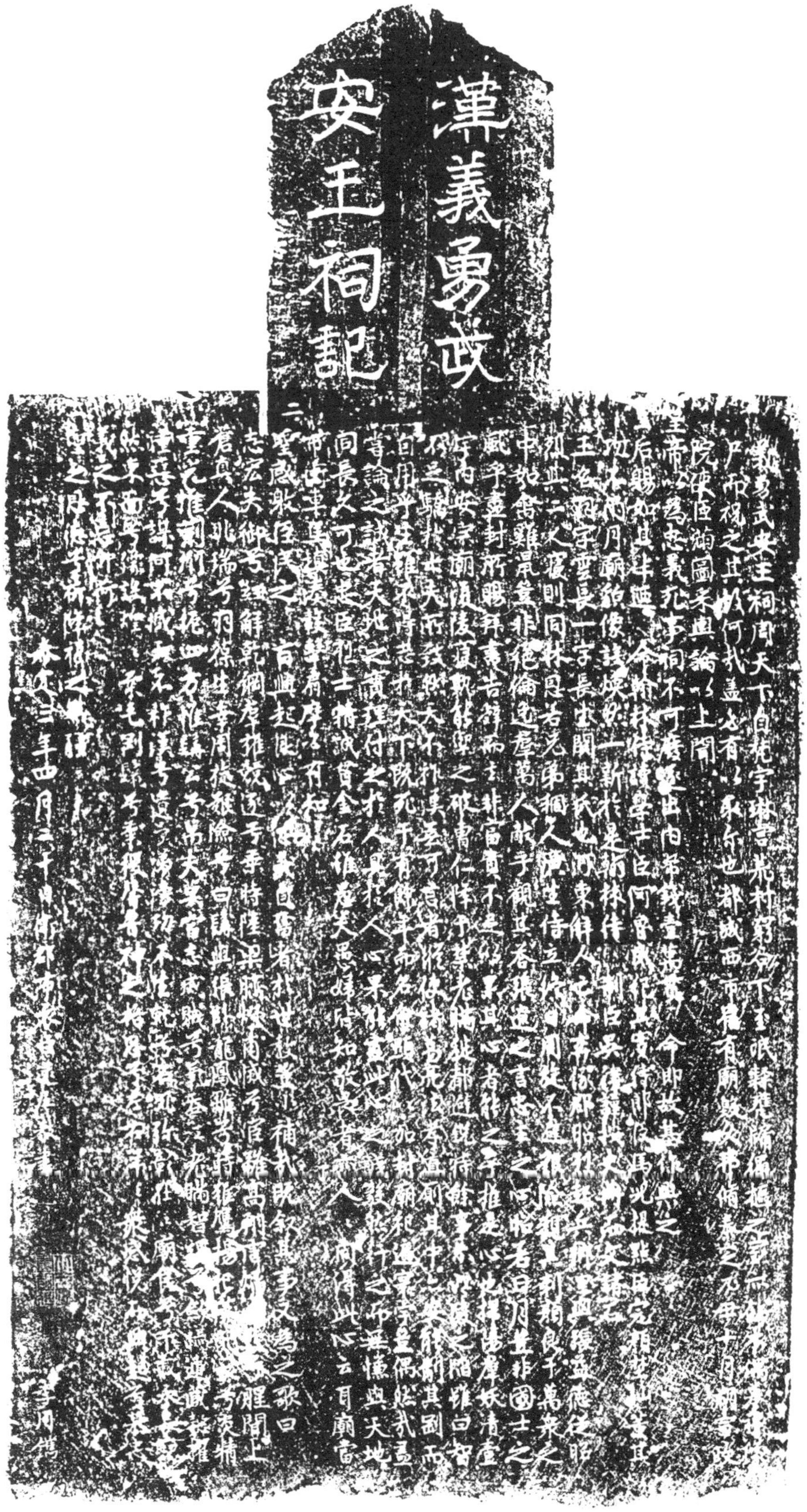

京320《義勇武安王祠碑》陽

漢義勇武安王祠記

義勇武安王祠周天下自梵宇琳宮荒村窮谷下至氓隸瓮牖繩樞之室亦飾木偶摹神像
尸而祝之其故何哉蓋必有以取爾也都城西市舊有廟毁久弗修泰定乙丑十月朔宣政
院使臣滿圖采輿論以上聞
皇帝以爲忠義死事祠不可廢遂出内帑錢壹萬貫　命即故基作興之
皇后賜如其半迺　命翰林侍讀學士臣阿魯威記其實侍郎臣馬兒提點臣完顔埜燦董其
功不兩月廟貌像設焕然一新於是翰林待　制臣吴律謹按史册而文諸石
王名羽字雲長一字長生關其氏也河東解人亡命奔涿郡昭烈起兵鄉里與張益德從昭
烈與二人寢則同床恩若兄弟稠人廣生侍立終日周旋不避艱險觀其刺顔良於萬衆之
中如禽鷄鼠豈非絶倫逸群萬人敵手觀其答張遼之言忠主之心昭若日月豈非國士之
風乎盡封所賜拜書告辭而去非富貴不足以累其心者能之乎推是心也掃蕩群妖清壹
宇内安宗廟復陵寢孰能禦之破曹仁降于禁老瞞徙都避鋭特餘事爾江陵之陷雖曰智
不足驕於士夫所致然天不祚漢無可言者縱使諸葛亮法孝直厠其中亦安能削其剛而
自用乎生雖不得志於天下既死千有餘年而名愈顯代代加封廟祀遍寰宇豈偶然哉蓋
嘗論之誠者天地之實理付之於人具於人心果能盡此心之誠毅然行之而無慊與天地
同長久可也忠臣烈士精誠貫金石雖愚夫愚婦皆知敬畏者亦人人同得此心云耳廟當
市衝車馬填凑轂繫肩摩必有知
二聖感激臣民之　旨興起良心以忠義自奮者於世教豈小補哉既叙其事又爲之歌曰
志宏夫御兮紐解乾綱群雄競逐兮乘時陸梁臍燈甫滅兮宦雖高翔雲端□□兮腥聞上
蒼真人兆瑞兮羽葆生幸周旋艱險兮曰髯與張卧龍鳳雛兮時猚鷹揚祀漢□□兮炎精
重光惟荆州兮扼四方惟髯公兮萬夫莫當志滅賊兮氣吞江老瞞智竭兮斂迹遁藏懿擢
踵惡兮謀何不臧天不祚漢兮遺予涕滂功不生就兮名死彌彰在在廟食兮千載永長□
然東面兮像設煌煌柔毛剛鬣兮黍稷馨香神之格思兮左右洋洋衆感悦而興起兮慕忠
義之不忘仰荷
二聖之恩德兮祈降福之無疆

泰定三年四月二十日衛郡布衣臣逯屄敬書　　　李用鎸

監造
典簿楊不顏禿　燭剌赤提領李澤　羅秀美
塑匠
提舉張義　梁顯　楊士榮
畫匠
張克恭　孫説古　劉從善
廟祝
郭德成并男郭利用

義勇武安王祠碑

額題：漢義勇武安王祠記
年代：元泰定三年（1326）四月二十日
原址：西城區西四北大街
拓片尺寸：碑身高 77 厘米，寬 56 厘米；額高 26 厘米，寬 20 厘米
書體：行書并隸額
撰人：吴律
書人：逯辰
刻工：李用
《目録》：頁 208
拓片編號：京 320
拓片録自：《北京圖書館藏中國歷代石刻拓本匯編》卷 49 頁 114，碑陰缺拓，據《北平研究院北平廟宇調查資料匯編（内四區卷·下）》頁 130 補

【碑陽】

額題：漢義勇武安王祠記

碑文：

義勇武安王祠周天下，自梵宇琳宫荒村窮谷，下至氓隸瓮牖繩樞之室，亦飾木偶、摹神像，1尸而祝之。其故何哉？蓋必有以取爾也。都城西市舊有廟，毁久弗修。泰定乙丑十月朔，宣政2院使臣滿圖采輿論以上聞。3皇帝以爲忠義死事，祠不可廢，遂出内帑錢壹萬貫，命即故基作興之。4皇后賜如其半，迺命翰林侍讀學士臣阿魯威記其實，侍郎臣馬兒、提點臣完顔埜燦董其5功。不兩月，廟貌像設焕然一新，於是翰林待制臣吴律謹按史册而文諸石。6王名羽，字雲長，一字長生。關，其氏也。河東解人。亡命奔涿郡。昭烈起兵鄉里，與張益德從昭7烈。與二人寢則同床，恩若兄弟。稠人廣生，侍立終日，周旋不避艱險。觀其刺顔良於萬衆之8中，如禽鷄鼠，豈非絶倫逸群、萬人敵手？觀其荅張遼之言，忠主之心，昭若日月，豈非國士之9風乎？盡封所賜，拜書告辭而去，非富貴不足以累其心者能之乎？推是心也，掃蕩群妖，清壹10宇内，安宗廟，復陵寢，孰能禦之？破曹仁，降于禁，老瞞徙都避鋭，特餘事爾。江陵之陷，雖曰智11不足驕於士夫所致，然天不祚漢，無可言者。縱使諸葛亮、法孝直厠其中，亦安能削其剛而12自用乎？生雖不得志於天下，既死千有餘年而名愈顯。代代加封，廟祀遍寰宇，豈偶然哉？蓋13嘗論之，誠者，天地之實理，付之於人，具於人心。果能盡此心之誠，毅然行之而無慊，與天地14同長久可也。忠臣烈士，精誠貫金石，雖愚夫愚婦皆知敬畏者，亦人人同得此心云耳。廟當15市衢，車馬填凑，轂繫肩摩，必有知16二聖感激臣民之旨，興起良心，以忠義自奮者，於世教豈小補哉？既敘其事，又爲之歌曰：17

志宏夫御兮紐解乾綱，群雄競逐兮乘時陸梁。臍燈甫滅兮宦雖高翔，雲端□□兮腥聞上18

蒼。真人兆瑞兮羽葆生幸，周旋艱險兮曰髯與張。卧龍鳳雛兮時犹鹰揚，祀漢□□兮炎精[19]重光。惟荆州兮扼四方，惟髯公兮萬夫莫當。志滅賊兮氣吞江，老瞞智竭兮斂迹遁藏。懿擢[20]踵惡兮謀何不臧，天不祚漢兮遺予涕滂。功不生就兮名死彌彰，在在廟食兮千載永長。□[21]然東面兮像設煌煌，柔毛剛鬣兮黍稷馨香。神之格思兮左右洋洋，衆感悦而興起兮慕忠[22]義之不忘，仰荷[23]二聖之恩德兮祈降福之無疆。[24]

泰定三年四月二十日衛郡布衣臣逯屋敬書。李用鎸。[25]

【碑陰】

碑文：

監造：典簿楊不顏禿、燭剌赤提領李澤、羅秀美

塑匠：提舉張義、梁顯、楊士榮

畫匠：張克恭、孫説古、劉從善

廟祝：郭德成并男郭利用

京 321《義勇武安王廟碑》陽

重建義勇武安王廟記

重建義勇武安王廟記

奉直大夫翰林院侍　讀學士兼修　國史　鳳陽苗衷撰

卧　雲　散　人　東　海　田　子　玉　篆額并書丹

有功德於民者百世祀古今通議也若漢義勇武安王者其廟食百世者
大市西舊有王廟歲久圮毀門廡蠹壞堂宇不支燕山户侯邵公貴覯之
哀蹶□然而喟嘆曰王之英武冠絶虗一時忠誼超越虗往古後世即□
其風烈靡不肅乎其心故凛乎其毛礫矧其精英忠烈之充塞乎宇宙□
石洽鷘乎人心凡水旱疾疢禳禬之事求即應禱即從誠祀典所不可缺
貌乃□其何以堪乃謀諸寅寀趙侯忠輩咸願捐己化人協力鼎修以事
上
制可之遂鳩工斂材銖纍寸積凡幾閲月而告成廟凡若干楹深廣凡□
以□瓦甃以磚□磁石環以垣墉貌以威像飾以金碧丹堊輝煌□耀□
誠神祠之一偉觀也合修造之費鈔以錠計若干米以碩計若干畚鍤斧
以日計若干出於己者若干化於人者若干經始於正統甲子落成於明
之冬其成速矣嗟夫王之忠烈天下古今之所共知其神靈天下□□□
神雖無往不在而祠則有廢有興祠之興固無與於神而其既廢復興□
見神之功之德之感於吾人者深也睹廟貌之莊嚴想英風而起敬者□
香夕鐙吾人能自已乎王姓關名羽字雲長爲漢昭烈將没後纍朝加謚
事具在信史洎前朝之碑兹不復述云
正統十年十月初三日立（下泐）

義勇武安王廟碑

額題：重建義勇武安王廟記
首題：重建義勇武安王廟記
年代：明正統十年（1445）十月三日
原址：西城區西四北大街
拓片尺寸：碑身高 95 厘米，寬 67 厘米；額高 31 厘米，寬 27 厘米
書體：正書并篆額
撰人：苗衷
書人：田子玉
《目録》：頁 212
拓片編號：京 321
拓片録自：《北京圖書館藏中國歷代石刻拓本匯編》卷 51 頁 142

【碑陽】

額題：重建義勇武安王廟記

碑文：

重建義勇武安王廟記 1

奉直大夫翰林院侍讀學士兼修國史鳳陽苗衷撰，2 卧雲散人東海田子玉篆額并書丹。3

有功德於民者百世祀，古今通議也。若漢義勇武安王者，其廟食百世者。4 大市西舊有王廟，歲久圮毁，門廡蠹壞，堂宇不支。燕山户侯邵公貴覯之 5 哀蹶，□然而喟嘆曰："王之英武冠絶虖一時，忠誼超越虖往古。後世即□ 6 其風烈，靡不肅乎其心攴，凛乎其毛礫，矧其精英忠烈之充塞乎宇宙，□ 7 石治驚乎人心。凡水旱疾疢禳禬之事，求即應，禱即從，誠祀典所不可缺，8 貌乃□，其何以堪？"乃謀諸寅寀趙侯忠輩，咸願捐己化人，協力鼎修以事。9 上制可之。遂鳩工斂材，銖纍寸積，凡幾閲月而告成。廟凡若干楹深廣，凡□ 10 以□瓦，甃以磚□磁石，環以垣墉，貌以威像，飾以金碧丹堊。輝煌□耀□，11 誠神祠之一偉觀也。合修造之費，鈔以錠計若干，米以碩計若干，畚鍤斧 12 以日計若干。出於己者若干，化於人者若干。經始於正統甲子，落成於明 13 之冬，其成速矣。嗟夫，王之忠烈，天下古今之所共知，其神靈天下□□□。14 神雖無往不在，而祠則有廢有興。祠之興，固無與於神，而其既廢復興，□ 15 見神之功之德之感於吾人者深也。睹廟貌之莊嚴，想英風而起敬者，□ 16 香夕鐙，吾人能自已乎？王姓關，名羽，字雲長，爲漢昭烈將。没後纍朝加謚，17 事具在信史，洎前朝之碑，玆不復述云。18

正統十年十月初三日立。（下泐）19

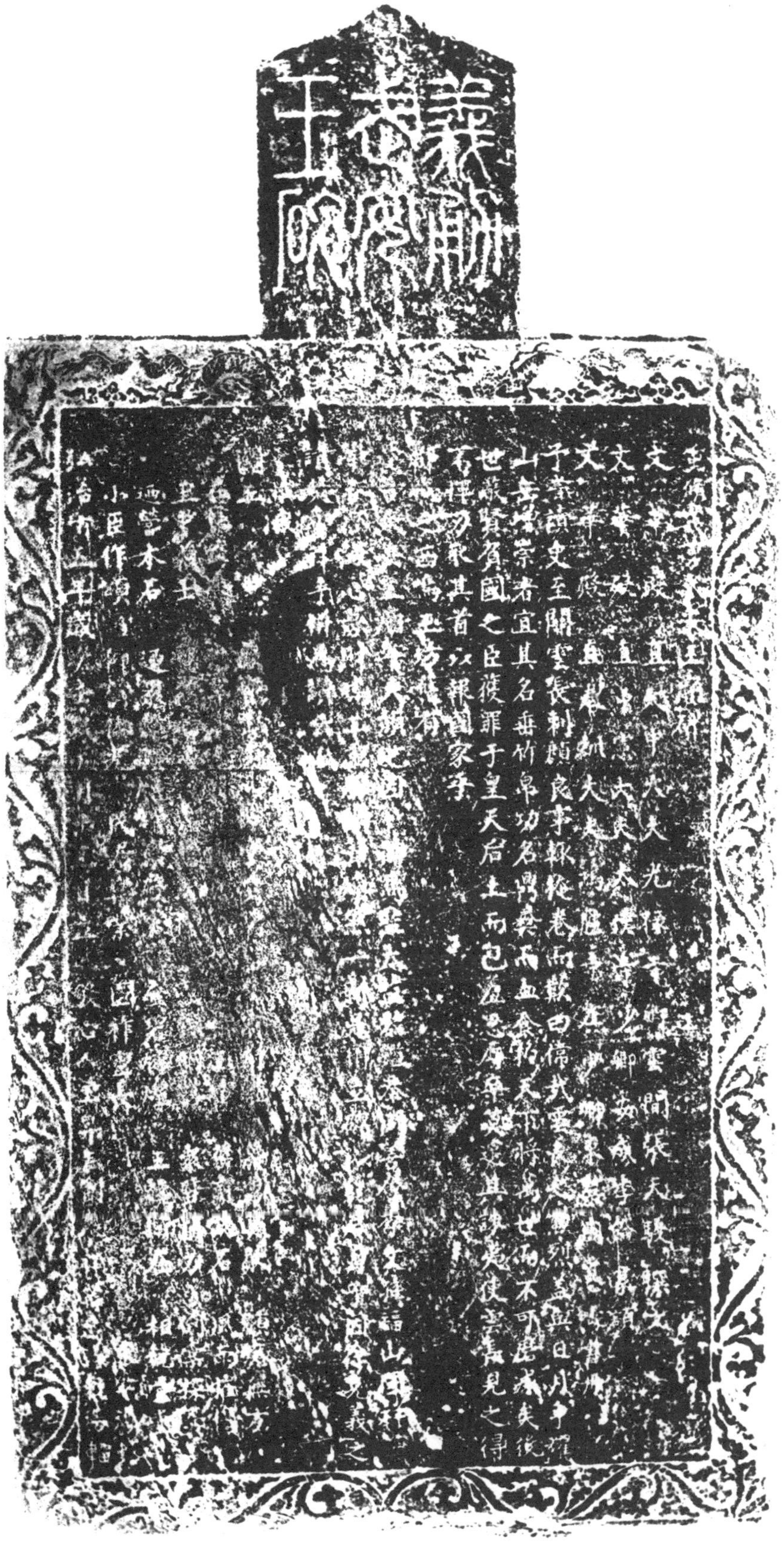

京 319《義勇武安王廟碑》陽

京319《義勇武安王廟碑》陰

義勇武安王碑

重修義勇武安王廟碑

文　華　殿　直太中大夫光禄寺卿雲間張天駿撰文

文　華　殿　直中憲大夫太僕寺少卿安成李綸篆額

文　華　殿　直奉訓大夫鴻臚寺左少卿東□周蕙疇書丹

予嘗讀史至關雲長刺顔良事輒掩卷而嘆曰偉哉雲長之忠烈蓋與日月争耀山岳增崇者宜其名垂竹帛功名鼎彝而血食於天下將萬世而不可磨滅矣後世蔽賢負國之臣獲罪於皇天后土而包羞忍辱卒莫追其誅夷使雲長見之得不揮刃取其首以報國家乎

都城之西鳴玉坊舊有

義勇武安王廟年久頽圮因　御馬監太監□監恭辦善人李文孫福山□□□□□誠心募財□□□□□□□然一新□□立碑□□□□予因□兄義之請焚□□乎并爲贊云（下泐）

（此行泐）

國立□□　□□□□　□□□□　□□□□　□□□□　頌應無方

□□□□　□□□□　□□□□　□□□□　□□□石　風雨摧傷

里中義士　□□□□　□□□□　□□□□　衆□□力　□□探□

迺營木石　迺□□□　□□□□　金碧輝煌　王□□□　相貌堂堂

小臣作頌　仰公□光　民居樂業　國祚靈長

弘治十五年歲次壬戌五月十三日立　發心人王昇□剛（下泐）

萬古流芳

太上紀鑒

李□ 羅□ □□ 張咨 羅俊 丘雄 洪慶 李春 陳銘 張濤 王景 陶洪 劉欽 戴珍 楊福廣 □□ 張□ 張德 趙□ 劉□ 金鐸 □□ □□ 梁□ □□ □□ □□ □□

徐忠 劉永芳 □□ □雄 □瑾 吴玉 潘玉 杜政 林英 劉通 李鑑 馬讓 李洪 王宣 甯宣 孫森 周安 宋英 翁晟 孫□ 鍾亮 王佐 □□ □□ 張旺 李進 李福 陳秀

□□ □□ □□ □□ 葉瑞 張名 葉茂 王盛 扶成 黎雄 白斌 孫寧 周輗 蘇□ 李泰 游熙 覃福□ 姜□ 王璽 啟廣 胡詢 張全 丘玉 李□ 周玘 鄭□ □通 劉鑑

□俊 梁璽 □□ □永 王璽 陳英 樊敬 丁綱 王澄 □□ 張□ 黄名 錢剛 李剛 李英 李原 張福 陳進 王宣 周讓 陳亮 周璽 王宏 □志 □□ 胡□ □□ □□

趙□ 王英 □銘 陳□ □鋭 顧倫 肖瑾 李瑾 沈□ □鑑 周茂 □俊 温俊 孫□ 孫大美 汪澗 鄭傑 □□ 白偉 陳鰲 郝林 李建 仲忠 楊俊 □玉 □□ □□ 李洪

李□ 王得 蔡昱 李景 李澤 尚忠 馮□ 田□ 李剛 張嘉 □□ 肖福□ 李歌 □漢 宋紀 國榮 張玉 陳順 丁剛 鄭□ 孫貴 李聰 張瓚 □□ □儉 □□ □□ □□

啟珍 郭鋭 曹原 陳達 張通 高立 □懷 倪成 萬林 周□ □□ □□ 方□ 鄭璋 □原 周玉 王宗 陳堂 鄒欽 張通 史欽 史仁 李瓘 沈雄 王玉 段張 陳瓚 陳通

□宣 翁偉 李澤 周綸 梁雄 劉玉 周全 王欽 范雄 □□ 屈□ □成 趙欽 張玉 □禄 李雄 吴達 蔡□ 金□ 劉□ 于業 于安 劉斌 李賢 □□ 李福全 趙勝 閻□

□紀 于宣 閻名 李懷 李戲 朱祥 常興 林雲 王□ 肖通 □□ 張清 張聰 曹名 廖玉 國欽 周文 魏泰 汪達 李瑾 鍾讓 馬謙 □昇内妻孔氏

賈氏妙祥 楊氏 張氏惠名 葉氏妙香 錢氏 許氏妙成 董氏妙玉 賀氏惠真 潘氏惠祥 □氏妙□ 喬氏妙蓮 馬氏 梁氏妙秀 劉氏惠□ 王氏惠喜 劉氏妙原

廟祝趙氏妙□ □氏妙□

蔣玉 高氏妙海 唐氏 嶺會 李氏玉秀 周原

義勇武安王廟碑

額題:義勇武安王碑
年代:明弘治十五年(1502)五月十三日
原址:西城區西四北大街
拓片尺寸:碑身高 98 厘米,寬 66 厘米;額高 28 厘米,寬 22 厘米
書體:正書并篆額
撰人:張天駿
書人:周蕙疇正書,李綸篆額
《目録》:頁 224
拓片編號:京 319
拓片録自:《北京圖書館藏中國歷代石刻拓本匯編》卷 53 頁 86—87

【碑陽】
額題:義勇武安王碑
碑文:

重修義勇武安王廟碑 *1*
文華殿直太中大夫光禄寺卿雲間張天駿撰文 *2*
文華殿直中憲大夫太僕寺少卿安成李綸篆額 *3*
文華殿直奉訓大夫鴻臚寺左少卿東□周蕙疇書丹 *4*

予嘗讀史,至關雲長刺顔良事,輒掩卷而嘆曰:“偉哉! 雲長之忠烈,蓋與日月争耀、*5* 山岳增崇者。宜其名垂竹帛,功名鼎彝而血食於天下,將萬世而不可磨滅矣。後 *6* 世蔽賢負國之臣,獲罪於皇天后土,而包羞忍辱,卒莫追其誅。夷使雲長見之,得 *7* 不揮刃取其首以報國家乎?” *8*

都城之西鳴玉坊舊有 *9* 義勇武安王廟,年久頽圮,因御馬監太監□監恭辦,善人李文、孫福山□□ *10* □□□誠心募財□□□□□□□然一新□□立碑□□□□予因□兄義之,*11* 請焚□□乎并爲贊云(下泐)*12*(此行泐)*13*

國立□□,□□□□。□□□□,□□□□。□□□□,頌應無方。*14*
□□□□,□□□□。□□□□,□□□□。□□□石,風雨摧傷。*15*
里中義士,□□□□。□□□□,□□□□。衆□□力,□□探□。*16*
迺營木石,迺□□□。□□□□,金碧輝煌。王□□□,相貌堂[堂]。*17*
小臣作頌,仰公□光,民居樂業,國祚靈長。*18*
弘治十五年歲次壬戌五月十三日立。發心人王昇□剛(下泐)*19*

【碑陰】

額題:流芳萬古

碑文:

太上紀鑒

李□、羅□、□□、張咨、羅俊、丘雄、洪慶、李春、陳銘、張濤、王景、陶洪、劉欽、戴珍、楊福廣、□□、張□、張德、趙□、劉□、金鐸、□□、□□、梁□、□□、□□、□□ 1

徐忠、劉永芳、□□、□雄、□瑾、吴玉、潘玉、杜政、林英、劉通、李鑑、馬讓、李洪、王宣、甯宣、孫森、周安、宋英、翁晟、孫□、鍾亮、王佐、□□、□□、張旺、李進、李福、陳秀 2

□□、□□、□□、□□、葉瑞、張名、葉茂、王盛、扶成、黎雄、白斌、孫寧、周輗、蘇□、李泰、游熙、覃福□、姜□、王璽、啟廣、胡詢、張全、丘玉、李□、周玘、鄭□、□通、劉鑑 3

□俊、梁璽、□□、□永、王璽、陳英、樊敬、丁綱、王澄、□□、張□、黄名、錢剛、李剛、李英、李原、張福、陳進、王宣、周讓、陳亮、周璽、王宏、□志、□□、胡□、□□、□□ 4

趙□、王英、□銘、陳□、□鋭、顧倫、肖瑾、李瑾、沈□、□鑑、周茂、□俊、温俊、孫□、孫大美、汪潤、鄭傑、□□、白偉、陳鰲、郝林、李建、仲忠、楊俊、□玉、□□、□□、李洪 5

李□、王得、蔡昱、李景、李澤、尚忠、馮□、田□、李剛、張嘉、□□、肖福□、李歌、□漢、宋紀、國榮、張玉、陳順、丁剛、鄭□、孫貴、李聰、張瓚、□□、□儉、□□、□□、□□ 6

啟珍、郭鋭、曹原、陳達、張通、高立、□懷、倪成、萬林、周□、□□、□□、方□、鄭璋、□原、周玉、王宗、陳堂、鄒欽、張通、史欽、史仁、李瓘、沈雄、王玉、叚張、陳瓚、陳通 7

□宣、翁偉、李澤、周綸、梁雄、劉玉、周全、王欽、范雄、□□、屈□、□成、趙欽、張玉、□禄、李雄、吴達、蔡□、金□、劉□、于業、于安、劉斌、李賢、□□、李福全、趙勝、閻□ 8

□紀、于宣、閻名、李懷、李戲、朱祥、常興、林雲、王□、肖通、□□、張清、張聰、曹名、廖玉、國欽、周文、魏泰、汪達、李瑾、鍾讓、馬謙、□昇内妻孔氏 9

賈氏妙祥、楊氏、張氏惠名、葉氏妙香、錢氏、許氏妙成、董氏妙玉、賀氏惠真、潘氏惠祥、□氏妙□、喬氏妙蓮、馬氏、梁氏妙秀、劉氏惠□、王氏惠喜、劉氏妙原 10

蔣玉、高氏妙海、唐氏、嶺會、李氏玉秀、周原 11

廟祝趙氏妙□、□氏妙□

重建關王廟記

重建關王廟記

賜進士出身奉議大夫通政使司右叅議德化蔡文魁撰并書篆

神人有懋功樹德於國於民者則邦家鄉邑之間建祠以享慕之不獨表敫前

功抑以昭來後感古今之通議也關王之祠乎今可見多矣敬哉敬哉禁城西

安門宣武街北舊有王廟一區刱自大元襃封茂著凛凛貽然至今二百餘年

殿宇曾經兩修日往月来廢弛日漸逹有大内相

尚膳監黄公錦第宅相隣發心鼎新公弟錦衣指揮同知銹乃爲長男澄耦疾

致禱于神用祈默佑惟神之靈感遂如願於是捐己貲財廣裒其趾諸公開善

慨然協助重蓋殿宇粧嚴神像添設懸廈鍾鼓二亭併諸供器等項悉備周全

金碧交輝煥然一澂起工於嘉靖庚子孟夏落成於本年季秋既堅既美克完

克乾誠所謂一坊香火也人人景仰善善咸依因无一言以記其後予惟

義勇武安英濟王崇寧至道護國景德真君威德並隆於今古神靈貽應於多方

赫赫難言巍巍莫測簡册有憑有據

聖化无極無窮上以陰翊

皇家下以奠安黎庶邊方寧謐海宇清平則黄公修葺之舉仰答報稱之念豈不善

乎豈不書乎故礱於石用垂不朽尚冀後之君子過此見善再修之一助云是

爲記

嘉靖十九年歲次庚子孟冬望日立

京 324《關王廟碑》陽

萬古流芳

内官監等衙門太監等官

高忠 左清 趙政 王宣 王鉞 羅通 趙憲 艾良 田用 鄭倉 李齡

李用 白洪 梁紐 李柱 李信 嚴勵 薛銘 邢玺 黄欽 常信

張仁 陳永 孫芝 劉芳 趙珵 李良 杜朝 馬顯名 隗友信 楊保

李憲 王朝 董保 方簡 黄佑 韋榮 吴澤 朱明 韋寬 吴桂 張清

穆鐸 張偉 陳勍 舒保 王紈 扶壽 賈鑑 葉朝 楊茂 高增

信官楊純 黄雷 黄安 張禧 湯輜 單朝元 沈宏 祝朝 白宗孔 趙鐸 徐光祥

閆貴 黄福 黄縉 黄龍 杜慶 劉玉 楊智 何誠 郭琮 李鑑 師寬

沈福 國欽 陳欽 褚德 王寵 綵良 楊釗 柳浩

姑 寺住持張氏 信女張氏

左隣劉欽 右隣李祥

信士潘清 蔣玺

廟主 李鎮同男李昇 李杲孫男李大川

信官

錦衣衛指揮同知黄銹同男黄澄黄淇

京324《關王廟碑》陰

重建關王廟記

重建關王廟記

賜進士出身奉議大夫通政使司右參議德化蔡文魁撰并書篆

神人有懋功樹德於國於民者則邦家鄉邑之間建祠以享慕之不獨表揚前功抑以昭求後感古今之通議也關王之祠乎今可見多矣敬哉敬哉禁城西安門宣武街北舊有王廟一區創自大元褒封茂著凛凛昭然至今二百餘年殿宇曾經兩修日往月來廢弛日漸適有大内相

尚膳監黃公錦第宅相鄰發心鼎新公弟錦衣指揮同知銹乃爲長男澄偶疾致禱於神用祈默佑惟神之靈咸遂如願於是捐己貲財廣袤其趾諸公閑善慨然協助重蓋殿宇妝嚴神像添設暴厦鐘鼓二亭并諸供器等項悉備周全金碧交輝煥然一潡起工於嘉靖庚子孟夏落成於本年季秋既堅既美克完克就誠所謂一坊香火也人人景仰善善咸依因無一言以記其後予惟

義勇武安英濟王崇寧至道護國景德真君威德并隆於今古神靈昭應於多方

赫赫難言巍巍莫測簡册有憑有據

聖化無極無窮上以陰翊

皇家下以奠安黎庶邊方寧謐海宇清平則黃公修葺之舉仲弟報稱之念豈不善

乎豈不善乎故礱於石用垂不朽尚冀後之君子過此見善再修之一助云是

爲記

嘉靖十九年歲次庚子孟冬望日立

萬古流芳

内官監等衙門太監等官
高忠　左清　趙政　王宣　王鉞　羅通　趙憲　艾良　田用　鄭倉　李幹　劉童
李用　白洪　梁經　李柱　季信　嚴勵　薛銘　邢璽　黄欽　常信　李芳　□朝
張仁　陳永　孫芝　劉芳　趙理　李良　杜朝　馬顯名　隗友信　楊保　朱柰　□□
李憲　王朝　董保　方簡　黄佑　韋榮　吴澤　朱明　韋寛　吴桂　張清　□□
穆鐸　張偉　陳初　舒保　王紞　扶壽　賈鑑　葉朝　楊茂　高增

信官楊純　黄雷　黄安　張禧　湯輜　單朝元　沈宏　祝朝　白宗孔　趙鐸　徐光祥
閆貴　黄福　黄縉　黄龍　杜慶　劉玉　楊智　何誠　郭琮　李鑑　師鸞
沈福　國欽　陳欽　褚德　王寵　繆良　楊釗　柳浩

皇　姑　寺住持張氏　信女張氏
左鄰劉欽　右鄰李祥
信士潘清　蔣璽
廟　主　李鎮同男李昇　李昶孫男李大川

信官
錦衣衛指揮同知黄銹同男黄澄黄淇

關王廟碑

額題：重建關王廟記
首題：重建關王廟記
年代：明嘉靖十九年（1540）十月十五日
原址：西城區西四北大街
拓片尺寸：碑身高 104 厘米，寬 68 厘米；額高 26 厘米，寬 21 厘米
書體：正書并篆額
撰人：蔡文魁
書人：蔡文魁
《目録》：頁 231
拓片編號：京 324
拓片録自：《北京圖書館藏中國歷代石刻拓本匯編》卷 55 頁 59—60

【碑陽】

額題：重建關王廟記

碑文：

重建關王廟記 *1*

賜進士出身奉議大夫通政使司右參議德化蔡文魁撰并書篆 *2*

神人有懋功樹德於國於民者，則邦家鄉邑之間建祠以享慕之，不獨表揚前 *3* 功，抑以昭求後感，古今之通議也。關王之祠乎，今可見多矣。敬哉，敬哉。禁城西 *4* 安門宣武街北舊有王廟一區，創自大元，褒封茂著，凛凛昭然，至今二百餘年。*5* 殿宇曾經兩修，日往月來，廢弛日漸。適有大内相 *6* 尚膳監黄公錦第宅相鄰，發心鼎新。公弟錦衣指揮同知銹乃爲長男澄偶疾，*7* 致禱於神，用祈默佑。惟神之靈，咸遂如願。於是捐己貲財，廣袤其趾。諸公閎善，*8* 慨然協助。重蓋殿宇，妝嚴神像，添設暴厦、鐘鼓二亭，并諸供器等項，悉備周全。*9* 金碧交輝，焕然一致。起工於嘉靖庚子孟夏，落成於本年季秋。既堅既美，克完 *10* 克就，誠所謂一坊香火也。人人景仰，善善咸依，因無一言，以記其後。予惟 *11* 義勇武安英濟王崇寧至道護國景德真君，威德并隆於今古，神靈昭應於多方，*12* 赫赫難言，巍巍莫測。簡册有憑有據，*13* 聖化無極無窮。上以陰翊 *14* 皇家，下以奠安黎庶。邊方寧謐，海宇清平。則黄公修葺之舉，仲弟報稱之念，豈不善 *15* 乎？豈不善乎？故礱於石，用垂不朽，尚冀後之君子過此，見善再修之一助云。是 *16* 爲記。*17*

嘉靖十九年歲次庚子孟冬望日立。*18*

【碑陰】

額題：萬古流芳

碑文：

内官監等衙門太監等官：*1* 高忠、左清、趙政、王宣、王鉞、羅通、趙憲、艾良、田用、鄭倉、李幹、劉童、*2* 李用、白洪、梁經、李柱、季信、嚴勵、薛銘、邢璽、黄欽、常信、李芳、□朝、*3* 張仁、陳永、孫芝、劉芳、趙珵、李良、杜朝、馬顯名、隗友信、楊保、朱桼、□□、*4* 李憲、王朝、董保、方簡、黄佑、韋榮、吴澤、朱明、韋寬、吴桂、張清、□□、*5* 穆鐸、張偉、陳初、舒保、王紞、扶壽、賈鑑、葉朝、楊茂、高增 *6*

信官：楊純、黄雷、黄安、張禧、湯韜、單朝元、沈宏、祝朝、白宗孔、趙鐸、徐光祥、*7* 閆貴、黄福、黄縉、黄龍、杜慶、劉玉、楊智、何誠、郭琮、李鑑、師鸞、*8* 沈福、國欽、陳欽、褚德、王寵、繆良、楊釗、柳浩 *9*

皇姑寺住持張氏、信女張氏 *10*

左鄰劉欽、右鄰李祥 *11*

信士潘清、蔣璽 *12*

廟主李鎮同男李昇、李昶，孫男李大川 *13*

信官 *14* 錦衣衛指揮同知黄銹同男黄澄、黄淇 *15*

京323《雙關帝廟碑》陽

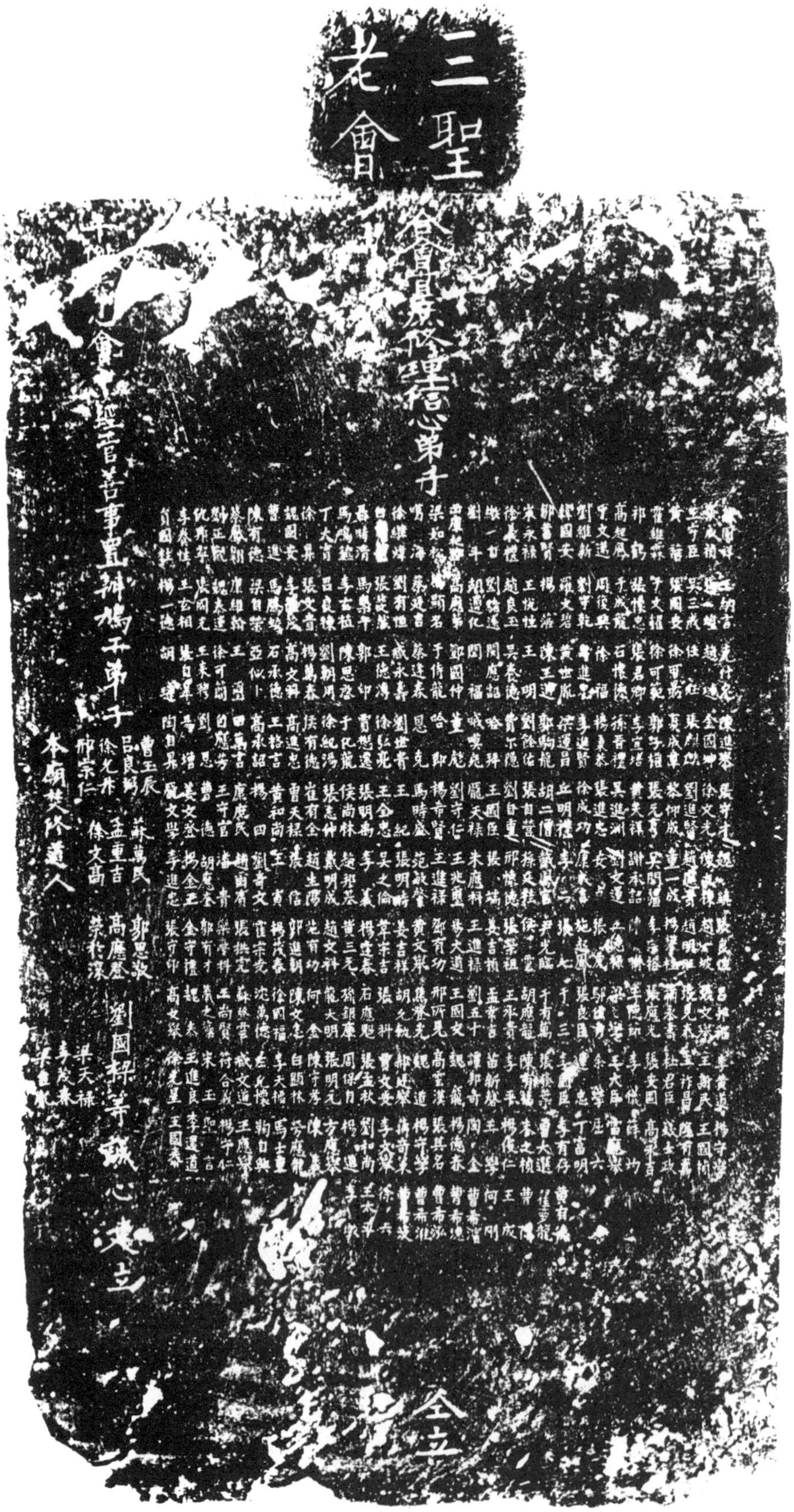

京 323《雙關帝廟碑》陰

京 323《雙關帝廟碑》側

修葺碑記

修葺雙關帝廟碑記

禁城西安門宣武街北有
帝廟一區其始建也創自大元後嗣黄公嘗更新之至明季
聖像忽益一而并位焉不知其所自來此雙
帝廟□由沿稱也其
帝忠光日月義貫金石號奸剪妖靈績赫奕萬世下凛凛生氣常存茂著
褒封殷薦
崇祀猗與盛哉自
清廟定鼎里人貢獻祭賽絡繹不絶但日久時遷所謂畫棟雕梁金碧輝煌者僅僅爲頹垣敗□而已會衆感
而用是鳩工始於辛丑之四月不敢云細集鉅用克備鼎新厥稱神俟工畢爲以志之嘗謂人有賞之而
善心未必生罰之而惡念未必消禮
帝而儼然起敬若有所畏而不爲者是世法之所不能繩而
帝力之所爲震也則祈祀而來者方且觸目警心矣修葺之意不亦善乎因濡筆爲偈勒之於石

九陌紅塵凉薄　賴帝震動群氓　無在而無不在　浩然之氣常存　忠誠氣合天地　義勇節越古今
隨叩而即付應　如百萬億化身　翊皇圖於鞏固　奠黎庶而遂生　奸邪爲之落膽　妖孽爲之□□
里人展敬修葺　繼志方來無窮　效赤心於萬一　無徒拜夫階塵

時
順治歲次辛丑仲夏之吉

三聖老會

合會官庶修理信心弟子

□國祥 王納言 克什兒 陳進舉 張守才 魏鎮 張良恒 呂邦耀 李黃道 楊守學
張成禎 張一煌 趙璉 金國坤 徐文光 陳志棟 趙一坡 張文舉 王新民 王國禎
王守臣 吳三戒 任旺 張麒麟 劉進賢 趙應奇 趙明繼 張見泰 王祚昌 □有壽
黃□ 張國安 徐可勗 夏成章 黎仰成 董一成 楊攀桂 蕭永壽 杜君臣 錢士政
霍維霖 于文耀 徐可範 郭子權 張元亨 吳開疆 李宗裕 張應光 張安國 高永吉
祁鶴 張懞忠 張君卿 李宣培 黃天祥 謝承詔 陳喻 王德節 李儀 薛灼
高起鳳 于成龍 石懷德 孫晉禮 吳進洲 劉文運 王德禄 梁學 王大臣 雷應舉
曾文邁 周復興 徐福 楊秉恭 張進忠 安點 張虎 鄢□勇 余學 屈六
劉維新 劉守乾 □進忠 李進賢 徐成功 康成吉 施起鳳 張良臣 連忠 丁富明
韓國安 羅文碧 黃世胤 梁運昌 丘明禮 李二 張七 于三 李國臣 李有存 黃有德
鄒蓄賢 楊薩 陳王□ 郭駒龍 胡二僧 戴鳳官 尹光臨 于有萬 張發葉 曹大選 翟夢龍
宋永禄 王悅性 王明 劉餘佑 張自營 孫廷桂 侯雲 胡應龍 陳有福 朱之禎 曹□
徐義禮 趙良玉 吳養德 費爾隱 劉自重 邢懷德 張榮祖 王承貴 李平 楊俊仁 王成
繼自 劉緒遠 閔應詔 哈拜 王國臣 張端 姜吉禎 孟常吉 苗新磬 王學 何剛
劉斗 胡邇化 閆福 哦嘆兒 龐天禄 朱應科 王進禄 劉五十 譚邦奇 陶金 曹希濱
出庫把鄱 高應第 鄧國仲 董彪 劉守仁 王兆璽 易大道 王國文 魏龍 楊德春 曹希濾
梁如松 □顯名 于侍龍 哈即 楊希賢 王進禄 鄧有功 邢所見 高雲漢 張其名 曹希泓
噶海 蔡廷吉 蔡逢春 恩克 馬時盛 范敏肇 黃文舉 焦登光 魏道 楊守學 曹希淮
徐繼煒 劉有恒 臧永壽 劉世貴 王紀 張明時 姜吉祥 胡允執 郝廷舉 蔣奇策 曹希汶
白□□ 張斐然 王德溥 徐弘亮 王全忠 吳之倫 韋宗吉 張科 賈文安 李文舉 徐六
聶時清 馬禦平 郭印 賈懋遷 張明禹 李義 楊逢春 石應魁 張孟秋 劉和尚 王太平
馬鳴□ 李玄植 陳思啓 于化龍 侯尚林 趙邦基 黃三元 孫銀庫 周保月 楊道 李墩
丁太育 呂良棟 劉朝用 徐紀湯 張志仲 戴明成 趙文科 龍大明 張明元 方應舉
徐昇 張文貴 楊萬春 侯有德 崔有全 趙生陽 施有功 何金 陳守孝 陳義
魏國安 李□茂 高文科 高進忠 曾天禄 張信 郭進朝 陳文忠 白顯林 勞應龍
曹進 馬騰蛟 石承德 王格言 黃和尚 王寅 楊茂春 徐國福 李大樞 馬士重
陳有德 梁自榮 亞似卜 高承詔 楊四 劉奇文 霍宗堯 沈萬德 左允懷 鞠自興
蔡鳳翱 康維翰 王璽 田萬言 康庶民 趙爾賓 張拱完 蘇登雲 臧义道 王應舉
劉正觀 魏泰□ 徐可簡 白應芳 王守官 潘貴 樂夢科 王尚賢 符合義 楊守仁
仇邦寧 張國光 王來聘 劉恩 曹德 胡應奎 郭有才 蕭之藻 宋玉 聖言
李養性 王玄相 張自皋 易增 姜文登 楊金芒 金守禮 魏泰 王進良 李還道
員國柱 楊一德 胡璉 陶自昇 龐文學 李進忠 張守印 高文舉 徐光星 王國泰

仝立

年例發心會中經管善事置辦鳩工弟子

曹玉辰 蘇萬民 郭思敬
呂良弼 孟重吉 高應登
徐允叔 徐文高 榮於瀼
邢宗仁

劉國棵等誠心建立

梁玉禄
李茂春
梁臣胤

本廟焚修道人

三聖老會衆善修立

雙關帝廟碑

額題:修葺碑記
首題:修葺雙關帝廟碑記
側題:三聖老會衆善修立
年代:清順治十八年(1661)五月
原址:西城區西四北大街
拓片尺寸:碑身高113厘米,寬68厘米;額高20厘米,寬18厘米;側高113厘米,寬24厘米
書體:正書并篆額
《目録》:頁268
拓片編號:京323
拓片録自:《北京圖書館藏中國歷代石刻拓本匯編》卷61頁175—177

【碑陽】

額題:修葺碑記

碑文:

修葺雙關帝廟碑記 *1*

禁城西安門宣武街北有 *2* 帝廟一區。其始建也,創自大元,後嗣黄公,嘗更新之。至明季,*3* 聖像忽益一而并位焉,不知其所自來。此雙 *4* 帝廟□由沿稱也。其 *5* 帝忠光日月,義貫金石,號奸剪妖,靈績赫奕,萬世下凛凛生氣常存。茂著 *6* 褒封,殷薦 *7* 崇祀,猗與盛哉。自 *8* 清廟定鼎,里人貢獻祭賽,絡繹不絶。但日久時遷,所謂畫棟雕梁、金碧輝煌者,僅僅爲頹垣敗□而已。會衆感 *9* 而用是鳩工,始於辛丑之四月。不敢云細集鉅用,克備鼎新,厥稱神。俟工畢,爲以志之。嘗謂人有賞之而 *10* 善心未必生,罰之而惡念未必消。禮 *11* 帝而儼然起敬,若有所畏而不爲者,是世法之所不能繩而 *12* 帝力之所爲震也。則祈祀而來者,方且觸目警心矣。修葺之意,不亦善乎?因濡筆爲偈,勒之於石。*13*

九陌紅塵凉薄,賴帝震動群氓。無在而無不在,浩然之氣常存。忠誠氣合天地,義勇節越古今。*14* 隨叩而即付應,如百萬億化身。翊皇圖於鞏固,奠黎庶而遂生。奸邪爲之落膽,妖孽爲之□□。*15* 里人展敬修葺,繼志方來無窮。效赤心於萬一,無徒拜夫階塵。*16*

時 *17* 順治歲次辛丑仲夏之吉。*18*

【碑陰】

額題:三聖老會

碑文:

合會官庶修理信心弟子:

□國祥、張成禎、王守臣、黄□、霍維霖、祁鶴、高起鳳、曾文邁、劉維新、韓國安、鄒蓄賢、宋

永禄、徐義禮、繼自、劉斗、出庫把鄱、梁如松、噶海、徐繼煒、白□□、聶時清、馬鳴□、丁太育、徐昇、魏國安、曹進、陳有德、蔡鳳翱、劉正觀、仇邦寧、李養性、員國柱 1

王納言、張一煌、吴三戒、張國安、于文耀、張懞忠、于成龍、周復興、劉守乾、羅文碧、楊薩、王悦性、趙良玉、劉緒遠、胡邇化、高應第、□顯名、蔡廷吉、劉有恒、張斐然、馬禦平、李玄植、吕良棟、張文貴、李□茂、馬騰蛟、梁自榮、康維翰、魏泰□、張國光、王玄相、楊一德 2

克什兒、趙璉、任旺、徐可勗、徐可範、張君卿、石懷德、徐福、□進忠、黄世胤、陳王□、王明、吴養德、閔應詔、閆福、鄧國仲、于侍龍、蔡逢春、臧永壽、王德溥、郭印、陳思啓、劉朝用、楊萬春、高文科、石承德、亞似卜、王璽、徐可簡、王來聘、張自皋、胡璉 3

陳進舉、金國坤、張麒麟、夏成章、郭子權、李宣培、孫晋禮、楊秉恭、李進賢、梁運昌、郭駒龍、劉餘佑、費爾隱、哈拜、哦嘆兒、董彪、哈即、恩克、劉世貴、徐弘亮、賈懋遷、于化龍、徐紀湯、侯有德、高進忠、王格言、高承詔、田萬言、白應芳、劉恩、易增、陶自昇 4

張守才、徐文光、劉進賢、黎仰成、張元亨、黄天祥、吴進洲、張進忠、徐成功、丘明禮、胡二僧、張自營、劉自重、王國臣、龐天禄、劉守仁、楊希賢、馬時盛、王紀、王全忠、張明禹、侯尚林、張志仲、崔有全、曾天禄、黄和尚、楊四、康庶民、王守官、曹德、姜文登、龐文學 5

魏鎮、陳志棟、趙應奇、董一成、吴開疆、謝承詔、劉文運、安點、康成吉、李二、戴鳳官、孫廷桂、邢懷德、張端、朱應科、王兆璽、王進禄、范敏肇、張明時、吴之倫、李義、趙邦基、戴明成、趙生陽、張信、王寅、劉奇文、趙爾賓、潘貴、胡應奎、楊金芒、李進忠 6

張良恒、趙一坡、趙明繼、楊攀桂、李宗裕、陳喻、王德禄、張虎、施起鳳、張七、尹光臨、侯雲、張榮祖、姜吉禎、王進禄、易大道、鄧有功、黄文舉、姜吉祥、韋宗吉、楊逢春、黄三元、趙文科、施有功、郭進朝、楊茂春、霍宗堯、張拱完、樂夢科、郭有才、金守禮、張守印 7

吕邦耀、張文舉、張見泰、蕭永壽、張應光、王德節、梁學、鄢□勇、張良臣、于三、于有萬、胡應龍、王承貴、孟常吉、劉五十、王國文、邢所見、焦登光、胡允執、張科、石應魁、孫銀庫、龍大明、何金、陳文忠、徐國福、沈萬德、蘇登雲、王尚賢、蕭之藻、魏泰、高文舉 8

李黄道、王新民、王祚昌、杜君臣、張安國、李儀、王大臣、余學、連忠、李國臣、張發葉、陳有福、李平、苗新磬、譚邦奇、魏龍、高雲漢、魏道、郝廷舉、賈文安、張孟秋、周保月、張明元、陳守孝、白顯林、李天樞、左允懷、臧文道、符合義、宋玉、王進良、徐光星 9

楊守學、王國禎、□有壽、錢士政、高永吉、薛灼、雷應舉、屈六、丁富明、李有存、曹大選、朱之禎、楊俊仁、王學、陶金、楊德春、張其名、楊守學、蔣奇策、李文舉、劉和尚、楊道、方應舉、陳義、勞應龍、馬士重、鞠自興、王應舉、楊守仁、聖言、李還道、王國泰 10

黄有德、翟夢龍、曹□、王成、何剛、曹希濱、曹希漶、曹希泓、曹希淮、曹希汶、徐六、王太平、李墩 11

仝立

年例發心會中經管善事置辦鳩工弟子：曹玉辰、吕良弼、徐允叔、邢宗仁、蘇萬民、孟重吉、徐文高、郭思敬、高應登、榮於瀼、劉國樑等誠心建立

本廟焚修道人：梁天禄、李茂春、梁臣胤

【碑側】

碑文：

三聖老會衆善修立。

帥府庵

帥府庵，又名廣德寺〔1〕、廣德吕祖觀〔2〕，原址爲内四區帥府庵六號（今西城區新成胡同十三號、十五號，甲十五號，帥府巷六號）。寺廟建築現存。

帥府庵始建年代不詳。清《雍正廟册》裏尚無登記，至清《乾隆廟册》方有記載，在帥府胡同，爲大僧廟，住持清鉢。按照清乾隆《京城全圖》所繪，帥府庵坐北朝南，兩層殿宇。山門一間。前院北殿三間；後院正殿三間，東西配殿各三間。清道光二年（1822）時寺名爲廣德寺，有該年鑄的一口鐵磬爲證〔3〕。清同治八年（1869），帥府庵已成道觀，萬理寶重修寺廟，在山門立石額“廣德吕祖觀”。光緒十五年（1889），鑄鐵香爐一個，并鐵五供數份〔4〕。三十一年（1905），道士孟至真被本廟道衆公推爲道觀住持〔5〕。

民國時期的廣德吕祖觀面積約四畝，房屋三十七間。山門南向，石額“廣德吕祖觀”，東西兩側各有小門。山門内前殿三間，木額“關帝殿”。中間供泥塑彩色關帝坐像一尊，龕後有觀音壁畫；兩邊關平、周倉立像，小童、馬像各一。像前鐵五供一

〔1〕廟内曾有清道光二年製的一個鐵磬，上刻“廣德寺”，參見首都圖書館藏《北平寺廟調查一覽表》。

〔2〕參見北京市檔案館藏《北平市社會局·内四區廣德吕祖觀住持孟至真送寺廟登記表及社會局批示》，1936—1938年，檔案號J002-008-01074。

〔3〕參見首都圖書館藏《北平寺廟調查一覽表》。

〔4〕參見國立北平研究院《吕祖觀》，西四182；《北平研究院北平廟宇調查資料匯編（内四區卷·下）》，頁九百零四至九百零七。

〔5〕參見北京市檔案館藏《北平市社會局·内四區廣德吕祖觀住持孟至真送寺廟登記表及社會局批示》，頁十六。

份，清光緒十五年鑄香爐一個。東間供吕祖泥像，左右分立柳仙和濟小塘。另有火神小泥像一尊，鐵五供一份。前院内還有東西房各兩間。後院内後殿三間，帶東西耳房各兩間，木額“三教殿”。中間供泥塑金身釋迦佛坐像一尊；旁供文殊、觀音、普賢和地藏王牌位；西有木漆雕刻佛山和木胎金身駕鹿釋迦佛一尊；清康熙二十七年（1688）造鐵磬一個。後殿東間供泥塑彩色孔子乘麟像，西間供泥塑彩色老子騎牛像，鐵磬一個。各神像前均有清光緒十五年製鐵五供一份。後院内另有東西房各三間。後院北有北房五間，東房三間，西房兩間。西跨院有北房三間，西房三間，南有大車門。道觀還有銅鐘、鐵鐘各一口，清道光二年鐵磬一個，鼓一面，并收有《道德經》《南華經》等經卷。1936年社會局調查時，住持孟至真和他的徒弟孟理玉住在道觀内[1]。1947年，廣德吕祖觀的住持爲孟明慧[2]。1951年孟明慧一人在廟，廟内有房屋四十三間[3]。

根據老住户的回憶，廣德吕祖觀的前後二殿在20世紀50年代初期開始住人。殿内的佛像雖然尚在，道士亦住在廟内，并向房客收房租，但似乎已無香火。20世紀50年代末佛像被陸續毁壞，廟房也歸房管所管理。寺廟的山門不知何時被堵死，在東側臨帥府巷新開一院門。20世紀90年代，前後院的東西厢房以及後殿的東西耳房均翻建，前後二殿一直到2018年都未曾改動。兩殿的房頂爲緑色琉璃瓦，瓦檐爲黄色琉璃，因爲漏雨而蓋了油氈布。2018年寺廟爲一居民院。

帥府庵（2004年4月 阮如意攝）

［1］參見國立北平研究院《吕祖觀》，西四182；北京市檔案館藏《北平市社會局·内四區廣德吕祖觀住持孟至真送寺廟登記表及社會局批示》；首都圖書館藏《北平寺廟調查一覽表》；《北京寺廟歷史資料》，頁一百九十三。

［2］參見北京市檔案館藏《北平市民政局·北平市各區寺廟總登記考察簿（1947—1948）》，檔案號J003-001-00237，頁五十六。

［3］參見北京市檔案館藏《北平市民政局·北平市寺廟總登記簿》，1950年，檔案號J003-001-00203，頁三十。

小旃檀寺

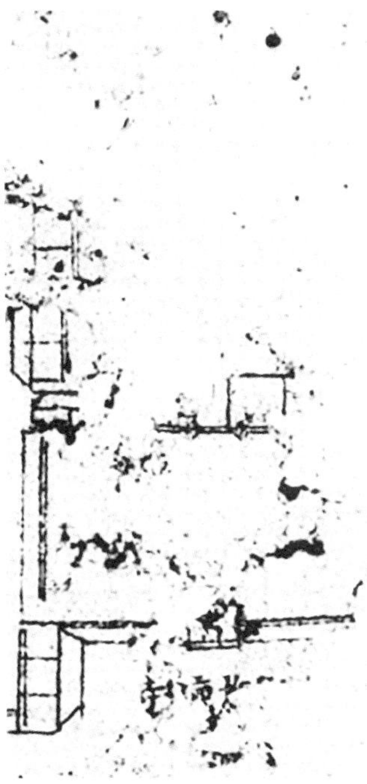

小旃檀寺，又名護國旃檀禪寺[1]。原址爲内四區西四北大街小旃檀寺胡同八號（今西城區西四北大街一百五十八號）。寺廟建築現不存。寺内原有明萬曆年間御史蘇惟霖撰碑[2]和民國十一年（1922）《小旃檀寺碑》，明碑今已無考。

據《京師坊巷志稿》，小旃檀寺建於明嘉靖時期[3]，但未見明代有關該寺的資料。

清代的小旃檀寺頗受皇室青睞。康熙年間，十二皇子胤祹曾爲大殿題額"覺悟群生"[4]。康熙五十二年（1713），清聖祖六十壽辰萬壽盛典之際，莊親王在寺内建慶祝經壇[5]。清《雍正廟册》載西四牌樓有檀寺，爲大僧廟，有殿宇十七間，禪房二十五間，住持性湛。清《乾隆廟册》亦有載。不確定檀寺是否即爲小旃檀寺。清乾隆《京城全圖》中小旃檀寺所在的部分模糊不清，祇可略見寺廟坐北朝南，有一間山門，門前有一片空地。門内院落十分寬敞，有北殿一座，似爲三間。殿西似有耳房。又似有第二進院落，只可約見西房四間。清嘉慶十五年（1810）四月，信士佟輝、葉董爲第二進院内的東配殿的關帝塑像題木額"德

〔1〕參見國立北平研究院《小旃檀寺》，西四 36。

〔2〕參見《京師坊巷志稿》卷上，頁九十。

〔3〕同上。

〔4〕參見國立北平研究院《小旃檀寺》，西四 36；《北平研究院北平廟宇調查資料匯編（内四區卷·上）》，頁三百三十六至三百四十三。

〔5〕參見《萬壽盛典初集》卷四十四，頁九。

配天地”。咸豐元年（1851），信女關氏、信士徐士芹各獻鐵磬一口[1]。

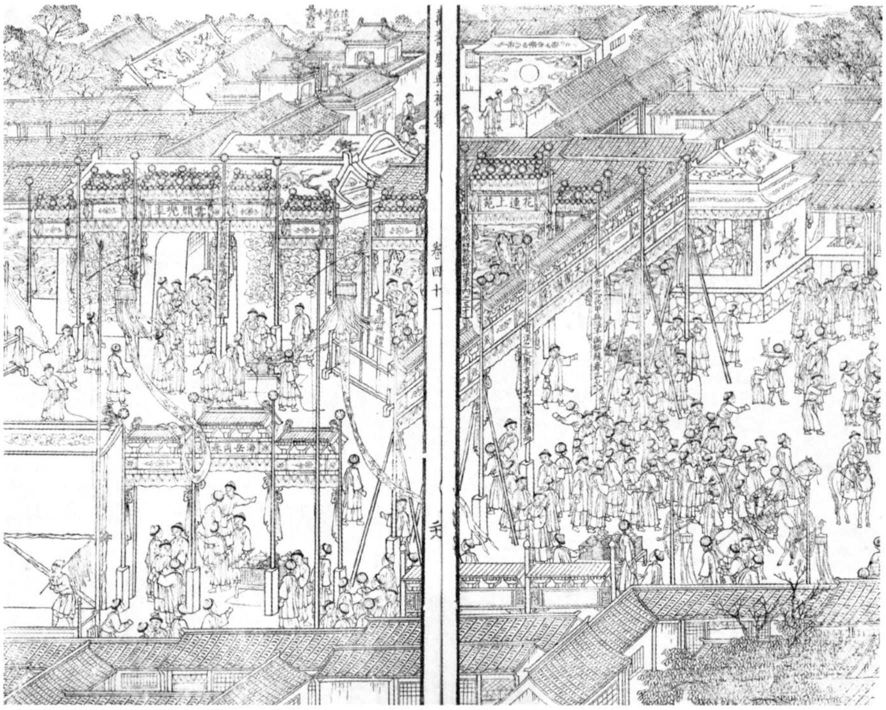

康熙《萬壽盛典圖》中小旃檀寺

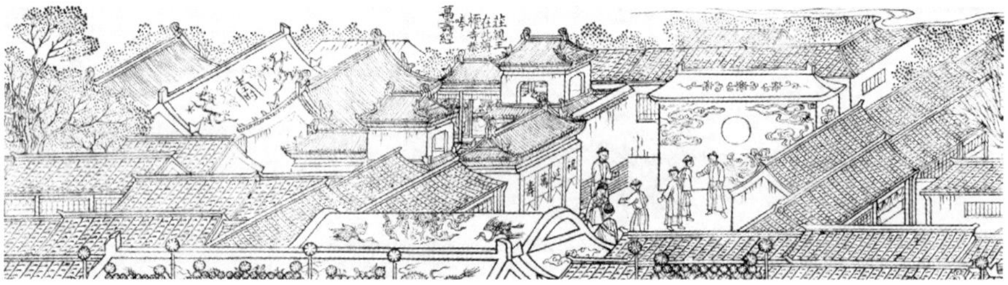

小旃檀寺細部（經拼合）

民國伊始，小旃檀寺住持爲維鉢。1922年，京師警察廳總監薛之珩因維鉢盜賣廟産，毁壞寺碑，將寺收歸官有。隨後，錢能訓、江朝宗、蔣尊禕、夏肅初等政界人士以地方救護團名義，用洋兩千九百元從警察廳手中領得寺廟的保管使用權，用作救護團的辦公地點。後救護團解散，江朝宗等又先後以悟善社、救世新教會名義繼續使用小旃檀寺，并選派僧人月禪住寺，看管香火。1925年，江朝宗等從地安門外新寺[2]購得三世佛像三尊，供於寺内。又對三世佛像及大殿内的十八羅漢像重新妝金彩繪，以保存“前代流傳之中國美術”。同時，江朝宗令人修葺部分廟屋，并在小旃檀寺胡同西口立一木牌坊，親筆題額“旃檀寺”。僧人月禪圓寂後，其徒弟遍洲接替管理寺院香火。1928

〔1〕參見國立北平研究院《小旃檀寺》，西四36。

〔2〕新寺在四排三段，參見《北京内城寺廟碑刻志》第四卷，頁六十二。

年北平市寺廟登記時，小旃檀寺的佛像、法物、經卷等數量極豐，有銅像、泥像各八尊，木像二十尊，鐵鐘兩口，殿鼓一面，鐺、手鼓各四副，大木魚一個，鐵香爐兩個，《金剛經》二十部，《法華經》一部，《皇懺》四部[1]。

1930 年，江朝宗等致函社會局，稱遍洲勾結前救護團成員何健擅改寺舍，收留女眷，并意圖以寺押款，呈請社會局將遍洲等逐出寺院。同年，江朝宗、蔣尊禕、夏肅初三人以小旃檀寺公有人身份在社會局進行寺廟登記。1936 年社會局再次進行寺廟登記時，江朝宗爲小旃檀寺管理人，寺廟由五臺山向善普化佛教會借用，開辦學校。但是事實上，從北平研究院同期的調查資料看，五臺山向善普化佛教會并未在寺内開辦學校，而是設立了女工廠[2]。

20 世紀 30 年代的小旃檀寺面積約三畝半，共有房屋四十四間。寺廟坐北朝南，前爲小旃檀寺胡同，胡同西口正對西四北大街，立有一木牌坊，額曰"旃檀寺甲子仲秋江朝宗"，其下有横額曰"五臺山向善普化佛教會女工廠江朝宗書"。山門殿三間，南向，歇山式屋頂，石額"重修護國旃檀禪寺"。前有一旗杆。山門西有南房四間，北向。山門東有南房三間，其東有一道車門，再東又有南房三間，均北向。山門殿内中有三面八臂木質佛像一尊，一手執鐵錐，一手執鈴。兩邊周倉、關平立像，馬、童各一個。又有周倉、關平小像各一尊，馬、童各一個。殿内還有觀音一尊；財神三尊，其中一尊木質金身；火神兩尊；趙累、王阜像各一尊；土地小像一尊；另有關帝、財神殘破泥像三尊。

山門殿往北爲第二殿，已改作女工廠飯堂，無佛像，有圓鐵香爐一個，鐵雲板一個，刻"大清康熙五十一年七月□日鑄造傳賢鼓樓前慈慧寺監□比丘師□"[3]字樣。出第二殿順中間甬道往北即抵大殿前月臺。大殿三間，木額"覺悟群生"，有"皇十二子胤裪"章[4]。大殿内佛像林立，精美肅穆。正中爲四尺高大銅佛像，戴五佛冠，坐千佛座，後有銅質背光。大銅佛兩側各立銅佛一尊，亦戴五佛冠，後亦有銅光。大殿兩邊有十八羅漢，工細。殿内還有木質大小彌勒佛各一尊；普賢菩薩像兩尊，其中一尊高六尺；四大天王泥像；木質觀音兩尊，泥塑金身四尺高觀音一尊。殿後有木質韋陀像一尊。大殿内還擺放着大木魚一個，以及鐵磬一口，款識"小旃檀寺咸豐元年十月十五日信女弟子陸門關氏誠獻"。

大殿前有東西配殿各三間。東配殿木額"慈光普照"，印章爲"和碩莊親王寶"。殿内供關帝泥像一尊，上有清嘉慶十五年（1810）信士佟輝、葉董題木額"德配天地"。殿外有康熙十六年（1677）大鐵鐘一口，咸豐六年（1856）小鐵鐘一口，大鼓一面。殿前有寶鼎一座，刻有"大清道光十年皂君廟"的款識。東配殿彼時已改作女工廠的挑花科。西配殿無神像，爲織襪科。大殿東西有矮墻，墻上各開小門往北通後院。東小門上有磚額曰"金繩"，西小門磚額曰"覽路"。

後院北殿五間，木額"聖壽永延"。内供木質金身八尺高三世佛三尊，泥塑童像兩個；木質金身四尺高小旃檀佛像一尊；小木佛兩個。另有鐵磬一口，款識"西四牌樓北路東小旃檀寺信士弟子徐士芹頓首拜咸豐元年八月二十一日立"。北殿東西各有耳房兩間，北殿前有東西配房各三間。東配房爲綉花科，縫紉科；西配房爲招待室。東西配房北頭各有順山排房五間。西排房用作浴室、儲存室和厨房[5]。

---

〔1〕參見《北京寺廟歷史資料》，頁六十六。

〔2〕參見民國十一年《小旃檀寺碑》，京 62，《北京圖書館藏中國歷代石刻拓本匯編》卷九十三，頁一百四十八；北京市檔案館藏《北平市社會局·内四區小旃檀寺江朝宗等呈請登記廟産并發憑照及社會局的批示》，1930—1936 年，檔案號 J002-008-00211；國立北平研究院《小旃檀寺》，西四 36。

〔3〕清康熙五十一年即公元 1712 年。鼓樓前有慈善寺，參見《北京内城寺廟碑刻志》第三卷，頁一百七十三至一百八十。此處爲"慈慧寺"有可能是北平研究院誤録。

〔4〕胤裪係清聖祖十二皇子，故此額當題寫於康熙年間。

〔5〕參見國立北平研究院《小旃檀寺》，西四 36。

1950年北京市民政局寺廟調查時,小旃檀寺的管理人爲江朝宗的兒子江寶昌,廟内住有十五位居民,無僧人[1]。有老住户認爲,廟内曾設一貫道的壇口,還曾組織香會,年例妙峰山進香。20世紀50年代以後,廟址曾一度成爲西四北大街小學。2005年,寺廟舊址建有北京藍天酒店。2018年回訪時原址爲餐廳。

〔1〕參見北京市檔案館藏《北平市民政局·北平市寺廟總登記簿》,1950年,檔案號J003-001-00203,頁三十五。

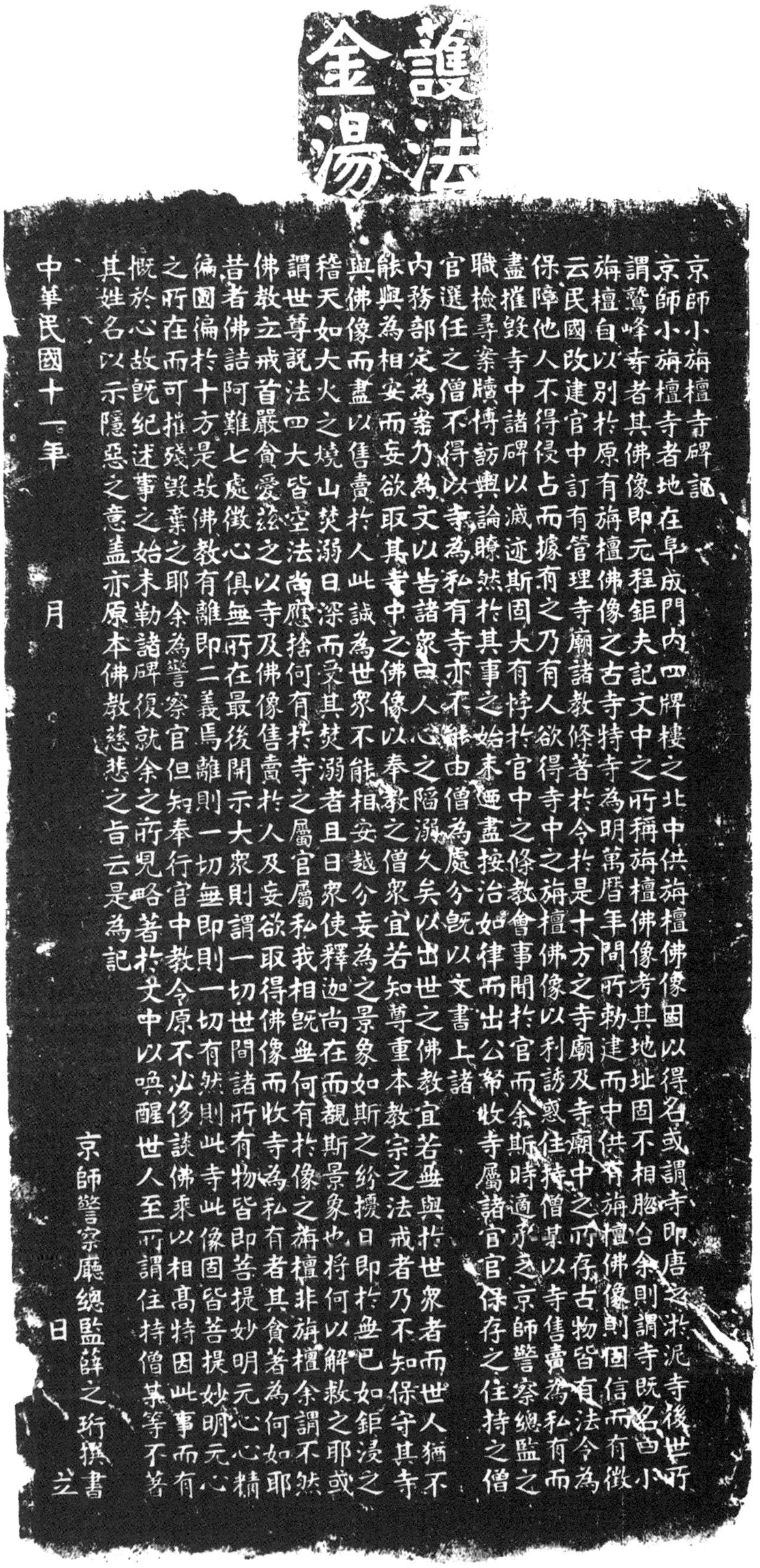

護法金湯

京師小旃檀寺碑記

京師小旃檀寺者地在阜成門內四牌樓之北中供旃檀佛像因以得名或謂寺即唐之洪泥寺後世所謂鷲峰寺者其佛像即元程鉅夫記文中之所稱旃檀佛像考其地址固不相脗合余則謂寺既名曰小旃檀自以別於原有旃檀佛像之古寺特寺為明萬曆年間所勅建而中供旃檀佛像則固信而有徵云民國改建官中訂有管理寺廟諸教條著於令於是十方之寺廟及寺廟中之所存古物皆有法令為保障他人不得侵占而據有之乃有人欲得寺中之旃檀佛像以利誘惑住持僧某以寺售賣為私有而盡摧毀寺中諸碑以滅迹斯固大有悖於官中之條教會事聞於官而余斯時適承乏京師警察總監之職檢尋案牘博訪輿論瞭然於其事之始末洎盡按治如律而出公帑收寺屬諸官官保存之住持之僧官選任之僧不得以寺為私有寺亦不能由僧為處分既以文書上諸內務部定為案乃為文以告諸眾曰人心之陷溺久矣以出世之佛教宜若無與於世眾者而世人猶不能與為相安而妄欲取其寺中之佛像以奉教之僧眾宜若知尊重本教宗之法戒者乃不知保守其寺與佛像而盡以售賣於人此誠為世眾不能相安越分妄為之景象如斯之紛擾日即於無已如鉅浸之稽天如大火之燒山焚溺日深而受其焚溺者且日眾使釋迦尚在而覩斯景象也將何以解救之耶或謂世尊說法四大皆空法尚應捨何有於寺之屬官屬私我相既無何有於像之旃檀非旃檀余謂不然佛教立戒首嚴貪愛茲之以寺及佛像售賣於人及妄欲取得佛像而收寺為私有者其貪著為何如耶昔者佛詰阿難七處徵心俱無所在最後開示大眾則謂一切世間諸所有物皆即菩提妙明元心精徧圓徧於十方是故佛教有離即二義焉離則一切無即則一切有然則此寺此像固皆菩提妙明元心之所在而可摧殘毀棄之耶余為警察官但知奉行官中教令原不必侈談佛乘以相高特因此事而有概於心故既紀述事之始末勒諸碑復就余之所見略著於文中以喚醒世人至所謂住持僧某等不著其姓名以示隱惡之意蓋亦原本佛教慈悲之旨云是為記

京師警察廳總監薛之珩撰書

中華民國十一年　月　日立

京62《小旃檀寺碑》陽

護法金湯

京師小旃檀寺碑記

京師小旃檀寺者地在阜成門内四牌樓之北中供旃檀佛像因以得名或謂寺即唐之淤泥寺後世所謂鷲峰寺者其佛像即元程鉅夫記文中之所稱旃檀佛像考其地址固不相吻合余則謂寺既名曰小旃檀自以別於原有旃檀佛像之古寺特寺爲明萬曆年間所敕建而中供有旃檀佛像則固信而有徵云民國改建官中訂有管理寺廟諸教條著於令於是十方之寺廟及寺廟中之所存古物皆有法令爲保障他人不得侵占而據有之乃有人欲得寺中之旃檀佛像以利誘惑住持僧某以寺售賣爲私有而盡摧毁寺中諸碑以滅迹斯固大有悖於官中之條教會事聞於官而余斯時適承乏京師警察總監之職檢尋案牘博訪輿論瞭然於其事之始末迺盡按治如律而出公帑收寺屬諸官保存之住持之僧官選任之僧不得以寺爲私有寺亦不能由僧爲處分既以文書上諸

内務部定爲案乃爲文以告諸衆曰人心之陷溺久矣以出世之佛教宜若無與於世衆者而世人猶不能與爲相安而妄欲取其寺中之佛像以奉教之僧衆宜若知尊重本教宗之法戒者乃不知保守其寺與佛像而盡以售賣於人此誠爲世衆不能相安越分妄爲之景象如斯之紛擾日即於無已如鉅浸之稽天如大火之燒山焚溺日深而受其焚溺者且日衆使釋迦尚在而睹斯景象也將何以解救之耶或謂世尊説法四大皆空法尚應捨何有於寺之屬官屬私我相既無何有於像之旃檀非旃檀余謂不然佛教立戒首嚴貪愛兹之以寺及佛像售賣於人及妄欲取得佛像而收寺爲私有者其貪著爲何如耶昔者佛詰阿難七處徵心俱無所在最後開示大衆則謂一切世間諸所有物皆即菩提妙明元心心精遍圓遍於十方是故佛教有離即二義焉離則一切無即則一切有然則此寺此像固皆菩提妙明元心之所在而可摧殘毁弃之耶余爲警察官但知奉行官中教令原不必侈談佛乘以相高特因此事而有概於心故既紀述事之始末勒諸碑復就余之所見略著於文中以唤醒世人至所謂住持僧某等不著其姓名以示隱惡之意蓋亦原本佛教慈悲之旨云是爲記

京師警察廳總監薛之珩撰書

中華民國十一年　月　日立

小旃檀寺碑

額題:護法金湯
首題:京師小旃檀寺碑記
年代:民國十一年(1922)
原址:西城區西四北大街
拓片尺寸:碑陽高152厘米,寬85厘米;額高、寬均21厘米
書體:正書
撰人:薛之珩
書人:薛之珩
《目録》:頁383
拓片編號:京62
拓片録自:《北京圖書館藏中國歷代石刻拓本匯編》卷93頁148

【碑陽】
額題:護法金湯
碑文:

京師小旃檀寺碑記 1

京師小旃檀寺者,地在阜成門内四牌樓之北。中供旃檀佛像,因以得名。或謂寺即唐之淤泥寺,後世所 2 謂“鷲峰寺”者,其佛像即元程鉅夫記文中之所稱旃檀佛像。考其地址,固不相吻合。余則謂寺既名曰“小 3 旃檀”,自以别於原有旃檀佛像之古寺。特寺爲明萬曆年間所敕建,而中供有旃檀佛像,則固信而有徵 4 云。民國改建,官中訂有管理寺廟諸教條,著於令。於是十方之寺廟及寺廟中之所存古物,皆有法令爲 5 保障,他人不得侵占而據有之。乃有人欲得寺中之旃檀佛像,以利誘惑。住持僧某以寺售賣爲私有,而 6 盡摧毁寺中諸碑以滅迹,斯固大有悖於官中之條教。會事聞於官,而余斯時適承乏京師警察總監之 7 職。檢尋案牘,博訪輿論,瞭然於其事之始末。迺盡按治如律,而出公帑收寺屬諸官,官保存之,住持之僧, 8 官選任之,僧不得以寺爲私有,寺亦不能由僧爲處分。既以文書上諸 9 内務部,定爲案,乃爲文以告諸衆曰:人心之陷溺久矣。以出世之佛教,宜若無與於世衆者,而世人猶不 10 能與爲相安,而妄欲取其寺中之佛像。以奉教之僧衆,宜若知尊重本教宗之法戒者,乃不知保守其寺 11 與佛像,而盡以售賣於人。此誠爲世衆不能相安、越分妄爲之景象。如斯之紛擾,日即於無已。如鉅浸之 12 稽天,如大火之燒山,焚溺日深而受其焚溺者且日衆。使釋迦尚在而睹斯景象也,將何以解救之耶?或 13 謂世尊説法,四大皆空。法尚應捨,何有於寺之屬官屬私?我相既無,何有於像之旃檀非旃檀?余謂不然。14 佛教立戒,首嚴貪愛。兹之以寺及佛像售賣於人,及妄欲取得佛像而收寺爲私有者,其貪著爲何如耶? 15 昔者佛詰阿難,七處徵心俱無所在,最後開示大衆,則謂一切世間諸所有物,皆即菩提妙明元心,心精 16 遍圓,遍於十方。是故佛教有離即二義焉。離則一切無,

即則一切有。然則此寺此像固皆菩提妙明元心[17]之所在,而可摧殘毀弃之耶? 余爲警察官,但知奉行官中教令,原不必侈談佛乘以相高。特因此事而有[18]慨於心,故既紀述事之始末勒諸碑。復就余之所見略著於文中,以唤醒世人。至所謂住持僧某等,不著[19]其姓名,以示隱惡之意,蓋亦原本佛教慈悲之旨云。是爲記。[20]

京師警察廳總監薛之珩撰書。[21]中華民國十一年　月　日立。[22]

三官廟

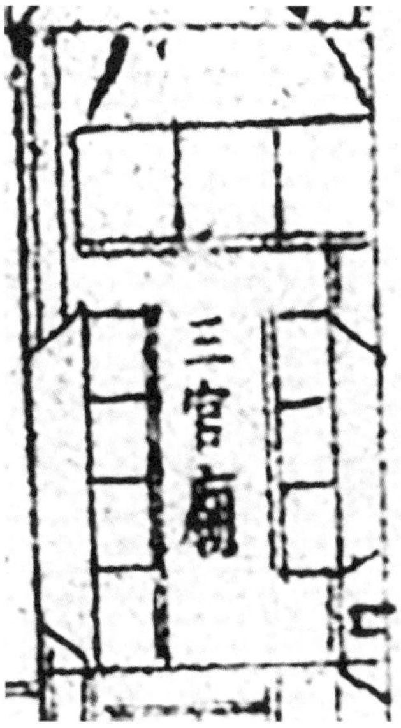

三官廟，又名吕祖觀[1]，1913年改爲鍾氏家廟[2]。原址在内四區大拐棒胡同二十三號（今西城區大拐棒胡同三十七號）。寺廟建築部分現存。北京大學圖書館藏拓片中有一張《内經圖》，注明碑石原在西城區西四大拐棒胡同吕祖觀（即此廟）内，刻立於清光緒十二年（1886）六月上澣，額體"内經圖"三字，鍾宗元撰，侯廷貴刻圖。其餘館藏均未見此拓片，本書亦遺憾未能收録。

三官廟始建年代無考。據清乾隆《京城全圖》，寺廟在拐棒胡同街西，坐北朝南，一進院落。無山門，僅在東南隅開一門，東向。院内北殿三間，東配殿三間，西配殿四間。清同治元年（1862），三官廟已改稱吕祖觀[3]。光緒七年（1881），鑄九尺大鐵鼎一座，銘文曰"跨鶴吕祖觀西馬市大清光緒七年三月廿八日立"。光緒九年（1883），信士錫瑞爲大殿題額"大覺師"[4]。

民國二年（1913），鍾潔臣從徐至海手中買下吕祖觀，略微修葺，改作鍾氏家廟。鍾潔臣自稱"性好修持，故服道裝"，之前在公安局就以道士身份登記。他和家眷一起住在寺廟後院，其餘部分房屋則對外出租，每月可得租金

〔1〕參見《北京街衢坊巷之概略》的内四區平面圖，該圖中的吕祖觀和清乾隆《京城全圖》中的三官廟位於同一位置，以此判斷清代的三官廟即爲民國時的吕祖觀。

〔2〕參見北京市檔案館藏《北平市社會局·内四區鍾氏家祠道士鍾潔臣呈請登記廟産及社會局的批示》，1931—1933年，檔案號J002-008-00319，頁五。

〔3〕同上。

〔4〕參見國立北平研究院《吕祖觀》，193；《北平研究院北平廟宇調查資料匯編（内四區卷·下）》，頁八百九十八至九百零三。

二十幾洋元。平日，鍾潔臣替人施種牛痘，兼施藥材[1]。

據國立北平研究院20世紀30年代的調查，吕祖觀的規模比較乾隆時期有所擴大。除了原來的主院之外，還增添了西跨院。寺廟山門依然東向，木額“鍾氏家廟”。門前四棵大槐樹。山門北靠墻有一小抱厦，内有土地泥像一尊，鐵磬一口，鐵香爐一個。山門以内爲主院，院内置放有上述清光緒七年鑄大鐵鼎。院北大殿三間，木額“大覺師光緒癸未清和月吉日錫瑞敬立”。殿内供吕祖像一尊，駕鶴。左右侍者站像各一尊。像前陳設精美有序，有錫高足盤五個，鐵、漆五供各一份，鐵磬一口；清咸豐元年（1851）製鐵香爐一個。大殿廊下有大鐵鐘一口，高五尺；鼓一面。主院南有配殿三間，内供彩塑泥質娘娘像五尊，分别爲天花、天仙、送子、痘疹、眼光娘娘。左右童像各一尊。神像後爲娃娃山。像前有漆、鐵五供各一份，鐵磬一個。主院内另有西房三間，南北各有一段長廊。主院以西有一跨院，西房五間，爲鍾潔臣之祖先堂。南房、北房各五間。跨院以北又有一院落，内有北房三間，西房四間，爲邢記白油房租住。此外，北平社會局20世紀30年代的寺廟調查顯示吕祖觀還有一個瓷香爐，四個漆香爐以及香筒、蠟扦、五供、木魚等器物[2]。

2018年調查時據老住户介紹，20世紀50年代末期外來住家開始搬入寺内居住，大殿的神像被砸碎埋入地下。調查時廟爲居民大雜院，但北邊的大殿和南邊的配殿均在，西邊的祖先堂亦存，不確定是否經過翻蓋。

三官廟院内（2003年3月 曉松攝）

〔1〕參見北京市檔案館藏《北平市社會局·内四區鍾氏家祠道士鍾潔臣呈請登記廟産及社會局的批示》，頁十二。

〔2〕參見北京市檔案館藏《北平市社會局·内四區鍾氏家祠道士鍾潔臣呈請登記廟産及社會局的批示》，頁二十四；北京市檔案館藏《北平市社會局·内四區鍾氏家祠管理人鍾潔臣呈送寺廟登記表及社會局的批示》，1936年，檔案號J002-008-00808，頁十一至二十二；《北京寺廟歷史資料》，頁一百九十二。

廣濟寺

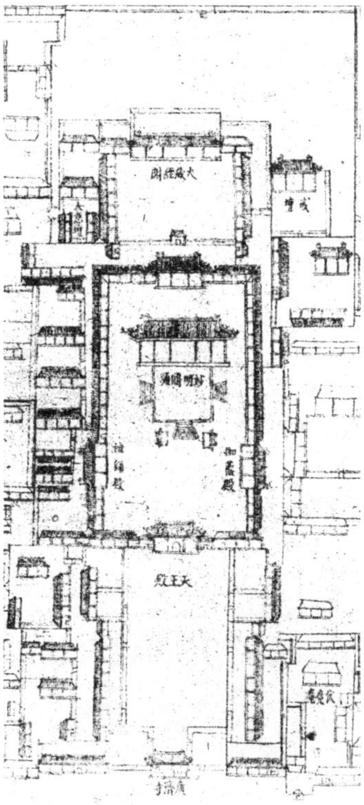

廣濟寺，全名爲弘慈廣濟寺，原址在内四區羊市大街十一號（今西城區阜成門内大街二十五號）。寺廟建築現存。寺内原有碑六通，分别爲：明成化二十年（1484）《廣濟寺碑》，明成化二十三年（1487）《廣濟寺碑》，明萬曆十二年（1584）《廣濟寺碑》，清康熙九年（1670）《重金佛像碑》，清康熙三十八年（1699）《廣濟寺碑》，清乾隆十二年（1747）《廣濟寺詩刻》。另有佛名經幢一座，無年月。今廟内正殿前尚有五碑，前排由東至西依次爲：明成化二十年《廣濟寺碑》（與明萬曆十二年《廣濟寺碑》同刻一石）、清康熙三十八年《廣濟寺碑》、明成化二十三年《廣濟寺碑》。右側後排爲清乾隆十二年《廣濟寺詩刻》。由於僧人居住區不對外開放，未知《重金佛像碑》和佛名經幢是否在内。

據明成化二十年《廣濟寺碑》，廣濟寺爲古刹西劉村寺舊基〔1〕。又據清康熙四十三年的《敕建弘慈廣濟律院新志》，西劉村寺係金代村人劉望雲所建。金末元初北方高僧萬松行秀曾挂褡於該寺。元定宗元年（1246），萬松行秀逝世，修塔於西劉村寺前〔2〕。元末寺毁於兵火。明景泰年間，有人在其址掘得佛像、石龜、石柱頂、供器等物〔3〕。天順元年（1457），僧人普慧與徒弟圓洪共同發願復

〔1〕保存於北京圖書館的拓片僅有極少量文字可以辨認，此處根據《敕建弘慈廣濟律院新志》抄録，參見（清）天孚和尚（釋湛佑）叢輯《敕建弘慈廣濟律院新志》卷上，清康熙四十三年（1704）大悲壇刻本，頁八至十。

〔2〕萬松老人塔在七排九段。

〔3〕參見《敕建弘慈廣濟律院新志》卷下，頁四至五；卷中，頁一至二。

興古刹。成化二年(1466),尚衣監太監廖屏欲覓一福地建寺奉佛,結識普慧師徒,遂決定和他們一起共築寺廟。廖屏向憲宗奏報建寺之由,并請憲宗賜寺額,得"弘慈廣濟"。是年秋,建山門、鐘鼓二樓和天王殿,塑四大天王像。憲宗又賞廖屏白金,助其建廟。尚衣監太監盧儀,兵仗局王瓊、王郊亦紛紛解囊襄助。成化六年(1470),普慧圓寂,葬京郊玉泉山二聖庵側塔院。憲宗遣禮部郎中諭祭於萬壽戒壇。此後,廣濟寺陸續建伽藍殿,塑給孤長者清源妙道、崇寧寶德二真君像;建祖師殿,塑達摩、百丈、臨濟禪師像;建正殿大佛寶殿,塑釋迦、藥師、彌陀像,左右列十八羅漢尊者;正殿後建大士殿,塑觀音、文殊、普賢像。成化二十年寺成,美奂美侖。經廖屏奏請,憲宗授住持圓洪僧録司右玄義,又進升右闡教。二十三年,圓洪弟子,廣濟寺第三代住持明仁爲表建寺功德,特與法兄明宗、僧録司右覺義并華嚴寺住持明聰一道,邀請僧録司左覺義釋思胤撰寫《敕賜弘慈廣濟寺助緣碑序偈》[1]。

明萬曆十二年,廣濟寺建成已有百年,殿宇佛像呈顯頹舊。都督府張守忠、張元善及同仁紛紛捐資,於是年夏整修廟宇[2]。萬曆三十五年(1607)鑄大寶鼎一座供奉寺内,四十一年(1613)又鑄大銅鐘一口[3]。

清順治元年(1644)八旗入關,旗兵多以明人宅第及寺院叢林爲駐扎之地。廣濟寺的恒明律師當時避居於玉泉山二聖庵。明太監馬化龍有意保全廣濟寺,將其在柳林村的十二頃田地贈送廣濟寺,以爲晋見禮,迎恒明律師返寺主持寺務。恒明回到廣濟寺以後,大力舉倡律宗,先後邀請滿月法師、玉光律師、萬中律師等律門高僧升座説戒,使廣濟寺成爲京城學律傳戒的主要道場。

順治四年(1647),廣濟寺造白檀木金身接引佛。十三年(1656)冬,清世祖聽聞玉光律師説戒條理井井,門徒數千,特意臨幸廣濟寺,結緣玉光。同年,恒明律師將寺院交給徒弟德光管理,離京南下,游吴越等地,抵至金陵刊印大藏經。三年後,五千零四十八卷大藏經圓滿印成,恒明携經卷返寺。康熙二年(1663),恒明建大藏經閣收藏經卷,太史沈荃題額。六年,恒明逝,葬玉泉山[4]。

康熙九年,工部尚書巡撫王公太夫人劉氏捐資爲廣濟寺佛像妝金[5]。十六年(1677),從鎮江鶴林寺歸來的天孚和尚湛佑憂戚滇南戰事連綿,生靈塗炭,發願修建大悲壇。居士蔡永茂、鄧光乾捐資共襄善舉。十八年(1679)京師地震,廣濟寺内舊建俱毁。監院復初律師得鎮國將軍法名如謦襄助,"鳩工庀材,修葺如故"。康熙帝臨幸震後重建的廣濟寺,"深嘉法地精嚴,有霽色"。二十年(1681)冬,大悲壇建成,啓建祝國裕民道場四十九晝夜。又有和碩康親王凱還,爲戰亡將士修大悲懺期二十一日。時有信士王國弼、王國臣兩兄弟得一珍稀白檀木,聘請江南良匠劉拱北精工細作,歷時三載,成旃檀佛像一尊,送入大悲壇供奉。康熙帝駕幸壇中,仰見旃檀佛像,欣欣然宛如他鄉遇故人。

天孚和尚念廣濟寺"寺以律名,律以戒入,歲爲衆生説戒,而戒壇未立",遂詳考大藏經中戒壇規制,在寺東隅建三層白玉石戒壇,上供阿育王舍利塔。康熙御筆"持梵律"匾額,懸挂壇前。三十三年(1694),康熙再度游廣濟寺,并於次年賜御書《金剛經》八部。是年孟夏,寺内一株未名

〔1〕參見明成化二十年《廣濟寺碑》,京419,北圖善本部藏原拓片;成化二十三年《廣濟寺碑》,京416,《北京圖書館藏中國歷代石刻拓本匯編》卷五十二,頁一百九十三;《敕建弘慈廣濟律院新志》,頁六十九至八十三、九十七至九十八。

〔2〕參見明萬曆十二年《廣濟寺碑》,京420。該拓片未收入《北京圖書館藏中國歷代石刻拓本匯編》,此處根據《敕建弘慈廣濟律院新志》所録碑文。

〔3〕參見國立北平研究院《廣濟寺》,西四192;《北平研究院北平廟宇調查資料匯編(内四區卷·下)》,頁九百七十二至一千零十七。

〔4〕參見《敕建弘慈廣濟律院新志》卷中,頁六至九、十三至十六。

〔5〕參見清康熙九年《重金佛像碑》,京422,《北京圖書館藏中國歷代石刻拓本匯編》卷六十二,頁一百六十六。

樹開花，康熙臨寺賞花，興致盎然，與天孚和尚攀談，賞賜帑金，并題寺額。中元盂蘭會期間，康熙又提筆書《藥師經》十卷，臨趙孟頫《十八羅漢贊》十首，臨米芾《觀音贊》一首，賜廣濟寺[1]。三十八年，康熙撰《廣濟寺碑》，對廣濟寺和住持天孚和尚大加溢美之詞。四十三年，清聖祖再度御書"妙明圓通"匾額，供奉大殿之上[2]。康熙帝和廣濟寺的深厚因緣，對廣濟寺的關愛嘉贊之情，成爲歷史佳話。

彼時的廣濟寺占地二十五畝，山門三間，内供金剛像，左右角門康熙三十三年重修。山門内有鐘鼓樓，鼓樓南有井一口。往北爲天王殿，内供彌勒佛，左右四大天王像，後有韋陀像。天王殿以北爲大雄寶殿，供三世佛，兩旁列十六應真，墻上繪諸天壁畫。佛像前供明成化年造香爐三座，明萬曆年寶鼎和銅鐘各一個。大殿前有古槐兩株，"時有神鳥栖集"。東有伽藍殿三間，供奉伏魔大帝、給孤長者和清源妙道真君。另有祖師殿三間，供達摩初祖、百丈大師和臨濟大師；普門殿三間，供普門、普賢、文殊；三大士殿，供順治四年造檀木金身接引佛。三大士殿前有古槐兩株，盛夏"觀其葉之燥潤以占晴雨"。普門殿後爲第一關，由此入藏經閣。藏經閣五間，閣上貯存大藏尊經六百七十七函，中供清世祖賜滲金釋迦文佛像一尊，左右文殊普賢像，西域僧施供佛牙一枚。閣下中奉多寶佛銅像，供三十二應觀音像。藏經閣東西分别有東西方丈各五間，東方丈額曰"最上乘"；西方丈額曰"高着眼"。第一關外東隅爲戒壇三間，南向，壇前垂花門，游廊六楹，東西配房六間。戒壇後爲毗盧殿三間，供滲金毗盧佛像一尊，四周貯書本藏經全部三百三十三函。第一關外西隅爲大悲壇五間，南向。内供旃檀佛像一尊，大悲菩薩像兩尊，釋迦文佛像兩尊，觀像彌陀一尊。外壇有韋陀及武安王像各一尊。大悲壇左右有東西觀堂各三間。壇後爲地藏閣五間，康熙三十七年（1698）建。閣上供十殿冥王，下供伏魔大帝。地藏閣左右有静室各三間。除上述主要建構以外，寺内還有雲水堂、香積厨、齋堂、澡影寮、客寮、鐘板堂、茶堂、煤炭庫、米庫、菜房、磨房、馬房等僧侣日常生活區域[3]。廣濟寺在京郊玉泉山還擁有一座塔院和一所下院。塔院内林木茂盛，有羅漢松二百餘株，大小僧塔六座，正中爲廣濟寺歷代方丈塔[4]。下院爲二聖庵，有鐘鼓樓、二聖殿、大殿、東西禪堂、觀音殿等建築。另有玉泉山飯僧地兩頃二十畝、昌平西南飯僧地十二頃、天寧寺東墻下菜園二十四畝[5]。

清《雍正廟册》載廣濟寺有殿宇十七間，禪房兩百四十間，住持法璧。

乾隆十二年，高宗游幸廣濟寺，爲寺内曾得到康熙贊譽的鐵樹賦詩一首[6]。至乾隆中期，雖然廣濟寺與康熙時相比已是"今無復舊規矣"[7]，然而其規模依然宏大，康熙時期的格局也基本保留。清《乾隆廟册》載住持爲明禄。據清乾隆《京城全圖》，廣濟寺坐南朝北，分左中右三路。中路爲主院，有殿宇三層。山門三間，歇山頂琉璃瓦。山門兩側有房各六間，臨街南向，中間有門通寺内。山門内爲前院，極寬敞。北有天王殿三間，歇山頂琉璃瓦，殿左右各有過道房一間，通中院。前院西墻上有門三道，往西分别通南北兩個小跨院。南跨院有西排房八間，又有西房一間；北跨院有西房四間，院中有東西墻一道。前院東墻亦有門三道，往東分别通南北兩個小跨院，其格局與西邊同。中院有大殿五間，殿額康熙御筆"妙明圓通"。殿前有月臺，東西南三面有臺階。月臺前兩側各有一碑亭。

〔1〕參見《敕建弘慈廣濟律院新志》卷中，頁三十至四十二。

〔2〕參見清康熙三十八年《廣濟寺碑》，京417，《北京圖書館藏中國歷代石刻拓本匯編》卷六十五，頁一百三十八。

〔3〕參見《敕建弘慈廣濟律院新志》卷上，頁一至八。

〔4〕同上，卷下，頁八至九。

〔5〕同上，卷下，頁十至十三。

〔6〕參見清乾隆十二年《廣濟寺詩刻》，京418，《北京圖書館藏中國歷代石刻拓本匯編》卷七十，頁十四；《日下舊聞考》卷五十一，頁八百二十二至八百二十四。

〔7〕《日下舊聞考》卷五十一，頁八百二十二。

中院内還有東西配殿各三間,東爲伽藍殿,西爲祖師殿。東西配殿南各有順山房三間,配殿北各有順山房十二間。大殿後有北殿三間,當爲普門殿,殿兩側有群房各五間。普門殿北有一過道,過道最西頭有西房兩間,南房六間。過道北爲後院南墻,前有東西房各一間,墻正中有門,爲"第一關"。門内即後院,院北有大藏經閣五間,兩側有耳房各兩間,前有東西排房各七間。後院西有一跨院,院内中間有大悲壇三間,前有東西配房各三間,後有北房三間。後院東有一過道,過道南端有門,過道東有一跨院,院内有戒壇三間。院南墻有門往南通另一個跨院。院内中間偏東北有殿宇三間;另有南房五間,北向;西房五間,西向,最南頭開門。寺廟西路分前中後三個部分。前部分有三進院落,第一進東南角有房兩間,東向開門,通主院西的過道;另有西房三間,北房三間 ,井一口。第二進院落東墻開門,通主院西側過道。院内有北房三間,帶耳房兩間。第三進院落有東房五間,朝東,最南頭一間開門;另有北房三間,西房兩間。西路中間部分有五進院落,與主院中院齊平。第一進院落有南房四間,南向,最東頭一間開門;院中間有房三間,院北有房四間,均南向。第二進院落東墻開門,通主院中院西的過道。院内有南北房各四間。第三進院落東墻開門,院内有北房四間。第四進院落東墻亦有門,院内北房五間。第五進院落東北角有北房三間,東墻亦開門。

進入民國以後,廣濟寺依然處於京城佛教活動的中心位置,多次舉辦各種功德道場,影響廣泛;并十餘次開壇傳戒,秉承其北方著名律宗道場的傳統。1916 年冬,退居廣濟寺的禪宗高僧清一禪師悲憫連年兵灾死者無數,以七十四高齡在寺内建七日水陸道場。道場既畢,清一禪師端坐而化[1]。是年,法源寺住持、湖南籍僧人道階的弟子現明被公推爲廣濟寺住持,由此開啓湖南籍僧人掌管廣濟寺的時期。現明任住持以後,一面對寺廟進行重修[2];一面又陸續在昌平新店村、順義南狼村等地購入民地,租給農户承種;并將羊市大街抵押在外的十九間房屋收回,租與永義興糧雜店和信義誠古玩店[3]。1917 年,現明爲歐戰陣亡將士啓建水陸道場。次年,又爲兵灾、水灾等一切亡魂建水陸道場。財政總長曹汝霖、交通總長葉恭綽等政界人士均紛紛到場。1922 年,現明爲籌備開辦佛學院,在寺西院動工建造房舍數十間。1924 年工竣,弘慈佛學院在廣濟寺内正式創辦,聘請各地高僧學者授課,培養僧伽人才。1928 年夏,現明法徒顯宗繼任住持[4]。

此時的廣濟寺面積二十餘畝,有房屋一百八十八間,灰房三十一間,其主要殿宇布局及佛像陳列與前述清康熙四十三年《敕建弘慈廣濟律院新志》中所描述十分相似。寺前有鐵石栅欄和石獅一對。山門正門石額康熙御筆"敕建弘慈廣濟寺";左門石額"毗盧性海",右門石額"華藏玄門",均係曹汝霖 1921 年題。山門内爲鐘鼓二樓,偏西有古槐一株,緑蔭覆地。東門有門,爲信義誠古玩店。西面有西房三間。北爲天王殿三間,内玻璃龕内供泥塑金身彌勒佛一尊,四大金剛像,後韋陀像。天王殿往北爲中院,有大雄寶殿五間。大殿内供金身三世佛三尊,銅質金身菩薩像五尊,木製金身菩薩像兩尊,金碧輝煌。像前有大銅五供一份,特大銅磬一個,均爲民國十年(1921)製。另有明萬曆四十一年(1613)大銅鐘一口,乾隆御筆題字大鼓一面。大殿兩邊十六尊者泥塑金身像,殿後爲觀音、文殊、普賢泥塑金身像。大殿前有民國十年鑄大鐵鼎一口,月臺東西分立明成化二十年《廣濟寺碑》、明成化二十三年《廣濟寺碑》、清康熙九年《重金佛像碑》、清康熙三十八年《廣濟寺碑》、清乾隆十二年《廣濟寺詩刻》及一無字碑。東配殿三間,木額"伽藍殿",内供關帝、給孤長者和清源妙道真君。東配殿南北各有房三間。西配殿三間,爲祖師殿,供達摩初祖、百丈大師和臨濟大師,

---

〔1〕參見慧極《清一禪師碑銘》,釋古念選定《宗鏡捷要》,1921 年。

〔2〕參見《弘慈佛學院第七班同學録·現明老和尚紀念刊》,1942 年,廣濟寺印。

〔3〕參見北京市檔案館藏《北平市社會局·内四區弘慈廣濟寺僧人顯宗登記廟産添蓋齋堂、更换住持的呈文及社會局的批示》,1930—1948 年,檔案號 J002-008-00089,頁十五至十九。

〔4〕參見《弘慈佛學院第七班同學録·現明老和尚紀念刊》;《弘慈佛學院第一班畢業同學録》,1926 年;《北京市志稿·宗教志》卷一,頁三十九。

時爲工讀學校。祖師殿南北各有西房五間。中院内另有南房兩座,各三間;古槐一株,槐樹、楸樹各三株。後院内北有大藏經閣五間,内供釋迦牟尼木像一尊,前有小玉佛一尊,千手佛一尊,1923年製銅塔四座。閣上有《大藏經》十二箱,供木質金身如來佛像七尊,前有大小木佛像十二尊,後有小木佛像三十尊,釋迦牟尼銅像一尊,三大士木質金身小像,小銅佛像多尊。藏經閣前有茶葉色方缸一口,"貯水畜文魚,苔絲絲若石髮,绿净可唾"[1]。後院内還有東樓兩間,木額"最上乘",1926年住持現明立;西樓亦兩間,木額"高着眼",亦爲現明1926年立,内供三大士像;另有北樓兩座各一間,東西配房各五間。大藏經閣院外西側爲大悲壇五間,康熙御筆木額"妙明圓通",内供金身旃檀佛像一尊,左右分立金身佛像兩尊。大悲壇院内還有西配殿五間,木額"般若堂",内供銅質金身毗盧佛一尊。西配殿南有西房兩間,其後有禪房七間。大悲壇院外西側爲戒壇,北有門,木額"持梵律",爲現明重修。内有北殿五間,木額"戒日重光",1922年夏同龢爲現明大和尚傳戒志慶立,内供三大士木像,童像兩個。院内另有東西厢房各三間。院内原有乾隆爲之賦詩的鐵樹,但已經枯死。"寺僧琢爲琴二十餘張,貯閣上"[2]。大藏經閣院外東側有毗盧殿,殿前有明萬曆三十五年鑄大寶鼎一座,殿兩側有東西耳房各兩間。毗盧殿前有東配殿五間,木額"五觀堂",係1925年住持現明募建,内供木製金身大小佛像各一尊。東跨院前大門内有北房五間,木額"延壽堂",内有八角木壇一座,供四方佛;北殿三間,木額"藥師殿",内供木質金身藥師佛像一尊;千手小木佛像一尊;七級燈塔一座,内有木質金身小佛像四十九尊。另有一東小院,内有北殿五間,木額"净業堂",住持現明1919年募建,供木製金身接引佛一尊。院内還有東西小房各三間。西跨院爲弘慈佛學院,内有四合房各五間。此外廣濟寺還有羊市大街六號房十九間、平則門外白堆子塔院五畝、西便門外天寧寺東塔院二十畝、順義南狼村耕地九頃零八畝、玉泉山新店村地十畝。寺内有本廟僧人九十九人,寄居僧人近二十人,佛學院師生五十人[3]。

1932年1月7日上午十一時餘,廣濟寺正舉辦華嚴息災道場。大雄寶殿内電燈綫被風吹落於爐火之上,引燃大火,延燒大殿、大悲壇、般若院、五觀堂、大藏經閣、延壽堂、藥師殿等建築。大火於下午兩點被撲滅,寺院山門、鐘鼓樓、天王殿,以及伽藍殿、念佛堂、戒堂、祖堂等處得以保全。除建築之外,寺内供奉的神佛像以及收藏的經卷、法物法器等均損失嚴重。其中六十五尊木神佛像僅存九尊,四十四尊銅神佛像僅存一尊,十二尊泥神佛像僅存兩尊,明藏經全毁,銅鐘一口亦毁,所有房産契約亦燒毁殆盡[4]。

時隔近三年之後,遭受烈火重創的廣濟寺開啓了灾後重建工程。工程由現明法師發起各方檀越募建,先依照舊有樣式重建大殿五間,工竣之後,如果"機緣成就,經費有裕",再次第修復藏經閣等處[5]。一年之後,廣濟寺大殿重修告竣,啓建開光吉祥道場,於臘月八日舉行開光典禮[6]。廟貌舊顔逐漸得以恢復。此後的數年中,廣濟寺又對位於羊市大街九號的附屬房産進行拆除重建,并在寺院東面西四北大街一百七十九號置地七分,添蓋瓦房 。1936年,法源寺贈送明版藏經一部,以補法寶之不足[7]。

---

[1]周肇祥《琉璃廠雜記》,北京:北京燕山出版社,1995年,頁七十三。

[2]同上。

[3]參見國立北平研究院《廣濟寺》,西四192;《北京寺廟歷史資料》,頁一百四十三。

[4]參見北京市檔案館藏《北平市社會局·内四區弘慈廣濟寺僧人顯宗登記廟産添蓋齋堂、更换住持的呈文及社會局的批示》,頁一百六十九至一百七十、二百五十一至二百五十六。

[5]參見同上,頁二百八十二至二百八十九。

[6]參見《北平弘慈廣濟寺開光啓事》,《北平佛教會月刊》第一卷第二期,1934年,頁一;《華北宗教年鑒》,頁十一至十二。

[7]參見北京市檔案館藏《北平市社會局·内四區弘慈廣濟寺僧人顯宗登記廟産添蓋齋堂、更换住持的呈文及社會局的批示》,頁一百十一至一百十七、一百三十九至一百五十三、二百六十至二百八十一、二百九十六至三百零二。

1941年10月28日，廣濟寺退居住持現明和尚圓寂。其剃度徒弟宗鏡稱持有現明遺囑，表示現明生前以剃度師徒關係傳其十方法卷，應當由其充任廣濟寺住持。廣濟寺住持顯宗及現明長老圓寂法事委員會特爲此登報聲明現老并無遺囑，且廣濟寺爲十方叢林，根據傳賢慣例，不准傳授剃度徒法卷；如傳與十方僧衲，其傳授儀式必須由法門認爲合格，在場證明方爲有效。顯宗又致函社會局，要求注銷僞造遺囑和法卷。1942年1月，北京佛教會呈請社會局，要求輕則取消宗鏡充任住持資格，重則革除宗鏡僧籍。社會局裁定取消宗鏡所任磚塔胡同關帝廟住持一職。河北高等法院受理了現明遺囑争端案，裁定宗鏡敗訴。宗鏡不服，向北平市政府公署申訴，控告顯宗與法源寺住持梵月多年來吞拿寺産 。北平市政府最終維持社會局對宗鏡的處分[1]。

1946年12月，廣濟寺住持顯宗因爲涉嫌漢奸被拘禁。顯宗致函北平市佛教會，要求在監禁期間，由其法徒慧能暫爲代理住持職務。慧能亦爲湖南籍僧人，在廣濟寺受戒，後入學法源寺佛學院，畢業後歷任法源、廣濟兩寺知客、副寺。北平市佛教會同意顯宗的申請，并轉呈社會局備案。1947年四月，居士劉致齋向民政局質疑廣濟寺住持代理事宜，認爲廣濟寺係京城名刹，住持當由僧俗兩界共同推舉。民政局回復表示僧俗兩界共選住持與慣例不符，未予批准。同年五月，僧人宗鏡亦致函民政局，稱顯宗非法私自委任住持，要求由本宗法門公選。民政局將宗鏡的要求轉發北平市佛教會處理，檔案中未見佛教會的回復。1948年12月，代理住持慧能呈文社會局，表示因其體弱多病，無力繼續擔任代理住持一職；顯宗雖然已經服刑期滿回寺，亦身弱不能繼任，且既受刑事處分，不適合擔任住持。同時，廣濟寺法門内僧人多數不在北平，不能按慣例産生新任住持。爲此，經顯宗和慧能商議，選定志達暫爲代理住持。志達仍然係湖南籍僧人，畢業於廣濟寺弘慈佛學院，曾任廣濟寺知客及副寺、廣惠寺和天津觀音庵知客、法源寺講師、書記及大知客等職。社會局接到呈文後，即要求北平市佛教會依例儘快推選住持[2]。根據北平市民政局20世紀50年代的寺廟登記資料顯示，志達爲當時的廣濟寺住持[3]。

20世紀50年代的廣濟寺一度被公安司令部占用，後又用作宗教界人士籌資設立的大雄麻袋廠的廠址。然而廣濟寺的宗教功能似乎并没有終止。1953年中國佛教協會成立，其會址就設在廣濟寺。“文革”期間，廣濟寺和衆多寺廟一樣遭到了毁壞，宗教活動也被完全禁停。1972年國家撥款開始對廣濟寺進行逐步修復。直到1980年，正果法師出任方丈，廣濟寺的宗教活動纔得以重啓。四年以後，寺廟被列入北京市文物保護單位。進入20世紀90年代，寺内殿堂的修繕工程逐步展開推進，廣濟寺的風貌漸漸得以恢復[4]。2006年，廣濟寺被列入全國重點文物保護單位。2018年調查時的廣濟寺香火興盛，爲北京的重要寺廟和游覽景點。

---

〔1〕參見北京市檔案館藏《北平市社會局·内四區廣濟寺監院覺瑞關於該寺退居現明生前確無遺囑請立案的呈文及社會局的批示》，1941—1943年，檔案號J002-008-01331。

〔2〕參見北京市檔案館藏《北平市社會局·内四區弘慈廣濟寺僧人顯宗登記廟産添蓋齋堂、更换住持的呈文及社會局的批示》，頁九十六至一百一十。

〔3〕參見北京市檔案館藏《北平市民政局·北平市寺廟總登記簿》，1950年，檔案號J003-001-00203，頁二十六。

〔4〕徐威《廣濟寺》，北京：華文出版社，2003年，頁四十六至六十五。

廣濟寺山門（2013 年 10 月 曉松攝）

廣濟寺天王殿（2013 年 10 月 曉松攝）

廣濟寺大雄殿前的石碑（2013 年 10 月 曉松攝）

敕賜弘慈廣濟寺碑

弘慈廣濟寺碑銘

光禄大夫柱國太子太傅吏部尚書兼華蓋殿大學士知制誥經筵日講官屏山萬安撰

大中大夫□資治少□太僕寺□□尚□司□□文華殿東吴朱奎書

賜進士出身翰林院侍講學士奉憲大夫經筵日講官兼修國史侍文華殿長沙李東陽篆額

都城内西大市街北有古刹廢址相傳西劉村寺莫究其興廢之由景泰間人有得陶佛像石龜石柱頂陶供器於土中始信□古刹也天順初佛者普慧山西潞州人有行□領戒壇宗師時□

衆信向興其徒圓洪葺相規興復之址□廢久没荒穢中爲潴澤廣若千步深若干尺乃募緣僨工□治而平之既召六工□□經□之初洪深歷成功之難適尚衣監太監廖公屏過之竊□

甚語洪曰屏荷

上殊遇官都監員職典内局及軍營每欲得一福地構寺奉

佛憑法力圖報

大德於萬一而未能得兹殆天畀我與爾師徒共結此善緣耶遂爲洪請牒具其興建之由以

聞乞寺額

詔曰弘慈廣濟時丙戌歲也公自是斆捐己資爲費凡

上所賜白金亦自是輒以付洪又語曰

寵賚不敢自私□用興復兹寺以遂圖報之心是秋九月首建山門門内左右建鐘鼓二樓内建天王殿中塑四大天王像丁亥夏後建伽藍殿中塑給孤長者清源妙道崇寧寶德二真君像右

建祖師殿中塑達摩百丈臨濟禪師像正建大佛寶殿中鏤釋迦藥師彌陀像左右列十八羅漢尊者正殿後建大士殿中鏤觀音文殊普賢像至是諸佛像皆飾以金凡廊廡門牖黝染丹雘焕

然一新其禪堂方丈僧舍與夫庖湢廩庾之所以及幡幢供器寺所宜有者無不畢盛爲何日與及徒興替靡常乃與時俱劉村荒名莫究其始道罹變故僅存廢址□□□□□□

國家億世

聖□萬年

宫□清□

□□□衍下及臣民庶□□□勿有（下泐）

□□□□□衆而達官貴人復後多信向之然□像嘗不與時爲（下泐）

□□□□民廣物□（下泐）

釋氏□□　自彼西土　□□而來　□於□□（下泐）

廢久復興　其道則德　像出於地　人駭厥迹　徒爲神之　究乃安宅　主持者誰

帝之侍臣　捐資鉅百　像宇聿新　翼翼新宇

帝錫其額　峨峨新像　金耀其飾　成兹善緣　曰□自始（下泐）

弘慈廣濟　甲於大都　守而弗替　實係其徒　維時之雍　維俗之熙

帝之□□

佛與同衣　永永無□

大明成化二十年歲次甲辰秋九月吉日立

廣濟寺碑

額題：敕賜弘慈廣濟寺碑
首題：弘慈廣濟寺碑銘
年代：明成化二十年（1484）九月
原址：西城區阜成門内大街廣濟寺
拓片尺寸：碑身陽高236厘米，寬95厘米；額陽高60厘米，寬30厘米
書體：正書并篆額
拓片編號：京419
拓片録自：北圖善本部藏原拓片。碑文拓片破損嚴重，極難識辯，僅有少量字迹可辨認，據《敕建弘慈廣濟律院新志》補。然《志》中缺録數行，今以拓片爲準改之

【碑陽】

碑額：敕賜弘慈廣濟寺碑

碑文：

弘慈廣濟寺碑銘

光禄大夫柱國太子太傅吏部尚書兼華蓋殿大學士知制誥經筵日講官屏山萬安撰

大中大夫□資治少□太僕寺□□尚□司□□文華殿東吴朱奎書

賜進士出身翰林院侍講學士奉憲大夫經筵日講官兼修國史侍文華殿長沙李東陽篆額

都城内西大市街北有古刹廢址，相傳西劉村寺，莫究其興廢之由。景泰間人有得陶佛像、石龜、石柱頂、陶供器於土中，始信□古刹也。天順初，佛者普慧，山西潞州人，有行□，領戒壇宗師。時□衆信向興，其徒圓洪輩相規興復之，址□廢久，没荒穢中，爲潴澤，廣若千步，深若干尺。乃募緣僨工，□治而平之。既召六工，□□□經□之初，洪深歷成功之難。適尚衣監太監廖公屏過之，竊□甚，語洪曰：屏荷上殊遇，官都監員職，典内局及軍營。每欲得一福地構寺奉佛，憑法力圖報大德於萬一而未能得。兹殆天畀我！與爾師徒共結此善緣耶。遂爲洪請牒，具其興建之由以聞，乞寺額。詔曰：弘慈廣濟。時丙戌歲也。公自是斆捐己資爲費，凡上所賜白金亦自是輒以付洪。又語曰：寵賚不敢自私，□用興復兹寺，以遂圖報之心。是秋九月，首建山門，門内左右建鐘鼓二樓，内建天王殿，中塑四大天王像。丁亥夏，後建伽藍殿，中塑給孤長者，清源妙道、崇寧寶德二真君像。右建祖師殿，中塑達摩、百丈、臨濟禪師像。正建大佛寶殿，中鏤釋迦、藥師、彌陀像，左右列十八羅漢尊者。正殿後建大士殿，中鏤觀音、文殊、普賢像。至是諸佛像皆飾以金，凡廊廡門牖點染丹雘，焕然一新。其禪堂、方丈、僧舍與夫庖湢、廩庾之所，以及幡幢、供器，寺所宜有者無不畢，盛爲何日與！及徒興替靡常，乃與時俱。劉村荒名，莫究其始。道罹變故，僅存廢址□□□□□□□□國家億世，聖□萬年，宫□清□。□□□衍下及臣民庶□□□勿有（下泐）□□□□□衆而達官貴人復後多信向之然□像嘗不與時爲（下泐）□□□□民廣物□（下泐）

釋氏□□，自彼西土。□□而來，□於□□（下泐）。廢久復興，其道則德。像出於地，人駭厥迹。徒爲神之，究乃安宅。主持者誰，帝之侍臣。捐資鉅百，像宇聿新。翼翼新宇，帝錫其額。峨峨新像，金耀其飾。成兹善緣，曰□自始（下泐）。弘慈廣濟，甲於大都。守而弗替，實係其徒。維時之雍，維俗之熙。帝之□□，佛與同衣。永永無□！

大明成化二十年歲次甲辰秋九月吉日立。

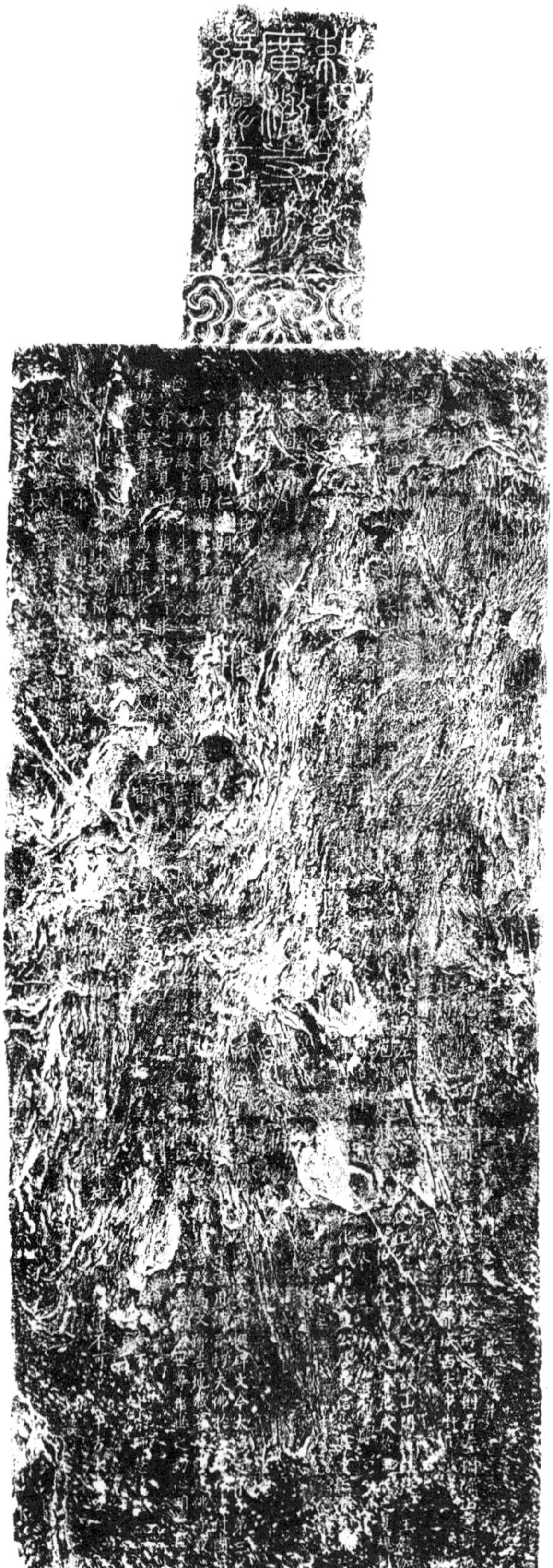

京416《廣濟寺碑》陽

敕賜弘慈廣濟寺助緣碑序偈

敕賜弘慈廣濟寺□□

（上泐）提督□□大興隆寺沙門金堂思胤撰并書丹

吾佛世興爲一教事因緣故出□□□□□□□□□□□□□□□知□□説法必□信聞時主虔衆六種成就所謂處則若耆闍掘山之類而東土自漢建寺後至今效之亦□特□□□□□□□□□□□□□建揭祇陀太子□之始□精舍夫豈易耶都城西大市街北

敕賜弘慈廣濟寺者乃今　尚衣監太監□□□□□□□□□□監太監曹公常疏爲□□之當□於

皇上遂荷□□賜□□助工□恩典又得前任尚衣監左少監盧公□□□兵仗局左副使王公璟右副使王公郊董成之以故山門鐘鼓樓天王殿伽藍殿祖師殿大佛寶殿大士殿暨諸雕□繪像□□□飾方丈廊廡幡幢供具庖湢廩庾亦靡□□經始於成化丙戌之春落成於甲辰之夏規制輪奐□□□□處□□□□矣前開山禪師諱□□□禧雲山西僧人□□□緣善説法講道□□□嘗奉

欽依□□□萬壽寺□□□□□□□□□僧録司右闡教兼本寺第□□□□諱圓洪□□□□□法化感諸太監公啓發信心尊重三寶久而彌篤□□上祝

聖壽延長

皇圖鞏固

宮闈吉□

儲□□□□及臣民以至幽顯衆生俱□□□□□□□□□□□□□□□□□□□□□□□□□□萬公安所撰碑文今太海之弟子第三代住持名明仁名明宗偕其法兄□□□□□□□□□□□□□□□□□□□□□□□□□□□□予言用識不朽夫佛於靈山以法付國主大臣良有由然建寺功德豈可□□□□達多精舍之建□遺□□佛指授規制經營之□□□□□宮殿焉又佛告地藏菩薩修建佛寺發心及助緣者百千生中常受人天福報若能回向法界則蓋成佛道焉□語昭然信不可誣僭□□□□□如右至□□世尊出世之初心明衆生本有之知見則有非文字所能詮次者於是重宣此義而説偈言

釋伽大聖尊　爲法出於世　普欲令□□　皆入□□□　□□□□舍　東土白馬寺　□□□□□　去□□不□　宗師慧禧雲

教正□□□　相承闡玄猷　感□□□□　□□□□□　萬人（下泐）

鼇大明世□　永永爲福田　發心及助□　□□□□□　□□□□□　□□□□贊　布施□□□　功德不可量　年方太虛空

沙界亦復爾　離想及諸取　直入佛境界（下泐）

大明成化二十三年歲次丁未秋九月重陽（下泐）

内府尚衣監太監署兵仗局事廖（下泐）

廣濟寺碑

額題:敕賜弘慈廣濟寺助緣碑序偈
首題:敕賜弘慈廣濟寺□□
年代:明成化二十三年(1487)九月九日
原址:西城區阜成門内大街廣濟寺
撰人:(僧)思胤
書人:(僧)思胤
書體:正書并篆額
拓片尺寸:碑身高221厘米,寬94厘米;額高60厘米,寬30厘米
拓片編號:京416
拓片録自:《北京圖書館藏中國歷代石刻拓本匯編》卷52頁193

【碑陽】

額題:敕賜弘慈廣濟寺助緣碑序偈

碑文:

敕賜弘慈廣濟寺□□ *1*

(上泐)提督□□大興隆寺沙門金堂思胤撰并書丹 *2*

吾佛世興爲一教事因緣故,出□□□□□□□□□□□□□□□知□□説法必□信。聞時主虔衆六種成就,所謂處則若耆闍掘山之類,而 *3* 東土自漢建寺後,至今效之,亦□特□□□□□□□□□□□□□建揭祇陀太子□之始□精舍,夫豈易耶? 都城西大市街北 *4* 敕賜弘慈廣濟寺者,乃今尚衣監太監□□□□□□□□□□監太監曹公常疏爲□□之當□於 *5* 皇上,遂荷□□賜□□助工□恩典,又得前任尚衣監左少監盧公□□□兵仗局左副使王公璟、右副使王公郊董成之。以故山門、鐘鼓樓、天王殿、伽 *6* 藍殿、祖師殿、大佛寶殿、大士殿暨諸雕□繪像□□□飾,方丈、廊廡、幡幢、供具、庖湢、廪庾亦靡□□。經始於成化丙戌之春,落成於甲辰之夏,規制 *7* 輪奂,□□□□處□□□□矣。前開山禪師諱□□□禧雲,山西僧人□□□緣,善説法講道,□□□。嘗奉 *8* 欽依□□□萬壽寺□□□□□□□□□僧録司右闡教兼本寺第□□□□諱圓洪□□□□□法化,感諸太監公,啓發信心,尊重三寶,久而彌 *9* 篤□□上祝 *10* 聖壽延長,*11* 皇圖鞏固,*12* 宫闈吉□,*13* 儲□□□□及臣民,以至幽顯衆生俱□□□□□□□□□□□□□□□□□□□□□□□□□□萬公安所撰碑文。今太海之弟子:第三代 *14* 住持名明仁,名明宗,偕其法兄□□□□□□□□□□□□□□□□□□□□□□□□□□□□予言,用識不朽。夫佛於靈山以法付國主 *15* 大臣,良有由。然建寺功德,豈可□□□□達多精舍之建□遣□□佛指授規制,經營之□□□□□□宫殿焉。又佛告地藏菩薩修建佛寺,發心 *16* 及助緣者,百千生中常受人天福報,若能回向法界,則蓋成佛道焉。□語昭然,信不可誣僭□□□□□如右至□□世尊

出世之初心，明衆生本[17]有之知，見則有非文字所能詮次者，於是重宣此義而説偈言：[18]

釋伽大聖尊，爲法出於世。普欲令□□，皆入□□□。□□□□舍，東土白馬寺。□□□□□，去□□不□。宗師慧禧雲[19]，教正□□□。相承闡玄猷，感□□□□。□□□□□，萬人（下泐）。[20]鳌大明世□，永永爲福田。發心及助□，□□□□□。□□□□□，□□□□贊。布施□□□，功德不可量。年方太虚空[21]，沙界亦復爾。離想及諸取，直入佛境界（下泐）。[22]

大明成化二十三年歲次丁未秋九月重陽（下泐）[23]

内府尚衣監太監署兵仗局事廖（下泐）[24]

重修碑記

重修碑記

嘗聞一誠有感迺假像以求心萬善同歸是聞聲而起義佛光普照妙化圓融

一時所作良因千載難逢好事兹以

敕賜弘慈廣濟寺肇建自天順丙戌落成於成化甲辰迄今歷有百年以致

佛像斑剥殿宇傾頽時萬曆癸未長夏盛暑愚嘗留憩廡下因感前人之創建而弗能

忍將來之隳廢因與我同志者捐金義會積少成多遂於甲申歲孟夏吉日鳩工修

葺易朽成堅稍稱完整此

佛天垂善同誠俾僧衆焚修有賴前人善事復延上祝

聖壽無疆

皇圖永固更冀各姓福履延長施爲順利仍勒芳名於後用垂永久云

中軍都督府彭城伯張守忠

後軍都督府惠安伯張元善

（下泐）

□□管事御□□□□□□

（下泐）

廣濟寺碑

額題:重修碑記
首題:重修碑記
年代:明萬曆十二年(1584)
原址:西城區阜成門内大街廣濟寺
拓片尺寸:刻於明成化二十年《廣濟寺碑》之陰。碑身高 134 厘米,寬 95 厘米;額高 60 厘米,寬 30 厘米
書體: 正書并篆額
出處:北圖善本部藏原拓片。碑文拓片破損嚴重,據《敕建弘慈廣濟律院新志》補。《志》與拓片文字不符者,以拓片爲準
北圖編號:京 420

【碑陰】

碑額:重修碑記

碑文:

重修碑記

嘗聞一誠有感,迺假像以求心;萬善同歸,是聞聲而起義。佛光普照,妙化圓融。一時所作良因,千載難逢好事。兹以敕賜弘慈廣濟寺肇建自天順丙戌,落成於成化甲辰,迄今歷有百年,以致佛像斑剥,殿宇傾頽。時萬曆癸未長夏盛暑,愚嘗留憩廡下,因感前人之創建而弗能忍將來之隳廢。因與我同志者捐金義會,積少成多,遂於甲申歲孟夏吉日鳩工修葺,易朽成堅,稍稱完整。此佛天垂善同誠,俾僧衆焚修有賴,前人善事復延。上祝聖壽無疆、皇圖永固,更冀各姓福履延長、施爲順利。仍勒芳名於後,用垂永久云。

中軍都督府彭城伯張守忠,後軍都督府惠安伯張元善,□□管事御□□□□□□(下泐)

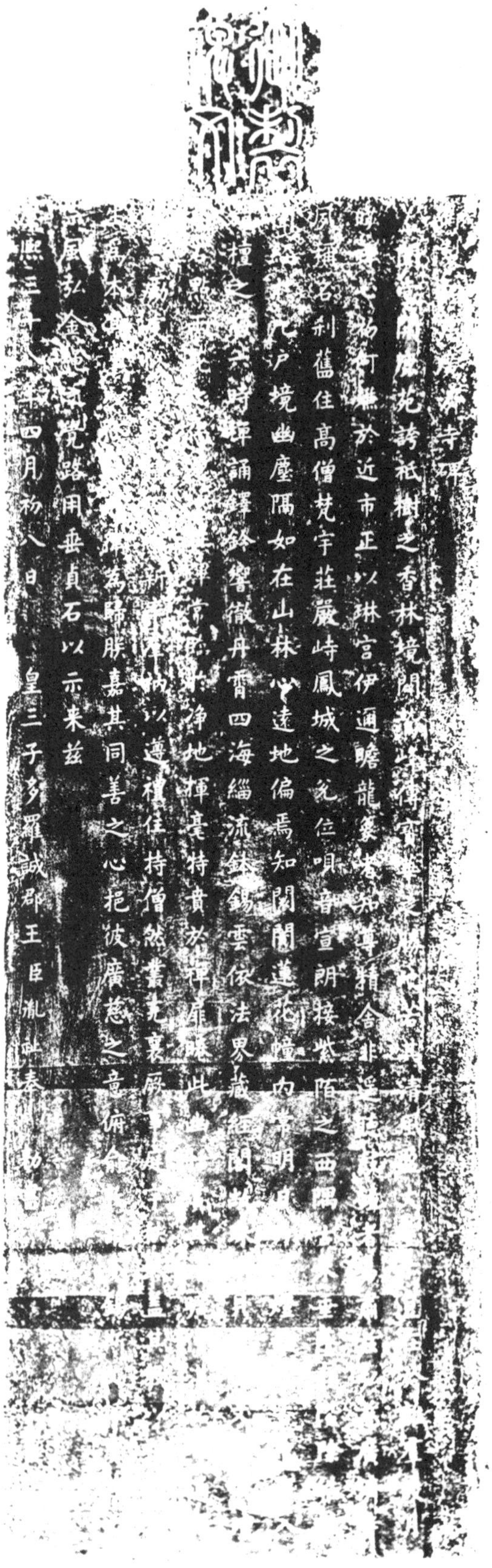

京417《廣濟寺碑》陽

御製碑文

御製弘慈廣濟寺碑

蓋聞堂開鹿苑誇祇樹之香林境闢鷲峰傳寶華之勝地若其清風盈丈室亦豈在於離群皎月暎禪心初何嫌於近市正以琳宮伊邇瞻龍象者知尊精舍非遥聽鼓鐘者易肅兹弘慈廣濟寺夙稱名刹舊住高僧梵宇莊嚴峙鳳城之兑位唄音宣朗接紫陌之西隅古木垂蔭於階除皓鶴聞經於戺户境幽塵隔如在山林心遠地偏焉知闤闠蓮花幢内常明日月之燈柏子香中深入旃檀之海六時禪誦鐸鈴響徹丹霄四海緇流鉢錫雲依法界藏經閣敞珠聯貝葉之文説戒壇高石點雨花之偈是以跓蹕常臨於浄地揮毫特賁於禪扉眷此幽恬賞其清曠僧湛祐心通釋典忠勵虔修葺陳構而維新率群衲以遵禮住持僧然叢克襄厥事庭宇秩然蓋其教以利益群生爲本其事以修持戒律爲歸朕嘉其同善之心挹彼廣慈之意俯俞敦請爰錫斯文振寶筏之宗風弘金繩之覺路用垂貞石以示來兹

康熙三十八年四月初八日　皇三子多羅誠郡王臣胤祉奉　敕書

廣濟寺碑

額題:御製碑文
首題:御製弘慈廣濟寺碑
年代:清康熙三十八年(1699)四月八日
原址:西城區阜成門内大街廣濟寺
拓片尺寸:碑身高 200 厘米,寬 70 厘米;額高 26 厘米,寬 23 厘米
書體: 正書并篆額
撰人:(聖祖)玄燁
書人:胤祉
《目録》:頁 280
拓片編號:京 417
拓片録自:《北京圖書館藏中國歷代石刻拓本匯編》卷 65 頁 138,缺蠹處據《日下舊聞考》卷 51 頁 823 補

【碑陽】

額題:御製碑文

碑文:

御製弘慈廣濟寺碑[1]

蓋聞堂開鹿苑,誇祇樹之香林;境闢鷲峰,傳寶華之勝地。若其清風盈丈室,亦豈在於離群;皎月[2]暎禪心,初何嫌於近市? 正以琳宮伊邇,瞻龍象者知尊;精舍非遥,聽鼓鐘者易肅。兹弘慈廣濟寺,[3]夙稱名刹,舊住高僧。梵宇莊嚴,峙鳳城之兑位;唄音宣朗,接紫陌之西隅。古木垂蔭於階除,皓鶴[4]聞經於戺户。境幽塵隔,如在山林。心遠地偏,焉知闤闠? 蓮花幢内,常明日月之燈;柏子香中,深入[5]旃檀之海。六時禪誦,鐸鈴響徹丹霄;四海緇流,鉢錫雲依法界。藏經閣敞,珠聯貝葉之文;説戒壇[6]高,石點雨花之偈。是以駐蹕常臨於净地,揮毫特賁於禪扉。眷此幽恬,賞其清曠。僧湛祐,心通釋[7]典,忠勵虔修。葺陳構而維新,率群衲以遵禮。住持僧然叢,克襄厥事,庭宇秩然。蓋其教以利益群[8]生爲本,其事以修持戒律爲歸。朕嘉其同善之心,挹彼廣慈之意。俯俞敦請,爰錫斯文。振寶筏之[9]宗風,弘金繩之覺路。用垂貞石,以示來兹。[10]

康熙三十八年四月初八日。

皇三子多羅誠郡王臣胤祉奉敕書。[11]

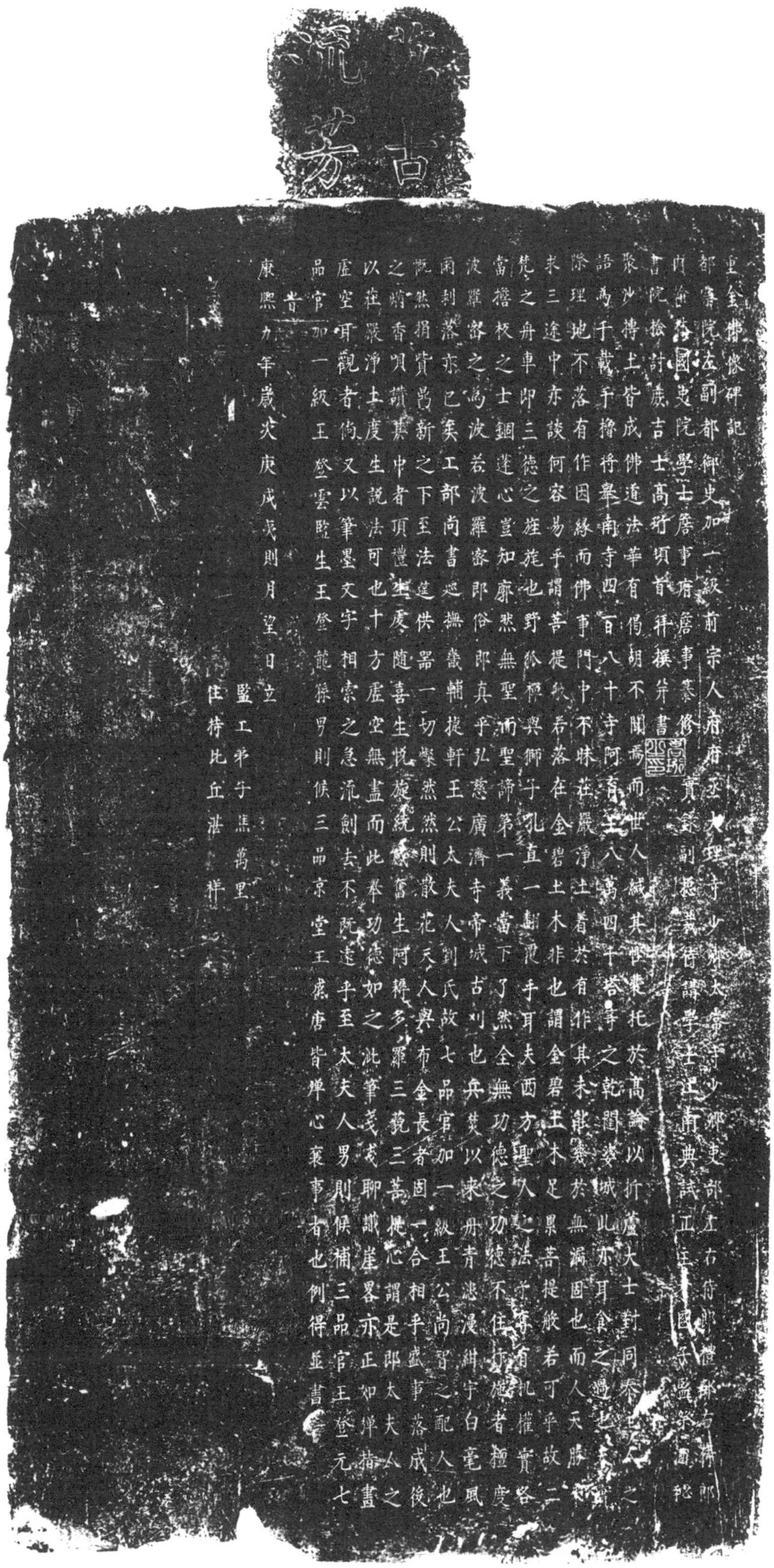

京 422《重金佛像碑》陽

萬古流芳

重金佛像碑記

都察院左副都御史加一級前宗人府府丞大理寺少卿太常寺少卿吏部左右侍郎禮部右侍郎
内翰林國史院學士詹事府詹事纂修　實録副總裁侍講學士江南典試正主考國子監祭酒秘
書院檢討庶吉士高珩頓首拜撰并書

聚沙摶土皆成佛道法華有偈胡不聞焉而世人緘其慳囊托於高論以折蘆大士對同泰主人之語爲千載干櫓將舉南寺四百八十寺阿育王八萬四千塔等之乾闥婆城此亦耳食之過也夫實際理地不落有作因緣而佛事門中不昧莊嚴净土著於有作其未能幾於無漏固也而人天勝果求三途中亦談何容易乎謂菩提般若落在金碧土木非也謂金碧土木足纍菩提般若可乎故二梵之舟車即三德之旌旄也野狐禪與獅子吼直一翻覆手耳夫西方聖人之法予奪有機權實各當擔板之士錮蓬心豈知廓然無聖而聖諦第一義當下了然全無功德之功德不住行施者檀度波羅密之爲波若波羅密即俗即真乎弘慈廣濟寺帝城古剎也兵燹以來丹青漶漫紺宇白毫風雨剥落亦已矣工部尚書巡撫畿輔捷軒王公太夫人劉氏故七品官加一級王公尚智之配人也慨然捐貲鼎新之下至法筵供器一切燦然然則散花天人與布金長者固一合相乎盛事落成後之爇香唄贊其中者頂禮生虔隨喜生悦旋繞感奮生阿耨多羅三藐三菩提心謂是即太夫人之以莊嚴净土度生説法可也十方虚空無盡而此舉功德如之泚筆戔戔聊識崖略亦正如彈指畫虚空耳觀者倘又以筆墨文字相索之急流劍去不既遠乎至太夫人男則候補三品官王登元七品官加一級王登雲監生王登龍孫男則候三品京堂王盛唐皆殫心襄事者也例得并書

時

康熙九年歲次庚戌夷則月望日立

監工弟子焦萬里

住持比丘湛　祥

重金佛像碑

額題:萬古流芳
首題:重金佛像碑記
年代:清康熙九年(1670)七月十五日
原址:西城區阜成門内大街廣濟寺
拓片尺寸:碑身高 160 厘米,寬 90 厘米;額高 25 厘米,寬 23 厘米
書體:正書
撰人:高珩
書人:高珩
《目録》:頁 271
拓片編號:京 422
拓片録自:《北京圖書館藏中國歷代石刻拓本匯編》卷 62 頁 166

【碑陽】
額題:萬古流芳
碑文:

重金佛像碑記 1

都察院左副都御史加一級前宗人府府丞大理寺少卿太常寺少卿吏部左右侍郎禮部右侍郎 2 内翰林國史院學士詹事府詹事纂修實録副總裁侍講學士江南典試正主考國子監祭酒秘 3 書院檢討庶吉士高珩頓首拜撰并書。4

聚沙摶土,皆成佛道。法華有偈,胡不聞焉。而世人緘其慳囊,托於高論,以折薦大士對同泰主人之 5 語爲千載干櫓,將舉南寺四百八十寺、阿育王八萬四千塔等之乾闥婆城,此亦耳食之過也。夫實 6 際理地,不落有作因緣,而佛事門中,不昧莊嚴净土,著於有作,其未能幾於無漏,固也。而人天勝果,7 求二途中,亦談何容易乎? 謂菩提般若,落在金碧土木,非也。謂金碧土木,足累菩提般若,可乎? 故二 8 梵之舟車,即三德之旌旄也。野狐禪與獅子吼,直一翻覆手耳。夫西方聖人之法,予奪有機權,實各 9 當擔板之士,錮蓬心豈知? 廓然無聖,而聖諦第一義當下了然,全無功德之功德,不住行施者檀度,10 波羅密之爲波若波羅密,即俗即真乎? 弘慈廣濟寺,帝城古刹也。兵焚以來,丹青漶漫,紺宇白毫,風 11 雨剥落亦已矣。工部尚書巡撫畿輔捷軒王公太夫人劉氏,故七品官加一級王公尚智之配人也,12 慨然捐貲鼎新之。下至法筵供器,一切燦然。然則散花天人與布金長者,固一合相乎? 盛事落成,後 13 之爇香唄贊其中者,頂禮生虔,隨喜生悦,旋繞感奮,生阿耨多羅三藐三菩提心,謂是即太夫人之 14 以莊嚴净土度生説法可也。十方虚空無盡,而此舉功德如之。泚筆戔戔,聊識崖略,亦正如彈指畫 15 虚空耳。觀者倘又以筆墨文字相索之,急流劍去,不既遠乎? 至太夫人男,則候補三品官王登元、七 16 品官加一級王登雲、監生王登龍,孫男則候三品京堂王盛唐,皆殫心襄事者也,例得并書。17

時 18 康熙九年歲次庚戌夷則月望日立。19
監工弟子焦萬里。20 住持比丘湛祥。21

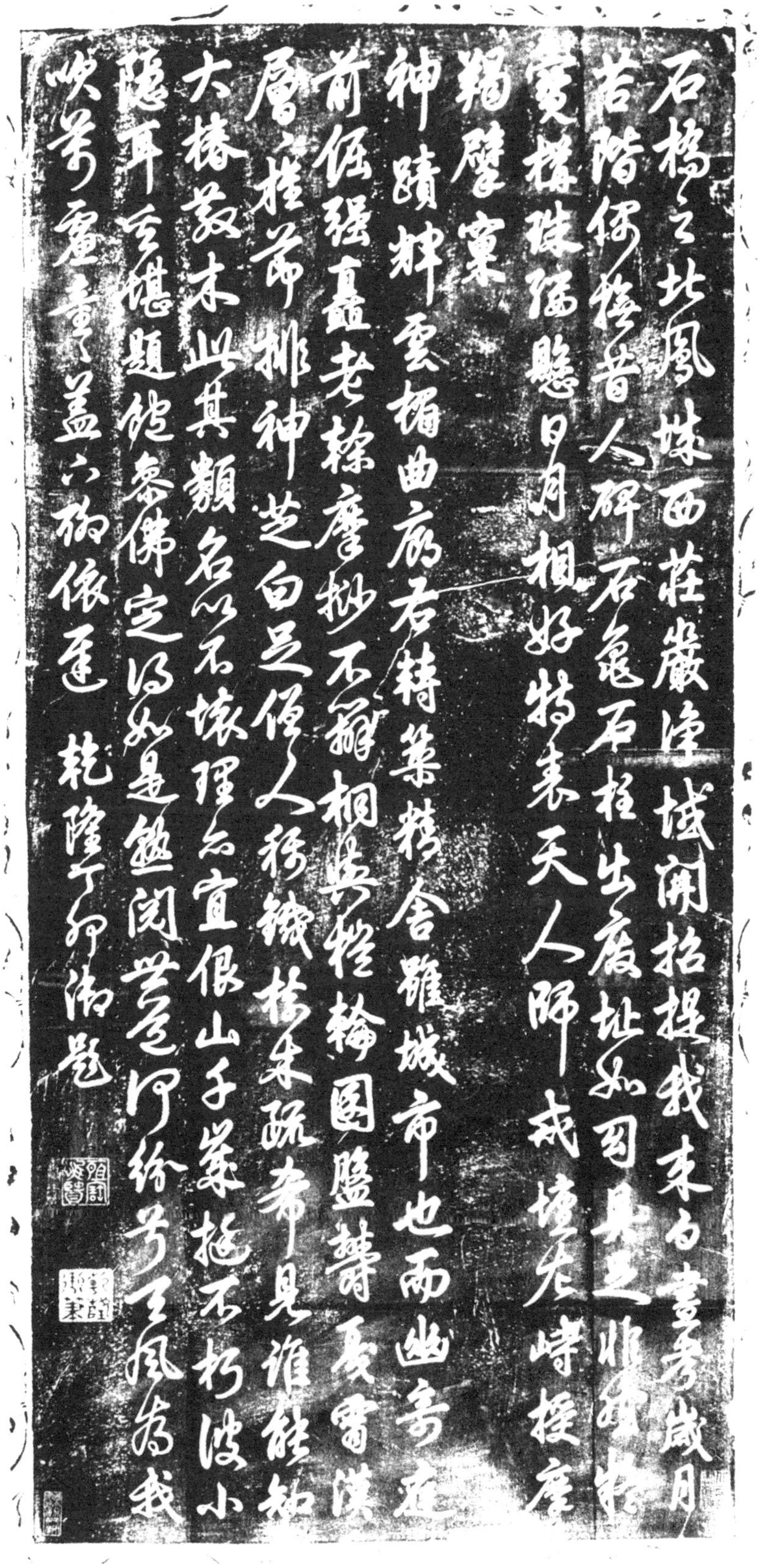

京418《廣濟寺詩刻》陽

石橋之北鳳城西莊嚴净域開招提我來白晝考歲月
苔階偶撫昔人碑石龜石柱出廢址如幻具足非然疑
寶構珠纓懸日月相好特表天人師　戒壇左峙授摩
羯擘窠
神迹輝雲楣曲廊右轉築精舍雖城市也而幽奇庭
前倔强矗老幹摩挲不辨桐與楹輪囷盤鬱戛霄漢
層層旌節排神芝白足僧人稱鐵樹木疏希見誰能知
大椿散木此其類名以不壞理亦宜佷山千歲挺不朽彼小
隱耳奚堪題飽參佛定得如是熟閲世道何紛兮天風爲我
吹萬慮童童蓋下聊依遲　乾隆丁卯御題

廣濟寺詩刻

年代:清乾隆十二年(1747)
原址:西城區阜成門内大街廣濟寺
拓片尺寸:碑身高136厘米,寬64厘米
書體:行書
撰人:(高宗)弘曆
書人:(高宗)弘曆
《目録》:頁464
拓片編號:京418
拓片録自:《北京圖書館藏中國歷代石刻拓本匯編》卷70頁14,另見《日下舊聞考》卷51頁824

【碑陽】

碑文:

石橋之北鳳城西,莊嚴净域開招提。我來白晝考歲月,*1*苔階偶撫昔人碑。石龜石柱出廢址,如幻具足非然疑。*2*寶構珠纓懸日月,相好特表天人師。戒壇左峙授摩*3*羯,擘窠*4*神迹輝雲楣。曲廊右轉築精舍,雖城市也而幽奇。庭*5*前倔强矗老幹,摩挲不辨桐與檍。輪囷盤鬱戛霄漢,*6*層層旌節排神芝。白足僧人稱鐵樹,木疏希見誰能知?*7*大椿散木此其類,名以不壞理亦宜。假山千歲挺不朽,彼小*8*隱耳奚堪題。飽參佛定得如是,熟閲世道何紛兮?天風爲我*9*吹萬慮,童童蓋下聊依遲。乾隆丁卯御題。*10*

南無多寶如來
南無寶勝如來
南無妙色身如來
南無廣博身如來
南無離怖畏如來
南無甘露王如來
南無阿彌陀如來

佛名經幢

年代:無年月
原址:西城區阜成門内大街廣濟寺
外形尺寸:八面刻,拓片長 102 厘米,高 66 厘米
書體:篆文,底邊刻荷花等花卉
出處:北圖善本部藏原拓片
北圖編號:京 421

碑文:

南無多寶如來,南無寶勝如來,南無妙色身如來,南無廣博身如來,南無離怖畏如來,南無甘露王如來,南無阿彌陀如來。

伏魔庵

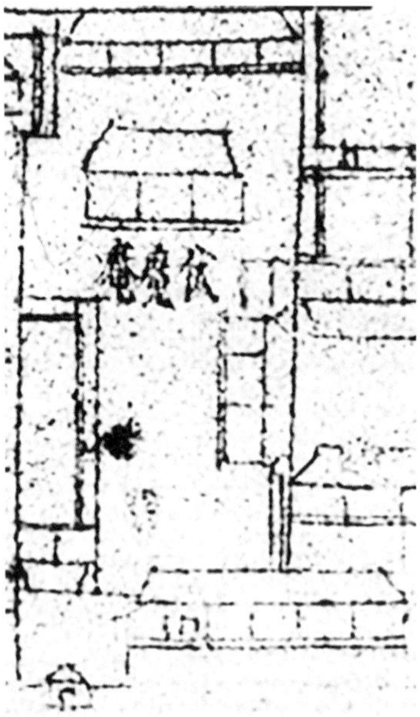

伏魔庵，又名關帝廟[1]、關王廟[2]、雙關平廟[3]。原址爲内四區羊市大街六號（今西城區阜成門内大街二十三號）。寺廟建築現不存。寺内原有明成化年間《關王廟碑》一通。

伏魔庵始建年代不詳。明碑殘缺難認，但由碑可知寺在明已有，并在成化年間歷經一次重修，"宰官鄉民捐金"[4]。清《雍正廟册》載四牌樓羊市有關帝廟，殿宇五間，禪房六間，住持性慧，當爲此廟。清《乾隆廟册》亦有收録，爲大僧廟，住持際慶。據清乾隆《京城全圖》，伏魔庵坐北朝南，在西四牌樓以西，西邊緊鄰廣濟寺。山門一間南向，其後東側有臨街房五間，西頭開門。山門内爲前院，有北殿三間，東配殿三間，配殿北有耳房一間。後院有北殿五間。

20世紀30年代國立北平研究院調查時，寺名爲關帝廟，歸毗鄰的廣濟寺管理。山門南向，西墻嵌有明《關王廟碑》，碑下截多埋於土中，碑文泱漫。山門内大殿一間，供彩塑關帝泥像一尊，左立關平抱印，右立周倉持刀，又有一關平抱劍像，故俗稱雙關平廟。像前有鐵香爐一個，無字；木蠟臺一對[5]。

2018年調查時寺廟原址爲一五金店。

---

〔1〕參見清《雍正廟册》《乾隆廟册》。

〔2〕參見明《關王廟碑》，京405，《北京圖書館藏中國歷代石刻拓本匯編》卷六十，頁一百八十三。

〔3〕參見國立北平研究院《關帝廟》，西四183。

〔4〕同注〔2〕。

〔5〕同注〔3〕。

京 405《關王廟碑》陽

重修碑記

關王廟重修碑記

古之享天下萬世祀□□□□□□□□乎人人其成功蓋一時名（下泐）

事上於（下泐）

漢義勇關聖□□□□□□□□□□□□之至今千□餘載窮荒遐裔（下泐）

□皆知□□□□□□□□□仰□□足誠致然哉□□地（下泐）

□神之爲□□□□□□□得其靈奇□□則爲傳入□□乎□揮霍宇（下泐）

挫萬□紀□□□□□□故發心爲□□架□於□赫（下泐）

陽罔用不□□□□□□□殁其炳明德化者□與衆人願□則復（下泐）

無所不之□□□□多□王持武□□□益於世此非知□□（下泐）

之時勢萬□□□□莫强於孫權（下泐）

昭烈敗亡之□□□□□欲誘王爲己□□然不從權乃爲子請婚罵（下泐）

如狗彘左右將（下泐）

昭烈誓復漢室此□□□固足以□□□□□一世之雄哉使□不死與（下泐）

戮力王□□□□□□□□可誅□□可虜而高祖天下可□矣然王（下泐）

豈惟蜀□□□□□□□□而卒非惟蜀人痛□凡嘗□漢民者皆（下泐）

悼惜□□□□□□也歆□□□有□□□目危時□建逮我

明朝於成化□□□□□□□□□□□□□□有宰官鄉□□□□重修（下泐）

其殿宇（下泐）

神像威嚴（下泐）

凡風□（下泐）

（下泐）

關王廟碑

額題：重修碑記
首題：關王廟重修碑記
年代：明代（年月泐）
原址：西城區阜成門内大街
拓片尺寸：碑身高 88 厘米，寬 63 厘米；額高、寬均 16 厘米
書體：正書并篆額
《目録》：頁 261
拓片編號：京 405
拓片録自：《北京圖書館藏中國歷代石刻拓本匯編》卷 60 頁 183

【碑陽】

額題：重修碑記

碑文：

關王廟重修碑記 *1*

古之享天下萬世祀□□□□□□□□□乎人人其成功蓋一時名（下泐）*2* 事上於（下泐）*3* 漢義勇關聖□□□□□□□□□□□□□之至今千□餘載，窮荒遐裔（下泐）*4* □皆知□□□□□□□□□仰□□足誠致然哉。□□地（下泐）*5* □神之爲□□□□□□□得其靈奇□□則爲傳入□□□乎。□揮霍[宇]（下泐）*6* 挫萬□紀□□□□□□故發心爲□□□架□於□赫（下泐）*7* 陽。罔用不□□□□□□□歿其炳明德化者□與衆人願□則復（下泐）*8* 無所不之□□□□多□王持武□□□□益於世。此非知□□（下泐）*9* 之時勢萬□□□□莫强於孫權，（下泐）*10* 昭烈敗亡之□□□□□□欲誘王爲己□□然不從。權乃爲子請婚。罵（下泐）*11* 如狗彘，左右將（下泐）*12* 昭烈誓復漢室，此□□□□固足以□□□□□一世之雄哉。使□不死，與（下泐）*13* 戮力王□□□□□□□□□可誅，□□可虜，而高祖天下可□矣。然王（下泐）*14* 豈惟蜀□□□□□□□□□而卒，非惟蜀人痛□，凡嘗□漢民者，皆（下泐）*15* 悼惜。□□□□□□也歆□□□有□□□目危時□建。逮我 *16* 明朝於成化□□□□□□□□□□□□□□□□有宰官鄉□□□□重修（下泐）*17* 其殿宇。（下泐）*18* 神像威嚴（下泐）*19* 凡風□（下泐）*20*（下泐）*21*

崇聖寺

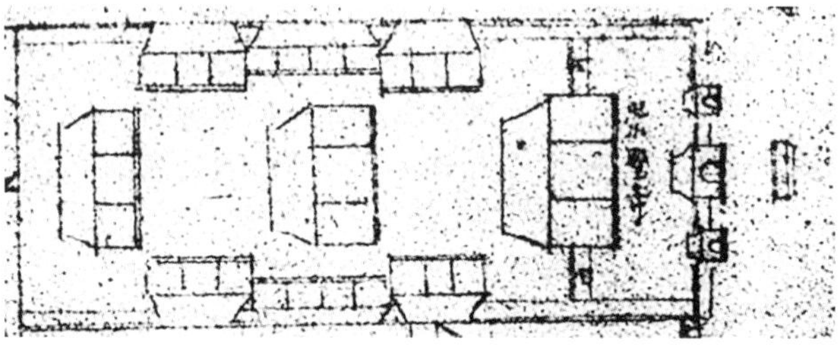

崇聖寺，又名崇聖庵[1]、崇聖禪林、雙周倉廟[2]。原址在内四區皇城根一號（今西城區西黄城根北街四十五號）。寺廟建築現存部分，2018年全部翻建。寺内原有清乾隆五十四年（1789）《崇聖寺碑》。

據《崇聖寺碑》，寺創建於明代，供奉關帝[3]。康熙《萬壽盛典初集》中記："……過街彩坊曰'物被仁風'，過坊路左有廟曰關帝廟，有西安門外小民建慶祝經壇於内。廟前有彩坊曰'九州同慶'。"[4]見下二圖。

---

〔1〕清《雍正廟册》。

〔2〕國立北平研究院《崇聖寺》，西四180；《北平研究院北平廟宇調查資料匯編（内四區卷·下）》，頁八百八十七至八百九十七。

〔3〕參見清乾隆五十四年《崇聖寺碑》，京409，《北京圖書館藏中國歷代石刻拓本匯編》卷七十五，頁一百二十二。

〔4〕《萬壽盛典初集》卷四十四，頁十。

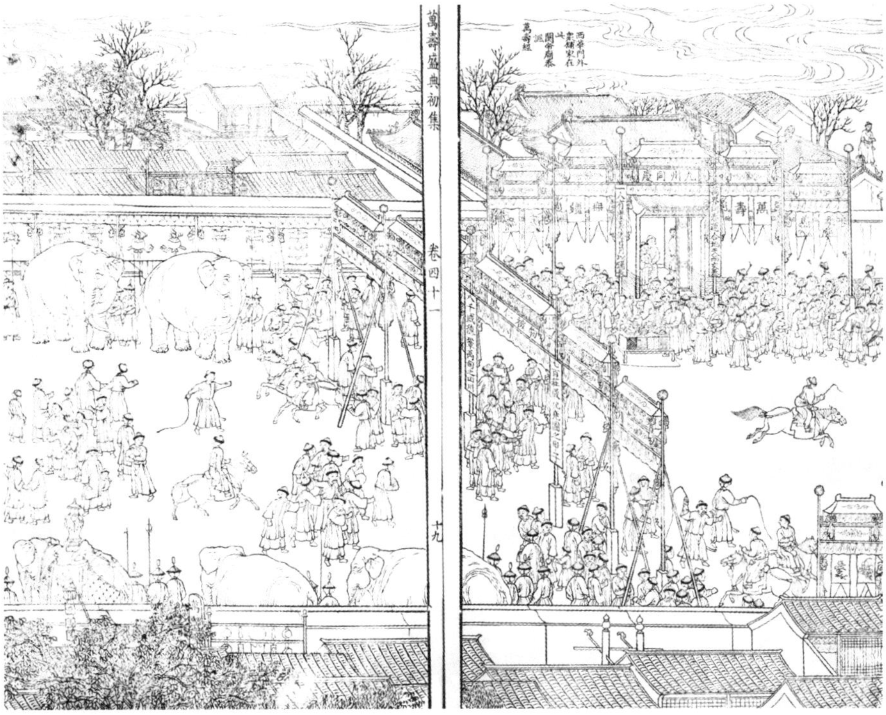

康熙《萬壽盛典圖》之西安門外關帝廟

關帝廟細部（經拼合）

清《雍正廟册》記載寺在馬市，爲大僧廟，有殿宇二十三間，禪房十七間，住持實修。清《乾隆廟册》亦記爲大僧廟，住持了智。清乾隆《京城全圖》所繪的崇聖寺在西皇城根以西，北鄰斷魂橋。寺院坐西朝東，面向皇城，三層殿宇，四周圍以墻垣，頗具規模。山門一間，左右又各有一門。山門正東有一影壁。前院西殿三間，殿南北有墻與中院隔，墻上各開一門。中院正殿三間，南北配殿各三間。配殿西頭各有南北順山房各四間。後院西殿三間，南北配殿亦各三間。

清乾隆四十一年（1776），崇聖寺當有所修繕，有當年朱文震題寺額“敕賜古刹崇聖禪林”爲證[1]。五十四年春，寺院住持了智與徒弟達通一起殫精竭力，又對寺廟進行重修，至仲夏完工[2]。嘉慶五年（1800），信士白素、白維爲大殿獻額“妙覺圓明”。道光二十四年（1844），烏蘭泰又爲前殿題額“與天地參”[3]。崇聖寺當時香火之盛得見一斑。

民國時期的崇聖寺主體布局與清代相彷。寺院面積約三畝，山門一間東向，北側有一邊門。山門内爲前院，有西殿三間。殿内正中供泥塑關帝坐像一尊，左側有周倉像一雙，故崇聖寺又俗稱“雙周倉廟”。關帝像前有一口光緒二十五年（1899）造鐵磬。又有關帝泥塑金身小坐像三尊，文裝一尊，武裝兩尊；左右分别有周倉、關興立像及多尊小佛像。殿北面有泥塑彩身金面三世佛坐像，左右立阿難、迦葉像及小童像各一個。南面有文昌、老君、普庵祖師像，左右童像各四個，均泥彩塑像。殿後有韋陀塑像一尊。殿内立有清乾隆五十四年《崇聖寺碑》。殿前有一口鐵鼎，其銘文爲“大明萬曆十三年捌月吉日造信官麥邦瑞同妻韓氏發心造”。因未有寺名，故不能確定是否爲崇聖寺鑄造。殿前還有大椿樹一株，旗杆座兩個。

前殿兩側有墻，北墻有門，穿門往西入中院。中院大殿三間，内供銅胎金身釋迦佛坐像一尊，左右分别有阿難、迦葉像，身後皆有木刻佛光，工頗精細。左間供藥師佛一尊，右間供彌勒佛一尊，皆銅胎金身坐像。大殿南北兩面各供鐵羅漢九尊。殿後供觀音大士像一尊，泥胎金身；左右分立紅孩兒和羅刹女；另有韋陀、天王泥立像各一尊。殿前窗下有1924年比丘僧智海、樂山敬獻大鐵鐘一口，上鑄六字真言。殿前有鐵鼎一口，上鑄“太虚宫光緒二十六年三月吉造信士弟子陳景山敬獻”。鐵鼎左右有鐵净瓶各一個，鑄有梵文。大殿前有北配房三間，爲禪堂；南配房三間，爲凝性堂戒烟公所、公善堂借用。南北配房東各有耳房三間。另外，中院南側有民房，係廟産，與寺院以墻隔。

後院後殿三間。殿内正中龕内供泥胎彩塑玉皇坐像一尊。龕前供關帝泥坐像一尊。左間供泥彩坐像三尊，爲藥王、濟公像，另一尊道家神像其名不詳。右間供火神、吕祖、財神泥彩坐像三尊。神像前有光緒二十六年（1900）鐵磬一口。後殿南北墻下有泥塑武將站像三尊，泥塑童像六尊，又有泥塑童、馬各一個。後殿前有石座鐵鼎一口，係明太監魏忠賢等獻。後殿北有耳房兩間，殿前有南北配房各三間，北配房有東耳房四間。後院内還有楸樹一株，槐樹一株[4]。

另據北平市社會局20世紀30年代組織的歷次寺廟登記調查，崇聖寺還有香爐、鼓、五供等法物數件，《金剛經》數部，《三經》一部，清光緒二年（1876）手本兩份，石魚池一個等等[5]。

1931年7月，崇聖寺原住持智海因接管宣武門外老城根白衣庵廟務，傳法座與師弟性海。寺内廟房屋除自用外，其餘出租，每月得租金十餘元，捐助佛教會民衆學校兩元。1936年，性海欲在寺廟後院西北角添蓋臨街平房四間，呈報社會局。社會局派員調查後發現添建工程需將一棵槐樹伐去，還發現後院南頭原來亦有一棵槐樹，性海未經申報就已經將樹砍伐。社會局對添建工程不予批准，

---

〔1〕參見國立北平研究院《崇聖寺》，西四180。

〔2〕參見清乾隆五十四年《崇聖寺碑》，京409。

〔3〕同注〔1〕。

〔4〕同注〔1〕。

〔5〕參見北京市檔案館藏《北平市社會局·内四區崇聖寺僧人性海登記廟産的呈文及社會局的批示》，1931—1943年，檔案號J002-008-00469，頁一至七十一；《北京寺廟歷史資料》，頁一百零二。

并斥責性海擅自伐木,“殊屬荒謬”,“已伐之木,當妥爲保存,不得變賣”。1939年,性海擬修後殿、中殿北山墻,并擬在後院北墻開門,再度呈報社會局。社會局調查發現後院北墻墻門已開,中院南面群墻亦已有修葺,事先均未申報。崇聖寺再次受到斥責。

1940年2月1日,性海在崇聖寺圓寂。其徒侄,即性海師兄智海之徒弟立山呈文社會局,接充住持之位。然而内四區武王侯西口路北慶寧寺[1]住持圓鏡、僧人順海致函社會局,稱立山年齡不滿二十,不能擔任住持。社會局接函後,責令北京佛教會調查。五月,佛教會查明立山現年十八歲,1936年在法源寺受戒,住廣化寺[2],以崇聖寺智海爲師。廣化寺住持玉山稱立山“雖幼年出家,善根純厚,所學佛事較比常人爲快。且做事心細,從未觸犯規矩,甚有充任住持能力”。據此,社會局批准立山任崇聖寺住持之呈請。

立山任住持之後當即決定將後院北墻小門堵砌,同時在山門兩側各開角門。工峻之後,立山又申請在寺廟後院空地蓋南房兩間,并在西北角新開大車門一座,均獲社會局批准。1942年,中合茂煤鋪郝德清有意租用崇聖寺山門之内空地蓋建灰房四間。社會局因雙方租借合同不符規範未予准許。數月之後,立山又致函社會局,稱欲在前院添蓋灰房三間,在北墻開小門一座。社會局懷疑立山此次申請與前項中合茂煤鋪租地事出同因,又認爲該工程與“廟貌有礙觀瞻”,遂未加批准[3]。

1950年北平市民政局寺廟登記時,立山仍爲崇聖寺住持。寺廟彼時共有房屋五十一間[4]。

2005年調查時,寺廟建築尚存,爲交通隊。2013年崇聖寺列入西城區普查登記文物。2018年10月回訪時,交通隊已搬離,原有三大殿剛剛全部整修一新。

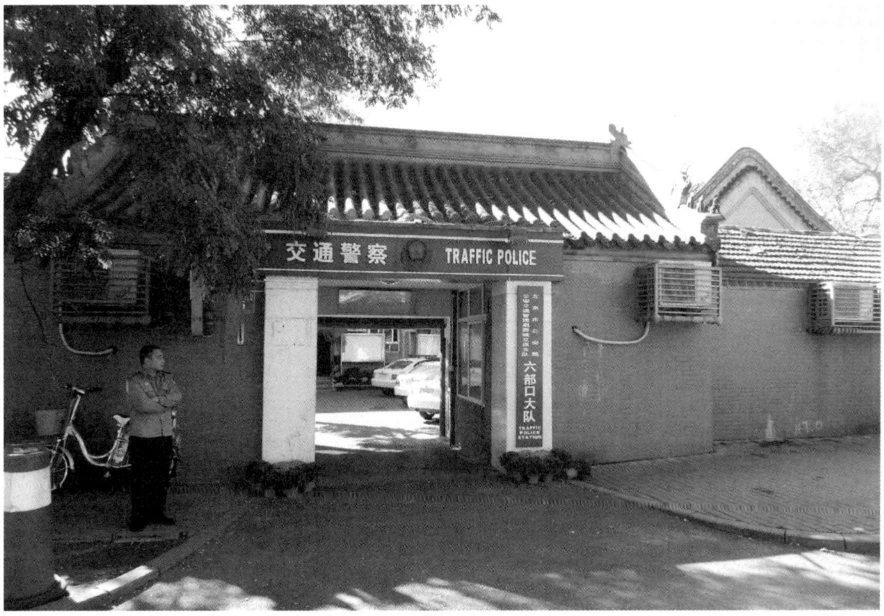

崇聖寺大門(2013年3月 曉松攝)

〔1〕慶寧寺在五排十段,參見《北京内城寺廟碑刻志》第五卷,頁三百二十一至三百二十七。

〔2〕廣化寺在三排七段,參見《北京内城寺廟碑刻志》第三卷,頁二百一十一至二百四十七。

〔3〕參見北京市檔案館藏《北平市社會局·内四區崇聖寺僧人性海登記廟産的呈文及社會局的批示》,頁七十二至一百六十八。

〔4〕參見北京市檔案館藏《北平市民政局·北平市寺廟總登記簿》,1950年,檔案號J003-001-00203,頁二十八。

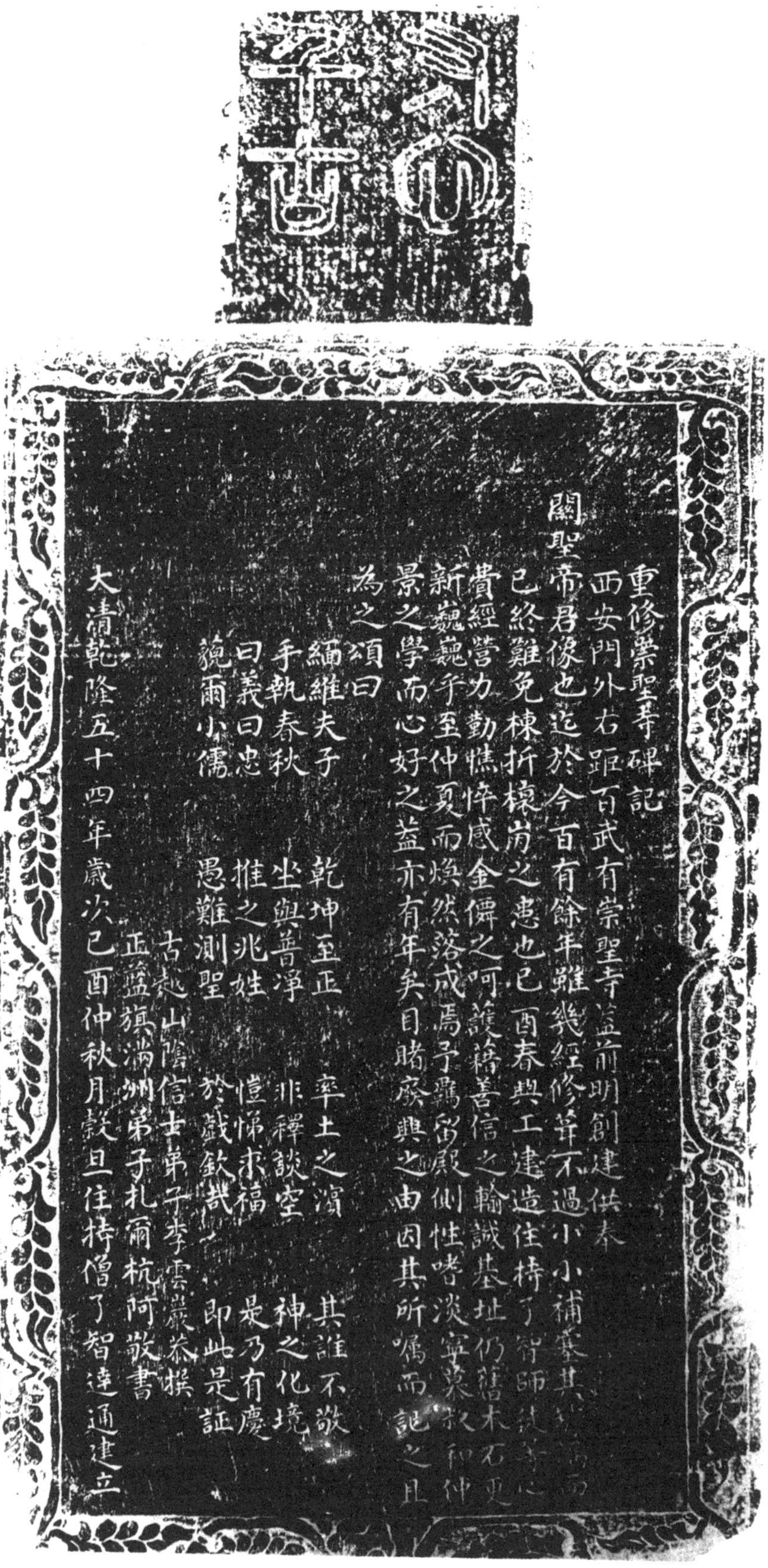
重修崇聖寺碑記
西安門外右距百武有崇聖寺蓋前明創建供奉
關聖帝君像也迄於今百有餘年雖幾經修葺不過小小補塞其[illegible]而
已終難免棟折榱崩之患也己酉春興工建造住持了智師徒[illegible]
費經營力勤憔悴感金僊之呵護藉善信之輸誠基址仍舊木石更
新巍巍乎至仲夏而煥然落成焉予羈留殿側性嗜淡寧[illegible]叙和仲
景之學而心好之蓋亦有年矣目睹廢興之由因其所囑而記之且
為之頌曰
緬維夫子　乾坤至正　率土之濱　其誰不敬
手執春秋　坐與普淨　非禪談空　神之化境
曰義曰忠　推之兆姓　愷悌求福　是乃有慶
藐爾小儒　愚難測聖　於戲欽哉　即此是証
古越山陰信士弟子李雲巖恭撰
正藍旗滿州弟子扎爾杭阿敬書
大清乾隆五十四年歲次己酉仲秋月穀旦住持僧了智達通建立

京409《崇聖寺碑》陽

寸心千古

重修崇聖寺碑記

西安門外右距百武有崇聖寺蓋前明創建供奉
關聖帝君像也迄於今百有餘年雖幾經修葺不過小小補塞其罅漏而
已終難免棟折榱崩之患也己酉春興工建造住持了智師徒等心
費經營力勤憔悴感金仙之呵護藉善信之輸誠基址仍舊木石更
新巍巍乎至仲夏而煥然落成焉予羈留殿側性嗜淡寧慕叔和仲
景之學而心好之蓋亦有年矣目睹廢興之由因其所囑而記之且
爲之頌曰

緬維夫子　乾坤至正　率土之濱　其誰不敬
手執春秋　坐與普净　非釋談空　神之化境
曰義曰忠　推之兆姓　愷悌求福　是乃有慶
藐爾小儒　愚難測聖　於戲欽哉　即此是証

古越山陰信士弟子李雲巖恭撰
正藍旗滿洲弟子扎爾杭阿敬書
大清乾隆五十四年歲次己酉仲秋月穀旦住持僧了智達通建立

崇聖寺碑

額題:寸心千古
首題:重修崇聖寺碑記
年代:清乾隆五十四年(1789)八月
原址:西城區原西皇城根
拓片尺寸:碑身高 94 厘米,寬 61 厘米;額高 24 厘米,寬 21 厘米
書體:正書并篆額
撰人:李雲巖
書人:扎爾杭阿
《目録》:頁 320
拓片編號:京 409
拓片録自:《北京圖書館藏中國歷代石刻拓本匯編》卷 75 頁 122

【碑陽】

額題:寸心千古

碑文:

重修崇聖寺碑記 1

西安門外右距百武有崇聖寺,蓋前明創建,供奉 2 關聖帝君像也,迄於今百有餘年。雖幾經修葺,不過小小補塞其罅漏而 3 已,終難免棟折榱崩之患也。己酉春,興工建造,住持了智師徒等心 4 費經營,力勤憔悴,感金仙之呵護,藉善信之輸誠。基址仍舊,木石更 5 新,巍巍乎至仲夏而煥然落成焉。予羈留殿側,性嗜淡寧,慕叔和仲 6 景之學而心好之,蓋亦有年矣。目睹廢興之由,因其所囑而記之,且 7 爲之頌曰: 8

緬維夫子,乾坤至正。率土之濱,其誰不敬。 9 手執春秋,坐與普浄。非釋談空,神之化境。 10 曰義曰忠,推之兆姓。愷悌求福,是乃有慶。 11 藐爾小儒,愚難測聖。於戲欽哉,即此是証。 12

古越山陰信士弟子李雲巖恭撰。 13

正藍旗滿洲弟子扎爾杭阿敬書。 14

大清乾隆五十四年歲次己酉仲秋月穀旦住持僧了智達通建立。 15

六排十段

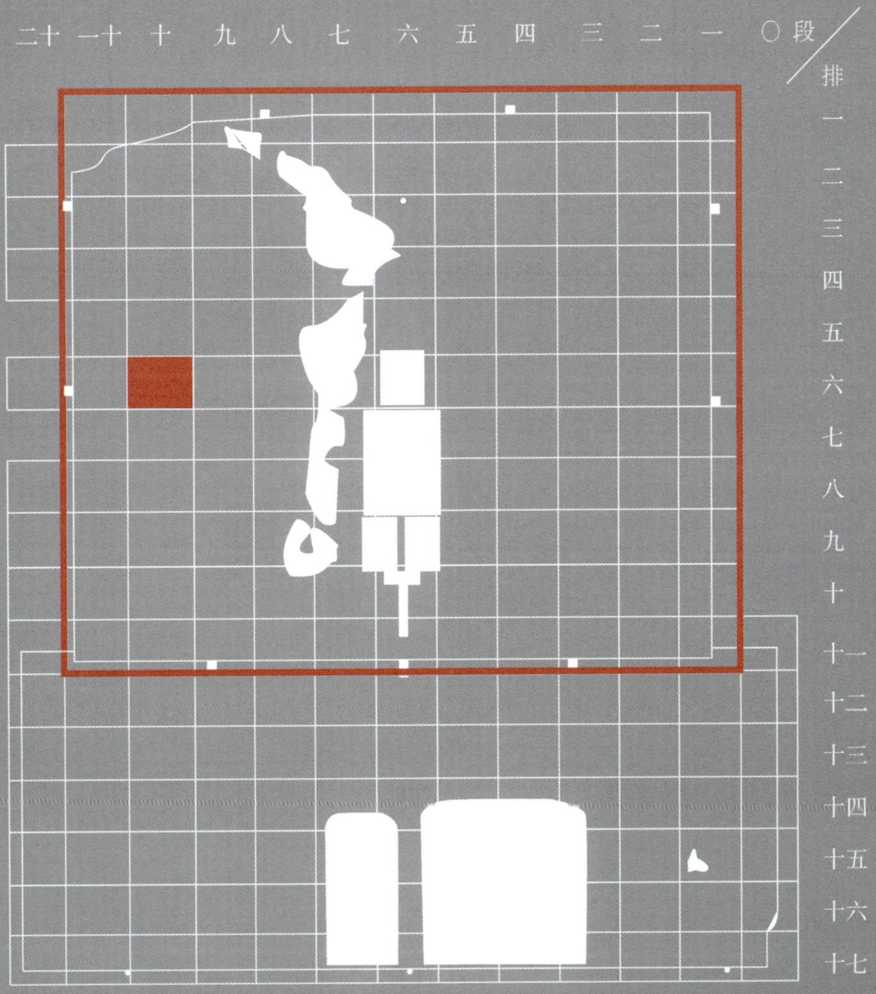

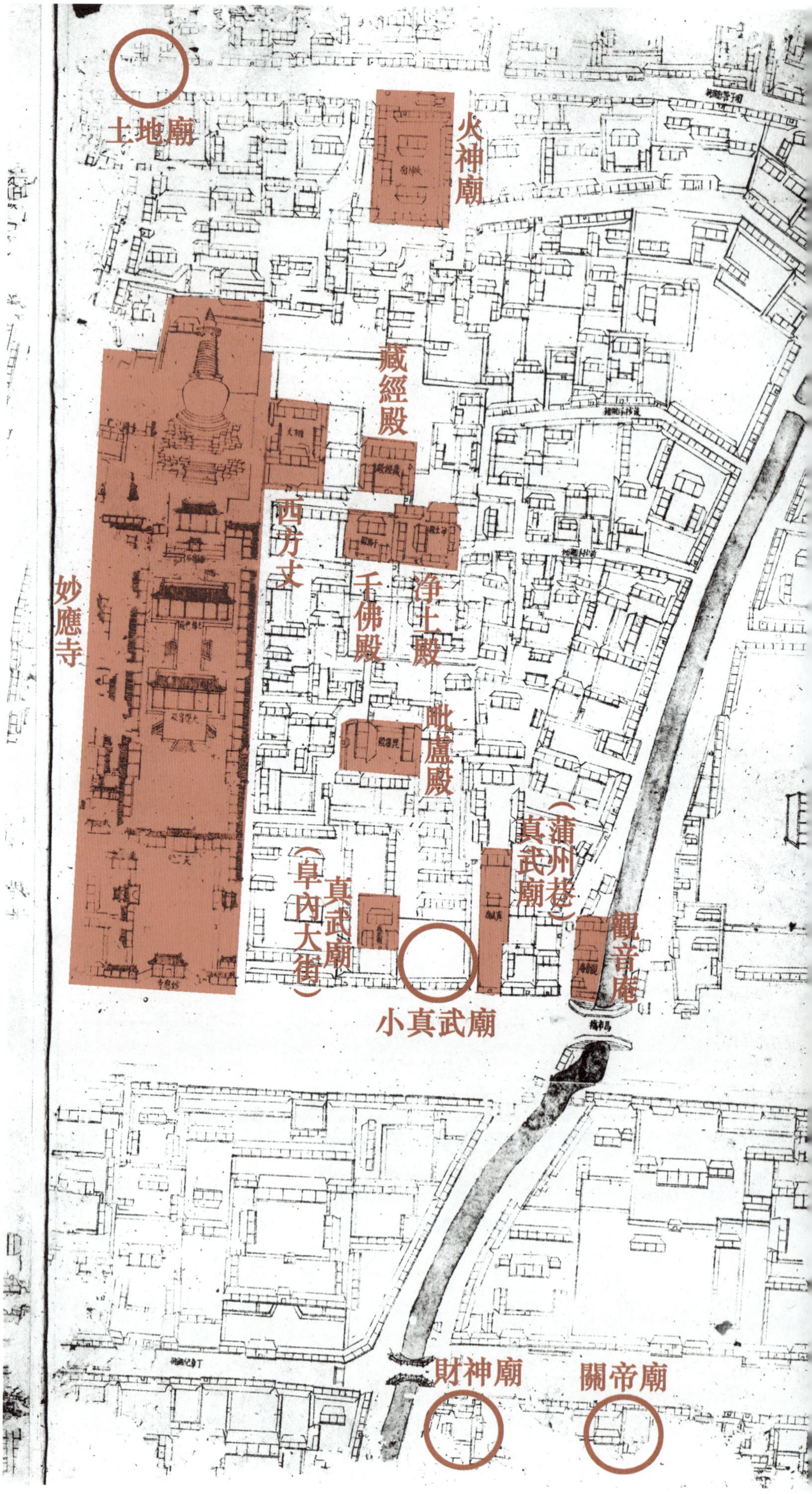
土地廟
火神廟
藏經殿
西方丈
妙應寺
千佛殿
净土殿
毗盧殿
真武廟
（阜內大街）
真武廟
（蒲州巷）
觀音庵
小真武廟
財神廟
關帝廟

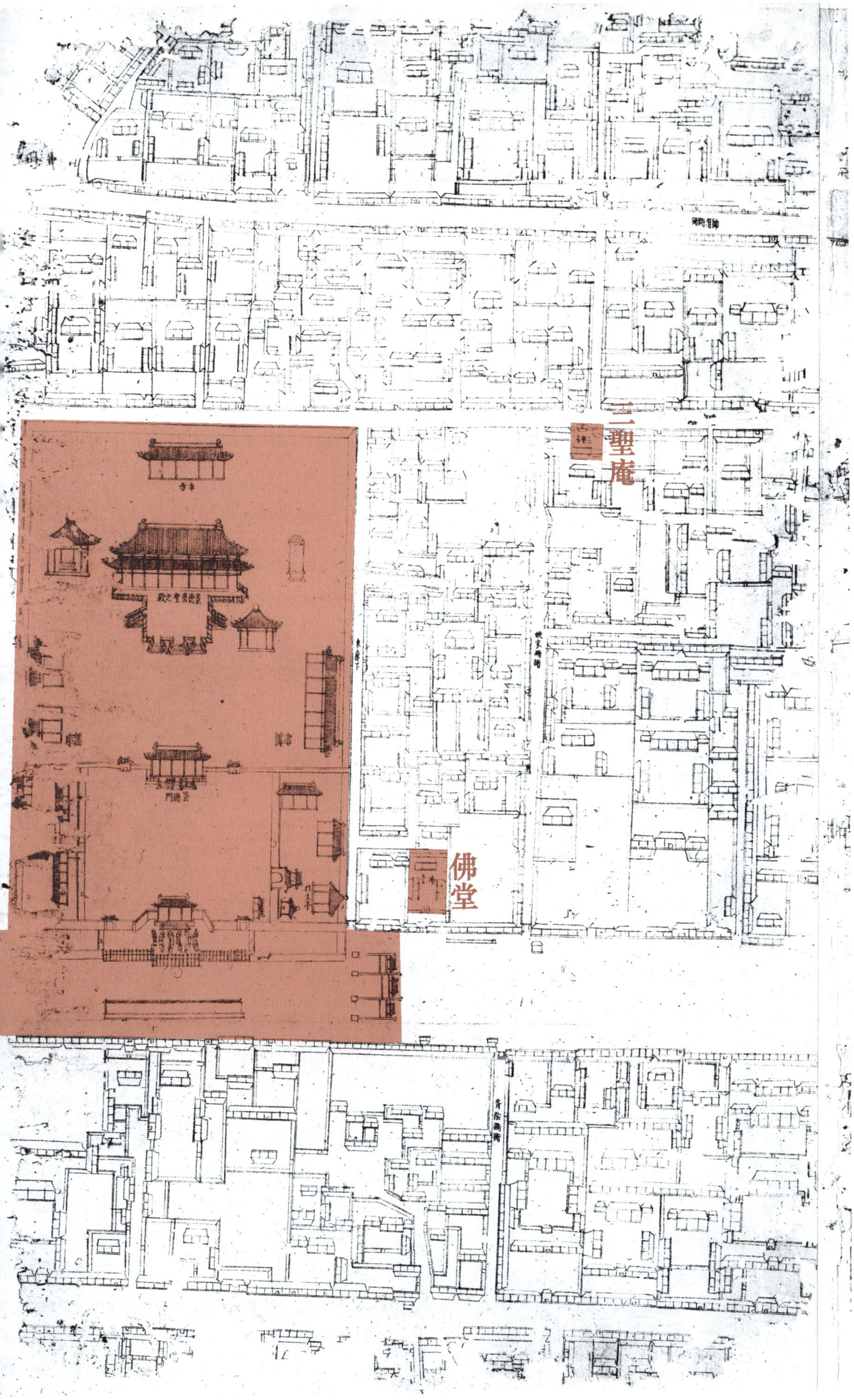
三聖庵
佛堂

火神廟

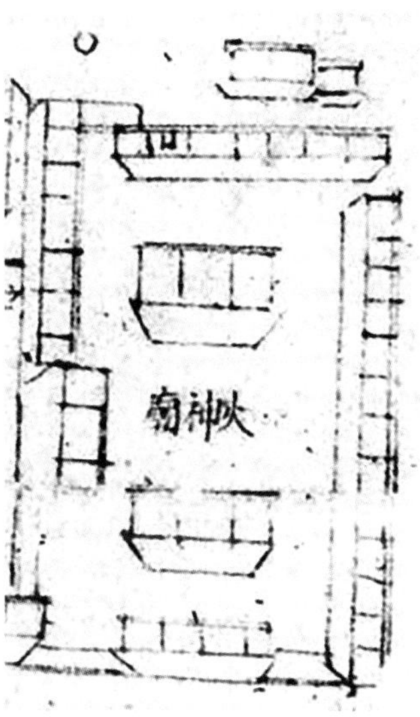

火神廟，原址爲内四區火神廟胡同十五號（今西城區白塔巷北樓、中樓和南樓的位置）。寺廟建築現不存。寺内原有清康熙三十年（1691）《火神廟碑》。

據《火神廟碑》，寺建於明隆慶年間[1]，但未見明代相關記載。清康熙三十年，行僧滿祥重修火神廟。翰林院編修尤珍感其功，爲之立碑[2]。清《乾隆廟册》載火神廟爲大僧廟，在宫門口内，住持海興。據清乾隆《京城全圖》所繪，火神廟在回子營胡同路南，寺前西側有一口井，東側有一大一小朝北房兩座。寺廟坐南朝北，三層殿宇，方正整齊。無獨立山門。寺北有北向臨街房七間，西起第二間開寺門。前殿三間，殿西有順山排房七間。中殿亦三間，前有西配殿三間。後殿四間。

民國伊始，火神廟的廟主爲孫常河。1915 年，趙潤淇從其手中以五百銀元將寺買下[3]。20 世紀 30 年代的火神廟破舊不堪。廟門北向，石額已無存。大殿三間，内供泥塑火神坐像，左右童像各一個，均已殘破。像前有一清同治七年（1868）製鐵香爐。殿前東側立清康熙三十年《火神廟碑》。碑陰刻有三百二十位人名。大殿東有配房三間，又有東房五間。除此以外，其餘房屋均坍塌。廟主趙潤淇住宫門口東廊下十一號，將廟房租與恒利鮮果店。1936 年

〔1〕參見清康熙三十年《火神廟碑》，京 387，《北京圖書館藏中國歷代石刻拓本匯編》卷六十四，頁一百六十七至一百六十八。

〔2〕同上。

〔3〕參見北京市檔案館藏《北平市社會局·内四區火神廟管理人趙潤淇呈送寺廟登記表及社會局的批示》，1936—1938 年，檔案號 J002-008-00948，頁十四。

社會局調查時，火神廟僅餘大殿一座、東房三間[1]。1947年火神廟依然還在，廟主姓趙[2]，極有可能是趙潤淇或者他的後代。

根據2004年調查時老住户的回憶，火神廟在1950年前後住滿了做小買賣的生意人。廟前的井是一口苦水井，後來因井水枯竭被填。

2004年寺廟原址是簡易居民樓。2018年回訪時仍舊。

---

〔1〕參見北京市檔案館藏《北平市社會局·内四區火神廟管理人趙潤淇呈送寺廟登記表及社會局的批示》，頁十四；國立北平研究院《火神廟》，西四141；《北平研究院北平廟宇調查資料匯編（内四區卷·下）》，頁七百零九至七百十四；《北京寺廟歷史資料》，頁二百四十九。

〔2〕參見北京市檔案館藏《北平市民政局·北平市各區寺廟總登記考察簿（1947—1948）》，檔案號J003-001-00237，頁七十五。

京387《火神廟碑》陽

京387《火神廟碑》陰

萬古
流芳

重修火神廟碑記

蓋聞離德昭明世所共欽作善降福作不善降殃神實主之况當風高地厚土性燥烈此方之人真誠願力不惜脂膏莊嚴廟像惟賴吾神默加庇佑以福蔭兹土此建立之所由來也自隆慶以迄於今歷年久遠銅駝荆棘滄桑已變殿宇棟梁未免爲風雨摧殘不有繼起之人則前此創造心力不幾化爲荒烟憂□乎今一旦傾頹者忽已巍焕弃毁者復見更新妙相輝煌今勝於昔伊誰之力土人告余曰有行僧名滿祥號瑞亭卓錫於此苦行焚修立關三載以致摩頂放踵不辭勞瘁幽以感神靈之護持明以仗檀那之法力期廟重興非夫人之力不致此余聞而有感焉創業難守成亦不易吾師必得如來種粟□樹鋪金之證□現身說法作如是觀不然抑何功之速而神效以至於此也於是爲之記　賜進士翰林院編修長□尤珍撰

大清康熙三十年四月　初八　日立

糯米 吳慧 嘉布薩 花子

李瑞粦 汪有才 孫守信 朱勒 柴柱 張慎 王士傑 張大□ 楊禧

張仁 石變玉 陳國太 劉時□ 董鳳格 陳進忠 房國鼎 馮一柱 王江堂 □義成 李天保 王昇 王蛟 辛自成 何三 田雙全 馬虎 瓢子 孟志孔 隋全質 趙尚武 宋金標 戚文元 蘇文孝 李保太 張三 叚雲生 張德茂 張德貴 霍保定 宗應龍 南齊海 王定 □一定 朱天佑 許天才 潘印僧 趙振新 孫保 黃毛 關六 梁三 彥貴 陳昆 鮮庸 蒯七 拜子 王五 小子 黑子 約子

劉枝貴 老米 張來 孫守奇 三保 長壽 高麗 趙進喜 瘋柴 王子柱 朱根柱 趙化他 李榮貴 唐一薦 乞爾太 宋有義 談進才 賈不訥 楊有德 臥七力 吳什太 胡什兔 楊守義 吳爾計 李興龍 以常阿 韓章 他布太 孩子 打哈太 三哥 巴因 曹龍庫 王□□ 佟繼盛 赫然 王雲貴 胡鼎武 支得禄 李逢春 劉福 雲南 甯國相 左啓耀 陶陀户 楊自成 孫振宗 張虎振 羅朝品 南代 來代

劉自振 海祥 鄧貞珩 趙英 都噶拉 郭了頭 趙文魁 □□ 關老米 四十八 劉□ 張頭 八汲刀 于龍變 觀音保 唐明孔 □達子 劉鍾淑 蘇都力 何成 根太 白代 衣存 阿世探 蘇定邦 九兒 三兒 于二 胡釀 噶拉 劉進學 □□□ 張石頭 閆巴俊 色勒 王佐柱 六十 殷達立 趙貴保 恩太 靳思孝 陳麻子 扎秦 吳二 李松可 鍾保 佛保 張肇龍 遍頭 蔡買康 盧世明

許大成 劉二小 劉進才 泥龍阿 阿樊大 林福信 曹□胡 孫四 葉常啓 閣布色利 昂濤圖 趙明揚 徐三 趙長三 馬自明 梅日紅 張小子 七十 來毛 麥秋 方應龍 陳現齋 星鼎 胡繼成 黑達子 秦秀華 荀繼業 劉同符 貴雲方 王國珍 阿穆呼郎 劉起倫 李志義 曹廷選 牟三元 王紀智 汪定邦 趙譚 連子 蔡金子 佟志起 佟懷德 吳用明 黃自成 劉景柱 榮士宗 張應龍 郭永年 李維先 趙鑑 顧文學

危文元 馬如龍 王義德 賀騰 胡光顯 武定邦 劉應龍 陳懷亮 恩特哈 吕大年 孫義德 王寂紫 王應奇 韓文道 老復英 邊應林 何圖 周宗忠 荀塞 白廷英 張進福 趙璽 七十八 毛八十 李之龍 李之賓 張有林 馮荀子 王國必 劉天爵 奚宗 姚有太 姚小友 楊洪堡 普月 吕開陽 岳文賢 龍弘柱 郝應科 劉應元 臧天禄 楊開太 趙連城 趙連璧 宋來亨 李成龍 李文高 楊世登 劉世宇 郭進林 劉孝 孔印光

靳瑞光 李洪美 劉海 曹治雅 李進孝 □有□ 許志英 楊來明 □□秀 韓玉 栗必守 羅思明 栗必才 朝賴 陳恩賢 本太 叉漢代 胡十太 更存 傅忠賢 賽阿力 孫他 傅作周 馮守儀 蘇八代 胡天福 李守儀 郭鎮傑 孫徹柱 胡廷玉 李錦 魏林龍 張國標 楊念修 安臉兒 翁武鄉 徐明亮 王常壽 □哥 劉世德 大爾加 那八十 那八海 王東坡 劉一明 康吳王 王國棟 張登科 趙洪傑 李義德 寧兆鵬

火神廟碑

額題:萬古流芳
首題:重修火神廟碑記
年代:清康熙三十年(1691)四月八日
原址:西城區火神廟胡同
拓片尺寸:碑身高146厘米,寬88厘米;額高28厘米,寬23厘米
書體:正書
撰人:尤珍
《目録》:頁277
拓片編號:京387
拓片録自:《北京圖書館藏中國歷代石刻拓本匯編》卷64頁167

【碑陽】

額題:萬古流芳

碑文:

重修火神廟碑記 1

蓋聞離德昭明,世所共欽。作善降福,作不善降殃,神實主之。况當風高地 2 厚,土性燥烈,此方之人真誠願力,不惜脂膏,莊嚴廟像,惟賴吾神默加 3 庇佑,以福蔭兹土。此建立之所由來也。自隆慶以迄於今,歷年久遠。銅 4 駝荆棘,滄桑已變。殿宇棟梁未免爲風雨摧殘。不有繼起之人,則前此 5 創造心力不幾化爲荒烟憂□乎。今一旦傾頹者,忽已巍焕弃毁者,復 6 見更新,妙相輝煌,今勝於昔,伊誰之力? 土人告余曰:“有行僧名滿祥,號 7 瑞亭,卓錫於此,苦行焚修,立關三載,以致摩頂放踵,不辭勞瘁。幽以感 8 神靈之護持,明以仗檀那之法力。期廟重興,非夫人之力不致此。”余聞 9 而有感焉。創業難,守成亦不易。吾師必得如來種粟□樹鋪金之證□。10 現身説法,作如是觀。不然抑何功之速,而神效以至於此也。於是爲之 11 記。賜進士翰林院編修長□尤珍撰。12 大清康熙三十年四月初八日立。13

【碑陰】

碑文:

糯米、吴慧、嘉布薩、花子 1

李瑞犇、汪有才、孫守信、朱勒、柴柱、張慎、王士傑、張大□、楊禧 2

張仁、石變玉、陳國太、劉時□、董鳳格、陳進忠、房國鼎、馮一柱、王江堂、□義成、李天保、王昇、王蛟、辛自成、何三、田雙全、馬虎、瓢子、孟志孔、隋全質、趙尚武、宋金標、戚文元、蘇文孝、李保太、張三、段雲生、張德茂、張德貴、霍保定、宗應龍、南齊海、王定、□一定、朱天佑、許天才、潘印僧、趙振新、孫保、黄毛、關六、梁三、彦貴、陳昆、鮮庸、蒯七、拜子、王五、小子、黑子、

約子[3]

劉枝貴、老米、張來、孫守奇、三保、長壽、高麗、趙進喜、痲柴、王子柱、朱根柱、趙化他、李榮貴、唐一薦、乞爾太、宋有義、談進才、賈不訥、楊有德、卧七力、吴什太、胡什兔、楊守義、吴爾計、李興龍、以常阿、韓章、他布太、孩子、打哈太、三哥、巴因、曹龍庫、王□□、佟繼盛、赫然、王雲貴、胡鼎武、支得禄、李逢春、劉福、雲南、甯國相、左啓耀、陶陀户、楊自成、孫振宗、張虎振、羅朝品、南代、來代[4]

劉自振、海祥、鄧貞珩、趙英、都噶拉、郭了頭、趙文魁、□□、關老米、四十八、劉□、張頭、八汲刀、于龍變、觀音保、唐明孔、□達子、劉鍾淑、蘇都力、何成、根太、白代、衣存、阿世探、蘇定邦、九兒、三兒、于二、胡釀、噶拉、劉進學、□□□、張石頭、閆巴俊、色勒、王佐柱、六十、殷達立、趙貴保、恩太、靳思孝、陳麻子、扎秦、吴二、李松可、鍾保、佛保、張肇龍、遍頭、蔡買康、盧世明[5]

許大成、劉二小、劉進才、泥龍阿、阿樊大、林福信、曹□胡、孫四、葉常啓、閣布色利、昂濤圖、趙明揚、徐三、趙長三、馬自明、梅日紅、張小子、七十、來毛、麥秋、方應龍、陳現齋、星鼎、胡繼成、黑達子、秦秀華、荀繼業、劉同符、貴雲方、王國珍、阿穆呼郎、劉起倫、李志義、曹廷選、牟三元、王紀智、汪定邦、趙譚、連子、蔡金子、佟志起、佟懷德、吴用明、黄自成、劉景柱、榮士宗、張應龍、郭永年、李維先、趙鑑、顧文學[6]

危文元、馬如龍、王義德、賀騰、胡光顯、武定邦、劉應龍、陳懷亮、恩特哈、吕大年、孫義德、王寂紫、王應奇、韓文道、老復英、邊應林、何圖、周宗忠、荀塞、白廷英、張進福、趙璽、七十八、毛八十、李之龍、李之賓、張有林、馮荀子、王國必、劉天爵、奚宗、姚有太、姚小友、楊洪堡、普月、吕開陽、岳文賢、龍弘柱、郝應科、劉應元、臧天禄、楊開太、趙連城、趙連璧、宋來亨、李成龍、李文高、楊世登、劉世宇、郭進林、劉孝、孔印光[7]

靳瑞光、李洪美、劉海、曹治雅、李進孝、□有□、許志英、楊來明、□□秀、韓玉、栗必守、羅思明、栗必才、朝賴、陳恩賢、本太、叉漢代、胡十太、更存、傅忠賢、賽阿力、孫他、傅作周、馮守儀、蘇八代、胡天福、李守儀、郭鎮傑、孫徹柱、胡廷玉、李錦、魏林龍、張國標、楊念修、安臉兒、翁武鄉、徐明亮、王常壽、□哥、劉世德、大爾加、那八十、那八海、王東坡、劉一明、康吴王、王國棟、張登科、趙洪傑、李義德、寧兆鵬[8]

西方丈

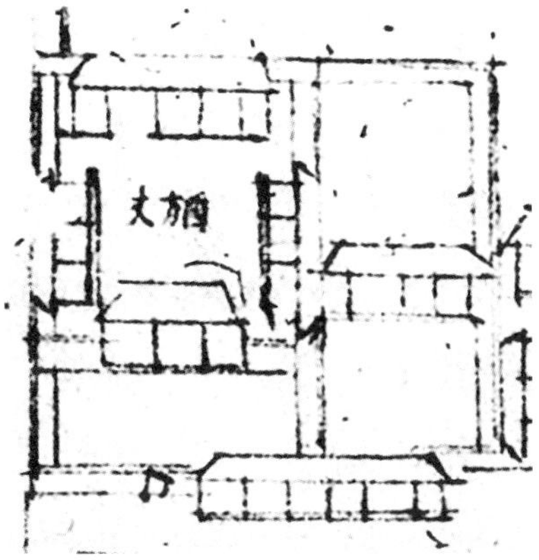

西方丈，又名方丈廟[1]。原址爲内四區白塔寺夾道二十八號（今西城區白塔寺東夾道二十一號）。寺廟建築現不存。

西方丈始建年代無考。清《乾隆廟册》已有載，爲大僧廟，住持宗通。據清乾隆《京城全圖》，西方丈在妙應寺東側，與之僅隔一夾道。寺廟坐北朝南，兩層殿宇，十分工整。廟門南向，前院有北殿三間，殿東西兩側有墻，與後院相隔。後院北殿五間，東西配殿各三間。

清嘉慶十二年（1807）從西直門老虎廟移來一口鐵磬，置於前殿内[2]。光緒二年（1876），僧人弘亮購得方丈廟，光緒四年（1878）更名入册，立有手本[3]。

民國九年（1920），弘亮的徒孫意珠接任住持。20世紀二三十年代的方丈廟面積兩畝半，廟門南向，小木額“方丈廟”。廟門内有一照壁。前院北殿三間，内供木韋陀立像一尊。北殿東有耳房一間。前院内另有東配房三間，西房六間。前院東有一跨院，院内南北房各兩間。後院後殿三間，内供木質釋迦牟尼坐像一尊；阿彌陀佛坐像一尊，白衣大士坐像一尊，千手千眼觀音一尊，王奶奶一尊，均泥塑[4]。殿内有鼓一面。殿東有耳房三間，殿西有北房兩間。

---

〔1〕參見國立北平研究院《方丈廟》，西四145；《北平研究院北平廟宇調查資料匯編（内四區卷·下）》，頁七百二十至七百二十二。

〔2〕同上。西直門老虎廟在三排十一段，參見《北京内城寺廟碑刻志》第三卷，頁四百五十一。

〔3〕參見北京市檔案館藏《北平市社會局·内四區方丈廟僧人意珠呈請登記廟産及社會局的批示》，1931—1940年，檔案號J002-008-00278，頁三。

〔4〕此處依據北平研究院調查記録，與北平社會局的寺廟登記有出入。1936年寺廟登記稱寺内有韋陀木像、泥像各一尊，阿彌陀佛木像、泥像各一尊，千手觀音一尊，童像三個。

後院還有東西房各三間。方丈廟内只有意珠一位僧人。廟房除了供佛以外,其餘出租,每月得租金七八元〔1〕。

1940年,意珠呈報社會局修理廟門、廟墻,并欲在後院空地添蓋灰房十間,開闢後門一座。工程費用全部由寺廟承擔。社會局批准了意珠的申請〔2〕。1945年的《北平寺廟調查一覽表》顯示方丈廟的後殿已漸傾塌〔3〕。1950年民政局寺廟登記時,意珠仍爲方丈廟的住持,廟内有房屋三十二間半〔4〕。1952年時,方丈廟内仍有佛殿群房四十二間,其中六間佛殿,衹一間供佛,其餘五間租出。群房四十間,意珠自住一間,其餘租出,月收租金五十餘元〔5〕。

據2004年和2018年調查時附近的老住户回憶,1950年以後,廟内還住着一位"方丈"和他的兩位太太。大殿裏也住了人,但是觀音佛像還在。20世紀60年代廟因爲破舊不堪而被拆除,在原址蓋了居民大院。2018年前院西面的房屋被推倒,正在新蓋兩排中式平房。

〔1〕參見國立北平研究院《方丈廟》,西四145;北京市檔案館藏《北平市社會局·内四區方丈廟僧人意珠呈請登記廟産及社會局的批示》,頁十二。

〔2〕同上。

〔3〕參見首都圖書館藏《北平寺廟調查一覽表》。

〔4〕參見北京市檔案館藏《北平市民政局·北平市寺廟總登記簿》,1950年,檔案號J003-001-00203,頁二十六。

〔5〕參見北京市檔案館藏《北京市民政局·民族事務科·西四區僧尼寺廟登記表》,1952年,檔案號196-001-00018,頁九十五。

三聖庵

三聖庵,原址約在今西城區西四北頭條二十二號。寺廟建築現不存。

三聖庵始建年代不詳。清《雍正廟册》有記載,爲尼僧廟,在驢肉胡同,有殿宇一間,禪房兩間,住持寂受。據清乾隆《京城全圖》所繪,三聖庵坐南朝北,一進院落。山門一間,北向。山門東有朝北房一間。南殿三間,東耳房兩間。

此外未見其他有關三聖庵的記載。

2018 年調查時寺廟原址爲民居。

藏經殿

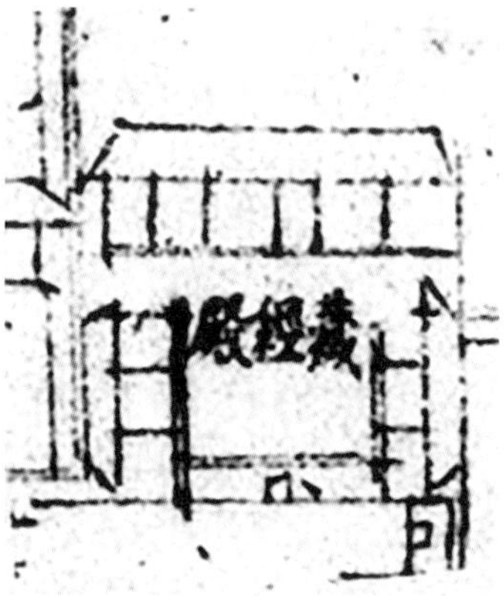

藏經殿,原址爲内四區白塔寺東夾道二十六號(今西城區白塔寺東夾道十七號、十九號、甲十三號)。寺廟建築現存部分。

藏經殿始建年代無考。清《雍正廟册》有載録,爲大僧廟,有殿宇五間,禪房六間,住持心曉。清《乾隆廟册》亦記作大僧廟,住持續宗。按清乾隆《京城全圖》所繪,藏經殿坐北朝南,一進院落。無山門,在南墻開一廟門,南向。門内北殿六間,東西配房各三間。宣統元年(1909),住持元修重修廟宇[1]。

民國三年(1914),中央佛教公會發給藏經殿住持樂林廟産執照。民國七年(1918),僧瑞慶接任藏經殿住持。20世紀30年代的藏經殿面積約兩畝,與清乾隆時期比較增加了東西兩個跨院,主院格局和清代一致。山門一間南向,歇山頂,石額"敕賜重修藏經殿"。大殿五間,殿門木額"慧海智珠",那彦成己卯年題。大殿内供毗盧佛銅像一尊,端坐於蓮座之上。銅像背後有佛光,繪有經卷。左右木質童像各一尊。像前擺放五供兩份,像後架上列有經卷。大殿左間供關帝小泥像一尊;另有一轎式佛龕放置於地上,内供木質千手觀音一尊,前有一小釋迦佛像。主院内還有東西配殿各三間,無佛像。主院西有短墻,有通道入西跨院。西跨院内北房三間。主院東有東跨院,無墻隔。東跨院北房三間,南墻有一小門。藏經殿還收有鐵磬一口,《金剛經》《觀音經》《藥師經》各一部;院内古槐一棵。除了住持瑞慶之外,僧人智達也住在廟内。瑞慶將部分廟房出租,每月得租金十幾元[2]。

〔1〕參見國立北平研究院《藏經殿》,西四143;《北平研究院北平廟宇調查資料匯編(内四區卷·下)》,頁七百十五至七百十九。

〔2〕參見同上;北京市檔案館藏《北平市社會局·内四區藏經殿僧人瑞慶登記廟産、發放憑照的呈文及社會局的批示》,1931—1936年,檔案號J002-008-00604,頁四、二十三;《北京寺廟歷史資料》,頁四十七。

根據2004年實地調查時住在藏經殿的老住户的回憶，民國時期的藏經殿爲南城觀音院的下院。住持瑞慶即由觀音院派任。觀音院的鋪擺，一關姓旗人，因與觀音院的住持熟識，舉家遷入藏經殿居住。這位關姓旗人經營的鴻順堂棚彩與白塔寺周圍的其他商户聯合，專門包攬周邊居民的婚喪儀式[1]。1947年民政局寺廟登記時，藏經殿的住持改爲北京佛教會的理事之一純山[2]。1950年登記時住持爲瑞山。據稱，藏經殿曾將寺後的空地租給王姓蓋房九間，其時期限已滿，但因契約遺失，未能將地收回[3]。據老住户回憶，1950年以後，關姓一家依然住在藏經殿，并負責替觀音院向寺内的其他住家代收房租，部分房租用來修理廟房。觀音院每個月派一個三十幾歲的和尚顯格來收房租。當時住在寺内的多爲做小買賣的，有剃頭的、染布的、磨刀的，等等。1952年登記時住持還是瑞慶，寺廟有佛殿群房共五十四間，附屬房屋有白塔寺夾道二十七號七間半，蘇蘿蔔胡同十四號五間、甲十三號四間半、甲十四號八間、甲十五號十四間[4]。老住户稱1952年顯格患肺結核去世，觀音院派僧人寳權接管。寳權接任後即决定拆除大殿，殿内的毗盧佛銅像被遷至南城的報國寺。

2018年調查時老住户説20世紀50年代藏經殿西跨院的北殿内沿墻有一圈小泥佛。西跨院和主院之間有一個月亮門。當時西跨院内似乎并未住人，臨近的小孩常常從木栅欄門的門縫裏溜進院内來玩耍。20世紀70年代初北殿開始有住家。

2018年藏經殿主院爲東夾道十七號，存東西配殿；西跨院爲東夾道十九號，存北殿三間；東跨院爲東夾道甲十三號，亦存三間北殿。三處院落均爲居民住家。2020年調查時，山門石額恢復，刻“敕賜重修藏經殿，宣統己酉住持元順敬修”，院内基本維持原狀。現爲西城區文物登記單位。

---

〔1〕參見鞠熙《19世紀北京國子監街火神廟商會研究》，《社會治理》2017年第3期，頁八十一至九十一。

〔2〕參見北京市檔案館藏《北平市民政局·北平市各區寺廟總登記考察簿（1947—1948）》，檔案號J003-001-00237，頁二十。

〔3〕參見北京市檔案館藏《北平市民政局·北平市寺廟總登記簿》，1950年，檔案號J003-001-00203，頁二十九。

〔4〕參見北京市檔案館藏《北京市民政局·民族事務科·西四區僧尼寺廟登記表》，1952年，檔案號196-001-00018，頁九十五 。

藏經殿外觀（2013 年 10 月 曉松攝）

净土殿

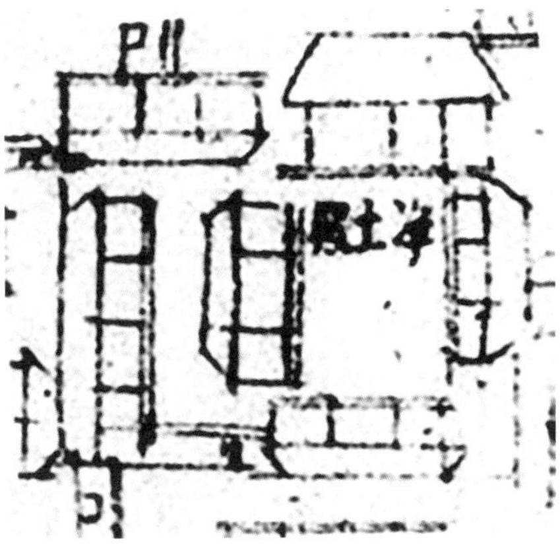

净土殿，又名净土寺[1]。原址爲内四區前抄手胡同八號（今西城區前抄手胡同二十九號、二十七號）。寺廟建築現存。

净土殿始建年代不詳。清《雍正廟册》有記載，爲大僧廟，有殿宇十二間，禪房十四間，住持實慶。清《乾隆廟册》也録作大僧廟。按照清乾隆《京城全圖》所繪，净土殿坐北朝南，一層殿宇。無山門，在寺院南墻開廟門。門内爲一跨院，有西房四間。跨院東爲主院，有北殿三間，東西配殿各三間，另有南房三間。

此外未見其他關净土殿的清代記載。

20世紀30年代的净土殿無廟門，從前抄手胡同八號入。有北殿三間，内供木質金身菩薩坐像一尊，下有蓮座。像前供桌上有小泥關帝及關興、周倉像各一尊，又有小木釋迦佛一尊。東間木龕内供送子觀音像一尊，木質金身，工細。東配殿内供泥塑火神一尊，旁有佛像三四尊。管廟人爲一張姓老婦人[2]。

2018年調查時，老住户介紹説净土殿在20世紀40年代住着日本軍人和家屬，後來由國民黨軍隊使用。20世紀50年代後即歸入解放軍的軍産。軍隊士兵在院内搭建房屋，并將南房拆除重建。2018年調查時可見三間大殿被隔成住房，但房頂、梁柱等主體結構保留完整，未經任何改動。房頂西角有獸頭，東角無，估計已經脱落。西配殿三間亦完整，東配殿則在幾年以前全部拆除翻蓋。西跨院的西房爲後來重新翻蓋。2020年調查時，净土殿大殿、配殿建築尚存，仍是衛戍部隊警衛隊的宿舍。

〔1〕清《乾隆廟册》。

〔2〕參見國立北平研究院《净土殿》，西四151；《北平研究院北平廟宇調查資料匯編（内四區卷·下）》，頁七百二十八至七百三十。

净土殿院内（2013 年 10 月 曉松攝）

千佛殿

千佛殿，又名千佛庵[1]，金宅光氏家祠[2]。原址爲内四區白塔寺夾道二十三號（今西城區白塔寺東夾道十四號）。寺廟建築現不存。寺内原有清乾隆年間《千佛殿碑》。

千佛殿始建年代無考。清《雍正廟册》有記載，爲大僧廟，殿宇四間，禪房八間，住持圓興。清《乾隆廟册》亦録作大僧廟，住持際寶。據于敏中撰寫的《千佛殿碑》，際寶應當即雲光大師，曾於乾隆年間重修寺廟[3]。清乾隆《京城全圖》所繪的千佛殿在白塔寺東側，東鄰净土殿。寺廟坐北朝南，一進院落。無山門，在南墻開廟門。院内北殿三間，東西厢房各兩間。北墻東頭有門通後面的胡同。

清光緒二年（1876），千佛殿住持智廣將寺廟轉賣給旗人光耀。彼時的千佛殿除了乾隆年間已建的三間北殿以外，還有南殿三間，北房兩間，東西厢房也由原來的各兩間變爲各三間，共房屋十四間。光耀購得千佛殿之後，將寺改爲光氏家祠，供奉祖先神主。1900 年庚子之亂，寺廟被法軍拆毁。1915 年重修，仍爲家祠，每逢周年陰壽紀念日祭奠[4]。

20 世紀 30 年代，光氏家祠山門木額“金宅光氏家祠”。北殿内供奉光氏祖先神牌。中間供木胎金身釋迦牟尼像，端坐木質蓮花千佛座之上。殿内東

---

〔1〕清《雍正廟册》。

〔2〕參見北京市檔案館藏《北平市社會局·内四區光氏家祠金慶毓登記廟産的呈文及社會局的批示》，1931—1937 年，檔案號 J002-008-00623。

〔3〕參見清乾隆年間《千佛殿碑》，京 442，《北京圖書館藏中國歷代石刻拓本匯編》卷七十六，頁一百五十五。

〔4〕參見北京市檔案館藏《北平市社會局·内四區光氏家祠金慶毓登記廟産的呈文及社會局的批示》，頁四、三十五；《北京寺廟歷史資料》，頁三百七十九。

墻下有銅關帝立像，左右關平、周倉泥像侍立。殿内還有韋陀泥像一尊，但已殘破；另有明天啓四年（1624）製鐵磬一個，鐵鐘一口。北殿兩側各有東耳房一間，西耳房三間。殿前有明崇禎四年（1631）造香爐一座，東側立有清乾隆年間的《千佛殿碑》。院内還有南殿三間，東西厢房各四間，榆樹一棵〔1〕。1931年社會局登記時，光氏家祠亦稱家廟，廟主爲清末購置寺廟的旗人光耀的兒子金慶毓、金英懋。二人均不住在廟内，另由看廟人張山看管。他們先後在1936和1937年去世。金英懋之子金宗彝繼爲廟主〔2〕。1940年九月，金宗彝呈請社會局，因迫於生計，擬將廟内的釋迦牟尼、韋陀及關帝像請往鐵獅子廟胡同三號的真武廟〔3〕内供奉，以便把殿房騰空出租。社會局批准後，金宗彝即移走佛像，又再次呈報將廟産轉賣給馬芝泉改建民房〔4〕。

1950年之後的光氏家祠無文獻記載。2005年和2018年實地調查時，也未獲得相關信息。2018年寺廟原址爲居民宅院，因未能進入，不確定原有建築是否仍存。2020年調查時，寺廟原址上是一座坐北朝南的三合院，建築已全部翻修。

---

〔1〕參見國立北平研究院《金宅光氏家祠》，西四147；《北平研究院北平廟宇調查資料匯編（内四區卷·下）》，頁七百二十三至七百二十七。

〔2〕參見北京市檔案館藏《内四區光氏家祠金慶毓登記廟産的呈文及社會局的批示》，頁三十七。

〔3〕真武廟在二排十一段，參見《北京内城寺廟碑刻志》第二卷，頁八百三十二至八百三十九。

〔4〕參見北京市檔案館藏《北平市社會局·内四區白塔寺金宗彝呈報遷移佛像及社會局的批示》，1940年，檔案號J002-008-00213。

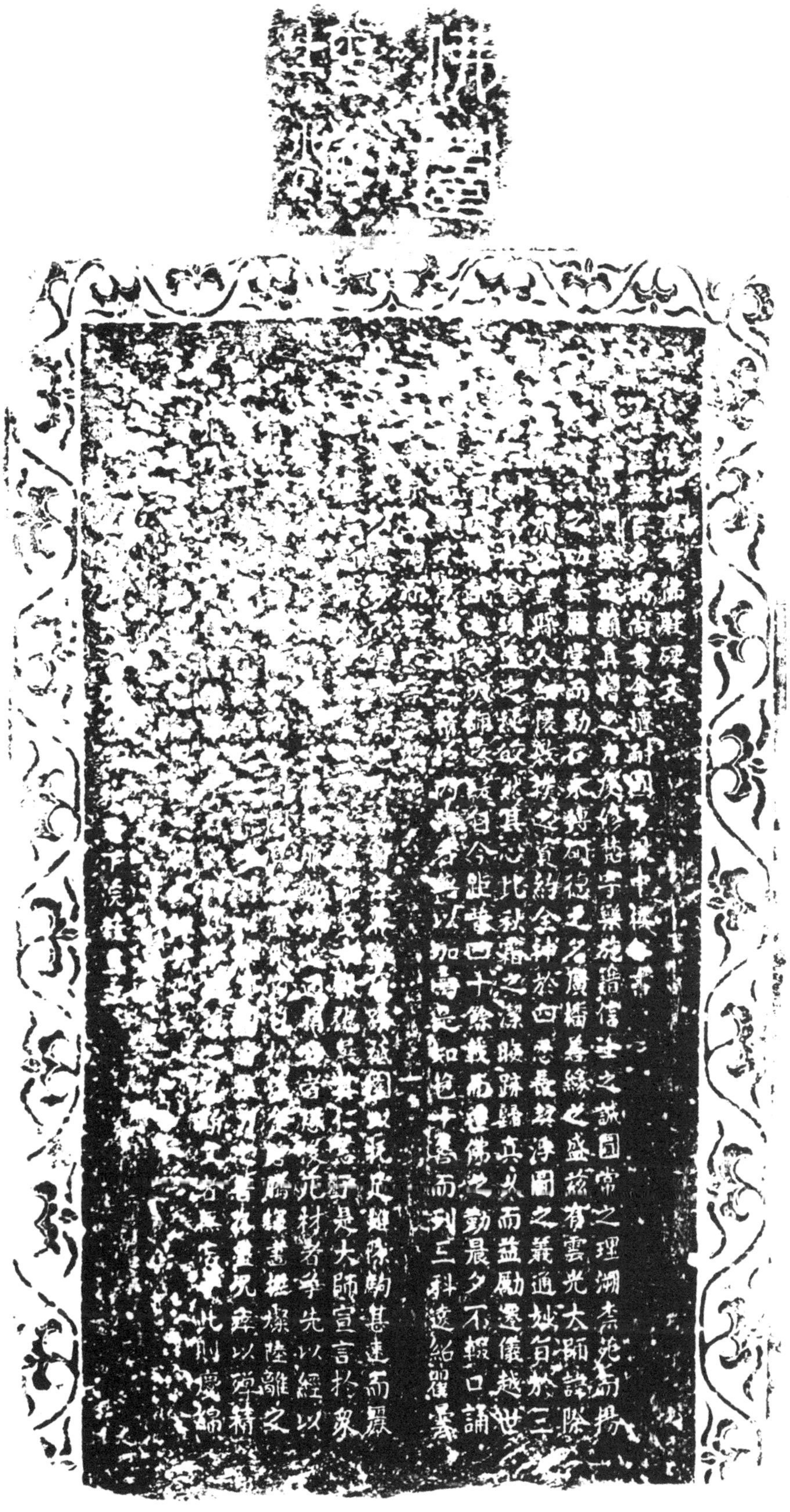

京 442《千佛殿碑》陽

佛圖增輝

大清北京千佛殿碑文

經筵講官户部尚書金壇耐圃于敏中撰并書

□□沙門安建賴真僧之力虔修梵宇樂施籍信士之誠圓常之理溯奈苑而揚

（上泐）奠之功葺厢堂而勒石永傳碩德之名廣播善緣之盛兹有雲光大師諱際

□順天府密雲縣人幼懷敏樸之資約全神於四忍長契浮圖之義通妙旨於三

（上泐）或□舍璞玉之純皎然其心比秋霜之潔晦迹歸真久而益勵遷儀越世

（上泐）□□大師祝髮自今距昔四十餘載而禮佛之勤晨夕不輟口誦

（上泐）之精於内□者無以加焉是知苞十善而列三科遠紹瞿曇

（上泐）海而空六宗（下泐）

（上泐）迹祇園以托足雖隙駒甚速而麗

（上泐）十數化展其仁□於是大師宣言於衆

（上泐）服□於□□捐資者恐後庀材者争先以經以

（上泐）飛□□□紫金□騰輝畫拱燦陸離之

（上泐）菩□盛况瘁以殫精

（上泐）斯文者無忘□此則慶綿

（上泐）秋□下浣穀旦立

（本行漫漶）

千佛殿碑

額題:佛圖增輝
年代:清乾隆年間(年月泐)
原址:西城區阜成門内大街白塔寺東夾道
拓片尺寸:碑身高 105 厘米,寬 63 厘米;額高 19 厘米,寬 20 厘米
書體:正書并篆額
撰人:于敏中
書人:于敏中
《目録》:頁 324
拓片編號:京 442
拓片録自:《北京圖書館藏中國歷代石刻拓本匯編》卷 76 頁 155

【碑陽】

額題:佛圖增輝

碑文:

大清北京千佛殿碑文 1

經筵講官户部尚書金壇耐圃于敏中撰并書 2

□□沙門,安建賴真僧之力;虔修梵宇,樂施籍信士之誠。圓常之理,溯奈苑而揚 3(上泐)奠之功,葺厢堂而勒石,永傳碩德之名,廣播善緣之盛。兹有雲光大師諱際 4□,順天府密雲縣人,幼懷敏樸之資。約全神於四忍,長契浮圖之義;通妙旨於三 5(上泐)國□舍璞玉之純。皎然其心,比秋霜之潔。晦迹歸真,久而益勵。遷儀越世 6(上泐)□□大師祝髮,自今距昔四十餘載,而禮佛之勤,晨夕不輟,口誦 7(上泐)之精於内□者,無以加焉。是知苞十善而列三科,遠紹瞿曇 8(上泐)海而空六宗(下泐)9(上泐)迹祇園以托足,雖隙駒甚速而麗 10(上泐)十數,化展其仁□。於是大師宣言於衆 11(上泐)服□於□□,捐資者恐後,庀材者争先。以經以 12(上泐)飛□□□紫金□騰輝畫拱燦陸離之 13(上泐)菩□盛況,猝以殫精 14(上泐)斯文者無忘□此,則慶綿 15(以下漫漶)。16

(上泐)秋□下浣穀旦立。17

毗盧殿

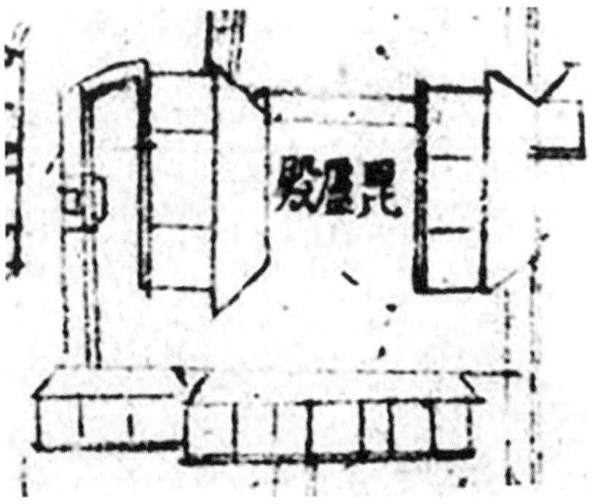

毗盧殿，原址約爲今西城區白塔寺東夾道四十號。寺廟建築現不存。

毗盧殿始建年代不詳。清《雍正廟册》有載，在白塔寺，爲大僧廟，有殿宇八間，禪房十五間，住持傳信。清《乾隆廟册》也記作大僧廟，住持法璽。據清乾隆《京城全圖》，毗盧殿坐東朝西，兩層殿宇，四周墻垣環繞。山門一間，西向。前後院各有東殿三間。此外未見其他有關毗盧殿的資料。

2018年調查時寺廟原址爲居民小院。

佛堂

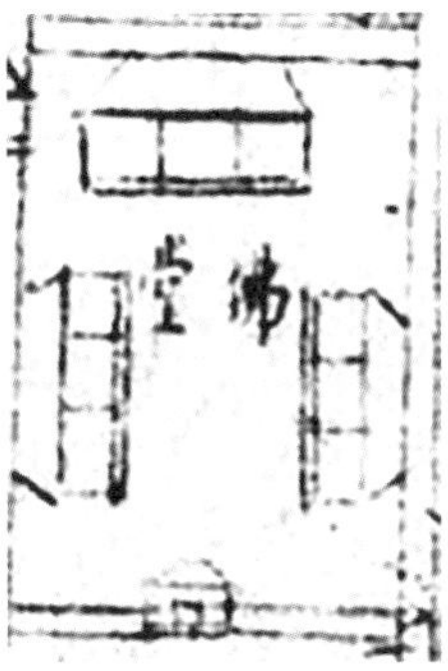

佛堂,原址約在今西城區阜成門內大街一百二十九號。寺廟建築現不存。

佛堂始建年代不詳,僅見於清乾隆《京城全圖》。按圖所繪,佛堂在帝王廟東側,靠近阜成門內大街。寺廟坐北朝南,一進院落。山門一間,南向。北殿三間,東西配殿各三間。

此外未見其他有關佛堂的記載。

2018 年調查時寺廟原址爲一傳統式樣深宅大院。

歷代帝王廟

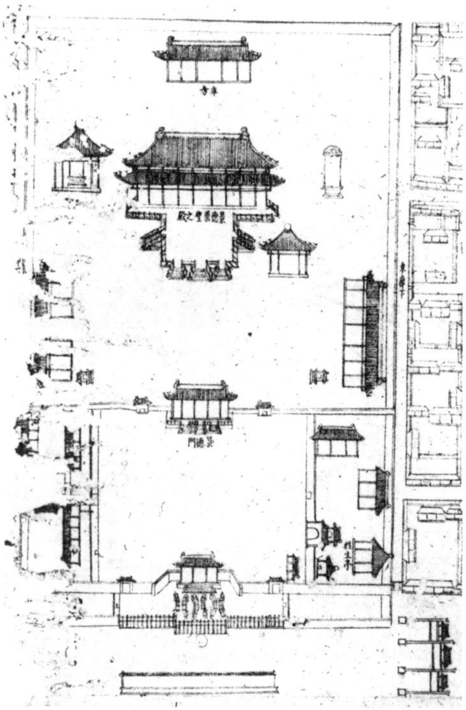

歷代帝王廟，原址爲内四區羊市大街五十二號（今西城區阜成門内大街一百三十一號）。寺廟建築現存。寺内原有碑六通，分别爲清雍正十一年（1733）《歷代帝王廟碑》，清乾隆二十九年（1764）《歷代帝王廟碑》和《歷代帝王廟瞻禮詩》，乾隆五十年（1785）《歷代帝王廟禮成述事碑》和《祭歷代帝王廟碑》，以及一通無年月的《歷代帝王廟下馬碑》。碑刻均現存廟内。

歷代帝王廟始建於明嘉靖十年（1531），奉祀的歷代帝王在明清兩代數次變更。是年，中允廖道南請撤靈濟宫徐知證、徐知諤二神，改設歷代帝王神位，配以歷代名臣。經禮部復議，以爲靈濟宫地方狹窄，宜擇地别建。工部相看地面後，選定阜成門内保安寺故址。該處地勢整潔，且通西壇；原本係屬官地，後改設神武後衛及私宅。嘉靖帝詔准提議，遣工部尚書蔣瑶行祭禮開工，右侍郎錢如京提督工程。次年夏，廟成。世宗親臨祭祀。歷代帝王廟坐北朝南。廟門前東西各有一座牌坊，額曰"景德"，立有下馬碑。廟門内有神庫、神厨、宰牲亭和鐘樓。往北爲景德門，門内有大殿，名"景德崇聖之殿"，東西各有配殿。大殿前有燎爐兩座，殿後爲祭器庫[1]。北京帝王廟的祭祀規制與明太祖在南京所建的帝王廟同。其中大殿

〔1〕參見《明世宗實録》卷一百二十三，嘉靖十年三月十七日條，頁二千九百六十七；卷一百四十一，嘉靖十一年八月二日條，頁三千二百八十六；《春明夢餘録》卷二十，頁二百八十三至二百八十六。

奉祀十六位帝王：三皇伏羲、神農、黄帝；五帝少昊、顓頊、嚳、堯、舜；三王禹王、湯王、武王；漢高祖、光武帝，唐太宗、宋太祖和元世祖。配殿從祀三十七位功臣。北京歷代帝王廟初建伊始，翰林修撰姚淶就提出撤元世祖祀，而禮部以遵循舊制爲由，未予通過。嘉靖二十四年（1545），禮部給事中陳棐再次陳請撤祀元世祖及五位元代大臣，獲准[1]。從此歷代帝王廟祭奉的帝王改爲十五位，從祀的大臣爲三十二位，直至明末。

清順治二年（1645），清世祖在歷代帝王廟增祀遼太祖、金太祖、金世宗、元太祖、元世祖、明太祖六帝，以及遼、金、元、明四代九位功臣。祭祀人數增至二十一帝，四十一臣。每年春秋仲月，遣官致祭。十四年（1657），清世祖親祭帝王廟，又將商中宗、高宗、周成王、康王、漢文帝、宋仁宗和明孝宗七位守成之帝入祀，并罷祀遼太祖、金太祖和元太祖三帝。康熙元年（1662），清聖祖重新入祀三位被順治罷祀的帝王，而將七位守成帝移出帝王廟。六十一年（1722），年近古稀的康熙帝下旨將歷代凡曾在位的君王，除無道被弑亡國之主外，盡入帝王廟崇祀；又令群臣重新議定歷代有功之臣入祀帝王廟。未待群臣奏議，康熙帝即駕崩。雍正登基後遵奉先志，增祀一百四十三位帝王，四十位功臣。雍正七年（1729）清世宗下旨修帝王廟，十一年立御製碑[2]。乾隆元年（1736），高宗謚明建文帝爲恭閔惠皇帝，入帝王廟[3]。

據清乾隆《京城全圖》所繪，歷代帝王廟坐北朝南，前有大影壁一座，兩邊各有牌坊。廟門前空地有墻圍起，南面有栅欄，栅欄内似爲三座石橋，通帝王廟正門。石橋兩側各有墻，墻上有門。廟門三間，琉璃瓦歇山頂，兩旁爲八字影壁。正門兩邊各有邊門。正門内爲前院，院北有景德門五間，琉璃瓦歇山頂，立於臺基之上，前有臺階三座。景德門東西各有一門。前院東南隅有東房三間。前院東有鼓樓，鼓樓南北兩側有墻，墻東爲一跨院，墻上有門。跨院内有東殿三間，北殿三間，東殿南有宰牲亭三間，宰牲亭前又有小亭一座[4]。前院西亦有跨院。跨院似有東西兩進。第一進有西房兩座，各五間。第二進似有西房一座五間[5]。後院即主院，正中爲崇聖景德之殿十間，重檐琉璃瓦歇山頂，立於高臺上，四周有欄杆，前有月臺，月臺南面有三排臺階，東西兩面各有一排臺階。大殿前東面有亭一座，殿東有碑一通，殿西有碑亭一座，内有碑一通。大殿前有東西配殿各七間，配殿前南端各有燎爐一座。大殿後有庫房五間。

乾隆十八年（1753），帝王廟正門額書“景德門”增“崇聖”二字[6]。二十九年修帝王廟，將正殿青緑琉璃瓦改成黄琉璃瓦，立御製碑[7]；高宗親往行禮，賦《歷代帝王廟瞻禮詩》，刻碑立於廟内[8]。五十年，高宗查閲《大清通禮》及聖祖時期紅本批奏，以爲當年廷臣議定增祀時未能仰體聖意，將漢桓靈二帝入祀，而於前後五代却全未議及，遂敕令大學士九卿等更議，增祀兩晋、北魏、前後五代二十三位帝王，以及唐憲宗、金哀宗神位，撤漢桓、靈二帝。高宗撰書碑文兩篇，於大殿東西兩邊各

〔1〕參見《帝京景物略》卷四，頁一百八十一至一百八十二。

〔2〕參見《欽定大清會典事例》卷四百三十三；清雍正十一年《歷代帝王廟碑》，京414，《北京圖書館藏中國歷代石刻拓本匯編》卷六十八，頁一百二十八。

〔3〕參見《欽定大清會典事例》卷四百三十三。

〔4〕據《光緒順天府志》，此處東殿、北殿及小亭當係神庫、神厨和井亭。參見《光緒順天府志》卷六，頁一百三十七。

〔5〕又據《光緒順天府志》，此西跨院爲承祭官致齋所。參見同上。

〔6〕同注〔3〕。

〔7〕參見清乾隆二十九年《歷代帝王廟碑》，京410，《北京圖書館藏中國歷代石刻拓本匯編》卷七十二，頁四十九至五十。

〔8〕參見清乾隆二十九年《歷代帝王廟瞻禮詩》，京411，《北京圖書館藏中國歷代石刻拓本匯編》卷七十二，頁五十一。

建碑亭一座[1]。道光二十年(1840)修正殿[2]。

民國伊始,原有的清代皇家祠祀廢止,歷代帝王廟與其他祠祀場所一起均歸入新成立的壇廟管理處。1928年南京國民政府成立後將壇廟管理處擴大爲壇廟管理所,負責對壇廟内古物古迹的管理,以及壇廟的對外開放和租借[3]。國立北平研究院調查時,帝王廟内設有中華教育改進社,河北省國術館和北平幼稚師範學校籌備處。彼時的帝王廟建築布局除大殿後面的庫房不存外,其餘部分與清乾隆《京城全圖》一致,然而其功能和殿宇内的布置則已經面目全非。廟門上木額“帝王廟”,四周刻龍。前院内小松柏成行,有大銅缸兩口。東跨院内花木扶疏,爲河北省國術館使用;西跨院内部分房屋坍塌,有古槐一株。大殿有木額曰“景德崇聖殿”,另有新額“仁誠智勇”,係國術館館訓。大殿内有乾隆御筆木額“報功觀德”,奉有歷代帝王牌位,共七龕。四周墻上貼滿國術館標語。大殿前月臺及臺前空地均用作武術練習場。東配殿改作國術醫院,西配殿内配享牌位均移至正殿,僅餘木龕。大殿東西各有碑亭兩座。大殿與碑亭均爲黄琉璃瓦,其餘建築則爲中間黑琉璃瓦,四周緑琉璃瓦[4]。

1931年,北平幼稚師範學校在歷代帝王廟開立,其前身即爲香山慈幼院幼兒師範科。1934年經設在帝王廟内的中華教育改進社建議,北平壇廟管理所决定定期對外開放歷代帝王廟的景德崇聖殿。

20世紀50年代歷代帝王廟繼續作爲學校使用。1972年學校被統編爲北京市第159中學。1979年,帝王廟被定爲第二批北京市重點文物保護單位,并開始逐年整修。2003年北京市第159中學遷出帝王廟。次年歷代帝王廟對外開放[5]。迄今,歷代帝王廟基本保持原貌。

---

〔1〕參見清乾隆五十年《祭歷代帝王廟碑》,京413,《北京圖書館藏中國歷代石刻拓本匯編》卷七十五,頁二十三至二十四;乾隆五十年《歷代帝王廟禮成述事碑》,京415,《北京圖書館藏中國歷代石刻拓本匯編》卷七十五,頁二十五;“中央研究院”近代史研究所藏内務府奏銷檔《奏報修建帝王廟内建築需工料銀兩摺》,乾隆五十年。

〔2〕參見《欽定大清會典事例》卷四百三十三。

〔3〕參見内政部年鑒編纂委員會編《内政年鑒》,上海:商務印書館,1936年,頁二百四十七。

〔4〕參見國立北平研究院《歷代帝王廟》,西四191;《北平研究院北平廟宇調查資料匯編(内四區卷·下)》,頁九百四十六至九百七十一。

〔5〕參見 Marianne Bujard, “ Le temple des anciens souverains ”, Matériaux pour l’étude de la religion chinoise (三教文獻), 1, 1997, pp. 67-77.

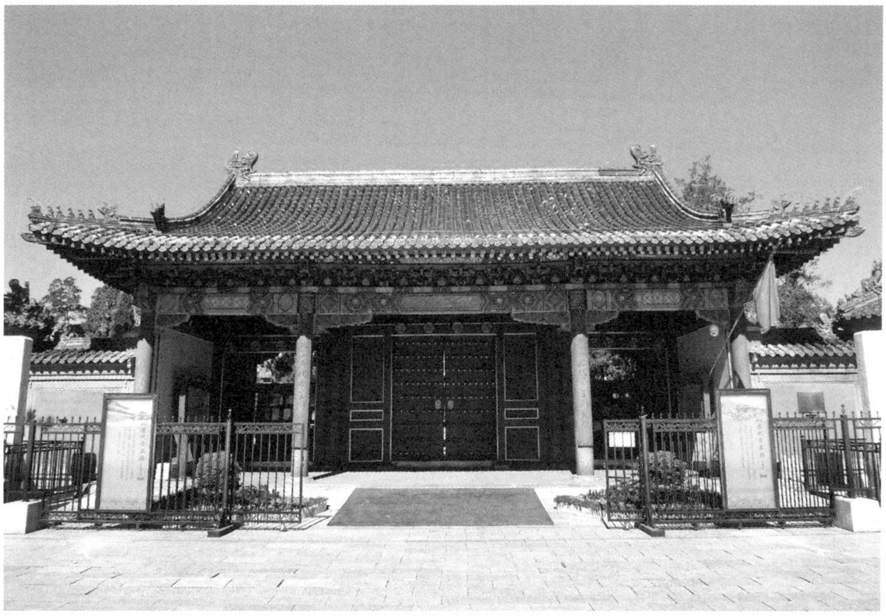

歷代帝王廟大門（2013 年 10 月 曉松攝）

歷代帝王廟景德崇聖殿（2013 年 10 月 曉松攝）

歷代帝王廟禮成述事碑（2013 年 10 月 曉松攝）

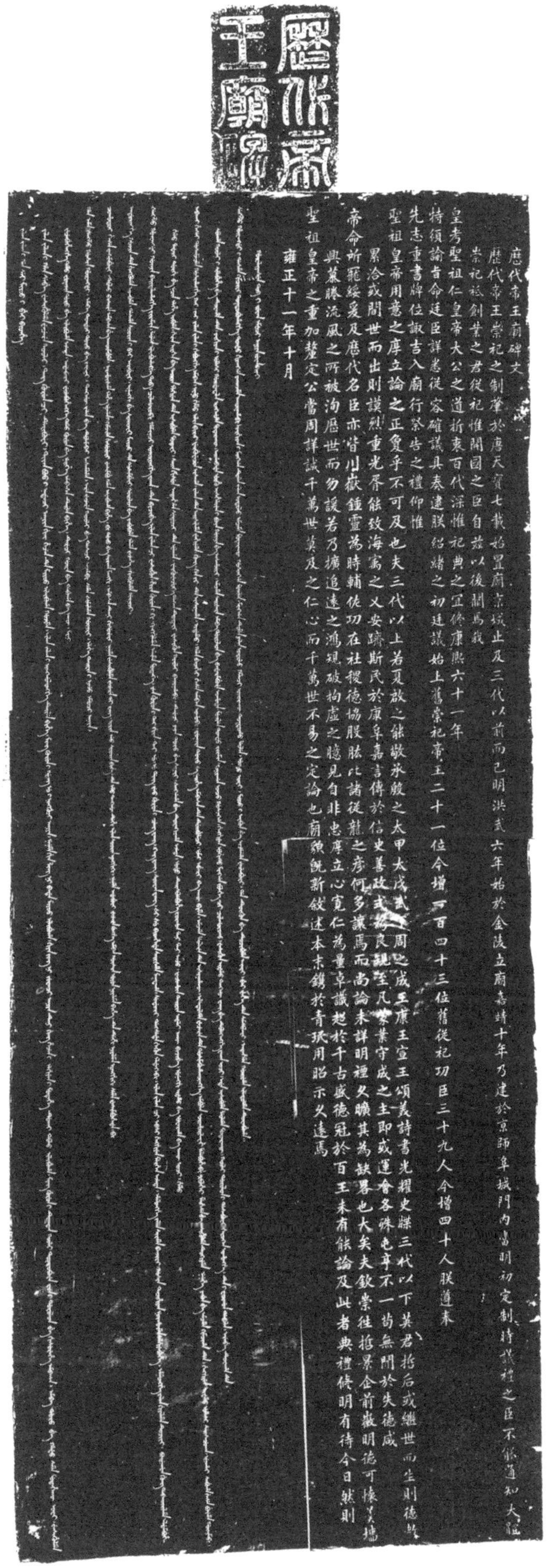

京 414《歷代帝王廟碑》陽

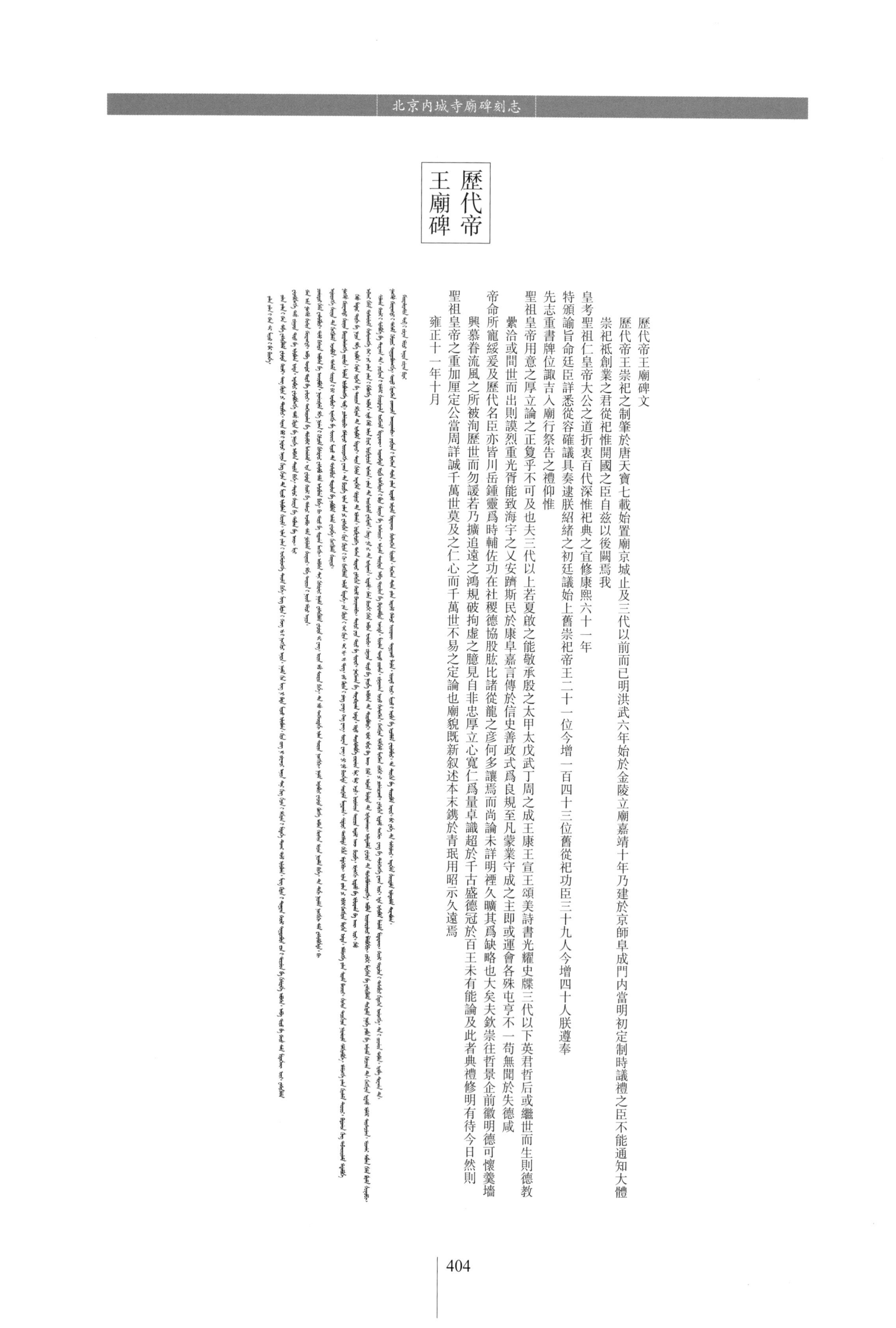

歷代帝王廟碑

歷代帝王廟碑文

歷代帝王崇祀之制肇於唐天寶七載始置廟京城止及三代以前而已明洪武六年始於金陵立廟嘉靖十年乃建於京師阜成門内當明初定制時議禮之臣不能通知大體

崇祀祇創業之君從祀惟開國之臣自兹以後闕焉我

皇考聖祖仁皇帝大公之道折衷百代深惟祀典之宜修康熙六十一年

特頒諭旨命廷臣詳悉從容確議具奏逮朕紹緒之初廷議始上舊崇祀帝王二十一位今增一百四十三位舊從祀功臣三十九人今增四十人朕遵奉

先志重書牌位諏吉入廟行祭告之禮仰惟

聖祖皇帝用意之厚立論之正夐乎不可及也夫三代以上若夏啟之能敬承殷之太甲太戊武丁周之成王康王宣王頌美詩書光耀史牒三代以下英君哲后或繼世而生則德教

覃洽或間世而出則謨烈重光胥能致海宇之乂安躋斯民於康阜嘉言傳於信史善政式爲良規至凡蒙業守成之主即或運會各殊屯亨不一苟無聞於失德咸

帝命所寵綏爰及歷代名臣亦皆川岳鍾靈爲時輔佐功在社稷德協股肱比諸從龍之彦何多讓焉而尚論未詳明禋久曠其爲缺略也大矣夫欽崇往哲景企前徽明德可懷羹墻

興慕眷流風之所被洵歷世而勿諼若乃擴追遠之鴻規破拘虚之臆見自非忠厚立心寬仁爲量卓識超於千古盛德冠於百王未有能論及此者典禮修明有待今日然則

聖祖皇帝之重加厘定公當周詳誠千萬世莫及之仁心而千萬世不易之定論也廟貌既新叙述本末鎸於青珉用昭示久遠焉

雍正十一年十月

歷代帝王廟碑

首題：歷代帝王廟碑文
年代：清雍正十一年（1733）十月
原址：西城區阜成門内大街
拓片尺寸：拓片高 349 厘米，寬 137 厘米；額高 51 厘米，寬 33 厘米
書體：正書并篆額
撰人：（世宗）胤禛
書人：（世宗）胤禛
拓片編號：京 414
拓片録自：《北京圖書館藏中國歷代石刻拓本匯編》卷 68 頁 128

【碑陽】
額題：歷代帝王廟碑
碑文：

歷代帝王廟碑文 1

歷代帝王崇祀之制，肇於唐天寶七載。始置廟京城，止及三代以前而已。明洪武六年，始於金陵立廟。嘉靖十年，乃建於京師阜成門内。當明初定制時，議禮之臣不能通知大體，2 崇祀祇創業之君，從祀惟開國之臣，自兹以後闕焉。我 3 皇考聖祖仁皇帝大公之道，折衷百代，深惟祀典之宜修。康熙六十一年 4 特頒諭旨，命廷臣詳悉從容確議具奏。逮朕紹緒之初，廷議始上。舊崇祀帝王二十一位，今增一百四十三位。舊從祀功臣三十九人，今增四十人。朕遵奉 5 先志，重書牌位，諏吉入廟，行祭告之禮。仰惟 6 聖祖皇帝用意之厚，立論之正，敻乎不可及也。夫三代以上，若夏啟之能敬承，殷之太甲、太戊、武丁，周之成王、康王、宣王，頌美詩書，光耀史牒。三代以下，英君哲后，或繼世而生，則德教 7 纍洽；或間世而出，則謨烈重光。胥能致海宇之乂安，躋斯民於康阜。嘉言傳於信史，善政式爲良規。至凡蒙業守成之主，即或運會各殊，屯亨不一，苟無聞於失德，咸 8 帝命所寵綏。爰及歷代名臣，亦皆川岳鍾靈。爲時輔佐，功在社稷，德協股肱，比諸從龍之彦，何多讓焉！而尚論未詳，明禋久曠，其爲缺略也大矣。夫欽崇往哲，景企前徽，明德可懷，羹墻 9 興慕，眷流風之所被，洵歷世而勿諼。若乃擴追遠之鴻規，破拘虚之臆見，自非忠厚立心，寬仁爲量，卓識超於千古，盛德冠於百王，未有能論及此者。典禮修明，有待今日。然則 10 聖祖皇帝之重加厘定，公當周詳，誠千萬世莫及之仁心，而千萬世不易之定論也。廟貌既新，叙述本末，鎸於青珉，用昭示久遠焉。11

雍正十一年十月。12

【滿文部分】
碑文：

jalan jalan i han sei miyoo i bei bithe. [1]

jalan jalan i han sebe wesihuleme wecere kooli. tang gurun ci deribufi. tiyan boo i nadaci aniya ging hecen de miyoo ilibuha gojime. ilan jalan i onggolongge teile bihe. ming gurun i hong u i ningguci aniya. neneme gin ling ni bade miyoo ilibuha. giya jing ni juwanci aniya teni ging hecen i elgiyen i mutehe dukai dolo ilibuha. ming gurun i tuktan kooli toktobure fon i dorolon be gisurehe ambasa. amba doro be hafu same mutehekū ofi. wesihuleme [2] wecebuhengge damu fukjin doro be ilibuha ejete. adabufi wecebuhengge damu gurun be neihe ambasa teile bihe. tereci gūwa be dabuha be akū. mini [3] (+) han ama šengdzu gosin hūwangdi. amba tondoi doro be jafafi. tanggū jalan be dulimbai lashalame. ere wecere kooli be dasaci acambi seme šumilame gūnifi. elhe taifin i ninju emuci aniya. [4] (+) cohotoi hese wasimbufi. dolo bisire ambasa be akūmbume. narhūšame elhe nuhan i kimcime gisurefi wesimbu seme afabuha bihe. bi doro be siraha manggi. ambasa teni gisurefi neneme wesihuleme wecere di wang. orin emu soorin bihe. te emu tanggū dehi ilan soorin nonggiki. neneme adabufi wecere gungge amban gūsin uyun niyalma bihe. te dehi niyalma nonggiki seme wesimbuhede. bi [5] (+) enduringge gūnin de gingguleme acabume. dasame soorin i pai arabufi. inenggi be sonjofi miyoo de dosimbufi dorolon be yabubume alame wecehe. gingguleme gūnici. [6] (+) šengdzu hūwangdi gūnin baitalahangge jiramin. leolen ilibuhangge tob. colgoropi haminaci ojorongge waka. te bicibe ilan jalan ci wesihun. hiya gurun i ki. gingguleme alime mutehe. yen gurun i tai giya. tai u. u ding. jeo gurun i ceng wang. k'ang wang. siowan wang. ši šu bithede saišame maktaha. suduri dangsede gehun eldekebi. ilan jalan ci ebsi genggiyen mergen ejete. ememungge jalan sirame banjifi. gosin tacihiyan nurhūme selgiyebuhe. ememungge jalan giyalame tucifi. bodogon gung dabkūrilame eldembuhe [7] gemu mederi dorgi be necin elhe obume. geren irgen be taifin elgiyen de isibume mutefi. sain gisun enteheme suduri de ulaha. ferguwecuke dasan tutafi wesihun kooli banjinahabi. tereci yaya doro be sirafi. šanggaha be tuwakiyaha ejete. udu teisulebuhe forgon meni meni encu. facuhūn taifin adali akū bicibe. unenggi erdemu be ufaraha ba akū oci. gemu [8] (+) abkai hese dosholome gosihangge kai. jai jalan jalan i gebungge amban. inu gemu alin birai ferguwecun isaha. jalan de aisilame wehiyeme. gung. še ji de isinaha. erdemu. gala bithei gese amban ohobi. fukjin doro be neihe ambasa de duibuleci. umai eberi ba akū bime. amcame leolere de isinahakū. iletuleme wecere de dosimbuhakūngge. ambula oihorilafi melebuhebi. julgei mergese be wesihuleme tukiyeme nenehe yabun be amcame kimciha de. genggiyen erdemu umesi saisacuka. uthai sabuha gese buyeme gūnimbi. [9] sulaha kooli i simebuhe be tuwaha de. yargiyan i umesi goidatala onggome muterakū. aikabade urhu isheliyen i buya gūnin be ashūfi. amcame saišara amba dorolon be badarambure ohode. mujilen tondo jiramin. funiyagan onco gosingga. genggiyen ulhisu minggan julgei ci colgoroko. wesihun erdemu tanggū wang be dulekengge waka oci. ede isibume leoleme muterakū. kooli dorolon i dasabufi getuken ohongge. te i forgon dabala. erebe tuwaha de. [10] (+) šengdzu hūwangdi i dasame kimcifi toktobuhangge. tondo giyangga jakanjame akūnahabi. yargiyan i minggan tumen jalan otolo amcame muterakū gosingga mujilen. minggan tumen jalan otolo halaci ojorakū toktoho leolen. uttu ofi. miyoo i arbun be icemleme weilebufi. da turgun be tucibume arafi. bei wehe de samsulafi. enteheme goidame iletuleme tuwabuha. [11]

hūwaliyasun tob i juwan emuci aniya juwan biyai [12]

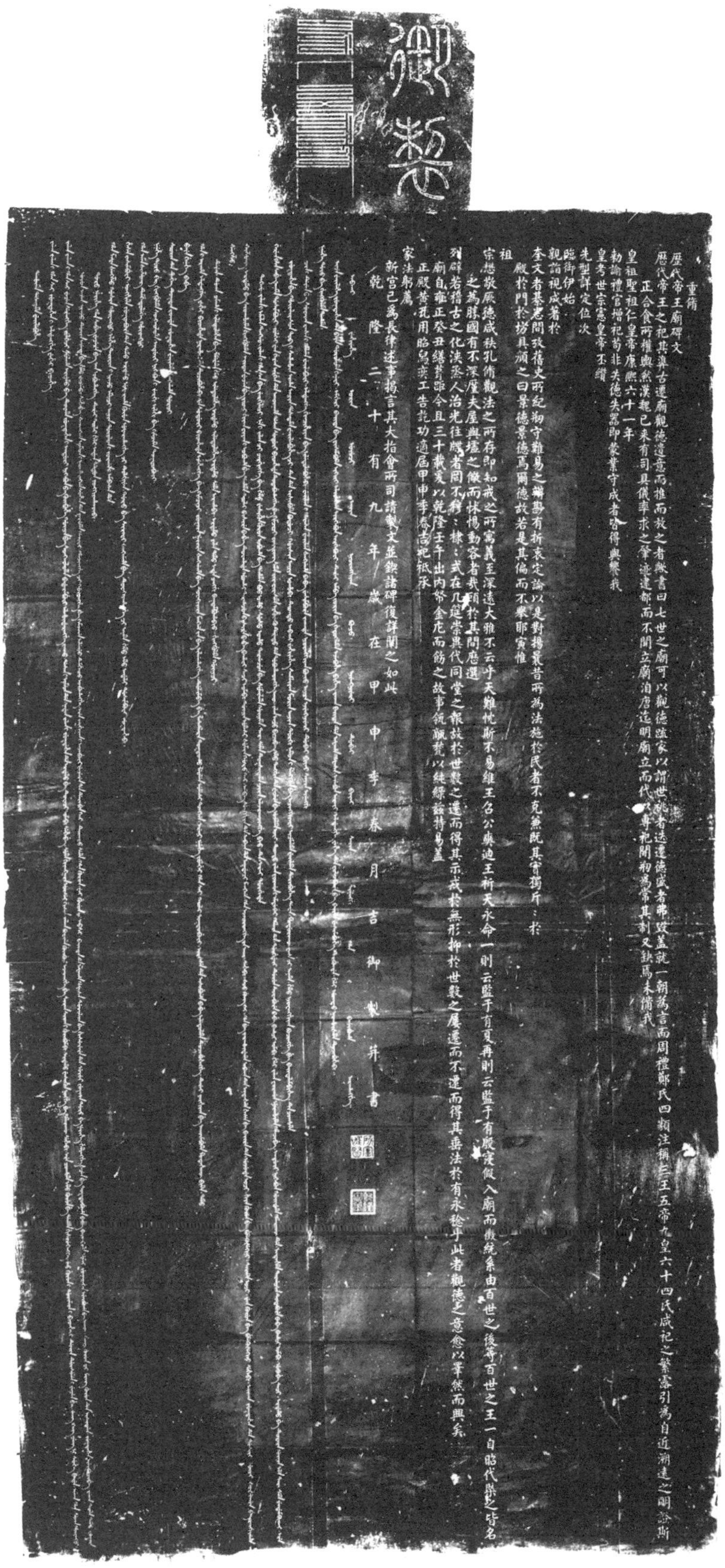

京410《歷代帝王廟碑》陽

御製

重修

歷代帝王廟碑文

歷代帝王之祀其準古遷廟觀德遺意而推而放之者歟書曰七世之廟可以觀德疏家以謂世祧者迭遷德盛者弗毁蓋就一朝爲言而周禮鄭氏四類注稱三王五帝九皇六十四氏咸祀之繁露引爲自近溯遠之明證斯正合食所權輿然漢魏已來有司具儀率求之肇迹建都而不聞立廟洎唐迄明廟立而代以專祀開創爲常其制又缺焉未備我

皇祖聖祖仁皇帝康熙六十一年

敕諭禮官增祀苟非失德失器即蒙業守成者皆得與饗我

皇考世宗憲皇帝丕纘

先型詳定位次

臨御伊始

親詣視成著於

奎文者綦悉間考舊史所紀創守難易之辨鮮有折衷定論以是對揚曩昔所爲法施於民者不克兼既其實獨斤斤於殿於門於坊具顔之曰景德景德焉爾德故若是其偏而不舉耶寅惟

祖

宗懋敬厥德咸秩孔修觀法之所存即知戒之所寓義至深遠大雅不云乎天難忱斯不易維王召公奭迪王祈天永命一則云監於有夏再則云監於有殷浸假入廟而徵統系由百世之後等百世之王一自昭代概之皆名之爲勝國有不深廑夫屋與墟之儆而怵惕動容者哉顧於其間歷選

列辟若稽古之化浹烝人治光往牒者罔不穆穆棣棣式在几筵崇异代同堂之報故於世數之遷而得其示戒於無形抑於世數之屢遷而不遷而得其垂法於有永稔乎此者觀德之意愈以睪然而興矣

廟自雍正癸丑繕葺距今且三十載爰以乾隆壬午出内帑金庀而飭之故事瓴甋甃以純緑兹特易蓋

正殿黄瓦用昭鳥奕工告訖功適屆甲申季春吉祀祗承

家法躬薦

新宫已爲長律述事揭言其大指會所司請製文并鍥諸碑復詳闡之如此

乾　隆　二　十　有　九　年　歲　在　甲　申　季　春　月　吉　御　製　并　書

歷代帝王廟碑

額題：御製
首題：重修歷代帝王廟碑文
年代：清乾隆二十九年（1764）三月
原址：西城區阜成門内大街
拓片尺寸：高 288 厘米，寬 153 厘米；額高 74 厘米，寬 46 厘米
書體：正書并篆額
撰人：（高宗）弘曆
書人：（高宗）弘曆
拓片編號：京 410
拓片録自：《北京圖書館藏中國歷代石刻拓本匯編》卷 72 頁 49—50

【碑陽】
額題：御製
碑文：

重修 1 歷代帝王廟碑文 2

歷代帝王之祀，其準古遷廟觀德遺意，而推而放之者歟？《書》曰：七世之廟，可以觀德。疏家以謂世祧者迭遷，德盛者弗毁。蓋就一朝爲言。而《周禮》鄭氏四類注稱：三王、五帝、九皇、六十四氏咸祀之，《繁露》引爲自近溯遠之明證，斯 3 正合食所權輿。然漢魏已來，有司具儀，率求之肇迹建都，而不聞立廟。洎唐迄明，廟立而代以專祀開創爲常，其制又缺焉未備。我 4 皇祖聖祖仁皇帝，康熙六十一年 5 敕諭禮官增祀，苟非失德失器，即蒙業守成者皆得與饗。我 6 皇考世宗憲皇帝，丕纘 7 先型，詳定位次，8 臨御伊始，9 親詣視成。著於 10 奎文者綦悉。間考舊史所紀，創守難易之辨，鮮有折衷定論，以是對揚曩昔所爲法施於民者，不克兼既其實，獨斤斤於 11 殿於門於坊，具顔之曰景德景德焉爾。德故若是其偏而不舉耶？寅惟 12 祖 13 宗懋敬厥德，咸秩孔修。觀法之所存，即知戒之所寓，義至深遠。《大雅》不云乎：天難忱斯，不易維王。召公奭迪王祈天永命。一則云監於有夏，再則云監於有殷。浸假入廟而徵統系，由百世之後等百世之王，一自昭代概之，皆名 14 之爲勝國，有不深廑夫屋與墟之儆，而怵惕動容者哉！顧於其間歷選 15 列辟，若稽古之化浹烝人，治光往牒者，罔不穆穆棣棣，式在几筵。崇异代同堂之報，故於世數之遷，而得其示戒於無形，抑於世數之屢遷而不遷，而得其垂法。於有永稔乎此者，觀德之意愈以睪然而興矣。16 廟自雍正癸丑繕葺，距今且三十載。爰以乾隆壬午，出内帑金，庀而飭之。故事瓴甋甃以純緑，兹特易蓋 17 正殿黄瓦，用昭舄奕。工告訖功，適届甲申季春吉祀，祇承 18 家法，躬薦 19 新宫。已爲長律述事，揭言其大指，會所司請製文并鍥諸碑，復詳闡之如此。20

乾隆二十有九年歲在甲申季春月吉御製并書。21

【滿文篆書】

額題：han i araha

碑文：

dahūme dasatame weilebuhe [1] (+) jalan jalan i han sai juktehen i eldengge wehei bithe [2]

(+) jalan jalan i han sai wecen serengge. julgeci sulaha erdemu be tuwame juktehen i enduri nikebun be guribuhe gūnin be songkolome. badarambufi alhūdarangge wakao. dasan i nomun de. nadan jalan i juktehen de erdemu be tuwaci ombi sehebe. sume giyangnara ursei gisun. jalan bodome guribuci acarangge be siran siran i guribumbi. erdemu wesihun ningge be halarakū sehebi. ere cohome emu gurun be dahame gisurehengge. jeo gurun i dorolon i bithe i duin dursulen i wecen be. jeng k'ang ceng ni suhe bade. ilan han sunja hūwangdi. [3] uyun ejen ninju duin ejete be gemu wecembi sehebe. šajingga nomun i narhūngga suhen de yarume gajifi hancingge ci gorongge be kimcire iletu temgetu obuhangge. ere yargiyan i acabufi wecere de deribun kai. tuttu seme. han gurun. wei gurun ci ebsi. baita de afaha hafasa. dorolon be gisurere de. urui fukjin doro be neihe. gemungge hecen be toktobuha babe baibime umai juktehen ilibuha ba akū. tang gurun ci ming gurun de isitala. juktehen ilibucibe. jalan tome damu fukjin [4] doro neihe han sabe wecere be an obuhangge. terei kooli geli eden dadun yongkiyahakūbi. [5] (+) han mafa šengdzu gosin hūwangdi. elhe taifin i ninju emuci aniya. dorolon i jurgan i ambasa de [6] (+) hese wasimbufi. nonggime juktebure de. damu erdemu ufaraha gurun ufarahangge ci tulgiyen. doro be sirafi šanggaha be tuwakiyahangge ci aname. gemu emu adali dosimbufi juktehebi. [7] (+) han ama šidzung temgetulehe hūwangdi [8] (+) nenehe doro be gingguleme songkolome. enduri nikebun i jergi ilhi bi kimcime toktobufi. [9] (+) soorin de tehe tuktan fonde. juktehen weileme šanggaha doroi [10] (+) beye genehe babe [11] (+) han i araha eldengge wehei bithede narhūšame tucibuhebi. fe suduri bithede ejehengge be kimcici. fukjin neire šanggaha be tuwakiyara mangga ja be ilgahangge. dulimba be lashalara toktoho leolen umesi tongga. ereni nenehe julgei han sai kooli toktobufi. irgese isibuha babe iletuleme tucibuhengge. terei yargiyan be akūmbume mutehekū bime. damu [12] deyen. duka. camham i iletulehen be. memereme gemu iletulehe erdemu. iletulehe erdemu seme arahabi. erdemu yala damu ede canggi baktambuhabio. gingguleme gūnici. [13] (+) šengdzu. [14] (+) šidzung. erdemu be sithūme gingguleme. eiten wecen be yooni giyan fiyan i obuha be dahame. kooli bisire babe tuwahade. uthai targacun bisire babe bahafi saci ombi. gūnin umesi šumin goro kai. amba šunggiya de. abka de akdaci mangga. han ojorongge ja akū sehebi. šoo gung ši. han be yarhūdame abka de enteheme hese be baire de. ujude oci. hiya gurun be bulekušekini. sirame oci. yen gurun be bulekušekini sehebi. aika juktehen de dosifi urui šošohon be yargiyalaha [15] tanggū jalan i amala. tanggū jalan i han sa be jergileci. ne i jalan ci cargingge be. gemu wesihun gurun obuha be dahame. boo oho. susu oho targacun be šumilame gūnime. tar seme tuksiteme cira aljarakūngge bio. te. erei dorgide [16] geren han sabe aname dosimbufi. julgei wen geren irgen de akūnaha. dasan suduri bithede tutabuhangge be kimcici. fing fing seme. fir fir seme. erhuweku deretu de dobohakūngge akū. jalan encu bicibe. emu tanggin de wecere be ujeleme ofi. tuttu jalan forgon i emdubei halara de. dorgideri durun tuwabure babe bahaci ombi. geli jalan forgon nurhūme halacibe. enduri nikebun goidame halarakū de. enteheme targacun tutabure babe bahaci ombi. ubabe saci. erdemu be tuwara gūnin ele tar seme yendembikai. ere [17] juktehen be. hūwaliyasun tob i sahahūn ihan aniya. dasatame weilebuhe ci. te de isibume bodoci. gūsin aniya ohobi. tuttu abkai wehiyehe sahaliyan morin aniya. dorgi namun i menggun be acinggiyafi icemleme weileme deribuhe. dade. mudurikū wase ci aname. gemu niowanggiyan bocongge be baitalambihe. te cohome [18] cin i deyen be suwayan wase i halame weilebufi. eldengge gincihiyan be iletulebuhebi. weilen i hafasa. weilen šanggaha babe wesimbure jakade. niowanggiyan bonio aniya niyengniyeri dubei biyai sain inenggi [19] (+) nenehe doro be gingguleme dahame [20] ice weilehe juktehen de beye dorolome genefi. emgeri baita be fisembume ikiri alioi men irgebun irgebufi. terei amba jorin be getukeleme ejebuhe bihe. jakan baita de afaha hafasa. ejebun erei. eldengge wehe de folobure be baime wesimbuhe turgunde. geli uttu narhūšame tucibuhebi. [21]

abkai wehiyehe orin uyuci aniya niowanggiyan bonio niyengniyeri dubei biyai sain inenggi han i banjibuha arahangge. [22]

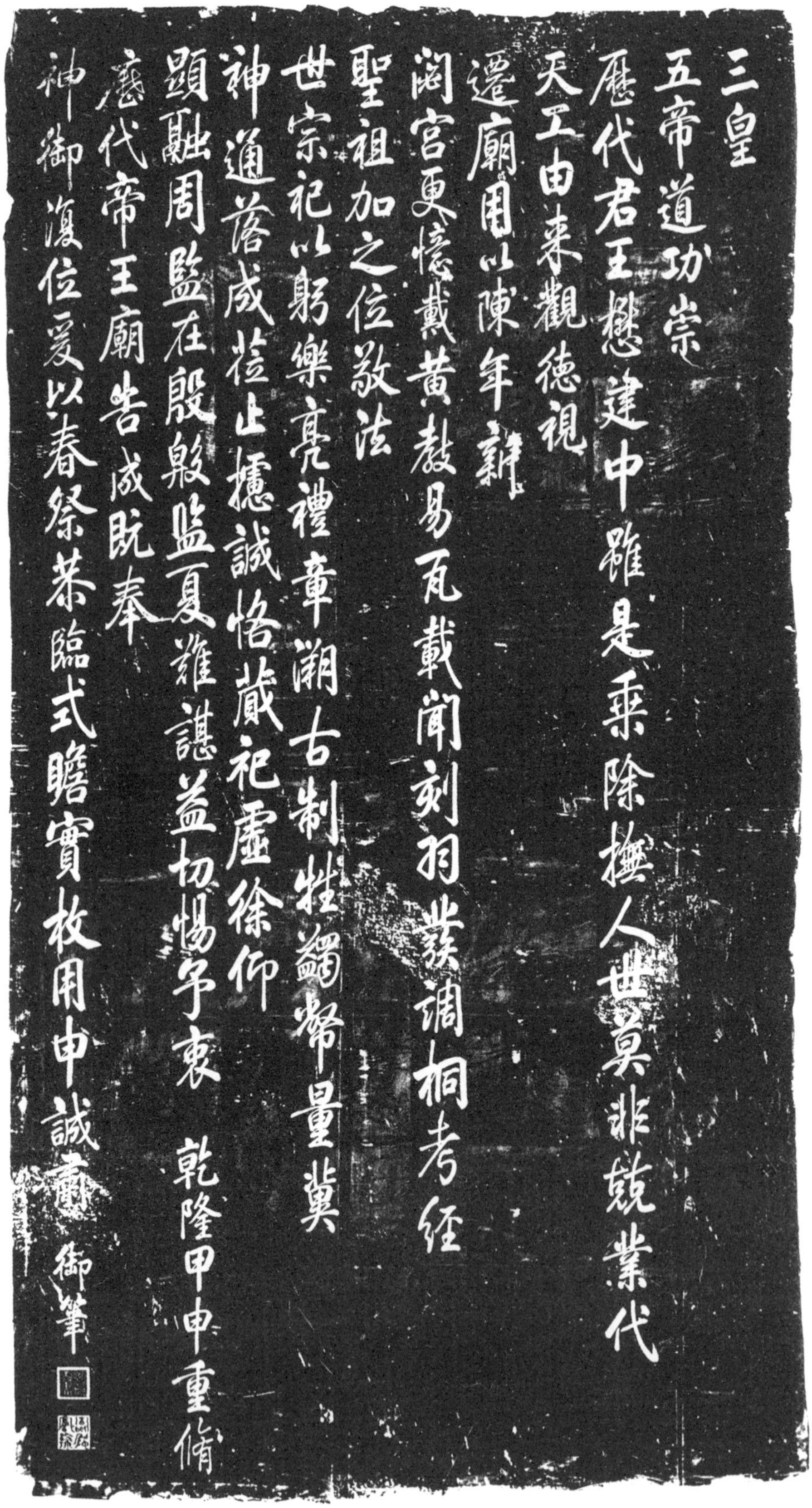

三皇
五帝道功崇
歷代君王懋建中雖是乘除撫人世莫非兢業代
天工由來觀德視
遷廟用以陳年肄
閟宮更憶戴黃穀易瓦載聞刻羽羮琱桐考經
聖祖加之位敬法
世宗祀以躬樂亮禮章溯古制牲器幣量冀
神道落成莅止攄誠恪蒇祀虔徐仰
顯融周監在殷鑒夏雖諶蓋切惕予衷
歷代帝王廟告成既奉
神御復位爰以春祭恭臨式瞻實枚用申誠肅　御筆
乾隆甲申重脩

京 411《歷代帝王廟瞻禮詩》陽

三皇
五帝道功崇
歷代君王懋建中雖是乘除撫人世莫非兢業代
天工由來觀德視
遷廟用以陳年新
閟宮更憶戴黃教易瓦載聞刻羽發調桐考經
聖祖加之位敬法
世宗祀以躬樂亮禮章溯古制牲蠲幣量冀
神通落成莅止攄誠恪蕆祀虛徐仰
顯融周監在殷殷監夏雖諶益切惕予衷　乾隆甲申重修
歷代帝王廟告成既奉
神御復位爰以春祭恭臨式瞻實枚用申誠肅　御筆

歷代帝王廟瞻禮詩

年代:清乾隆二十九年(1764)春
原址:西城區阜成門内大街
拓片尺寸:高288厘米,寬153厘米
書體:行書
撰人:(高宗)弘曆
書人:(高宗)弘曆
拓片編號:京411
拓片録自:《北京圖書館藏中國歷代石刻拓本匯編》卷72頁51

【碑陽】
碑文:

三皇[1]五帝道功崇,[2]歷代君王懋建中。雖是乘除撫人世,莫非兢業代[3]天工。由來觀德視[4]遷廟,用以陳年新[5]閟宫。更憶戴黄教易瓦,載聞刻羽發調桐。考經[6]聖祖加之位,敬法[7]世宗祀以躬。樂亮禮章溯古制,牲蠲幣量冀[8]神通。落成莅止攄誠恪,蕆祀虚徐仰[9]顯融。周監在殷殷監夏,雖諶益切惕予衷。

乾隆甲申,重修[10]歷代帝王廟告成。既奉[11]神御復位,爰以春祭,恭臨式瞻,實枚用、申誠肅,御筆。[12]

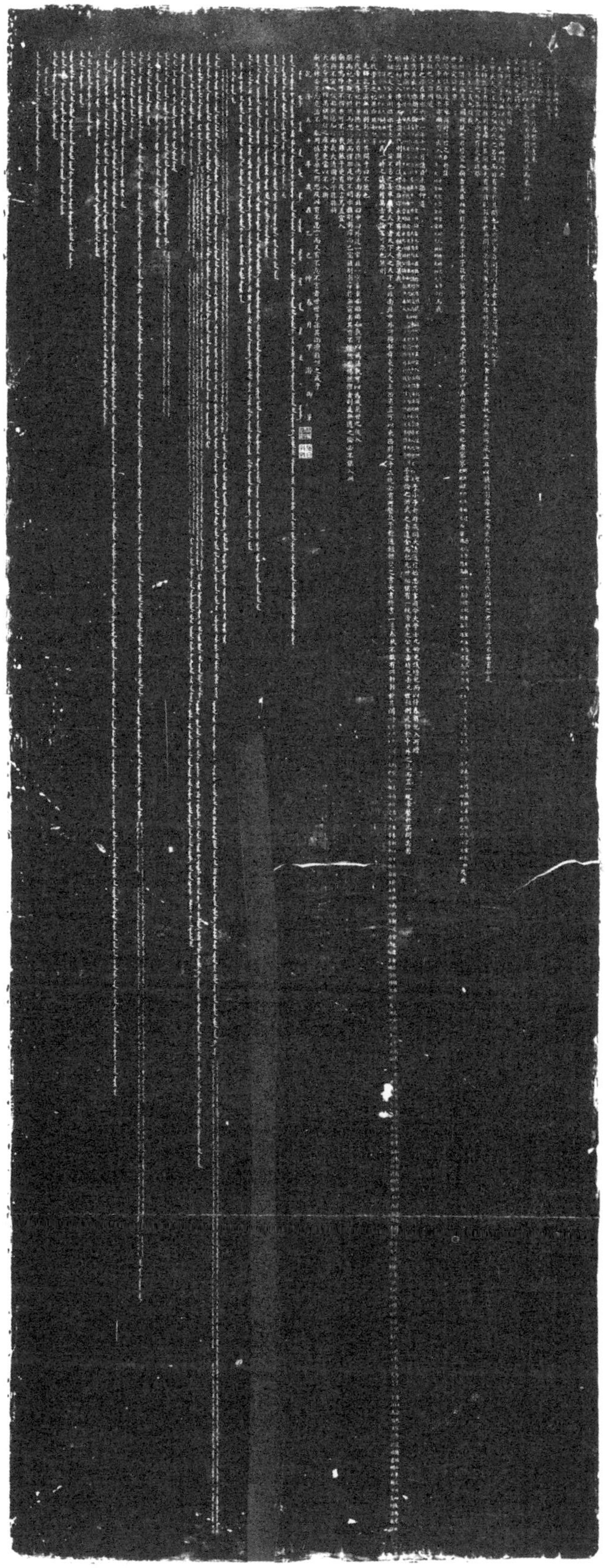

京413《祭歷代帝王廟碑》陽

歷代帝王廟禮成恭記

予小子既敬遵
皇祖聖訓增祀
歷代帝王以今年二月春祭之吉奉
神主入廟禮以克成祭不欲數於是退而恭記曰
皇祖之聖允符我
皇考所尊稱大成有類
先師孔子而無以復加也即此增入之
旨實出大公至明乃稱歷代之名議而非有意於其間也夫歷代者自開闢以來君王者之通稱非如配享
先師孔子有所旌別彰癉於其間也夫有所旌別彰癉於其間則必有所進退而是非好惡紛然起矣入者主之出者奴之將無所底止且以旌別彰癉言之湯武即有慚德則歷代開創之君湯武且不若審如是
三皇五帝之外其宜入廟者有幾是非祭
歷代帝王之義也故我
皇祖謂非無道亡國被弑之君皆宜入廟者義在此但引而未發予小子敢不敬申其義乎蓋自洪武建廟南京以來北京祖之所祀者寥寥（明洪武六年始建歷代帝王廟於南京祭祀者三皇五帝夏禹王商湯王周文王武王漢高祖光武帝隋高祖唐高祖太宗宋太祖元世祖十九帝已而罷周文王隋高祖唐高祖之祀嘉靖九年罷南京廟祀建歷代帝王廟於北京二十四年又罷元世祖之祀）及我
世祖定鼎燕京
幼齡即位百廢畢舉爾時議禮之臣於議
歷代帝王廟位次亦頗有所出入（我世祖定鼎燕京因明代祀典順治二年增祀遼太祖金太祖金世宗元太祖明太祖凡五帝）而我
皇祖之諭亦因近
大事之際在康熙六十一年十一月諸臣未能仰遵
聖意其出入亦頗不倫（會典載康熙六十一年皇祖諭旨凡帝王在位除無道被弑亡國之主外盡宜入廟崇祀爾時廷臣不能仰體聖意詳細討論且疏奏在十一月大事前數日所議增祀夏商以來帝王一百四十三位并漢之桓靈皆入之實不倫矣）予小子於昨歲閱大清通禮始悉其事因命大學士九卿更議增祀而以仲春躬祀入所增
神主於廟（昨歲因閱大清通禮見崇祀歷代帝王位次有不愜於懷者如漢之桓靈入祀而於前後五代全未議及因敕大學士九卿等更議增祀晉元帝以來二十五帝而於桓靈黜出之以昭公論今歲仲春入神主於廟躬禮致祭詳見禮成述事詩并序）予嘗論之洪武之去遼金而祀元世祖猶有一統帝繫之公至嘉靖之去元世祖則是狃於中外之見而置一統帝繫於不問矣若
順治初之入遼金而去前五代則爾時議禮諸臣亦未免有左袒之意孰若我
皇祖之大公至明昭示千古爲一定不易之善舉哉夫天下者天下人之天下也非南北中外所得私舜東夷文王西夷豈可以東西別之乎正統必有所繫故予於通鑑輯覽之書大書特書一遵春秋不敢有所軒輊於其間（予於歷代通鑑輯覽一書自隆古以至本朝四千五百餘年於南北朝及宋元遼金正統偏安天命人心繫屬存亡之際大書特書必公必平如南宋自德祐以前尚有疆域可憑至臨安既破帝昺浮海宋統始絕故自丙子三月以前爲宋帝德祐二年三月以後爲元世祖至元十三年至於元順帝北遷沙漠委弃中原則自至正二十八年八月以後正統乃歸之明爲洪武元年至我朝世祖定鼎京師在甲申五月維時明福王尚監國南京故通鑑輯覽仍書明以別之直至乙酉五月大清兵下江南福王就執始書明亡折衷義例惟嚴）
謹一遵春秋之法無所容心軒輊於其間也以爲一時之議雖權萬古之論不可欺也然則
歷代帝王之祀果即非如配享
先師孔子漢無旌別彰癉於其間乎曰不然也
歷代帝王胥祀於景德之殿其有德無德若南若北曰中曰外是一家非一家章章如昭昭如孰可以爲法孰可以爲戒萬世之後入
廟而祀者孰不懔然而思惕然而懼耶是即不明示旌別彰癉而已寓旌別彰癉於無窮矣其有不懔然思惕然懼者則是無道之倫必不能入此
廟矣嗚呼可不懼哉可不懼哉雖然予更有後言焉蓋宜入
廟與不宜入誠昭然應知懼而我大清國子子孫孫祈
天永命所以綿萬祀無疆之庥者更當以不入斯
廟爲棘安不忘危治不忘亂用慎苞桑之固思及此有不忍言而又有不忍不言者世世子孫其尚凜難諶之戒乎
乾　隆　五　十　年　歲　在　乙　巳　仲　春　月　下　浣　御　筆

祭歷代帝王廟碑

首題:歷代帝王廟禮成恭記
年代:清乾隆五十年(1785)二月下浣
原址:西城區阜成門内大街
拓片尺寸:高360厘米,寬441厘米
書體:正書
撰人:(高宗)弘曆
書人:(高宗)弘曆
拓片編號:京413
拓片録自:《北京圖書館藏中國歷代石刻拓本匯編》卷75頁23—24

【碑陽】

碑文:

歷代帝王廟禮成恭記 *1*

予小子既敬遵 *2* 皇祖聖訓,增祀 *3* 歷代帝王,以今年二月春祭之吉奉 *4* 神主入廟,禮以克成,祭不欲數,於是退而恭記曰:*5* 皇祖之聖,允符我 *6* 皇考所尊稱大成,有類 *7* 先師孔子而無以復加也。即此增入之 *8* 旨,實出大公至明,乃稱歷代之名議而非有意於其間也。夫歷代者,自開闢以來君王者之通稱,非如配享 *9* 先師孔子,有所旌别彰癉於其間也。夫有所旌别彰癉於其間,則必有所進退,而是非好惡紛然起矣。入者主之,出者奴之,將無所底止。且以旌别彰癉言之,湯武即有慚德,則歷代開創之君,湯武且不若。審如是,*10* 三皇五帝之外,其宜入廟者有幾?是非祭 *11* 歷代帝王之義也。故我 *12* 皇祖謂非無道亡國、被弑之君,皆宜入廟者,義在此。但引而未發,予小子敢不敬申其義乎!蓋自洪武建廟南京以來,北京祖之所祀者寥寥。(明洪武六年始建歷代帝王廟於南京,崇祀者三皇、五帝、夏禹王、商湯王、周文王、武王、漢高祖、光武帝、隋高祖、唐高祖、太宗、宋太祖、元世祖十九帝,已而罷周文王、隋高祖、唐高祖之祀。嘉靖九年,罷南京廟祀,建歷代帝王廟於北京。二十四年,又罷元世祖之祀。)及我 *13* 世祖定鼎燕京,*14* 幼齡即位,百廢畢舉,爾時議禮之臣,於議 *15* 歷代帝王廟位次亦頗有所出入。(我世祖定鼎燕京,因明代祀典,順治二年,增祀遼太祖、金太祖、金世宗、元太祖、明太祖凡五帝。)而我 *16* 皇祖之諭,亦因近 *17* 大事之際,在康熙六十一年十一月,諸臣未能仰遵 *18* 聖意,其出入亦頗不倫。(《會典》載康熙六十一年皇祖諭旨,凡帝王在位除無道、被弑亡國之主外,盡宜入廟崇祀。爾時廷臣不能仰體聖意,詳細討論,且疏奏在十一月大事前數日,所議增祀夏商以來帝王一百四十三位,并漢之桓靈皆入之,實不倫矣。)予小子於昨歲閲《大清通禮》,始悉其事。因命大學士九卿更議增祀,而以仲春躬祀入所增 *19* 神主於廟。(昨歲因閲《大清通禮》,見崇祀歷代帝王位次有不愜於懷者,如漢之闌入桓靈,而於前後五代全未議及,因敕大學士九卿等更議,增祀晋元帝以來二十五帝,而於桓靈則徹出之,以昭公論。今歲仲春入神主於廟,躬禮致祭,詳見《禮成述事詩》并序。）予嘗論之，洪武之去遼金而祀元世祖，猶有一統帝繫之公。至嘉靖之去元世祖，則是狃於中外之見，而置一統帝繫於不問矣。若 20 順治初之入遼金而去前五代，則爾時議禮諸臣亦未免有左袒之意。孰若我 21 皇祖之大公至明，昭示千古，爲一定不易之善舉哉！夫天下者，天下人之天下也，非南北中外所得私。舜東夷，文王西夷，豈可以東西別之乎？正統必有所繫，故予於《通鑒輯覽》之書，大書特書，一遵《春秋》，不敢有所軒輊於其間。（予於《歷代通鑒輯覽》一書，自隆古以至本朝，四千五百餘年，於南北朝及宋元遼金正統偏安天命人心繫屬存亡之際，大書特書，必公必平。如南宋自德祐以前尚有疆域可憑，至臨安既破，帝㬎俘，宋統始絶。故自丙子三月以前爲宋帝德祐二年，三月以後爲元世祖至元十三年。至於元順帝北遷沙漠，委弃中原，則自至正二十八年八月以後，正統乃歸之明，爲洪武元年。至我朝世祖定鼎京師，在甲申五月，維時明福王尚監國南京，故《通鑒輯覽》仍書明以別之，直至乙酉五月，大清兵下江南，福王就執，始書明亡。折衷義例，惟嚴惟 22 謹。一遵《春秋》之法，無所容心曲徇於其間也。）以爲一時之議雖權，萬古之論不可欺也。然則 23 歷代帝王之祀果即非如配享 24 先師孔子，漠無旌別彰癉於其間乎？曰：不然也。25 歷代帝王胥祀於景德之殿，其有德無德，若南若北，曰中曰外，是一家非一家，章章如，昭昭如，孰可以爲法，孰可以爲戒，萬世之後入 26 廟而祀者，孰不憬然而思、惕然而懼耶？是即不明示旌別彰癉，而已寓旌別彰癉於無窮矣。其有不憬然思、惕然懼者，則是無道之倫，必不能入此 27 廟矣。嗚呼，可不懼哉，可不懼哉！雖然，予更有後言焉。蓋宜入 28 廟與不宜入，誠昭然應知懼，而我大清國子子孫孫祈 29 天永命所以綿萬祀無疆之庥者，更當以不入斯 30 廟爲棘。安不忘危，治不忘亂，用慎苞桑之固，思及此有不忍言而又有不忍不言者，世世子孫其尚凛難諶之戒乎。31

乾隆五十年歲在乙巳仲春月下浣御筆。32

【滿文部分】

碑文：

jalan jalan i han sai juktehen be wecere dorolon šanggafi gingguleme ejehengge 1

mini ajige beye 2 han mafa i enduringge tacihiyan be gingguleme songkolome 3 jalan jalan i han sabe nonggime jukteme ere aniya juwe biyai niyengniyeri forgon i wecere sain inenggi 4 enduri nikebun be juktehen de dosimbure dorolon šanggaha. dalhidame wecere be baibuhakū tereci bederefi gingguleme ejeme arahangge 5 han mafa i enduringge yargiyan i 6 han ama i wesihuleme tukiyeme amba šanggan. uthai 7 nenehe sefu kungfudz i adali. jai delengge akū sehengge de acanambi. uthai ere nonggime dosimbure jalin wasimbuha 8 hese. yargiyan i amba tondo ten i genggiyen. jalan jalan i gebu leolen de acanafi. umai terei sidende toktoho gūnin baktambuhakū. jalan jalan serengge fukjin neihe fon ci ebsi. ejen han oho niyalma be uheri jorime gisurehengge 9 nenehe sefu kungfudz de adabume wecere de terei dorgide temgetulere ilgara iletulere isebure ba bici urunakū ibebure bederebure ba bisire be dahame. urušere wakašara saišara ubiyarangge tereci der seme deribumbikai. dosimbuhangge be wesihun obume. tucibuhengge be fusihūn obume. wajin šanggaha akū ombikai. tere anggala aika temgetulere ilgara iletulere isebure be jafafi gisureci. tang han. u wang han hono erdemu de yertecun bisire bade. terei amala jalan jalan i fukjin neihe ejete. tang han. u wang han de isirakū be ai hendure. tuttu oci. 10 ilan han sunja hūwangdi ci tulgiyen. juktehen de dosimbuci acarangge. giyanakū udu bini. ere 11 ere jalan jalan i han sa de wecere jurgan waka kai. tuttu 12 han mafa i hese. doro akū gurun gukubuhe. beye belebuhe de isibuha ejen waka oci. gemu juktehen de dosimbuci acambi sehengge. jurgan ede bi. damu acabuha gojime tucibuhekū. mini ajige beye ai gelhūn akū ere gūnin be gingguleme getukeleme tuciburakūci ombini. aici ming gurun i hūng u aniyai forgon de. julergi gemun hecen de juktehen ilibuha ci ebsi. amargi gemun hecen i songkolome juktehe bicibe. juktehen de dosibuhangge umesi tongga bihe. (ming gurun i hung u han i ningguci aniya tuktan jalan jalan i han sai juktehen be julergi gemun hecen de ilibufi. julgei ilan han sunja hūwangdi hiya gurun i ioi han. šang gurun i tang han. jeo gurun i wen wang han. u wang han. han gurun i g'aodzu han. guwang u han. sui gurun i g'aodzu han. tang gurun i g'aodzu han. taidzung han. sung gurun i taidzu han. yuwan gurun i šidzu han i jergi juwan uyun han wesihuleme juktehebihe goihakū jeo gurun i wen wang han. sui gurun i g'aodzu han. tang gurun i g'aodzu han i juktehen be nakabuha. giya jing han i uyuci aniya julergi gemun hecen i jukteheni juktere be nakabufi. amargi gemun hecen de jalan jalan i han sai juktehen be ilibume. orin duici aniya. geli yuwan gurun i šidzu han i juktehen be nakabuha) amala musei daicing gurun i [13] šidzu han gemun hecen de fukjin doro neifi.[14] se aisihan i fonde soorin de tefi. eiten baita be yooni dasabure de. tere fon i dorolon be gisurere ambasa[15] jalan jalan i han sai juktehen i faidan ilhi be gisurere de. ak seme acanahakūngge inu akū obume muterakū bihe. (musei šidzu han gemun hecen de fukjin doro neifi. ming gurun i wecere kooli be songkolome. ijishūn dasan i jai aniya. liyoo gurun i taidzu han. aisin gurun i taidzu han. aisin gurun i šidzung han. yuwan gurun i taidzu han. ming gurun i taidzu han. uheri sunja han be nonggime juktehebi) . [16] han mafa i hese oci inu. elhe taifin i ninju emuci aniya omšon biyade[17] amba baita tucinjire hamika erin de wesimbuhangge ofi. geren ambasa[18] enduringge gūnin de gingguleme acabume mutehekū de inu acanahakūngge (bi uheri kooli bithe de ejehe bade. elhe taifin ninju emuci aniya han mafa i hese wasimbuhangge. yaya soorin tehe hūwangdi han sa doro akū belebuhe gukuhe de isibuha ejen ci tulgiyen. yooni juktehen de dosimbufi wesihuleme juktekini sehe. tere fonde geren ambasa enduringge gūnin de gingguleme acabume. narhūšame leoleme mutehekū bime. geli omšon biyai amba baita tucinjire udu inenggi onggolo dosimbuhangge ofi. gisurefi nonggime juktere hiya gurun. šang gurun ci ebsi emu tanggū dehi ilan han. jai han gurun i hūwan di han. ling di han de gemu dosimbuhangge. yargiyan i acanahakūbi)mini ajige beye. duleke aniya daicing gurun i uheri dorolon i bithe be tuwahade. teni ere baita be ulhihe. ede aliha bithei da uyun saitu sade. afabufi nonggime juktere jalin dasame gisurebuhe. ere aniya niyengniyeri dulimbai biyade nonggiha ele[19] enduri nikebun be juktehen de dosimbufi. mini beye dorolon wecehe. (duleke aniya daicing gurun i uheri dorolon i bithe be tuwahade jalan jalan i han sabe wesihuleme juktere faidan ilhi be sabufi gūnin de kek serakū babi. te bici han gurun i gurun be gukubuhe hūwan di han. ling di han be suwaliyame bime nenehe amaga sunja jalan be fuhali dabufi gisurehekū turgunde. aliha bithei da uyun saitu sade afabufi. jin gurun i yuwan di han ci ebsi. orin sunja han be nonggime wecere babe dasame gisurebufi. hūwan di han. ling di han be tatame tucimbufi. tondo leolen be iletulebuhe. ere aniya niyengniyeri dulimbai biyade enduri nikebun be juktehen de dosimbufi. beye dorolome wecere dorolon šanggafi baita be fisembure irgebun jai šutucin de narhūšame tucibuhebi) . mini kemuni leolehengge. hūng u han. liyoo gurun i han. aisin gurun i han be tucibufi yuwan gurun i šidzu han be wecehengge. emu i uherilehe han i siren i doro be iletulehe babi. giya jing han. yuwan gurun i šidzu han be tucibuhe be tuwaci. dorgi tulergi sere gūnin be memereme emu i uherilehe han i siren be gemu waliyafi gisurerakū de isinaha.[20] ijishūn dasan i tuktan aniyai forgon de. liyoo gurun i han. aisin gurun i han be dosimbuha gojime. julergi sunja jalan i han be tucibuhengge. tere fon i dorolon be gisurere ambasa. inu urhufi haršara gūnin akū seci ojorakū. adarame mini[21] han mafa i amba tondo ten i genggiyen. minggan jalan de isitala eldembume tutabufi. enteheme tuwakiyame halaci ojorakū sain baita de isimbini. abkai fejergi serengge abkai fejergi niyalmai abkai fejergi kai. umai julergi amargi dorgi tulergi seme faksalaci ojorongge waka. šūn han. dergi aiman i niyalma. wen wang han. wargi aiman i niyalma kai. erebe inu dergi wargi seme ilgaci ombio. jingkini. šošohon oci urunakū siraburengge bi. tondo bi. tonggime araha hafu buleku bithede bilame arara de. gemu kungfudz i šajingga nomun be songkolome terei sidende umai gelhun akū ujen weihuken obume gamaha ba akū. (bi jalan jalan i tonggime araha hafu buleku emu bithe de. wesihun julgeci musei gurun de isitala duin minggan sunja tanggū funcere aniyai sidende bisire julergi amargi gurun jai sung gurun. yuwan gurun. liyoo gurun. aisin gurun. jingkini šošohon sirara emu ergide toktoro abkai hesebun uthai mujilen gukuhe taifin de obubuha ele bade bilame arara de. urunakū tondo urunakū necin obumbi. te bici julergi sung gurun i de io aniya ci ebsi. hono tuwakiyafi ojoro jase jecen bihe. lin an hecen efulebufi. di hiyan han oljilabuha manggi. sung gurun i šošohon teni tuttu oci lakcaha. tuttu fulgiyan singgeri aniya ilan biyai onggolo. sung gurun i di hiyan han i de io i jai aniya obuha. ilan biyai amala yuwan gurun i šidzu han jy yuwan i juwan ilaci aniya obuha. yuwan gurun i šūn di han de isibufi. jase i dorgide kurelefi dulimbai gurun be waliyame ukaha. jy[22] jeng ni orin jakūci aniya jakūn biyai amala jingkini šošohon ming gurun de ofi. hung u han i sucungga aniya obuhabi. musei gurun šidzu han niowanggiyan bonio aniya sunja biya gemun hecen de soorin de tehe fonde. ming gurun i fu wang kemuni julergi gemun hecen de gurun be tuwašahabi. tuttu tonggime araha hafu buleku bithede an i ming gurun seme arafi ilgabuhabi. niohon coko aniya sunja biyade daicing gurun i cooha giyangnan de fu wang be jafaha manggi. teni ming gurun be gukuhe seme arahabi. jurgan kooli de acabume dulimba be lashalarangge umesi cira umesi ginggun. gemu šajingga nomun i kooli be songkolome. terei sidende umai gūnin bifi murime gamara ba akū) ere cohome emu erin i leolen udu tooselame gamaci ocibe tumen jalan i tondo be eitereci ojorakū ofi kai. uttu oci[23] jalan jalan i han sai juktehen. jalan[24] nenehe sefu kungfudz de adabume wecere adali. terei sidende heni temgetulere ilgara iletulere isebure ba akū mujangga semeo. hendume tuttu waka.[25] jalan jalan i han sa be gemu erdemu be hargašara deyen de wecembi. erdemu bisire. erdemu akūngge. julergingge. amargingge. dorgingge. tulergingge emu boo ojoro. emu boo waka ojorongge umesi gehun umesi iletu. we be durun obuci ojoro. we be targacun obuci ojorongge. tumen jalan i amala[26] juktehen de dosifi dorolorode adarame sesulame gūnirakū. tar seme gelerakūci ombini. ere udu temgetulere ilgara iletulere isebure be iletu tuwabuhakū bicibe. temgetulere ilgara iletulere iseburengge cibtui mohon akū enteheme tutabuhabikai. tetele sesulame gūnirakū. tar seme gelerakū oci. uthai doro akū niyalma. ainaha seme ere[27] juktehen de dosime muterakū kai. ai gelerakūci ombio. gelerakūci ombio. tuttu seme bi sirame geli gisurere babi. ainci[28] juktehen de dosimbuci acara acarakūngge. yargiyan i gelere be iletuhen i seci acambime musei amba daicing gurun i juse omosi jalan halame[29] abkai enteheme hese be baime. tumen jalan otolo mohon akū hūturi be alirengge ere[30] juktehen de dosimbuhakū be ele oyonggo obume damu elhe de tuksicuke be onggorakū. taifin de facuhūn be onggorakū ten i wesihun dabkūri taifin de isibure be kiceci acambi. ubabe gūninahadari. gisurere de jenderakū ba bimbime. geli gisurerakū oci jenderakū babi. jalan jalan i juse omosi karmame tuwakiyara mangga babe gingguleme olhošoci acambikai.[31]

abkai wehiyehe susaici aniya niohon meihe niyengniyeri dulimbai biyai orin deri han i arahangge.[32]

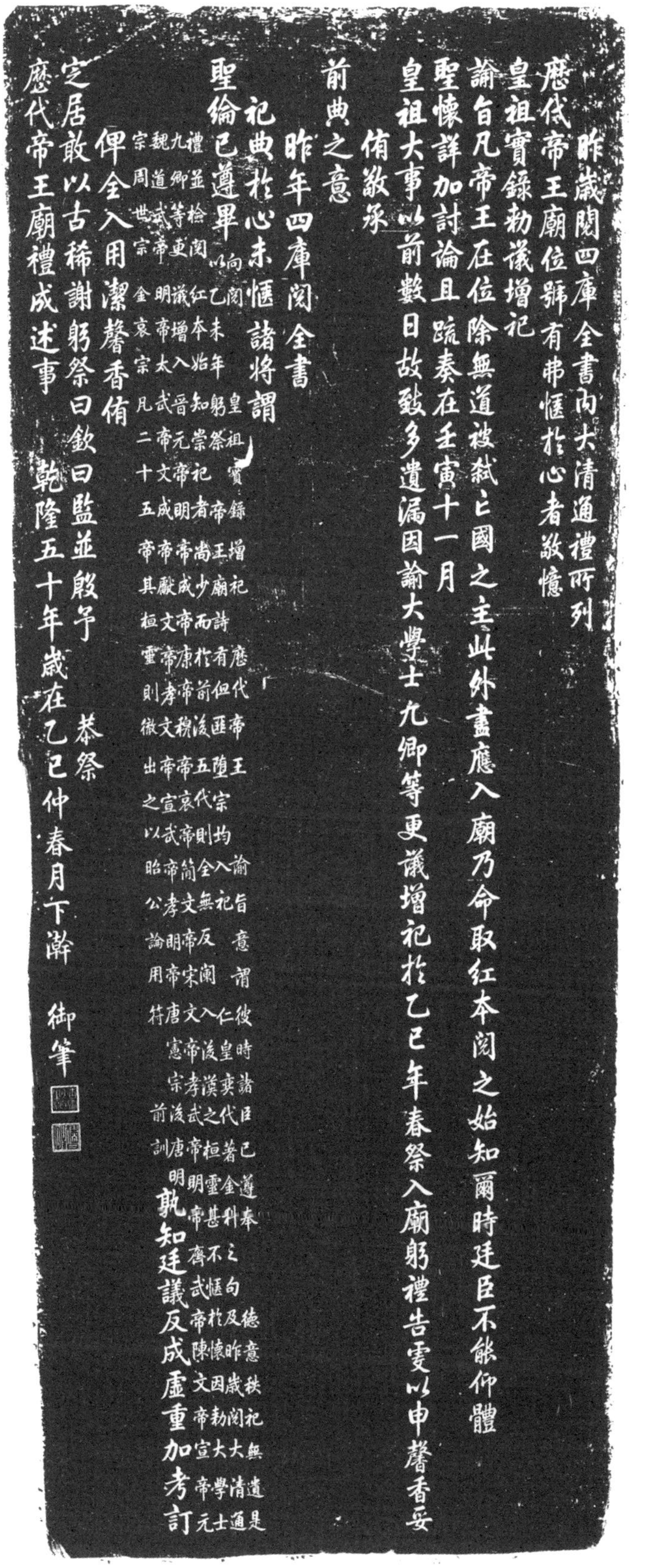

昨歲閱四庫全書內大清通禮所列
歷代帝王廟位號有弗愜於心者敬憶
皇祖實錄勅議增祀
諭旨凡帝王在位除無道被弒亡國之主此外盡應入廟乃命取紅本閱之始知爾時廷臣不能仰體
聖懷詳加討論且疏奏在壬寅十一月
皇祖大事以前數日故致多遺漏因諭大學士九卿等更議增祀於乙巳年春祭入廟躬禮告虔以申馨香妥
侑敬承
前典之意
昨年四庫閱全書
祀典於心未愜諸將謂
聖諭已遵畢
向閱　皇祖實錄增祀　歷代帝王　諭旨意謂彼時諸臣已遵奉　德意秩祀無遺是以乙未年躬祭　帝王廟詩有但匯隋宗均入祀　仁皇奕代著金科之句及昨歲閱大清通禮並檢閱紅本始知崇祀者尚少而於前後五代則全無反闌入後漢之桓靈甚不愜於懷因勅大學士九卿等更議增入晉元帝明帝成帝康帝穆帝哀帝簡文帝宋文帝孝武帝明帝齊武帝陳文帝宣帝元魏道武帝明帝太武帝文成帝獻文帝孝文帝宣武帝孝明帝唐憲宗後唐明宗周世宗金哀宗凡二十五帝其桓靈則黜出之以昭公論用符前訓
孰知廷議反成虛重加考訂
俾全入用潔馨香侑
定居敢以古稀謝躬祭曰欽曰監並殷予
恭祭
歷代帝王廟禮成述事
乾隆五十年歲在乙巳仲春月下澣　御筆

京 415《歷代帝王廟禮成述事碑》陽

昨歲閲四庫全書内大清通禮所列
歷代帝王廟位號有弗愜於心者敬憶
皇祖實録敕議增祀
論旨凡帝王在位除無道被弑亡國之主此外盡應入廟乃命取紅本閲之始知爾時廷臣不能仰體
聖懷詳加討論且疏奏在壬寅十一月
皇祖大事以前數日故致多遺漏因諭大學士九卿等更議增祀於乙巳年春祭入廟躬禮告虔以申馨香妥
侑敬承
前典之意
昨年四庫閲全書
祀典於心未愜諸將謂
聖綸已遵畢向閲皇祖實録增祀歷代帝王諭旨意謂彼時諸臣已遵奉德意秩祀無遺是以乙未年躬祭帝王廟詩有但匪墮宗均入祀仁皇奕代著金科之句及昨歲閲大清通禮并檢閲紅本始知崇祀者尚少而於前後五代則全無反闌入後漢之桓靈甚不愜於懷因敕大學士九卿等更議增入晉元帝明帝成帝康帝穆帝哀帝簡文帝宋文帝孝武帝明帝齊武帝陳文帝宣帝元魏道武帝明帝太武帝文成帝獻文帝孝文帝宣武帝孝明帝唐憲宗後唐明宗周世宗金哀宗凡二十五帝其桓靈則徹出之以昭公論用符前訓孰知廷議反成虛重加考訂
俾全入用潔馨香侑
定居敢以古稀謝躬祭曰欽曰監并殷予　恭祭
歷代帝王廟禮成述事　乾隆五十年歲在乙巳仲春月下浣　御筆

歷代帝王廟禮成述事碑

年代：清乾隆五十年（1785）二月
原址：西城區阜成門内大街
拓片尺寸：碑身高 349 厘米，寬 137 厘米
書體：行書
撰人：（高宗）弘曆
書人：（高宗）弘曆
拓片編號：京 415
拓片録自：《北京圖書館藏中國歷代石刻拓本匯編》卷 75 頁 25

【碑陰】

碑文：

昨歲閲四庫全書，内《大清通禮》所列 1 歷代帝王廟位號有弗愜於心者。敬憶 2 皇祖《實録》，敕議增祀 3 論旨，凡帝王在位，除無道、被弒亡國之主，此外盡應入廟。乃命取紅本閲之，始知爾時廷臣不能仰體 4 聖懷，詳加討論。且疏奏在壬寅十一月 5 皇祖大事以前數日，故致多遺漏。因諭大學士九卿等更議增祀，於乙巳年春祭入廟躬禮告虔，以申馨香妥 6 侑、敬承 7 前典之意。8

昨年四庫閲全書，9 祀典於心未愜諸。將謂 10 聖綸已遵畢，（向閲皇祖《實録》增祀歷代帝王諭旨，意謂彼時諸臣已遵奉德意，秩祀無遺。是以乙未年躬祭帝王廟詩有"但匪墮宗均入祀，仁皇奕代著金科"之句。及昨歲閲《大清通 11 禮》，并檢閲紅本，始知崇祀者尚少，而於前後五代則全無，反闌入後漢之桓、靈，甚不愜於懷，因敕大學士九卿等更議，增入晋元帝、明帝、成帝、康帝、穆帝、哀帝、簡文帝、宋文帝、孝武帝、明帝、齊武帝、陳文帝、宣帝、元 12 魏道武帝、明帝、太武帝、文成帝、獻文帝、孝文帝、宣武帝、孝明帝、唐憲宗、後唐明宗、周世宗、金哀宗，凡二十五帝，其桓、靈則徹出之，以昭公論，用符前訓。）孰知廷議反成虚。重加考訂 13 俾全入，用潔馨香侑 14 定居。敢以古稀謝躬祭，曰欽曰監并殷予。

恭祭 15 歷代帝王廟禮成述事。

乾隆五十年歲在乙巳仲春月下浣　御筆。16

觀音庵

觀音庵,原址約在今西城區趙登禹路和阜成門内大街的十字路口。寺廟建築現不存。

觀音庵始建年代不詳。清《雍正廟册》有載録,爲大僧廟,有殿宇七間,禪房十三間,住持普岫。清《乾隆廟册》亦記爲大僧廟,住持通林。按照清乾隆《京城全圖》所繪,觀音庵在阜成門内大街路北,坐北朝南,廟前爲馬市橋,東臨溝渠。廟無山門,在南墻開門。門内靠西墻有前殿兩間,南向。前殿往北爲中院,有北殿三間;再往北爲後院,亦有北殿三間,均靠西墻而建。

此外未見有關觀音庵的資料。

真武廟（阜内大街）

真武廟，僅見於清乾隆《京城全圖》，原址約爲今西城區阜成門内大街一百五十七號。寺廟建築現不存。

真武廟始建年代無考。按照《京城全圖》所繪，廟在阜成門内大街路北，坐北朝南，一進院落，四周墻垣圍繞。廟無山門，在南墻開一廟門。門兩側有東西房各兩間。院中間大殿三間。

此外未見關於真武廟的資料。

2018年寺廟原址爲全新大藥房。

真武廟（蒲州巷）

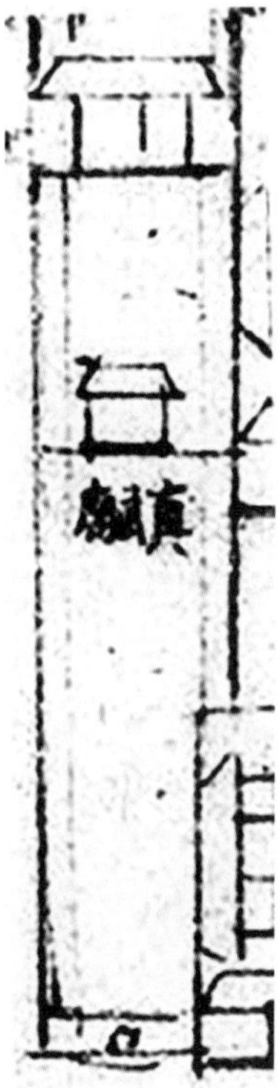

真武廟，原址爲内四區蒲州館夾道二號（今西城區蒲州巷一至四號，阜成門内大街一百四十七號）。寺廟建築現不存。寺内原有清光緒二十四年（1898）碑一通[1]。

真武廟始建年代無考。清《乾隆廟册》記載在馬市橋有真武廟，爲大僧廟，住持通祥。據清乾隆《京城全圖》，真武廟坐北朝南，在阜成門内大街路北。廟無山門，在臨街南墻開廟門。前院極寬敞，僅有北殿一間，無其他房舍。後院北殿四間。

清光緒二十四年，旗人松清重修真武廟。1920年北平市社會局調查時，真武廟爲家廟，廟主即松清的後代趙保志。彼時的真武廟有前後兩院，前院大殿三間，後院瓦房一間。廟内有銅像一尊；木像九尊，其中八尊已經腐朽；泥像九尊；另有黄琉璃瓦香爐一座、銅鐘一口、鐵鐘一口、鐵磬一口。此前趙保志將廟交由别人看管，但1920年他表示打算重修大殿，改爲自己的住房，將佛像法器等挪入後院[2]。

2018年調查時，寺廟原址爲蒲州巷内居民院落，阜成門内大街一百四十七號爲前進攝影店和三槍内衣店。

---

〔1〕此碑僅在民國檔案中提及，參見北京市檔案館藏《北平市社會局·内四區真武廟尼趙保志呈請登記廟産及社會局的批示》，1930—1931年，檔案號J002-008-00153，頁五至六。

〔2〕同上。

妙應寺

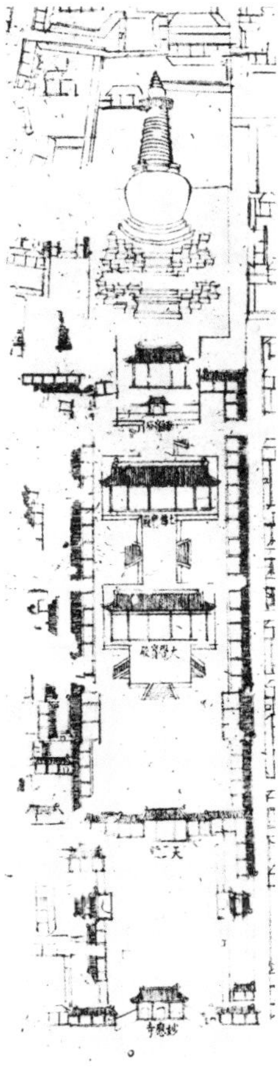

妙應寺，元代爲大聖壽萬安寺[1]，又名白塔寺。原址爲内四區阜成門内大街二十五號（今西城區阜成門内大街一百七十一號）。寺廟建築現存。寺内有石碑五通，分别爲清康熙二十七年（1688）的兩通《妙應寺碑》，清乾隆十八年（1753）《妙應寺白塔碑》和《妙應寺碑》，以及乾隆五十年（1785）《妙應寺詩刻》。

據元代僧人如意祥邁所撰《聖旨特建釋迦舍利靈通之塔碑文》，妙應寺爲遼代永安寺舊址。永安寺建於遼壽昌年間，有釋迦舍利塔，係壽昌二年（1096）顯密圓通法師道修築。塔内藏"舍利戒珠二十粒、香泥小塔二千、無垢净光等陀羅尼經五部"。至元代，永安寺殿堂毁於兵火，惟遺舍利塔。塔夜放神光，十分奇异。至元八年（1271），元世祖忽必烈下令開啓遼塔，果然發現塔内有香泥小塔，并有一鐵塔，内貯銅瓶，香水盈滿，舍利堅圓。銅瓶底有一銅錢，上鑄"至元通寶"四字。案上五經陳列，宛然無損；案前二龍王跪守。元世祖見此即下旨建新寶塔迎取舍利，又命國師、藏地僧人𣐘鄰真依據密教儀規裝藏新塔[2]。

至元九年（1272），以塔爲中心開建大聖壽萬安寺殿堂。二十二年（1285），四千軍人伐木五萬八千六百株供給萬安寺修造工程[3]。是年，世祖特詔漢地僧人

［1］參見《日下舊聞考》卷五十二，頁八百二十五。

［2］參見宿白《元大都"聖旨特建釋迦舍利靈通之塔碑文"校注》，《考古》1963年第1期，頁三十七至四十七；該文亦登載於楊毅、陳曉蘇《妙應寺白塔史料》，北京：北京燕山出版社，1996年，頁一至二十六；黄春和《白塔寺》，北京：華文出版社，2002年，頁二百二十一至二百二十八。

［3］參見楊家駱主編《新校本元史并附編二種》卷七，臺北：鼎文書局，1977年，頁一百四十四；卷十三，頁二百八十二。

知揀爲萬安寺第一任住持。知揀係元初高僧，原南城古刹寶集寺住持，領有釋教都總統、開内三學都壇主、開府儀同三司、光禄大夫、大司徒和邠國公等多種封號。至元二十二年至二十四年（1287）期間，知揀參與了《至元法寶勘同總録》的編纂工作[1]。二十五年（1288），萬安寺最終建成，“佛像及窗壁皆以金飾之，凡費金五百四十兩有奇，水銀二百四十斤”[2]。次年，忽必烈臨幸大聖壽萬安寺，將旃檀瑞像遷入寺内供奉，又命帝師及西僧作佛事[3]。元貞元年（1295）在萬安寺舉辦國忌日佛事，有七萬僧衆參加[4]。大德五年（1301），成宗賜萬安寺地六百頃，鈔萬錠[5]。

皇慶元年（1312），住持知揀圓寂，葬京西黄村。知揀弟子德嚴繼任住持。延祐三年（1316），德嚴參與了有關旃檀瑞像源流的討論[6]。至順二年（1331），德嚴因“盗公物、畜妻孥”而被免除司徒、壇主之職。但次年五月，文宗即復德嚴職，并下詔給鈔五萬錠，在寺内修帝師八思巴影堂[7]。除八思巴影堂之外，萬安寺大殿西設有世祖帝后影堂，大殿東設裕宗帝后影堂，每月遣官祭祀[8]。元代的萬安寺還是皇家朝儀和皇帝即位受朝儀的演習場所[9]，也是蒙文、畏兀兒文佛經翻譯、印刷的中心[10]。

元至正二十八年（1368）六月甲寅未時，萬安寺殿脊遭雷擊起火，火勢蔓延迅速。順帝聞之淚如雨下，命百官救護，然而除東西二影堂神主及寶玩器物外，廟宇殿堂一概焚毀殆盡[11]。

火灾之後的萬安寺在明代得以重修，但明代文獻對此并無任何記載，寺内亦無明碑。據清康熙二十七年的《妙應寺碑》，明天順年間改寺名爲妙應寺[12]。天順三年（1459）敕賜大藏經一部[13]。《日下舊聞考》載明成化元年（1465）塔座周圍造燈龕一百零八座[14]。弘治十八年（1505），前總鎮司設監太監王敬捐資修七佛寶殿。嘉靖元年（1522），御馬監太監王琦捐造大鐵鼎一座，置於白塔前[15]。萬曆二十年（1592），慈聖皇太后懿旨重建白塔天盤壽帶，在塔身立銅碑，曰“重建靈通萬壽寶塔天盤壽帶大明慈聖宣文明肅皇太后懿旨萬曆歲次壬辰季春吉日造”。多位太監、信官亦紛紛捐資鑄造了壽帶下懸挂的三十六個銅鈴[16]。又據《帝京景物略》，明末時白塔上長有一棵樹，“花時亦花，高不甚辨，久久落熟爛果，其核杏也”。每年元旦，“士女繞塔，履履相躡，至燈市盛乃歇”[17]。

清朝定鼎之後，清聖祖於康熙二十七年敕命重修妙應寺白塔及殿堂，“無改舊觀，無增侈

---

〔1〕參見《白塔寺》，頁三十七至五十。

〔2〕參見《新校本元史并附編二種》卷十五，頁三百十一；《白塔寺》，頁十六。

〔3〕參見《新校本元史并附編二種》卷十五，頁三百二十九；《白塔寺》，頁二十七至三十一。

〔4〕參見《新校本元史并附編二種》卷十八，頁三百九十。

〔5〕同上，卷二十，頁四百三十四。

〔6〕參見《白塔寺》，頁五十至六十。

〔7〕參見《新校本元史并附編二種》卷三十五，頁七百九十一；卷三十六，頁八百零四；《白塔寺》，頁五十六。

〔8〕參見《新校本元史并附編二種》卷七十五，頁一千八百七十五。

〔9〕同上，卷六十七，頁一千六百六十九。

〔10〕參見《白塔寺》，頁三十五至三十七；《妙應寺白塔史料》，頁三十九至四十。

〔11〕參見《新校本元史并附編二種》卷四十七，頁九百八十五。

〔12〕參見清康熙二十七年《妙應寺碑》，京438，《北京圖書館藏中國歷代石刻拓本匯編》卷六十四，頁一百一十五。

〔13〕參見（明）沈榜《宛署雜記》卷十八，北京：北京古籍出版社，1980年，頁二百二十一。

〔14〕參見《日下舊聞考》卷五十二，頁八百二十七。

〔15〕參見《燕都叢考》引《城西訪古記》，第五章，頁三百六十三。

〔16〕參見《白塔寺》，頁六十六至六十九。

〔17〕參見《帝京景物略》，頁一百八十二。

飾”[1]。竣工後在寺内立御製碑兩通。清《雍正廟册》記載白塔寺爲大僧廟，在阜城門内，有殿宇十間，禪房二十五間，住持達乾。清《乾隆廟册》對白塔寺無記載，不確定是否有可能寺在當時已經轉爲藏傳佛教寺廟。

乾隆十八年（1753），高宗又徵材召工再度重修妙應寺，修繕工程亦遵循聖祖之志，“因依舊觀”，“不陋不侈”[2]。施工期間，工地曾一度起火，燒及修塔搭建的塔架和一間殿宇[3]。工竣之後，乾隆御製重修妙應寺文及重修白塔銘，在七佛殿院内勒石立碑兩通。高宗又賜御書《般若波羅蜜多心經》一卷及梵文《尊勝咒》，并大藏真經全部七百二十四函藏於塔内，以爲鎮塔之寶。高宗還爲大殿題額“意珠心鏡”，“福緣應現”；爲七佛寶殿題額“祥輪光聚”；爲白塔下三寶殿題額“具六神通”，題聯“風散异香禪偈静，鳥窺清唄法筵開”[4]。

據清乾隆《京城全圖》所繪，妙應寺坐北朝南，在阜成門大街街北，四層殿宇，屋頂均爲琉璃瓦。山門三間，歇山頂，兩邊八字影壁墻。山門東西各有房四間，歇山頂，南向，各開一門通寺内。山門内爲前院。東西各有二層雙檐歇山頂樓一座，當爲鐘鼓二樓。西樓南有西殿五間。院北天王殿三間，左右耳房各兩間，耳房側有過道房各兩間。前院西有西跨院，似有南北兩進。北院南即爲山門西側四間臨街房，北院北似有房兩間。南院有北殿三間。前院東墻有門通東跨院。東跨院北即爲山門東側四間臨街房，其北有殿兩間。東跨院東北隅有順山房三間。前院往北爲主院，有歇山頂大覺寶殿五間，立於臺基之上。殿前有月臺，月臺東西北三面各有臺階。主院内有歇山頂東西殿各三間，兩殿南各有順山房五間，兩殿北各有順山房十八間，直抵白塔塔院南墻。大殿後有月臺與七佛寶殿相聯接，月臺東西兩面有臺階。七佛寶殿五間，亦建於臺基之上，歇山頂。寶殿後有月臺通往白塔塔院。主院和七佛寶殿庭院西有跨院，其布局不甚清晰。跨院最南端似有殿宇三間，其北有一院落，有北殿三間，東間開門；另似有西殿一座。再往北又有一四方小院，西有歇山頂門殿一間，北墻開門，門内爲一夾道，直抵塔院，夾道西似全部爲排房。塔院有南墻兩道，第二道墻上開歇山頂垂花門，門内歇山頂殿宇三間。殿宇北爲白塔，圍之以墻，西北有北房三間。塔院西有一跨院，有南房六間，似有西房數間。跨院中部似有一小院，有東西房數間。

乾隆四十一年（1776）高宗再度下旨敕修，又賜御製滿、漢、藏、蒙古四文合璧《大藏經全咒》十套，藏文《首楞嚴經》一份，及《維摩詰所説大乘經》全部[5]。五十年正月初六，高宗在妙應寺大賜千叟宴。宴會時二十餘丈高白塔塔頂忽然有哈達飄綴，高宗深嘆此舉非人力所能爲，實爲白塔顯靈也，遂賦詩記之[6]。

清同治九年（1870），信士倭仁爲西跨院大殿題額“大覺能仁”，題聯“甘露灑諸天現清净身説平等法　慈航超彼岸以自在力顯大神通”[7]。光緒六年（1880），御史鄧麟慶上奏狀告妙應寺喇嘛伊什呢瑪，稱其擅令木匠拆毁寺内用作行宫的殿房，搬移整齊木料至城外蓋房多間，并在膳房原址栽

---

[1]參見清康熙二十七年《妙應寺碑》，京438，頁一百十五。

[2]參見清乾隆十八年《妙應寺碑》，京440，《北京圖書館藏中國歷代石刻拓本匯編》卷七十一，頁二十五至二十六。

[3]參見《清實録·高宗純皇帝實録》卷四百四十六，乾隆十八年九月六日條，頁八百零五；國立北平研究院《妙應寺》，西四170。

[4]參見清乾隆十八年《妙應寺白塔碑》，京437，《北京圖書館藏中國歷代石刻拓本匯編》卷七十一，頁十四至十五；《日下舊聞考》卷五十二，頁八百二十七。1978年北京市文物工作隊在妙應寺白塔塔刹内出土清乾隆十八年文物，除此處提及的經卷以外，還有佛像、經函、哈達等物，參見《妙應寺白塔史料》，頁五十九至六十三。

[5]同上。

[6]參見清乾隆五十年《妙應寺詩刻》，京439，《北京圖書館藏中國歷代石刻拓本匯編》卷七十五，頁二十二。

[7]參見《燕都叢考》引《城西訪古記》，頁三百六十四。

種果木,築墻圍入寺内[1]。彼時的妙應寺由喇嘛管理,當是藏傳寺廟無疑;而喇嘛將寺内行宫拆除,亦説明皇帝已經久未駕幸妙應寺矣。

1900年庚子之亂,妙應寺經歷八國聯軍洗劫,明清以來寺内供奉之寶物及收藏之經卷被掃蕩一空。十年之後,宣統帝與兩位皇太妃曾一度賜銀重修[2],然而遭受重創的妙應寺再未能恢復元氣。

民國時期,妙應寺寺院及白塔曾經分别在1925年和1937年兩次重修[3]。據國立北平研究院20世紀30年代調查,妙應寺山門有石額"敕賜妙應禪林"。第一進院内東西有鐘鼓二樓,但已無法登上,且鐘鼓均無。北有天王殿,殿内東西兩邊供泥塑天王各兩尊。院内有古槐四株,石旗杆座兩個。第二進院落有大殿五間,原有乾隆題額"意珠心境",但字已無。殿内中間供三世佛[4]坐像,銅質金身,木質蓮座。其中居中佛像左立阿難、右立迦葉,均木質金身。無其他佛像及供器。有匾額曰"福緣應現",印章"乾隆御筆之寶"。殿頂藻井三個,繪有金龍;彩繪天花板上書有梵文六字真言。大殿前東西分别立有清康熙二十七年的兩通《妙應寺碑》,其中東側一通碑的碑陰爲清乾隆五十年《妙應寺詩刻》。大殿前有鐵鼎一座,銘文曰"萬曆三十八年八月吉日造。信士易宗禹及妻孫氏獻"。院内還有東西配殿各三間,均無佛像。配殿南北各有順山房。另有柏樹三株,槐樹兩株,井二眼。第三進北有殿五間,木額"七佛寶殿";門内有黑底金字紙額"祥輪光聚",印章"乾隆御筆之寶","光"字已剥落。殿内供大佛七尊,中爲釋迦佛坐像,銅胎金身,石刻蓮花座。左供三大士坐像,銅胎金身,木製蓮座。右供三世佛。東西墻下各供鐵胎泥皮彩塑羅漢坐像九尊。殿頂藻井三個,繪有金龍;彩繪天花板上書有梵文六字真言。殿内除六個供桌外,無其他供器。殿前東西分别立有清乾隆十八年御製《妙應寺碑》和《妙應寺白塔碑》。院内有松樹七株。第四進爲白塔塔院,院内上有額曰"敕建釋迦舍利靈通寶塔"。院門内有殿三間,供三大士佛像,木胎木座。前有木製香爐、蠟扦三份。殿内梁上有額曰"具六神通",印章"乾隆御筆之寶"。殿北有燃佛燈小屋三間,屋内有鐵海燈一座,銘文"妙應靈通";另有清嘉慶丙子年(1816)造大鐵磬一個。燃佛燈小屋往北即爲白塔。塔前有石几,爲轉塔時設供之用。石几後有明嘉靖元年御馬監太監王琦捐造大鐵鼎一座。塔四周角落各有亭一座,其中東南角爲鐘亭,内懸鐵鐘,七面有字,不甚清晰,無年月;西南角爲鼓亭;東北角爲一空亭;西北角爲龍王亭。此外,妙應寺還有西跨院,南起天王殿以西,北抵七佛寶殿西側。西跨院南有垂花門,門内東西各有配房三間。配房以北兩側各有游廊,中間有正殿三間,木額"大覺能仁",清同治九年(1870)倭仁題。正殿往北有佛樓一座,樓上供藥師佛像三尊。佛樓往北有西房一座,再往北爲後院,有南北房各三間[5]。

民國期間寺内有常住喇嘛十六人[6]。每年十月二十五日爲白塔生日,寺内喇嘛對塔誦經奏樂,并繞塔一周,俗稱"轉塔",游人觀者頗衆[7]。每月逢五、六寺内有廟會,係京城有名的廟會之一[8]。

---

[1]參見《清實録·德宗景皇帝實録》卷一百一十二,光緒六年四月二十四日條,頁六百四十九。

[2]參見《白塔寺》,頁七十九至八十。

[3]參見北京市文物事業管理局編《北京名勝古迹辭典》,北京:北京燕山出版社,1989年,頁一百五十五至一百五十七。

[4]北平研究院稱之爲三大士像,而《燕都叢考》引《城西訪古記》稱之爲三世佛。從北平研究院照片來看應爲三世佛。

[5]參見國立北平研究院《妙應寺》,西四170;《北平研究院北平廟宇調查資料匯編(内四區卷·下)》,頁七百七十九至八百零七。

[6]參見《北京名勝古迹辭典》,頁一百五十五至一百五十七。

[7]參見《燕都叢考》引《城西訪古記》,頁三百六十四。

[8]參見《故都變遷記略》,頁七十五;《白塔寺》,頁八十六至九十三。

1946 年，位於北京西郊挂甲屯的慈佑寺和阜城門内宫門口玉帶胡同的同福寺[1]因塌毁嚴重被廢止，兩寺喇嘛歸入妙應寺内[2]。

白塔寺廟會一直持續到 1961 年纔停止。1963 年，妙應寺白塔被列入全國第一批重點文物保護單位。1965 年寺廟管理權由中國佛教協會轉交給北京市文化文物局，宗教活動徹底停止。1966 年至 1976 年期間，寺廟殿堂被用作西城區查抄辦公室，寺廟山門、鐘樓、鼓樓均被拆毁，在原址修建了西城區副食品商店。1978 年以後國家開始逐步修復白塔寺。1998 年山門和鐘鼓樓在原址重建，白塔寺作爲旅游景點對外開放[3]。2011 年，白塔因磚裂掉灰而再次修復，2013 年底完成。2019 年 6 月，白塔寺又閉館修葺，直至 2021 年初尚未完工。

妙應寺東墻（2021 年 11 月 鞠熙攝）

〔1〕同福寺在五排十一段。參見《北京内城寺廟碑刻志》第五卷，頁四百二十六至四百二十七。

〔2〕參見《白塔寺》，頁八十三至八十四。

〔3〕同上，頁九十三至一百。

妙應寺白塔（2021 年 11 月 鞠熙攝）

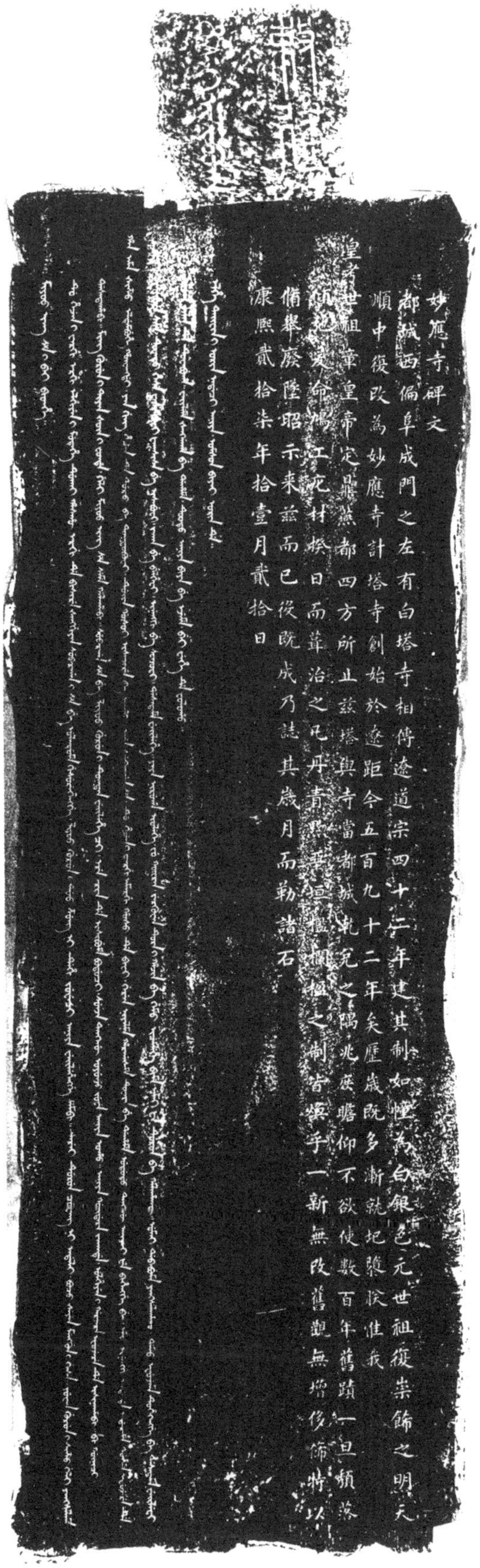
妙應寺碑文
都城西偏阜成門之左有白塔寺相傳遼道宗四十二年建其制如幢為白銀色元世祖復崇飾之明天
順中復改為妙應寺計塔寺創始於遼距今五百九十二年矣歷歲既多漸就圮毀朕惟我
皇考世祖章皇帝定鼎燕都四方所止茲塔與寺當都城乾兌之隅兆庶瞻仰不欲使數百年舊蹟一旦頹落
頒帑爰命鳩工庀材擇日而葺治之凡丹青黝堊垣墻欄楯之制皆煥乎一新無改舊觀無增侈飾特以
備舉廢墜昭示來茲而已役既成乃誌其歲月而勒諸石
康熙貳拾柒年拾壹月貳拾日

京 438《妙應寺碑》陽

敕建 ᡥᡝᠰᡝᡳ ᡳᠯᡳᠪᡠᡥᠠ

妙應寺碑文

都城西偏阜成門之左有白塔寺相傳遼道宗四十二年建其制如幢爲白銀色元世祖復崇飾之明天順中復改爲妙應寺計塔寺創始於遼距今五百九十二年矣歷歲既多漸就圮隳朕惟我

皇考世祖章皇帝定鼎燕都四方所止兹塔與寺當都城乾兑之隅兆庶瞻仰不欲使數百年舊迹一旦頹落傾弛爰命鳩工庀材揆日而葺治之凡丹青黝堊垣檻欄楹之制皆焕乎一新無改舊觀無增侈飾特以修舉廢墜昭示來兹而已役既成乃志其歲月而勒諸石

康熙貳拾柒年拾壹月貳拾日

妙應寺碑

額題:敕建
首題:妙應寺碑文
年代:清康熙二十七年(1688)十一月二十日
原址:西城區阜成門内大街白塔寺
拓片尺寸:碑身高206厘米,寬70厘米;額高、寬均29厘米
書體:正書并篆額,滿、漢文
撰人:(聖祖)玄燁
拓片編號:京438
拓片録自:《北京圖書館藏中國歷代石刻拓本匯編》卷64頁115

【碑陽】

額題:敕建

碑文:

妙應寺碑文 *1*

都城西偏,阜成門之左有白塔寺,相傳遼道宗四十二年建。其制如幢,爲白銀色。元世祖復崇飾之。明天 *2* 順中,復改爲妙應寺。計塔寺創始於遼,距今五百九十二年矣。歷歲既多,漸就圮隳。朕惟我 *3* 皇考世祖章皇帝定鼎燕都,四方所止。兹塔與寺當都城乾兑之隅,兆庶瞻仰,不欲使數百年舊迹一旦頹落 *4* 傾弛,爰命鳩工庀材,揆日而葺治之。凡丹青黝堊垣檻欄楹之制,皆焕乎一新。無改舊觀,無增侈飾,特以 *5* 修舉廢墜,昭示來兹而已。役既成,乃志其歲月而勒諸石。*6*

康熙貳拾柒年拾壹月貳拾日。*7*

【滿文部分】

額題(滿文正書):hesei ilibuha

碑文:

miyoo ing sy i bei bithe. *1*

du hecen i wargi ergi elgiyen i mutehe dukai hashū ergi de bisire šanggiyan subargan i sy be ulandume gisurehengge. liyoo gurun i doo dzung ni dehi juweci aniya weilehengge sembi. terei durun cuwang ni adali. boco šeyen menggun i gese. yuwan gurun i šidzu geli yangselame *2* dasatahabi. ming gurun i tiyan šun i fonde. geli miyoo ing sy seme halahabi. subargan sy be. liyoo gurun i tuktan weilehe ci. ere erin de isibume bodoci. sunja tanggū uyunju juwe aniya oho. aniya goidara jakade. ulhiyen i garjara efujere de isinahabi. bi gūnici. *3* (+) han ama šidzu eldembuhe hūwangdi. yan ging hecen de doro be toktobufi. duin hošoi isanjire ba oho. ere subargan sy. du hecen i wargi amargi hošo de bifi. geren niyalma hargašame tuwara be dahame. ududu tanggū aniyai fe bihengge be. emu inenggi andande adarame tuheme efujere de 4 isibure seme. tuttu hese wasimbufi faksisa be isabufi. jaka be belhefi. inenggi be sonjofi. dasatame weilehe. yaya niruha iolehe. fu kūwaran. jerguwen tura i hacin be gemu icemlehe bime. umai fe durun be halahakū. umai dababume yangselahakū. damu efujeme tuhekengge be dasatame weilefi 5 amaga jalan de tuwabuha. weileme šanggaha be dahame. tuttu aniya biya be ejeme. bei wehe de foloho. 6

elhe taifin i orin nadaci aniya. omšon biyai orin de. 7

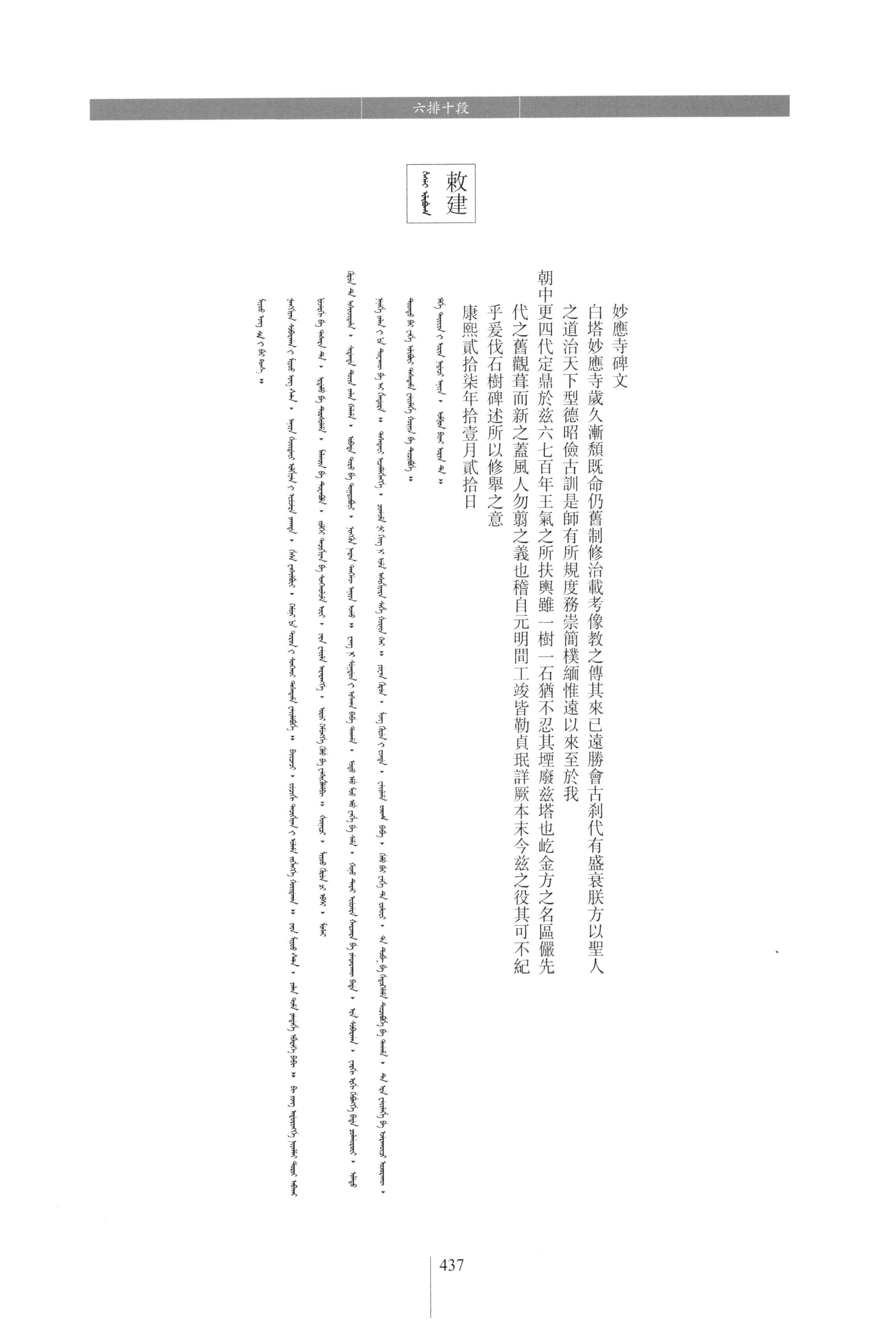

敕建

妙應寺碑文

白塔妙應寺歲久漸頹既命仍舊制修治載考像教之傳其來已遠勝會古刹代有盛衰朕方以聖人之道治天下型德昭儉古訓是師有所規度務崇簡樸緬惟遠以來至於我

朝中更四代定鼎於茲六七百年王氣之所扶輿雖一樹一石猶不忍其堙廢茲塔也屹金方之名區儼先代之舊觀葺而新之蓋風人勿翦之義也稽自元明間工竣皆勒貞珉詳厥本末今茲之役其可不紀乎爰伐石樹碑述所以修舉之意

康熙貳拾柒年拾壹月貳拾日

妙應寺碑

額題:敕建
首題:妙應寺碑文
年代:清康熙二十七年(1688)十一月二十日
原址:西城區阜成門内大街白塔寺
拓片尺寸:碑身高206厘米,寬70厘米;額高、寬均29厘米
書體:正書并篆額,滿、漢文
撰人:(聖祖)玄燁
拓片編號:京441
拓片録自:北京大學圖書館善本部藏拓片

【碑陽】

額題:敕建

碑文:

妙應寺碑文 [1]

白塔妙應寺,歲久漸頹。既命仍舊制修治,載考像教之傳,其來已遠,勝會古刹,代有盛衰。朕方以聖人 [2] 之道治天下,型德昭儉,古訓是師。有所規度,務崇簡樸。緬惟遠以來至於我 [3] 朝,中更四代。定鼎於兹,六七百年。王氣之所扶輿,雖一樹一石猶不忍其堙廢。兹塔也,屹金方之名區,儼先 [4] 代之舊觀,葺而新之,蓋風人勿翦之義也。稽自元明間,工竣皆勒貞珉,詳厥本末。今兹之役其可不紀 [5] 乎? 爰伐石樹碑,述所以修舉之意。[6]

康熙貳拾柒年拾壹月貳拾日 [7]

【滿文部分】

額題(滿文正書):hesei ilibuha

碑文:

miyoo ing sy i bei bithe.. [1]

sanggiyan subargan i miyoo ing sy. aniya goidafi ulhiyen i efujere jakade. hese wasimbufi. kemuni fe durun i songkoi dasatame weilebuhe.. baicaci. fucihi tacihiyan i ulame jihengge goidaha.. yaya miyoo sy. jalan tome yendehe ebereke babi.. bi jing enduringge niyalmai doroi abkai [2] fejergi be dasara de. erdemu be dursuleme. malhūn be tuwabume. julgei tacihiyan be songkolome ofi. yaya weilere ararangge. urui kemungge gulu be wesihulembi.. gūnici. liyoo gurun ci ebsi. musei [3] (++) gurun de isinjitala. sidende duin jalan halame. ubade doro be toktobufi. ninggun nadan tanggū aniya oho.. wang ni sukdun i isaha babe dahame. udu emu moo emu wehe be seme. hono terei efujere garjara be jenderakū bade. ere subargan. wargi ergi gebungge bade colgorofi. iletu [4] nenehe jalan i fe tuwakū be ai hendure.. dasatafi icemlehengge. cohome si ging ni ume asihiyara sehe gūnin kai. yuwan gurun. ming gurun i fonde. weileme wajiha babe. gemu bei wehe de folofi. da dube be getukeleme tucibuhe be dahame. te ere weilehe be ejerakūci ojorakū. 5 tuttu bei wehe ilibufi dasatame weilehe gūnin be tucibuhe.. 6

elhe taifin i orin nadaci aniya. omšon biyai orin de.. 7

京 437《妙應寺白塔碑》陽

京 437《妙應寺白塔碑》陰

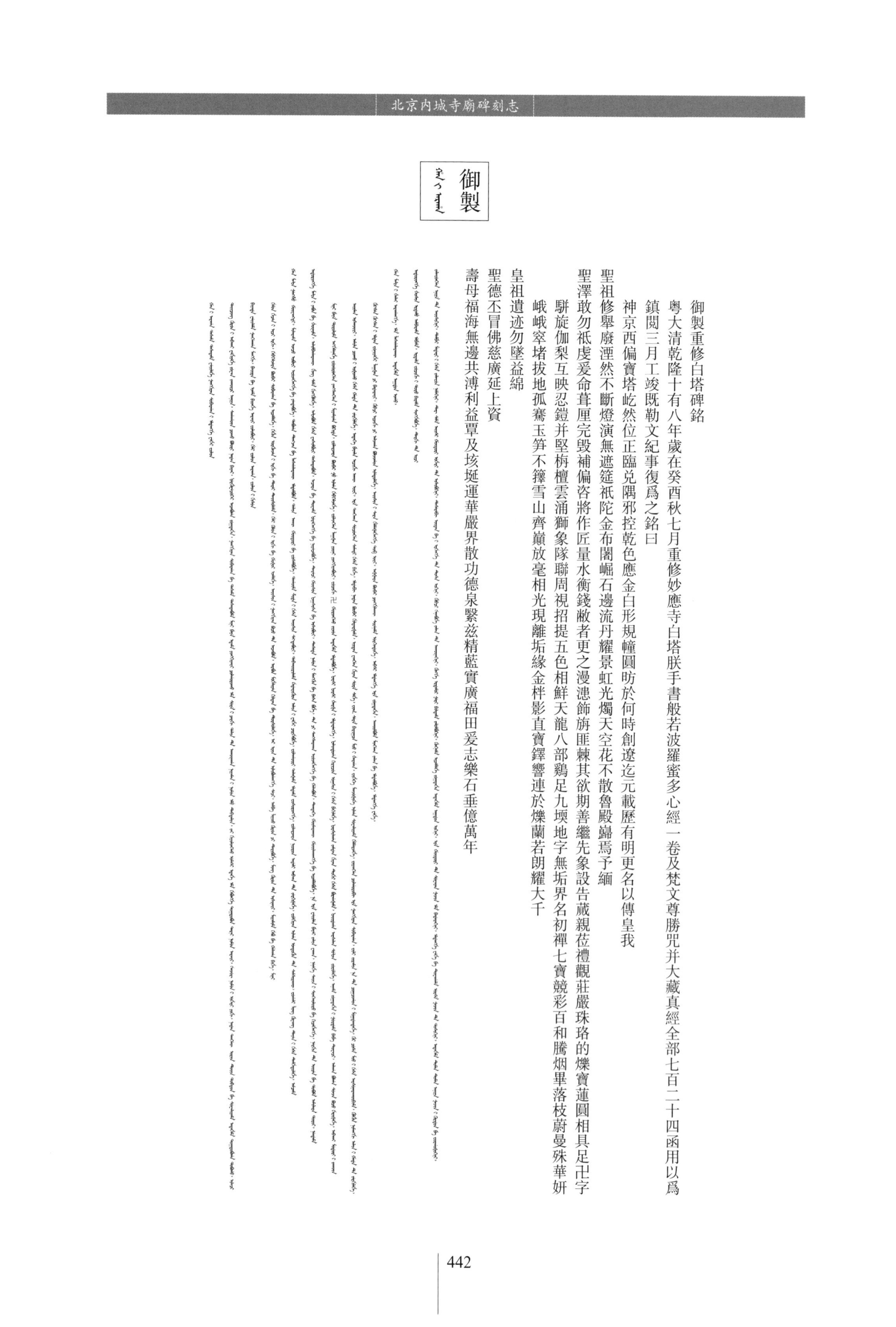

御製

御製重修白塔碑銘

粤大清乾隆十有八年歲在癸酉秋七月重修妙應寺白塔朕手書般若波羅蜜多心經一卷及梵文尊勝咒并大藏真經全部七百二十四函用以爲鎮閱三月工竣既勒文紀事復爲之銘曰

神京西偏寶塔屹然位正臨兑隅邪控乾色應金白形規幢圓昉於何時創遼迄元載歷有明更名以傳皇我
聖祖修舉廢湮然不斷燈演無遮筵祇陀金布闍崛石邊流丹耀景虹光燭天空花不散魯殿巋焉予緬
聖澤敢勿祗虔爰命葺厘完毁補偏咨將作匠量水衡錢敝者更之漫漶飾旃匪棘其欲期善繼先象設告蕆親莅禮觀莊嚴珠珞的爍寶蓮圓相具足卍字
駢旋伽梨互映忍鎧并堅栴檀雲涌獅象隊聯周視招提五色相鮮天龍八部鷄足九埏地字無垢界名初禪七寶競彩百和騰烟畢落枝蔚曼殊華妍
峨峨窣堵拔地孤騫玉笋不箨雪山齊巔放毫相光現離垢緣金柈影直寶鐸響連於爍蘭若朗耀大千
皇祖遺迹勿墜益綿
聖德不冒佛慈廣延上資
壽母福海無邊共溥利益覃及垓埏運華嚴界散功德泉繄兹精藍實廣福田爰志樂石垂億萬年

ང་ ཀྱལ་པོས་བྲིས་པའི་ཡང་བསྐྱར་ཞམས་གསོལ་བྱས་པའི་
མཆོད་རྟེན་དཀར་པོ་རྡོ་རིངས་ཀྱི་རྐོས་བྱང། །

༄༅། །ཆེན་པོ་ཆེང་གི་སྲིད་ཀྱི་གནམ་སྐྱོང་སྐད་ལོ་བཅོ་བརྒྱད
པ་ཆུ་བྱ་ལོའི་སྟོན་ཟླར་བར། ངོ་མཚར་རྟེན་འབྲེལ་ཅན་གྱི
ལྷ་ཁང་དང། མཆོད་རྟེན་དཀར་པོ་ཞམས་གསོས་བྱས།
ང་རང་གིས་བཙམ་ལྡན་འདས་མ་ཤེས་རབ་ཀྱི་ཕ་རོལ་དུ་ཕྱི
པོའི་སྙིང་པོ་བམ་གཅིག་དང། རྣམ་རྒྱལ་བཟུངས་བྲིས་
ནས། བཀའ་འགྱུར་པོད་བདུན་བཅུ་ཞེར་བཞི་དང་ལྷན་དུ
བརྟན་པར་བཞུགས་སུ་གསོལ། ཟླ་བ་གསུམ་གྱི་ཞོངས
སུ་འགྲུབ་ཟིན་རྗེས། རྡོན་ཆ་བརྗེད་བྱང་དུ་བྲིས་ནས
བཀོས་ཏེ་རྐོས་བྱང་ཀྱང་བྲིས། རྐོས་བྱང་ནི།
པོ་རང་ཆེན་པོའི་ནུབ་ཕོགས་ཀྱི། །ཀུན་གསལ་མཆོད་རྟེན
ཞམས་གསོས་བྱས། །དབུ་ཁམས་ལྷུགས་ཀྱི་ཐད་དུ་བཞེངས། །
ཁེན་ཁམས་གནམ་གྱི་ངོས་སུ་དབང། །ལྷུགས་ཁམས་དཀར
པོའི་འོད་ཀྱི་ས་འཁྱུག། །རྒྱལ་མཚན་བསྒྲེངས་འདྲ་བལྟ་ན
སྡུག། །འདི་ཉིད་ནམ་ཞིག་བཞེངས་ཟེར་ན། །ཐའི་ལེའུ་རྒྱལ་
པོའི་དུས་སུ་བརྩམས། །མིང་གི་དུས་སུ་སླེབ་པ་ན། །མིང་
བྱང་བརྗེས་ཏེ་གསོ་བར་བྱས། །ཡུ་ཡབ་མེས་ཤེང་ཙུ་རྒྱལ་
པོའི་དུས། །ཞམས་པ་གསོས་ཤིང་རྒྱ་ཆེར་བསྐྱེད། །ཆད
མེད་མར་མེའི་འོད་ཀྱིས་གསལ། །བསོད་ནམ་སྒྲིབ་མེད་
རྣམ་པར་རྒྱས། །རྒྱལ་བྱེད་བུ་བཞིན་གསེར་གྱིས་བཀྲམ། །
བྱ་རྒོད་ཕུང་པོའི་རྡོ་ཡིས་བརྩིགས། །འོད་ཟེར་འཕྲེང་བ
འཁྲུགས་པ་ནི། །མཁའ་ལ་འཇའ་འོད་འཁྱིལ་བ་འདྲ། །བར་
སྣང་མེ་ཏོག་འཐོར་མེད་སྤུངས། །ཤིང་ཀུང་པོ་བྲང་ཆེ་དང་
མཚུངས། །ཡུ་ཡབ་མེས་མཛད་བཟང་རྗེས་དྲན་པས། །དད
དང་གུས་པ་ལྷུར་བླང་ཏེ། །ཞམས་པ་གསོ་ཕྱིར་བཀའ་ཕབ་ནས། །
མ་ཆང་མེད་པར་ལེགས་པར་བཅོས། །ལས་བྱེད་གླ་མི་མང་
ཚོགས་པར། །མཛོད་དངུལ་མང་པོས་རིན་བཅལ་ནས། །
ཉིལ་དང་གྲུག་པ་རྗེས་སུ་བཅུག། །གོག་དང་ཞིག་པ་གསོ་བར་བྱས།
འདི་ནི་རང་དོན་ཁོ་ན་མིན། །ཕྱོན་གྱི་སྲོལ་བཟང་མཐུད་པ་ཡིན། །
སྣང་བརྙན་འདི་ཉིད་རབ་གནས་སྐབས། །ངེད་ཀྱིས་གཟུགས་པོ
མཇལ་དུ་ཕེབས། །ལེགས་པར་བརྒྱན་པའི་འཕྲུང་འཕྲུལ་ནི། །
པད་མ་གསར་བའི་མགོ་རྫོགས་ལྡེམ། །མཚན་དཔེ་གཟི་བྱིན
ཡོངས་འབར་བ། །དཔལ་པེའུ་འཁྱིལ་བའི་འོད་ཟེར་འཁྱུག། །
ལྷང་འཚེར་གྲུ་བཞིར་བརྡེབས་པ་ནི། །བཟོད་པའི་གོ་ཆ་བཞིན
དུ་ལྷམ། །ཙན་དན་ལྷེ་གུའི་དྲི་དང་འཐུལ། །གླང་སེང་ཁ་སྦྱོད
རྒྱན་གྱིས་བརྗིད། །གཙུག་ལག་ཁང་གི་ཉེ་འཁོར་ནི། །འོད་
འཕྲེང་ཁ་དོག་སྣ་ལྔ་འཁྲིགས། །ལྷ་སྲིད་སྡེ་བརྒྱད་ཡོངས
འདུས་ནས། །ཁྱུང་ཆེན་དེ་ལྟས་བཏེགས་པ་འདྲ། །གནས
འདི་དྲི་མ་མེད་པས་ན། །བསམ་གཏན་དང་པོ་ལྷ་བུ་སྟེ། །
རིན་ཆེན་སྣ་བདུན་ཚར་དུ་དངར། །བསྒོམས་ན་ཞིམ་པོའི་དྲི
དང་འཐུལ། །བྲི་ཀ་ཤའི་ཡལ་ག་བརྐྱང་པ་ལ། །མ་ཉྫུ་ཤ་ཀའི
མེ་ཏོག་མཛེས། །སྲིད་རྩེར་འཕགས་པའི་མཆོད་རྟེན་འདི། །
འཛིགས་རྟེན་ཁམས་འདིར་ཁྲད་པར་འཕགས། །གཡང་ཏེའི
ལྷུགས་མ་སྦྱུ་གུ་བྲལ། །བྲག་རི་ལྷུན་སྡུག་གངས་རིར་འགྲན། །
མཛོད་སྤུ་འཁྱིལ་བའི་འོད་ཟེར་གྱིས། །དྲི་མ་དང་བྲལ་ལྷག་གེར
གསལ། །གསེར་གདུགས་བསིལ་གྲིབ་འཁོར་བ་ནི། །དྲིལ
ཆུང་གཡེར་ཁ་སིལ་སིལ་སྒྲོགས། །གཟི་བྱིན་འབར་བའི་ལྷ
ཁང་འདིས། །སྟོངས་གསུམ་འཇིག་རྟེན་སྣང་བར་བྱས། །
ཡུ་ཡབ་མེས་ཕྱག་གིས་རྡོ་རིངས་བྲིས། །རྒྱུན་མི་འཆད་པའི
དཔལ་དུ་བྱས། །དམ་པའི་མཛད་བཟང་ཡོན་ཏན་ཁྱབ། །ད་ལྟ
སངས་རྒྱས་བསྟན་པ་དར། །ཡར་ལ་ཡུ་རྒྱལ་ཡུམ་གཡང་དུ་སོག། །
བསོད་ནམས་རྒྱ་མཐའ་མེད་གྱུར་ཅིག། །མར་ལ་ས་སྐྱེང་འགྲོ
ལ་ཁྱབ། །དཔལ་དང་བཀྲ་ཤིས་འབར་གྱུར་ཅིག། །སྡུག་པོ
བཀོད་པར་ཕྱིན་གྱུར་ཅིག། །ཡན་ལག་བརྒྱད་ལྡན་མཚོ་རྫོལ
སོག། །ལྷ་ཁང་འགྱུར་མེད་རྟག་བརྟན་སོག། །དགེ་འདིས་ཞྭ
སེར་བསྟན་དར་སོག། །རྡོ་རིངས་མཐོང་ཚད་བསྟན་ལ་ཞུགས། །
བསྐལ་བརྒྱར་ཆོས་འཁོར་བསྐོར་གྱུར་ཅིག། ||

妙應寺白塔碑

額題：御製
首題：御製重修白塔碑銘
年代：清乾隆十八年（1753）七月
原址：西城區阜成門内大街白塔寺
拓片尺寸：碑身高 238 厘米，寬 77 厘米；額高 38 厘米，寬 33 厘米
書體：正書并篆額，陽刻漢、滿文，陰刻蒙、藏文
撰人：（高宗）弘曆
拓片編號：京 437
拓片録自：《北京圖書館藏中國歷代石刻拓本匯編》卷 71 頁 14—15

【碑陽】

額題：御製

碑文：

御製重修白塔碑銘 [1]

粤大清乾隆十有八年，歲在癸酉秋七月，重修妙應寺白塔。朕手書《般若波羅蜜多心經》一卷，及梵文《尊勝咒》，并大藏真經全部七百二十四函，用以爲 [2] 鎮。閲三月工竣，既勒文紀事，復爲之銘曰：[3]

神京西偏，寶塔屹然。位正臨兑，隅邪控乾。色應金白，形規幢圓。昉於何時，創遼迄元。載歷有明，更名以傳。皇我 [4] 聖祖，修舉廢湮。然不斷燈，演無遮筵。祇陀金布，闍崛石邊。流丹耀景，虹光燭天。空花不散，魯殿巋焉。予緬 [5] 聖澤，敢勿祗虔。爰命葺厘，完毁補偏。咨將作匠，量水衡錢。敝者更之，漫漶飾旃。匪棘其欲，期善繼先。象設告蕆，親莅禮觀。莊嚴珠珞，的爍寶蓮。圓相具足，卍字 [6] 駢旋。伽梨互映，忍鎧并堅。栴檀雲涌，獅象隊聯。周視招提，五色相鮮。天龍八部，鷄足九堧。地字無垢，界名初禪。七寶競彩，百和騰烟。畢落枝蔚，曼殊華妍。[7] 峨峨窣堵，拔地孤騫。玉笋不籜，雪山齊巔。放毫相光，現離垢緣。金柈影直，寶鐸響連。於爍蘭若，朗耀大千。[8] 皇祖遺迹，勿墜益綿。[9] 聖德丕冒，佛慈廣延。上資 [10] 壽母，福海無邊。共溥利益，覃及垓埏。運華嚴界，散功德泉。緊兹精藍，實廣福田。爰志樂石，垂億萬年。[11]

【滿文部分】

額題（滿文篆書）：han i araha

碑文：

han i araha dasame dasatame weilehe šanggiyan subarhan i eldengge wehei folon [1]

daicing gurun i abkai wehiyehe juwan jakūci aniya. sahahūn coko bolori nadan biyai. ferguwecukei acabuha juktehen. šanggiyan subarhan be dasame dasatabume mini beye eteme yongkiyafi colgoroko eme sure i cargi dalin de akūnaha niyaman i nomun emu debtelin. jai giyolonggo umesi etehe eme gebungge toktobun tarni nomun arafi. g'anjur nomun i uheri yohi. nadan tanggū orin duin dobton be suwaliyame enteheme toktobuha doboho. ilaci 2 biyade weileme šanggaha manggi. baita ba ejeme bithe arafi folobufi. geli folon araha. folon i gisun 3

gemun hecen i ici ergi. gebkeljere boobai subarhan be icemlehe. gehun urgunjen i ergi be derei teisuleme. geli kulun i ergi be hošoi ejelehe. aisin i šanggiyan boco de acabume. arbun muheliyen kiltan be dursulehe. ai erin de ilibuhangge seci. amba liyoo gurun ci deribuhe. ming gurun de isinafi. miyamime gebu be halaha bihe. mini 4 (+) han mafa šengdzu. milarame onco obufi efujehengge be yendebuhe. dabuha dengjan be lashalarakū eldembume. dalin akū hūturi be fusembuhe. dahūme dzida i gese aisin sektebufi. dabkūrilame g'adarigut alin i wehei cirgebuhe. fulahūri talašame eldeme fosorongge. fularjara nioron adali abka de jerkišehe. fulgiyan ilha untuhun de samsirakū. fuhali ling guwang deyen i gese temgetulehe. amcame 5 (+) enduringge mafa i yabun be gūnime. alimbaharakū hing seme ginggulehe. afabume hese wasimbufi dasatabume. acara be tuwame ferekengge be niyecebuhe. tereci hūsun faksisa be isibufi. tesede namun i menggun be basa buhe. te ci sangsaraka efujehengge be halabume. tenteke hūmarakū hoilakangge be icemlebuhe. ne ere weilen beyei jalin waka. nenehe sain i songkoloro be kicehengge. nergin de ūren be dobome amilara doroi. nendeme 6 mini beye dorolome enggelenehe fujurungga yangsangga i miyamiha bokida. fularjara boobai šu ilha gebkeljehe. fulingga lakšan yooni yongkiyabufi. fucihi 卍 horonggo jijun enteheme eldembuhe. farsi farsi garša i elderengge. falinduha kiricun uksin i gese bekilehe. farsilaha jamdan hiyan tugi i gese burgašame. faidaha arsalan sufan jurulehe. aname juktehen i šurdeme babe tuwaci. alaha bulha sunja boco gerišehe. abkai muduri i jakūn 7 aiman isanjifi. amila coko i ošoho gese hada de jergilehe. enteke be yala icihi akū ofi. ere tangkan sucungga samadi gese bihe. eldepi nadan boobai giltaršame. eiten wangga hiyan sure sehe. fik sere birikca moo i gargan. fiheke manjušig'a ilha suwaliyame gelmerjehe. fiyangga colgoropi ere šanggiyan subarhan. fili jiramin na de cokcohon i mukdendehe. gui cuse moo i gese arsunarakū bime. gulhun nimanggi alin i hada de jergilehe. 8 guksen guksen i elden funiyehei lakšan ci badarafi. gubci icihi ci aljaha boljohon iletulehe. aisin i sara helmešehengge tob ofi. aššara boobai cinggilakū sireneme urkinduhe. absi eldengge ere juktehen. akūmbume minggan jalan be eldembuhe. eldengge wehe. 9 (+) han mafa i galai arahangge. ele lashalarakū enteheme akdun oho. 10 (+) enduringge gosin erdemu ambarame elbeme. ertele fucihi i doro bireme singgebuhe. dergi de oci 11 jalafungga eniye de aisikini. dembei mederi i gese jalafun nemekini. der seme aisi hūturi uheri de isibukini. deserepi eiten ba i ergengge de tusa okini. gubci g'anabuhe jalan de akūnakini. gungge eldemui šcri bilteme jalumbukini. gungneme icemlehe juktehen enteheme akdun okini. ere hūturi de suwayan šajin ele badarakini. eldengge wehe be tuwahale urse šajin de dosikini. enteheme tumen tumen aniya šajin i kurdun be forgošokini. 12

【碑陰】

【藏文部分】

碑文：

7 rgyal pos bris pa'i yang bskyar nyams gsol byas pa'i 1 mchod rten dkar po rdo rengs kyi rkos byang/ / 2 //chen po ching gi srid kyi gnam skyong sgang lo bco brgyad 3 pa chu bya lo'i ston zlar

bar/ ngo mtshar rten 'brel can gyi 4 lha khang dang/ mchod rten dkar po nyams gsos byas/ 5 nga rang gis bcom ldan 'das ma shes rab kyi pha rol du phyi 6 pa'i snying po bam gcig dang/ rnam rgyal bzungs bris 7 nas/ bka' 'gyur pod bdun brgya nyer bzhi dang lhan du 8 brtan par bzhugs su gsol/ zla ba gsum gyi khongs 9 su 'grub zin rjes/ rdon cha brjed byang du bris nas 10 brkos te rkos byang kyang bris/ rkos byang ni/ 11 pho rang chen po'i nub phogs kyi/ /kun gsal mchod rten 12 nyams gsos byas/ / dwa khams lcags kyi thad du bzhengs/ / 13 khen khams gnam gyi ngos su dbang/ / lcags khams dkar 14 po'i 'od kyi sa 'khyug/ /rgyal mtshan bsgrengs 'dra blta na 15 sdug/ /'di nyid nam zhig bzhengs zer na/ /ta'i le'u rgyal 16 po'i dus su brtsams/ /ming gi dus su sleb pa na/ / ming 17 byang brjes te gso bar byas/ / 7 yab mes shing tshu rgyal 18 po'i dus/ / nyams pa gsos shing rgya cher bskyed/ chad 19 med mar me'i 'od kyis gsal/ / bsod nam sgrib med 20 rnam par rgyas/ /rgyal byed bu bzhin gser gyis bkram// 21 bya rgod phung po'i rdo yis brtsigs/ / 'od zer 'phreng ba 22 'khrugs pa ni/ / mkha' la 'ja' 'od 'khyil ba 'dra/ / bar 23 snang me tog 'thor med spungs/ / ling kwang pho brang che dang 24 mtshungs/ / 7 yab mes mdzad bzang rjes dran pas/ / dad 25 dang gus pa lhur blang te/ / nyams pa gso phyir bka' phab nas/ / 26 ma chang med par legs par bcos/ / las byed gla mi mang 27 tshogs par/ / mdzod dngul mang pos rin bcal nas/ / 28 nyil dang grug pa rjes su bcug/ / kog dang zhig pa gso bar byas/ 29 'di ni rang don kho na min/ /sngon gyi srol bzang mthud ba yin// 30 snang brnyan 'di nyid rab gnas skabs/ / nged kyis gzugs po 31 mjal du phebs/ / legs par brgyan pa'i 'phyang 'phrul ni/ / 32 pad ma gsar ba'i mgo lcogs ldem/ / mtshan dpe gzi byin 33 yongs 'bar ba/ / dpal pe'u 'khyil ba'i 'od zer 'khyug / 34 lhang 'tsher gru bzhir bsdebs pa ni/ / bzod pa'i go cha bzhin 35 du lham/ / tsan dan lde gu'i dri ngad 'thul/ / glang seng kha sprod 36 rgyan gyis brjid/ / gtsug lag khang gi nye 'khor ni/ / 'od 37 'phreng kha dog sna lnga 'khrigs/ / lha srid sde brgyad yongs 38 'dus nas/ / khyung chen rde lngas btegs pa 'dra/ / gnas 39 'di dri ma med pas na/ / bsam gtan dang po lta bu ste/ / 40 rin chen sna bdun tshar du dngar/ / bsnams na zhim po'i dri 41 ngad 'thul/ / bri ksha'i yal ga brkyang pa la/ / ma nyju sha ka'i 42 me tog mdzes/ / srid rtser 'phags pa'i mchod rten 'di/ / 43 'jigs rten khams 'dir khyad par 'phags/ / g.yang Ti'i 44 lcugs ma myu gu bral/ / brag ri lhun stug gangs rir 'gran/ / 45 mdzod spu 'khyil ba'i 'od zer gyis/ / dri ma dang bral lhag ger 46 gsal/ / gser gdugs bsil grib 'khor ba ni/ / dril 47 chung g·yer kha sil sil sgrogs/ / gzi byin 'bar ba'i lha 48 khang 'dis/ / stongs gsum 'jig rten snang bar byas/ / 49 7 yab mes phyag gis rdo rengs bris/ / rgyun mi 'chad pa'i 50 dpal du byas/ / dam pa'i mdzad bzang yon tan khyab/ / da lta 51 sangs rgyas bstan pa dar/ / yar la 7 rgyal yum g.yang du shog/ / 52 bsod nams mu mtha' med gyur cig/ /mar la sa steng 'gro 53 la khyab/ / dpal dang bkra shis 'bar gyur cig/ / stug po 54 bkod par phyin gyur cig/ / yan lag brgyad ldan mtso rdol 55 shog/ / lha khang 'gyur med rtag brtan shog/ / dge 'dis zhwa 56 ser bstan dar shog/ / rdo rengs mthong tshad bstan la zhugs/ / 57 bskal brgyar chos 'khor bskor gyur cig/ 58

【蒙文部分】

碑文：

qaγan-u bičigsen dakiǰu selbin ǰasaγsan čaγan suburγan-u kösiy-e čilaγun-u seyilügsen temdeg.. 1

dayičing ulus-un tngri-yin tedkügsen-ü arban nayimaduγar on. qaraγčin takiy-a namur-un terigün sar-a-du γayiqamsiγtu belegtü süm-e ba. čaγan suburγan-i selbin ǰasaγulun. bi öber-iyen ileǰü tegün nögčigsen eke bilig barmayid-un nom nige debter ba usniq-a vinjay-a eke-yin toγtaγal qoyar nom bičiged. doloγan ǰaγun qorin dörben debter k'anǰur nom-luγ-a selte-i egüride orosiγulǰu dakibai. γurban sar-a-yin dotor-a bütügeǰü daγusuγsan-u qoyin-a. kereg-i temdeglen 2 bičig bičiged seyilgeǰü. basaču silüg temdeg bičibei. silüg temdeg-ün üge. 3

neyislel qotun-u baraγun eteged daki. neyite geyilügči suburγan-i sinedkegsen. nayiraltu bayasul ǰüg-ün tus bolon. nayiramdaqu möngke eteged ǰöbkin-i eǰelebei. temür-ün čaγan öngge-lüge neyilegsen temdegtey-e tündze-yin bayidal-i dürimlegsen. tegün-i ali čaγ-tur bütügegsen kemebesü. tegün liyoo ulus-un üy-e-dür ekilebei. yerü ming ulus-tur kürüged. yegüdken nere-yi alaγsan bülüge. 4 (+) yeke qaγan ebüge ečige šengdzü quwangdi minu. yekede aγudqaǰu ebderegsen-i selbigülbei. ilerkei tasural ügei ǰula-yin gerel-iyer geyigülün. imaγta qalqalal ügei buyan arbiǰiγuluγsan. ilaγuγči köbegün metü altan debiskeǰü. ilangγuy-a qadariγud aγulan-u čilaγu-bar ǰergečegülbei. giluγan gerel üilǰin sačuraγsan anu. gilbelǰekü solongγ-a metü oγtarγui-dur durdaγsan. giltügenekü čečig gegegen ǰabsar-a butaral ügei. gilbaγ-a-tu ling güwang ordo metü bolbai. 5 (+) boγda ebüge ečige-yin yabudal-i duraddun sanaǰu. büküi ünen sedkil-iyer bisiren süsügleǰü. bürin-e sinedkeküy-e tusiyan ǰarliγ baγulγaγad. büridken ebderegsed-i nököčen ǰasaγulbai. küčün uračud-i čuγlaγulǰu. kü sang-un mönggün-iyer kölösöleǰü. ködelügsen ebderegsed-i aralǰin kündeiren čömöregsed-i sinedkegülbei. ene kü üile öber-ün tula bosu. erten-ü sayin-i daγan kičiyegsed buyu. egün-ü dürsü körög-i takiǰu amiγqui-yin tula. eyin kü minu bey-e yosuγar-a üdebei. ǰibqulangtay-a čimeglegsen subud 6 unǰilγ-a. ǰiγa ünen erdeni badma qangγulǰin. ǰiči laγšan nayiraγ bügüde tegüskeged. ǰirγalangtu čotu ǰiruqai egüride geyigülbei. keseg keseg čilaγun gilbelekü aqu ketürkei küličenggüi quyaγ metü bekileged. kerčigsen dzandan egülen metü tunun. keǰiyede arslan ǰaγan qandulčabai. süm-e-yin orčin toγurin üǰebesü. sorbayiǰan tabun gerel gilbelǰeǰü. sülde tngri naiman ayimaγ čuγlaγad. sürekei garudi-yin kimusu metü qada-dur ǰergečebei. oγoγta ene γaǰar gkir ügei-yin tula. 7 onultu angqan samadi-yin ǰerge metü boloγsan anu. olanta doloγan erdeni ǰigdelen. oldasi ügei sayin önör anggilabai. sayin brigče modon-u müčir. saγaral ügei čaγan suburγan. sabluka γaǰar-ača ketüregden ene qan qulusun metü soyoγalaqu ügei büged. qadatai časutu aγulan-luγ-a tengčeldüged. qamuγ-a sang-un usun-ača gerel badaraγad. qarin gkir-eče qaγačaγsan-iyen iledte bolbai.altan sikür 8 següderlegsen anu töb tula. asita erdeni qongq-a ǰalγaldun qangginaǰu asuru gereltü ene süm-e kemebesü. aqui yeke mingγan yirtinčü-yi geyigülbei. 9 (+) ebüge qaγan-u motor-iyar kösiy-e čilaγun-dur bičigsen anu. egenegte tasural ügei batu bolǰu. 10 (+) erkin boγdas-un erdem yekede tügeged. edüge burqan-u šasin qotala delgerebei. degegsite. 11

(+) ölǰeyitü eǰen-dür asiγ boltuγai. delekei-yin asiγ buyan bügüde-dür kürkü boltuγai. delgeren qamuγ γaǰar-un amitan-dur tusa boltuγai ariγun jujaγan ǰokiyaltu yirtinčü-dür kürkü boltuγai. ači erdemtü bulaγ-un usu dügürkü boltuγai. ay-a sinedkegsen süm-e egüride boltuγai. ene buyan-iyar sir-a šasin neng delgeretügei. erdeni kösiy-e čilaγun-i üǰegsed ele šasin-dur orotuγai. egüride tümen tümen ǰil boltal-a nom-un kürdü ergigülkü boltuγai. 12

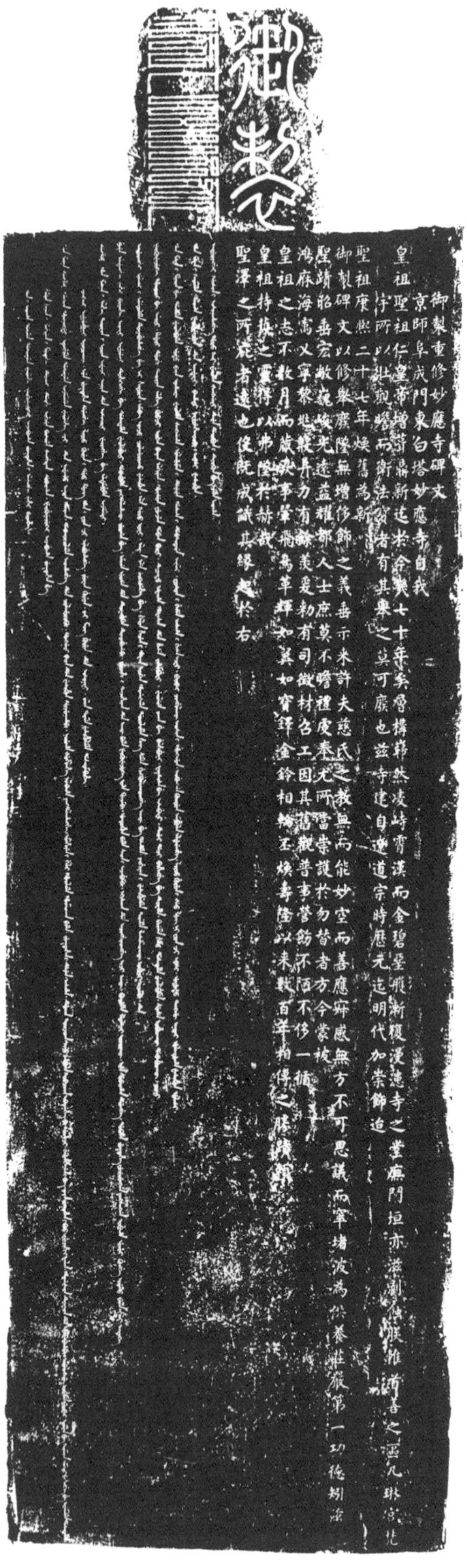

京 440《妙應寺碑》陽

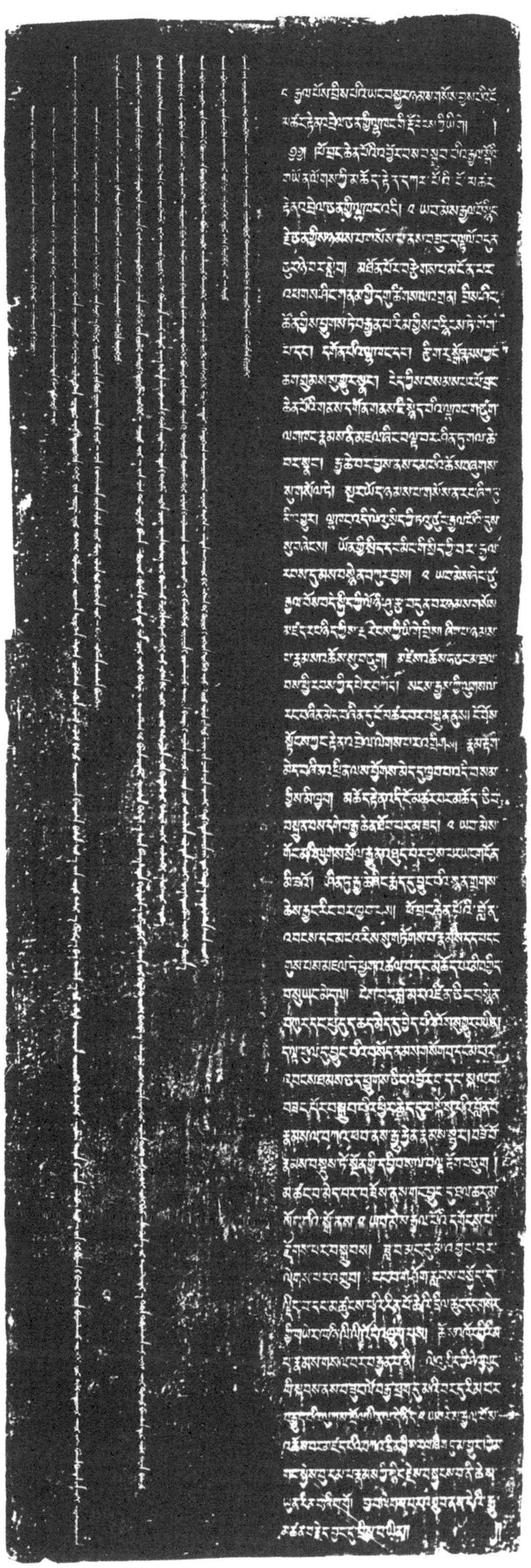

京 440《妙應寺碑》陰

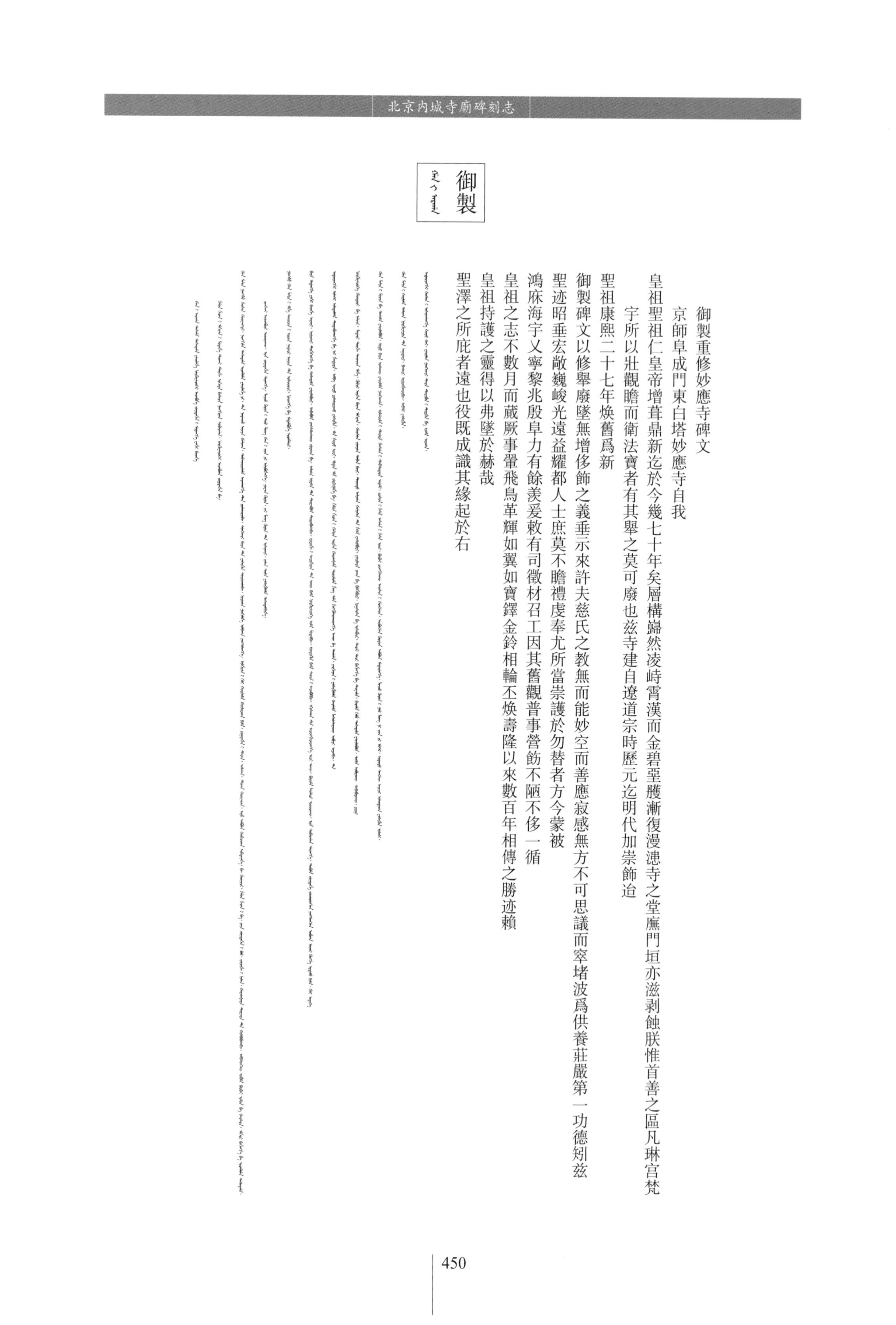

御製

御製重修妙應寺碑文

京師阜成門東白塔妙應寺自我
皇祖聖祖仁皇帝增葺鼎新迄於今幾七十年矣層構巋然凌峙霄漢而金碧堊雘漸復漫漶寺之堂廡門垣亦滋剥蝕朕惟首善之區凡琳宮梵
宇所以壯觀瞻而衛法寶者有其舉之莫可廢也兹寺建自遼道宗時歷元迄明代加崇飾迨
聖祖康熙二十七年焕舊爲新
御製碑文以修舉廢墜無增侈飾之義垂示來許夫慈氏之教無而能妙空而善應寂感無方不可思議而窣堵波爲供養莊嚴第一功德矧兹
聖迹昭垂宏敞巍峻光遠益耀都人士庶莫不瞻禮虔奉允所當崇護於勿替者方今蒙被
鴻庥海宇乂寧黎兆殷阜力有餘羨爰敕有司徵材召工因其舊觀普事營飭不陋不侈一循
皇祖之志不數月而蕆厥事翬飛鳥革輝如翼如寶鐸金鈴相輪丕焕壽隆以來數百年相傳之勝迹賴
皇祖持護之靈得以弗墜於赫哉
聖澤之所庇者遠也役既成識其緣起於右

ང་ ཀྱལ་པོས་བྲིས་པའི་ཡང་བསྐྱར་ཞམས་གསོས་བྱས་པའི་ངོ་
མཚར་རྟེན་འབྲེལ་ཅན་གྱི་ལྷ་ཁང་གི་ཇོ་གི་ཇོ་རེངས་ཀྱི་ཡི་གེ། །
༧༧ །པོ་བྲང་ཆེན་པོའི་འཁོར་བས་བསྐྱབ་པའི་ཀྱལ་སློའི་
གཡོན་ལོགས་ཀྱི་མཆོད་རྟེན་དཀར་པོའི་ངོ་མཚར
རྟེན་འབྲེལ་ཅན་གྱི་ལྷ་ཁང་འདི། ༄་ཡབ་མེས་ཀྱལ་པོ་སྙིང
རྗེ་ཅན་གྱིས་ཞམས་པ་གསོས་པ་ནས་བཟུང་ད་ལྷ་ལོ་བདུན
ཅུར་ཉེ་བར་སླེབ། མཐོན་པོར་བརྩེགས་པ་མདོན་པར
འཕགས་ཤིང་གནམ་གྱི་དགུ་ཆོ་གས་ལ་འགྲན། བྲིས་ཤིང
ཆོན་གྱིས་བྱུགས་ཏེ་བརྒྱན་པ་རིམ་གྱིས་བརྐྱིངས་ཏེ་གོག
པ་དང། དགོན་པའི་ལྷ་ཁང་དང། རྩི་ར་སྒོ་རྣམས་ཀྱང
ཆག་གྲུམས་སུ་གྱུར་སྐད། ངེད་ཀྱིས་བསམས་པར་ཕོ་བྲང
ཆེན་པོའི་གནས་དགོན་གནས་ཇེ་སྐྱེད་པའི་ལྷ་ཁང་གཙུག
ལག་ཁང་རྣམས་ནི་མཛལ་ཞིང་བལྟ་བར་ཤིན་ཏུ་གལ་ཆེ
བར་སྣང། ཀྱུ་ཆེ་བར་བྱས་ནས་དམ་པའི་ཆོས་བཞུགས
སུ་གསོལ་ཏེ། ཐར་ཡོད་ནམས་པ་གསོས་ན་རང་ཞིག་ཏུ
མི་འགྱུར། ལྷ་ཁང་འདི་ལེའུ་སྲིད་ཀྱི་ཏའུ་ཙུང་ཀྱལ་པོའི་དུས
སུ་བཞེངས། ཡོན་གྱི་སྲིད་དང་མིང་གི་སྲིད་ཀྱི་བར་ཀྱལ
རབས་དུ་མས་བསྐྱེན་བཀུར་བྱས། ཡབ་མེས་ཞེང་ཙུ་
ཀྱལ་པོས་བདེ་སྐྱིད་ཀྱི་ལོ་ཉེ་ཤུ་རྩ་བདུན་པར་ཞམས་གསོས
མཛད་རང་ཉིད་ཀྱིས་རྟ་རིང་ཀྱི་ཡི་གེ་བྲིས། ཞིག་པ་ཞམས
པ་རྣམས་འཚོས་སུ་བཙུག། མཛེས་འཚོས་ཏ་ཅང་མ་ཐལ
བས་ཕྱི་རབས་ཀྱི་དཔེར་བཀོད། སངས་ཀྱས་ཀྱི་ལུགས་ལ་
རང་བཞིན་མེད་བཞིན་དུ་ངོ་མཚར་བར་བསྐྱུན་ནུས། ངོ་བོས
སྟོངས་ཀྱང་རྟེན་འབྲེལ་ལེགས་པར་འགྲིགས། རྣམ་རྟོག
མེད་བཞིན་འཕྲིན་ལས་ཕྱོགས་མེད་དུ་ཁྱབས་པ་འདི་བསམ
གྱིས་མི་ཁྱབ། མཆོད་རྟེན་འདི་ངོ་མཚར་བར་མཆོད་ཅིང་
བསྐྱུན་བས་དགེ་བརྒྱ་ཆེན་ཐོབ་པར་མ་ཟད། ཡབ་མེས
གོང་མའི་ལུགས་སྲོལ་ཀྱུན་འཛུང་བར་བྱས་པར་ཡང་དགོན
མི་ཟའོ། ཞིན་ཏུ་ཀྱུ་ཆེ་ཞིང་རྨད་དུ་བྱུང་བའི་སྐན་གྲགས
ཆེས་ཀྱང་རིང་བར་ཁྱབ་པས། ཕོ་བྲངས་ཆེན་པོའི་སྔོན
འབངས་དང་མངའ་རིས་སུ་གཏོགས་པ་རྣམས་དད་པ་དང
གུས་པས་མཛལ་ཏེ་ཕྱག་འཚལ་བ་དང་མཆོད་པར་མི་བགྱིད
བ་སུ་ཡང་མེད་ལ། ངེས་བར་བླ་མར་འཛིན་ཅིང་བསྙེན
བཀུར་དང་ཕུ་དུད་ཚད་མེད་དུ་བྱེད་པའི་འོས་སུ་གྱུར་བ་ཡིན།
ད་ལྟ་ཕུལ་དུ་བྱུང་བའི་བསོད་ནམས་གསོག་པ་དང་མངའ
འབངས་ཐམས་ཅད་ཕྱུགས་ཅིང་འཁོར་བ་དང་སྐལ་བ
བཟང་པོར་བསྒྲུབ་པའི་ཕྱིར་ཆེད་དུ་བསྐོས་པའི་སྔོན་པོ
རྣམས་ལ་བཀའ་ཕབ་ནས་ཀྱུ་རྐྱེན་རྣམས་སྒྲུར། བཟོ་པོ
རྣམས་བསྡུས་ཏེ་སྔོན་གྱི་དབྱིབས་ལ་བལྟ་རྟོག་བཙུག།
མ་ཚང་བ་མེད་པར་བཟོས་ནས་གང་བྱུང་དུ་ཐལ་ཆར་མ
སོང་བའི་སྒོ་ནས། ཡབ་མེས་ཀྱལ་པོའི་དགོངས་པ
རྫོངས་པར་བསྒྲུབས། ཟླ་བ་མང་དུ་མ་འགྱུང་བར
ལེགས་པར་འགྲུབ། ངང་བ་གཞོག་ཆབས་བསྐྱོད་དེ
ཞྱིང་བ་དང་མཚུངས་པའི་རིན་པོ་ཆེའི་དྲིལ་ཆུང་དང་གསེར
གྱི་གཡེར་ཁ་ཉེ་ལི་ལི་འོད་འཁྱུག་པས། ཆོས་འཁོར་གྱི་རིམ་
པ་རྣམས་གསལ་བར་བརྒྱན་པ་ནི། ལེའུ་སྲིད་ཀྱི་ཤེའུ་ལུང
གི་སྐབས་ནས་བཟུང་ལོ་བརྒྱ་ཕྲག་དུ་མའི་བར་དུ་རིམ་པར
བརྒྱུད་པའི་ལུགས་སྲོལ་ཡིན་ལ་དེ་ཉིད་༄་ཡབ་མེས་ཀྱལ་པོས
འཚོས་པར་མཛད་པའི་བཀའ་དྲིན་གྱིས་རལ་ཞིག་ཏུ་མ་གྱུར། ཀྱི་མ
གང་སྐྱེས་བུ་དམ་པ་རྣམས་ཀྱི་སྙིང་རྗེས་བསྐྱངས་བ་ནི་ཆེས
ཡུན་རིན་བཞིག་པོ། བྱ་བ་ལེགས་པར་འགྲུབ་ནས་དེའི་ཀྱུ
མཚན་བརྗོད་བྱང་དུ་བྲིས་པ་ཡིན།། ||

妙應寺碑

額題：御製
首題：御製重修妙應寺碑文
年代：清乾隆十八年（1753）
原址：西城區阜成門内大街白塔寺
拓片尺寸：碑身高 224 厘米，寬 78 厘米；額高 39 厘米，寬 32 厘米
書體：正書并篆額，碑陽漢、滿文，碑陰蒙、藏文
撰人：（高宗）弘曆
拓片編號：京 440
拓片録自：《北京圖書館藏中國歷代石刻拓本匯編》卷 71 頁 25—26

【碑陽】

額題：御製

碑文：

御製重修妙應寺碑文 *1*

京師阜成門東白塔妙應寺，自我 *2* 皇祖聖祖仁皇帝增葺鼎新，迄於今幾七十年矣。層構巋然，凌峙霄漢。而金碧堊雘，漸復漫漶。寺之堂廡門垣亦滋剥蝕。朕惟首善之區，凡琳宫梵 *3* 宇，所以壯觀瞻而衛法寶者，有其舉之，莫可廢也。兹寺建自遼道宗時，歷元迄明，代加崇飾。迨 *4* 聖祖康熙二十七年，焕舊爲新，*5* 御製碑文以修舉廢墜、無增侈飾之義，垂示來許。夫慈氏之教無而能妙，空而善應，寂感無方，不可思議。而窣堵波爲供養莊嚴第一功德，矧兹 *6* 聖迹昭垂，宏敞巍峻，光遠益耀，都人士庶莫不瞻禮虔奉，尤所當崇護於勿替者。方今蒙被 *7* 鴻庥，海宇乂寧，黎兆殷阜，力有餘羡。爰敕有司徵材召工，因其舊觀，普事營飭，不陋不侈，一循 *8* 皇祖之志。不數月而蕆厥事，翬飛鳥革，輝如翼如，寶鐸金鈴，相輪丕焕。壽隆以來，數百年相傳之勝迹，賴 *9* 皇祖持護之靈得以弗墜。於赫哉，*10* 聖澤之所庇者遠也。役既成，識其緣起於右。*11*

【滿文部分】

額題（滿文篆書）：han i araha

碑文：

han i araha dasame dasatame weilehe ferguwecukei acabuhe juktehen i eldengge wehei bithe *1*

gemun hecen i elgiyen i mutehe dukai dergi ergide bisire šanggiyan subarhan. ferguwecukei acabuha juktehen be. *2* (+) han mafa šengdzu gosin hūwangdi. nonggime dasatame icemleme weilehe ci. te nadanju aniya hamika. dabkūrilame arahangge den colgoropi. sunggari bira de wesihun sucunahabi. niruha šugilehe ilbaha yangselangge. ulhiyen i geli hoilame hūmaraka bime. juktehen i deyen. ashan. duka kūwaran. inu ambula kobcika ibtenehe. bi gūnici. gemun hecen i ba. yaya juktehen i boo. fucihi i falan. hargašara tuwara de holbobuhabi. ambalinggū obume boobai nomun be karmara. emgeri bihengge be icemleme dasatame. 3 cingkai efujebuci ojorakū. ere juktehen serengge. liyoo gurun i doo dzung han i fon ci ilibuhengge. yuwan gurun. jai ming gurun de isinafi. jalan tome wesihuleme dasatambihe. 4 (+) šengdzu han mafa i elhe taifin i orin nadaci aniya de isinjifi. feingge be eldembuhe icemlefi. 5 beye eldengge wehei bithe arafi. efujefi tuhekengge be dasatame weilebufi. dababume yangselahakū jurgan be. amaga urse de tuwabume tutabuhabi. fucihi i tacihiyan de akū bime ferguwecuke ome mutembi. untuhun bime sain i acabumbi. ekisaka de acinggiyarangge ici akū. bodome leoleci ojorakū. ere subarhan serengge. dobome juktehe fujurungga yangsangga obuha ujui gungge erdemu bime. geli enteke 6 enduringgei ulasi iletuleme tutabuhangge be ai hendure. amba onco colgoroko wesihun. ele goro ofi. elden ele jerkišehe be. gemun hecen i hafan irgen hargašame dorolome hing seme ginggulerakūngge akū be dahame. yargiyan i wesihuleme karmame lashalarakū obuci acambi. te 7 ferguwecuke hūturi be alifi. mederi dorgi taifin elhe. gubci irgen bayan elgiyen. hūsun funcen daban bifi. tuttu afaha hafasa de hese wasimbufi. weilere jaka be belhebufi. faksisa be isabufi. terei daci bihengge be tuwame. bireme gemu dasatame weilebume. suse oburakū dababurakū. yooni 8 han mafa i mujin be dahame weilebume. udu biya ohakū weileme šanggaha. ulhūma i deyere gasha i debsitere adali. foson i gese asha i gese ofi. boobai cinggilakū aisin i honggon. arbungga kurdun ambula elderengge. liyoo gurun i šeo lung ni fon ci ebsi. ududu tanggū aniyai ulanduha wesihun ulasi. 9 (+) han mafa i karmame daliha ferguwecun de akdafi. bahafi efujehekūbi. absi wesihun. 10 (+) enduringgei gosin i isinahangge goro kai. weilen šanggafi tere deribun i turgun be ejeme araha. 11

【碑陰】

【藏文部分】

碑文：

nga rgyal pos bris pa'i yang bskyar nyams gsos byas pa'i ngo 1 mtshar rten 'brel can gyi lha khang gi rdo gi rdo rengs kyi yi ge// 2

po brang chen po'i 'byor bas bsgrub pa'i rgyal sgo'i 3 g.yon logs kyi mchod rten dkar po'i ngo mtshar 4 rten 'brel can gyi lha khang 'di/ 7 yab mes rgyal po snying 5 rje can gyis nyams pa gsos pa nas bzung da lha lo bdun 6 cur nye bar sleb/ mthon por brtsegs pa mngon par 7 'phags shing gnam gyi dgu tshi gas la 'gran/ bris shing 8 tshon gyis byugs te brgyan pa rim gyis brnyings te gog 9 pa dang/ dgon po'i lha khang dang/ rtsi rwa sgo rnams kyang 10 chag grums su gyur snang/ nged kyis bsams par pho brang 11 chen po'i gnas dgon gnas ȷı snyed ba'i lha khang gtsug 12 lag khang rnams ni mjal zhing blta bar shin tu gal che 13 bar snang/ rgya che bar byas nas dam pa'i chos bzhugs 14 su gsol te/ sngar yod nams pa gsos na rang zhig tu 15 mi 'gyur/ lha khang 'di le'u srid kyi ta'u tsung rgyal po'i dus 16 su bzhengs/ yon gyi srid dang ming gi srid kyi bar rgyal 17 rabs du mas bsnyen bkur byas/ 7 yab mes zheng tsu 18 rgyal pos bde skyid kyi lo nyi shu rtsa bdun bar nyams gsos 19 mdzad rang nyid kyis rta ring kyi yi ge bris/ zhig pa nyams 20 pa rnams 'chos su bcug/ mdzes 'chos ha cang ma thal 21 bas phyi rabs kyi dper bkod/ sangs rgyas kyi lugs la 22 rang bzhin med bzhin du ngo mtshar bar bskrun nus/ ngo bos 23 stongs kyang rten 'brel legs par 'grigs/ rnam rtog 24 med bzhin 'phrin las phyogs med du khyabs ba 'di bsam 25 gyis mi khyab/ mchod rten 'di ngo mtshar bar mchod cing 26 bskrun bas dge brgya chen thob par ma zad/ 7 yab mes 27 gong ma'i lugs srol rgyun 'thung bar byas par yang dgon $_{28}$ mi za'o/ zhin tu rgya che zhing rmad du byung ba'i snyan grags $_{29}$ ches rgyang ring bar khyab pas/ pho brangs chen po'i blon $_{30}$ 'bangs dang mnga' ris su gtogs ba rnams dad pa dang $_{31}$ gus pas mjal te phyag 'tshal ba dang mchod par mi bgyid $_{32}$ ba su yang med la/ nges bar bla mar 'dzin cing bsnyen $_{33}$ bkur dang phu dud chad med du byed pa'i 'os su gyur ba yin/ $_{34}$ da lta phul du byung ba'i bsod nams gsog ba dang mnga' $_{35}$ 'bangs thams ca phyugs cing 'byor ba dang skal ba $_{36}$ bzang por bsgrub ba'i phyir ched du bskos pa'i blon po $_{37}$ rnams la bka' phab nas rgyu rkyen rnams sbyar/ bzo bo $_{38}$ rnams bsdus te sngon gyi dbyibs la blta rtog bcug/ $_{39}$ ma tshang ba med par bzos nas gang byung du thal char ma $_{40}$ song ba'i sgo nas/ 7 yab mes rgyal po'i dgongs pa $_{41}$ rdzongs par bsgrubs/ zla ba mang du ma 'gyang bar $_{42}$ legs par 'grub/ ngang ba gshog rlabs bskyod de $_{43}$ lding ba dang mtshungs pa'i rin po che'i dril chung dang gser $_{44}$ gyi g.yer kha nyi li li 'od 'khyug pas/ chos 'khor gyi rim $_{45}$ pa rnams gsal bar brgyan pa ni/ le'u srid kyi she'u lung $_{46}$ gi skabs nas bzung lo brgya phrag du ma'i bar du rim par $_{47}$ brgyud pa'i lugs srol yin la de nyid 7 yab mes rgyal bos $_{48}$ 'chos par mdzad pa'i bka' drin gyis ral zhig du ma gyur/ kye ma $_{49}$ gang skyes bu dam pa rnams kyi snying rjes bskyangs ba ni ches $_{50}$ yun rin bzhig po/ bya ba legs par 'grub nas de'i rgyu $_{51}$ mtshan brjed byang du bris ba yin// $_{52}$

【蒙文部分】

碑文：

(1) qaγan-u bičigsen dakiǰu selbin ǰasaγsan γayiqamsiγ belgetü süm-e-yin kösiy-e čilaγun bičig $_{1}$

(2) neyislel qotan-u elbeg-iyer bütügsen qaγalγan-u ǰegün eteged-tür orosiγsan čaγan suburγan γayiqamsiγ belgetü süme-i $_{2}$ (+) qaγan ebüge ečige šengzü örösiyeltü quwangdi nemeǰü selbin sinedken ǰasaγsan-ača dalan ǰil bolǰuqui. dabqurlan üiledügsen öndör inü ketüidüged. tngri-yin oyodal-dur degegsi tulγaǰuqui. ǰiruγsan sirdügsen eligsen čimeglegsen-nügüd ulam ulam basču qaγučiraγad balaraγsan böged. süme-yin uritu asar-a küriy-e ba qaγalγ-a ču yekede qoγǰidaγad üreǰüküi. bi sanabasu. neyislel qotan-u oron. aliba süme-yin ger. burqan-u buqar keyid baraγalγaǰu üǰeküi-dür qobquduqui. aqui yeke bolγan boγdas-un nom-i orosiγuluγad $_{3}$ erten-eče büküi-yi sinedken ǰasabasu. jariγtaγan ebderekü ügei bolumui. ene süme kemegči. liyoo ulus ulus-un dao-züng qaγan-u üy-e-eče bayiγuluγsan. yuwan ulus ǰiči ming ulus-tur kürüged. üy-e büri erkimlen ǰasaγsan bülüge. $_{4}$ (+) šengzü qaγan ebüge ečige-yin engke amuγulang-un qorin doloduγar on-du kürüged. qaγučiraγsan-i selbin sinedkeǰü. $_{5}$ öber-iyen kösiyen čilaγun bičig bičiged. ebderegsed unaγsad-i ǰasan üiledügülüged. uralan čimeglekü-yin ǰüiles-i asuru ketürigülül ügeküiy-e. qoyitu üy-e-yin ulus-tur üǰemǰi bolγan talbiǰuqui. burqan-u yoson-du mön činar ügei bügetel-e. γayiqamsiγ-tu bolon čidamui. qoγoson bügetele sayin beleg sitün barildulγ-a ǰokimui. adqaγ-iyar ködelkü ügei bügetel-e. alaγčilal ügei qotala ǰüg-dür oilan tügekü anu sedkimer ügei buyu. ene suburγ-a-yi γayiqamsiγtay-a dakin tabiγlaγsan anu erkim ači tusatu boloγsan-dur ülü baran. basaču $_{6}$ (+) boγda-yin üiledkegsen ǰirum-i asida ileregülügsen-i yaγun ögülemüi. yeke aγuu ketürkei erkim boluγad iraγu aldar neng qolada aldarsiγsan-u tula. neyislel qotan-u tüsimel irgen čing ünen süsüg-iyer ülü baraγalγaǰu mörgön takiqu ügei anu nigeken-ber ügei. üneker degedčilen ergün kündülekü-yi tasural ügei üiledküy-e ǰokistai. edüge $_{7}$ γayiqamsiγ buyan-i olqu böged. delekei daki ulus engke amurǰiqu böged. qamuγ arad bayan sayin elbeg öng delger bolqui-yin tulada. teyin

kü tusqayitu tüsimed-tür ǰarliɣ baɣulɣaɣad. üiledkü yaɣum-q-yi beledkegülǰü uračud-i čuɣlaɣulǰu. qaɣučin bayidal-i narilan üjeǰü. neyite cöm ǰasaɣul-un üiledün. ɣayisi kereg ketürigülel ügegüy-e bürin-e *8* (+) qaɣan ebüge ečige-yin taɣalal-i güičedken bütügeǰü. kedün sar-a bolol ügei üiledčü daɣusbai. anggir-un niskü ǰigür-iyen debeküi-lüge adali. giltüginen asquraɣsaɣar erdeni qongq-a altan qangginaɣur-iyar laɣšan-tu kürdün-i yekede geyigülkü inü. liyo ulus-un šeü lüng-ün čaɣ-ača inaɣsi kedü kedün ǰaɣun ǰil-dü kürütel-e. ündüsülegsen sayin ǰirum-i *9* (+) qaɣan ebüge ečige-yin tedkün ǰasaɣsan-iyar ibegeǰü. ebdereküi-dür ese kürgebei. ay-a sodu *10* (+) boɣda-yin örösiyel-iyer tedkügsen anu. üsüd qola aǰiɣuu. üiledbüri daɣusuɣad tegün-ü učir siltaɣan-i temdeglen bičibei. *11*

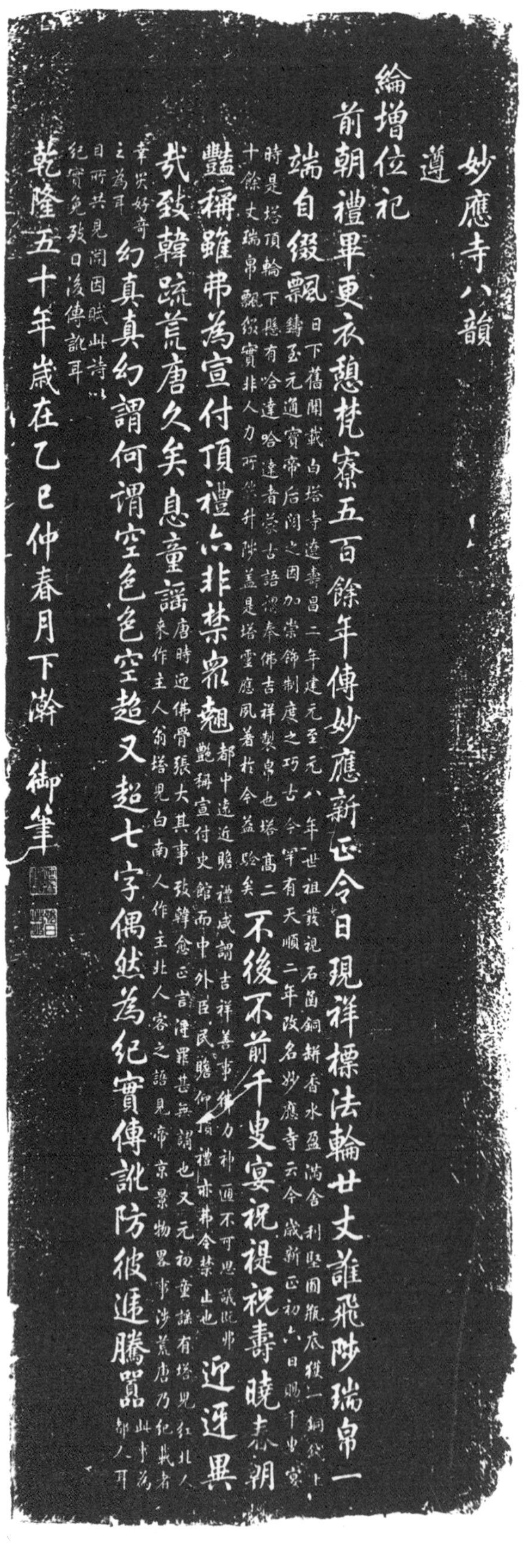

妙應寺八韻

遵

綸增位祀

前朝禮畢更衣憩梵寮五百餘年傳妙應新正今日現祥標法輪廿丈誰飛陟瑞帛一端自綴飄日下舊聞載白塔寺遼壽昌二年建元至元八年世祖發視石函銅瓶香水盈滿舍利堅固瓶底獲二銅錢上鑄至元通寶帝后閱之因加崇飾制度之巧古今罕有天順二年改名妙應寺云今歲新正初六日賜千叟宴時是塔頂輪下懸有哈達哈達者蒙古語謂奉佛吉祥製帛也塔高二十餘丈瑞帛飄綴實非人力所能升陟蓋是塔靈應夙著於今益驗矣不後不前千叟宴祝禔祝壽曉恭朝豔稱雖弗為宣付頂禮亦非禁衆翹都中遠近瞻禮咸謂吉祥善事併力神通不可思議既弗豔稱宣付史館而中外臣民瞻仰頂禮亦弗令禁止也迎逕異哉致韓疏荒唐久矣息童謠唐時迎佛骨張大其事致韓愈正言渥罪甚無謂也又元初童謠有塔兒紅北人來作主人翁塔兒白南人作主北人容之語見帝京景物畧事涉荒唐乃紀載者幸災好奇之為耳幻真真幻謂何謂空色色空超又超七字偶然為紀實傳訛防彼進騰囂此事為都人耳目所共見聞因賦此詩以紀實免致日後傳訛耳

乾隆五十年歲在乙巳仲春月下澣御筆

京439《妙應寺詩刻》陽

妙應寺八韻

遵

綸增位祀

前朝禮畢更衣憩梵寮五百餘年傳妙應新正今日現祥標法輪廿丈誰飛陟瑞帛一端自綴飄日下舊聞載白塔寺遼壽昌二年建元至元八年世祖發視石函銅瓶香水盈滿舍利堅圓瓶底獲一銅錢上鑄至元通寶帝后閱之因加崇飾制度之巧古今罕有天順二年改名妙應寺云今歲新正初六日賜千叟宴時是塔頂輪下懸有哈達哈達者蒙古語謂奉佛吉祥製帛也塔高二十餘丈瑞帛飄綴實非人力所能升陟蓋是塔靈應夙著於今益驗矣不後不前千叟宴祝禔祝壽曉春朝艷稱雖弗爲宣付頂禮無非禁衆翹都中遠近瞻禮咸謂吉祥善事佛力神通不可思議既弗艷稱宣付史館而中外臣民瞻仰頂禮亦弗令禁止也迎迓异哉致韓疏荒唐久矣息童謠唐時迎佛骨張大其事致韓愈正言得罪甚無謂也又元初童謠有塔兒紅北人來作主人翁塔兒白南人作主北人客之語見帝京景物略事涉荒唐乃紀載者幸灾好奇之爲耳幻真真幻謂何謂空色色空超又超七字偶然爲紀實傳訛防彼遞騰囂此事爲都人耳目所共見聞因賦此詩以紀實免致日後傳訛耳

乾隆五十年歲在乙巳仲春月下浣　御筆

妙應寺詩刻

首題：妙應寺八韵
年代：清乾隆五十年（1785）二月下浣
原址：西城區阜成門内白塔寺
拓片尺寸：碑身高 212 厘米，寬 73 厘米
書體：正書
撰人：（高宗）弘曆
書人：（高宗）弘曆
拓片編號：京 439
拓片録自：《北京圖書館藏中國歷代石刻拓本匯編》卷 75 頁 22

【碑陽】

碑文：

妙應寺八韵 1

遵 2 綸增位祀 3 前朝，禮畢更衣憩梵寮。五百餘年傳妙應，新正令日現祥標。法輪廿丈誰飛陟，瑞帛一 4 端自綴飄。（《日下舊聞》載：白塔寺，遼壽昌二年建。元至元八年，世祖發視石函銅瓶，香水盈滿，舍利堅圓，瓶底獲一銅錢，上鑄至元通寶。帝后閲之，因加崇飾，制度之巧，古今罕有。天順二年改名妙應寺云。今歲新正初六日賜千叟宴 5 時，是塔頂輪下懸有哈達。哈達者，蒙古語謂奉佛吉祥製帛也。塔高二十餘丈，瑞帛飄綴，實非人力所能升陟，蓋是塔靈應夙著，於今益驗矣。）不後不前千叟宴，祝禔祝壽曉春朝。6 艷稱雖弗爲宣付，頂禮亦非禁衆翹。（都中遠近瞻禮，咸謂吉祥善事，佛力神通，不可思議。既弗艷稱，宣付史館，而中外臣民瞻仰頂禮，亦弗令禁止也。）迎迓异 7 哉致韓疏，荒唐久矣息童謡。（唐時迎佛骨，張大其事，致韓愈正言得罪，甚無謂也。又元初，童謡有"塔兒紅，北人來作主人翁；塔兒白，南人作主北人客"之語，見《帝京景物略》。事涉荒唐，乃紀載者 8 幸灾好奇之爲耳。）幻真真幻謂何謂，空色色空超又超。七字偶然爲紀實，傳訛防彼遞騰囂。（此事爲都人耳 9 目所共見聞，因賦此詩以紀實，免致日後傳訛耳。）10

乾隆五十年歲在乙巳仲春月下浣　御筆。11

土地廟

土地廟，又名土地祠[1]，不見於清乾隆《京城全圖》，原址爲内四區宫門口葡萄園二號（今西城區安平巷五十三號）。寺廟建築現存部分。寺内原有清光緒二十八年（1902）的《土地祠旗竿碑》。

廟始建年代不詳。據《土地祠旗竿碑》，該寺曾經一度非常靈驗，寺内香火由香會會首輪流承辦，在農曆初一與十五兩日前來焚香。周圍商鋪住户遇有需要商辦之事，亦於廟中集結。後來因會首不齊，廟年久失修，火灾頻出。光緒二十七年（1901），寺之旗竿折損。次年，四品頂戴步軍校玉順約請衆鋪户商辦重修，共有九十家商號和十家住户捐資銀八十餘兩，將廟整修一新[2]。

1931年社會局寺廟登記時，土地廟被報爲公産，係合街公修，由附近鋪户推舉民人黄慶春爲看廟人。1938年2月，黄慶春病逝，其女黄淑卿經社會局批准，遵照父親遺囑繼爲看廟，但其身份却變成廟主，在社會局的登記表中廟也成爲私人家廟[3]。根據國立北平研究院20世紀30年代調查，土地廟山門南向，磚額油書“土地廟”。正殿三間，内供泥塑土地一尊，左右判官小鬼侍立，泥童各一。殿内還有鐵磬一口，有“大明萬曆戊戌嘉平之月韜光庵主持”的款識。殿前有鐵香爐一座，刻“道光十三年本廟主持十七代王教亮”字樣[4]。

2005年調查時，土地廟存正殿三間，爲新疆飯店。2018年回訪，正殿依然存在，爲老北京家常菜餐館。

---

〔1〕清光緒二十八年《土地祠旗竿碑》，京383，《北京圖書館藏中國歷代石刻拓本匯編》卷八十八，頁一百三十四。

〔2〕同上。

〔3〕參見北京市檔案館藏《北平市社會局·内一、内二、内三、内四區土地廟關於登記廟産的呈及社會局的批示》，1931—1941年，檔案號J002-008-00531，頁六十四至一百一十。

〔4〕參見國立北平研究院《土地廟》，西四134；《北平研究院北平廟宇調查資料匯編（内四區卷·下）》，頁六百九十六至七百零一。

京 383《土地祠旗竿碑》陽

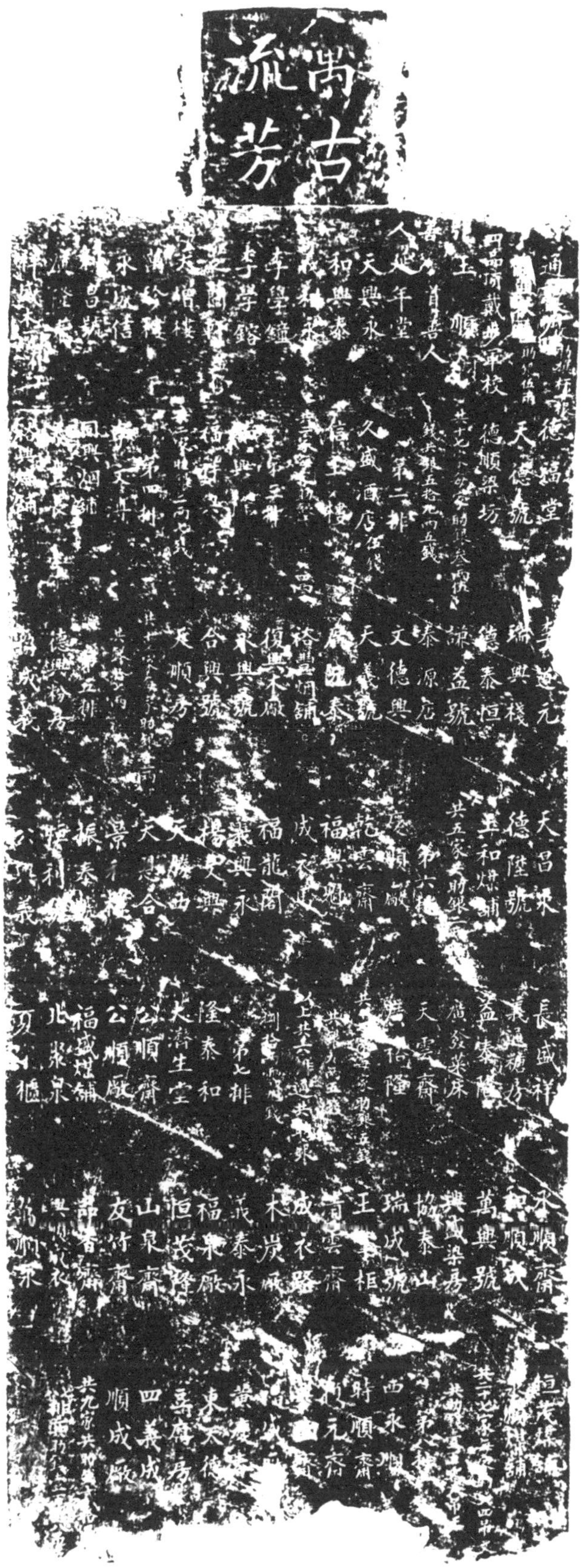

京 383《土地祠旗竿碑》陰

永垂
千古

兹因宫門口内葡萄園路北舊有
土地祠一座靈應异常保境平安原有會首輪流承辦業已有年朔望
之期前來焚香鋪户遇有商辦事件在此坐落後因會首不齊失
修已久於上年旗杆損壞回禄屢次叠出引善人本地面四品頂
戴步軍校玉順約請衆首善鋪户商辦重修共成善舉現首善承
辦監修工程告竣今將首事各鋪户住户字號芳名助資數目分
晰刊刻列
大清光緒歲次壬寅仲秋八月　　　　　　　　　　　　　　　　穀旦立

萬古流芳

通和木廠 助旗杆一根
□興木廠 助銀伍兩
四品頂戴步軍校
引玉 順
善 首善人
人延年堂
天興永
和興泰
義利永
李學鐘
李學鎔
芝蘭軒 監修
天增樓
萬珍樓
永成信
利昌號
廣隆泰
祥盛木廠 □工

德福堂
天德號
德順染坊
共十七家每家助銀叁兩伍
錢共銀五拾九兩五錢
第二排
久盛酒店 伍錢
信玉樓
共二家每家助銀二兩共銀四兩
第三排
瑞興隆
福祥興
共二家助銀二兩七錢
第四排
李文溥
同興烟鋪
泰豐長
裕興煤鋪

李道元
瑞興棧
德泰恒
謙益號
泰源店
文德興
天義號
廣元泰
裕豐烟鋪
復興木廠
永興號
合興號
天順房
共十七家每家助銀壹兩
共銀拾七兩
第五排
德興粉房
協成義

天昌永
德陞號
玉和煤鋪
共五家共助銀二兩七錢
第六排
慶順廠
乾雲齋
福興魁
成衣馬
福龍閣
義興永
楊文興
天勝西
天恩合
景和樓
振泰號
恒利號
公興義

長盛祥
義通糖房
益泰隆
廣發菜床
天雲齋
廣裕隆
共十九家每家助銀五錢
共銀九兩五錢
以上共六排通共助銀
捌拾兩零九錢
第七排
隆泰和
大濟生堂
公順齋
公順廠
福盛煤鋪
北聚泉
夏掌櫃

永順齋
和順成
萬興號
興盛染房
協泰山
端成號
土掌櫃
清雲齋
成衣路
木炭廠
義泰永
福泉廠
恒茂隆
山泉齋
友竹齋
品香齋
興順成衣
萬順永

恒茂煤鋪
永順煤鋪
共二十七家每家助錢四吊文
共助錢壹百零八吊正
第八排
西永順
時順齋
復元齋
興盛齋
福盛廠
黃慶春
東天德
豆腐房
四義成
順成廠
共九家共助錢貳拾吊
七八排一共助錢壹百貳八吊正

土地祠旗竿碑

額題:永垂千古
年代:清光緒二十八年(1902)八月
原址:西城區安平巷
拓片尺寸:碑身高 97 厘米,寬 43 厘米;額高 20 厘米,寬 14 厘米
書體:正書
《目録》:頁 372
拓片編號:京 383
拓片録自:《北京圖書館藏中國歷代石刻拓本匯編》卷 88 頁 134

【碑陽】

額題:永垂千古

碑文:

兹因宫門口内葡萄園路北,舊有1土地祠一座,靈應异常,保境平安。原有會首輪流承辦,業已有年,朔望2之期前來焚香。鋪户遇有商辦事件,在此坐落。後因會首不齊,失3修已久,於上年旗杆損壞。回禄屢次疊出,引善人本地面四品頂4戴步軍校玉順,約請衆首善鋪户商辦重修,共成善舉。現首善承5辦監修工程告竣。今將首事各鋪户、住户、字號芳名、助資數目,分6晰刊刻列。7

大清光緒歲次壬寅仲秋八月　穀旦立。8

【碑陰】

額題:萬古流芳

碑文:

通和木廠助旗杆一根,□興木廠助銀伍兩。

四品頂戴步軍校玉順,首善人。

引善人:延年堂。天興永、和興泰、義利永、李學鐘、李學鎔、芝蘭軒、天增樓、萬珍樓、永成信、利昌號、廣隆泰監修,祥盛木廠□工、1德福堂、天德號、德順染坊,共十七家,每家助銀叁兩伍錢,共銀五拾九兩五錢。第二排:久盛酒店伍錢、信玉樓,共二家,每家助銀二兩,共銀四兩。第三排:瑞興隆、福祥興,共二家,助銀二兩七錢。第四排:李文溥、同興烟鋪、泰豐長、裕興煤鋪、2李道元、瑞興棧、德泰恒、謙益號、泰源店、文德興、天義號、廣元泰、裕豐烟鋪、復興木廠、永興號、合興號、天順房,共十七家,每家助銀壹兩,共銀拾七兩。第五排:德興粉房、協成義、3天昌永、德陞號、玉和煤鋪,共五家,共助銀二兩七錢。第六排:慶順廠、乾雲齋、福興魁、成衣馬、福龍閣、義興永、楊文興、天勝西、天恩合、景和樓、振泰號、恒利號、公興義、4長盛祥、義通糖房、益泰隆、廣發菜床、天雲齋、廣裕隆,共十九家,每家助銀五錢,共銀九兩五錢。以上共六排,

通共助銀捌拾兩零九錢。第七排：隆泰和、大濟生堂、公順齋、公順廠、福盛煤鋪、北聚泉、夏掌櫃、5 永順齋、和順成、萬興號、興盛染房、協泰山、瑞成號、王掌櫃、清雲齋、成衣路、木炭廠、義泰永、福泉廠、恒茂隆、山泉齋、友竹齋、品香齋、興順成衣、萬順永、6 恒茂煤鋪、永順煤鋪，共二十七家，每家助錢四吊文，共助錢壹百零八吊正。第八排：西永順、時順齋、復元齋、興盛齋、福盛廠、黄慶春、東天德、豆腐房、四義成、順成廠，共九家，共助錢貳拾吊。七八排一共助錢壹百貳八吊正。7

小真武廟

小真武廟,又名土地廟[1],不見於清乾隆《京城全圖》。原址爲内四區蒲州館胡同二號旁邊(約今西城區蒲州巷一號)。寺廟建築現不存。

小真武廟始建年代無考。清《乾隆廟册》裹,宫門口真武廟,住持尼僧源德。

據北平市社會局1936年的寺廟調查,當時的寺廟管理人趙保森稱清同治年間其父因廟無人管理,遂爲代管[2],以此可知小真武廟在清末即存。北平研究院調查記録稱之爲土地廟。門樓北向,只有一間灰房。供土地夫婦,財神、火神,均爲小泥像;另有童像四個,馬、童像各一個。廟内還有清嘉慶庚申年(1800)造鐵鐘一口[3]。直到20世紀40年代末期,趙保森都是小真武廟的廟主[4]。

2018年調查時,寺廟原址爲蒲州巷内居民院落,巷口是阜成門内大街一百四十七號,爲前進攝影店和三槍内衣店。

〔1〕參見國立北平研究院《土地廟》,西四152。

〔2〕參見北京市檔案館藏《北平市社會局·内四區小真武廟趙保森送寺廟登記表及社會局的批示》,1936年,檔案號J002-008-01087,頁十。

〔3〕參見國立北平研究院《土地廟》,西四152;首都圖書館藏《北平寺廟調查一覽表》。

〔4〕參見北京市檔案館藏《北平市民政局·北平市各區寺廟總登記考察簿(1947—1948)》,檔案號J003-001-00237,頁七十六。

關帝廟

關帝廟[1]，又名土地廟、財神廟[2]，不見於清乾隆《京城全圖》。原址爲内四區羊肉胡同五十一號（約今西城區羊肉胡同五十六號）。寺廟建築現不存。

關帝廟始建年代不詳。國立北平研究院20世紀30年代調查時，寺廟山門北向，無額。有小殿一間，内供關帝、土地、龍王、山神小泥像各一；有清光緒八年（1882）鐵香爐一座，民國十四年（1925）鐵磬一口。殿前有小抱厦一間，梁上懸木匾七方。院内有一小旗杆。廟主姓陳[3]。

2005年調查時，廟原址爲居民院落。附近的老住户記得財神廟，并稱廟内有關公、周倉像。2018年回訪時情形與2005年相同。

〔1〕參見國立北平研究院《關帝廟》，0309；《北平研究院北平廟宇調查資料匯編（内四區卷·下）》，頁八百三十六。

〔2〕土地廟、財神廟均根據2005年調查時居民回憶。

〔3〕同注〔1〕；首都圖書館藏《北平寺廟調查一覽表》亦有記載，廟名爲關帝廟。

財神廟

財神廟[1],不見於清乾隆《京城全圖》,原址爲内四區羊肉胡同四號(今西城區羊肉胡同一百二十號)。寺廟建築現不存。

財神廟始建年代不詳。廟内原有一鐵香爐,刻有"道光二十五年二月吉日造敬獻財神廟"的字樣[2]。1928年京師警察廳總務署製《京師内外城詳細地圖》有該廟。據北平市社會局1936年寺廟登記資料,財神廟屬於安氏家廟,清光緒十六年(1890)由安楷繼承,後又傳給其子安清麟。小廟當街,僅一間,面積三分,供有財神像六尊,土地像兩尊,童像兩個[3]。

2005年調查時,財神廟已蕩然無存,原址爲一招待所。2018年回訪時,原址爲居民樓。

---

〔1〕1938年出版的《北京街衢坊巷之概略》中内四區的地圖上,在財神廟的位置有一座白衣庵,但是民國檔案和2005年實地調查資料没有任何關於白衣庵的信息,故不確定是否財神廟又名白衣庵。

〔2〕參見首都圖書館藏《北平寺廟調查一覽表》。

〔3〕參見北京市檔案館藏《北平市社會局·内四區財神廟廟主彭文貴送寺廟登記表及社會局的批示》,1936年,檔案號J002-008-00980,頁十四至二十七。

六排十一段

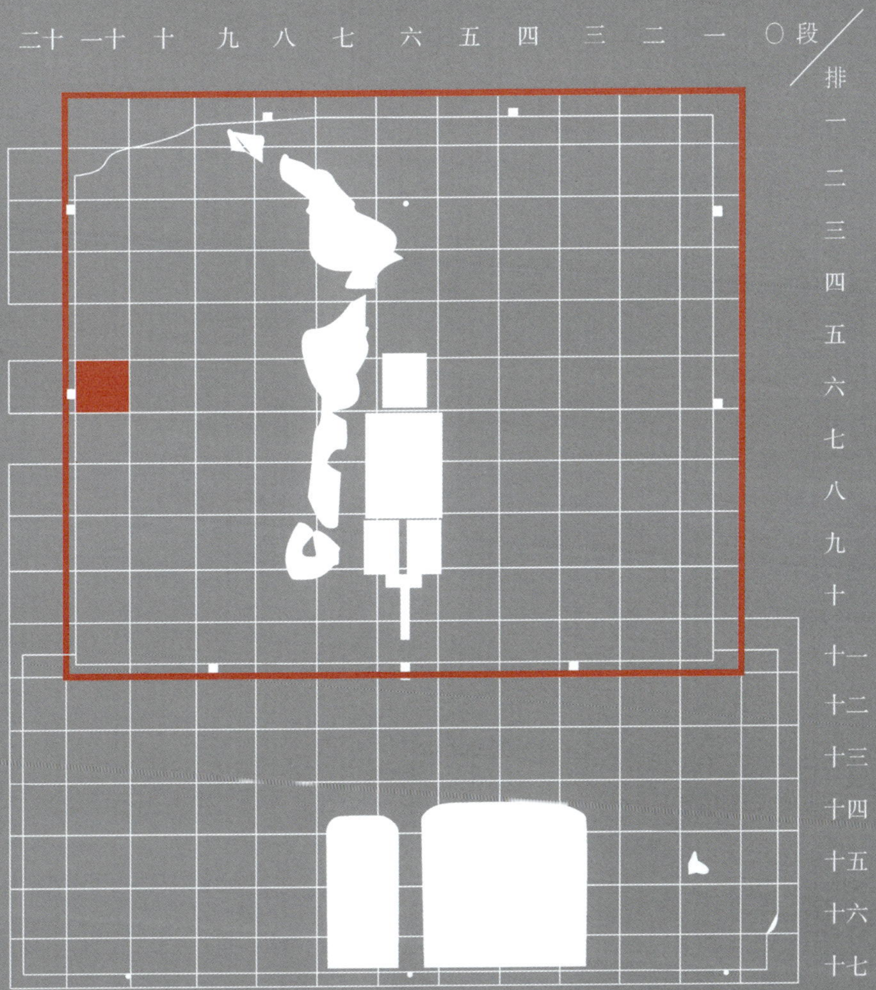

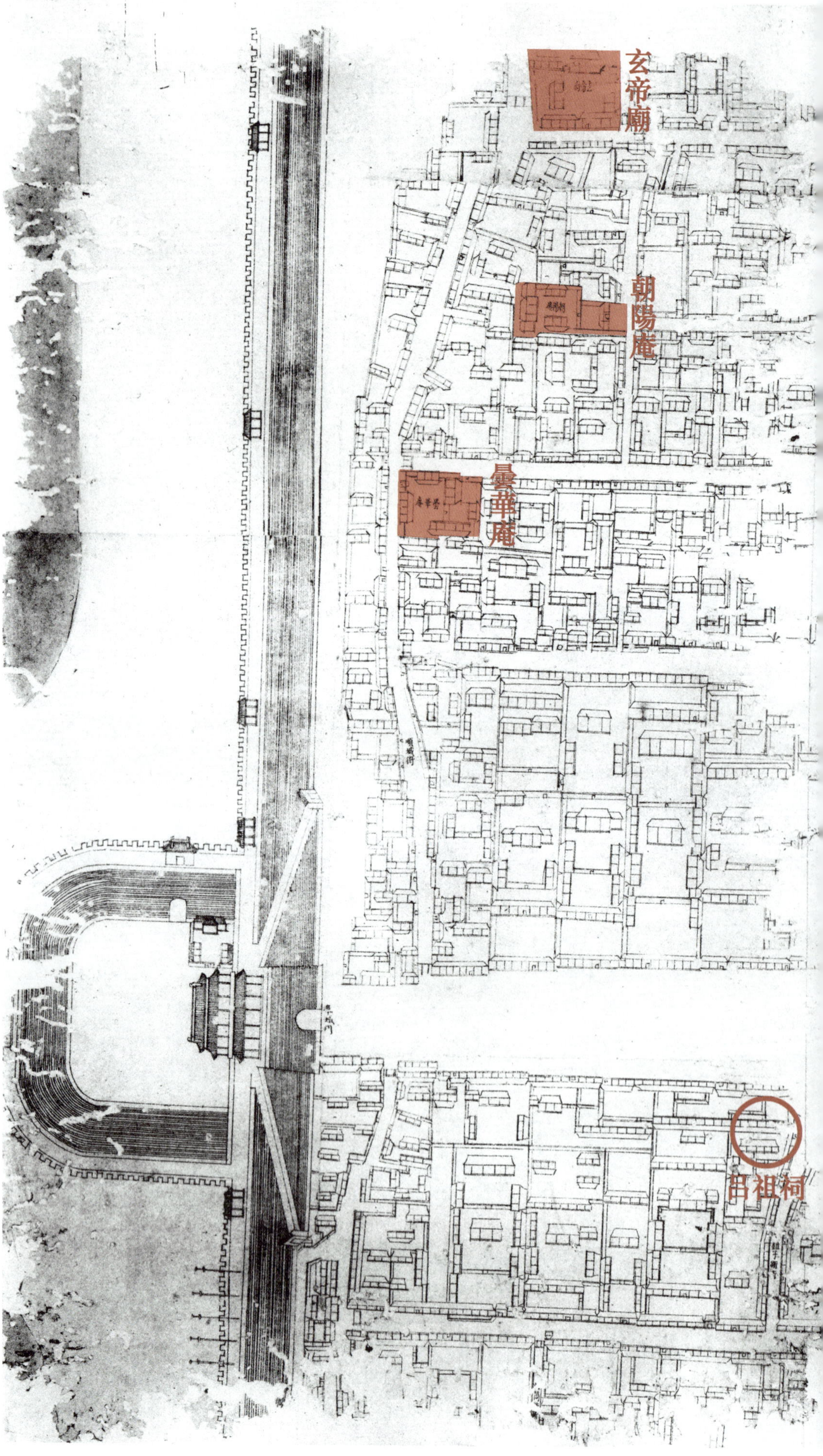
玄帝廟
朝陽庵
曇華庵
呂祖祠

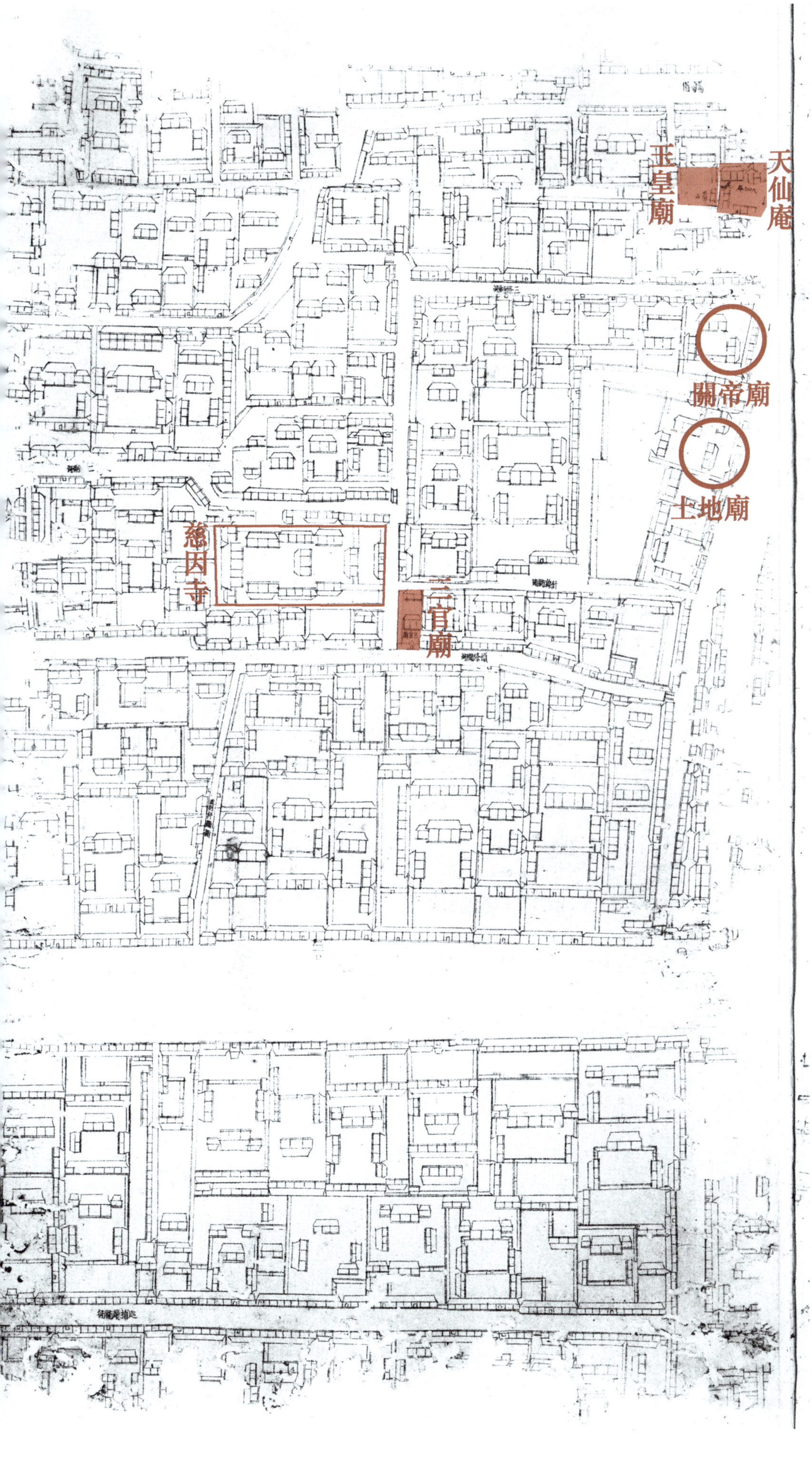
玉皇廟
天仙庵
關帝廟
土地廟
慈因寺
三官廟

玄帝廟

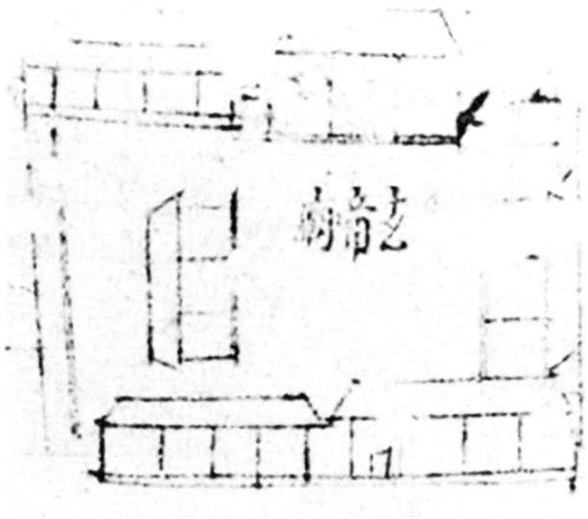

玄帝廟，又名真武廟[1]。原址約在今西城區宫門口四條五十一號。寺廟建築現不存。

玄帝廟始建年代不詳。清《雍正廟册》載西城北路關内四條胡同有尼庵真武廟，殿宇八間，禪房二十一間，住持興開。清《乾隆廟册》亦對此真武廟有記載，住持爲興開之徒隆住。按清乾隆《京城全圖》所繪，玄帝廟在阜成門内四條胡同，而"真武"即"玄帝"，故有可能爲同一寺廟。據圖，玄帝廟坐北朝南，一進院落。廟無山門，南面臨街有房兩座，各四間，南向。其中東側的一座西頭有一門，通院内。院内有北殿三間，東西配殿各三間。東配殿北似有耳房兩間。北殿西另有北房五間。

此外未見其他有關玄帝廟的資料。民國期間，玄帝廟極有可能并入北面的同福寺[2]。

2018年調查時，寺廟舊址爲民居。周圍居民均從未聽説此處有廟，想來湮没已久。

〔1〕清《雍正廟册》《乾隆廟册》。

〔2〕參見《北京内城寺廟碑刻志》第四卷，頁四百二十六。

天仙庵

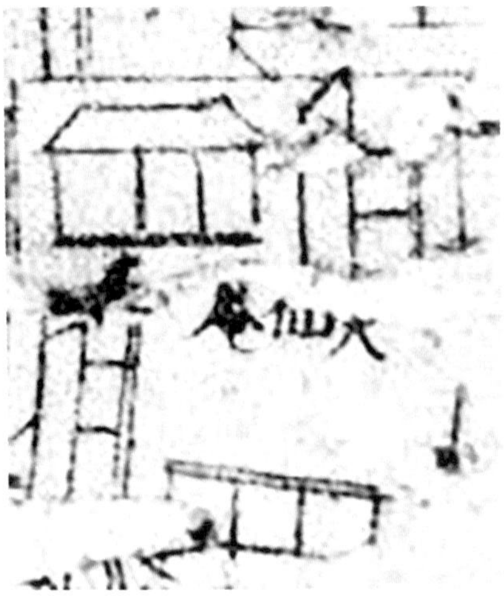

天仙庵，又名圓通天仙庵〔1〕，1939年更名圓通寺〔2〕。原址爲内四區宫門口西岔七號（今西城區宫門口西岔七號）。寺廟建築現不存。

天仙庵始建年代不詳。20世紀30年代北平市社會局寺廟登記時，廟主稱庵建於明代，然無旁證。清《雍正廟册》中尚無記載。清《乾隆廟册》記録在宫門口内有尼僧廟天仙庵，住持了祥，當爲此廟。清乾隆《京城全圖》的天仙庵部分不甚清晰。廟似應坐西朝東，一層殿宇。山門圖上模糊不可見，院内南、北、西面各有房三間。

清光緒八年（1882），天仙庵住持尼妙泉曾在僧録司注册，領有手本。民國十四年（1925），庵主爲抵債，把寺産轉賣給居士王韓氏。四年之後，王韓氏將廟房轉給冷李玉蘭、冷宗光和王金山使用，以創辦佛教會。然而佛教會很快就負債纍纍，難以爲繼。1934年，王韓氏出資洋兩千六百元替佛教會還清所有債務，并同時收回了天仙庵的全部廟産。另外，佛教會曾於1933年將廟内後院三間正房、一間側房以大洋三百元典押給民人唐熙庭居住。王韓氏在收回天仙庵廟産時支付給唐熙庭三百元將房贖回。唐熙庭接受贖金之後却拒絶交房。1935年，王韓氏病逝，其子王瑞麟繼承廟産，於當年向北京地方

〔1〕寺額。

〔2〕參見北京市檔案館藏《北平市民政局·北平市各區寺廟總登記考察簿（1947—1948）》，檔案號J003-001-00237，頁五十六。

法院對唐熙庭提起訴訟[1]。

民國時期的天仙庵面積一畝五分，在宫門口西岔胡同路西，坐西朝東，有南北兩個院落和一個西跨院。山門一間，東向，木額"圓通天仙庵"。山門南側有房一間。門内爲南院，有西房、南房各三間，南房西又有耳房一間。院北有墻，墻上有門往北入北院。北院内北殿三間，中間供南海大士泥像，左右童像各一個，又左立韋陀，右立李天王，均泥塑。像前供臺上有小釋迦佛像五尊，木胎金身；木漆五供一份。東間供送子觀音泥彩坐像一尊，旁供傻哥哥坐像，泥胎金身。觀音像前供靈官泥塑立像，左右立童各一。西間供眼光、天仙二娘娘像，塑法與東間觀音像相同；旁供痘姐姐。西墻下供王奶奶泥坐像。北殿内有清嘉慶十八年（1813）造鐵磬一口，係自曇雲寺移來。另有康熙廿三年（1684）鑄鐵鐘一口，係自響鼓廟移來。還有鼓兩面。大殿前有民國十七年（1928）製鐵香爐一座。北院内另有東西配房各三間。大殿東有耳房一間。北院西有一小跨院，内有北房三間。整座寺廟十分清雅。另據社會局1930年代寺廟登記表，天仙庵法物數量頗多，除上述之外，還有大小銅鐘各一口，鐵鐘一口，鐵引磬一個，木魚一個，香爐十個，并有《觀音經》一部[2]。

1938年十二月，天仙庵廟主王瑞麟把寺廟轉讓給僧人廣義焚修。廣義改廟名爲圓通寺。寺廟在廣義接管後每況愈下。據社會局調查，廣義吸食鴉片毒品，在廟中與一婦人公然同居，向各房客借貸纍計高達三千多元。1943年，趙長城因廣義欠債不還，向北京地方法院提起訴訟，要求封查圓通寺廟產。北京佛教會則以廣義體弱多病爲由，呈請社會局准予公選圓通寺住持。次年，廣義表示有意前往普陀山修持常住，願將住持一職退讓給同宗師兄慧如，所欠債務則由其本人理清。經北京佛教會保薦，社會局批准慧如接任圓通寺住持[3]。1950年北平市民政局寺廟登記時，住持即爲慧如[4]。

但1952年登記管理人仍爲廣義，當時廟内共有房屋二十二間，大殿三間均已出租，自用房一間爲寄居人居住。調查時房客説，所有出租殿房全有債務糾紛，還有轉倒情形，不能收入房租，更無法執行他的管理權。住持慧如，早不在廟。管理人廣義，也於一個月前隨劇團外出工作，藍圖無法查詢[5]。

2004年調查時，附近的一位八旬老人對圓通寺和廣義和尚記憶猶新，稱圓通寺大殿爲有錢人家停放棺材的場所。20世紀50年代以後，寺廟變成了居民大院。2004年圓通寺原址爲一片空地。2018年回訪時正在建蓋兩座仿古建築，據稱爲居委會辦公室。

---

〔1〕參見北京市檔案館藏《北平市社會局·内四區天仙庵僧人王韓氏、王瑞麟關於登記廟産發放憑照的呈文及社會局的批示》，1931—1938年，檔案號J002-008-00534，頁四、四十九至五十八。北京市檔案館録入檔案標題時，誤將"王韓氏"寫作"王韓民"。

〔2〕參見國立北平研究院《天仙庵》，96；《北平研究院北平廟宇調查資料匯編（内四區卷·下）》，頁七百七十至七百七十一；北京市檔案館藏《北平市社會局·内四區天仙庵僧人王韓氏、王瑞麟關於登記廟産發放憑照的呈文及社會局的批示》；《北京寺廟歷史資料》，頁二百二十。

〔3〕參見北京市檔案館藏《北平市社會局·北京佛教會關於更換圓通寺住持給社會局呈及社會局的批示》，1944—1945年，檔案號J002-008-01383。

〔4〕參見北京市檔案館藏《北平市民政局·北平市寺廟總登記簿》，1950年，檔案號J003-001-00203，頁二十六；首都圖書館藏《北平寺廟調查一覽表》。

〔5〕參見北京市檔案館藏《北京市民政局·民族事務科·西四區僧尼寺廟登記表》，1952年，檔案號196-001-00018。

玉皇廟

玉皇廟，原址約爲今西城區宫門口西岔七號。寺廟建築今不存。

玉皇廟始建年代不詳。清《雍正廟册》有載，在葡萄園，爲尼僧廟。有殿宇三間，禪房四間，住持來果。清乾隆《京城全圖》中的玉皇廟模糊不清，難以辨認，僅依稀可見東房兩間。民國時期，玉皇廟所在地已并入天仙庵，成爲其西跨院[1]。

此外未見有關玉皇廟的資料。2018年調查時玉皇廟原址爲居民樓。

〔1〕參見國立北平研究院《天仙庵》，西四96；《北平研究院北平廟宇調查資料匯編（内四區卷·下）》，頁七百七十至七百七十一。

朝陽庵

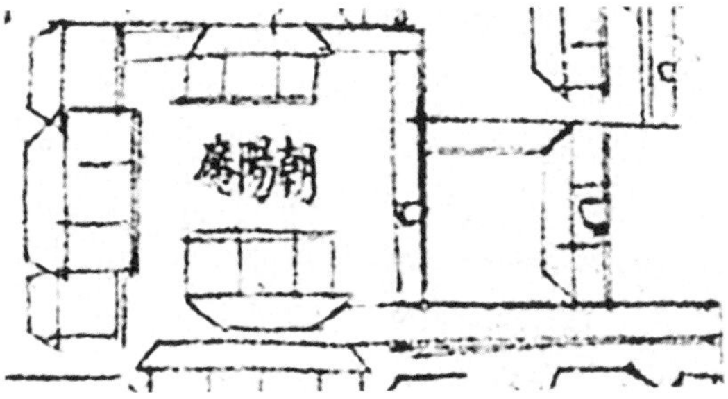

朝陽庵,又名關帝廟[1]、三清觀[2],原址爲内四區宫門口横四條二十五號(今西城區青塔胡同六十五號)。寺廟建築現存部分。據《日下舊聞考》,寺内有明嘉靖二十年(1541)重修碑,但今已無考[3]。另外寺内還有清道光五年《關帝廟碑》和清道光年間《三清觀碑》。

朝陽庵始建年代不詳。《日下舊聞考》稱"庵在玉帶胡同,有明嘉靖二十年重修碑。稱'正德戊寅(1518),寺獲石佛一,又《尊勝咒》幢一,上刻開皇年號,曰朝陽寺'云云。今石幢猶存庵中,幢三面正書,六面梵書,正書殘缺,其可見者第一行爲'寺故靈塔記'五字,第二行爲'宛平西關人也父李祥母王氏師自十一'十六字,第三行爲'寺主爲師施經受具自後遍習經論於大'十六字,第四行爲'僧臘二十二荼毗'七字,第五行爲'二十六日建'五字,第六行爲'法弟比丘尼沙門志勤'九字。按《遼史》,開泰二年,改唐幽都縣爲宛平縣,宛平之名自此始。今幢有'宛平'字,其爲遼時物無疑。開皇之號,蓋僞托也。舊獲石佛,今無存。别有香爐石座,其制八角,每角亦有三梵字"[4]。據此可知寺至晚建於明正德年間,原址有可能爲一遼刹舊基。

清《雍正廟册》記載朝陽庵爲西城北路關内大僧廟,在阜城門内三條胡同,有殿宇八間,禪房二十四間,住持海宣。清《乾隆廟册》亦記爲大僧廟,住

[1]清道光五年(1825)《關帝廟碑》,京429,《北京圖書館藏中國歷代石刻拓本匯編》卷七十九,頁七十八。

[2]參見北京市檔案館藏《北平市社會局·内四區三清觀道士謝功義登記廟産發放憑照的呈文及社會局的批示》,1931—1933年,檔案號J002-008-00566。

[3]《日下舊聞考》卷五十二,頁八百三十七。

[4]同上。

持真仁。清乾隆《京城全圖》所繪的朝陽庵坐西朝東，山門三間。前院爲一四方小院，無房舍。西墻開門往西通主院。主院内西殿三間，殿兩邊各有耳房一間，殿前南北配殿各三間。

清道光二年（1822），朝陽庵住持玉璽將廟産倒與三清觀道士楊延勝，從此朝陽庵由佛入道，更名三清觀[1]。根據清道光五年的《關帝廟碑》，朝陽庵乃一古刹，供奉關帝。清初期爲和碩禮親王的香火净地。道光四年（1824）八月，首領太監劉金慶目睹殿宇年久傾圮，募資重修，見新廟貌[2]。十二年（1832），住持楊延勝又募化重修，劉金慶再度傾力共襄善舉。工竣，在山門刻石額“重修三清觀”，又於大殿立木額“三清寶殿”，并將劉金慶的坐像供在大殿内神像前[3]。朝陽庵内原來還有一通道光年間的碑，可惜碑陽全泐，無從知曉立碑原因，或許與十二年的重修有關。該碑的碑陰列録了供奉人的名單，其中不僅有貝勒、長史、太監等皇室人員，也包括了三十五家商鋪和十二位普通信士[4]，足見此廟信衆之廣。光緒九年（1883），信士周常泰、周常貴獻一鐵磬，置於關帝殿内[5]。二十六年，道士謝功義從師傅手中接管三清觀[6]。

民國時的三清觀面積兩畝餘。山門一間東向。前殿三間，前有抱厦，内供關帝坐像一尊，泥胎金面；東墻下泥塑關平、周倉二像；西墻下泥塑童、馬各一個；關帝龕後供韋護泥像一尊。殿前北側廊下立有清道光五年《關帝廟碑》。前殿南接耳房一間。穿過前殿往西爲主院。院西有大殿三間，供靈寶、元始、道德三天尊泥塑像，東西各有泥塑文武配像四尊。大殿前北側廊下有道光年間碑。大殿北有耳房一間。主院内還有南配房五間，北配房九間，槐樹四株，水井一口。大殿南有一跨院，院内北房三間，西房四小間。觀内法物有鐵鐘一口，鐵磬兩個，鼓一面。20世紀30年代初三清觀的道士還是謝功義[7]。1947年北平市民政局寺廟登記時，改爲楊合年[8]。1950年則是范榮年[9]。

2004年調查時，三清觀前後二殿均存，南配房亦在。後殿係一造紙廠倉庫，其餘房屋則改成民居。據居民介紹，後殿因鬧鬼故未住人，衹用作倉庫。2013年三清觀被列入北京市西城區普查登記文物。2017年回訪時還存前後二殿，配房已拆除。後殿依然是庫房。前殿屋頂尚有破碎黄琉璃瓦，想來是清初和碩禮親王香火净地的殘迹。一無字石碑被住家保存在屋内。院内有古槐兩株，緑蔭蔽日。2018年三清觀内居民全部搬遷，院内瓦礫遍地，後來加蓋的房屋均被拆除，唯留殘破不堪的前後兩殿和兩棵古槐。2020年三清觀重修工地挖出石碑兩通，碑頭一座。大殿的墻壁上發現壁畫，梁枋上亦有彩畫。

---

〔1〕參見北京市檔案館藏《北平市社會局·内四區三清觀道士謝功義登記廟産發放憑照的呈文及社會局的批示》，頁五。

〔2〕參見清道光五年《關帝廟碑》，京429，《北京圖書館藏中國歷代石刻拓本匯編》卷七十九，頁七十八。

〔3〕參見國立北平研究院《三清觀》，93。

〔4〕參見清道光年間《三清觀碑》，京428，國家圖書館藏拓片原件。

〔5〕參見國立北平研究院《三清觀》，93；《北平研究院北平廟宇調查資料匯編（内四區卷·下）》，頁七百三十六至七百四十五。

〔6〕參見北京市檔案館藏《北平市社會局·内四區三清觀道士謝功義登記廟産發放憑照的呈文及社會局的批示》，頁二十一。

〔7〕同上；《北京寺廟歷史資料》，頁一百九十七；國立北平研究院《三清觀》，93；首都圖書館藏《北平寺廟調查一覽表》。

〔8〕參見北京市檔案館藏《北平市民政局·北平市各區寺廟總登記考察簿（1947—1948）》，檔案號J003-001-00237，頁五十九。

〔9〕參見北京市檔案館藏《北平市民政局·北平市寺廟總登記簿》，1950年，檔案號J003-001-00203，頁三十。

三清觀前殿（2018 年 10 月 謝玲瓊攝）

三清觀後殿（2018 年 10 月 謝玲瓊攝）

萬古流芳

□□聞□□□□□□□□□□□□□□□□□□因□之清亦（下泐）

（上泐）朝陽庵一座（下泐）

（餘全泐）

□□禮□ □玉
□□室□ 會昌
□貝勒 □峰
長史 廣清
頭等護衛 汪煒
頭等護衛 德楞額
頭等護衛 □□亮
頭等護衛 德魁
頭等護衛 恒壽
工部主□ 長□
副參□ □□□
二等護衛 禄亢
印務參領 豐由泰
騎都尉 萬福
七品司□ 王明
□門□ □氏
總管太監 莊玉福
首領太監 張進□
首領太監 張□喜
首領太監 張□忠
首領太監 劉喜
首領太監 王福壽
首領太監 呂長慶
太監 孫福祥
太監 金進福
太監 孫吉祥
太監 魏天福
太監 安德壽
鄭明志
任忠信

永順
蕭福
吴廷芳
孫玉住
孫□喜
吴生
鄧茂
吴佑
吴廷桂
吴廷海
敏慎堂
萬壽堂
匯源當
天元當
玉緑店
義盛店
廣聚店
義增店
恒順號
西義盛
天□堂
得順號
富有局
永興號
通泰號
元吉樓
春華樓
萬盛號
信昌號
三和樓

廣□□□
□順石□
萬卉花局
□□木□
□□□房
三義號
廣順店
復泰號
集成局
豐盛店
同豐局
集興號
□兆興
□忠明
□永泰

三清觀碑

額題:萬古流芳
年代:年代泐,國家圖書館著録爲清道光年間,北平研究院著録爲清代
原址:西城區宫門口横四條三清觀
拓片尺寸:碑身陽高 87 厘米,寬 54 厘米,額高 14 厘米,寬 12 厘米;陰高 120 厘米,寬 55 厘米
書體:正書
紋飾:周刻花邊
拓片編號:京 428
拓片録自:國家圖書館藏拓片原件

【碑陽】

碑額:萬古流芳

碑文:

碑文全泐,能辨之者僅有“□□聞□□□□□□□□□□□□□□□□□□□因□之清亦……朝陽庵一座”寥寥幾字。

【碑陰】

碑文:

(原文從右到左竪排,碑文甚泐,所辨唯有如下:)

□□禮□□玉、□□室□會昌、□貝勒□峰、長史廣清、頭等護衛汪煒、頭等護衛德楞額、頭等護衛□□亮、頭等護衛德魁、頭等護衛恒壽、工部主□長□、副參□□□□、二等護衛禄亢、印務參領豐由泰、騎都尉萬福、七品司□王明、□門□□氏、總管太監莊玉福、首領太監張進□、首領太監張□喜、首領太監張□忠、首領太監劉喜、首領太監王福壽、首領太監吕長慶、太監孫福祥、太監金進福、太監孫吉祥、太監魏天福、太監安德壽、鄭明志、任忠信、1 永順、蕭福、吴廷芳、孫玉住、孫□喜、吴生、鄧茂、吴佑、吴廷桂、吴廷海、敏慎堂、萬壽堂、匯源當、天元當、玉緑店、義盛店、廣聚店、義增店、恒順號、西義盛、天□堂、得順號、富有局、永興號、通泰號、元吉樓、春華樓、萬盛號、信昌號、三和樓、2 廣□□□、□順石□、萬卉花局、□□木□、□□□房、三義號、廣順店、復泰號、集成局、豐盛店、同豐局、集興號、□兆興、□忠明、□永泰

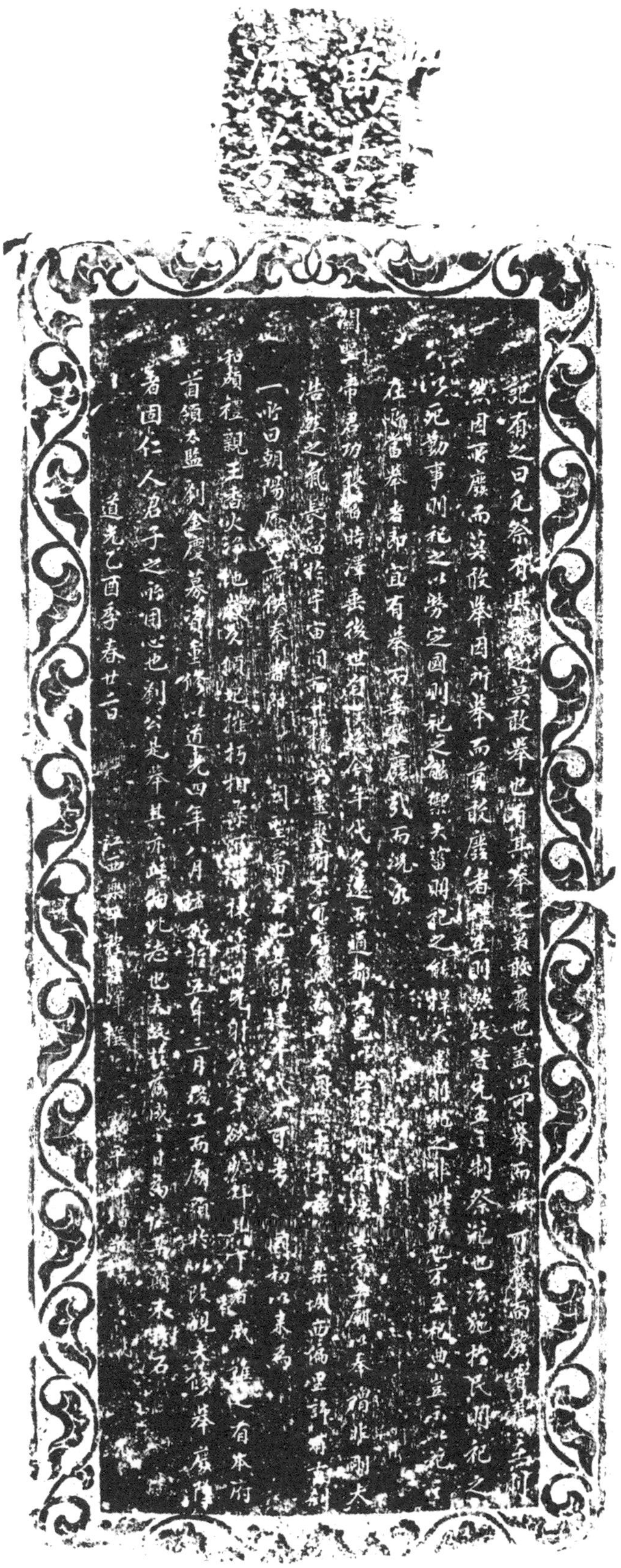

京 429《關帝廟碑》陽

萬古流芳

記有之曰凡祭有其廢之莫敢舉也有其舉之莫敢廢也蓋以可舉而舉可廢而廢者義在則然因所廢而莫敢舉因所舉而莫敢廢者禮在則然故昔先王之制祭祀也法施於民則祀之以死勤事則祀之以勞定國則祀之能禦大灾則祀之能捍大患則祀之非此族也不在祀典豈示以祀之在所當舉者即宜有舉而無敢廢哉而况如

關聖帝君功被當時澤垂後世自漢迄今年代久遠而通都大邑以至窮鄉僻壤無不立廟以奉謂非剛大浩然之氣長留於宇宙間而其精英靈爽有不可磨滅而與天同□者乎哉　禁城西偏里許有古刹一所曰朝陽庵内所供奉者即　關聖帝君也其創建年代不可考　國初以來爲

和碩禮親王香火净地歲久傾圮摧朽相尋□□棟梁日光射檐宇欲瞻拜其下者咸難之有本府首領太監劉金慶募資重修以道光四年八月經始於五年三月竣工而廟貌於此改觀夫修舉廢墜者固仁人君子之所用心也劉公是舉其亦此物此志也夫故於落成之日爲志其顛末於石

道光乙酉季春廿二日　江西樂平程景暉撰　襄平汪增敬書

關帝廟碑

額題:萬古流芳
年代:清道光五年(1825)三月二十二日
原址:西城區宫門口横四條三清觀
拓片尺寸:碑高 104 厘米,寬 48 厘米;額高 17 厘米,寬 16 厘米
書體:正書
撰人:程景暉
書人:汪增
紋飾:周刻花邊
《目録》:頁 336
拓片編號:京 429
拓片録自:《北京圖書館藏中國歷代石刻拓本匯編》卷 79 頁 78

【碑陽】
額題:萬古流芳
碑文:

《記》有之曰:凡祭,有其廢之,莫敢舉也;有其舉之,莫敢廢也。蓋以可舉而舉,可廢而廢者,義在則[1]然。因所廢而莫敢舉,因所舉而莫敢廢者,禮在則然。故昔先王之制祭祀也,法施於民則祀之,[2]以死勤事則祀之,以勞定國則祀之,能禦大災則祀之,能捍大患則祀之。非此族也,不在祀典,豈示以祀之[3]在?所當舉者,即宜有舉而無敢廢哉!而况如[4]關聖帝君,功被當時,澤垂後世。自漢迄今,年代久遠,而通都大邑以至窮鄉僻壤,無不立廟以奉,謂非剛大[5]浩然之氣長留於宇宙間,而其精英靈爽有不可磨滅,而與天同□者乎哉!禁城西偏里許,有古刹[6]一所,曰朝陽庵。内所供奉者,即關聖帝君也。其創建年代不可考。國初以來,爲[7]和碩禮親王香火净地。歲久傾圮,摧朽相尋。□□棟梁,日光射檐宇,欲瞻拜其下者,咸難之。有本府[8]首領太監劉金慶募資重修,以道光四年八月經始,於五年三月竣工,而廟貌於此改觀。夫修舉廢墜[9]者,固仁人君子之所用心也。劉公是舉,其亦此物此志也夫?故於落成之日,爲志其顛末於石。[10]

道光乙酉季春廿二日,江西樂平程景暉撰,襄平汪增敬書。[11]

曇華庵

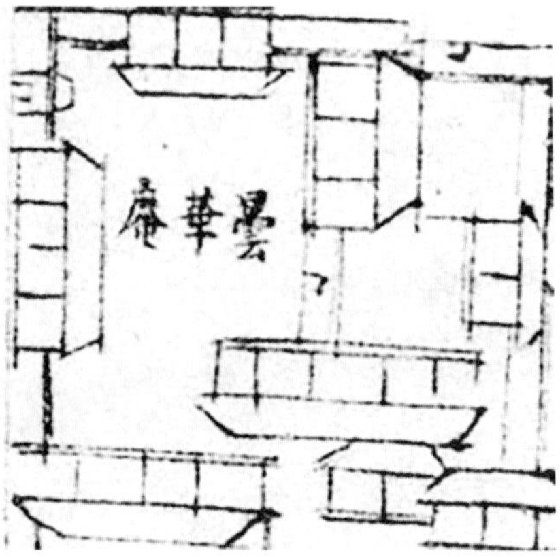

曇華庵，原址約在今西城區阜成門北順城街和宫門口二條交界處的順城公園。寺廟建築現不存。

曇華庵始建年代不詳。清《雍正廟册》有記載，在順城街，爲大僧廟，有殿宇四間，禪房十八間。清《乾隆廟册》亦録爲大僧廟，住持量洪。按清乾隆《京城全圖》所繪，曇華庵坐東朝西，在順城街路東，二條胡同路南，有前後兩院。山門一間，西向，其南有西房四間，亦西向。前院東北角有東殿三間；北墻有北房三間，北向；前院南面有南房四間。大殿南有墻，墻上有門往東通後院。後院有東殿兩間，南房五間，北墻臨街開門。

1928 年京師警察廳總務署製《京師内外城詳細地圖》上有曇華庵，當時寺廟應該還存在。

2018 年調查時，寺廟原址爲順城公園。周圍居民均不知道此處原來有廟。

慈因寺

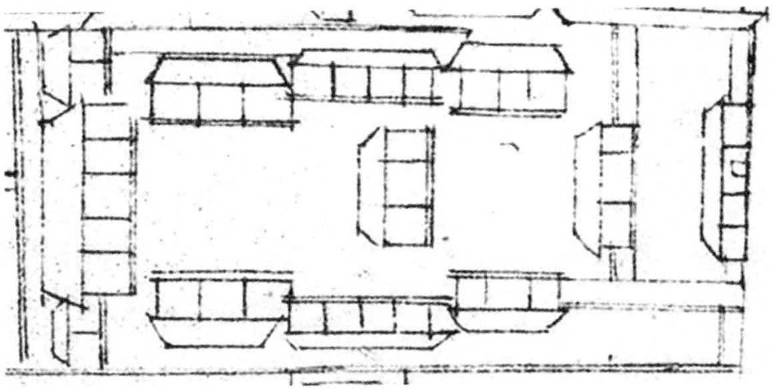

慈因寺，清乾隆《京城全圖》未注明，但依據清《雍正廟册》《乾隆廟册》提供的寺廟地址和北平研究院繪製的平面圖，可以判斷其在《京城全圖》的位置。原址爲内四區横三條胡同十一號（今西城區宫門口横胡同十一號、十三號，宫門口頭條胡同二十一號）。寺廟建築現存部分。寺内原有碑三通，爲明萬曆二十六年（1598）《十二時歌》，清乾隆四十五年（1780）《慈因寺碑》和《慈因寺詩》。

據《慈因寺碑》，寺建於明萬曆年間[1]。萬曆二十六年，居士臧貴聽聞南北朝時高僧寶誌禪師所作《十二時歌》，"翛然悟入"，遂鎸石録之，并在碑上方刻寶誌公像，立於慈因寺内[2]。

清康熙五十九年（1720），慈因寺住持瑞雲圓寂，法徒惟誠繼任。惟誠字廣御，康熙六十一年（1722）被授華嚴宗寶通系賢首三十世，係慈因寺住持任寶通系賢首之始。惟誠爲修寺廟，先於寺内結壇講演《維摩尊經》，後又閉關三載，終於感動道俗，雲集檀施，鳩工庀材，粗舉百廢。據《雍正廟册》記載，彼時的慈因寺在西城北路關内二條胡同，有殿宇十七間，禪房二十五間。雍正八年（1730），惟誠在慈因寺開講《楞嚴經正脉疏》。適逢是年京西地震，寺址正當其衝，廟宇殿堂，毁於一旦。臨此困境，惟誠砥節勵行，不弃不撓，又歷時近二十年將寺貌悉數恢復如初。之後，惟誠又新建南北客堂、南北禪堂，刻《彌陀演義》經板，經畫井井，使寺况視昔有加[3]。

按清乾隆《京城全圖》所繪，慈因寺在宫門口頭條胡同以北，北臨二條

〔1〕參見清乾隆四十五年《慈因寺碑》，京400，《北京圖書館藏中國歷代石刻拓本匯編》卷七十四，頁五十二。
〔2〕參見明萬曆二十六年《十二時歌》，京401，《北京圖書館藏中國歷代石刻拓本匯編》卷五十八，頁八十三。
〔3〕參見清乾隆四十五年《慈因寺碑》，京400。

胡同,坐西朝東,三層廟宇。山門四間,東向。山門内爲前院,有前殿三間,殿兩邊有墻與中院隔開。中院大殿三間,南北房各三間。南北房西頭又各有順山房四間。後院有後殿五間,帶南北耳房各兩間。又有南北房各三間。

乾隆二十四年(1759),惟誠啓建龍華道場五十三參。是年冬,惟誠安然而逝。弟子妙魁繼席,在京西黑塔村南爲師建塔。妙魁字如應。乾隆十九年(1754),惟誠見其"純厚解脱,戒律精嚴,性相了達",授華嚴宗賓通係賢首三十一世[1]。三十五年(1770),妙魁在僧録司更名入册,領有手本[2]。妙魁秉師遺訓,兢兢業業。先於三十六年(1771)拓展寺院西北隅,重葺法堂;三年後又建天王前殿三間,并左右穿堂各一所,妝塑佛像,丹堊一新。乾隆四十年(1775)妙魁開講《楞嚴經》要旨,迎各方信衆,建大悲寶壇[3]。《乾隆廟册》載西城北路關内二條胡同有大僧廟慈因寺,住持妙魁。

乾隆四十二年(1777),妙魁開啓講演諸經三年道場,聽者如云[4]。四十五年,皇六子永瑢游慈因寺,賦詩立碑[5],并在天王殿、大殿及大悲殿多處題額、題聯[6]。乾隆五十年(1785)、五十三年(1788),妙魁又應邀兩度建講經傳戒道場,聽講求戒者,"如雲屯霧集"。是年冬,妙魁端坐西歸,弟子大乘嗣位,在京西黑塔村南爲師建塔。大乘字新德,乾隆五十年其師妙魁以賢首衣法授之,爲三十二世。乾隆六十年(1795),大乘啓建傳戒講經道場,受戒沙彌不遠千里而來。大乘之後,智塵睿公、建行安公、正璽真公先後住持慈因寺,分别爲華嚴宗賓通系三十三、三十四和三十五世賢首。道光二十八年(1848),敬修慧寬和尚領慈因寺住持,授賢首三十六世。敬修和尚以後,慈雲普參、吉安圓徹相繼爲慈因寺住持,授三十七、三十八世賢首[7]。

清代末期的慈因寺依然聲望不凡,信衆芸芸。咸豐年間,清文宗特賜黄絹,御筆題字"榮光普護",懸於後殿梁上。光緒十八年(1892),京城西北辛莊信士郝珍率其子繼忠敬獻鐵鼎一座[8]。

1912年,慈因寺領有廟照,領照人爲當時的住持吉安[9]。1916年,年逾六旬的吉安將住持之位退讓給賢首三十九世、法嗣月珠心福。兩年後吉安圓寂。次年春,月珠重修慈因寺在京西黑塔村南的塔院,將吉安入塔安葬。1924年,月珠又用多年積蓄添蓋南跨院禪房十九間[10]。

彼時的慈因寺主體格局與清乾隆時期一致,但房舍數量大大增加。明清以來收存的佛像、法器、壁畫等藏品精美豐富,殊爲珍貴。寺廟面積六畝餘,廟内殿宇禪房六十四間;廟外房産三十四間,分别位於頭條胡同九至十一號,横三條胡同十二至十四號[11]。山門東向,石額"敕賜慈因寺",兩側各有邊門。山門以内爲天王殿,木額"法苑金湯",兩邊各有穿堂。殿内中間供泥塑關帝坐像一尊。梁上有乾隆皇六子永瑢題木額"至誠無息",抱柱有永瑢題木聯"以享以祀以妥以侑　乃聖乃神乃武乃文"。像前有木漆五供一份。殿内南北有天王泥像各二尊,彩畫尚新。其中北邊二天王像

---

[1]參見(清)釋慈雲等集《賓通賢首傳燈録》,光緒八年(1882)刻本;清乾隆四十五年《慈因寺碑》,京400。

[2]參見北京市檔案館藏《北平市社會局·内四區慈因寺僧人月珠登記廟産的呈文及社會局的批示》,1930—1936年,檔案號J002-008-00144,頁五。

[3]參見清乾隆四十五年《慈因寺碑》,京400。

[4]同上。

[5]參見清乾隆四十五年《慈因寺詩》,京402,《北京圖書館藏中國歷代石刻拓本匯編》卷七十四,頁五十一。

[6]參見國立北平研究院《慈因寺》,西四160;《北平研究院北平廟宇調查資料匯編(内四區卷·下)》,頁七百四十六至七百六十七。

[7]參見《賓通賢首傳燈録》。

[8]同注[6]。

[9]同注[2]。

[10]同注[7]。

[11]參見《北京寺廟歷史資料》,頁九十七;北京市檔案館藏《内四區慈因寺僧人月珠登記廟産的呈文及社會局的批示》,頁四十七至四十八。

中間置千手佛一尊，高約二尺，工細。另有文殊、普賢木胎金身像，分騎獅象，爲"清代木像之佳品"。關帝龕後供木韋陀立像一尊。像前有木漆五供一份，清康熙三十三年(1694)鑄鐵磬一口，鼓一面。天王殿内還有六座佛龕，供銅、木小佛像約百尊，其中有仿旃檀瑞佛像一尊，"極爲妙肖"。天王殿前分立清乾隆四十五年《慈因寺碑》和《慈因寺詩》碑。

第二進有大殿三間，黄琉璃瓦屋頂[1]，木額"福利恒沙"。中間供毗盧佛坐像一尊，銅質金身。據北平市社會局調查，佛像係明代所製[2]。文殊、普賢木像立於左右[3]，下有金色蓮花木座，雕刻工細。上有乾隆皇六子永瑢題木額"龍翔雲起"。抱柱有永瑢題木聯"修三空净業以酬宿因轉四諦法輪而證道果"。佛前有木漆五供及錫五供各一份。佛像後照壁有紙地彩繪諸天緊那羅女像。佛龕背後供木胎金身觀音像一尊，左右小木童各一個。觀音像後照壁亦有紙地護法韋陀像，與前述繪畫均爲乾隆時期作品，"絢爛如新，至堪寶貴"。像前抱柱又有永瑢題聯"文云坐擁青猊出地岫雲依玉　砌庭延白塔接天烟蓋護香壇"。大殿内墻下供十二圓覺菩薩木胎金身坐像，"甚爲精緻"。殿内還有銅鐘一口，無字；鼓兩面。大殿前有明萬曆二十六年《十二時歌》刻石一方，上畫像，下書《寶誌公禪師十二時歌》。院内還有南北禪堂各三間，胡桃樹一株，楸樹三株，"大者合抱，式欲擎雲"[4]。

第三進有後殿五間，爲法堂，木額"神智妙達"，兩邊有耳房各三間。法堂内講經臺上供小木觀音坐像一尊。上有咸豐御筆黄絹横額"榮光普護"。殿内有鼓一面，明隆慶六年(1572)製銅鐘一口，但不確定是否爲慈因寺特製。法堂前有光緒十八年獻鑄的一座鐵鼎。後院内還有南北客堂各三間，客堂東有順山房各五間。另有海棠、丁香各一株。

後院南有一跨院。院内西殿三間，有乾隆皇六子永瑢題木額"寶筏喻□"。殿内設木雕轎式佛龕，供木胎金身觀音立像一尊，"工細罕有"。龕前供木質金身多手小佛一尊，亦工細。左右方龕中分别供韋陀、關帝各一尊，均木質金身。

另外，據北平市社會局寺廟登記資料，寺内之法物除上述所列之外，應當還有銅鐘一口、磁香爐十個、木魚一個。慈因寺還藏有明末周嘉胄所書《妙法蓮華經》寫本一部七册，一册前有天界覺浪和尚序，後有萬壽祺所書頌，各册有大時大嵩跋。"諸人皆亡明遺老入清遁迹空門者，真迹日稀，至可寶貴"[5]。

慈因寺的房産多有出租，每月可得租金洋三十元左右。其中半數用於設在寺内的自辦慈善機構北京施醫所，所餘則用以修補殿宇及度日之資。1930年北平市社會局登記時，寺内除了住持月珠以外，還有慧明、亮珠兩位當家僧人和寄居僧人智誠[6]。

慧明五歲即在宛平縣石景山天空寺出家，1917年由本宗法長公舉於慈因寺月珠和尚門下，授予法卷。1923年，慧明奉月珠命從拈花寺返慈因寺掌理廟務，協助月珠修葺寺廟，并曾邀請太虚法師來寺講經。1931年，月珠因年老多病，讓座慧明，授賢首四十世[7]。兩年之後，月珠將更换住持一事呈請社會局批准備案[8]。北平研究院調查報告稱慈因寺爲石景山天空寺下院，但社會局檔案中并無提及。

[1] 2004年調查時據老住户回憶。

[2] 參見北京市檔案館藏《北平市社會局·内四區慈因寺僧人月珠登記廟産的呈文及社會局的批示》，頁七十五。

[3] 社會局調查稱爲馬鳴、龍樹菩薩。參見同上。

[4]《琉璃廠雜記》，頁一百零二。

[5] 參見國立北平研究院《慈因寺》，西四160；《北平研究院北平廟宇調查資料匯編(内四區卷·下)》，頁七百四十六至七百六十七；北京市檔案館藏《北平市社會局·内四區慈因寺僧人月珠登記廟産的呈文及社會局的批示》，頁四十九至五十、七十四至七十六。

[6] 參見北京市檔案館藏《北平市社會局·内四區慈因寺僧人月珠登記廟産的呈文及社會局的批示》，頁十二、三十。

[7] 參見《賓通賢首傳燈録》。

[8] 參見北京市檔案館藏《北平市社會局·内四區慈因寺僧人月珠登記廟産的呈文及社會局的批示》，頁三十二至四十三。

20 世紀 40 年代末，慧明依舊是慈因寺住持[1]。1950 年北平市民政局登記時，慈因寺儼然一泱泱大寺，有地產七十畝，其中房屋和塋地三十畝，旱地四十畝。寺内殿宇房屋六十四間，寺外附屬房產四十六間。慧明亦爲新街口南大街彌陀寺的住持[2]。又據 1952 年登記，慈因寺的附屬房産包括頭條九至十一號、甲十二號共四十間房，以及横三條十二至十四號共十二半間房。寺内三間佛殿被一成人夜校自 1950 年起借用。住持慧明兼任文教副主任委員、房屋修繕委員和防火組長。另有僧人亮珠住在廟内[3]。

據慈因寺老住户回憶，民國時期的慈因寺除了僧人以外，另住有三户人家。寺院裏乾净整潔，安静宜人。夏季大殿前的楸樹緑蔭蔽日，十分爽適。1950 年以後，僧人先後被請離至廣濟寺。大殿成爲工藝美術品公司的倉庫，部分廟房變成汽車修理廠的宿舍，其餘房屋也由房管局陸續出租，大殿前的兩通石碑則被推倒埋入地下。1976 年唐山大地震前一天，北京市民委爲蓋職工宿舍將大殿拆除。

2004 年調查時，慈因寺爲一大雜院。除正殿以外，其餘建築基本還在。2018 年回訪時，宫門口横胡同十一號慈因寺主院依然是居民大雜院，在衆多後來搭建的房舍中還可以辨認出原來的天王殿、後殿和兩邊的禪堂。天王殿前的槐樹和拆毁的大殿前的楸樹也依舊枝繁葉茂。宫門口頭條胡同二十一號的原慈因寺西跨院挂有 2013 年西城區普查登記文物的標牌。院内原來的大悲殿和耳房正在全面翻修一新。

宫門口頭條胡同慈因寺（2004 年 4 月 阮如意攝）

〔1〕參見北京市檔案館藏《北平市民政局·北平市各區寺廟總登記考察簿（1947—1948）》，檔案號 J003-001-00237，頁十。

〔2〕參見北京市檔案館藏《北平市民政局·北平市寺廟總登記簿》，1950 年，檔案號 J003-001-00203，頁二十七、二十九。彌陀寺在三排九段，自清光緒年間起即爲慈因寺的下院，參見《北京内城寺廟碑刻志》第三卷，頁三百六十八至三百七十。

〔3〕參見北京市檔案館藏《北京市民政局·民族事務科·西四區僧尼寺廟登記表》，1952 年，檔案號 196-001-00018，頁九十五。

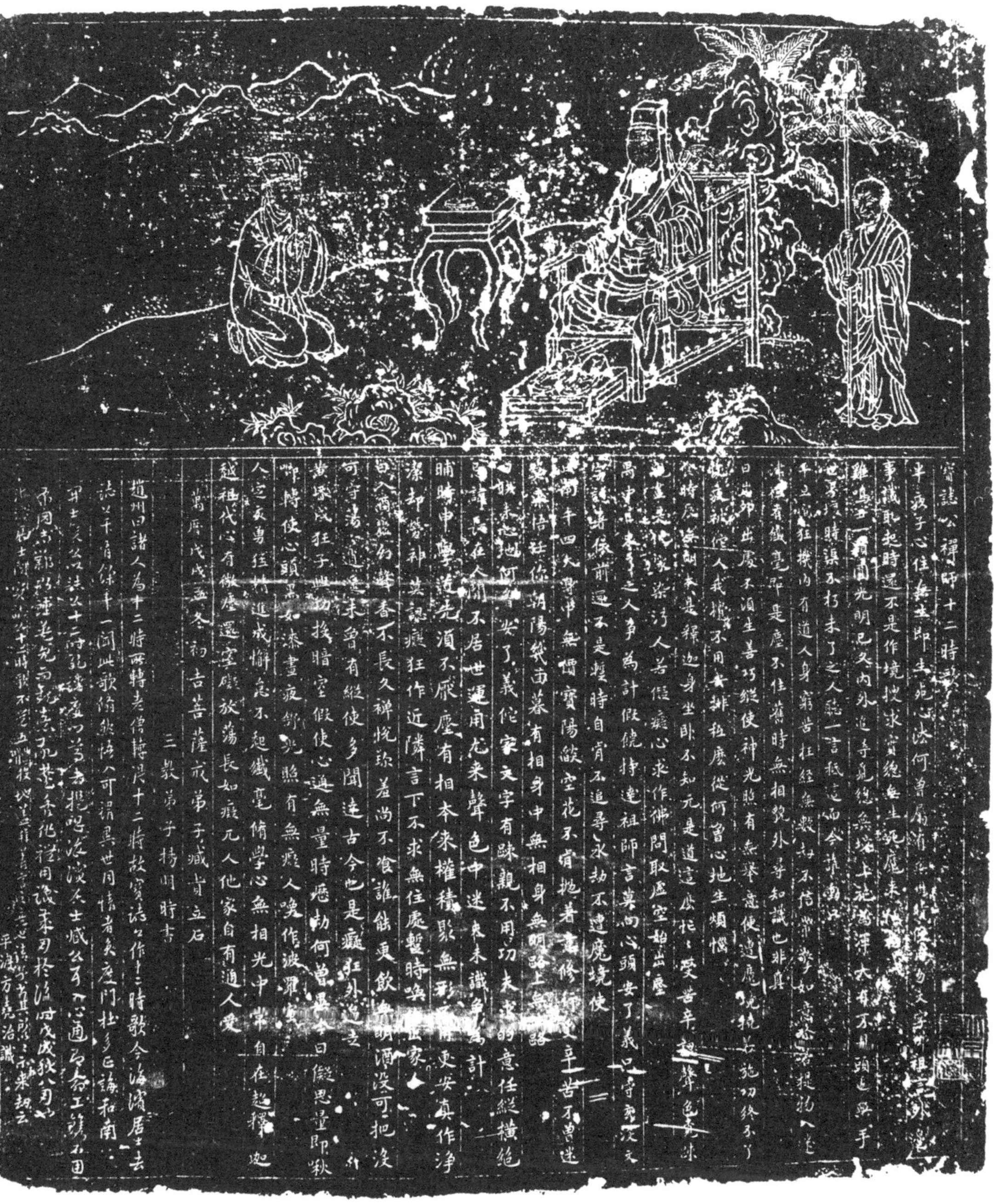

寶誌公禪師十二時歌

半夜子心住無生即生死心法何曾屬有無用時便用沒文字祖[illegible]

事識取起時還不是作境搜求實總無生死魔來[illegible]

雞鳴丑一顆圓光明已久內外追尋覓總無境上施為渾大有不見頭還無手

世事[illegible]時誤不[illegible]未了之人聽一言祇這如今誰動口

平旦寅狂機內有道人身窮苦狂經無數劫不信常擎如意寶捉物入塵

來[illegible]看纖毫即是塵不住舊時無相貌外尋知識也非真

日出卯出處不須生善巧縱使神光照有無舉意便遭魔境擾若施功終不了

日夜被他人我拘不用安排祇麼從何曾心地生煩惱

食時辰無明本是釋迦身坐臥不知元是道違[illegible]受苦辛認聲色覓疏

親[illegible]是塵衆染污人若假癡心求作佛問取虛空始出塵

禺中巳未了之人爭為計假饒持達祖師言莫向心頭安了義只守玄沒文

字[illegible]依前還不是暫時自肯不追尋永劫不遭魔境使

日南午四大身中無價寶陽焰空花不肯拋著意修行受辛苦不曾迷

莫求悟任你朝陽幾回暮有相身中無相身無明路上無生路

日昳未心地何曾安了義他家文字有疏親不用功夫求的意任縱橫絕

[illegible]長在人間不居世運用元來聲色中迷來未識爭為計

晡時申學道先須不厭塵有相本來權積聚無形[illegible]更安真作淨

潔却勞神莫認癡狂作近隣言下不求無住處暫時喚作出家人

日入酉虛幻聲香不長久禪悅珍羞尚不餐誰能更飲無明酒沒可把沒

可守蕩蕩逍遙不曾有縱使多聞達古今也是癡狂外邊走

黃昏戌狂子興功投暗室假使心通無量時歷劫何曾異今日擬思量即啾

唧轉使心頭黑如漆晝夜舒光照有無癡人喚作波羅蜜

人定亥勇猛精進成懈怠不起纖毫修學心無相光中常自在超釋迦

越祖代心有微塵還窒礙放蕩長如癡兀人他家自有通人愛

萬曆戊戌孟冬初吉菩薩戒弟子臧貴立石

三教弟子楊明時書

趙州曰諸人為十二時所轉老僧轉得十二時故寶誌公作十二時歌令海濱居士去

誌公千有餘年一聞此歌[illegible]可謂異世同情者矣座門杜多臣論和南[illegible]

[illegible]法公十二時記[illegible]把[illegible]士臧公可[illegible]通[illegible]工鎸石[illegible]

[illegible]

[illegible]

平湖方[illegible]治識

京401《十二時歌》陽

寳誌公禪師十二時歌

半夜子心住無生即生死心法何曾屬有無用時便用勿文字佛祖言外邊
事識取起時還不是作境搜求實總無生死魔來任相試
鷄鳴丑一顆圓光明已久内外追尋覓總無境上施爲渾大有不見頭也無手
世界壞時渠不朽未了之人聽一言秖這而今誰動口
平旦寅狂機内有道人身窮苦枉經無數劫不信常擎如意珍若提物入迷
津但有纖毫即是塵不住舊時無相貌外尋知識也非真
日出卯出處不須生善巧縱使神光照有無舉意便遭魔境撓若施功終不了
曉夜被佗人我攬不用安排秖麽從何曾心地生煩惱
食時辰無明本是釋迦身坐卧不知元是道這麽忙忙受苦辛認聲色覓疏
親盡是佗家染污人若擬痴心求作佛問取虚空始出塵
禺中巳未了之人争爲計假饒持達祖師言莫向心頭安了義祇守玄没文
字認着依前還不是暫時自肯不追尋永劫不遭魔境使
日南午四大身中無價寳陽焰空花不肯抛著意修行受辛苦不曾迷
莫求悟任你朝陽幾回暮有相身中無相身無明路上無生路
日昳未心地何曾安了義佗家文字有疏親不用功夫求的意任縱横絶
忌諱長在人間不居世運用尤來聲色中迷夫未識争爲計
晡時申學道先須不厭塵有相本來權積聚無形不用更安真作净
潔却勞神莫認痴狂作近鄰言下不求無住處暫時唤作出家人
日入酉虚幻聲香不長久禪悦珍羞尚不餐誰能更飲無明酒没可把没
可守蕩蕩逍遥未曾有縱使多聞達古今也是痴狂外邊走
黄昏戌狂子興功投暗室假使心通無量時歷劫何曾异今日擬思量即啾
唧轉使心頭黑如漆晝夜舒光照有無痴人唤作波羅蜜
人定亥勇猛精進成懈怠不起纖毫修學心無相光中常自在超釋迦
越祖代心有微塵還窒礙放蕩長如痴兀人他家自有通人愛

萬曆戊戌孟冬初吉菩薩戒弟子臧貴立石

三教弟子楊明時書

趙州曰諸人爲十二時所轉老僧轉得十二時故寳誌公作十二時歌今海濱居士去
誌公千有餘年一聞此歌倏然悟入可謂异世同情者矣度門杜多正誨和南
開士□公以誌公十二時歌諸度以尊者提喝海濱居士臧公耳入心通即命工鎸石用
録因志鄴郡鍾善見而歡喜敬焚香作禮用識年月於後時戊戌秋八月也
海濱居士聞寳誌公十二時歌不覺五體投地蓋拜善言之意也請予書其所以以示來劫云

平渡方堯治識

十二時歌

年代:明萬曆二十六年(1598)十月
原址:西城區宫門口
拓片尺寸:高64厘米,寬57厘米
書體:正書并行書跋
撰人:寶誌
書人:楊明時正書,方堯治跋
紋飾:上刻寶誌像
《目録》:頁461
拓片編號:京401
拓片録自:《北京圖書館藏中國歷代石刻拓本匯編》卷58頁83

【碑陽】
碑文:

寶誌公禪師十二時歌 1

半夜子,心住無生即生死。心法何曾屬有無,用時便用勿文字。佛祖言,外邊 2 事,識取起時還不是。作境搜求實總無,生死魔來任相試。3

鷄鳴丑,一顆圓光明已久。内外追尋覓總無,境上施爲渾大有。不見頭,也無手,4 世界壞時渠不朽。未了之人聽一言,秖這而今誰動口。5

平旦寅,狂機内有道人身。窮苦枉經無數劫,不信常擎如意珍。若提物,入迷 6 津,但有纖毫即是塵。不住舊時無相貌,外尋知識也非真。7

日出卯,出處不須生善巧。縱使神光照有無,舉意便遭魔境撓。若施功,終不了,8 曉夜被佗人我攪。不用安排秖麽從,何曾心地生煩惱。9

食時辰,無明本是釋迦身。坐卧不知元是道,這麽忙忙受苦辛。認聲色,覓疏 10 親,盡是佗家染污人。若擬痴心求作佛,問取虚空始出塵。11

禺中巳,未了之人争爲計。假饒持達祖師言,莫向心頭安了義。秖守玄,没文 12 字,認着依前還不是。暫時自肯不追尋,永劫不遭魔境使。13

日南午,四大身中無價寶。陽焰空花不肯抛,著意修行受辛苦。不曾迷,14 莫求悟,任你朝陽幾回暮。有相身中無相身,無明路上無生路。15

日昳未,心地何曾安了義。佗家文字有疏親,不用功夫求的意。任縱横,絶 16 忌諱,長在人間不居世。運用尤來聲色中,迷夫未識争爲計。17

晡時申,學道先須不厭塵。有相本來權積聚,無形不用更安真。作净 18 潔,却勞神,莫認痴狂作近鄰。言下不求無住處,暫時唤作出家人。19

日入酉,虚幻聲香不長久。禪悦珍羞尚不餐,誰能更飲無明酒。没可把,没 20 可守,蕩蕩道遥未曾有。縱使多聞達古今，也是痴狂外邊走。21

黄昏戌，狂子興功投暗室。假使心通無量時，歷劫何曾异今日。擬思量，即啾22唧，轉使心頭黑如漆。晝夜舒光照有無，痴人唤作波羅蜜。23

人定亥，勇猛精進成懈怠。不起纖毫修學心，無相光中常自在。超釋迦，24越祖代。心有微塵還窒礙。放蕩長如痴兀人，他家自有通人愛。25

萬曆戊戌孟冬初吉菩薩戒弟子臧貴立石。26

三教弟子楊明時書。27

趙州曰：諸人爲十二時所轉，老僧轉得十二時，故寶誌公作十二時歌。今海濱居士去28誌公千有餘年，一聞此歌，翛然悟入，可謂异世同情者矣。度門杜多正誨和南29開士□公以誌公十二時歌，諸度以尊者提喝。海濱居士臧公耳入心通，即命工鎸石，用30録因志。鄴郡鍾善見而歡喜，敬焚香作禮，用識年月於後，時戊戌秋八月也。31

海濱居士聞寶誌公十二時歌，不覺五體投地，蓋拜善言之意也。請予書其所以，以示來劫云。32

平渡方堯治識。33

永貽諸後

重修慈因寺碑
慈因寺建于前明神宗時至
聖朝康熙五十九年吾師廣御上人繼席方丈至之始殿宇摧殘像設隨剎荒涼淨土鞠為茂草盖皆之金碧抉振無
復存焉矣師願力宏遠楷釐身心即於是年結壇講演維摩尊經五旬佛事閑開三載道俗咸動檀施雲集遂鳩
工庀材百廢俱舉時雍正元年癸卯也越七載復結期講演楞嚴正脈六旬佛事隨者以興絶者以續無何地震
寺圮適當其衝營締之基雲散星落十年功力盡于一旦吾師于是痛自修勵砥行彌堅募賻斛衹文幾廿載殊
宮紺宇悉復厥初僉謂微師之力不及此師曰吾何力之有立願于始不敢負耳已而續葺南北客堂處造彌陀
演義尊經板再建南北禪堂經畫井井視昔有加焉工既竣後於乾隆二十四年己卯建龍華道場五十三參其
年冬吾師示涅槃矣嗟夫世之稱善繼者不過補葺罅漏幸勿隳其先業至於修廢舉墜克大佛門十之一二焉
頹垣荒圃人跡罕然儀開說法之堂仍起安居之剎者百之一二焉若乃前基掃地茹苦經營斷手未幾震焉泯
蕩將謂天宮窈窕猶傾四大之風香殿崔巍終懼三災之火雖有堅忍之志強力之行亦慨然于否泰之循環倦
而思息即幸而弗懈益虔舊觀僅復亦已心力交瘁式擴無由而世亦無有起而責之者矣若吾師志不敢辭其
苦切不敢忘其漸事不敢有初而鮮終業不敢苟安而輒輟卒之再廢再興式恢前緒非夫善巧方便堅固明心
曷克究善緣成鉅業也抑亦天之歷試諸艱以顯此因也妙魁不肖承師付託大懼弗勝於乾隆辛卯拓寺之西
北隅重葺法堂越癸巳處建天王前殿莊嚴諸佛聖像構抱籌三楹穿堂二所丹艧粉堊炳然一新蓋兢兢焉惟
師之遺訓是凜歲乙未結制講演楞嚴經百五旬佛事纔十方接眾之地建大悲寶壇迄於丁酉啓建講演諸經
三年道場冀斯妙利上報四恩非創也因也原夫如來藏教由善成因諸聖微言藉因顯果慈因云者以佛力之
慈發善果之因凡我眾生苟有不承佛之慈而妄隳善之因者則百無一成且殃咎隨之以吾師之夙果善願而
魁幸繼之更冀來者繼之于以見經始之艱而燈傳之尤為匪易也乃為銘曰 鳳城西北龍藏雀嵬法雲淨土
花雨香臺善哉上士秉志不回十方資力雙樹捷材勇得一珠震來六種地植風摧相輪塵擁再廢再興弗渝弗
懈須達金盈竭羅蓮湧緊我法嗣尚克肩任若混若撓亦佛亦心燈王石室華手檀林願言賢劫永護雷音
乾隆四十五年二月 住持沙門妙魁立石

京400《慈因寺碑》陽

永貽諸後

重修慈因寺碑

慈因寺建於前明神宗時至

聖朝康熙五十九年吾師廣御上人繼席方丈至之始殿桷摧殘像設陁剥苾蒭净土鞠爲埃塵蓋昔之金碧梜振無復存焉矣師願力宏遠誓罄身心即於是年結壇講演維摩尊經五旬佛事閉關三載道俗感動檀施雲集遂鳩工庀材百廢粗舉時雍正元年癸卯也越七載復結期講演楞嚴正脉六旬佛事隳者以興絶者以續無何地震寺址適當其衝營締之基雲散星落十年功力盡於一旦吾師於是痛自修勵砥行彌堅募購胼胝又幾廿載珠宮紺宇悉復厥初僉謂微師之力不及此師曰吾何力之有立願於始不敢負耳已而續葺南北客堂虔造彌陀演義尊經板再建南北禪堂經畫井井視昔有加焉工既竣復於乾隆二十四年己卯建龍華道場五十三參其年冬吾師示涅槃矣嗟夫世之稱善繼者不過補苴罅漏幸勿隳其先業至於修廢舉墜克大佛門十之一二焉頹垣荒圃人迹罕然俄開説法之堂仍起安居之剎者百之一二焉若乃前基掃地茹苦經營斷手未幾震焉泯蕩將謂天宮窈窕猶傾四大之風香殿崔魏終懼三灾之火雖有堅忍之志强力之行亦慨然於否泰之循環倦而思息即幸而弗懈益虔舊觀僅復亦已心力交瘁式擴無由而世亦無有起而責之者矣若吾師志不敢辭其苦功不敢忘其漸事不敢有初而鮮終業不敢苟安而輒輟卒之再廢再興式恢前緒非夫善巧方便堅固明心曷克究善緣成馨業也抑亦天之歷試諸艱以顯此因也妙魁不肖承師付托大懼弗勝於乾隆辛卯拓寺之西北隅重葺法堂越癸巳虔建天王前殿莊嚴諸佛聖像構抱檐三楹穿堂二所丹臒粉堊炳然一新蓋兢兢焉惟師之遺訓是凛歲乙未結制講演楞嚴經旨五旬佛事儼十方接衆之地建大悲寶壇迄於丁酉啓建講演諸經三年道場冀斯妙利上報四恩非創也因也原夫如來藏教由善成因諸聖微言藉因顯果慈因云者以佛力之慈致善果之因凡我衆生苟有不承佛之慈而妄臆善之因者則百無一成且殃咎隨之以吾師之夙果善願而魁幸繼之更冀來者繼之於以見經始之艱而燈傳之尤爲匪易也乃爲銘曰　鳳城西北龍藏崔嵬法雲净土花雨香臺善哉上士秉志不回十方資力雙樹搜材勇得一珠震來六種地拄風摧相輪塵擁再廢再興弗渝弗悚須達金盈竭羅蓮涌緊我法嗣尚克肩任若泥若塊亦佛亦心燈玉石室華手檀林願言賢劫永護雷音

住持沙門妙魁立石

乾隆四十五年二月

慈因寺碑

額題:永貽諸後
年代:清乾隆四十五年(1780)二月
原址:西城區宮門口
拓片尺寸:碑身高 144 厘米,寬 77 厘米;額高 27 厘米,寬 28 厘米
書體:行書,額篆書
撰人:妙魁
《目録》:頁 316
拓片編號:京 400
拓片録自:《北京圖書館藏中國歷代石刻拓本匯編》卷 74 頁 52

【碑陽】

額題:永貽諸後

碑文:

重修慈因寺碑 *1*

慈因寺建於前明神宗時。至 *2* 聖朝康熙五十九年,吾師廣御上人繼席方丈。至之始,殿桷摧殘,像設陁剥,苾蒭净土,鞠爲埃塵,蓋昔之金碧棟振無 *3* 復存焉矣。師願力宏遠,誓罄身心,即於是年結壇講演《維摩尊經》五旬佛事。閉關三載,道俗感動,檀施雲集。遂鳩 *4* 工庀材,百廢粗舉,時雍正元年癸卯也。越七載,復結期講演《楞嚴正脉》六旬佛事。隳者以興,絶者以續。無何地震,*5* 寺址適當其衝,營締之基,雲散星落,十年功力,盡於一旦。吾師於是痛自修勵,砥行彌堅。募購胼胝,又幾廿載,珠 *6* 宮紺宇,悉復厥初。僉謂微師之力不及此,師曰:“吾何力之有? 立願於始,不敢負耳已。”而續葺南北客堂,庱造彌陀 *7* 演義尊經板。再建南北禪堂,經畫井井,視昔有加焉。工既竣,復於乾隆二十四年己卯建龍華道場五十三參。其 *8* 年冬,吾師示涅槃矣。嗟夫,世之稱善繼者,不過補苴罅漏,幸勿隳其先業,至於修廢舉墜,克大佛門,十之一二焉。*9* 頹垣荒圃,人迹跫然,俄開説法之堂,仍起安居之刹者,百之一二焉。若乃前基掃地,茹苦經營,斷手未幾,震焉泯 *10* 蕩。將謂天宫窈窕,猶傾四大之風;香殿崔巍,終懼三灾之火。雖有堅忍之志、强力之行,亦慨然於否泰之循環。倦 *11* 而思息,即幸而弗懈益虔。舊觀僅復,亦已心力交瘁。式擴無由,而世亦無有起而責之者矣。若吾師,志不敢辭其 *12* 苦,功不敢忘其漸,事不敢有初而鮮終,業不敢苟安而輒輟。卒之再廢再興,式恢前緒,非夫善巧方便、堅固明心,*13* 曷克究善,緣成馨業也。抑亦天之歷試諸艱,以顯此因也。妙魁不肖,承師付托,大懼弗勝,於乾隆辛卯拓寺之西 *14* 北隅,重葺法堂。越癸巳,庱建天王前殿,莊嚴諸佛聖像,構抱檐三楹、穿堂二所,丹雘粉堊,炳然一新。蓋兢兢焉,惟 *15* 師之遺訓是凛。歲乙未,結制講演《楞嚴經》旨五旬佛事,儼十方接衆之地,建大悲寶壇。迄於丁酉,啓建講演諸經 *16* 三年道場,冀斯妙利上報四恩,非創也,因也。原夫如來藏教,由善成因;諸聖微言,藉因顯果。慈因云者,以佛力之 *17* 慈,致善果之

因。凡我衆生，苟有不承佛之慈而妄臆善之因者，則百無一成，且殃咎隨之。以吾師之夙果善願而 *18* 魁幸繼之，更冀來者繼之，於以見經始之艱而燈傳之尤爲匪易也。乃爲銘曰：

鳳城西北，龍藏崔嵬。法雲净土，*19* 花雨香臺。善哉上士，秉志不回。十方資力，雙樹搜材。勇得一珠，震來六種。地拄風摧，相輪塵擁。再廢再興，弗渝弗 *20* 悚。須達金盈，竭羅蓮涌。緊我法嗣，尚克肩任。若泥若塊，亦佛亦心。燈玉石室，華手檀林。願言賢劫，永護雷音。*21*

乾隆四十五年二月，住持沙門妙魁立石。*22*

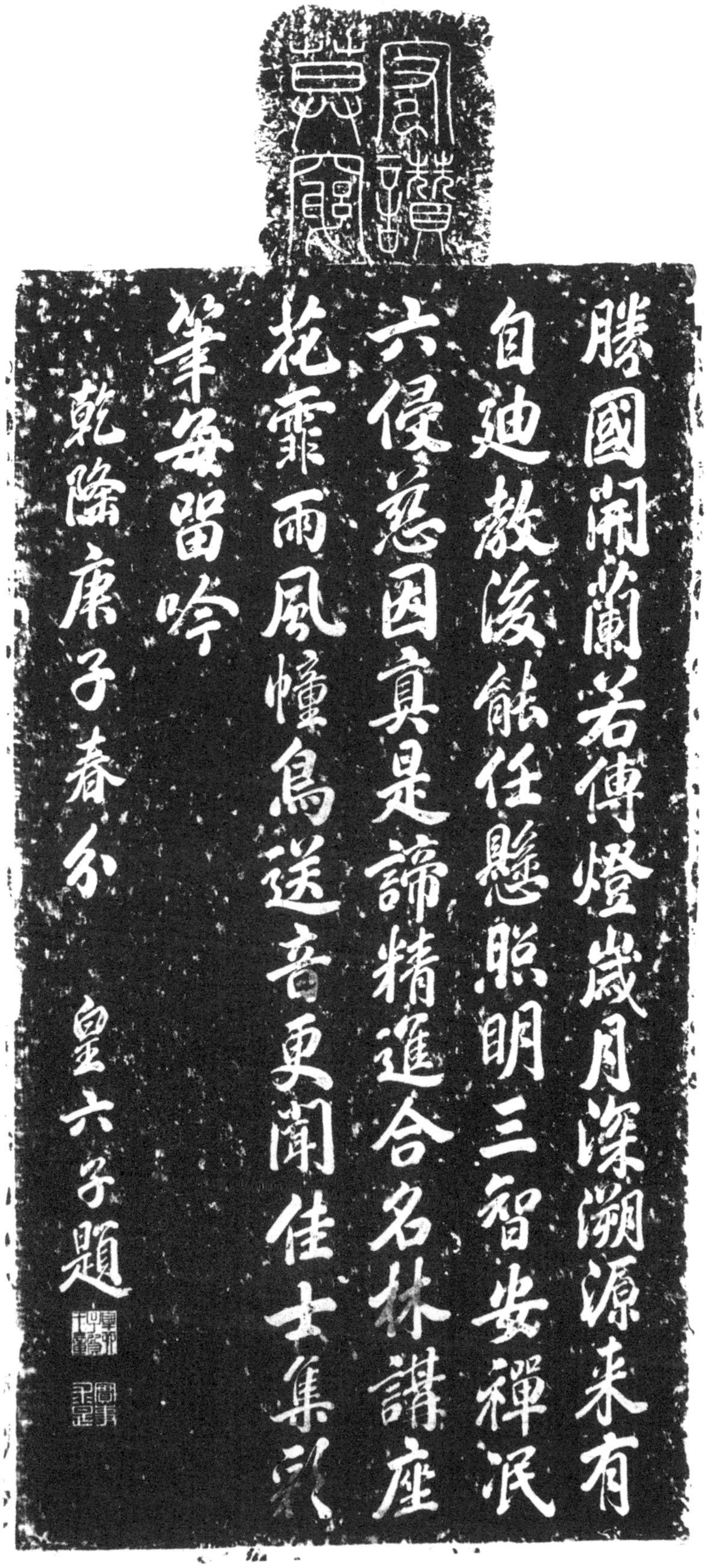
勝國開蘭若傳燈歲月深溯源来有
自迪教後能任懸照明三智安禪泯
六侵慈因真是諦精進合名林講座
花霏雨風幢鳥送音更聞佳士集彩
筆每留吟
乾隆庚子春分
皇六子題

京402《慈因寺詩》陽

守贊
莫窮

勝國開蘭若傳燈歲月深溯源來有
自迪教後能任懸照明三智安禪泯
六侵慈因真是諦精進合名林講座
花霏雨風幢鳥送音更聞佳士集彩
筆每留吟
乾隆庚子春分　皇六子題

慈因寺詩

額題:守贊莫窮
年代:清乾隆四十五年(1780)二月
原址:西城區宫門口
拓片尺寸:碑身高 140 厘米,寬 77 厘米;額高 26 厘米,寬 29 厘米
書體:正書并篆額
撰人:(質王)永瑢
書人:(質王)永瑢
《目録》:頁 470
拓片編號:京 402
拓片録自:《北京圖書館藏中國歷代石刻拓本匯編》卷 74 頁 51

【碑陽】
額題:守贊莫窮
碑文:

勝國開蘭若,傳燈歲月深。溯源來有 1 自,迪教後能任。懸照明三智,安禪泯 2 六侵。慈因真是諦,精進合名林。講座 3 花霏雨,風幢鳥送音。更聞佳士集,彩 4 筆每留吟。5

乾隆庚子春分　皇六子題。6

三官廟

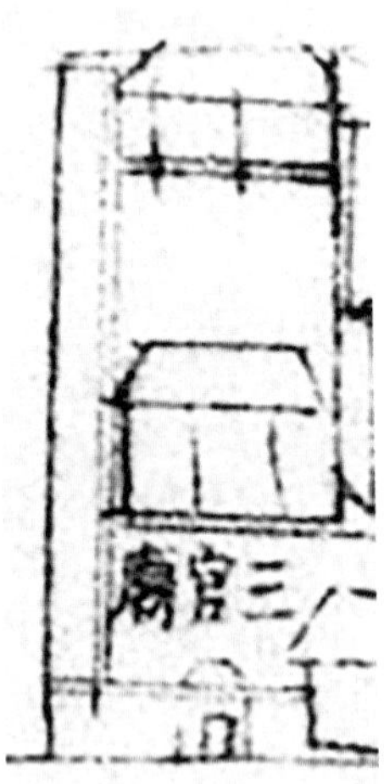

三官廟,原址約爲今西城區宫門口横胡同十號。寺廟建築現不存。

三官廟始建年代不詳,僅見於清乾隆《京城全圖》。按圖所繪,三官廟坐北朝南,在頭條胡同路北,二層廟宇,四方端正。山門一間南向,門内爲前院,北有大殿三間;穿過大殿入後院,院北有後殿三間。

1913年《實測北京内外城地圖》上標注了該廟,説明廟當時還存。

2018年調查時該廟舊址爲民居。

關帝廟

關帝廟，不見於清乾隆《京城全圖》。原址爲内四區宫門口西岔二號（今西城區宫門口西岔十二號）。寺廟建築現存部分。寺内原有清光緒二十六年（1900）《關帝廟碑》。

關帝廟始建年代不詳。據《關帝廟碑》，宫門口西岔路北舊有關帝廟一座，年久失修，廟宇坍塌。清光緒二十六年，阜城門大街、宫門口西岔及葡萄園的六十多家商鋪作坊共同捐資，重修寺廟。工竣，立碑記事[1]，并在大殿題木額"忠義貫天"[2]。

民國時期的關帝廟依然爲本街公共管理使用的公廟。寺廟東西一丈四尺，南北四丈。山門南向，磚額"關聖帝君廟"。山門内北殿三間，中供關帝坐像一尊，關平、周倉侍立，皆木胎金身。左供文昌帝君，右供財神，均泥胎彩塑。像前有鐵五供一份，小木漆五供兩份，清咸豐元年（1851）製鐵磬一口。大殿前東側立有《關帝廟碑》[3]。

1950年民政局寺廟登記時，關帝廟依然存在，屬民廟，管理人爲趙德全、韓保國、韓慶福[4]。據附近的老住家回憶，關帝廟非常靈驗，周圍居民但凡有小毛病都去廟裏燒香，殿内挂有"有求必應"的牌匾。"文革"時期，廟裏的碑被拉走，推入了護城河。

2004年調查時，關帝廟三間正殿還在，爲居民住家。2018年回訪時，居民告知正殿住房已經於六七年前由房管所全部翻建。

---

〔1〕參見清光緒二十六年《關帝廟碑》，京443，《北京圖書館藏中國歷代石刻拓本匯編》卷八十八，頁七十。

〔2〕參見國立北平研究院《關帝廟》，西四169；《北平研究院北平廟宇調查資料匯編（内四區卷·下）》，頁七百七十二至七百七十七。

〔3〕參見《北京寺廟歷史資料》，頁三百七十六；國立北平研究院《關帝廟》，西四169。

〔4〕參見北京市檔案館藏《北平市民政局·北平市寺廟總登記簿》，1950年，檔案號J003-001-00203，頁三十七。

宫門口西岔關帝廟（2013 年 9 月 曉松攝）

萬古
流芳
茲因皇城門內宮門口西大街路北舊有
帝君廟一座因年久失修以致殿宇坍塌
神像失儼今衆信士等樂善捐資重新修建塑畫
金身以壯觀瞻而崇典禮今工程告竣謹將萬善同
歸芳名捐助銀錢數目列於後
樂鴻顯 夏長鈺 趙文[illegible]
岳福永 張兆行 陳基瑞
首善執事人 唐熙齡 姜書奎 胡建章
黄達敏 步恒德 [illegible]
東文瑞 温珩 [illegible]慶元
時 聖清光緒庚子年孟夏月吉日穀旦

京443《關帝廟碑》陽

京443《關帝廟碑》陰

萬古
流芳

茲因阜城門内宫門口裏西岔路北舊有
關聖帝君廟一座因年久失修以致殿宇坍塌
神像失儼今衆信士等樂善捐資重新修建塑畫
金身以壯觀瞻而崇典禮今工程告竣謹將萬善同
歸芳名并捐助銀兩數目刻名於後

樂鴻顯　夏長鈺　趙文山
岳福永　張兆行　陳基瑞
首善執事人唐熙齡　姜書奎　胡建章
黄達敏　步恒德　張會魁
東文瑞　温　珩　李慶元

時聖清光緒庚子年孟夏月吉日穀旦

永垂千古

會首
通和木廠 肆拾兩
廣隆泰號 貳拾壹兩
天德號 拾六兩
利昌號 拾四兩
天興永 拾壹兩
寶龍錢鋪 拾壹兩
復興錢鋪 拾兩
德福堂 拾兩
助銀
義利永 拾兩
西恒裕 拾兩
裕興煤鋪 六兩
福泉□ 六兩
永豐紙鋪 四兩
廣順木廠 四兩
信玉樓 貳兩
德興木廠 壹百兩
東文成 伍拾兩

同義齋
天興碓房 六兩
劉門竇氏 貳兩
李明安 貳兩
大街
廣元泰 六兩
西聚興齋 六兩
桂茂齋 □兩
助銀
裕興茶店 四兩
天利當 四兩
天禄軒 四兩
永泰錢鋪 貳兩
裕華樓 貳兩
西廣聚永 貳兩
恒昌糧店 貳兩
西福盛 貳兩
隆泰糧店 壹兩

葡萄園并本街
張元豐 六兩
義興錢鋪 □兩
泰源糧店 □兩
泰豐煤鋪 □兩
福祥興 四兩
德興紙鋪 四兩
謙益號 四兩
品香齋 四兩
助銀
萬興號 四兩
芝蘭軒 叁兩
和興泰 叁兩
□□□ □兩
德順染房 貳兩
□□錢鋪 貳兩
復興木廠 貳兩
廣泰糧店 貳兩
泰源棚鋪 貳兩

天順成號 貳兩
永興肉鋪 貳兩
□□□ 貳兩
義通糖房 貳兩
□成粉房 貳兩
恒利車鋪 壹兩
恒利棚鋪 壹兩
北聚全 壹兩
助銀
福盛號
□安居 壹兩
天義醬園 壹兩
□興烟鋪 壹兩
□□號 壹兩

關帝廟碑

額題:萬古流芳
年代:清光緒二十六年(1900)四月
原址:西城區宫門口西岔
拓片尺寸:碑身高 136 厘米,寬 78 厘米;額高 28 厘米,寬 20 厘米
書體:正書并篆額
《目録》:頁 372
拓片編號:京 443
拓片録自:《北京圖書館藏中國歷代石刻拓本匯編》卷 88 頁 70

【碑陽】

額題:萬古流芳

碑文:

兹因阜城門内宫門口裏西岔路北,舊有*1*關聖帝君廟一座,因年久失修,以致殿宇坍塌,*2*神像失儼。今衆信士等樂善捐資,重新修建,塑畫*3*金身,以壯觀瞻而崇典禮。今工程告竣,謹將萬善同*4*歸芳名,并捐助銀兩數目刻名於後:*5*

首善執事人:欒鴻顯、夏長鈺、趙文山、*6*岳福永、張兆行、陳基瑞、*7*唐熙齡、姜書奎、胡建章、*8*黄達敏、步恒德、張會魁、*9*東文瑞、温珩、李慶元。*10*

時聖清光緒庚子年孟夏月吉日穀旦。*11*

【碑陰】

額題:永垂千古

碑文:

會首:通和木廠助銀肆拾兩,廣隆泰號助銀貳拾壹兩,天德號助銀拾六兩,利昌號助銀拾四兩,天興永助銀拾壹兩,寶龍錢鋪助銀拾壹兩,復興錢鋪助銀拾兩,德福堂助銀拾兩,義利永助銀拾兩,西恒裕助銀拾兩,裕興煤鋪助銀六兩,福泉□助銀六兩,永豐紙鋪助銀四兩,廣順木廠助銀四兩,信玉樓助銀貳兩,德興木廠助銀壹百兩,東文成助銀伍拾兩,同義齋、天興碓房助銀六兩,劉門竇氏助銀貳兩,李明安助銀貳兩。

大街:廣元泰助銀六兩,西聚興齋助銀六兩,桂茂齋助銀□兩,裕興茶店助銀四兩,天利當助銀四兩,天禄軒助銀四兩,永泰錢鋪助銀貳兩,裕華樓助銀貳兩,西廣聚永助銀貳兩,恒昌糧店助銀貳兩,西福盛助銀貳兩,隆泰糧店助銀壹兩。

葡萄園并本街:張元豐助銀六兩,義興錢鋪助銀□兩,泰源糧店助銀□兩,泰豐煤鋪助銀□兩,福祥興助銀四兩,德興紙鋪助銀四兩,謙益號助銀四兩,品香齋助銀四兩,萬興號助銀四兩,芝蘭軒助銀叁兩,和興泰助銀叁兩,□□□助銀□兩,德順染房助銀貳兩,□□錢鋪助銀貳

兩，復興木廠助銀貳兩，廣泰糧店助銀貳兩，泰源棚鋪助銀貳兩，天順成號助銀貳兩，永興肉鋪助銀貳兩，□□□□助銀貳兩，義通糖房助銀貳兩，□成粉房助銀貳兩，恒利車鋪助銀壹兩，恒利棚鋪助銀壹兩，北聚全助銀壹兩，福盛號、□安居助銀壹兩，天義醬園助銀壹兩，□興烟鋪助銀壹兩，□□號助銀壹兩。

土地廟

土地廟，不見於清乾隆《京城全圖》。原址爲内四區宫門口西岔二十一號（今西城區宫門口西岔六十五號）。寺廟建築現不存。

土地廟始建年代不詳。北平市社會局1936年寺廟登記時寺廟管理人書賢住阜成門大街五十七號。他聲稱廟建於清同治五年（1866），爲祖傳，宣統元年（1909）接管。1929年寺廟調查時還有塑像四尊，1936年調查時僅剩兩尊，另兩尊坍塌尚未補塑。土地廟面積僅一分，爲當街廟，僅一間，東向。小木額"福德神祠"。内供泥塑土地夫妻坐像。有清光緒十八年（1892）造鐵磬一口，鐵鐘一口[1]。

1950年北平市民政局登記時，土地廟屬民廟，管理人爲舒成玉[2]。2004年調查時周圍的老住户稱民國時期該土地廟非常靈驗，周圍居民都來此燒香。20世紀50年代以後，一位郎姓的炸花生的小買賣人住在廟裏。2004年寺廟原址是一家新建複印店。2018年回訪時爲住家。

---

〔1〕參見國立北平研究院《土地祠》，西四169；《北平研究院北平廟宇調查資料匯編（内四區卷·下）》，頁七百七十八；北京市檔案館藏《北平市社會局·内一、内二、内三、内四區土地廟關於登記廟産的呈及社會局的批示》，1931—1941年，檔案號J002-008-00531，頁四十一至五十一；首都圖書館藏《北平寺廟調查一覽表》。

〔2〕參見北京市檔案館藏《北平市民政局·北平市寺廟總登記簿》，1950年，檔案號J003-001-00203，頁三十六。

吕祖祠

吕祖祠，1936年起又名金甲土地廟[1]，不見於清乾隆《京城全圖》。原址爲内四區阜成門内大街一百三十一號（大約位置在今西城區阜成門内大街與王府倉北街交叉路口附近路南）。寺廟建築現不存。

吕祖祠始建年代不詳。北平市社會局1936年寺廟登記時，住持張忠修稱寺廟建於“清乾隆五十年（1785）七月十二日以前”[2]。清道光二十三年（1843），道士楊永泉將吕祖祠轉賣給道士張明善。同治十二年（1873），張明善重修寺廟，在山門立木額“吕祖祠”。光緒二十四年（1898），張宗修從師父手中接管寺廟。

20世紀30年代的吕祖祠面積約二分，坐北朝南，在垂則胡同口内。山門南向，木額“吕祖祠”。北殿三間，中間供泥塑吕祖坐像，左右分别爲柳仙、濟小塘泥像塑。西間有門北向，可自阜成門大街出入。内供關帝木坐像一尊，工細；左右關平、周倉立像。像前桌上供小土地泥像一尊。東西墻下立泥鬼判像各二尊。東間爲道人住室。院内東南另有住房兩小間。寺内法物還有鐵香爐一個[3]。

金甲土地廟在北平赫赫有名，《老北京旅行指南》中説：“廟在阜成門内大街路南，其廟極小，神像高僅二尺五寸。但北平土地祠，厥以該處聲譽爲大。蓋他處土地像，類皆儒巾方巾藍袍或鶴氅。乃該像則金盔甲胄，金鐧戎裝，瞋目怒視。非老邁龍鐘，笑容可掬普通之偶像。”[4]各種相聲曲藝、民間故事、掌故集中多有談及此廟[5]。然而此吕祖祠實乃供奉吕祖與關帝，也許傳聞中金盔甲胄的土地神像其實就是關帝？

2018年調查時寺廟所在街區高樓林立，已無處訪尋遺迹。

---

〔1〕參見北京市檔案館藏《北平市社會局·内四區吕祖祠道士張宗修登記廟産的呈文及社會局的批示》，1932—1936年，檔案號J002-008-00727，頁二十七。

〔2〕同上，頁三十六。

〔3〕參見同上；國立北平研究院《吕祖祠》，91；《北平研究院北平廟宇調查資料匯編（内四區卷·下）》，頁七百三十二至七百三十三；《北京寺廟歷史資料》，頁三百十七至三百十八。

〔4〕馬芷庠《老北京旅行指南》，北京：北京燕山出版社，1997年，頁一百四十七。

〔5〕例如郭德綱相聲《追賊胡同》《老北京的傳説》中“追賊胡同和金甲土地祠”等。馬燕暉編著《老北京的傳説·續篇》，北京：華夏出版社，2012年，頁十三至十五。

附録一

本書未撰寫廟志的寺廟名單

（共七座）

編號	廟名	所在排段	記載資料	簡要情況
1	彌陀庵	六排四段	《雍正廟册·中城皇城裏外寺廟清册》《乾隆廟册·中城所屬地坊寺廟庵院僧尼清册》	隆福寺西夾道，殿宇十六間，禪房九間，大僧廟，住持性波。住持海隆
2	觀音庵	六排四段	《乾隆廟册·中城所屬地坊寺廟庵院僧尼清册》	隆福寺西廊，尼僧廟，住持廣智
3	普濟庵	六排四段	《雍正廟册·中城皇城裏外寺廟清册》	隆福寺西，殿宇一間，禪房三間，大僧廟
4	天王廟	六排九段	《乾隆廟册·中城所屬地坊寺廟庵院僧尼清册》	西什庫，大僧廟，住持文修
5	清風庵	六排十段	《乾隆廟册·西城北路關内外寺廟庵院僧尼清册》	馬市橋北，大僧廟，住持本徹
6	静妙庵	六排十段	《雍正廟册·西城北路關内外寺廟清册》	帝王廟，大僧廟，殿宇三間，禪房六間，住持通玉
7	真武廟	六排十一段	《乾隆廟册·西城北路關内外寺廟庵院僧尼清册》	宫門口，尼僧廟，住持尼德源

附録二

廟名索引

（以漢語拼音爲序）

附録三

碑名索引

（以漢語拼音爲序）

《廣濟寺碑》，明成化二十年（1484），京 419，六排九段廣濟寺。
《廣濟寺碑》，明成化二十三年（1487），思胤撰、書，京 416，六排九段廣濟寺。
《廣濟寺碑》，明萬曆十二年（1584），京 420，六排九段廣濟寺。
《廣濟寺碑》，清康熙三十八年（1699），聖祖玄燁撰，胤祉書，京 417，六排九段廣濟寺。
《廣濟寺詩刻》，清乾隆十二年（1747），高宗弘曆撰、書，京 418，六排九段廣濟寺。

H

《火神廟碑》，清康熙三十年（1691），尤珍撰，京 387，六排十段火神廟。
《火神廟碑》，清乾隆五十四年（1789），王尚斌撰，京 1093，六排三段火祖廟。
《火神廟碑》，清嘉慶九年（1804），京 202，李文瀚撰、書，六排三段火神廟。

J

《祭歷代帝王廟碑》，清乾隆五十年（1785），高宗弘曆撰、書，京 413，六排十段歷代帝王廟。

L

《歷代帝王廟碑》，清乾隆二十九年（1764），高宗弘曆撰、書，京 410，六排十段歷代帝王廟。
《歷代帝王廟碑》，清雍正十一年（1733），世宗胤禛撰、書，京 414，六排十段歷代帝王廟。
《歷代帝王廟禮成述事碑》，清乾隆五十年（1785），高宗弘曆撰、書，京 415，六排十段歷代帝王廟。
《歷代帝王廟瞻禮詩》，清乾隆二十九年（1764），高宗弘曆撰、書，京 411，六排十段歷代帝王廟。
《隆福寺碑》，明景泰四年（1453），代宗朱祁鈺撰、書，京 182，六排四段隆福寺。
《隆福寺碑》，清雍正三年（1725），世宗胤禛撰，京 181，六排四段隆福寺。

M

《馬神廟碑》，清乾隆二十年（1755），傅恒撰，京 911，六排五段馬神廟。
《妙應寺白塔碑》，清乾隆十八年（1753），高宗弘曆撰，京 437，六排十段妙應寺。
《妙應寺碑》，清康熙二十七年（1688），聖祖玄燁撰，京 438，六排十段妙應寺。
《妙應寺碑》，清康熙二十七年（1688），聖祖玄燁撰，京 441，六排十段妙應寺。
《妙應寺碑》，清乾隆十八年（1753），高宗弘曆撰，京 440，六排十段妙應寺。
《妙應寺詩刻》，清乾隆五十年（1785），高宗弘曆撰，京 439，六排十段妙應寺。

Q

《千佛殿碑》，清乾隆年間，于敏中撰、書，京 442，六排十段千佛殿。

S

《三官廟碑》，清乾隆三十六年（1771），京 29，六排三段延福宫。
《三清觀碑》，清道光年間，京 428，六排十一段朝陽庵。
《捨飯寺碑》，清康熙三十三年（1694），京 211，六排五段興福寺。
《十二時歌》，明萬曆二十六年（1598），寶誌撰，楊明時書，方堯治跋，京 401，六排十一段慈因寺。

《雙關帝廟碑》,清順治十八年(1661),京323,六排九段雙關帝廟。

T

《土地祠旗竿碑》,清光緒二十八年(1902),京383,六排十段土地廟。

W

《王運洪施香火地碑》,清道光八年(1828),京206,六排四段觀音庵(東廊下)。

X

《小旃檀寺碑》,民國十一年(1922),薛之珩撰、書,京62,六排九段小旃檀寺。
《興福捨飯寺碑》,清光緒二十六年(1900),徐箴撰,文紳書,京212,六排五段興福寺。
《軒轅聖會碑》,清嘉慶九年(1804),宋乾一撰,王鍾英書,京1092,六排三段火祖廟。
《懸幡竿碑》,明嘉靖二十一年(1542),邵錫撰,許紳書,陳鏸篆額,京33,六排三段延福宫。

Y

《嚴大容誥封碑》,明正德十一年(1516),京32,六排三段延福宫。
《延福宫碑》,明成化十八年(1482),憲宗朱見深撰,京31,六排三段延福宫。
《延禧寺碑》,明萬曆三十八年(1610),京15,六排四段延禧寺。
《延禧寺大殿碑》,清康熙二十三年(1684),周時禮撰,京14,六排四段延禧寺。
《義勇武安王碑》,元泰定元年(1324),京322,六排九段雙關帝廟。
《義勇武安王祠碑》,元泰定三年(1326),吴律撰,逯庢書,李用刻,京320,六排九段雙關帝廟。
《義勇武安王廟碑》,明正統十年(1445),苗衷撰,田子玉書,京321,六排九段雙關帝廟。
《義勇武安王廟碑》,明弘治十五年(1502),張天駿撰,周蕙疇書,李綸篆額,京319,六排九段雙關帝廟。

Z

《張居正番經廠記碑》,明萬曆元年(1573),六排五段法淵寺。
《重金佛像碑》,清康熙九年(1670),高珩撰、書,京422,六排九段廣濟寺。

附録四

碑文撰書人索引

（以漢語拼音爲序）

B

寶誌　撰，明萬曆二十六年（1598）《十二時歌》，京 401，六排十一段慈因寺。

C

蔡文魁　撰、書，明嘉靖十九年（1540）《關王廟碑》，京 324，六排九段雙關帝廟。
程景暉　撰，清道光五年（1825）《關帝廟碑》，京 429，六排十一段朝陽庵。

F

方堯治　跋，明萬曆二十六年（1598）《十二時歌》，京 401，六排十一段慈因寺。
福隆安　撰，清乾隆四十三年（1778）《關帝廟碑》，京 649，六排六段關帝廟（三眼井）。
傅恒　撰，清乾隆二十年（1755）《馬神廟碑》，京 911，六排五段馬神廟。
傅恒　撰，清乾隆二十一年（1756）《關帝廟碑》，京 648，六排六段關帝廟（三眼井）。

G

高珩　撰、書，清康熙九年（1670）《重金佛像碑》，京 422，六排九段廣濟寺。

H

弘曆　撰、書，清乾隆十二年（1747）《廣濟寺詩刻》，京 418，六排九段廣濟寺。
弘曆　撰，清乾隆十八年（1753）《妙應寺碑》，京 440，六排十段妙應寺。
弘曆　撰，清乾隆十八年（1753）《妙應寺白塔碑》，京 437，六排十段妙應寺。
弘曆　撰、書，清乾隆二十九年（1764）《歷代帝王廟碑》，京 410，六排十段歷代帝王廟。
弘曆　撰、書，清乾隆二十九年（1764）《歷代帝王廟瞻禮詩》，京 411，六排十段歷代帝王廟。
弘曆　撰、書，清乾隆四十九年（1784）《法淵寺碑》，京 664，六排五段法淵寺。
弘曆　撰、書，清乾隆五十年（1785）《祭歷代帝王廟碑》，京 413，六排十段歷代帝王廟。
弘曆　撰、書，清乾隆五十年（1785）《歷代帝王廟禮成述事碑》，京 415，六排十段歷代帝王廟。
弘曆　撰，清乾隆五十年（1785）《妙應寺詩刻》，京 439，六排十段妙應寺。

L

李霨　撰，清康熙八年（1669）《崇寧觀碑》，京 197，六排四段崇寧觀。
李文瀚　撰、書，清嘉慶九年（1804）《火神廟碑》，京 202，六排三段火神廟。

李雲巖　撰，清乾隆五十四年（1789）《崇聖寺碑》，京 409，六排九段崇聖寺。
梁燿樞　撰、書，清光緒十一年（1885）《大佛寺碑》，京 193，六排四段大佛寺。
梁燿樞　撰、書，清光緒十一年（1885）《大佛寺善會碑》，京 192，六排四段大佛寺。
逯㞳　書，元泰定三年（1326）《義勇武安王祠碑》，京 320，六排九段雙關帝廟。

M

苗衷　撰，明正統十年（1445）《義勇武安王廟碑》，京 321，六排九段雙關帝廟。
妙魁　撰，清乾隆四十五年（1780）《慈因寺碑》，京 400，六排十一段慈因寺。

S

邵錫　撰，明嘉靖二十一年（1542）《懸幡竿碑》，京 33，六排三段延福宫。
史國珍　撰，清康熙十一年（1672）《地藏庵碑》，京 40，六排四段地藏庵。
思胤　撰、書，明成化二十三年（1487）《廣濟寺碑》，京 416，六排九段廣濟寺。
宋乾一　撰，清嘉慶九年（1804）《軒轅聖會碑》，京 1092，六排三段火神廟。
隋藏珠　撰、書，清咸豐二年（1852）《關帝廟碑》，京 651，六排六段關帝廟。

T

田子玉　書，明正統十年（1445）《義勇武安王廟碑》，京 321，六排九段雙關帝廟。

W

汪增　書，清道光五年（1825）《關帝廟碑》，京 429，六排十一段朝陽庵。
王尚斌　撰，清乾隆五十四年（1789）《火神廟碑》，京 1093，六排三段火祖廟。
王鍾英　書，清嘉慶九年（1804）《軒轅聖會碑》，京 1092，六排三段火神廟。
文紳　書，清光緒二十六年（1900）《興福捨飯寺碑》，京 212，六排五段興福寺。
吴拜　書，清雍正六年（1728）《寶慶寺碑》，京 204，六排三段寶慶寺。
吴麟　撰，清雍正六年（1728）《寶慶寺碑》，京 204，六排三段寶慶寺。
吴律　撰，元泰定三年（1326）《義勇武安王祠碑》，京 320，六排九段雙關帝廟。

X

徐階　撰，明嘉靖二十八年（1549）《大慈延福宫碑》，六排三段延福宫。
徐箴　撰，清光緒二十六年（1900）《興福捨飯寺碑》，京 212，六排五段興福寺。
許紳　書，明嘉靖二十一年（1542）《懸幡竿碑》，京 33，六排三段延福宫。
玄燁　撰，清康熙二十七年（1688）《妙應寺碑》，京 438，六排十段妙應寺。
玄燁　撰，清康熙二十七年（1688）《妙應寺碑》，京 441，六排十段妙應寺。
玄燁　撰，清康熙三十八年（1699）《廣濟寺碑》，京 417，六排九段廣濟寺。
薛之珩　撰、書，民國十一年（1922）《小旃檀寺碑》，京 62，六排九段小旃檀寺。

Y

楊明時　書，明萬曆二十六年（1598）《十二時歌》，京 401，六排十一段慈因寺。
胤禛　撰，清雍正三年（1725）《隆福寺碑》，京 181，六排四段隆福寺。
胤禛　撰、書，清雍正十一年（1733）《歷代帝王廟碑》，京 414，六排十段歷代帝王廟。

胤祉　書，清康熙三十八年（1699）《廣濟寺碑》，京417，六排九段廣濟寺。
永瑢　撰、書，清乾隆四十五年（1780）《慈因寺詩》，京402，六排十一段慈因寺。
顒琰　撰，清嘉慶二年（1797）《福康安入祀獎忠祠碑》，京667，六排五段獎忠祠。
尤珍　撰，清康熙三十年（1691）《火神廟碑》，京387，六排十段火神廟。
于敏中　撰、書，清乾隆年間《千佛殿碑》，京442，六排十段千佛殿。

Z

扎爾杭阿　書，清乾隆五十四年（1789）《崇聖寺碑》，京409，六排九段崇聖寺。
張天駿　撰，明弘治十五年（1502）《義勇武安王廟碑》，京319，六排九段雙關帝廟。
周蕙疇　書，明弘治十五年（1502）《義勇武安王廟碑》，京319，六排九段雙關帝廟。
周時禮　撰，清康熙二十三年（1684）《延禧寺大殿碑》，京14，六排四段延禧寺。
朱見深　撰，明成化十八年（1482）《延福宮碑》，京31，六排三段延福宮。
朱祁鈺　撰、書，明景泰四年（1453）《隆福寺碑》，京182，六排四段隆福寺。

本卷主要參考文獻

一、碑刻目録與拓片匯編

首都圖書館編《館藏北京金石拓片目録》（油印本），1959年。

北京圖書館金石組編《北京圖書館藏中國歷代石刻拓本匯編》，鄭州：中州古籍出版社，1989年。

徐自强主編《北京圖書館藏北京石刻拓片目録》，北京：書目文獻出版社（今國家圖書館出版社），1994年。

北京石刻藝術博物館編《館藏石刻目》，北京：今日中國出版社，1996年。

北京石刻藝術博物館編《北京石刻藝術博物館藏石刻拓片編目提要》，北京：學苑出版社，2014年。

北京石刻藝術博物館編《北京石刻藝術博物館藏石刻拓片編目提要·索引》，北京：學苑出版社，2015年。

二、檔案

清雍正《六城寺廟庵院僧尼清册》，雍正六年（1728）。

清乾隆《八城寺廟庵院僧尼清册》，乾隆二十五年（1760）以後。

中國第一歷史檔案館藏《呈報官管寺廟殿宇房間數目清單》，乾隆三十五年（1770）五月二十二日，檔案號05-0277-032。

"中央研究院"近代史研究所藏内務府奏銷檔。

北京市檔案館藏《京師警察廳關於大佛寺廟産案的函》（一）至（六），1917年，檔案號J181-019-17687至J181-019-17692。

北京市檔案館藏《北平市寺廟（尼字）登記目録》，1928年11月，檔案號J003-001-00261。

北京市檔案館藏《北平市寺廟（僧字）登記目録》，1929年11月，檔案號J003-001-00260。

北京市檔案館藏《北平市社會局寺廟類》檔案，檔案號J002-008系列。

首都圖書館藏《北平寺廟調查一覽表》，1945年，手抄本。

北京市檔案館藏《北平市民政局·北平市各區寺廟總登記考察簿（1947—1948）》，檔案號J003-001-00237。

北京市檔案館藏《北平市民政局·北平市寺廟總登記簿》，1950年，檔案號J003-001-00203。
北京市檔案館藏《北京市民政局·民族事務科·本市寺廟、僧道情況統計表》，1951年，檔案號196-001-00011。
北京市檔案館藏《北京市民政局·民族事務科·西四區僧尼寺廟登記表》，1952年，檔案號196-001-00018。
北京市檔案館編《北京寺廟歷史資料》，北京：中國檔案出版社，1997年。
北京大學、中國第一歷史檔案館編《京師大學堂檔案選編》，北京：北京大學出版社，2001年。
中國第一歷史檔案館、故宫博物院編《清宫内務府奏銷檔》，北京：故宫出版社，2014年。

三、其他文獻和著作

（清）天孚和尚（釋湛佑）叢輯《敕建弘慈廣濟律院新志》，三卷，清康熙四十三年（1704）大悲壇刊本。
（元）脱脱《金史》，清乾隆武英殿刻本。
（明）宋濂等《元史》，清乾隆武英殿刻本。
（清）張廷玉等《明史》，清文淵閣四庫全書本。
（清）《大清通禮》，清文淵閣四庫全書本。
（清）王原祁《萬壽盛典初集》，《四庫全書》版。
（清）釋慈雲等集《賓通賢首傳燈録》，光緒八年（1882）刻本。
Osvald Siren, *The walls and gates of Peking*, London，John Lane The Bodley Head Limited, 1924。
中國營造學社《中國營造學社彙刊》。
（清）李鴻章、黄彭年等重修《畿輔通志》，上海：商務印書館，1934年。
内政部壇廟管理所編《北平市壇廟調查報告》，1934年。
張次溪《燕京訪古録》，北京：中華印書局，1934年。
北平佛教會編《北平佛教會月刊》，北京：北平佛教會，1934—1936年。
釋妙舟《蒙藏佛教史》，上海：佛學書局，1935年。
内政部年鑒編纂委員會編《内政年鑒》，上海：商務印書館，1936年。
許道齡編《北平廟宇通檢》，北平：國立北平研究院史學研究會，1936年。
北京特别市公署編《北京街衢坊巷之概略》，北京：北京特别市公署印製發行，1938年。
（清）《乾隆京城全圖》，北平：日本興亞院華北聯絡部政務局調查所縮印版（1:2600），1940年。
（清）《清内務府藏京城全圖》，北平：故宫博物院影印版（1:2600），1940年。
邵越崇編著《袖珍北京分區詳圖》，北京亞洲輿地學社，1940年初版，1942年再版。
興亞宗教協會編《華北宗教年鑒》，北京：興亞宗教協會，1941年。
（明）沈德符《萬曆野獲編》，北京：中華書局，1959年。
"中央研究院"歷史語言研究所校勘《明實録》，臺北："中央研究院"歷史語言研究所，1966年。
中國科學院考古研究所元大都考古隊、北京市文物管理處元大都考古隊《元大都的勘查和發掘》，《考古》1972年第1期，頁十九至二十八。
北京市地質地形勘測處編製《舊北京一九四九年城區地圖》，1976年。
楊家駱主編《新校本元史并附編二種》，臺北：鼎文書局，1977年。
趙爾巽等《清史稿》，北京：中華書局，1977年。
（明）劉若愚《明宫史》，北京：北京古籍出版社，1980年。

（明）劉侗、于奕正《帝京景物略》，北京：北京古籍出版社，1980年。
（明）沈榜《宛署雜記》，北京：北京古籍出版社，1980年。
（清）昭槤《嘯亭雜録 嘯亭續録》，北京：中華書局，1980年。
（清）富察敦崇《燕京歲時記》，北京：北京古籍出版社，1981年。
（清）勵宗萬《京城古迹考》，北京：北京古籍出版社，1981年。
（清）潘榮陛《帝京歲時紀勝》，北京：北京古籍出版社，1981年。
（明）張爵《京師五城坊巷胡同集》，北京：北京古籍出版社，1982年。
（清）崇彝《道咸以來朝野雜記》，北京：北京古籍出版社，1982年。
（清）戴璐《藤陰雜記》，北京：北京古籍出版社，1982年。
（清）高士奇《金鰲退食筆記》，北京：北京古籍出版社，1982年。
（清）孫承澤《天府廣記》，北京：北京古籍出版社，1982年。
（清）震鈞《天咫偶聞》，北京：北京古籍出版社，1982年。
（清）朱一新《京師坊巷志稿》，北京：北京古籍出版社，1982年。
（元）熊夢祥《析津志輯佚》，北京：北京古籍出版社，1983年。
（清）吴長元輯《宸垣識略》，北京：北京古籍出版社，1983年。
梁其姿《施善與教化：明清的慈善組織》，臺北：聯經出版事業股份有限公司，1984年。
（清）于敏中等編纂《日下舊聞考》，北京：北京古籍出版社，1985年。
中華書局編《清實録》，北京：中華書局，1985—1987年。
徐蘋芳編著《明清北京城圖》，北京：地圖出版社，1986年。
（清）周家楣、繆荃孫等編纂《光緒順天府志》，北京：北京古籍出版社，1987年。
侯仁之主編《北京歷史地圖集》，北京：北京出版社，1988年。
北京市文物事業管理局編《北京名勝古迹辭典》，北京：北京燕山出版社，1989年。
（清）孫承澤《春明夢餘録》，揚州：江蘇廣陵古籍刻印社，1990年。
（清）《欽定大清會典事例》，北京：中華書局，1991年。
陳宗蕃編著《燕都叢考》，北京：北京古籍出版社，1991年。
譚伊孝編著《北京文物勝迹大全（東城區卷）》，北京：北京燕山出版社，1991年。
（明）劉若愚《酌中志》，北京：北京古籍出版社，1994年。
（清）李虹若《朝市叢載》，北京：北京古籍出版社，1995年。
北京市東城區地方志編纂委員會《北京市東城區志》（初稿），1995年。
王玉甫《隆福春秋》，北京：中國社會出版社，1995年。
北京市古代建築研究所、北京市文物事業管理局資料中心編《加摹乾隆京城全圖》，北京：北京燕山出版社，1996年。
楊毅、陳曉蘇匯編《妙應寺白塔史料》，北京：北京燕山出版社，1996年。
馬芷庠《老北京旅行指南》，北京：北京燕山出版社，1997年。
吴廷燮等編《北京市志稿》，北京：北京燕山出版社，1998年。
北海景山公園管理處編《北海景山公園志》，北京：中國林業出版社，2000年。
李喬《行業神崇拜：中國民衆造神運動研究》，北京：中國文聯出版社，2000年。
湯用彬等編著《舊都文物略》，北京：北京古籍出版社，2000年。
余棨昌《故都變遷記略》，北京：北京燕山出版社，2000年。
田瑾《大慈延福宫述略》，《中國道教》2001年第3期，頁五十七至六十。
北京市東城區園林局《北京廟會史料通考》，北京：北京燕山出版社，2002年。

黄春和《白塔寺》,北京:華文出版社,2002年。

北京市文物研究所編《北京市文物研究所藏墓志拓片》,北京:北京燕山出版社,2003年。

北京市地方志編纂委員會《北京志·文物卷·文物志》,北京:北京出版社,2004年。

高壽仙《明代北京城市恤政考述》,中國社會科學院歷史研究所明史研究室編《明史研究論叢(第六輯)》,合肥:黄山書社,2004年。

陳楠《法淵寺與明代番經廠雜考》,《中國藏學》2006年第2期,頁一百三十八至一百四十三。

黄夏年編《民國佛教期刊文獻集成》,北京:全國圖書館文獻縮微複製中心,2006年。

吕鐵鋼、黄春和《法源寺》,北京:華文出版社,2006年。

何孝榮《明代北京佛教寺院修建研究》,天津:南開大學出版社,2007年。

國家文物局主編《中國文物地圖集·北京分册》,北京:科學出版社,2008年。

楊健《清王朝佛教事務管理》,北京:社會科學文獻出版社,2008年。

張帆《嵩祝寺測繪及始建年代研究》,《古建園林技術》2008年第4期,頁十七至二十四。

釋克觀《竹禪和尚生平及其藝術成就》,《佛教文化》2010年第6期,頁十六至三十五。

孫勐《北京地區道教考古中石刻的發現與初步研究》,《文物春秋》2010年第1期,頁六至九。

張次溪輯《北京廟宇徵存録》,收入《中國佛寺志叢刊》第2卷,揚州:廣陵書社,2011年。

馬燕暉編著《老北京的傳説·續篇》,北京:華夏出版社,2012年。

臺灣中華書局編輯部編《清史列傳》,臺北:臺灣中華書局,2015年。

中國文化遺産研究院編《北平研究院北平廟宇調查資料匯編》,第一至四卷,北京:文物出版社,2015—2018年。

王春瑜、杜婉言《明朝宦官》,北京:商務印書館,2016年。

鞠熙《北京的下層寺廟與社區公共空間——以西四北大街雙關帝廟的碑文和儀式爲例》,(法)吕敏、(法)陸康主編《香火新緣——明清至民國時期中國城市的寺廟與市民》,北京:中信出版集團,2018年。

衛才華《北京隆福寺商業民俗志》,北京:商務印書館,2018年。